U0940981

2005／总第16卷

宝山年鉴

中国年鉴资源全文数据库核心年鉴

主　编　陈金龙
副主编　吴　敏　胡新力

美兰湖会议中心

上海市宝山区史志编纂委员会编

上海社会科学院出版社

图书在版编目（CIP）数据

宝山年鉴. 2005/ 宝山区史志编纂委员会编. 一上海：上海社会科学院出版社，2005
ISBN 7-80681-773-5

I.宝... II.宝... III.区（城市）-上海市-2005-年鉴 IV.Z525.13

中国版本图书馆CIP数据核字（2005）第114207号

宝山年鉴（2005）

作　　者：上海市宝山区史志编纂委员会编
责任编辑：赵玉琴
装帧设计：胡新力
设计制作：王　茵　陈　稳
出版发行：上海社会科学院出版社
（上海淮海中路622弄7号 电话 63875741 邮编 200020）
http://www.sassp.com
E-mail:sassp@sass.org.cn
经　　销：新华书店
印　　刷：上海江杨印刷装订厂
开　　本：890×1240毫米　1/16
印　　张：24.75
字　　数：798千字
版　　次：2005年11月第1版　2005年11月第1次印刷
印　　数：1-3000
ISBN 7-80681-773-5/Z·045　定价：200.00元

在开放放开中敢为人先，在建设发
P 地库入口

美兰湖 摄影/胡新力

编辑说明

一、《宝山年鉴》是上海市宝山区人民政府主办，区史志办公室编辑、逐年出版的具有政府公报性质的综合性地方资料工具书。《宝山年鉴》创刊于1990年，《宝山年鉴(2005)》是连续出版的第十六本，记载了宝山区2004年度政治、经济、文化、社会生活等各方面的情况。

二、《宝山年鉴》采用分类编辑法，按部类、栏目和条目三个层次编撰。《宝山年鉴(2005)》设32个部类、164个栏目、1260余个条目。条目标题用“■”标明。

三、《宝山年鉴(2005)》记述时间从2004年1月1日至2004年12月31日，为保持重要资料和信息的完整性，对个别条目的时限作了适当延伸。

四、《宝山年鉴》所收内容既力求反映年度特色，也兼顾资料的连续性。据此，本年鉴对篇目设置作了部分调整。(一)部类调整4个：（1）新增“房地产业”部类；（2）取消“人事、劳动和社会保障”部类，其中“人才人事”内容并入“宝山区人民政府”部类，其他相关内容并入“社会生活”部类；（3）原“人物”部类改为“人物与名录”；（4）由于2004年统计资料年报以经济普查替代，汇编资料为各条线的快报资料，故“统计资料”部类未列入，2004年统计资料于2006年卷登出。(二)新增“吴淞工业区环境综合治理”、“城市管理监察执法”、“土地储备与供应”、“宝钢新闻中心”等栏目。(三)对“外经贸与国内协作”、“通信与传媒”、“农业与农村经济”等部类的栏目设置进行了调整。

五、《宝山年鉴(2005)》所收条目由各撰稿单位提供并确认。为尊重撰稿单位的意见，条目中基本保留了来稿提供的数据。所记述的数据如与区“统计资料”有出入，以《宝山统计资料汇编》为准。

六、为方便读者查阅，本年鉴设中、英文目录，其中英文目录列至栏目标题；书后设索引。

七、《宝山年鉴》的编辑出版，得到区委、区政府关心和指导，也得到《宝山年鉴》理事会成员单位和区域内200余个撰稿单位及广大撰稿员的大力支持。《宝山年鉴(2004)》在全国年鉴质量评比中获得综合特等奖，谨向上述单位和个人致谢。

《宝山年鉴》编辑部

敬请珍惜生命 切勿在此游泳

宝山编辑部
地址：上海市宝山区淞宝路104号
邮编：200940
电话：56560190　66650192
传真：56560190
E-mail:bsnj203@yahoo.com.cn

区级机关办公大楼 摄影/胡新力

concept 总目

宝山镜像 图片目录
宝莲府邸 9
20
27
灯塔 28
地铁通河新村站 31
45
临江夕照 46
中共宝山区委党校 54-55
58
63
共和新路高架 64
75
上海淞沪抗战纪念馆 76
宝钢人雕塑 82
军工路集装箱港区 90
96
114
上海宝山工业园区雕塑 124
张华浜集装箱港区 132
弘基文化休闲广场 148
华能城市花园 162
晨曦下的船坞 180
地铁1号线延伸段 186
政府网站机房 196
广场升旗
高压走廊绿地 202
温室花卉种植 208
冬日街景 214
同济路立交 224
宝钢宝山八村 232
公园晨曲 236
礼兵 238
陈化成纪念馆 248
大学毕业生 258
乡村卫生所 266
晨练 274
甜蜜的记录 288
月浦公园 298
陈化成塑像 330
小区即景 342
振华港机长兴基地 352
雕塑 366
367
YEARBOOK OF BAOSHAN

目　录
Contents

钢铁企业与冶金延伸业

Iron & Steel Corporation and Extending Metallurgical Industry

港口与口岸管理

Management of Port and Customs

城乡建设和管理

Urban and Rural Construction and Management

工业与建筑业

Industry and Construction

外经贸与国内协作

Foreign Economic Trade and Internal Coordination

商业与旅游

Commerce and Tourism

房地产业

Real Estate

民营经济

Nongovernmental Economy

交通与邮政

Transportation and Post Service

传媒与通信

Communcation and Media

经济行政管理

Administrative Management of Economy

教　育
Education

卫　生
Healthy

街道与镇(乡)

Street and Town(Township)

人物与名录

Figures and Directory

附　录

Appendices

索　引

Index

彩版广告目录

《宝山年鉴》获
1994年首届全国年鉴评比特等奖
1999年第二届全国年鉴评比特等奖
2004年第三届全国年鉴出版质量评比特等奖
2004年首届中国地方志年鉴评比特等奖

特　载

Special Publishing

政府工作报告

——2005年1月25日在上海市宝山区第五届人民代表大会第三次会议上

宝山区区长　吕民元

各位代表：

现在，我代表宝山区人民政府，向大会作政府工作报告，请予审议，并请各位政协委员和其他列席人员提出意见。

一、2004年工作回顾

2004年，是我区坚决贯彻中央宏观调控政策，推动经济社会健康协调发展的重要一年。在中共上海市委、上海市人民政府和中共宝山区委的领导下，区政府以邓小平理论和“三个代表”重要思想为指导，树立和落实科学发展观，认真贯彻党的十六大、十六届三中、四中全会和市委八届四次、五次全会精神，围绕区第四次党代会确定的奋斗目标，按照区委四届三次、四次全会的工作要求，紧紧依靠全区人民，全面完成了区五届人大二次会议确定的各项任务。

全年完成增加值266亿元，可比增长22.5%；区地方财政收入45.2亿元，同比增长42.8%，区级可用财力达51.4亿元；工业销售产值547.1亿元，同比增长29.7%；社会消费品零售总额131亿元，同比增长17.4%；外贸出口19.2亿美元；新增就业岗位3.5万个，城镇登记失业人数控制在3万人以内；城镇居民家庭人均可支配收入达到13085元，农村居民人均纯收入达到8772元，比上年分别增长11.2%和10%，特别是两岛农民收入又有了新的提高；全区刑事案件发案率同比下降5.2%。

同时，《宝山区域总体规划纲要》和《宝山区域总体规划实施方案》编制完成，并获市政府批准；第四届上海宝山国际民间艺术节、宝山区运动会等重大活动成功举办；全国民兵训练工作会议、全国国防教育经验交流会保障工作顺利完成；我区荣获全国文物工作先进区称号，并被农业部命名为生态示范区；高境镇成功创建国家卫生镇，庙行镇、淞南镇、顾村镇等被评为上海市一级卫生镇，罗店镇被评为中国著名小城镇，淞南镇、月浦镇分别荣获全国亿万农民健身活动先进镇、全国文化先进社区称号。

一年来，我们做的主要工作是：

（一）坚决贯彻宏观调控政策，经济继续保持平稳、健康、协调发展

按照市委、市政府的部署，把思想和认识统一到中央对经济形势的科学判断上来，把工作和行动统一到中央和市委、市政府宏观调控决策及总体部署上来，贯彻宏观调控政策态度坚决，措施有力，成效明显。

进一步明确了区域功能定位和产业布局，加快形成产业集聚、居住集中、组团发展的新格局。以《宝山区域总体规划纲要》为依据，编制完成《宝山区域总体规划实施方案》，完成了各乡镇总体规划和街道社区规划，实现了宝山区域与乡镇、街道总体规划全覆盖，为区域进一步发展奠定了规划基础。根据规划布局，南部地区按照“四增两减”要求，进一步完善城市功能，提升城市化水平，发展都市产业和楼宇经济；中部地区发展现代服务业、现代物流业、商贸商务、房地产业等，建设现代化滨江新城；北部地区优先发展先进制造业，建设工业新高地；长兴岛发展船舶、港口机械及相关配套业，发展生态农业、旅游业；横沙岛建

设森林生态和休闲旅游度假岛。

进一步调整了二、三产业结构，着力提高经济运行质量和效益。全区第二产业实现增加值129.3亿元，可比增长23.7%。工业园区化战略加快推进，宝山工业园区的一批市政基础设施建设顺利实施，屹丰模具等一批大项目落户园区，佳通轮胎项目正式签约；出台了《关于鼓励工业项目向宝山工业园区集中的若干意见》，形成了全区共同办园区的良好氛围；城市工业园区和区级工业园区建设也取得较好成绩。全区第三产业实现增加值133.9亿元，可比增长22.6%。乐客多生活购物中心、海滨社区商业服务中心（农工商超市宝山店）等一批具有集聚效应的大中型商业项目竣工开业；房地产业继续保持良好发展势头，商品房新开工310.4万平方米，销售254万平方米，存量房交易209.7万平方米；吴淞国际物流园区建设初具规模，宝湾国际物流一期等项目建成运营，农副产品物流基地、中储物流基地等项目正在加快建设。

进一步完善了管理制度，有效促进经济持续增长和资源集约利用。建立了经济指标预测分解体系，加强了对经济发展预期目标的监控。制定了《关于进一步加强土地管理工作的若干意见》，探索建立了项目预审，“批项目、核土地”和“重点项目与土地计划挂钩”的管理机制。制定了配套商品房建设管理办法，有效推进了重点项目建设。开展固定资产投资项目清理，取消、停建了17个占地多、能耗高、产出低的项目。在继续推进2003年已出让土地动拆迁、交地等工作同时，又通过招标、挂牌方式推出经营性土地13幅、共126.4公顷，取得了较好的经济效益和社会效益。

进一步深化了改革，全面增强区域经济发展活力。按照年初区改革工作会议确定的目标，区属国有企业改制工作基本完成，镇、村集体经济活力进一步增强，两级三层国有、集体资产管理制度进一步完善。完成了宝山工业园区、罗泾镇行政区划及管理体制调整工作。合并了区房地局和区住宅发展局，成立了新的区房地局和区土地储备中心。组建了城市管理监察大队。市容环卫体制综合改革顺利开展。供水体制一体化改革取得阶段性成果。仁和医院转制稳步推进。成功举行了宝山区（香港）投资推介会。全年利用外资8.3亿美元，利用外资的质量明显提高。新增民营企业5404户，注册资金55.5亿元。

进一步加强了市场监管，切实维护经济秩序。深入开展了整顿和规范市场经济秩序工作，加大打击地下无证无照食品加工窝点力度，建立了覆盖全区的食品安全监管网络。知识产权保护、中介机构规范、公平交易执法、消费者权益维护等工作也取得了较好成绩。大力开展安全生产专项整治，对2844家存在安全隐患的企业进行了清理和整顿，取缔了924家不符合安全生产条件的企业，淘汰了一批污染重、能耗高、产出低的企业。

（二）以建设现代化滨江新城为目标，城乡建设和管理工作扎实推进

按照“城乡环境面貌显著改观，城乡管理水平显著提高”的要求，把加强城乡建设和管理作为夯实发展基础的重要工作，作为改善人民群众生活环境和质量的重要抓手。

扎实推进环境建设与整治，着力提高环境质量。全年新建绿地270公顷，其中公共绿地158公顷，人均公共绿地达到16平方米，建成区绿化覆盖率达到39%。“一环五园”生态绿地建设前期工作顺利推进，炮台湾湿地森林公园和白鹭公园开工建设。沪太路、逸仙路、同济路、月罗公路等道路绿化改造工程以及月泉湾、杨盛河等绿地建设全面完成。在巩固2003年百路环境综合整治成果的基础上，又完成104条道路整治任务，道路两侧环境面貌明显改善。继续加大拆违工作力度，拆除违法建筑44.6万平方米，有力遏制了违法建筑“回潮”现象。深入开展公共客运市场专项整治，客运市场秩序进一步好转。完成了区域内市、区两级16条骨干河道的专项整治，加大了中小黑臭河道整治力度，水环境质量和河道两岸环境进一步改善。继续有效实施第二轮环保三年行动计划，初步建立了区域环境监测、评估体系。完成污染源整治225户，污染源进一步削减。通河新村街道、吴淞镇街道创建基本无燃煤区通过市级验收。吴淞工业区烟粉尘无组织排放整治工作加快推进。农村环境整治取得新成效。

切实加强城乡建设与管理，着力改善城乡环境面貌。按照市政府的统一部署，中船长兴基地和浦钢罗泾（月浦）基地的前期动迁工作稳步推进。罗店中心镇核心风貌区五项标志性工程建成并对外开放，北欧风貌的特色城镇初具规模。西城区市政道路、公建配套、大型绿地相继启动建设，一批商品房建成对外销售。顾村居住示范区建设进展顺利。大场老镇改造按计划积极推进。轨道交通一号线北延伸、逸仙高架路北延伸、郊环线（宝山段）、友谊路辟通、铁力路和铁山路北延伸等工程竣工通车，轨道交通三号线、蕰川路、宝杨路等工程正抓紧施工。区委党校迁建工程按时竣工并交付使用。135公里的农村公路建设任务全面完成。208公里防汛墙（宝山段）和海塘岁修工程完成，确保了全区安全度汛。深井水切换工程扎实推进，罗店、大场、顾村、杨行四镇的13.5万居民吃上全市大系统的自来水，饮用水质量得到明显提高。新辟、调整、延伸公交线路31条，区域公交线路布局进一步优化。开展了城管一号、二号综合执法行动，初步形成了城市管理综合执法长效管理机制。市容环境管理明显加强，一批环卫基础设施项目稳步推进。加强居住区物业管理应急维修网络建设，城区应急维修实现全覆盖，保安、保洁、保绿、保修服务进一步规范，各乡镇、街道参与物业监管力度明显增强。

（三）认真落实《上海实施科教兴市战略行动纲要》，各项社会事业发展取得新成绩

结合宝山实际，把科教兴市主战略贯穿、渗透、融合到各领域，大力推进科教兴区，切实把各项工作落到实处。

大力实施科教兴区和人才强区战略。区校、区企合作进一步加强，区知识产权信息服务平台顺利建成，科技成果转化和科技企业孵化工作成效明显。科普教育基地、科普宣传街等项目圆满完成。区办公业务网功能进一步完善，政务信息资源整合共享工作逐步深化，市民信箱推广和“百万家庭网上行”培训工作继续推进。结合宝山教育发展实际，提出了“加快推进教育现代化，争创教育先进区”目标。“加强初中建设工程”通过了市督导验收，行知中学进入了市“实验性、示范性”高中行列，宝山职校顺利通过上海市“全国重点职校”评审验收。加快教育基础设施建设，完成了26所学校操场改造和186所学校食堂达标工程，基本完成行知中学改扩建一期和顾村中学改造工程，建成启用区早教中心、月浦实验学校、行知二中新校。加快办学体制、机制改革步伐，学校内涵建设进一步加强，教育信息化深入推进。制定了人才工作三年行动计划，完善了人才选拔、考核和激励机制，构筑了吸引各类优秀人才的平台，优秀人才脱颖而出的良好氛围初步形成。

编制完成《宝山区医疗卫生服务体系规划》并积极组织实施。三级医疗网络进一步完善，罗泾镇、罗店镇标准化社区卫生服务中心建设基本完成，市一宝山分院总体改造顺利开展。建设健康城区三年行动计划稳步实施。“巡回医疗进农家”活动深受人民群众欢迎。积极开展“关爱女孩行动”。人口与计划生育工作取得新成绩。

全面推进精神文明建设。进一步弘扬和实践宝山精神，展示变样成果，宣传劳模事迹，城市文明程度和市民素质不断提高。深入开展文明创建活动，文明小区、文明村创建覆盖率达90%。军民共建、企居共建、城乡共建取得新进展，志愿者行动和文明行业创建活动稳步推进。制定并实施《宝山区迎世博文明行动实施计划》和《宝山区创建学习型城区三年行动计划》。第四届上海宝山国际民间艺术节、宝山区运动会成功举办，极大丰富了宝山人民的文体生活。宝山民间艺术团参加了在法国巴黎举办的中法文化年“上海周”活动并深受欢迎。组团代表上海市参加第五届全国农运会，实现了运动成绩和精神文明双丰收。完成了8万户有线电视双向网络改造工程、通河市民健身活动中心主体工程和区文化馆（艺术广场）改扩建工程，新建居民健身苑点25个。完成了由上海市国动委组织的国防动员网上演练任务，国防建设和国防教育深入推进。完成了“8.13”防空警报试鸣演习任务，人防战备工作进一步加强。启动了《宝山区志》的编修工作，档案、民族、宗教、侨务、对台等工作也取得了较好成绩。

（四）继续深化农业结构调整，拓展非农就业，实现了农业增效、农民增收、农村稳定

认真贯彻落实中央一号文件精神，农业产业化水平进一步提高，农民收入进一步增加，农村稳定工作进一步加强。

认真落实市政府关于扶持粮食生产的政策措施，充分调动农民种粮积极性，完成了市政府下达的粮食播种面积和粮食生产任务。农业结构进一步优化，农业规模经营深入推进。上海金篮子农产品配送有限公司、北部水产养殖中心等农业龙头企业实力进一步增强。农业基础设施建设项目顺利实施，农业示范基地建设初具规模。食用农产品安全工作进一步加强。横沙渔港建设工程开始启动。禽流感防治工作取得阶段性成果。采取有力措施，对全区所有家禽及饲养场实行了强制免疫、强制消毒、强制封闭，加强了家禽流通领域的监督检查和免疫监测，确保了全区无疫情发生。

促进农民增收，维护农村稳定的各项措施得到有效落实。积极促进农村富余劳动力非农就业，全区实现非农就业1万人以上。农村低保与城镇低保操作程序顺利并轨，为实现农村低保对象“应保尽保”提供了有效的制度保障。按照中央关于村务公开的要求，进一步完善村务公开各项规章，统一规范村务公开形式，建立了考核督查机制，提高了工作实效，促进了农村社会稳定。

（五）大力推进和谐社会建设，就业保障和维护稳定工作进一步加强

牢固树立就业是“民生之本、安国之策”思想，把促进就业作为安民富民的根本途径，把社会保障和社会救助作为促进文明进步、构建和谐社会的基础工作，把确保人民群众生命财产安全作为维护社会稳定的核心目标，强化群众观念，加大投入力度，巩固基层基础，全力加以推进。

继续完善政府促进就业责任体系。全年新增就业岗位3.5万个，完成市政府下达任务的133.1%。实施“万人就业项目”12个，共开发就业岗位4815个。开发4050项目41个，安置就业困难人员1631人。新发展自主型非正规就业劳动组织1061个，新增就业岗位2330个。安置就业特困人员2187人，确保了就业特困人员托底安置。进一步加强了劳动力市场监管，妥善处理劳动争议和纠纷。

扎实推进小城镇社会保险和社会救助。全年有12899人参加小城镇保险，新征地人员社会保障率达100%。不断推进外来从业人员综合保险，外来从业人员参保达13.1万人。加大了对困难群众的救助和保障力度，对每月养老金低于75元的老年农民实行了政府托底补贴，直接受益人群达到1.8万人以上。提高了部分退休劳模的生活待遇。为2.1万名城镇和农村最低生活保障对象发放生活救助资金5060万元；实施医疗救助4197人次，救助金额426万元。加快推进养老设施建设，为老服务水平不断提高。进一步改善公共场所无障碍设施，不断推动残疾人事业健康发展。

切实加强社会治安综合治理工作。建立了“六位一体”的维护社会稳定队伍，初步形成了全方位、广覆盖、区域性的社会治安综合治理工作网络。社会治安形势保持稳定良好，全区刑事案件发案率下降5.2%，万人发案率下降6个万分点。加强社会矛盾化解工作，积极开展矛盾纠纷排查调处，及时妥善处理各类信访问题和群体性事件。人民调解工作不断加强，刑释解教人员安置帮教、预防青少年违法犯罪等工作取得了新成效。

（六）以实施《行政许可法》为契机，政府职能进一步转变

去年，是贯彻实施《行政许可法》的第一年。我们以此为契机，积极推进政府职能转变，改进政府工作作风，加强政府自身建设，取得了一定成效。

进一步转变政府职能，积极推进依法行政。围绕建设服务政府、责任政府、法治政府目标，强化政府的社会管理和公共服务职能，逐步理顺政府与企业、市场、社会的关系，努力提高政府管理和服务水平。认真开展行政许可清理工作，完成了行政许可事项清理、行政许可实施主体认定和政府规范性文件清理等工作。深入推进行政审批制度改革，减少审批事项，优化审批程序，压缩审批时限，建立“绿色通道”，推行并联审批，提高政府办事效率。认真落实《上海市政府信息公开规定》，按照“以公开为原则、不公开为例外”的要求，政府信息及时主动向社会公开。创办《宝山区人民政府公报》，免费发放，提供市民查阅。大力推进电子政务建设，网上办事、便民服务和“书记、区长信箱”等工作进一步加强，宝山政府门户网站荣获全国地市电子政务管理奖。坚持定期向区人大常委会通报重要工作情况的制度，自觉接受区人大及其常委会的监督。主动向区政协通报工作，重视发挥人民政协的民主监督和参政议政作用。认真听取各民主党派、工商联和无党派人士的意见和建议，发挥工会、共青团、妇联等人民团体的桥梁纽带作用，自觉接受新闻舆论和社会公众监督。

切实加强政府自身建设。健全科学民主的决策机制，加强督查工作，积极推进政府各项决策的贯彻落实。完善公共突发事件处置预案，提高反应速度，各类突发事件得到妥善处置。改进政府工作作风，压缩会议，减少文件，把更多的精力用于基层调研，解决实际问题。进一步加强公务员队伍建设，制定了行政机关工作人员行政过错责任追究暂行办法，进一步规范了公务员行政行为。实施公务员在职教育培训计划，推行公务员选拔任用竞争机制，切实提高公务员素质和能力。开展“网上评机关”活动，大力推进服务型机关建设，政府工作效率和服务水平有了新提高。

高度重视人大代表书面意见和政协提案办理工作，共办理意见和提案451件，办结率100%，满意率又有了新的提高。2004年区政府确定的与人民生活密切相关的实事项目全面完成。

各位代表，一年来，我区经济社会发展取得的成绩，是全区上下共同努力的结果，确实来之不易。我们深深感到，要做好政府工作，必须坚决贯彻中央和市委、市政府的决策和部署，紧密结合宝山实际，创造性地开展工作；必须坚持在区委“总揽全局、协调各方”的格局中，切实履行好政府职能，扎实推进各项工作；必须坚持自觉接受区人大、区政协和社会各方面的监督，依法行政，不断改进政府工作；必须坚持团结和依靠全区广大干部群众，保护好、引导好、发挥好各方面的积极性，加速推进宝山发展；必须坚持加强政府自身建设，切实转变工作作风，心无旁骛，兢兢业业，务实开拓，不断提高工作能力和水平。在此，我代表宝山区人民政府，向在各个领域和岗位上不懈努力、无私奉献的全区人民，向给予政府工作大力支持的人大代表和政协委员，致以崇高的敬意和由衷的感谢！向各民主党派、工商联和各界人士，向部市属单位、驻区解放军和武警官兵、老干部，向关心和支持宝山发展的香港、澳门特别行政区同胞、台湾同胞、海外侨胞和国际友人，表示衷心的感谢！

各位代表，我们清醒地认识到，在加速宝山经济社会发展，实现宝山变样的道路上，还面临许多困难和问题。经济结构和产业布局还不尽合理，经济增长方式有待进一步转变；在开发建设过程中，动迁难的问题比较突出，城乡建设和管理水平有待进一步提高；劳动就业和社会保障工作还需要进一步加强；政府部门部分工作人员的服务意识和服务水平还不适应新形势、新任务要求。对于这些问题，我们必须高度重视，认真对待，在保持经济社会平稳、健康、协调发展的同时，紧紧依靠全区广大干部群众，通过深入扎实的工作，认真地加以解决。

二、2005年主要任务

2005年是完成“十五”计划、编制“十一五”规划的一年，也是实现三年中变样目标的一年。我们要以邓小平理论和“三个代表”重要思想为指导，深入贯彻落实党的十六大、十六届三中、四中全会，中央经济工作会议和市委八届六次全会精神，全面落实科学发展观，按照区委四届五次全会提出的“坚定信心，扎实工作，胜利实现三年中变样目标”的工作要求，突出重点，整体推进，夯实基础，提高水平。进一步调整结构，优化布局，着力提高经济运行质量和效益；进一步深化改革，扩大开放，切实增强经济社会发展活力；进一步加快建设，加强管理，全面促进城乡环境面貌显著改观；进一步统筹规划，协调发展，积极促进社会事业全面进步；进一步突出以人为本，切实关注民生，努力构建和谐稳定社会，力争超额完成三年中变样任务。

全区经济社会发展的主要预期目标是：

增加值增长20%左右；区地方财政收入增长22%左右；工业销售产值增长20%左右；社会消费品零售总额增长13%左右；新增就业岗位3万个以上，城镇登记失业人数控制在3万人以内；城镇居民家庭人均可支配收入和农村居民人均纯收入分别增长10%左右；全面完成“十五”计划，为“十一五”发展奠定良好基础。

做好今年工作，必须以科学发展观统领经济社会发展全局，坚定信心，扎实工作，注重把握好以下五个方面：

一是坚持科教兴区，全面发展。认真贯彻落实科教兴市主战略，以“两个第一”的思想推动经济社会发展模式的根本转变，并把这一战略的实施，贯穿到改革发展稳定的各项工作中去，促进宝山经济社会全面协调可持续发展。

二是坚持注重质量，提高效益。牢牢把握宏观调控、上海市产业布局调整和世博会筹办的契机，更加注重深化改革和扩大开放，为经济社会发展注入新的活力；更加注重经济结构调整，加快产业结构优化升级，切实推动经济增长方式转变，积极发展循环经济、集约经济；更加注重推进三个集中，抓好世博会重大项目入驻各项工作，加快宝山工业园区开发建设。

三是坚持团结鼓劲，乘势而上。注重调动全区各方面的积极性，继续保持心齐、劲足、风正、气顺的大好局面，把蓄势待发的势能转化为加速发展、加快变样的动能，努力实现经济发展速度进一步加快，城乡建设和管理水平进一步提升，社会发展后劲进一步增强。

四是坚持执政为民，关注民生。进一步加大促进就业的工作力度，形成经济增长带动就业增长的良性机制。更加重视改善人民生活，特别是要切实保障困难群众的基本生活，注重维护和实现社会公平，保持社会和谐稳定，在实现宝山经济社会协调发展的过程中，让人民群众得到更多实惠。

五是坚持立足当前，着眼长远。在全面完成“十五”计划、胜利实现三年中变样目标的同时，深入研究事关经济社会发展的全局性问题，认真编制“十一五”规划，为五年大变样和宝山长远发展打下基础。

今年，我们要重点做好十方面工作：

（一）调整经济结构，优化产业布局，全面提高经济运行质量和效益

按照《宝山区域总体规划纲要》确定的“一整体、五分区”功能定位，加快推进产业布局调整，形成产业集聚、居住集中、组团发展的新格局。继续推动二、三产业共同发展，进一步调整产业结构，发展优势产业，稳定均势产业，淘汰劣势产业，促进精品钢延伸、造船配套、物流、能源、旅游等五大特色产业发展，提高区域经济综合竞争力和可持续发展能力。

抓住国内外产业转移、上海产业布局调整、宝山工业园区和两大基地建设的契机，加快推进精品钢及延伸业向宝山工业园区集中，推进船舶配套产业园区的规划建设和项目储备。宝山工业园区要继续抓好基础设施建设，初步建成园区主要道路网络，着力引进一批科技含量高、资金密度高、产出水平高的支撑性项目，推进已签约项目早建设、早投产。城市工业园区和区级工业园区要按照“产业集聚、项目集中、土地集约”的要求，加快综合配套建设，提高项目产出率，切实提升发展水平。继续做好中船长兴基地和浦钢罗泾（月浦）基地的有关工作，全力推进两大基地建设。盘活区域内存量资产和资源，加快发展都市产业和楼宇经济。

以房地产业、商贸业、物流业和现代服务业为重点，大力促进第三产业发展。调整优化房地产业布局和结构，提高开发档次和水平。强化市场监管，规范交易行为，进一步搞活房地产二、三级市场。商品房新开工300万平方米，销售230万平方米，存量房交易200万平方米，配套商品房销售100万平方米，不断提高房地产业对经济增长的贡献率。进一步

完善《宝山区商业发展战略规划研究》，加快推进商业布局结构和业态结构的调整优化，培育牡丹江路、大华等区域性商业中心，规划建设高境、顾村等新型社区商业中心，加快形成适应多层次消费需求的商业格局。继续实施好安信生活广场、北上海商业广场、殷高西路组团商业设施等重大商业项目。推进标准化菜市场建设，做到便民利民。继续加快吴淞国际物流园区和航运经济发展区建设，抓好宝湾国际物流二期、钢铁总部物流基地、中集汽车工业园等项目，培育现代化的钢材批发、交易市场。进一步整合仓储运输业，大力提升物流业发展水平。加快推进咨询业、信息服务业、社会中介服务业等现代服务业的发展。

全力提高经济运行质量和效益。把进一步贯彻落实宏观调控政策作为引导产业升级的新动力，完善落实经济指标监控体系，健全投资项目预审制和"批项目、核土地"机制，从规划定位、产业功能、技术先进程度、投资强度、税收贡献、创造就业和环境保护等方面进行综合评审。加快调整和淘汰高污染、高能耗、低产出的企业，重点发展产业能级高、环保型的项目，提升产业能级。进一步鼓励、引导企业采用新技术、新工艺、新流程，推动传统产业优化升级。

（二）继续贯彻科教兴市主战略，大力推进科教兴区，加快各项社会事业发展

牢固树立"两个第一"的思想，按照《上海实施科教兴市战略行动纲要》，深入推进科教兴区和人才强区，加强社会事业发展战略和规划的研究，切实抓好推进落实。进一步优化资源配置，加强与高校、科研单位的交流合作，加快留学生创业园和纳米科技园区建设。围绕区域主导产业和特色产业，新发展高新技术企业10家，实施各类科技计划项目35项。充分发挥区知识产权信息服务平台的功能，促进企业不断提高科技创新能力。抓好2005年宝山科技节活动，完成电子科普画廊、市民科技学校、科普村（居委）等实事项目，使全区科普村（居委）覆盖率达到70%以上，公众的科学素质进一步提高。加强社保卡、市民信箱的管理和使用，完成乡镇、街道局域网建设，加快公共服务领域信息化和社区信息化建设。逐步完善网上办事体系，启动开发实有人口、基本单位、城市公共基础设施三大数据库，建设涵盖教育卫生、文化娱乐、交通旅游、商业购物等领域的地理信息系统，为市民提供服务。

以"全国创建以校为本教研制度建设基地"和"全国科学教育实验区"为抓手，大力推进基础教育均衡、优质、内涵发展。扎实做好上大附中新疆班各项工作。高标准建设罗店中学，基本完成行知中学扩建工程，启动宝山公共实训基地建设。确保吴淞中学进入上海市"实验性、示范性"高中行列。进一步改善学校硬件设施，完成25所中小学操场改造和中小幼学校安全装置建设。继续落实相关奖励措施，区财政每年安排400万元奖励资金，用于对骨干教师的培养。继续认真实施"名校、名师、名校长"工程，打造宝山教育品牌。推进学习型城区建设，构建终身教育体系。进一步实施人才工作三年行动计划，健全人才工作领导体制，落实各项人才政策，完善人才服务体系，加大吸引人才集聚力度。

进一步加强卫生工作。实施《宝山区医疗卫生服务体系规划》，全面完成公共卫生体系三年行动计划和建设健康城区三年行动计划。进一步提高对突发公共卫生事件的应急能力，努力构建覆盖全区的公共卫生体系。加快推进由区域医疗中心、社区卫生服务中心和社区卫生服务站组成的三级医疗服务网络建设，整合医疗资源，完善医疗布局。延伸社区卫生服务，让医生走进家庭，让家庭拥有医生，在确保提供基本医疗服务的前提下，满足社会多层次、多样化的医疗需求。认真总结高境镇创建国家卫生镇的成功经验，深入推进国家卫生镇创建工作。启动区公共卫生中心建设，按时间节点稳步推进市一宝山分院总体改造工程，建设大场镇、庙行镇两个社区卫生服务中心和44个标准化社区卫生服务站。切实加强人口与计划生育工作，不断完善人口综合调控体制，促进人口与经济社会协调发展。

加强精神文明建设，繁荣文化、体育等事业。深入开展"与文明同行，做可爱的宝山人"主题活动，继续推进文明社区、文明镇创建工作，实现文明小区、文明村创建基本全覆盖，培育、形成我区文明创建的亮点和特色。以社区学校、市民讲座、学习型组织创建为重点，以宣传弘扬实践宝山精神为主线，开展丰富多彩的精神文明建设活动。建立加强未成年人思想道德建设的长效工作机制，加强对网吧及社会文化娱乐场所的管理，净化社会文化环境，创造有利于未成年人成长的良好氛围。扩大上海宝山国际民间艺术节等特色文化品牌效应，组织开展"群众文化百千万工程"，继续抓好"一地一品"特色文化项目和"百佳文化小区"创建工作，满足广大人民群众日益增长的文化需要。进一步整合文化资源，培育文化特色，打造文化品牌。启动建设区文化广播电视中心，推进乡镇、街道公共文化设施建设。实施宝山体育中心改造工程，建成通河市民健身活动中心并对外开放。积极实施竞技体育发展战略，大力开展丰富多彩的群众性体育活动。进一步加强国防建设，积极做好拥军优属和优抚安置工作，努力争创全国双拥模范城"五连冠"。切实保障妇女儿童的合法权益。举办好抗日战争胜利60周年纪念活动。认真做好《宝山区志》编修以及民族、宗教、侨务、对台、档案等工作。

（三）加快基础设施建设步伐，加大环境治理力度，切实改善城乡环境面貌

大力推进市、区重大工程建设。积极配合轨道交通一号线北延伸、三号线、七号线、中环线、蕰川路、沪太路等市重大工程建设，确保中环线、蕰川路、宝杨路建成通车和轨道交通三号线主体贯通。开工建设宝安公路（蕰川路—沪太路）、潘川路（沪太路—北蕰川路）等区内骨干道路，基本建成潘泾路。完成"十五"计划确定的境内主要高速公路、主干道、轨道交通建设任务，基本形成"三线五纵七横"的大市政、大交通格局。完成58条、118公里农村公路建设任务。积极配合长江隧桥工程建设，推进两岛市政基础设施建设和土地储备。完善防汛基础设施，完成两岛和大陆海塘岁修工程，做好防汛墙、水闸、涵闸的维修工作。积极推进区公安分局指挥中心迁建工程建设。

继续抓好重点地区开发建设和老镇改造工作。完成罗店中心镇范围内的市政道路、桥梁、路灯、专业管线及绿化工程，推进商品房开发和招商引资，大力培育商业、商务氛围。启动罗店老镇改造工作，实现新镇、老镇联动发展。西城区建设要在完善基础设施和公建配套设施的同时，加快商品房、商业商务项目开发及绿化建设进度。继续配合抓好顾村居住示范区工程，完善市政基础设施，推进二期工程建设。启动顾村沪太路西侧商品房开发。提高宝山外环线以南地区城市化质量和水平，改造"城中村"。按照"两年拆平、四年建成"的要求，实施大场老镇改造，年内基本完成企业及部分居（农）民动迁任务。结合推进"平改

坡”,加快对吴淞、海滨及泗塘等地区不成套老公房的综合改造,做到成熟一个、启动一个,不断改善居民居住条件。

加快绿化建设步伐，创建上海市生态良好城区。大力推进“一环五园”生态绿地建设，初步建成炮台湾湿地森林公园和白鹭公园,建设环北公园一期、东茭泾绿地一期、蔓弯绿地一期和环区绿色生态小道一期。完成蕰川路、铁山路、宝杨路以及吴淞工业区内道路两侧绿化建设项目。基本完成“一镇一园”建设。全年新建绿地 240 公顷，其中公共绿地 150 公顷，人均公共绿地达到 17 平方米,建成区绿化覆盖率达到 39.5%,绿化管理达到全市中上水平。

继续推进吴淞工业区环境综合整治和第二轮环保三年行动计划。吴淞工业区内泰和路以北地区所有企业污水实现纳管排放。完成烟粉尘无组织排放整治任务，确保吴淞工业区环境综合整治任务顺利完成。探索建立吴淞工业区环境管理长效机制。开展罗店化工区环境综合整治,切实改善周边环境质量。启动大场地区化工企业综合整治工作。完成顾村、月浦工业区 51 户企业污水纳管排放,完成上海大学地区、大华地区基本无燃煤区创建工作。切实加大环保宣传教育、监督执法和管理工作力度,提高环境管理与监察的覆盖面。开展区域环境容量研究,建立区域环境质量评估体系。认真编制第三轮环保三年行动计划。

加大水环境治理和深井水切换工作力度。完成宝山南部地区“一横六纵”骨干水系治理任务，配合市水务局实施污水治理三期和苏州河截污二期工程,新建截污管道 93 公里、雨水管道 70 公里、污水泵站 3 座、雨水泵站 8 座,整治 20 条中小黑臭河道，使蕰南地区河道基本消除黑臭。加快北部地区“七横八纵”骨干河道整治进程,完成荻泾二期、马路河二期、杨盛河三期整治任务。配合实施月罗公路污水管道建设。完成全区 152 条镇(乡)管河道两岸环境整治,提升水环境质量。继续加快深井水切换进程,配合市有关部门，启动建设罗泾水厂和长兴水厂,扩建泰和水厂和陈行腹背水库。

(四)强化管理措施,健全长效机制,全面提升城乡管理水平

在《宝山区域总体规划纲要》和《宝山区域总体规划实施方案》基础上,编制五大分区规划,完成《宝山区域总体规划实施计划》(白皮书)、《宝山新城总体规划》。开展友谊路街道社区规划修编，完成南部城市化地区控制性详细规划和若干重点地区的修建性详细规划，完成与区域总体规划相配套的专业规划修编。继续加大规划管理力度,创建符合宝山实际的规划研究及编制、规划审批制度、规划综合行政管理、规划批后监管、规划电子政务管理等体系,提高规划综合管理能力。

完善“四个一”的土地管理机制,有效调控土地一级市场。开展新一轮土地梳理工作,摸清各类土地家底,重点挖掘存量土地资源潜力。认真做好土地利用规划修编工作，落实最严格的耕地保护制度,加大土地整治与复垦力度,确保耕地占补平衡。健全土地储备机制,有序推出土地公开招标、挂牌、拍卖,促进土地资源合理、集约、高效使用。加强土地市场监管,坚决杜绝违法用地现象产生。加快配套商品房建设,强化管理措施,规范供应行为。

实施“六路一桥一区”市容景观亮化工程,形成区域环境亮点。完成“五纵三横一点”户外广告整治任务,对户外广告设施公共阵地使用权推行公开拍卖。针对“六摊、六乱”和其他影响市容的现象,加大监察力度,开展城管监察专项整治，创建一批城市管理监察示范道路。城区市容景观、日常保洁、固体废弃物收运处置等方面工作达到市中心城区水平，市容综合管理水平进入全市郊区领先行列。继续推进大型环卫基础设施建设,确保生活垃圾综合处理厂、生产垃圾焚烧厂等项目按时间节点稳步实施。继续稳步推进市容环卫体制综合改革。

在巩固前两年百路环境综合整治成果的基础上，完成最后 113 条道路整治任务。全区创建 10 条市、区文明样板路,完成 20 条景观道路整治任务，推出 30 条乡镇、街道百路环境整治样板路,完成吴淞工业区内 40 条无名道路的整治任务。加强对沿街商业用房的整治和管理,抓好日常巡查、监督和执法,切实做到有效监管。继续巩固拆违集中整治工作成果，健全管理网络，坚决防止违法建筑“回潮”现象发生。

进一步增强区域道路交通集聚辐射功能，使道路交通综合管理工作达到全市中上水平。优先发展公共交通,构建公交线路与轨道交通换乘平台。继续做好排堵保畅工作，抓好道路工程施工组织管理,确保百姓出行方便。研究制定货运通道规划，建立区域货运道路专项管理系统,逐步形成“集卡有序,轻重分流”的区域交通体系。继续开展公共客运市场专项整治,集中力量整治长兴、横沙两岛公共客运市场,确保规范有序。

全面加强居住区物业管理。贯彻落实《上海市住宅物业管理规定》，按照“条块结合,以块为主”的要求,充分发挥各乡镇、街道在物业管理工作中的作用，形成齐抓共管的局面。加强调查研究,制定工作方案,用三年左右时间,对居住区物业管理工作进行全面整治,进一步规范物业管理行为，提高广大居民对物业管理工作的满意度。

(五)深化各领域改革,加快民营经济发展,不断提高对外开放水平

贯彻落实党的十六大和中央经济工作会议精神，继续优化国有集体资本布局和结构,大力发展混合所有制经济,实现区属国有资本在绝大部分经营性领域基本退出的目标，逐步建立以混合所有制为主要形式的企业新体制。加大镇(乡)级集体资本调整力度，推进镇(乡)级集体企业混合所有制和非公有制改革工作。探索村级资产有效运行模式,增强农村经济发展活力。继续深化社会事业改革，探索社会资本参与社会事业发展新途径，稳步推进经营性事业单位转企改制。

按照国务院关于深化投资体制改革的要求，不断完善与公共财政体制相适应的多元化投资体制，积极引入社会资本参与城市基础设施、社会服务等领域的建设。推行政府投资项目资金的集中管理、建设项目投资集中监理制度。健全公共财政体制，明确各级政府的财政支出责任,深化部门预算、国库集中收付、政府采购和收支两条线管理改革。按照市委、市政府的统一部署,稳步推进政府机构改革工作。

按照“平等待遇、开放领域、引导产业、调整结构、创新服务”的要求,大力推进民营经济发展，允许和鼓励民间资本进入法律法规未禁止的一切行业和领域,实现各种所有制经济共同发展。建立民营企业发展专项资金，促进民营经济快速、健康发展。引导民营经济加快制度创新、管理创新和技术创新,推动民营经济发展上水平。

按照面向世界、服务全国的要求,认真研究国内外产业和资本转移特点,重视和加强国内外交流合作和对口帮扶工作,在加快自身发展的同时,主动服务全国。进一步扩大开放,充分利用好两个市场、两种资源,不断拓展发展空间。围绕

精品钢延伸业、船舶配套业等区域特色产业，力争引进一批质量高、规模大、带动强的项目。

（六）促进劳动就业，健全社会保障，切实解决好民生问题

切实把扩大就业放在经济社会发展更加突出的位置，建立促进就业工作平台和促进就业运行机制，把政府出资就业岗位和对企业政策调控的新增就业岗位纳入促进就业工作平台，实现就业实体对接，重点解决就业困难群体的就业安置问题。完善政府促进就业责任体系，加强对促进就业工作的指导。完善促进就业政策体系，加强产业政策与就业政策的协调，出台鼓励企业吸纳本地劳动力就业的扶持政策和激励政策，把引进项目和引进岗位结合起来，有序、有效地推进经济发展与促进就业的良性互动。以市场为导向，完善促进就业培训体系，着力抓好失业人员的就业再就业培训。加强促进就业服务体系建设，积极推进“万人就业项目”、4050 项目，大力发展非正规就业劳动组织，对就业特困人员实行就业托底安置。加大劳动力市场监管力度，规范劳动力市场秩序。

进一步完善社会保障体系。继续大力推进小城镇社会保险工作，按照“新帐不欠，老帐逐步还”和“先易后难，分步实施”的工作原则，使新征地人员社会保障参保率达 100%；同时，落实相关配套政策，分类、分步解决老征地人员的社会保障问题。农村残疾人养老保险参保率达到 100%。不断完善工伤保险和外来从业人员综合社会保险的管理服务，保障劳动者的合法权益。

加强社会救助管理，努力构建具有“宝山特色、全局平衡、重点突出、一口上下”的帮困救助体系。加大助困、助学、助医、助老、助残工作力度，扩大帮困救助覆盖面，提高救助水平。认真做好送医、送药、送科技、送教育、送文化、送就业岗位等系列下乡活动，把党和政府的温暖送到千家万户。进一步提高特困学生补助标准，做到不让一个困难家庭的中小学生因家庭贫困而失学、退学、辍学，积极扶助符合条件的贫困家庭子女上大学。建立医疗帮困专项资金，对困难家庭中的大重病患者给予一定的医疗补助。利用社会资源发展多样化养老服务，改善老年人物质和精神生活，做好全区独居困难老人的实物帮困工作，新建养老院 1 所，新增养老床位 200 张，实现全区村（居）委老年活动室全覆盖。提高残疾人保障水平，为残疾人平等参与社会创造条件。大力支持和促进社会慈善事业发展，形成团结互助、扶贫济困、融洽和谐的社会氛围。

（七）加强社区建设，推进网格化管理，巩固基层基础工作

认真贯彻落实《中共上海市委关于加强社区党建和社区建设工作的意见》，按照“社区建设实体化、社区管理网格化”要求，积极建设“管理有序、服务完善、环境优美、文明祥和”的新型社区。进一步发挥“两级政府、三级管理、四级网络”的体制优势，以“强三实四”为目标，强化街道办事处“组织领导、综合协调、监督管理”职能，提高综合管理社区事务、监督专业管理、组织公共服务和指导居民自治的能力。开展社区建设创建活动，打造精品小区，培育品牌街道，不断增强社区的实力、魅力和活力。

以人口规模、地域面积和功能定位为基本依据，采用新建、改造、调整、共享并举的方式，规划和配置好社区各类公共服务设施。建成友谊路街道和海滨新村街道社区服务中心，逐步完善社区文体设施，不断健全社区公共服务功能。以社区服务中心为前台，以街道和政府相关职能部门为后台，构建一口受理、职责分明、联系紧密、内部协办的政府公共管理和服务网络。

按照“边界统一、协同巡查、分类执法”的社区管理要求，继续深化社区网格化管理的运行机制，进一步提高现有社区网格的快速反应能力，确保对社会事件做出应急联动反应和协同处置。进一步提高社区管理的整体水平，缩小城乡差别，接轨中心城区，努力构建社区管理工作新格局。全面推进就业、社会救助、计划生育、矛盾化解等管理服务工作社区化，探索建立社区各方参与、合作共事的社区事务议事协商机构，建立以信息共享为重点的社区公共资源共建共享机制。

（八）加强社会治安综合治理，积极化解人民内部矛盾，努力打造平安宝山

进一步完善以“六位一体”为主体的社会治安综合治理网络体系，严厉打击危害人民群众安全的“八类”恶性案件、恶势力犯罪和重大团伙犯罪等各类刑事犯罪，使人民群众的安全感进一步增强。全年刑事案件发案率下降 5%，万人发案率控制在万分之五十五以下。完善外来人口属地化管理长效机制，加强对吸毒人员、社区服刑人员、刑释解教人员、闲散青少年的教育管理，预防和减少犯罪。

进一步完善化解人民内部矛盾工作机制，继续落实维护社会稳定工作责任制，按照“谁主管、谁负责”原则，做到“发现得早，化解得了，控制得住，处置得好”。落实社会矛盾化解责任体系，切实解决好信访突出问题和群体性矛盾，努力把矛盾化解在基层，化解在萌芽之中。进一步健全和完善信访排查预警机制，建立并完善群体性矛盾信息专报制度，提高初信初访的解决率，确保不发生影响全局的大规模群体性事件。

进一步完善安全生产监督管理机制和责任体系，强化安全生产责任签约考核，全面开展对小企业安全生产监管和信用评估工作，切实消除各类事故隐患。以强化安全生产专项整治和重点领域、重点行业监管为抓手，严肃查处各类安全生产事故和违法行为，坚决遏制重特大事故的发生，使一般事故发生率明显下降。

（九）深化农业结构调整，推进宅基地置换试点工作，促进农民增收

在区域总体规划和土地利用规划基础上，编制基本农田保护规划和农业土地利用规划。稳定粮食播种面积，完成粮食生产任务。建立健全农村土地流转机制，深入推进农业向规模经营集中，规模经营面积力争达到 10.5 万亩。进一步推进农业区域化布局、标准化生产、专业化经营、品牌化销售、社会化服务，继续巩固提高现有农业龙头企业发展水平，加强食用农产品监管。鼓励、支持、发展多种形式的农业合作经济组织，推进异地种养业发展。加强农业基础设施建设，完成罗店现代农业示范区、长兴农业综合开发区建设。改善农业生产条件和生态条件，提高农业综合生产能力和抵御自然灾害能力。

按照市政府“先行试点、重点突破”的要求，大力推进农民居住向城镇集中。进一步完善宅基地置换试点方案，启动顾村镇、罗泾镇宅基地置换试点工作，盘活土地资源，集约利用土地，改善农民居住条件。积极开展农民就业培训，提高非农就业能力，为农村富余劳动力提供就业岗位 1 万个。巩固完善农村合作医疗制度，不断扩大覆盖面。继续做好农村贫困家庭社会救助工作，为农村贫困家庭翻建危房。认真组织第八届村委会换届选举工作，抓好村务公开，切实加强农村基层组织建设。

按照“多予、少取、放活”的方针,全面落实各项农民增收措施,保障农民利益。稳定农民经营性收入,增加农民非农就业收入,提高农民保障性收入,维护农民财产权益性收入,确保农民收入稳步提高,农村居民人均纯收入增长10%左右。

(十)进一步转变政府职能,大力推进依法行政,全面提高政府工作水平

认真贯彻落实《中共中央关于加强党的执政能力建设的决定》,坚持科学执政、民主执政、依法执政,继续完善政府工作制度和运作机制,不断提高政府工作水平。全面优化重大决策的规则和程序,完善公众参与、专家论证和政府决策相结合的决策机制,坚持重大决策都要深入调查研究、广泛听取意见、充分进行论证、集体讨论决定。建立健全决策后评估机制,及时调整和完善有关决策,不断提高决策的科学化、民主化水平。

进一步转变政府职能。在继续完善经济调节、加强市场监管的同时,更加注重依法履行社会管理和公共服务职能。进一步理顺政府与企业、市场、社会的关系,把政府工作的重点、政策支持的重点、财政保障的重点进一步向社会事业发展、基础设施建设、生态建设、环境保护、就业和社会保障等方面倾斜。在深入调查研究的基础上,认真做好宝山区“十一五”规划的编制工作。加强“宝山经济社会协调发展评价与监测体系”建设,增强政府对经济社会发展情况的跟踪监测。完成第一次经济普查,抓紧做好数据库的研究开发和利用。以食品、药品、房产交易和建材装潢等行业为重点,扎实开展整顿和规范市场经济秩序工作。进一步整合资源,编制完善各类紧急处置预案,切实提高城乡防灾、减灾的综合管理能力和对突发公共事件的处置能力。

积极推进依法行政。认真贯彻国务院《全面推进依法行政实施纲要》,强化政府权力与责任的统一,严格按照法定权限和程序行使权力,切实做到“有权必有责、用权受监督、侵权须赔偿、违法要追究”。继续抓好政府信息公开工作,完善工作规范,建立监督、评议制度。进一步完善政府门户网站建设,开通各乡镇、街道领导信箱,加强政府与市民的联系,及时、有效解决人民群众反映的问题。全面完成2005年与人民生活密切相关的实事项目。坚持向区人大常委会和区政协通报重要工作制度,自觉接受人大、政协监督,接受新闻舆论和社会公众监督,加强政府内部监督,支持监察、审计部门依法独立履行监督职责。

切实加强政府自身建设。坚持一切从实际出发,大力加强机关作风建设,开展新一轮“万人百企评机关”活动,增强政府工作人员的服务意识、责任意识,切实提高行政效能。完善以群众评议为基础、行政首长评鉴为主导的公务员考核制度,继续落实行政机关工作人员行政过错责任追究暂行办法,切实加强对公务员队伍的管理。坚持“标本兼治、综合治理、惩防并举、注重预防”的方针,切实加强廉政建设和反腐败斗争,以解决群众反映的突出问题为重点,坚决纠正损害群众切身利益的不正之风。

政府全体工作人员,特别是各级领导干部要始终牢记立党为公、执政为民的工作宗旨,做到权为民所用,情为民所系,利为民所谋。我们是党教育、培养的干部,是党和人民让我们走上今天的岗位。民不宁,我心不安。我们的工作是为人民服务的,我们的一切都要以党的利益、人民群众的利益为首要。离开人民群众的帮助、支持,我们将一事无成。我们要心里装着群众,凡事想着群众,工作依靠群众,一切为了群众,全心全意,办好人民急需的事;求真务实,办好人民普遍得实惠的事;狠抓落实,办好人民长期受益的事。用我们满腔的热情、真挚的感情,关心群众的疾苦,体察群众的情绪,团结和带领群众不断前进;用我们不懈的奋斗,努力建设服务政府、责任政府、法治政府;用我们实实在在的发展成果,惠及千家万户、惠及全区人民。

各位代表,新的目标,鼓舞人心;新的形势,催人奋进。我们要以邓小平理论和“三个代表”重要思想为指导,树立和落实科学发展观,在中共上海市委、上海市人民政府和中共宝山区委的领导下,在区人大、区政协和社会各界的关心、支持、帮助下,以“每天当作第一天,用心做好每一件”的精神状态和工作要求,坚定信心,扎实工作,把人民群众对我们的信任和支持化作前进的力量和必胜的信心,为胜利实现三年中变样目标而努力奋斗!

附:政府工作报告有关内容注释:

“四增两减”:四增是指增加绿化,增加公共空间,增加就业岗位,增加公共配套;两减是指减少建筑容量,减轻历史负担。

“批项目、核土地”:是2004年实行的一项旨在强化土地管理的制度,政府有关部门按照规定权限,分别在固定资产投资建设项目审批、规划选址和用地预审中,加强用地规模控制与核定,目的是为了加强对固定资产投资建设项目审批中的用地规模控制,切实提高土地集约利用效率。

“供水体制一体化改革”:根据上海市政府的有关要求,宝山区供水业务将纳入上海市自来水市北有限公司范畴,由市北公司逐步切换、全面接管的方式负责宝山区的供水。

“一环五园”:一环是指绿色环区生态小道;五园是指炮台湾湿地森林公园、庙行东茭泾绿地、顾村环北公园、宝山工业园区白鹭公园、杨行蔓弯绿地。

“百万家庭网上行”:是2003年上海市政府开展的一项实事工程,计划用三年时间,对本市百万社区居民进行信息化知识和应用技能的基础性培训,目的是消除数字鸿沟、培育信息消费,提高上海信息化的总体水平。宝山区三年培训的目标是三万人。

“加强初中建设工程”:2002年上海市政府提出用三年左右时间全面缩小校际之间、区域之间初中教育的差距,使三分之一左右相对薄弱初中的办学水平得到显著提高,推出一批以内涵式发展提高办学水平的初中先进学校群体,全面提升初中整体办学水平和教育质量。

“早教中心”:对0–3岁婴幼儿进行早期教育的服务指导机构。

“横沙渔港”:2003年2月20日,区政府决定命名长兴岛横沙港为渔港,同年4月农业部予以公布。该渔港规划项目总投资预计1.2亿元,计划建成集水产批发交易与加工、船舶综合补给与修理、旅游观光与休闲度假为一体的国家级中心渔港。

“万人就业项目”:政府出资购买、政府特许经营以及无偿使用公共资源开展的社会管理和公共服务项目。

“六位一体”:是指由公安队伍、治安辅助巡逻队、物业保安、社区综合协管员、治安防范志愿者和司法社工组成的维护社会稳定队伍。

“两个第一”:科学技术是第一生产力,人才资源是第一资源。

“循环经济”:是一种以资源的高效、循环利用为核心,以“减量化、再利用、资源化”为原则,以低消耗、低排放、高效率为基本特征,符合可持续发展理念的经济增长模式,是对“大量生产、大量消费、大量废弃”的传统增长模式的根本变革。

“三个集中”：是指人口向城镇集中，工业向园区集中，土地向规模经营集中。

“一整体、五分区”：一整体是指以宝山区425平方公里区域为系统，努力建成一个分工合理、功能齐全、环境优美的现代化滨江新城；五分区是指中心城区、新城区、产业区和长兴、横沙两岛。

“群众文化百千万工程”：百是指百场欢乐在社区文化活动、百场文化下乡演出、百场社区市民讲座、百支社区文艺团体展演、百件优秀文艺作品创作；千是指一千场公益性电影送农村、海岛、社区活动；万是指万人参与，万人享受贴心文化活动。

“三线五纵七横”：三线是指轨道交通一号线、轨道交通三号线、轨道交通七号线；五纵是指逸仙路—同济路、江杨南路—江杨北路、共和新路—蕰川路、潘泾路、沪太路；七横是指长江路—长江西路、外环线、水产路、宝杨路—宝安公路、友谊路、郊环线、石太路。

“一横六纵”：一横是指走马塘；六纵是指桃浦、西弥浦、东茭泾、西泗塘、南泗塘、小吉浦。

“七横八纵”：七横是指新川沙河、顾泾、练祁河、马路河、湄浦、沙浦、蕰藻浜；八纵是指罗蕰河、新槎浦、荻泾、潘泾、杨盛河、随塘河、北泗塘、沈师浜。

“四个一”：是指一个口子进、一个池子蓄、一个渠道出、一套班子管的土地管理机制。

“六路一桥一区”：六路是指外环线宝山段、逸仙路—同济路、牡丹江路、友谊路、淞滨路、宝杨路；一桥是指吴淞大桥；一区是指吴淞客运中心区域。

“五纵三横一点”：五纵是指牡丹江路、逸仙路—同济路、江杨南（北）路、共和新路—蕰川路、沪太路；三横是指淞滨路、外环线宝山段、友谊路；一点是指吴淞客运中心。

“六摊、六乱”：六摊是指早点摊、百货摊、水果摊、洗车摊、修配摊、夜排挡；六乱是指乱设摊、乱搭建、乱张贴、乱涂写、乱晾晒、乱堆放。

“强三实四”：强三是指强化第三级——强化街道“统揽全局、整合信息、协调资源、建设队伍”的功能，发挥街道党工委的领导核心作用；实四是指夯实第四级——强本固基，充分发挥居民区党组织的战斗堡垒作用，为群众解决实际问题，创造安居乐业的生活环境，最终实现“强核心、聚人心”的工作目标。

“八类”恶性案件：是指刑事案件中杀人、抢劫、伤害、强奸、爆炸、绑架、劫持、放火等八种暴力犯罪案件。

宝莲府邸小区
位于牡丹江路海江路

宝山区建设和交通管理委员会

BAOSHANQU JIANSHE HE JIAOTONG GUANLI WEIYUANHUI

主任：杨卫国
地址：泰和路245号1号楼
邮编：200940
电话：56167051

上海市宝山区建设和交通管理委员会是宝山区人民政府主管全区城乡建设和管理工作的职能部门。根据本区国民经济和社会发展的总体规划，负责研究制订城乡建设和管理的发展规划，编制中长期规划和年度计划；负责交通运输管理、国防交通和无人看守铁路道口工作；负责本区市政基础设施建设、交通运输发展、园林绿化建设，审批或审核市政工程、绿化工程、公用事业等建设项目的立项和实施计划；组织、指导、协调并监督城乡建设和管理工作中的有关行政审批及执法工作；组织城乡建设重大项目前期论证和项目技术储备，指导、协调并督促本区重大工程的实施；组织、指导并督促区内市政道路(公路)、交通、绿化、建筑、公用等行业管理工作，培育和规范建设工程市场；负责对建设项目的质量、安全管理的指导和监督；指导、协调推进区域村镇建设、负责行业管理；负责有关行政复议受理和行政诉讼应诉工作。

江杨北路四期工程完工

"交钥匙工程"宝山区委党校

通车时的地铁一号线延伸段共富新村站

百路整治后的永清路

新建成的虎林园绿地

建成后的中环线汶水路段

中国 ·经纬置地有限公司 地址：上海市沪太路3888号 邮编：200444
电话：021-56503388
CHINA.KINGWAI PROPERTY COMPANY LIMITED.

超大规模社区·十项全能家园

超大规模：经纬城市绿洲，雄踞中、外环线之间，上海大学板块、150万平方米城市新坐标，规划、交通、环境、文化、教育、商圈、医疗、运动、智能、服务，十全设施，满足时尚便捷生活的需求。

主景观效果图

经纬置地倾力·城市绿洲崛起

中国·经纬置地有限公司是由经纬集团出资设立的房地产开发企业，公司于1996年3月成立，主要从事大型专业市场和商品住宅的开发建设，是全国工商联住宅产业商会副会长单位，上海市工商联住宅产业商会执行会长单位。

公司以造福一方为己任，在上海中心城区内投资开发大型生态家园——经纬城市绿洲，它雄踞中环线（在建中）与外环线之间，由塘祁路、南陈路、锦秋路与沪太路合围而成，毗邻上海大学，150多万平方米的开发规模使之成为上海城市发展的又一新坐标。整体项目由国际著名大师团队美国GENSLER公司规划设计，上海现代设计集团担纲负责建筑设计，强强联手，演绎以人为本的健康生态人居理念；规划中M7线南陈路站位于社区内，途经静安寺等繁华地区，更与全城主要轨道交通接驳，上海"三环十连"快速干道之一沪太路沿边而过，距中环线4公里，距外环线1公里，844、522、963等多条公交线路经过社区，交通快捷；天然活水桃浦河贯穿社区，1.2公里长的沪太路坡形景观绿带，凸现城市山韵，社区恍若林中桃源胜境，数万平方米社区公园孕育出碧波湖泊，生态景观尽显；中华全国工商联纺织服装商会总部——中华纺织服装会馆坐落社区，不乏国际文化交流；社区内配置幼儿园、小学、中学，得天独厚，上海大学、上大附中、大专院校环伺左右；地铁出口13万平方米商业中心、超市、酒店式公寓、影院、各类店铺琳琅，聚成上海大学板块的核心商圈，都市繁华尽享；社区与沪上知名医疗机构全方位合作开设医疗保健中心，提供住户平时一般医疗所需；体操训练中心、羽毛球场、网球场、坡地晨运步道、游泳池、壁球馆等健身运动设施，引领住户进入时尚运动行列；一卡通、宽带、信息网到户、红外线周界报警系统、车辆出入管理系统等现代智能装备，提供安全放心；社区由香港物业"现代智能物业管理（上海）有限公司"承担物业管理服务，人性化精心管理提升住户生活品质。公司以超前的意识和广阔的胸襟打造经纬城市绿洲，使之成为规划、交通、环境、文化、教育、商圈、医疗、运动、智能、服务十项全能社区，力求让住户享受更美好的城市生活。

公司将一如既往地秉承着"稳健务实、开拓创新、团结拼搏、与时俱进"的企业精神。在这样一个伟大的时代里，公司愿用创作一件伟大作品的心，致力于为人们打造理想家园。

外立面效果图

行榜提名

中国·经纬置地荣登2004年「中国值得尊敬的房地产品牌企业」总评榜

经纬城市绿洲在2003年度上海市住宅区规划设计项目评选中荣获银奖，2004年2月被全国工商联住宅产业商会评为中国住宅100强第12名， 2004年5月入编《中国知名地产》，2004年11月在全国工商联住宅产业商会主办的精瑞住宅科学技术奖评选中荣获住区规划设计优秀奖， 2004年12月被中国房地产指数系统、中国房地产TOP10研究组评为2005年上海最具投资潜力楼盘，2005年3月被上海市房地产交易中心评为2004上海市商品房（楼盘）销售面积、销售金额双50强。公司在2004年8月被推选为上海住宅产业商会执行会长单位， 在2004年中国住宅产业博览会上被评为中国住宅产业十大品牌企业，2004年12月在由《解放日报》、《北京晚报》、《广州日报》、《扬子晚报》、《杭州日报》等25家主流媒体参与的“中国主流媒体房地产宣传联盟”评选中荣登2004中国值得尊敬房地产品牌企业，2004年12月被中国资信评估学会、中国质量标准研究中心评为2005年度中国建设系统企业信用、信誉AAA级企业。

▲ 经纬城市绿洲荣获“住区规划设计优秀奖”

▲ 经纬城市绿洲被授予“2005年上海最具投资潜力楼盘”样本称号

▲ 经纬置地荣获“中国住宅产业十大品牌企业”

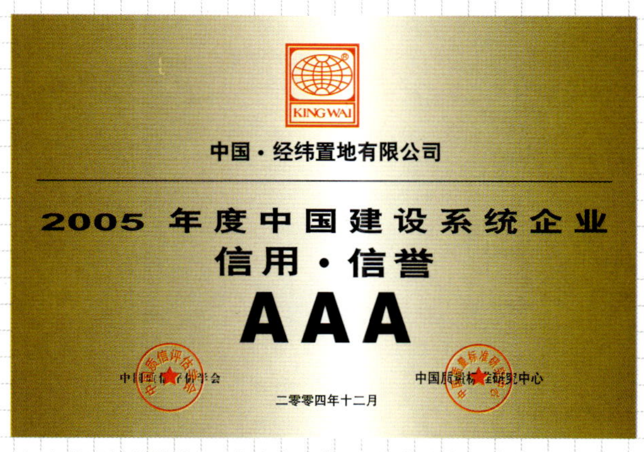

▲ 经纬置地荣获“2005年度中国建设系统企业信用·信誉AAA”企业

▲ 经纬城市绿洲荣获“2004年上海市商品房(楼盘)销售面积50强”

▲ 经纬城市绿洲荣获“2004年上海市商品房(楼盘)销售金额50强”

常务理事

宝山区 高境镇

BAOSHANQU GAOJINGZHEN

镇党委书记：曹正兴

镇长：顾梅林

地址：殷高西路111号

邮编：200439

电话：56828177

高境镇与虹口、闸北、杨浦三区相邻，与区内的庙行、淞南两镇相接。镇域面积6.97平方里，辖江杨、高境、马桥3个行政村，5个村级实业公司（信南实业有限公司、奎照实业有限公司、雷博实业有限公司、胜峰实业有限公司、新江实业有限公司），21个居委会（其中1个筹建中）。有镇、村两级企业75户。年末有常住户籍24381户，55805人。年计划生育率100%，人口出生率3.09‰，人口自然增长率-4.47‰。全镇有线电视用户19192户，养老保险投保率100%。2004年，全镇实现增加值13.3亿元，比上年增长35.9%；工业总产值18.59亿元，增长84.9%；实现社会消费品零售总额6.4亿元；财政收入实现1.47亿元，增长59%；固定资产投资2.9亿元，增长70.6%。新增招商户数171户，注册资本2.65亿元。合同利用外资4035万美元。年内创市级文明小区10个，区级文明小区10个。现有市级文明村2个，区级文明村1个，区级文明楼132幢；市、区两级文明单位10个。建成“百佳文化小区”15个。17个居委达到市一级标准，其中创建示范居委10个。居民区规范建档达100%。区首家“国家卫生镇”通过验收。年内，全面推进“国家卫生镇”工作。

宝山区 庙行镇

BAOSHANQU MIAOHANGZHEN

镇党委书记：徐荣森

镇长：徐林彬

地址：共康路5号

邮编：200443

电话：56404371

庙行镇位于区境南部，东与通河新村街道相连，南与闸北区彭浦新村街道相接，西与大场镇相邻，北与杨行、顾村两镇相望，总面积7.14平方公里。辖野桥、康家、场北3个行政村，3个撤销村建制的村级公司（新星实业公司、骏利集团公司、上海宝业集团），9个居民委员会。2004年底，全镇城乡常住户籍8400户，总人口（庙行派出所管辖人口）21260人。常住人口计划生育率为96.41%，户籍人口计划生育率为100%；人口自然增长率-0.2‰。全年实现增加值13.5亿元，增长20%；完成工农业总产值142200万元，增长25.6%。完成工业销售产值14亿元，增长23%；实现财政收入1.73亿元，增长25%；完成外贸出口额2200万美元，增长57.1%；完成商业租赁收入9175万元，增长46%；完成社会消费品零售额16亿元，增长113.3%；完成工业性项目投入1.1亿元；劳均分配达到18861元，增长20.3%，人均收入11420元。全镇合作医疗普及率、保险参入率分别达到100%。年内创建市级文明小区4个，区级文明小区4个，市级文明村1个，区百佳文化小区3个。

3家汽车销售公司落户庙行。年内，上海中骋汽车销售有限公司、上海东昌汽车宝山销售服务有限公司、上海申银宝业汽车销售服务有限公司落户庙行镇，分别占地面积为9270平方米、10000平方米和6660平方米，建筑面积分别为4918平方米、6500平方米和3500平方米，销售的品牌项目为东风标致4S、东风日产4S和奇瑞4S，总投资9000万元。8月份开业以来，销售额达4600万元。此外，上海安亭旧机动车交易市场于6月18日在庙行镇开业，2004年实现销售收入2.6亿元。

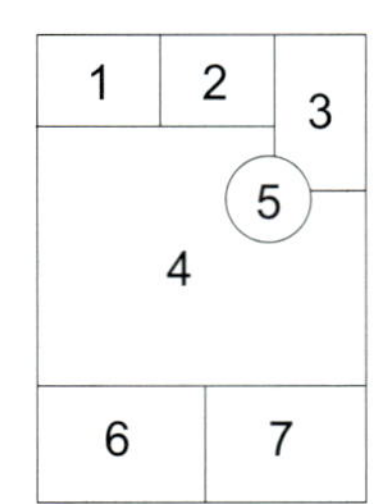

1. 共富路
2. 好美家建材超市
3. 华怡宾馆
4. 东风标致4S店
5. 二手车交易市场
6. 共康服饰城
7. 大康度假城

东风标致
PEUGEOT
皮装世界
KFC

乡党委书记：陈锡琪 / 乡长：顾卫俊 / 地址：新民镇新环路75号 / 邮编：201914 / 电话：56893508

宝山区 横沙乡

BAOSHANQU HENGSHAXIANG

横沙乡位于长江入海口东端的岛屿，

三面临江，一面濒海，总面积51.74平方公里，

全乡拥有耕地面积2463.83公顷，辖24个行政村，246个村民小组。

年末，全乡有户籍11867户，人口33958人。

计划生育率99%，人口出生率5‰，人口自然增长率-5‰。

2004年全乡实现增加值15.5亿元，比上年增长65.4%；

工农业总产值121302万元，其中工业总产值110746万元，增长7.1%，

农业总产值10556万元，增长-8.5%；

社会消费品零售总额1459万元，增长13.63%；

财政收入23981万元，比上年增长86.5%；固定资产投资3980万元；

利用外资总额616万美元；农民人均收入4920元，增长20%。

年内发放各类助学款70.3万元，翻建危房42户，

投资580万元改建社区卫生服务中心和乡内11个卫生点，

市级文明村6个，区级文明村14个，创建市级卫生村5个，

合作医疗参入率达87%。提高了农村老年人生活补助标准，

60岁以上的农村老年人由原来每人每月30元提高到现在的75元。

白玉兰花苑

位于宝山中心城区海江路永清路

大事记（2004）

Chronicle of Events（2004）

■编辑　陆柏盛

概要

●贯彻中央宏观经济调控政策，经济保持平稳、健康、协调发展。增加值、财政收入、工业销售产值、利用外资等指标提前一年达到“中变样”目标。开展土地市场整顿和各类开发区清理，撤销6个区级工业区；开展固定资产投资项目清理，取消、停建17个占地多、能耗高、产出低的项目。

●加强以“三个一”（一把手、一班人、一支队伍）为重点的干部队伍建设。区委四届四次全会讨论并通过《关于加强干部队伍建设，确保三年中变样目标顺利实现的决定》，明确干部队伍建设的目标，完善干部的考核、淘汰、工作规范、培养选拔四个机制，制定《2004~2007年宝山区人才工作行动计划》。

●《宝山区区域总体规划》编制完成并经市政府批准；《宝山区区域总体规划实施方案》编制完成并经市规划局批准实施。

●城市基础设施建设步伐加快，一批重大工程建成。郊环线北段全线通车，地铁一号线北延伸段投入运行，友谊西路辟通工程竣工，新建区委党校投入使用。

●宝山工业园区、罗泾镇行政区划及管理体制调整，宝山工业园区党工委与罗泾镇党委、宝山工业园区管委会与罗泾镇政府实行合署办公，党政领导班子成员相互交叉任职。

●区域环境建设与管理取得新成效。“一环五园”生态绿地建设工程启动；吴淞工业区完成污染治理项目23个，关停污染严重的企业12家、生产线35条；初步建立区域性环境监测、评估体系；成立城市管理监察大队。

●罗店中心镇1.2平方公里的核心风貌区初步建成。建成并对外开放的标志性工程有占地20公顷的美兰湖、3万平方米的美兰湖会议中心、7万平方米的北欧风情街及诺贝尔科技公园等。

●区委、区政府召开教育工作会议，明确把教育摆在优先发展地位，实现教育适度超前发展，确立初步建立现代化的国民教育体系和终身教育体系，提出“率先基本实现教育现代化，努力创建教育先进区”目标。

●群众性文化体育活动蓬勃开展。第四届上海宝山国际民间艺术节、首届宝山区体育运动会举办。

●新征地人员社会保障工作正式启动。落实被征用地人员社会保障19960人，占上年全区农村人口的11.8%，新征地人员社会保障率达100%。

1月

1日　即日起，全区正式开始实施合作医疗保险基金门急诊就医记录册制度，农村居民医疗保险待遇得到进一步提高。

3日　区委、区政府主要领导对《新民晚报》在头版刊登的《6000万“预售”一片黄泥地》一文作出指示。该文反映上海龙灏置业有限公司违规操作。区房地局责令该公司停止预售并张贴通告，向市民致歉。市房地资源局即日作出取消该公司的房地产经营资质的处罚。

9日　区委、区政府召开政法工作会议，区领导薛全荣要求为宝山的发展变样创造和谐稳定的社会环境和法治环境。

10日　副市长杨晓渡到宝山区海滨七村17号手脚关节变形的高秀蓉家中慰问，2月26日专派市政府办公厅工作人员为高秀蓉送上从西藏购来的药品。

13日　区委、区政府召开建设健康城区工作动员大会。

16日　区委领导与长海医院代表团就双方加强合作进行座谈。

20日　区政府在月浦镇马泾桥召开现场会，区领导实地察看马泾桥5个新村改造情况，并部署落实新的实事工程。

29日　猴年春节后的第一个工作日，区四套班子主要领导到宝山工业园区召开现场办公会，提出要以强烈的政治责任感抓好园区建设。

本月　区政府召开安全工作专题会，区领导吕民元强调为了群众的安全要“如坐针毡”，常抓不懈。

2月

2~5日　区政协五届三次会议召开。

3~5日　区五届人大二次会议举行，市人大常委会副主任、市总工会主席陈豪到会祝贺，市委副书记刘云耕在闭幕式上讲话。

10日　区党风廉政建设干部大会召开，区领导薛全荣强调，要大力弘扬求真务实精神，把执政为民落到实处。

12日　区宣传思想工作会议召开，区领导薛全荣要求在落实“变样”任务中推进思想宣传工作。

△　市委组织部在区机关大楼会议室召开“高兴、放心”活动座谈会。

17日　区委、区政府召开就业和社会保障工作会议，区领导薛全荣要求加强领导，突出重点，抓好落实。

18日　区组织工作会议召开，强调加强干部队伍建设，加强基层组织建设。

19日　区城乡建设与管理工作会议召开，区领导薛全荣要求城乡建管要抓好“五个落实”（落实领导责任、落实操作主体责任、落实各项目任务的节点目标、落实严格的考核和高标准的后评估机制、落实工作机制的创新）。

24日　区召开信访工作会议，区领导薛全荣强调要求关心群众疾苦，维护群众利益。

△　《宝山区域总体规划纲要》在区人大常委会第七次会议上获得通过。

26日　市委常委、副市长周禹鹏等来宝山视察罗店中心镇建设。

△　区领导薛全荣、吕民元等与上

海大学领导交流座谈，表示将加强服务、加强协作，共同推进科教兴区。

本月　在市外贸工作总结表彰会上，宝山区获市外经贸工作组织一等奖，区外经委获市外贸服务奖。

3月

2日　区知识分子工作领导小组召开会议，讨论《区高级专家协会章程》等文件，审议区第五届拔尖人才、青年尖子候选人名单。

2~7日　区委举办区处级党政“一把手”学习研讨班，区四套班子主要领导参加学员的专题研讨和学习考察。强调“一把手”要提高“六个能力”（抓好大事、促进发展、维护稳定、带好班子、破解难题、守住清廉），落实“五个第一”（发展是执政兴国的第一要务、依靠人才这个第一资源、坚持把人民利益放在第一位、干部转变作风、深入第一线、人民群众的评判是工作的第一标准）。

8日　区“三八”妇女节纪念会举行，区领导吕民元到会作区情报告。宝山公安分局泗塘派出所民警曹致红获全国“三八红旗手”称号，杨行镇三汀沟村党支部书记马爱珍获全国“双学双比”竞赛活动女能手称号。

△　区委、区政府召开安全生产专项整治现场推进会，区政府与部分乡镇、街道签订《安全生产专项整治责任书》。

11日　区人大常委会主任李贵庆等率部分人大代表视察社区卫生服务中心。

△　区领导与千余名机关干部、绿化先进集体和个人以及市民代表，分别到西城区泗浦河畔和临江公园参加植树活动。

16日　区召开改革工作会议，区四套班子主要领导出席会议。会议要求坚定改革、加快改革，促进加速发展加快变样。

17~18日　中共高境镇第三次代表大会第二次全体会议、中共月浦镇第一次代表大会第二次全体会议分别召开，标志着宝山区党代表大会常任制试点工作启动。

18日　区领导吕民元等带队对上年环境整治的部分道路进行检查，要求加强日常管理，坚决杜绝回潮现象。

19日　宝山区与上海大学精神文明建设共建签约仪式在上海大学举行，宝山区16个乡镇、街道分别与上大16个学院，区团委等与上大团委等签约共建。

20日　区政府聘任贺寿昌等5名专家为宝山区信息化专家组成员。

23日　区召开贯彻实施《行政许可法》工作会议，区领导吕民元强调要加快政府职能转变，扎实推进依法行政。

23日　市人大常委会副主任包信宝、朱晓明来宝山调研。

25日　上海警备区司令员王文惠少将来宝山视察。

27日　区“建设健康城区万人行动日”举行，区领导与27万市民、千余家单位一起参加清洁家园劳动。

30日　区非公有制企业党建工作推进会召开，并举行党员教育管理服务站——“红帆港”的授牌仪式。

△　区召开信息化工作会议，会议提出要突出抓好基础设施建设和实际应用，进一步提高政府办公自动化程度，提高领导干部应用信息的自觉性。

△　区讲师团赴社区开展“弘扬宝山精神”宣讲活动。

31日　区委、区政府召开第四届上海宝山国际民间艺术节信息发布会，就第四届艺术节筹备工作进行动员。

本月　上海区域气象中心人才发展战略研讨会在宝山气象局举行。

△　区规范设置区级议事协调机构，保留44个，根据需要继续设置47个，撤销139个。

4月

4日　市委副书记罗世谦、副市长周太彤等和区四套班子领导及机关干部300余人祭扫宝山烈士陵园。

16日　市武警总队政委卢津平少将一行来宝山视察。

19日　区举办处级党政副职领导干部培训班，培训班于30日结业。

23日　区委、区政府召开人才工作暨公务员队伍建设大会，会议强调人才强区、人才兴区，加强公务员队务建设，是加快宝山发展变样的必然选择。

26日　区委、区政府召开区精神文明建设工作会议，要求全面提升宝山精神文明建设水平。并对2002至2003年度市、区两级文明单位进行表彰。

28日　全区首家公办转制的民办行知二中新校舍落成，校舍坐落在海江一路，占地2.67公顷，建筑面积1.8万平方米，为欧式建筑。

29日　上海市试点城镇建设现场会在宝山罗店镇召开，市委常委、副市长周禹鹏等出席会议并视察罗店中心镇风貌区。

本月　总投资逾3亿元的上海江杨农产品物流基地启动。

△　农业部渔港专家评审组、中国水产科研院专家勘察位于长兴岛圆沙镇的“横沙渔港”。渔港将建成国家一级渔港，目标为实现国家级中心渔港，使港池停泊能力达到千艘渔船，并建有配套的生活基地。

△　吴淞工业区烟粉尘无组织排放整治工作启动。

5月

2日　反映近现代著名教育家陶行知生平主要经历的大型沪剧《陶行知》在宝钢文化中心影剧院举行首场演出，中国陶研会会长方明、宝钢集团老领导黎明等观看演出。

9日　2004宝山政协论坛揭幕。

11日　市委常委、副市长周禹鹏率市有关部门负责人来宝山视察中船基地和浦钢基地所在地长兴岛和罗泾镇的基地建设，对基地建设情况予以肯定。

△　区举行“5·12国际护士节”庆祝大会。宝山现有护士1600余名，约占卫生技术人员总数的28%。

12日　作为贯通宝山东城区和西城区主要通道之一的友谊路辟通工程竣工通车。

14日　2004年上海科技活动周宝山区活动在临江公园开幕，活动主题是“以人为本，全面建设小康社会”。

△　区劳动保障监察协管服务社成立。

18日　上海中集冷藏箱有限公司第十万只冷藏箱顺利下线，自2000年起，该公司产品在全球市场连续4年保持第一的地位。

19日　全国巡展的大型展览《崇尚科学、关爱生命、维护人权、反对邪教》在宝钢文化中心拉开上海首展的序幕。

20日　区城市管理监察大队成立并揭牌，区领导吕民元、杜玉英等出席。

21日　区首个乡镇党员服务中心在罗泾镇揭牌。中心使用面积220平方米，并经市委组织部考核、验收。

△　中国乒乓球协会主席徐寅生来宝山视察曹燕华乒乓球培训学校。

24日　区政协开门办论坛，区领导与应邀参加宝山政协论坛的杭州、苏州、昆山三市政协的领导和三地民营企业家代表就“加快民营经济发展——创业与拼搏感言”座谈交流。

26 日　首部《宝山区志》编修动员会召开,区志编修工作启动。

27 日　上海市宝山区代表团在香港九龙香格里拉大酒店举行投资推介会。区领导薛全荣、吕民元等到会,会上签订总金额近 3 亿美元的 7 个项目意向书。

△　由区内 32 个单位在 3 个月内捐赠的 831 台彩电全部送到长兴、横沙两岛困难群众家中并调试完毕，由区和乡两级财政补助的 90 户危房翻建工程全部竣工。

31 日　区召开农村基层党建工作会议暨农村基层组织建设“三级联创”活动表彰会,月浦镇等 5 个乡镇党委、长兴乡先锋村等 71 个村党组织受到表彰。

△　区领导薛全荣率宝山代表团出访马来西亚和南非。

6 月

1 日　副市长胡延照率市有关部门负责人来宝山调研,并视察杨北中心村。

3 日　区委、区政府召开物业保安队伍建设会议，强调在加快变样中加强治安辅助力量的建设。

4 日　宝山区第四批援藏干部顾云飞、陈江启程赴藏。

△　由安监、公安、质监、工商、环保等六个部门组成的市安全生产专项整治工作督查组到宝山,对区内的有毒、有害化学品生产、储存和使用进行专项检查。

12 日　2004 年宝山区全民健身周活动开始，区四套班子主要领导参加万人健身长跑。

17 日　市武警总队总队长辛举德少将来宝山调研。

19 日　区领导吕民元等冒雨视察北泗塘水闸、吴淞工业区河道整治、获泾水闸翻建工程和泗东路防汛墙翻建工程,要求区各部门进一步做好防汛工作。

24 日　区政协举行“加快民营经济发展”论坛大会,历时 2 个月的政协论坛共有 40 人次的委员提出建议,63 名委员、政协机关干部向大会提交 60 篇书面论文。

26 日　市禁毒委在宝山区宝钢体育场举行公开宣判毒品犯罪分子暨销毁毒品大会。市委常委、市禁毒委主任吴志明到会讲话。

28 日　区委、区政府召开宝山工业园区、罗泾镇行政区划及管理体制调整动员会，提出要努力打造宝山经济发展的新增长极。调整后的宝山工业园区、罗泾镇的总面积达 47.68 平方公里。

“弘扬实践宝山精神劳模事迹报告会”在基层巡讲　　摄影 / 王春明

△　罗店中心镇核心风貌区五项标志型工程建成并对外开放。

△　区市容环卫综合改革正式启动,改革重点是建立以“行业管理、社会管理、市场管理”为核心的新体制,加快推进环卫作业服务市场化进程。

△　区委在驻区海军某部举行“宝山区共建部队党员志愿者服务点授旗仪式”。首批由 8 个部队党员志愿者服务小组与街道 8 个居民区党员服务点共建。

30 日　区召开纪念中国共产党成立 83 周年暨加强机关作风建设大会,会议强调要以求真务实的作风推进区“中变样”目标实现。

7 月

1 日　区举行“纪念‘七一’党员一日捐”活动,区领导薛全荣、吕民元、李贵庆、杜玉英等参加捐款活动并观看宝山区“凝聚力工程”成果展。捐款主要用于对困难党员的帮困互助。

5 日　区村务公开现场会在月浦镇召开，会议要求进一步推进村务公开的规范化、制度化。从 1991 年实施村务公开制度以来，全区 165 个村的村务公开率已达 100%。

7 日　区委四届四次全会举行,全会审议并原则通过《中共上海市宝山区委员会关于加强干部队伍建设，确保三年中变样目标顺利实现的决定》。

9 日　“弘扬实践宝山精神”劳模事迹首场报告会在杨行镇举行，宣讲团成员向与会者宣讲了孟德海等 5 名劳模的先进事迹。

△　由市社联等部门推出的面向全市的公益性社会文化品牌“东方讲坛”在宝山通河新村街道揭牌开讲。

10 日　全国业余少年乒乓球比赛(南方赛区)在宝山宝宸体育馆举行,比赛历时 6 天,23 个省、市、自治区和地区的 71 支代表队参加男女团体赛。

11 日　区政府与市人口计生委在宝山大场镇召开“关爱女孩行动”启动大会,市、区领导杨晓渡、吕民元等出席。宝山为上海市唯一的“关爱女孩行动”试点区。

14 日　按照中央关于建立巡视制度加强党内监督要求，市委巡视组来宝山开展工作,并发布巡视公告。

16 日　区迎世乒赛与世界冠军联谊暨曹燕华乒乓球学校五周年庆典活动在宝宸体育馆举行,市、区有关领导范德官、徐寅生、薛全荣等出席。

21 日　宝山区罗店中学管乐队作为上海唯一参赛队，赴奥地利参加维也

中共中央政治局委员、上海市委书记陈良宇，市委副书记刘云耕，市委常委、副市长周禹鹏由区领导陪同视察罗店新镇北欧风情街。 摄影 / 浦志根

纳国立音乐大学举办的第一届世界吹奏乐队比赛并获银奖。

23日　由市政协主席蒋以任、副主席谢丽娟、黄关从率领的调研组来宝山调研，并视察了罗店中心镇和杨北中心村建设。

△　市委常委、市政法委书记、市公安局局长吴志明等来宝山调研。

28日　宝山区经济普查工作正式启动。

29日　总投资2097万美元的宝山杨行镇企业发展公司与中国最大化工集团上海华谊和台湾联仕合资建设的上海华谊微电子材料有限公司正式签约。

本月　宝山区民间艺术团随市民间艺术展演示团参加7月初在法国巴黎举办的“上海周”活动。

8月

5日　区归侨侨眷第四次代表大会召开，会议选举产生新一届区侨联领导班子。

△　区消费者权益保护委员会成立。

6日　宝山区反家庭暴力受理点在淞南派出所举行揭牌仪式，月浦、庙行受理点同时揭牌。

9~11日　区领导薛全荣率团赴宝山区对口支援的重庆万州五桥三峡移民开发区考察．全年共捐赠对口支援经费285万元以及价值35万元的医疗设备。

12日　区公安分局被命名为公安部公安文化示范点。

13日　区举办“铭记历史，热爱和平，励精图治，继往开来”为主题的系列纪念“八一三”淞沪抗战67周年活动。抗战名将张治中之子张一纯专程来沪，参加纪念活动，并捐赠张治中部分遗物。

18日　区“一号工程”——宝山工业园区和罗泾镇配套商品房暨动迁基地正式开工。按规划，罗泾新镇首期规划面积2.36平方公里，首期启动22.85公顷基地建设。首期工程住宅为2至6层建筑，计2728户，绿地率达35.4%。

△　上海警备区在宝山区人武部召开现场观摩会，区领导薛全荣会见了上海警备区政委戴长友少将和政治部主任吴柏铭少将。

22日　宝山2004年微小项目推介会在月浦镇举行，受到“4050”创业人员欢迎，来自区内各街道的有意创业者400余人参加。

25日　市委副书记王安顺率市有关部门负责人来宝山调研。

△　市人大常委会副主任、市总工会主席陈豪来宝山调研工会工作。

30日　市、区绿化建设的重大工程项目之一的炮台湾湿地森林公园正式动工。炮台湾湿地森林公园东濒长江、黄浦江，占地55公顷，沿江岸线1974.13米。

本月　区政府与上海市水务局举行集约化供水签字仪式，决定对宝山供水体制进行改革，全区范围内深井水切换后自来水水费与市区同价。

△区领导薛全荣、杜玉英等带领区有关部门负责人赴普陀区学习考察。

9月

1日　坐落罗店中心镇美兰湖畔的美兰湖君华会议中心对外试营业。该中心由上海金罗店开发有限公司投资3亿元开发建设。

2日　中共中央政治局委员、上海市委书记陈良宇，市委副书记刘云耕，市委常委、副市长周禹鹏等率市有关部门负责人来宝山视察调研。

7日　中国人民解放军副总参谋长吴胜利中将视察宝山区民兵武器库。

△　区党政机关正科级领导职位竞争上岗年内开始实施，全区党政机关正科级领导职位每5年一次进行统一竞争上岗。

8日　区隆重集会庆祝第二十届教师节，会上表彰了一批获全国优秀教师、市优秀教育工作者及市、区园丁奖称号的先进教师。

9日　上海市来沪人员“居住证”发放试点工作现场会在宝山区泗塘新村街道举行，市委常委、副市长周禹鹏到会并讲话，要求努力提高来沪人员管理水平。

△　上海香山画院翰墨展示厅在淞南镇嘉骏花园成立，著名国画大师程十发任名誉院长。

10日　2004年宝山区运动会开幕式在区体育中心体育场举行，市体育局、宝钢集团、上海大学领导金国强、卞思君、叶志明及区领导薛全荣、吕民元等出席并观看开幕式演出。

△ 上海民兵宝山地区防空作战实兵演练在杨行镇境内上海警备区预备役训练中心举行，宝山民兵作了防空作战演练。

15日 区妇女就业中心挂牌成立，中心将重点探索解决“4050”妇女就业难、就业周期短等问题。

△ 上海市食品安全工作现场会在宝山举行，会议要求切实建立健全食品安全监管制度和长效机制，确保群众生命安全。副市长周太彤到会并讲话。

18日 2004年国防教育刊授经验交流暨全国国防后备力量建设新闻人物评选揭晓大会在宝山区召开，区委书记薛全荣当选为年度十大新闻人物。市委常委、副市长冯国勤，上海警备区政委戴长友少将，政治部主任吴柏铭少将和区领导薛全荣、吕民元等出席大会。

20日 浓缩历史、启迪后人，《近代宝山百年历史图片展》在宝山展出。

23日 区委隆重召开纪念人民代表大会成立50周年座谈会，回顾宝山人大工作取得的历史性进展，总结历届县委、区委在领导人大工作、促进民主法制建设中的实践经验，区四套班子主要领导出席会议。

25日 上海旅游节的系列活动之一的花车在宝山中心城区牡丹江路巡游，数万市民在家门口欣赏花车表演。

27日 区社区全科医生首期岗位技能培训举行开学典礼，区域内15家社区卫生服务中心的院长、首批参加培训的22名临床医生及其实习医院领导出席典礼。

28日 宝山工业园区“五喜临门”：上海模具中心和上海模具产业园揭牌；园区主题公园开工；园区一号大道金石路建成通车；园区首户落地型企业上海屹丰汽车模具制造公司奠基。

29日 宝山区海外联谊会第四次大会召开。大会产生了海联会四届理事会，并向新当选的名誉会长、顾问及境外副会长颁发了荣誉证书。

本月 宝山区文化馆董涛演唱的原创歌曲《塔里木的胡杨》在哈尔滨举行的“全国流行音乐新人选拔赛”上获新作品创作二等奖。

△ 区主要领导分别率区有关部门负责人赴闵行区、松江区学习考察。

10月

2日 由国家体育总局、中国建筑学会和第二十九届奥运会组委会共同主办、宝山区吴淞中学承办的“2004年全国青少年奥林匹克建筑模型竞赛”举行，全国10个省市200余名运动员参赛。

5日 创始于1924年的吴淞中学举行建校80周年庆典。仅从上世纪90年代以来，该校有千余人次获国际、全国、省市级学科竞赛奖，有20余项研究型学习课题获全国和省市级成果奖。

8日 第四届上海市宝山国际民间艺术节首场演出在宝山文化馆剧场举行。

13日 市长韩正，副市长杨雄等来宝山区视察调研。

17日 第六届上海国际艺术节暨第四届上海宝山国际民间艺术节在宝山体育中心举行，来自五大洲的16个国家和地区的19个艺术团476名中外艺术家与会。中国文联主席周巍峙，市委副书记殷一璀，市委常委、宣传部部长王仲伟，副市长杨晓渡及区四套班子领导出席会议。

18日 区政府举行第四届上海宝山国际民间艺术节各参演团团长招待会，区长吕民元致辞。

△ 宝山月浦镇举行“鼓乡之声”游园会暨锣鼓年会，来自五大洲的10个艺术团参加活动。

21日 由上海市工商联和宝山区政府联合举办的首届“长江口民营经济发展论坛”在宝山罗店中心镇美兰湖国际会议中心隆重开幕，300余人出席论坛。全国人大常委会委员、全国工商联副主席王以铭，市委常委、统战部部长沈红光，全国工商联副主席、市人大常委会副主任、市工商联会长任文燕，中国自然科学基金会会长、前北京大学校长、著名学者陈佳洱等到会祝贺。

△ 第四届上海宝山国际民间艺术节在宝山罗店中心镇美兰湖畔圆满闭幕。

26日 区教育人才会议在上海大学附中举行，会上命名21名宝山区教育系统首届“首席教师”及一批新的学科

市委副书记、市长韩正在长兴岛前卫农场桔园。 摄影／浦志根

带头人、教育能手。

27 日　区召开表彰会，对名列宝山区私企 50 强的企业进行表彰。宝山区有 14 家企业跻身上年上海市综合实力百强企业。

本月　宝山区淞南镇在第五届全国农运会全国“亿万农民健身活动”先进乡镇表彰会上获全国体育先进称号。

11 月

5 日　宝山地区党员服务中心在牡丹江路广场举办“相聚在党旗下——宝山地区党员才艺展示专场演出”。

9 日　区召开宝山区域总体规划成果评审会，区领导吕民元介绍了区域总体规划编制的背景和经过，以及在精品钢基地、港口造船产业、工业园区、交通网络等主要战略方向上取得的研讨成果。

11 日　宝山区与重庆市渝北区缔结友好区签字仪式在宝隆宾馆会议中心举行。

△　瑞典西格图纳市与宝山罗店中心镇结为友好城镇签字仪式在美兰湖国际会议中心举行。瑞典驻沪总领事安蓝、区领导吕民元等出席签字仪式。

18 日　市政协副主席宋仪侨一行到长兴考察。

△　区高级专家协会成立，首批会员共 154 人。

22 日　市政协副主席左焕琛率领政协专题视察组来高境镇视察社区卫生服务体系建设情况。

△　宝山区政府与知名跨国企业新加坡佳通集团项目合作协议在锦江小礼堂签约，副市长胡延照到会讲话。佳通集团公司将在宝山工业园区分期投资 6 亿美元，设立与汽车配件产品相关的制造业及其研发和销售中心。

23 日　区委对 2004 年处级领导班子和处级干部实绩考核作出具体部署。

24 日　区纪委举行“廉文鉴赏”交流座谈会，区领导薛全荣在会上强调“一把手”要做到“四个千万不能”：不能因为是“一把手”就为所欲为，不能因为受到别人尊重而忘乎所以，不能把组织和领导的教育提醒置若罔闻，不能做“一失足成千古恨”的蠢事。

26 日　区召开维护稳定和落实党风廉政建设责任制大会，区领导薛全荣、吕民元等出席。会议要求各级党政组织和领导干部切实把发展作为第一要务，稳定作为第一责任。

△　区领导吕民元率队赴安徽休宁县学习考察，并出席由宝山区政府和大场镇政府共同捐资 65 万元援建的休宁县五城中心医院落成启用典礼。

△　区召开经济社会协调发展评价和监测体系研讨会，区领导薛全荣、吕民元到会并讲话。

△　在 2004 年全国地市电子政务应用调查总结大会暨 2004 年中国电子政务高峰论坛上，宝山政府门户网站获全国地市电子政务管理奖。

12 月

1 日　区召开加强土地管理工作会议，区土地储备中心同日揭牌。会上，区政府与各乡、镇长签订了《依法用地责任书》。

2 日　市委副书记王安顺率市有关部门负责人到长兴、横沙两岛调研。

4 日　在第四个全国法制宣传日中，全区 470 余名现职处级领导干部参加学法集中测试。

8 日　上海市第一人民医院宝山分院喜迎建院 70 周年，区领导薛全荣等和市一医院院长柳秉乾出席庆典仪式。

10 日　由巴士高速宝山客运有限公司与吴淞口长途汽车服务有限公司长途资产重组成立的巴士高速吴淞客运公司正式运行，市区 7 条线路 11 个长途客运班次迁至吴淞首发，其中新增南京和杭州的 5 个高速班线。

11 日　高境镇通过国家卫生镇创建工作检查验收团的验收，成为区内第一个创建国家卫生镇。

12 日　由中国陶行知研究会、区教育局和大华集团等联合举办的第二届全国“行知杯”教育教学案例评选在行知小学揭晓，共评出全国各地优秀案例 168 篇。中国陶研会会长方明，市政协副主席、市陶研会会长王荣华等出席并颁奖。

14 日　宝山区各地投资企业协会第六次会员大会举行，选举产生新一届理事会。全区有各地投资企业 8000 余户。

19 日　来自全国 14 个省市的华商组织代表来宝山考察，区领导薛全荣、吕民元等与市侨办主任吕淑萍、市侨商会会长许荣茂参加会见和座谈。

21 日　罗店、大场、杨行、顾村供水区域切换通水和上海市宝山自来水有限公司成立揭牌仪式举行。年内关闭 31 口深井，13.5 万宝山居民饮用上优质自来水。

22 日　由区委组织部牵头，宝山地区党员服务中心连续第三年开展为老党员健康体检活动，100 名来自罗泾、月浦和罗店镇的困难老党员在罗店医院接受免费体检。

23 日　宝山工业园区与区青联联合举办的“喜爱宝山的理由”系列活动之一——“优秀青年企业家联合论坛”举行，论坛主题为“工业园区的科学发展”，150 余名企业家和区有关领导出席。

27 日　区监察学会成立，学会将成为研究监察工作的学术团体、专业机构，联系纪检监察干部的桥梁纽带和反腐倡廉的重要阵地。

28 日　地铁 1 号线北延伸段正式开通，北延伸段从宝山共富新村到上海火车站，连接 1 号线至莘庄。

28~29 日　中共宝山区委四届五次全会举行，出席全会的区委委员、候补委员 29 名，区纪委委员和有关方面负责人列席会议。

29 日　区“一号工程”宝山工业园区大楼建成启用。

△　区委党校新校区竣工启用，校区占地 26476 平方米，总建筑面积 25133 平方米。

△　A30 郊环线北段高速公路竣工通车。

△　区委书记薛全荣被南京军区评为“党管武装好书记”。

31 日　宝山气象科普馆开馆仪式在区气象局举行，该馆是市级科普教育基地。

本月　宝山区被评为“全国文物工作先进区”。

△　吴淞镇地区泗东新村等小区 2040 户旧式公房居民用上天然气。

△　国务院减轻企业负担联席会议办公室来宝山检查工作，自《行政许可法》实施后，区取消涉及企业负担的规范性文件 27 个，取消行政事业性收费项目 51 项，降低收费标准项目 23 项，合计 1500 万元。

No:003 **宝山镜像**

摄影／胡新力 顾鹤忠 浦志根

钟塔四景

位于罗店北欧新镇

灯 塔

位于吴淞口

概　貌

General Introduction

■编辑　陆柏盛

自然环境

■地理位置　宝山区位于上海市北部，分成陆地和岛屿两部分。陆上东北濒长江，东临黄浦江，南与杨浦、虹口、闸北、普陀4区毗连，西与嘉定区交界，西北隅与江苏省太仓市为邻，横贯中部的蕰藻浜将全区分成南北两部，吴淞大桥、蕰川路大桥、江杨路大桥、塘桥大桥横跨其上；长兴、横沙两岛自西至东，横卧于长江口南支水道，全境东西长56.15公里，南北宽约23.08公里，区域面积424.56平方公里。

■地形地貌　区境为长江三角洲的冲积平原，是在江流海潮共同作用下，以长江为主的河流所带的泥沙不断淤积而成。西部罗店、大场一线，成陆于唐代之前，距今1400多年；江湾、月浦一带，公元713年左右已形成海岸线；1069年前后陆上部分全部成陆。近一二百年又有长兴、横沙等岛屿露出水面，围圩开垦。

区境陆地部分为一望无垠的河口滨海平原，整个地势西北高、东南低，海拔2.8米至4.1米之间，呈缓坡状倾斜；两岛为河口沙岛，地势北部略高，南部稍低，海拔2.4米至3.1米。地表土层深厚。在深厚的沉积层中，蕴藏着丰富的地下水资源，陆上罗店、杨行、吴淞一线位于古长江主流线上，含水层分部较广，顶板埋深一般为170米至180米，中心部位含水层厚约70米，分5个含水层。第二、三层埋深60米至160米，有一定开采价值。全境滨江临海，水网密布，河道纵横，有江海岸线118.91公里，其中沿长江海塘23.09公里，两岛岸线84.72公里，临黄浦江岸线11.10公里；有干河30条，总长262.84公里，支河877条，总长959.11公里。多年平均年地表径流量为1.37亿立方米，中水年引潮量为37.35亿立方米，水资源总量38.59亿立方米，可以满足工农业生产和居民生活用水。

全区2004年末有耕地13453.6公顷，平均每一农村人口占有0.084公顷，平均每个农村劳动力负担耕地0.118公顷，平均每一务农劳动力负担耕地0.362公顷。土壤母质主要是长江带来的泥沙沉积物，经长期耕作熟化而成，大部分为轻壤土和中壤土，东半部沿江地区砂性较重，西半部粘性增加，两岛以砂性土质为主。均适宜粮、棉、油、蔬菜、瓜果等多种作物栽培。　（顾伯民）

■气候　2004年气候特点：气温特高，变化幅度大，降水偏少，多台风，多强对流天气。

冬季：气温高，温差变化幅度大，降水较多。2003年12月至2004年2月的平均气温6.4℃，比常年（5.4℃）高1℃，是1987年以来连续第十八个暖冬，但1月气温略偏低（4.1℃），而2月气温（8.6℃）特高，创历史新高。尤其是1月下旬连续低温（低于零下5℃）后，2月中旬又出现反常的假春天（平均温度10.3℃）现象，其后又出现寒潮和强降温，旬间平均气温之差8.9℃为历年之最。1月上中旬各有一段连续阴雨天气。雨日29天，比常年（37.2天）少。降水量186.4毫米，比常年（137.2毫米）增加36%。冬季日照381.5小时，比常年（414.2小时）减少约8%。2月22日有初雷，冷暖空气变化强度大。

春季：气温偏高，降水和日照正常。3月至5月平均气温15.7℃，比常年（14.1℃）高1.6℃，但温差变化幅度大，其中3月9日到17日再次出现假春天现象（5天平均温度最高达13.1℃），而后出现寒潮，到24日才正式稳定进入春天（5天平均温度大于10℃）。雨日29天，比常年（37.2天）偏少，其中3月中旬有一段连续阴雨。降水量276.7毫米，接近常年（273.9毫米）。日照500.9小时，比常年（483.4小时）略多。

夏季：气温特高，降水比常年明显偏少。6月至8月平均气温27.7℃，比常年（26.3℃）高1.4℃；尤其7月至8月高温日（日最高气温大与等于35℃）达20天，为历史次高值，比上年少5天。极端最高温度37.3℃。雨日27天，比常年（37.4天）明显偏少。梅雨期，天气时阴时雨，没有闷热湿潮特征。多强对流天气，受2次台风影响。日照633.4小时，比常年（602.5小时）多约5%。

秋季：气温偏高，降水正常，日照略偏少。9月至11月平均气温19.4℃，比常年（18.5℃）偏高0.9℃。雨日23天，比常年（26.2天）略少。雨量218.8毫米，接近常年（221.0毫米）。日照470.9小时，比常年（506.5小时）偏少。

全年降水量1061.0毫米，比常年（1127.3毫米）偏少约6%。年降水天数104天，比常年（126.1天）少约18%。日降水量≥50毫米天数为1，比常年少1.9天。

汛期（6月至9月）总降水量456.3毫米，比常年（611.2毫米）偏少逾二成半。雨日39天，比常年（48.2天）偏少。梅雨期16天，梅雨量238.0毫米，比常年（184.2毫米）多29%。入梅略偏早（6月15日），出梅偏晚（7月16日）。

年平均气温17.5℃，比常年（16.0℃）高1.5℃，为连续11年气温偏高年（历年第二高）。各月平均气温除1月气温比常年偏低0.1℃外，均偏高。其中2月平均气温比常年高3.5℃，创历史新高。年气温极端最高温度37.3℃，出现在7月2日，年极端最低温度-5.4℃，出现在1月25日。全年的日最高气温≥35℃的高温天数20天，比常年（6.2天）明显偏多。

无霜期264天，比常年（232.6天）多31.4天。2003年度终霜出现在2004年3月8日，2004年初霜出现在2004年11月28日。2003年结冰终期出现在2004年3月8日，2004年结冰初日为

2004 年 12 月 29 日。

日平均气温稳定通过 10℃的初日为 3 月 24 日，终日为 11 月 28 日，持续天数 250 天。

年日照总时数 1963.3 小时，比常年（2004.6 小时）少约 2%。

年平均大气相对湿度 73%，比常年（79%）低 6 个百分点，为历年最低。

主要灾害性天气：（1）气温高，多次受寒潮影响，温度升降幅度之大、之强和时间分布之广为历年罕见，生物生长和活动出现反常或不适应。（2）7 月至 8 月高温天气多，日最高温度≥35℃的天数为历史罕见（历史第二高）。造成较长时期的用电紧张，部分企业和单位因避峰让电而受损。（3）受"蒲公英"和"鲇鱼"台风影响，大风和大到暴雨使部分农田及蔬菜受损。（4））7 月至 8 月多强雷暴天气，伴有局部暴雨和 8~10 级或以上大风，对工农业生产和人民生命财产造成较大损失。（5）12 月气温明显偏高，而下旬出现寒潮、低温（低于零下 5℃）、连续阴雨（雪）和积雪，给交通、电力、供水等部门造成很大压力，但却有利于减少来年病虫害影响。（朱良维）

建制与区划

■历史沿革 宝山，因山得名，1412 年（明永乐十年），境内海滨，曾用人工堆筑成一座土山，用作航海标志，为出入长江口的船只导航，永乐皇帝定其名为宝山。此山于 1582 年（明万历十年）坍没于海，但其名仍沿用至今。

宝山，原属江苏省，1724 年（清雍正二年）从嘉定县分出，建为宝山县。建县时，县境东、北至长江，南至今闸北天目路，西至与嘉定交界的界泾、杨泾，东南至黄浦江以东高桥一带，西南至真如地区，东西长 38 公里，南北宽 41.5 公里，面积 419 平方公里。1928 年（民国 17 年），闸北、江湾、殷行、吴淞、彭浦、真如、高桥等 7 个市乡划归上海特别市，境域面积缩小一半。1937 年（民国 26 年）以后的抗日战争期间，全境划归上海市，蕰藻浜以北地区为宝山区，浜南分属市中心区（江湾）和沪北区，长兴归浦东北区。抗日战争胜利后，除大场划归上海市外，其余按战前建制，重归江苏省，面积约 200 平方公里。解放后，初属苏南行政区，后隶江苏省。1958 年全境划归上海市，同年横沙岛和北郊区并入，境域向东向南延伸，东缘至横沙岛东侧海岸，南缘至广中路、大连西路和走马塘一线，以前划出的江湾、殷行、吴淞和大场重归宝山，面积扩大为 443.64 公里。1960 年划出吴淞镇及蕰藻浜以南长江路两侧成立吴淞区，1964 年吴淞区并入杨浦区。1980 年以后因宝钢建设需要，在上海市人民政府宝钢地区办事处基础上，重新成立吴淞区，城厢镇和吴淞、淞南、庙行、月浦、盛桥等乡的一部分也归吴淞区。1984 年市中心区扩大，划出江湾、五角场两镇和南部地区部分农村归虹口、杨浦、闸北、普陀等区。1988 年 1 月，经国务院批准，撤销宝山县和吴淞区建制，建立宝山区。6 月成立中共宝山区委员会，9 月完成撤建工作。因区划变动，1989 年 11 月、1992 年 9 月，宝山区五角场乡、彭浦乡先后划归杨浦区、闸北区。1997 年 9 月，辖区内原江湾机场 8.6 平方公里和共康小区部分区域 0.726 平方公里分别划归杨浦区、闸北区。

■行政区划 2004 年末，全区辖吴淞镇、海滨新村、泗塘新村、友谊路、通河新村等 5 个街道，月浦、罗店、大场、杨行、罗泾、顾村、高境、庙行、淞南等 9 个镇，长兴、横沙 2 个乡和前卫实业总公司。有居民委员会 233 个（包括乡镇散居数），村民委员会 165 个，村民小组 1526 个。

■人口 2004 年末，按行政区划分统计（公安局数），总户数 327017 户，总人口 867633 人，其中劳改局 4 个农场 4895 户，17414 人；非农业人口 707636 人。年内出生人口 5551 人，出生率 6.45‰，平均每天出生 15.2 人。年内死亡人口 5963 人，死亡率 6.93‰，平均每天死亡 16.3 人。自然增长率为-0.48‰。年内结婚人数 7420 对，离婚人数 2378 对。全区从业人员 432440 人，比上年增长 13.2%，农村劳动者 113656 人。从事第一产业 39598 人，比上年减少 4.2%；从事第二产业 198518 人，比上年增加 15.2%；从事第三产业 194324 人，比上年增加 15.3%。全区人口以汉族为主，占总人口 99.69%。有 39 个少数民族共 7914，其中人数较多的有回族，占少数民族人数的 80%，其次是满族、蒙古族，此外还有朝鲜、壮、藏、维吾尔、苗、彝、布依、侗、瑶、白、土家、哈尼、哈萨克、傣、畲、拉祜、锡伯、俄罗斯、赫哲等少数民族，主要集中分布在 5 个街道和月浦镇、高境镇、大场镇，其他各乡镇亦有分布，但人数不多。

（陆柏盛）

经济和社会发展综述

■2004 年宝山区国民经济和社会发展计划执行情况

（一）经济发展计划执行情况

综合经济实力进一步提高。全年实现增加值 266 亿元，可比增长 22.5%。完成区级地方财政收入 45.2 亿元，增长 42.8%。实现工业销售产值 547.1 亿元，增长 29.7%。实现社会消费品零售额 131 亿元，增长 17.4%。完成全社会固定资产投资 153.8 亿元，其中工业项目完成投资 46.9 亿元。实现外贸出口 19.2 亿美元（海关口径），利用外资总额 8.3 亿美元。

产业结构进一步优化。一是贯彻落实国家宏观调控政策，按照土地集约、产业集聚、园区集中的要求，对全区土地及固定资产投资项目进行全面的清理整顿，优化了产业结构，提高了产业集聚能力。二是加大推进工业园区化战略步伐，工业经济的运行质量及效益进一步提高。全年工业园区实现销售产值 158.3 亿元，增长 40.6%。宝山工业园区建设初具雏型，投资总额达 3.6 亿元的屹丰模具等多个项目落户园区，总投资达 6 亿美元的佳通轮胎已正式签约。两大基地[浦钢罗泾（月浦）基地和长兴造船基地]前期各项工作进展顺利。三是第三产业继续多元化发展。房地产业快速发展，商品房开发和销售再创历史新高，全年商品房销售面积达 254 万平方米，销售金额达 131.1 亿元，分别比上年增长 37.6%和 73.8%。全年公开招标、挂牌出让经营性用地 13 幅 126.4 公顷。商业业态不断调整升级，大型购物中心、大卖场、连锁超市已逐渐成为宝山区商业的主流业态。现代物流业和航运服务业发展速度加快，吴淞国际物流园区粗具规模。四是扎实推进"三农"工作。农业综合开发项目稳步实施，农业发展的基础不断改善。农村土地流转稳步推进，横沙已实现土地流转 867 公顷。农村居民人均纯收入达到 8772 元，增长 10%。

经济发展的活力进一步增强。招商引资成效显著，成功举办宝山（香港）投资推介会和首届长江口民营经济发展论坛。积极探索"无地招商"模式，提高我区存量资源的利用率。贯彻《行政许可法》，不断推进政府服务体系建设。积极探索投融资体制改革，扩大登记备案制的适用范围，进一步发挥市场在资源配置中的作用。

（二）城乡建设发展计划执行情况

城市发展规划不断完善。《宝山区域总体规划纲要》获得市政府批准，《宝山区域总体规划实施方案》已编制完成并上报，各乡镇总体规划和街道社区规划的编制工作也已完成。启动《宝山区域土地利用总体规划》的修编工作。

环境建设及整治成效显著。“一环五园”公共绿地前期工作进展顺利，炮台湾湿地森林公园及白鹭公园已开工建设。全年新建公共绿地158公顷，人均公共绿地达到16平方米，建成区绿化覆盖率达到39%。完成104条道路的整治任务，拆除违法建筑44.6万平方米，对区域内16条河道进行专项整治。继续实施新一轮环保三年行动计划，加快推进吴淞工业区烟粉尘无组织排放整治工作。关闭深井31口，13.5万居民饮用水质量得到明显改善。

重点地区和重大工程建设加快推进。东城区加快布局调整步伐，城区功能进一步完善。西城区开发不断加快，各项配套设施建设力度加大。顾村居住示范区建设进展顺利，配套设施建设逐步启动。罗店中心镇开发已从基础设施建设向城镇综合功能开发转变，北欧风貌的特色城镇已经展现。罗泾镇和长兴乡以两大基地建设为契机，加快城镇建设进程。大场老镇改造按计划积极推进。轨道交通一号线北延伸、逸仙路高架北延伸及郊环线（宝山段）等工程建成通车；蕰川路、江杨北路四期、宝杨路西段前期等工程全面推进。区委党校迁建工程交付使用，区公安分局指挥中心迁建工程启动。

（三）社会事业发展计划执行情况

各项社会事业全面发展。积极实施“科教兴区”战略，全区专利申请量同比上升38.6%。知识产权信息服务平台已建设完成并进入试运行。加快教育先进区的创建步伐，通过市“加强初中建设工程”督导验收。行知中学进入首批上海市“实验性、示范性”高级中学行列，改扩建工程进展顺利。宝山职校顺利通过上海市“全国重点职校”评审验收。第四届上海宝山国际民间艺术节成功举办，区文化馆改造工程竣工。社区卫生服务网络趋于完善。市一宝山分院总体改造实质性启动。成功举办宝山区运动会，竞技体育取得成效，体育设施不断完善。全年新建健身苑点25个，更新38个，新建社区公共运动场2个。

就业和社会保障机制进一步完善。全年完成新增就业岗位3.5万个，城镇登记失业人数为29947人，实现非农就业1万余人。新征地人员落实社会保障率达100%，两岛农村低保覆盖面明显扩大。圆满完成社会救助三级信息网络系统实事工程建设。新建养老院1所，新增床位115张。设立为老服务中心16个，新建老年大学2所，完善老年大学6所。（摘自区五届人大三次会议《关于宝山区2004年度国民经济和社会发展计划执行情况与2005年国民经济和社会发展计划报告》）

宝山镜像 No:005
摄影／胡新力
地铁通河新村站
位于长江西路共和新路

宝山区招商局

BAOSHANQU ZHAOSHANGJU

局长：陶国强
地址：淞滨路28号5楼
邮编：200940
E-mail：bsxzb@baoshan.sh.cn

宝山区招商局是宝山区人民政府组织、协调全区招商引资工作的专门机构。内设综合科、经贸科、市外科、区招商服务中心办公室、宝协实业公司，同时负责宝山区招商服务中心、宝山航运经济发展区的日常运作。其职能为：负责全区国内合作交流工作，组织协调全区招商引资工作、管理和协调区招商服务中心的日常事务、完成对口支援任务、为各地投资企业进行后续服务等。2003年，全区共引入各地投资企业1227户；注册资金15.31亿元。宝山航运经济发展区年内共引入企业146户，注册资金10.41亿元。

宝山区招商局将进一步弘扬"敢为人先、永不懈怠"的宝山精神。用心招商：内外并举、引大引强；真心服务：高效便捷、安商富商。在融入全国、服务全国中，促进宝山的经济社会快速发展。

招商热线：021-66630700 / 服务热线：021-56846662

宝山区杨行镇杨北中心村

杨行镇杨北村地处杨行镇中心，村域总面积140公顷。其中农业用地53.3公顷，工业用地57.33公顷。人口1516人，共380户，其中就业人口618人。自办工业销售收入2004年为15818万元，上缴国家税金450万元，利润800万元，净收入2004年为1715万元，工资发放2004年为750万元，劳动力平均收入2004年为20000元，以上各项指标比上年增长13％。村办企业共有10个，有扎实的基础，主要产品有多种型号的汽车弹簧、钢卷板的纵横剪切，各企业生产的钢结构产品质量全优，并取得ISO9002国际质量认证证书，受到了用户的好评。仓储业的发展和该村制订的“1113”经济结构发展规划，为村经济稳步可持续健康发展奠定了基础，是实现第“十一五”规划的有效措施。该村与规划中的宝山西城区仅一河之隔。蕰川路、富锦路、A30郊区环线垂直贯穿整个村域，地铁一号线的延伸等市政工程都在该村域内建设。根据大面积的市政工程建设的实际，该村实行统一规划，建成布局合理、功能完善、环境优美的杨北中心村。总体规划获得了上海市“住宅小区优秀设计奖”和“优秀房型奖”。该中心村一期工程82户，于2003年1月入住，二期工程263户于2005年4月入住，三期工程即将动工。

书记：徐纪光
地址：蕰川路2500号
邮编：201901
电话：56808932

总经理：李　勇

● 理事

20 中国第二十冶金建设公司

THE 20TH METALLURGICAL CONSTRUCTION CORP.CHINA

中国第二十冶金建设公司（简称二十冶）现为全球最大225承包商之一的中国冶金建设集团公司（MCC）全资子公司。具备冶炼工程、房屋建筑工程、市政公用工程、机电设备安装工程施工总承包一级资质，具有地基与基础工程、钢结构工程、炉窑工程、机电设备安装工程专业承包一级资质和预拌商品混凝土专业承包二级资质以及公路一级施工、消防设备施工、检修施工等资质和国外工程承包权。拥有资产总额28.42亿元。拥有施工机械设备3775台（套），价值1.96亿元。现有员工10020人，拥有各类专业技术人员3498人，其中教授级高工和各类高级职称人员341人，中级职称人员1103人。属国有大型施工企业。

二十冶秉承“超越自我，追求卓越”的企业精神和“诚信为本”的经营理念，以“为用户创造价值，为员工创造机会，为社会创造财富”为企业宗旨，先后承建了宝钢工程和以上海市为重点的冶金、电力、能源、化工、交通和民用等行业的工程建设。有7项工程获国家建筑工程鲁班奖，2项获得国家质量金质奖章，2项获得国家优质工程银奖，浦东新区世纪大道4.1标工程获得国家市政工程金奖和上海市市政工程金奖，5项获得上海市申安杯奖，13项获得上海市金钢奖，2项获得上海市用户满意工程奖，1项获得上海市优质结构奖，69项获得其他省部级质量奖。1次获得国家科技进步特等奖，多次获得省部级科技进步一等奖。公司连续五年有12项工程创中国企业新纪录，荣获“中国企业新纪录优秀创造单位”。

二十冶是多年来连续保持企业信誉AAA级单位、全国500家最大经营规模建筑企业、上海市建筑企业综合实力50强、上海市优秀施工企业、上海市百强企业、国资委授予中央大型企业先进集体和全国冶金行业优秀施工企业等称号，是上海市花园单位。

该公司注册地为上海市，注册资金为人民币30886万元。

地址：盘古路777号

邮编：201900

电话：56600506

传真：56600743

镇党委书记：陈士达

镇长：马饮冰

地址：淞南路500号

邮编：200441

电话：56141530

● 理事

BAOSHANQU 宝山区淞南镇

SONGNANZHEN

淞南镇东与杨浦区接壤，西至泗塘河，南与高境镇为邻，北到蕰藻浜。镇域面积13.65平方公里，实际可规划面积4.25平方公里，辖张行村1个行政村和18个居民委员会（其中2个筹备）。有常住户籍33828户，人口79504人（其中农业人口123人）。计划生育率99.41%，人口出生率5.48‰，人口自然增长率3.48‰。2004年实现增加值13.41亿元，比上年增长30%；财政收入1.62亿元，增长28.82%；工业销售产值18亿元，增长20%；社会消费品零售总额11.7亿元；外贸出口2100万美元，增长8%；固定资产投资1.95亿元，增长194.19%。年内创市级文明小区8个，区级文明小区16个，2个上海市模范居委，8个上海市示范居委。新增就业岗位1979个。组织“百万家庭网上行”培训2495人。

理事

宝山区大场镇 BAOSHANQU DACHANGZHEN

党委书记：范小禄

镇长：梁迎群

地址：沪太路1858号

邮编：200436

电话：56684155

大场镇位于宝山区西南部，东与闸北区彭浦镇和大场机场为邻，南与普陀区交界，西与普陀区桃浦镇及宝山城市工业园区接壤，北以蕰藻浜为界，总面积27.59平方公里，耕地面积300公顷。辖11个行政村、51个居委会(包括筹建15个)。年末，有户籍72038户，人口180550人。户籍人口年内计划生育率99.86%。人口出生率7.7‰，人口自然增长率0.46‰。2004年，全镇实现增加值282208万元，比上年增长31.4%，其中，第一产业3777万元，增长18.3%；第二产业89175万元，增长17.3%；第三产业189256万元，增长39.7%。完成外贸出口拨交额1692万美元，增长78.6%。实现工农业总产值352305万元，增长23%，其中，工业总产值349005万元，增长24%；农业总产值3297万元，增长57%。实现社会商品零售总额236318万元，比上年翻了三番。种植蔬菜面积65.33公顷，全年上市蔬菜5.95万公担，产值592万元。镇财政收入42710万元，增长26.1%。农民劳均收入18142元，人均收入12660元。合作医疗投保率100%，农村养老保险投保率94%。9月28日，有78名队员的镇市容环境协管队成立。年内获上海市老年体育先进乡镇、上海市科普示范乡镇、上海市二级卫生镇称号。创建区级科普示范居委4个，区级科普居委7个。申报市级文明小区21个，区级文明小区18个，市级文明村3个，区级文明村7个，市级文明单位2个，区级文明单位8个，文明创建覆盖率90%，全镇11个村村务公开率达到100%。

镇党委书记：朱明福

镇长：沈伟民

地址：月罗路200号

邮编：200941

电话：56647226

传真：56646652

● 理事

宝山区月浦镇 BAOSHANQU YUEPUZHEN

月浦镇位于宝山区北部，全镇面积53.69平方公里(其中宝钢占23平方公里，城区面积4.5平方公里)，下辖15个行政村，113个村民小组，22个居民委员会，现有常住户籍人口6.9万（其中农业人口约1.1万），流动人口4万，总计近11万人，是典型的城乡一体化乡镇。该镇地理环境优越，陆路交通四通八达，江杨北路、蕰川路贯穿南北，郊环线、月罗公路贯穿东西，蕰川路连接南北，十余条公交线路及明珠一号线在镇域内设站，中心镇区距虹桥机场约30分钟车程，距浦东机场约45分钟车程；水上交通方便快捷，北有华东地区最大的散货集散地——上海罗泾散货码头，东有通往崇明的要塞——申崇车客渡。便利的交通条件加上一流的管理服务和优惠的投资政策，打造了月浦良好的投资发展环境。镇内现有月浦工业园区、石洞口经济小区两个经济发展区，一南一北遥相呼应，规划总面积达476.36公顷。近年来，华冶钢铁、宝世威石油钢管、勤展电子、泛亚纸业、潜力纸业等一批重大工业项目相继落户月浦，逐步形成了“钢铁特强、纸业做大、多业并举”的工业发展格局，使全镇各项经济指标的增长幅度达到20%以上。2003年，全镇累计完成增加值15.1亿元，比上年增长29.2%；工业销售收入完成53.5亿元，比上年增长26.2%；财政收入完成1.64亿元，比上年增长45%； 工业性固定资产投入5.2亿元，比上年增长102.6%； 引进外资1.4亿美元，创历史新高。经济的快速发展，带动了全镇社会事业、精神文明和党的建设的突飞猛进。2003年，该镇先后获得了中国民间艺术之乡、全国亿万农民体育健身先进乡镇、上海市文明镇、上海市综合治理先进集体、上海市双拥模范镇（两连冠）、上海市一级卫生镇等荣誉称号。

文明镇
Model Town
上海市人民政府颁发
Issued by Shanghai Municipality

BAOSHANQU
CHANGXINGXIANG

宝山区长兴乡

长兴乡位于吴淞口外长江南水道入海口的一个岛屿上，岛屿呈带状形，东西长31公里，南北宽2～4公里。全岛面积79.79平方公里，滩涂面积8.5平方公里，可耕地面积3 234公顷，南岸有深水岸线近20公里。全乡辖有24个行政村，其中一个渔业村，260个村民小组。本地常住居民53609人，其中，有户籍 11959户，35932人，外来暂住15 240人，年计划生育率100%，人口出生率6.87‰，人口自然增长率 –0.2‰，2004年全乡实现增加值16.4亿元，比上年增长54.2%；实现工业销售产值26.5亿元，增长67.1%；实现财政收入2.3亿元，增长54.7%；固定资产投入1.4亿元；利用外资2000万美元；粮食总产量9 700吨，比上年增加41%，柑桔3150万公斤，增长6.8%，各类蔬菜25万公担，西红花干花200公斤，各类水产品790吨，生猪出栏2000头，农民人均收入达到4949元，增长21.7%，实现连续第六年快速增长，创历史最好水平。农村合作医疗参入率达到92%。全年，每天有21个航班的车、客渡，保证长兴马家港码头与吴淞码头之间的交通顺畅。规划中的“沪崇苏”高速公路将途径长兴岛中部，有线电视网覆盖全岛。通讯方便，电话装机容量可达6万门。

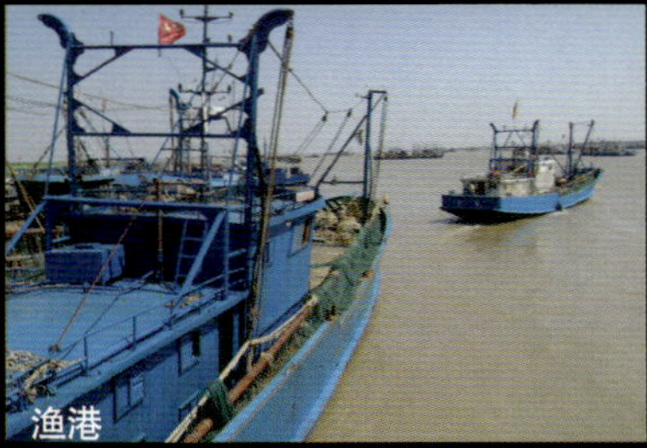
渔港

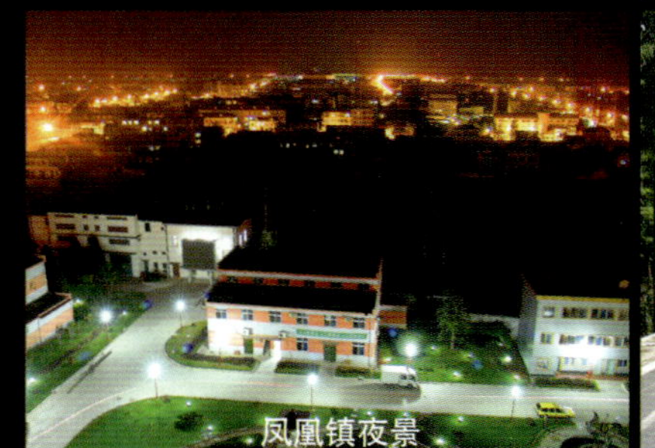

凤凰镇夜景

道路绿化

造船基地动迁样板房

长兴小学

长兴客运站

造船基地围海工程

振华港机

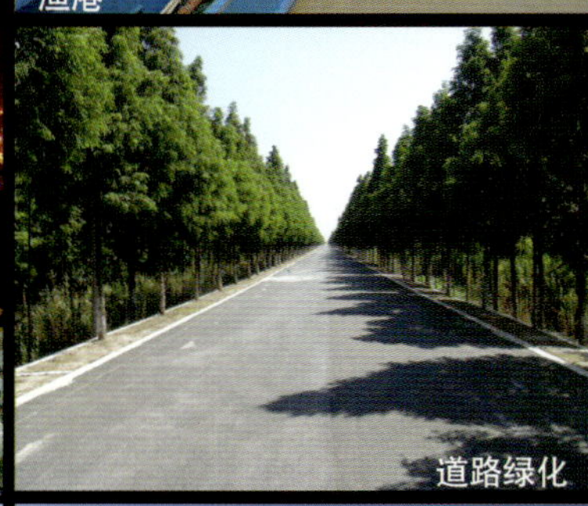

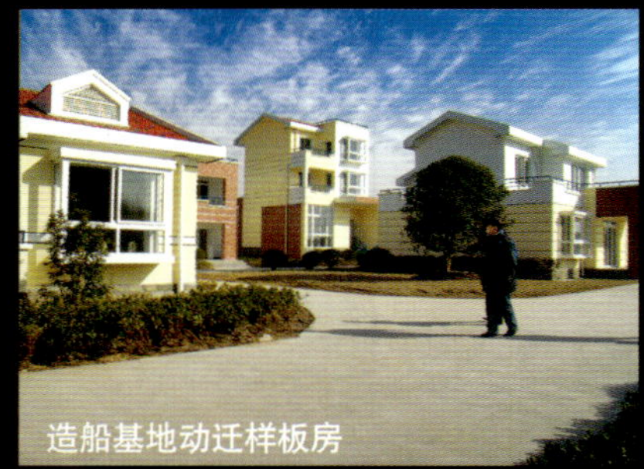

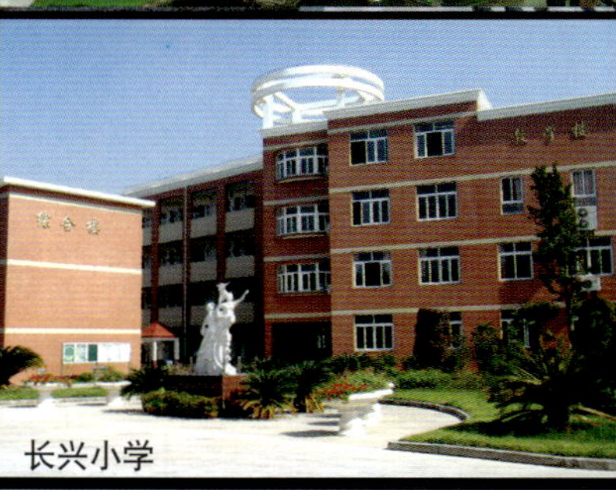

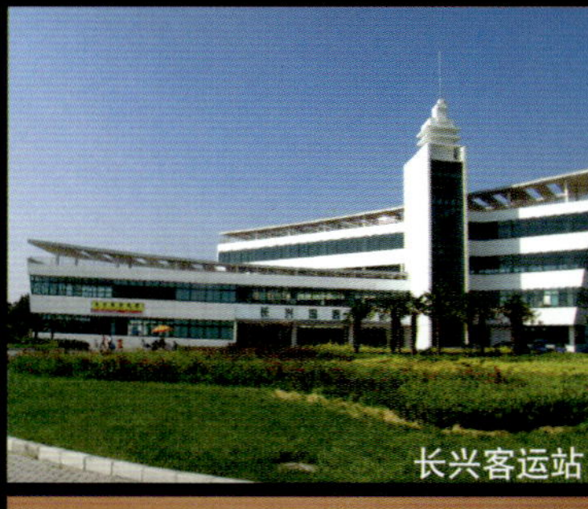

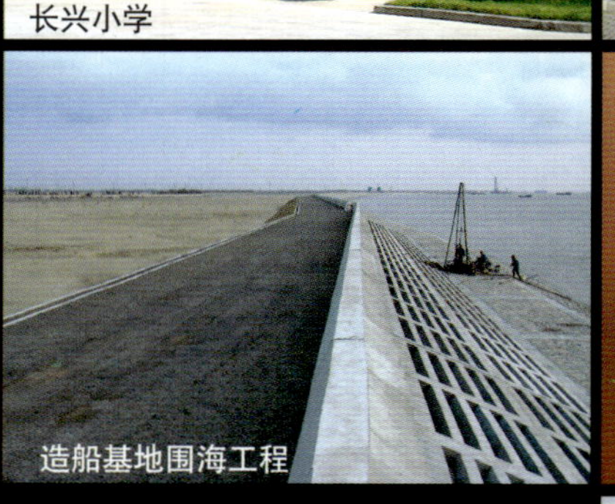

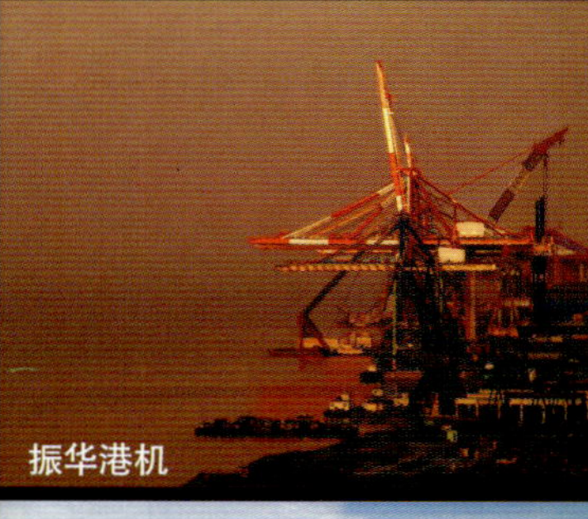

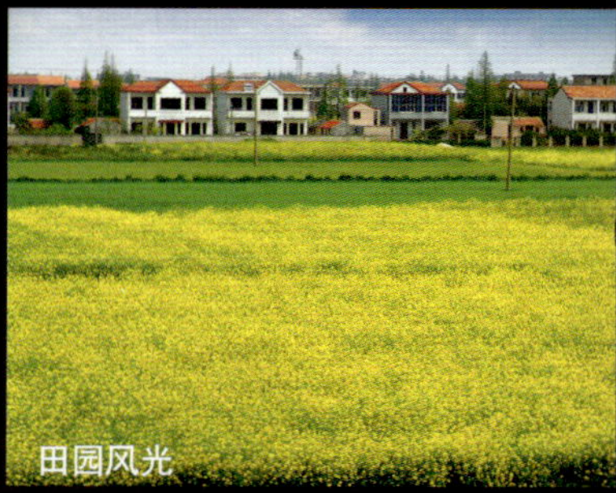
田园风光

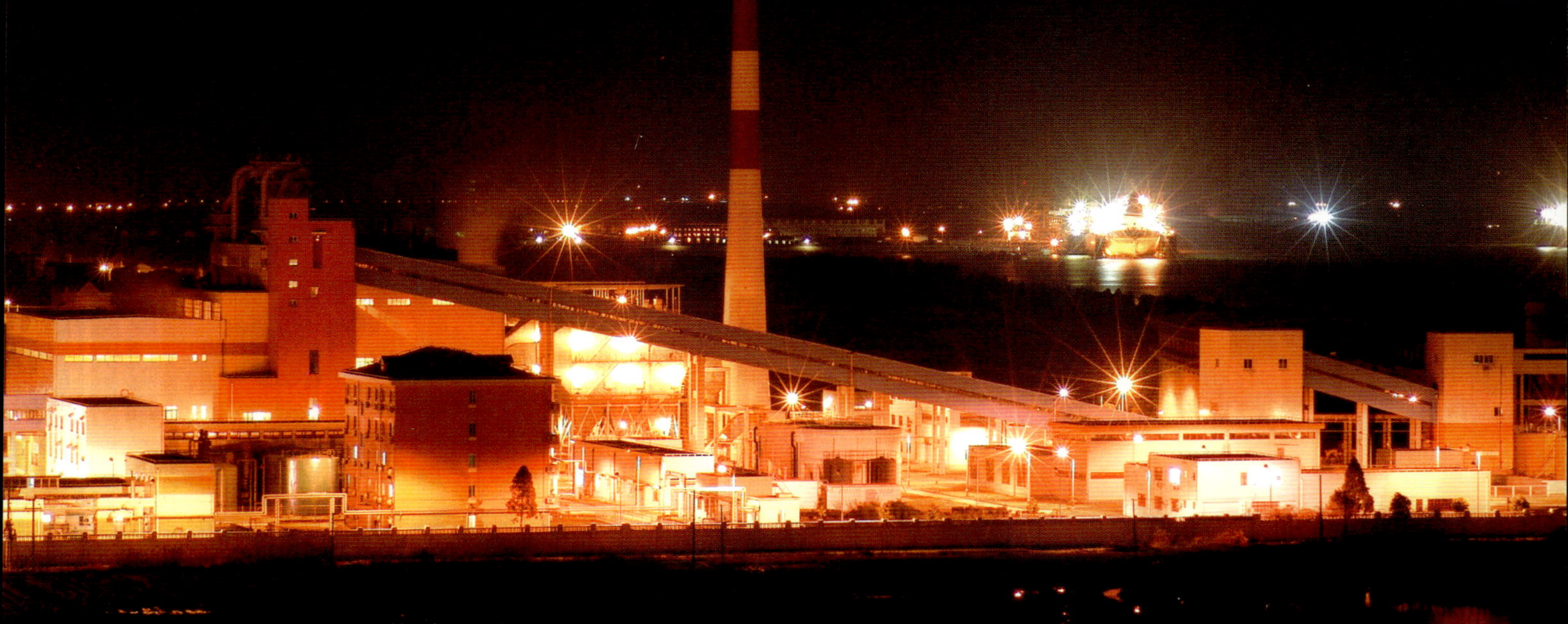

乡党委书记：施永根 / 乡长：项明洁 / 地址：凤滨路77号 / 邮编：201913 / 电话：56852999

行长：沈文明

地址：牡丹江路1198号

邮编：200940

电话：56676700

● 理 事 SHANGHAI NONGCUN SHANGYE YINHANG BAOSHAN ZHIHANG

上海农村商业银行宝山支行

上海农村商业银行宝山支行（简称沪农商行宝山支行）成立于2005年9月，其前身是上海市宝山区农村信用合作社联合社。沪农商行宝山支行下设1个区支行营业部、15个基层支行及10个基层分理处（下设机构由原来的农村信用社和农村信用社分社改制而成）。沪农商行宝山支行经营范围：吸收公众存款；发放短期、中期和长期贷款；办理国内外结算；办理票据承兑与贴现；代理发行、代理兑付、承销政府债券；从事同业拆借；从事银行卡业务；外汇存款、外汇贷款、外汇汇款、国际结算；代理保险业务等经中国银行监督管理委员会批准的其他业务。截止2004年底，存贷款规模逾126.7亿元，资产总额94亿元。

根据上海农村商业银行章程规定，本行将在总行的授权范围内依法开展业务，以市郊经济组织（特别是中小企业和涉农企业）和个人为客户主体，按照市场原则提供全方位、有特色的金融服务。本行的基本定位是服务于“三农”和市郊经济的社区性零售银行。本行将始终坚持“依法合规、稳健经营、立足长远、勇于创新、培育特色”的经营理念。始终坚持“手握手的承诺、心贴心的服务”。上海农村商业银行宝山支行将延续和发扬农信时代的优良传统与服务品质，不断为宝山经济与社会发展作出新的贡献。

总经理：马金根

理事 上海宝山经济发展区

SHANGHAI BAOSHAN JINGJI FAZHANQU

1993年3月，宝山经济发展区作为上海市第一家区级直管园区正式成立，至今已整整12年。12年里园区发生了巨大的变化，今天宝山经济发展区已成为宝山地区成立最早，规模最大，贡献最多的经济发展区。经济区的成功离不开完善的服务、科学的管理、优惠的政策、严格的制度、灵活的经营方式；离不开客户的信任，社会的关心，政府的支持。创业者们喜欢罗泾，社会各界赞誉罗泾，但我们同时认识到，只有继续开拓新思路、不断推出新举措、强化现代管理、增强竞争意识，勇于改革创新，才能使园区走向新的辉煌。

社会不断进步，竞争日趋激烈，我们将与时俱进，以更高的起点，更科学的布局，配合上海交通发展规划，加快园区二期工程开发建设，为广大投资者、创业者提供更专业、更便捷的优质服务，以客户的成功为我们的最大成功，实现投资者利益的最大化，使园区发展再攀新的高峰。

宝山有宝，罗泾有金，投资罗泾，前程似锦。

这里已经诞生了一千个百万富翁，也必将成为造就一千个千万富翁的博大平台！

地址：沪太路8885号
邮编：200949
电话：56870885

● 理事

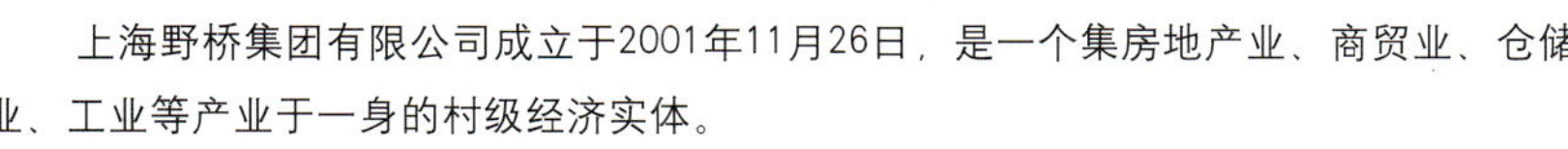

上海野桥集团有限公司 SHANGHAI YEQIAO JITUAN YOUXIANGONGSI

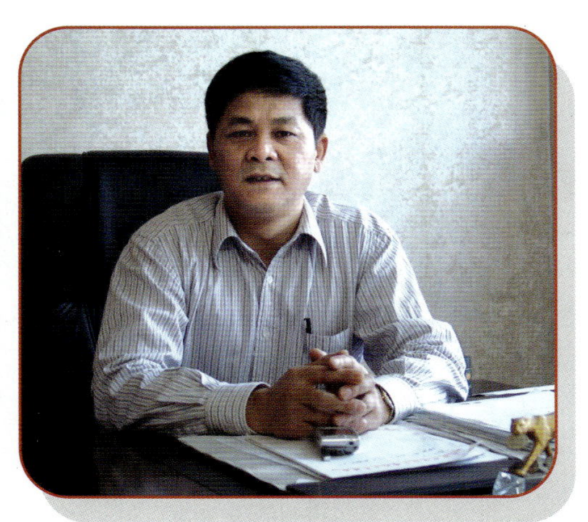

董事长：杨健东

上海野桥集团有限公司成立于2001年11月26日，是一个集房地产业、商贸业、仓储业、工业等产业于一身的村级经济实体。

集团公司以开拓发展房地产业为龙头，带动商贸、仓储等各业同步发展。经营业绩逐年攀升，2004年总收入达18768.91万元，利润3318万元，2003年被评为上海市特色亿元村。

在发展经济的同时，着力提高村民生活质量，构建和谐社区。村民逐批住进了新型住宅区，人均居住面积达到40平方米以上，劳均年收入19000元，全村参加了小城镇社会保险。真正做到了安居乐业、住所宽敞、劳有所业、老有所养、病有医保、和睦吉祥。全村住宅现代、公建配套；道路规范、绿树成荫；河道清澈、景色可人。2004年被评为上海市五好村党组织、上海市文明村、上海市卫生村。

野桥在发展，野桥在创新，野桥在奋发前进！再经三五年的奋斗，野桥将实现全村城镇化、村民市民化、产业公司化，一个崭新的野桥将展现在宝山大地！

地址：三泉路1676号
邮编：200433
电话：56404858

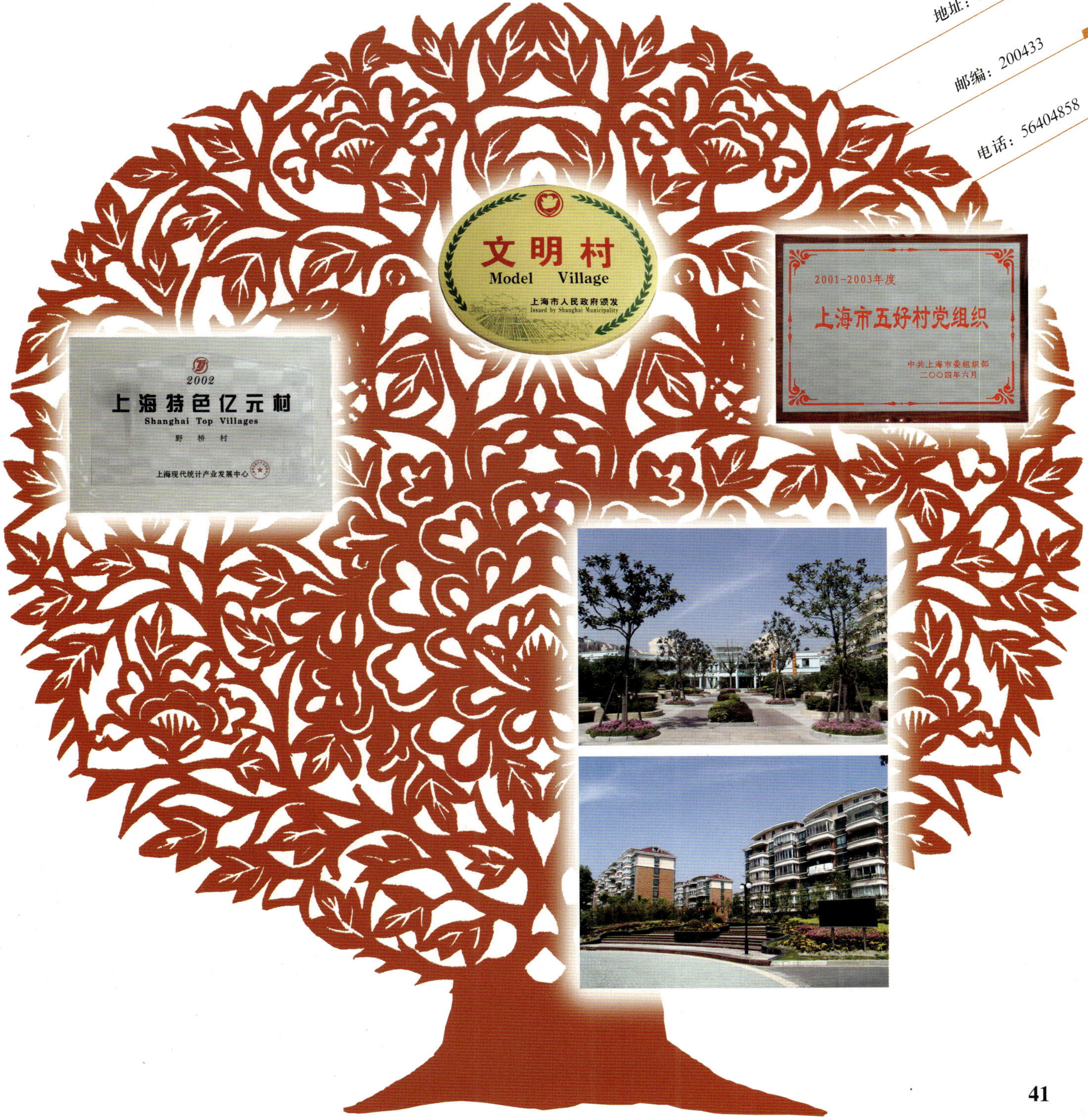

上海宝山公路工程建设有限公司

Shanghai Baoshan Gonglu Gongcheng Jianshe Youxiangongsi

地址：罗太路352弄4号
邮编：201908
电话：56862660

上海宝山公路工程建设有限公司是一个具有独立法人资格、二级市政资质和三级城市园林绿化资质的股份制企业。公司改制前是全民所有制企业——上海市宝山区公路工程总公司，前身是宝山区公路管理所。公司注册资金3000万元，拥有固定资产1949万元。公司设有养护、工程、机械施工等分公司，拥有职工300多人，其中，中级以上职称专业技术人员31人，工程、经济、会计、统计系列管理职称人员80多人，持有项目经理证书的19人。

公司经过四十多年的经营发展，规模逐步壮大，综合实力及各项经济技术指标在全市公路建设队伍中均名列前茅，2003年通过了ISO9001：2000国际质量体系的认证。公司拥有雄厚的机械设备力量，设备总数达到115台（包括德国ABG等公司生产的沥青混凝土摊铺机3台和美国卡特比勒等公司生产的液压挖掘机2台、装载机4台、液压振动式压路机9台等），机械施工能力强，在全市市政行业中居领先地位。

近年来，依托上海市城市建设事业的蓬勃发展，公司积极投入激烈的市场竞争，积累了丰富的施工经验，先后参加了许多项区内外的重点工程建设。如：沪太路改建、沪嘉高速公路延伸段、真大路立交桥、江杨路二期改建、江苏省太仓市的通江一级公路1.2标、逸仙高架道路建设和养护、友谊西路改拓建、江杨北路三期5标、外环线大修、水产路1.4标、宝杨路改拓建、罗店新镇开发等大型工程项目的施工建设，其中，江杨北路三期5标工程被评为2001年度宝山杯优质工程；水产路1.4标工程被评为2003年度上海市市政工程金奖。

公司在历年的立功竞赛中，多次被评为市工程建设优胜科队、先进集体、文明工地等荣誉称号；被授予各种立功称号的先进个人、标兵多人；2003年、2004年连续二年被评为上海市优秀公司。总公司下属的长桥路桥养护维修有限公司的长兴道班被授予“全国文明班组”和上海市先进集体，月浦道班被评为“上海市红旗班组”称号。

上海宝山公路工程建设有限公司有一个高效、务实的领导班子和兢兢业业、精益求精的工程技术骨干队伍。公司始终坚持“科学管理、精心施工、诚实守信、持续改进”的质量方针，本着“创新奉献、优质高效、为民利民、团结奋进”的企业精神，继续发挥管理、技术、人才上的三大优势，愿与新老客户和社会各界携手合作、共展宏图，为我国现代化公路建设事业作出应有的贡献！

● 理事

上海宝业集团

上海宝业集团是一家综合性经营服务企业，地处宝山区南端，与闸北接壤，紧靠彭浦新村商业中心。

该集团下辖房地产开发、商贸、饮食服务、物业管理、工业和工业园区等6家子公司，拥有净资产1.5亿元。2004年完成总收入20143万元，净收入5957万元，实现利润3500万元，上缴国家税金1016万元。

该公司依托紧靠交通干道共和新路的优越的地理位置。实现以房地产开发为龙头。带动商贸业和其它产业，从而推动综合经济的全面发展。

由宝山集团投资的共康路商业街本着“统一规划，分期实施”的指导思想，经过6年多时间，于2004年5月全部建成，总建筑面积达到4万平方米。一大批知名品牌企业落户其中。集团开发的艺康苑、馨康苑等商品房，以结构新颖、质量上乘、配套合理深受业主好评。集团新建的宝业工业园区占地66000平方米，新建标准厂房26000平方米，于2003年8月全部竣工。目前已招租中、外企业7户，年产值2亿元。

该集团2001年–2002年，2003年–2004年两次被上海市人民政府授予“市文明单位”称号。

地址：共康路316号
邮编：200435
总机：56402222

宝山历史遗迹之一

庙行纪念村牌坊

吴淞炮台

罗店花神堂

罗店红十字纪念碑

古城墙南侧

大场公墓

狮子林东侧

宝山寺大殿

丰德桥

临江夕照

位于宝杨路码头

中共上海市宝山区委员会

Chinese Communist Party Committee of Baoshan District, Shanghai Municipality

■编辑 吴 敏

综述

2004年中共宝山区委按照“再接再厉，乘势而上，加速发展，加快变样”的基本要求，紧紧围绕“一年小变样、三年中变样、五年大变样，全面建设社会主义现代化宝山新城”的奋斗目标，以重大项目、重点工作、重要任务为抓手，协调推进物质文明、政治文明和精神文明建设，各项目标任务全面完成，为胜利实现三年中变样目标打下了坚实的基础。

贯彻中央宏观调控方针，调整经济结构，转变经济增长方式，经济发展进入了全市较快的地区行列，增加值、财政收入、工业销售产值、利用外资等指标提前一年达到“中变样”目标值。(1)增加值构成中二、三、一产业比调整为48.6:50.3:1.1，二、三产业同步增长；(2)精品钢延伸、造船配套、物流、能源、旅游等五大特色产业建设加快推进；(3)工业向园区集中取得成效，宝山工业园区开发、建设、项目引进、管理体制改革等取得重大进展；(4)商业布局和业态结构呈现多层次、多样化，一批具有集聚效应的大中型商业项目陆续竣工开业；(5)房地产业健康发展，上海房产“沪北板块”的整体效应进一步显现；(6)农业产业布局进一步优化，农民人均收入比上年增长10%左右。

发挥规划的龙头作用，坚持区域发展一体化，城乡环境面貌发生明显变化。(1)在全市率先编制《宝山区区域总体规划纲要》并得到市政府批准；(2)大力推进“三个集中”(人口向城镇集中，工业向园区集中，土地向规模经营集中)，罗店新镇、西城区等重点区域的开发建设取得成效；(3)城市基础设施建设步伐加快，友谊路等一批市政重大项目建设基本完成，轨道交通和水上客运枢纽建设取得新进展，宝山北部地区供水管网改造取得突破；(4)绿化建设和拆除违法建筑、百路整治、河道两岸环境整治等取得新成绩；(5)环境保护工作力度加大，重大污染源整治取得成效，污染源数量得到有效削减，初步建立了区域性环境监测、评估体系；(6)在郊区率先组建城市管理监察大队，初步形成城市管理综合执法长效管理机制；(7)土地市场整治工作取得成效，初步建立房屋、土地协调管理体制。

发展混合所有制经济和非公有制经济，加大了宝山区与长江三角洲等地区的合作交流，改革开放取得新成果。(1)区属国有企业改制任务基本完成，国有中小企业实现了国有、城镇集体资本的全面退出；(2)90%以上乡镇企业完成改制，区、镇、村两级三层国有、集体资产管理机制进一步完善；(3)社会事业实行国有资产委托监管；(4)建立政府信息公开制度；(5)成功举办了首届长江口民营经济发展论坛。

落实维护社会稳定工作责任制，从源头上、机制上解决稳定工作中存在的突出矛盾和问题，社会和谐稳定基础得到巩固。全区刑案总量下降5%，降幅居全市第一位，万人发案率下降六个万分点。(1)开展重大矛盾纠纷排查调处，实质性启动社区矫正工作，完善社会综合治安防控体系，建立了“六位一体”(公安队伍、治安辅助巡逻队、物业保安、社区综合协管员、治安防范志愿者和司法社工)的维护社会稳定队伍；(2)积极开发就业岗位，新增就业岗位目标超额完成；(3)全面推进小城镇社保工作，新征地人员社会保障全部落实；率先在全市实现农村低保操作程序全面向城镇低保并轨，率先在全市实施就业困难人员社会保险费补贴卡制度，率先在全市提高60岁以上老年农民的生活补助标准。

以树立和落实科学发展观为主线，实施科教兴区战略，精神文明建设和各项社会事业全面推进。(1)围绕变样目标，加大对“三重”工作(重大项目、重点工作、重要任务)的宣传力度，展示变样成果，宣传劳模先进事迹，开展“宝山区弘扬实践宝山精神百佳市民”评选活动；(2)深入开展文明创建活动，获全国文物保护先进区称号，全国卫生镇和全国文化先进社区创建工作取得突破，文明社区、文明镇创建工作取得重大进展，文明小区、文明村创建覆盖率达90%；制定实施《宝山区迎世博文明行动实施计划》、《宝山区创建学习型城区三年行动计划》；(3)政府、社会、企业共同推进科教兴区，加强与高校、企业、科研单位的合作交流，制定了人才工作三年行动计划，信息化建设和应用步伐加快，城乡教育差距逐步缩小，学前、基础、高等、职业和成人等五类教育协调发展，公办、民办、混合等办学体制互补并存；(4)丰富群众的文化生活，成功举办首次宝山区运动会，成功举办第四届上海宝山国际民间艺术节；(5)区域医疗机构布局日趋完善，基本建立了医疗卫生应急机制，开展“巡回医疗进农家”活动。

深入开展“让人民高兴，让党放心”主题活动，加强党的干部队伍建设，党的创造力、凝聚力、战斗力增强。(1)制定“三个一”(一把手、一班人、一支队伍)干部队伍和好班子、好干部的标准，明确干部队伍建设的目标，完善干部的“考核、淘汰、工作规范、培养选拔”四个机制，完善公务员队伍建设管理制度，全面推行党政机关科级干部竞争上岗制度；(2)大力实施“一线工作法”，创建服务型机关，开展百姓网上评机关活动，倡导基层党委创造的“三走进”(走进群众办实事，走进困难解难题，走进矛盾促发展)、“三联系”(党委委员联系党代表，党代表联系党员，党员联系群众)、“三看”(基层看机关，机关看班子，班子看“一把手”)等工作方法；(3)开展“问百家事、解千人忧、我与群众心连心，绘制《为民地图》”活动，推进社区网格化管理工作；(4)建立健全党内各项教育、管理、监督机制，党风廉政建设责任制得

区委书记薛全荣被评为“2004年全国国防后备力量建设新闻人物”之一。 摄影/方四青

到进一步贯彻落实，开展并完善基层纪检工作领导体制的试点，开展“廉文鉴赏”等党风廉政教育活动，完成了党政领导干部在企业兼职的清理工作；(5)加大行政效能的监察和案件的查办力度，认真做好市委巡视组对宝山巡视后的整改工作。 (沈轶群)

区委全会

区委四届四次全会 7月7日召开。会议的主题是坚持以“三个代表”重要思想为指导，牢固树立和落实科学发展观，进一步贯彻落实党的十六届三中全会和市委八届四次全会精神；坚持区第四次党代会的总体要求，回顾总结2004年上半年工作，研究部署下半年工作；坚持求真务实、团结奋进，大力加强干部队伍建设，为加快实现“三年中变样”目标而努力奋斗。区委书记薛全荣代表区委常委会报告上半年工作，提出下半年工作意见，并就贯彻全会精神和做好当前工作提出要求。区委副书记、区长吕民元代表区政府党组讲话。全会审议并原则通过《中共上海市宝山区委员会关于加强干部队伍建设，确保三年中变样目标顺利实现的决定》。

区委四届五次全会 12月28日~29日在新落成的区委党校新校区举行。区委书记薛全荣代表区委常委会作题为《坚定信心，扎实工作，胜利实现三年中变样目标》的报告，并就贯彻市委、区委全会精神和抓好当前工作讲话，区委副书记、区长吕民元讲话。全会听取并讨论《中共宝山区委常委会工作报告》，讨论《中共宝山区纪律检查委员会工作报告》。全会提出2005年工作的总体要求：坚持以邓小平理论和“三个代表”重要思想为指导，以科学发展观统领发展全局，认真贯彻落实党的十六届四中全会和市委八届六次全会精神，继续落实宏观调控决策，坚定科教兴区，构建和谐社会基础，提升城市文明程度，提高干部能力水平，协调推进“三个文明”建设，加快宝山现代化建设进程，胜利实现三年中变样目标。 (沈轶群)

重要决策和重大活动

形成宝山发展总体思路 年内形成了“围绕一个目标，协调二个区域发展，实施三大战略，注重四个提高，突出五大特色产业建设”的发展思路。即紧紧围绕“一年小变样、三年中变样、五年大变样，全面建设社会主义现代化宝山新城”的目标；在总体规划的指导下推动宝山陆地与岛屿两个区域的协调发展；大力实施宝山与钢铁、造船等大企业互动发展战略、工业园区化战略和小城镇发展战略；注重提高各项社会事业的发展水平，注重提高环境的保护和建设水平，注重提高人民群众的生产生活水平，注重提高城乡建设和管理水平；积极推进精品钢延伸、造船配套、物流、能源、旅游等五大特色产业建设，着力构建具有宝山特色的产业体系。

“三个一”干部队伍建设 年内，坚持抓“一把手”(党政主要负责干部)、“一班人”(处级党政领导副职干部)、“一支队伍”(公务员队伍)为重点的干部队伍建设。(1)3月，举办“一把手”培训班，强调“一把手”要努力提高抓大事、促发展、保稳定、带班子、解难题、守清廉的能力，坚持做到“五个一”：即坚持发展是第一要务，坚持人才为第一资源，坚持把人民的利益放在第一位，干部要坚持深入第一线，坚持把人民群众的评价作为第一标准；11月，举办加强党的执政能力建设“一把手”学习班，提出要认真贯彻党的十六届四中全会精神，努力克服思想保守僵化、精神空虚惰化、忧患意识淡化、生活方式贵族化、执政能力弱化问题。(2)4月，举办处级党政副职领导干部学习班。全区有处级党政副职领导干部共272人，其中女干部56人，占20.6%；大专以上学历的257人，占88.6%，其中大学以上学历的126人，占46.3%(博士3人，硕士13人)；平均年龄44.43岁，其中45岁以下的143人，占52.6%。区委要求处级党政副职领导干部要准确定位，尽职尽责，诚于合作，淡于名利。要在独挡一面、狠抓工作落实、敢于和善于解决矛盾、提高个人综合素质、深入基层调查研究等方面提高工作能力。形成压力传导机制，提高“班子”共同推进工作的整体合力。(3)加强以公务员为重点的干部队伍建设。下发《2004~2007年宝山区人才工作行动计划》，明确以高层次人才和紧缺人才队伍建设为重点，以品德好，学识博，能力强，业绩显为标准，用产业集聚人才，用竞争选拔人才，用事业造就人才，用待遇激励人才，用感情留住人才，用政策保障人才。区委四届四次全会讨论通过《关于加强干部队伍建设，确保三年中变样目标顺利实现的决定》，明确六个方面工作的“中变样”目标，干部队伍建设为实现目标任务提供了组织保证。 (沈轶群)

纪律检查

概况 年内，纪检监察以推进机关作风建设、落实党风廉政建设责任制、加强基层党员干部的教育管理为重点，党风廉政建设和反腐败工作取得新的成效。(1)推进机关作风建设。制定了《关于进一步加强机关作风建设的意见》、《关于开展"加强机关作风建设主题活动"的通知》，开展"百姓网上评机关"活动。(2)进一步落实党风廉政建设责任制。采取书面形式，将2004年党风廉政建设和反腐败工作八个方面、28项任务和分工通知到区各分管领导、责任单位和部门；实施《关于实施党风廉政建设责任追究的暂行办法》，对3名造成安全责任事故的干部进行责任追究；对2名参与赌博的处级干部进行处理。对处级干部所在单位发整改通知书，并对整改情况进行跟踪督查。(3)加强对基层党员干部教育、监督和管理。组成联合调查组，围绕"如何加强村级干部的教育、监督和管理"等问题，开展专题调研，制定《宝山区村级党员干部廉洁自律若干规定》、《关于宝山区村务公开和民主管理工作的实施意见》以及《村务工作议事规则》等规范性文件。

■宣传贯彻两个《条例》　将《关于认真学习宣传和贯彻执行〈中国共产党党内监督条例(试行)〉和〈中国共产党纪律处分条例〉的通知》的贯彻执行情况列入年底考核内容。举行以两个《条例》为主要内容的各种形式的党内法规测试活动，发放测试卷1万余份，举办竞赛70多场，在初赛和复赛的基础上，组织宝山区党内法规知识电视决赛，通过学习和宣传，基本达到"党政领导干部熟悉，纪检组织干部精通，全体党员了解，人民群众知道"的要求。

■推进领导干部廉洁自律　(1)加强廉政教育。开展"拒腐防变守纪律、廉洁自律树新风"主题教育，举办"廉文鉴赏"活动，共推荐廉文12篇，举办"廉政文化进社区"专题纳凉晚会和反腐倡廉图片展。(2)开展问卷调查。完成"千人党风问卷调查"，形成综合报告。对问卷主要数据的分析表明，广大群众对反腐败工作总体上持肯定性评价，针对存在的主要问题，报告提出加大党风廉政建设的宣传力度、深化政务公开、注重研究源头预防治理腐败的措施、进一步改革和完善监督机制、加大查处力度等5点建议。(3)抓好专项治理。清理党政机关领导干部在企业兼职情况，对81名处以上干部、128个兼职职务，进行纠正和清理。(4)健全规章制度。制定《宝山区领导干部谈话制度》、《宝山区行政机关工作人员行政过错责任追究暂行办法》等规范性文件，清退违规住房1套，收回资金5.45万元；纠正违规出国(境)旅游49人次，查处金额12.1万元；全区各级领导干部共271人次上缴礼品、礼金，折合人民币69.69万元。

■违纪案件查处　年内，区各级纪检监察机关受理信访件791件(次)，比上年减少12.45%，其中涉及处级干部和处级单位195件(次)，比上年减少26.1%。受理初核(查)案件94件，比上年减少18.3%；立案40件，比上年减少9.1%，其中处级干部2件，"三机关一部门"(党政机关、行政执法机关、司法机关、经济管理部门)7件。受理案件中经济类案件18件，赌博类案件14件。结案48件，其中党纪案件41件，政纪案件7件，5人受到党纪政纪双重处分，12人受到刑事处分，查处了3名处级干部的违法违纪案件。

■开展基层纪委试点工作　年内，区纪委加大对基层纪委的条管力度，在大场镇开展加强基层纪委条管力度的试点工作。制定下发《关于强化上级纪委、监委对基层纪检监察组织领导试点工作的实施意见(试行)》，明确试点的工作要求、工作职责、工作关系及相关工作制度，进一步发挥基层纪委的作用。　(王瑆莹)

组织

■概况　年内，组织工作按照区委提出的突破"瓶颈"的工作要求，进一步加强领导班子和干部队伍建设，强化后备干部队伍和知识分子队伍建设，为宝山快速发展提供人才支持；进一步加强党的基层组织建设，有步骤地抓好党员队伍的教育和管理，增强党组织的凝聚力和战斗力；加强组工干部队伍建设，提高组工干部的政治素质和业务水平，为区经济建设和社会发展提供坚强的组织保证。(1)加强对干部监督管理。对2004年提拔的35名干部都进行任职资格审核，严格执行民主推荐(民主测评)、考察预告和任前公示。认真实施同领导班子和领导干部诫勉谈话制度，明确诫勉谈话的范围。完成对8个行政机关主要领导的经济责任审计。(2)"三级联创"活动取得新成效。在全市"三级联创"活动中，顾村、月浦、罗泾、高境等4个乡镇党委被命名为市"五好"乡镇党委，长兴乡先锋村党支部等18个村党组织被命名为市"五好"村党组织。月浦镇等5个乡镇党委、长兴乡先锋村等71个村党组织和上海宝业(集团)有限公司等8个企业党支部分别被命名为2002~2003年度宝山区"五好"乡镇党委、"五好"村党组织和"四好"企业党组织。(3)组织以"'让人民高兴、让党放心'的好班子、好干部的标准是什么"和"共产党员的先进性体现在哪里"为主题的专题讨论，开展以"我自豪，我是一名光荣的共产党员"为内容的征文活动；举办"宝山区基层党组织深化'凝聚力工程'建设图片巡回展"，出版《基层党的组织生活创意设计大赛集锦》，举办"相聚在党旗下"——宝山地区党员才艺展示月活动，各街道、乡镇党员服务中心共组织3000多名党员开展书画、摄影、插花等内容的党员才艺作品展示，举办26场党员才艺文艺巡回演出。

■"三个一"干部队伍建设　(参见第48页中共上海市宝山区委"重要决策和重大活动")

■开展"让人民高兴、让党放心"活动

根据市委的要求，在全区各级领导班子和领导干部中组织开展"让人民高兴、让党放心"活动，3月制订并下发《关于深入开展"让人民高兴、让党放心"活动，进一步加强领导班子和干部队伍思想政治建设的实施意见》。组织"好班子、好干部"标准大讨论。明确"好班子"的标准为"恪尽职守，政令畅通；廉洁规范、政纪严明；务实高效、政风优良；团结民主、政事协调；以人为本、政举亲民；追求卓越、政绩显著"；好干部的标准为：政治坚定，有崇高的理想；崇尚科学，有严谨的学风；敢为人先，有创新的锐气；永不懈怠，有坚韧的毅力；勤政为民，有务实的作风；止于至善，有事业的追求；诚信宽容，有合作的精神；平实朴素，有健康的生活。树立宝山区好班子、好干部先进典型，区内新闻媒体进行了宣传报道。3个"好班子"典型为区人民法院、顾村镇、月浦镇党政班子；4名好干部典型为区人民法院党组书记、院长姚荣民，顾村镇党委书记周德勋，月浦镇党委书记朱明福，市一医院宝山分院手、显中心主任周礼荣。

■推进干部考核、管理和选拔制度改革

(1)在完善2003年度处级领导班子和领导干部年度实绩考核的基础上，实行领导干部日常记实考核，通过"计划—分解—执行—考评"的管理过程，对全区

513 名处级干部进行考核，共涉及 6902 项工作条目，通过考核对任务量及工作质量进行评价，实现工作管理和干部考核的统一。(2)年初，制订下发《宝山区乡镇、街道党政领导班子工作规范（试行）》，对党政领导班子成员的分工、议事规范、重大问题决策、领导班子自身建设、监督和处分等内容作出规定。(3)公开选拔区卫生系统领导干部，公开招聘医疗卫生专业学科带头人。共有区卫生局副局长、市一医院宝山分院副院长等 9 个处、科级领导干部岗位向社会公开选拔，6 个医疗卫生专业学科带头人向社会公开招聘。(4)开展正科级领导职位统一竞争上岗。从全区 43 家单位推出 79 个正科级领导职位，实行竞争上岗，其中 65 个岗位竞岗成功；共青团系统组织开展了全区乡镇、街道团委书记竞争上岗，15 人通过竞争走上团委书记岗位。

■清理干部在企业兼职 4 月，下发《关于做好本区党政领导干部在企业兼职清理工作的意见》，分层次召开清理工作座谈会，对全区党政领导干部在企业兼职情况进行全面部署和严格梳理。根据“谁批准，谁纠正”的原则，分五类对 81 名领导干部、128 个兼任职务进行清理，并将清理情况及时向市委组织部进行汇报。

■加大对年轻干部的培养力度 (1)明确工作规范。上半年制定出台《宝山区处级党政领导班子后备干部工作暂行规定》和《宝山区年轻干部挂职锻炼工作实施意见》，明确后备干部的选拔、教育、培养、锻炼、管理等具体要求，对挂职工作作出具体规定。(2)组织年轻干部到各类实践基地锻炼。建立 4 个干部实践基地，建立“基层工作实践基地”，选派 30 名优秀青年知识分子到村级机构和居委会进行挂职和见习；选派 25 名近、中期后备干部到区纪委、信访办、拆违办、工业园区等重要岗位、重点工作、重大工程挂职；建立“专项工作实践基地”，选派 6 名年轻干部到宝钢、山西等地办事处进行工作挂职；建立“艰苦环境实践基地”，选派了 2 名援藏干部、1 名援三峡干部参与对口支援。(3)安排外省市干部来区挂职锻炼。全年共接收来自四川、河南、山西等 35 名外省市干部挂职锻炼。

■贯彻人才强区行动计划 4 月，制订实施《2004-2007 年宝山区人才工作行动计划》。4 月 23 日召开全区人才工作暨公务员队伍建设大会，命名 60 名区第五批专业技术拔尖人才和青年尖子，出台设立宝山区人才发展资金等政策。成立宝山区高级专家协会，吸纳会员 154 人，其中宝钢、上海大学等部、市属单位的高级专家 25 人。开展专家、招考干部及选调生献计献策活动，分 7 个专题就当前区域经济社会发展的热点、难点问题进行研究，共收到论文 77 篇。实施“践行理想——为专家出版专著实施资助计划”，为王根宝、龚赣弟出版专著《海天旭日——宝山诗文选》和《龚赣弟吹塑版画集》。对 2004 年招录的 29 名公务员开展培训，并分批组织赴长兴、横沙两岛进行为期半年的农村工作锻炼。

■绘制《为民地图》 开展“问百家事、解千人忧，我与群众心连心——绘制《为民地图》活动”。3 月 30 日启动试点工作，53 个单位、697 名基层干部参与，试点活动历时 3 个月，共走访家庭 57714 户。7 月 15 日召开“为民地图”活动推进会，要求全区 225 个居民区、165 个行政村、近 1300 个单位的党组织，15000 多名基层干部，按照“社会人”和“单位人”的分类要求走访群众。至年底，共走访群众家庭 25 万余户，走访机关和企事业单位干部职工 5 万余名。活动采用“一口采集、多条使用”、“一次采集、多次使用”的工作模式和“快速反映、多维聚焦”的管理模式，形成具有宝山特点的横向到边、纵向到底、充分整合和发挥资源优势的党建工作网格化管理、服务的新格局。

■党员服务网络建设 年内，制订乡镇（街道）党员服务中心规范化建设基本要求和居民区（行政村）党员服务点规范化建设基本要求，对党员服务中心（点）的功能定位、工作制度、配备标准等提出具体的规范。全区 5 个街道、11 个乡镇共建立 17 个党员服务中心、292 个居民区（行政村）党员服务点。发挥军地共建资源优势，军地携手、整合资源，建立 96 个共建部队党员志愿者服务点，固定服务项目和服务时间，形成服务制度。

■命名首批“社区党建示范点” 年内，评选、命名 21 个社区党组织为宝山首批“社区党建示范点”，全面推广完善以居民区党组织为主体的“一居一特”党建工作模式。友谊路街道宝林三村居民区党支部的“楼中情”逐渐发展成“社区情”，吴淞镇街道一纺居民区党支部成立以小区内下岗待业女工为主体的“好姐妹联络站”，培养下岗待业女性的自立、自强、自尊、自信的精神。友谊路街道宝山八村居民区党总支与宝钢设备部冶炼党支部开展了结对共建试点活动，调动在职党员参与社区建设，加强对党员双重管理。

■“红帆港”成为非公经济党建新载体 在各乡镇、街道建立 24 个工业园区（经济开发公司）“红帆港”，配备标准的活动场所、电教播放设备，建立《党组织信息登记册》、《党支部活动登记册》、《党员咨询接待登记》、《在册党员登记册》和《入党积极分子登记册》等 16 项登记簿，“红帆港”发挥党内服务、教育培训、信访接待、党建研究、文化娱乐方面的五大功能，成为“党员之家”和非公经济党建工作的“大本营”。

■党员教育管理 (1)实施“班长工程”，组织农村、机关党组织书记培训，举办 6 期农村基层干部、居民区党组织书记“双月培训”班，近 2000 人次参加学习。(2)启动非公有制企业党组织书记“函授培训”，在《宝山报》上创办《红帆港》——宝山“非公”党建专版，全年共出版 4 期。(3) 开展集中梳理“隐性党员”工作，建立三级联系点 864 个，梳理“隐性党员”663 名，在册失去联系党员 445 名，核实党员身份 518 名，与 284 名在册“流失党员”取得了联系，实现党组织系统和区域范围内梳理工作的“双覆盖”，为开展先进性教育奠定基础。(4)推进党员电化教育，制作《党旗颂》电视专栏和《相聚在党旗下——宝山党员电教教材》。(5)完成“宝山党建”网改版。增设“组工建设”、“宝山人才”、“工作研究”、“党建论坛”、“网上党校”等新的栏目，增加“党风廉政”、“宝山青年”、“妇女天地”和“宝山党史”等 4 个新版块。

■“树组工干部形象”集中学习教育“回头看”活动 根据市委组织部的部署，4 月起在全区组织系统组织开展“树组工干部形象”集中学习教育“回头看”活动，召开由党委书记，党群书记，组织科长，组织委员，民主党派干部，人大代表、政协委员等 6 个座谈会，制订下发“回头看”活动《征询意见表》。针对组织工作中出现的新情况、新问题,深入开展调查研究,总结形成“为党看家,对党负责”,“先分类、后归类、再布局”,“项目化、制度化、社会化和量化”,“先定原则、后定标准、再定制度、最后定操作”,“想大事、议大事、做好小事、体现大事”,“平时有形、用时有人”等14个组织工作理念,提出“一个岗位就是一所学校”的工作要求,促使组工干部以职业化的精神做好本职工作。参加市委组织部举办的组织工作创新成果展示活动,报送《为民地图》、“探索干部实绩考核的有效模式”、“组织部门文化建设”等13个创新项目,其中《为民地图》获市委组织部创新成果一等奖。

（沈艳兴）

老干部工作 至年末,供给关系在本区的离休干部人数401人(其中安置到外省市9人);外省市安置在本区的离休干部41人;市属系统委托代管3人;年内去世16人(其中外省市安置本区的离休干部3人)。落实老干部政治待遇,组织老干部学习“三个代表”重要思想和党的十六大、十六届四中全会精神,举办离休干部党支部书记学习党的十六届四中全会和《上海市离休干部党支部工作条例》研讨班。开展纪念建国55周年和上海解放55周年活动;老干部局和宝山电视台联合制作一部反映老同志当年战斗生活的专题片《半个多世纪的回想——纪念上海解放55周年》,在《宝山报》辟专栏刊登老同志书画作品。落实老干部生活待遇,贯彻《关于调整本市已故离休干部的配偶生活困难补助标准的通知》和《关于调整本市配偶无固定收入、子女残疾且丧失劳动能力的离休干部生活补贴标准的通知》。从7月开始区财政对老干部增加补贴100元/月;按市政府《关于本市机关局级干部住房制度改革的实施意见》,由区财政对14人实施住房补贴,补贴金额42.294万元;根据《关于抗日战争后期参加革命工作的离休干部参照单项副局级医疗待遇的通知》(沪委老[2003]76号)精神,16名老干部享受副局级医疗待遇;按照市委、市政府关于深化国资、国企改革的工作部署以及《关于在国资国企改革中市区联手做好企业老干部工作的意见》(沪委组[2004]66号)的有关要求,市轻工集团15名离休干部划转宝山区,与区离休干部享受同等政治和生活待遇。

（支 勇）

党史研究 年内,党史研究取得新成果。(1)区委党史研究室、区档案局联合编写的《抗美援朝运动在宝山》一书于2004年底出版。该书收集了103篇志愿军老战士回忆录、宝山人民抗美援朝大事记、有关文件资料以及216名烈士名录,较完整地浓缩了宝山人民抗美援朝运动的历史,全书29万余字,由上海社会科学出版社出版。该书为宝山区整理建国后的党史专题积累了经验。(2)完成《红色印痕—上海遗址百处》宝山部分的组稿。《走向2010世博文化》丛书--《红色印痕—上海遗址百处》由市委党史研究室组编,人民出版社出版,全书收入鸦片战争至上海解放百余年间的历史遗址,包括重要会议的会址,杰出人物的故居,以及纪念地、历史馆、烈士陵园等,该书宝山部分收录了从鸦片战争至宝山解放百余年间的历史遗址遗迹、纪念场馆,共7个条目、约6000字,收录照片17张。(3)完成区党建网站“宝山党史”栏目的资料采编收集,整理了建党初期至抗日战争结束期间的党史大事记、党史人物、党史故事等史料。

（周爱民）

宣传

概况 年内,宣传思想工作和精神文明创建围绕中心,服务大局,注重实践、创新载体,坚持“三贴近”,围绕提高市民的综合素质,为实现“变样”目标提供思想保证。(1)理论武装工作以树立和落实科学发展观为主线,深入学习《中共中央关于加强党的执政能力建设的决定》。全年举办双休日局、处级领导理论专题讲座11次,听课人数5500人;全区63个处级单位党委(党组)中心组组织学习1036次,平均出席率96.5%。组织劳动保障、房地、司法等职能部门,结合企业改制、征地动迁、推行镇保等工作,下基层与群众开展面对面的宣传思想工作。编写并发放《理论热点18题》,举办各类理论、专题讲座397场,听课人数共63929人,开设的10家“东方讲坛”宝山市民讲座点,全年举办讲座41次,听课人数10600人。(2)印发《区委宣传部关于进一步加强新闻宣传工作的意见》,推出“六个一”(即每日一审、每周一评、每月一分析、每季度一会、每半年一考核、每年一总评)工作机制,加强了对区新闻媒体之间的领导和区域内新闻媒体之间的沟通,整体合力得到进一步发挥。组织开展新闻队伍“三项教育活动”,对外宣传有新的突破和提高,全年在中央、市级以上新闻媒体刊登、刊播报道866篇,其中主要版面(栏目)刊登、刊播的63篇(条)。(3)深入开展群众性宣传思想教育。组织“弘扬实践宝山精神劳模事迹报告团”深入基层巡回演讲21场次。集中展现宝山区2001~2003年度全国五一劳动奖章获得者和19名上海市劳模的风采。(4)加大爱国主义教育力度。区委宣传部会同区教育局党委和团区委共同开展“牢记共和国历史,弘扬宝山精神——万名青少年寻访爱国主义教育基地”活动,组织近7万名青少年,寻访区域内2个全国爱国主

一批批宝山市民到实地看宝山变样 摄影/浦志根

义教育示范基地、4个上海市爱国主义教育基地和8个宝山区爱国主义教育基地，庆祝建国55周年期间，组织“百年宝山——宝山优秀历史人文精神图片展”，深入全区各爱国主义教育基地和中小学校巡回展出，观众达3万余人次。

■第四届国际民间艺术节新闻宣传 围绕“我们共同的节日”这一主题，做好第四届上海宝山国际民间艺术节的新闻宣传，体现民间性、国际性和艺术性，做到在节前逐渐升温，节中达到高潮，节后持续影响。期间共邀请近40家中央和市级以上新闻媒体，深入艺术节各项活动现场进行报道，接待新闻记者近300人次，中央和市级以上新闻媒体刊播宝山国际民间艺术节新闻报道近100篇（条）、图片报道66张、图片专版3个，专题节目6档，11月23日、30日，CCTV-4在《中国文艺》栏目中播出第四届上海宝山国际民间艺术节专题两档，长达40分钟。

■创建公民道德实践基地 全年创建公民道德实践基地137个。创建“公民道德实践基地”的要求是：农村以“新风户”评选为基础，结合村务、政务公开，发挥村民自治作用；城区以文明楼创建为基础，发挥居民参与社区精神文明创建的积极性。农村创建“实践基地”做到“三个一”：有一个村民活动中心，有一套比较规范、完整的村民公约，有一个道德教育宣传栏。城区创建“实践基地”做到“四个一”：有一个居民活动中心，有一套比较规范、完整的小区居民公约，有一个宣传栏和道德点评台，居民楼组有一套比较完整的楼组公约。9月20日，区委宣传部、区文明办在通河新村街道举行公民道德建设宣传大会，会议为评选出的通河新村街道昌鑫家园小区等30家公民道德建设示范基地授牌。

■开展千名进城务工人员问卷调查 3月，区政治思想工作研究会在全区16个乡镇、街道和部分外来民工子弟学校中开展千名进城务工人员抽样调查，问卷内容包括务工人员的收入、务工目的、对现行政策法规的了解程度、需求愿望、生活环境评价、对相关政策的满意度、学习和受教育的方式等30个问题，共发放问卷1155份，回收问卷1120份，回收率达96.97%。

■精神文明创建 继续开展市、区两级文明小区、文明村的申报评定工作。2004年被命名的上海市文明小区151个、文明村47个；被命名的宝山区文明小区131个、文明村87个。第十二届（2003~2004年度）上海市文明单位71家，宝山区文明单位359家，上海市军民共建社会主义精神文明先进集体88对。开展“宝山区执政为民十佳实事”和“宝山区弘扬实践宝山精神百佳市民”的评选活动，评选出杨行镇劳动和社会保障事务所“关爱低保家庭送岗位”等“十佳实事”和陈东升等108名“百佳市民”。召开宝山区加强和改进未成年人思想道德建设工作座谈会。下发《宝山区加强和改进未成年人思想道德建设实施意见》。形成《关于提高宝山市民素质和城市文明程度“中变样”目标任务的调研报告》，制订《宝山区实施“上海迎世博”文明行动实施计划》。区委宣传部、区人大办、区司法局共同组织人员参加上海市“宝钢杯”人民代表大会制度50周年知识竞赛活动，获得优秀组织奖。组织通河新村街道、罗店镇两个市民合唱队参加“在灿烂的阳光下”上海市社区市民合唱大赛，获纪念奖。

■与上海大学签约共建精神文明 年内，区委宣传部组织各乡镇、街道与上海大学各学院、部门结对签约，共建精神文明。宝山区主要提供的服务包括：为科研人员提供教育科研实验基地，提供项目研究的基础条件，为大学生挂职锻炼、勤工俭学、社会实践提供便利，宣传上大，提供调研课题，对大学生进行爱国主义教育，为贫困大学生提供资助，建立专项奖学金等。上海大学主要提供的服务包括：与宝山企业合作，把上大科技成果转化为生产力，提供专家咨询，不定期提供科技合作信息，参与科技宣传活动，进行义务法律宣传，提供干部培训的师资力量，提供经济社会发展咨询，为社区信息化和电子政务建设提供帮助，为宝山教育事业发展提供帮助，配合开展学习型社区，参与各种调研活动，参与重大文化活动，提供文化服务，为地方基础英语普及提供方便，宣传宝山区情，为人才培训提供方便等。年内双方开展各种形式的共建活动，年底召开共建经验座谈会。

■实施学习型城区三年规划 年内，制定并实施《宝山区创建学习型城区三年规划》。建立社区学校、创建学习型组织、构筑市民学习服务体系、市民学习交流平台等重点项目，按目标要求全面完成年度工作计划。已创办社区学校10家，学习型小区、学习型班组、学习型机关、学习型家庭等活动广泛开展，建成社区图书协作网点22个，开展“宝山读书节”等群众性学习交流活动。

2004年区级层面“宣传弘扬实践宝山精神”主题活动一览表

序号	活动名称	时间跨度	受众对象及人数
1	《2003—我们共同走过》宝山变样电视专题片	2月	近万人人次
2	《2003宝山变样写实》图片巡回展	3月~4月	6万余人次
3	“宝山市民看变样”活动	5月	1万余名市民
4	“弘扬实践宝山精神”劳模事迹巡回演讲	7月~8月	5000余人次
5	“弘扬宝山精神”社区文艺汇演	全年	10万余人次
6	“弘扬宝山精神”社区宣讲活动	全年	3万余人次
7	“宝山市民话变样”活动	全年	采访600余人次
8	《近代百年宝山》图片展	10月~11月	3万余人次干部群众
9	“弘扬实践宝山精神百佳市民”、“执政为民十佳实事”评选	11月~12月	5万余人次参与评选活动
总计		近30万干部群众	

（曹继洪）

统一战线

■**概况** 年内，统战工作以团结务实的工作作风，良好的精神状态，在突破难点、体现特色上做文章，在出亮点、出成效上下功夫。加强民主党派、无党派人士的思想组织建设，提高民主党派、无党派人士的参政议政能力，进一步规范多党合作制度的建设，引导各民主党派、无党派人士学习贯彻"三个代表"重要思想、党的十六大和十六届四中全会精神，深入开展"三增强、四热爱"教育活动，先后6次与民主党派区委联合举办统战系统学习报告会，邀请民主党派市委主要领导厉无畏、黄关从、左焕琛、谢丽娟等人作专题报告。全年召开5次双月座谈会和情况通报会，由区委、区政府领导向民主党派及党外人士通报区经济建设、城乡建设及社会事业发展等情况。以《中共中央关于坚持和完善中国共产党领导的多党合作和政治协商制度的意见》发表15周年为契机，在区内各民主党派中开展 "一篇征文、一次参观、一次学习研讨会、一次学习报告会和一次统战知识竞赛"的"五个一"活动，增强民主党派成员接受共产党领导的自觉性，推进多党合作制度的规范化、制度化、程序化建设。组织举办统战系统各种类型的学习会、研讨会、学习班6次（期），包括民主党派、工商联负责人学习会、研讨会，民主党派区委委员、支部主委学习班、党派新成员学习班、民主党派专职干部学习班和党派主委、工商联会长有关学习考察活动，重点学习党的十六届四中全会精神，研讨新时期多党合作的理论与实践，引导民主党派增强坚持共产党领导的多党合作和政治协商制度的自觉性。在"上海市宝山区（香港）招商会"筹备期间，统战系统各部门利用各种渠道与境外各界朋友进行联系，邀请到50余名港澳朋友及侨商和20余名台商出席招商会议。

■**党外干部培养选拔工作** 年内，区委统战部会同组织部对全区培养选拔党外干部情况进行自查。对区卫生局、教育局等党外干部较为集中的单位进行调研，分析和总结区内党外干部培养选拔工作的现状。对现任党外处级干部所在单位进行走访。重新梳理和调整民主党派后备干部队伍，物色和建立侨务、宗教、民族、非公经济等界别代表人物档案库。规范党外知识分子联谊会工作机制，发挥其党外干部"蓄水池"功能。区委组织部、区委统战部召开联席会议，就全区党外干部工作进行沟通，并联合下发《关于进一步做好培养选拔党外干部工作意见》，对全区党外干部工作提出了规范性的意见。

■**推进工业园区建设** 年内分别以台商、侨商为主和民营企业家为主召开2次工业园区招商引资推介会，通过政策宣传、功能介绍以吸引更多的台、侨资企业和民营企业来宝山投资。邀请参加全国侨商组织经验交流会的国侨办、各省市侨办、侨商会领导人到宝山参观考察，扩大宝山对外影响。区侨联积极争取市侨联的支持，年内，投资1.5亿美元的房产项目落户顾村。

■**举办长江口民营经济发展论坛** （参见第140页"外经贸与国内协作"）

■**宝山商汇都市工业园区筹备工作就绪** 经过一年筹备，定位为民营企业集聚中心的"宝山商汇都市工业园区"建设前期各项筹备工作基本就绪，园区位于盘古西路，将于2005年初破土动工。园区将建设成为总部型民营企业商住办公和研发中心、交易中心、都市工业、高科技产业集聚中心、工商联会员会所。

■**推进社区统战工作** 区委统战部加强对各乡镇、街道党（工）委开展社区统战工作的指导和协调，组织基层统战干部开展业务培训，指导乡镇、街道对居委会（村）党支部兼职统战干部进行培训。协助和支持各民主党派参与社区共建工作。年内召开2次社区共建联席会议，研究和探讨新时期民主党派参与社区建设的工作，深入基层开展调研，形成《发挥统战资源，推进社区党建管理》、《宝山区社区民族工作现状及对策思考》、《关于宝山区基督教私设聚会点的成因及对策思考》、《宝山区基层对台工作情况分析》、《关于当前政府发展民营经济工作着力点的思考》等多篇调研报告，为基层社区统战工作的开展提供新的思路和举措。做好社区民族宗教工作，在全区少数民族同胞中开展以"共同团结奋斗、共同繁荣发展"为主题的少数民族知识竞赛活动。建立区民族宗教工作联席会议制度和区、乡镇（街道）、村（居）委会三级管理网络，明确工作责任制。

■**统战宣传** 年内2次在全区处级干部中举行台情报告会和当前民族宗教形势和任务的报告会，以《宝山报》和宝山电视台作为宣传的重点媒介载体，11月在宝山电视台开辟《风雨同舟》专题栏目，宣传党的统战工作方针、政策，报道全区统战工作中的先进人物、先进事迹，为民主党派、党外人士参政议政提供平台。统战系统各部门利用网络技术，及时向市、区有关部门报送了上百条信息，在市东方海外之桥网发布的信息23条。

■**宝山海外联谊会第四次会员大会** 9月29日，宝山海外联谊会第四次会员大会在罗店美兰湖会议中心举行，30余名会员和各界朋友出席会议。大会选举产生第四届理事会以及会长、副会长、总干事长和新的名誉会长、顾问等领导班子。会议吸引了众多海内外朋友的关注，香港知名实业家刘浩清不顾年迈亲自前来参加大会。上实集团总裁王荣峰、世贸集团董事长许荣茂、香港杨谭顾问公司总经理谭苇芸、香港金融管理学院董事长王中英、上海置业董事局主席施建等一批境内外知名人士欣然接受担任海联会各级领导职务，区四套班子的主要领导担任海联会的名誉职务。会议通过参观考察活动向海内外朋友宣传推介宝山。（姚明德）

■**宝山区社会主义学院** 2004年，区社会主义学院举办学习班、培训班、研讨班13期，比上年增加4期；培训学员569人次，比上年增加10 %，其中区委教育领导小组安排的主体班5期，与区各民主党派联合办班5期，与街道、乡镇联合举办统战信息员培训班3期。教育培训工作以提高培训质量为重点，把提高学员的政治素质放在首位。（1）加强理论学习。以学习党的十六大、十六届三中、四中全会精神，坚持科学发展观为重点。组织学员开展提高民主党派骨干队伍的政治把握能力、组织领导能力、参政议政能力和合作共事能力的研讨。（2）组织走出去参观。安排学员到杨行杨北中心村、罗店北欧新镇、静安寺街道参观考察，了解区内区外城镇建设和发展情况。（3）整合社会资源。健全区社院兼职教授网络，充分发挥兼职教授作用，聘请市委统战部研究室2名负责人到区社会主义学院讲课和作报告。（4）探索办班新思路。统战培训实施向社区延伸，向农村延伸的"两个延伸"，实现覆盖社区，覆盖农村“两个覆盖”。利用信息化技术和网络资源，开展多媒体教育和网上教程教育。学院编写统战基本知识问答辅导材料等培训教材。统战理论学习、研究和宣传实现理论研究成果有突破，专题调研成果有突破的“两个突破”。开展统战理论研究，共征集论文近50篇；完成《2004年宝山区统一战线理论研究文集》的编审；区社会主义学院有3篇论文入选市级刊物，发表统战和对台宣传报道近30篇；与宝山区私营企业联合开展《拓宽思路，加快我区私营经济发展的思考》的调研。学院自身建设和队伍建设做到“三个高效”，即制度设置高效，培训管理高效，工作节奏高效。 （王程吉）

政策研究

■概况 年内，政策研究和决策咨询工作坚持三个结合：即实务性与前瞻性结合、区内研究与借脑研究结合、综合调研与操作方案研究结合，课题研究和对策研究都有所创新。课题研究方面，组织全区各部门参与研究，与上海市应用统计研究所等专业研究机构合作，完成“十一五”发展思路研究、经济社会协调发展综合评价与监测体系研究、推进“三个集中”(人口向城镇集中，工业向园区集中，土地向规模经营集中)及其相关问题研究等3项软科学研究课题。在对策研究方面，主要围绕考核奖惩机制、工业园区管理体制和运行机制、土地管理和储备工作体制、农村村级集体资产管理体制机制、农民宅基地置换、公共卫生事业投入、行政许可法实施及其影响等内容，提出若干具有较强操作性的对策和方案。组织以实现“三年中变样”为主题的系列专题调研。制定《关于2005年乡镇、街道和工业园区特定变样目标考核奖惩的实施意见》、《乡镇街道主要领导“变样”考核奖惩补充意见》等政策性文件。

■“十一五”规划前期研究 年初，根据中央和市委的要求，组织对“十一五”规划编制的前期研究工作，组织经委、商委、建委、科委、农委、教育局、卫生局、文广局、劳动和社会保障局等单位，分别就宝山“十一五”期间面临的宏观经济形势变化、制造业升级、发展现代服务业、建设绿色滨江新城、社会事业体系、就业及社会保障体系、“科教兴区”、“三个集中”、混合经济和民营经济发展等9方面的重大问题，进行调研并提出报告。在此基础上，邀请市政府发展研究中心、福卡经济研究所等专业咨询机构协助进行“十一五”规划总体思路研究。分析“十一五”时期宝山发展的内外部环境和阶段性特征、需要解决的重大问题及解决思路，提出发展的主要方向以及经济结构调整的框架。至年末，前期研究工作结束。

■开展“三年中变样”系列调研 下半年，由区四套班子领导牵头，组织全区各部门对2003年以来全区“三个变样”的实现情况进行调研，范围涉及经济发展指标、城市建设管理、社会稳定和保障、

中共宝山区委党校
位于西城区友谊西路
YEARBOOK OF BAOSHAN

市民素质和城市文明、人民生活水平和质量、干部队伍状况、混合所有制和民营经济、转变政府职能、土地资源合理利用、就业体制改革、社会事业体制机制、社区党建等12方面，形成系列调研报告，经征求各个方面意见和区委中心组多次讨论，形成推进“三年中变样”6个指导性文件，明确经济发展，城市建设与管理，社会稳定，精神文明，人民生活水平和质量、干部队伍精神状态和能力水平等6个方面具体的“中变样”目标和任务。

■乡镇、工业园区动迁安置政策梳理 上半年，区委政策研究室向全区11个乡镇和2个市级工业园区发函，要求各乡镇对自行制定且仍在执行的涉及农民征地动迁安置的文件、规定进行梳理。各乡镇对2003年全区实施动迁的地块和动迁户情况进行整理。区委政策研究室走访部分乡镇，对当前各乡镇动迁中遇到的突出矛盾以及需要上级部门协调解决的问题进行调研，提出构建合理的征地补偿利益调节机制、完善就业和养老社会保障机制等对策性建议。

■宝山协调发展评价和监测指标体系研究 该项研究吸收国内外协调发展评价体系和监测指标体系的研究成果，结合宝山实际对包括经济发展质量、人口资源环境、社会事业发展、人民生活水平、社会稳定与和谐、政府执政能力与管理等6个方面的众多统计指标进行了筛选和比较，确定了经济发展速度、人口素质、科学技术、生活水平等16个评价因子和增加值增长速度、居民平均预期寿命、万人专利申请数、城镇居民可支配收入等33个评价指标，对区级经济和社会的协调发展状况进行评价和监测。这一指标体系能用于不同区域和同一地区不同发展时期的比较，受到《解放日报》等多家媒体的关注。

■农村宅基地置换调研 年内，在顾村、横沙、罗泾、罗店等乡镇就农村宅基地置换工作进行专题调研。调研内容包括农民集中居住区建设的资金平衡、置换标准和方法、就业和社会保障等问题。经过调研，提出农村宅基地置换工作5项原则：(1)政府主导，市场运作，农民参与；(2)符合规划，综合配套，用地集约；(3)功能提升，环境优美，财产增值；(4)置换房屋、流转土地、促进就业“三联动”；(5)政府能承受，农民能接受，面上可推广。该项调研对促进形成土地流转、土地储备和农民集中居住区开发建设的“联动”机制进行探索，对推进农民市民化、农民集中居住后建立就业和社会保障的长效机制等工作提出建议。 （张 顺）

党校

■概况 年内，加大全区党员干部培训轮训力度，全年共举办28个主体班次，培训3099人次，培训人数比上年增长85%。新开设青年干部理论学习班、青少年理论读书班、全区公务员行政许可法和公务员MPA核心课程“8+x”等培训

班。反映主体班办学水平的4项指标均达到或超过预定目标,在全方位、分层次强化主体班的党性方面进行新的探索。改进教学方法,多媒体教学手段在主体班得到广泛应用,互动式、研讨式教学在青干班尝试应用。函授教育质量稳定,在校生共6个班次484人。函授招生录取117人,大专、本科考试录取率分别是97.5%和100%,居全市前列,其中本科平均成绩高于市平均7.5分。有107名和50名函授学员分别完成大专和本科学业。全年共向基层单位推出讲座专题80余个。教师应邀到社区和基层宣讲超过40次(场)。有8名教师被聘为社区学校的教师,1名教师获市委党校系统"优秀班主任"称号。

■开展"一把手"和"一班人"培训 根据区委"抓一把手、带一班人、强一支队伍"的要求,年内承办2期全区处级党政"一把手"培训班和5期全区处级副职干部培训班,524人次参加学习。第一期处级党政"一把手"班于3月2日~7日举办,主题是贯彻落实科学发展观;第2期于11月12日~14日举办,主题是学习贯彻党的十六届四中全会精神。全区处级副职干部培训班分党建、经济建设、行政管理与农业管理、社会稳定和城市建设管理等5个专题,于4月19日~30日举办,274人参加学习。

2004年度宝山区委党校举办主体班一览表

序号	班　　次	人数	日　期	联办单位
1	区处级党政"一把手"学习研讨班(第一期)	125	3.2~3.7	区委组织部
2	区区级机关入党积极分子培训班	54	3.9~3.13	区机关党工委
3	区贯彻实施"行政许可法"专题研讨班	65	3.18~3.19	区政法办
4	法制干部培训班	75	3.25	区法制办
5	区2003~2004年度文明单位创建干部培训班	180	3.31	区文明办
6	区市容局入党积极分子培训班	24	4.13~4.16	区市容局
7	区处级党政副职干部党建专题培训班	82	4.19~4.22	区委组织部
8	区处级党政副职干部经济建设专题培训班	56	4.23~4.26	区委组织部
9	区处级党政副职干部行政管理和农业管理专题培训班	55	4.23~4.26	区委组织部
10	区处级党政副职干部社会稳定专题培训班	47	4.27~4.30	区委组织部
11	区处级党政副职干部城市建设管理专题培训班	34	4.27~4.30	区委组织部
12	区机关党组织书记培训班	40	5.13~5.21	区机关党工委
13	区农村党组织书记培训班(一班、二班)	165	5.24~5.31	区委组织部
14	区中青年干部赴港学习班(开班式)	29	5.17	区委组织部
15	区财政税务、审计资产管理培训班	80	5.21	区财政局
16	区公务员《行政许可法》培训班	1121	6.15~6.18	区人事局
17	区卫生局入党积极分子培训班	80	6.21~6.24	区卫生局
18	区宣传干部培训班	35	6.16~6.18	区委宣传部
19	新任公务员培训班	30	8.23~9.3	区人事局
20	区第一期军嫂培训班	40	9.1~9.3	区人事局、共建办
21	第一期公务员MPA(8+X)核心课程培训班	226	9.18~11.30	人事局
22	区第一期青年干部马克思主义基本理论培训班	50	9.6~9.29	区委组织部
23	上海市军转干部培训班(宝山培训点)	73	10.11~12.20	区人事局
24	第二期处级干部MPA核心课程培训班	120	4.10~5.6	区委组织部、复旦大学
25	人事岗位资格培训班	23	10.16~11.16	区人事局
26	区第一期青年马克思主义基本理论培训班	30	11月起	区关工委、区教育局、团区委
27	区地区工作者培训班	35	11.1~10.15	区人事局
28	区处级党政"一把手"学习研讨班(第二期)	125	11.1~11.14	区委组织部
合　计		3099		

■**教育科研** 党校教师全年发表各类论文和调研报告10篇，比上年增加40%，其中发表于市级以上刊物4篇；组织和参与市级、区级和校内课题4个，涉及经济、党建、行政管理、思想政治工作等领域；配合宝山电视台制作党的十六届四中全会精神学习论坛节目。《开拓》杂志全年共编辑出版7期，并通过市新闻出版局的年检，《科学发展观》专辑刊发全市13名区委书记的专题文章。

■**新校区竣工启用** 宝山区委党校新校区于12月18日竣工并交付使用。该工程于2003年12月18日破土动工，投资总额为1.13亿元。新校址位于西城区江杨北路西侧、友谊西路北侧地块。建成后的新校区占地2.6公顷，建筑面积2.51万平方米，共分为主体楼、会议中心、后勤服务楼、网球中心四个单体，以及可容纳60辆机动车兼有防空和停车功能的地下车库，为全区开展大规模、多层次的干部教育培训提供了校园和设施，为全区召开大型会议和文化活动提供了良好的场所，并成为西城区城市建设的新亮点。12月28日~29日，区委四届五次全会于党校新校区会议中心召开。

■**基层党校培训4.72万人** 年内，各基层党校实现工作有人管，责任有落实，培训有经费，场地有保障。全区共有基层党校23个，办班368期，培训4.72万人次，比上年增加0.1万人次。上半年开展一系列面向基层党校的调研活动，年中举办基层党校工作经验交流会，下半年完成基层党校工作经验总结。 （王湘琳）

区机关工作人员踊跃为印度洋海啸灾区捐赠。 摄影／浦志根

区级机关工委

■**概况** 至年末，区级机关工委有下属机关党委3个，直属党总支14个，直属机关党支部25个；综合党委所属上海亚联汽车维修有限公司党支部隶属关系转至顾村镇党委。中共上海市宝山区综合委员会下属支部1个。区级机关工委全年共发展预备党员15名，按期转正22名，共有13个机关党组织进行换届选举，年末中共党员总数1790名。年内，原环保局机关党支部组建为环保局机关党总支。（1）在区级机关党组织中开展“结对联建”活动，41个机关结为党建工作联建单位，实现机关党建工作优势互补、资源共享；（2）举办各种类型的培训班，年内举办2004年入党积极分子培训班，53人参加学习；举办机关党组织书记理论业务培训班及组织委员培训班；（3）做好区级机关“流动党员”集中梳理工作，为开展党员先进性教育做好准备；（4）组织机关党员干部学习贯彻两个《条例》，在全体党员中进行书面测试，组队参加全区党内法规知识竞赛，获得三等奖；（5）继续做好“一表一卡”工作；（6）做好来信来访和党员违纪案件的处理，共处理1名党员违纪案件（开除党籍），处理来信来访3起。

■**开展“双推”主题活动** 年内，集中开展“推广‘一线工作法’，推进‘服务型机关’建设”专题教育活动，组织专题讨论90余次，2409人次参加，党员撰写学习体会文章530余篇；组织党课45次，1947人次参加；开展“服务型机关”建设案例评比，各单位提供转变服务理念，改变服务方法，提高服务质量的典型事例及不符合“服务型机关”建设要求的事例，形成了76篇正、反两方面的案例，经评选，评出10篇最佳案例；各机关党组织分别查找作风建设方面的突出问题，落实整改措施；在机关工委系统全面总结开展“双推”主题活动的情况，评选出创建“服务型机关”先进单位和先进个人各10个。

■**机关精神文明建设** 落实区委“心连心—绘制《为民地图》”工作，实现100%的覆盖率。继续开展机关党组织与横沙乡贫困户“结对帮困”工作，41个党组织与41户贫困户开展结对帮困，对各机关党组织结对帮困情况进行梳理，调整了10家单位的帮困对象。元旦、春节期间送温暖活动共向贫困户及困难群众送去慰问金及实物118850元。在“纪念‘七一’，党员一日捐”活动中，1130多名机关党员干部参加捐款，共计捐款达54986元；完成第十二届文明单位的检查和申报工作，申报创建市级文明单位5家，申报创建区级文明单位11家。

■**发挥机关群团优势** 机关工会下属基层工会30个，有工会会员844人，机关团工委下属基层团组织13个，有共青团员68人。（1）机关工会营造“活力机关”的氛围，积极参与2004年宝山区运动会，取得委办局组团体总分第七名，并荣获“优秀组织奖”、“体育道德风尚奖”；（2）在机关工委系统开展2001~2003年度劳动模范和先进工作者评比活动，区外经委项目科被评为市劳模集体，评出区委办综合科等区先进集体7家，评出区先进生产（工作）者11人；（3）做好干部职工的住院补充医疗保险和特种重病保险，参保率100%；（4）开展扶贫帮困送温暖活动，“一日捐”活动共收到捐款55329元；（5）机关团工委组织开展团队拓展训练，30余名团员青年参加培训；（6）在机关团员青年中开展“向小平家乡捐本书”活动，共捐图书170余册；（7）组织青年志愿者活动，先后参加“3·5”学雷锋、“爱心放送”助学、“真情送万家”、“宝山国际艺术节”等活动。 （丁天胜）

街 景

位于永乐路

上海市宝山区人民代表大会

People's Congress of Baoshan District,Shanghai Municipality

■编辑 吴 敏

综述

年初，区人大常委会党组确定从5个方面推动人大工作不断取得新的进展。(1)继续按照法律赋予的职责认真行使好各项权力;(2) 围绕中共宝山区委全会提出全区六方面工作，推进重大项目、重点工作和重要任务的实施;(3)坚持立党为公，执政为民，关心群众疾苦,体察群众情绪,着力维护群众利益;(4)与"一府两院"工作的难点、热点相结合,不断突破全区工作"瓶颈",达到监督与支持的有机统一;(5) 按照市人大常委会的有关部署,认真开展好市、区人大工作的联动。年内,区五届人大常委会共举行8次会议，审议22项议题;依法任免国家机关工作人员34人次。常委会进一步加强对区人民政府、区人民法院、区人民检察院的法律监督和工作监督,先后对《残疾人保障法》、《安全生产法》、《行政许可法》和《上海市职业教育条例》等法律法规的贯彻实施情况开展视察和检查,就《宝山区区域总体规划》的编制、全区经济发展、城乡建设与管理、社会事业发展、司法改革等开展工作监督,进行调查研究和视察检查。全年共受理代表和群众来信约257件,接待来访约211批次。 (樊家庆)

主要会议

■第五届人民代表大会第二次会议 2月3~5日在宝钢文化中心影剧院举行，会议正式代表286名。市委副书记刘云耕,市人大常委会副主任、市总工会主席陈豪分别出席了会议的开、闭幕式。大会听取和审议区政府工作报告、区2003年国民经济和社会发展计划执行情况与2004年国民经济和社会发展计划（草案）报告、区2003年预算执行情况和2004年预算(草案)报告以及区人大常委会、区人民法院、区人民检察院的工作报告,并作出相应的决议。刘云耕代表市委充分肯定宝山区2003年的工作。希望宝山区进一步解放思想、与时俱进、开拓创新、奋发有为,为上海新一轮的发展作出新的更大的贡献。会议期间,代表共提交议案11件，经主席团审议决定,"加强对企业改制与撤制村队集体资产处置的领导,防止国有与集体资产的流失"、"保护区内河道两侧空间形态"2件代表议案交由常委会研究处理，其余9件作为书面意见办理。会议期间收到代表书面意见233件。

■区五届人大常委会第六次会议 1月8日举行。会议听取区五届人大常委会代表资格审查委员会关于区五届人大代表变动情况及代表资格的审查报告,确认出席区五届人大二次会议的代表为286名；讨论决定区五届人大二次会议的有关事项；讨论通过区人大常委会工作报告。

■区五届人大常委会第七次会议 2月24日举行。会议讨论并通过区人大常委会2004年度工作要点;审议并通过《宝山区区域总体规划纲要》送审稿;就区五届人大二次会议主席团交付审议的"加强对企业改制与撤制村队集体资产处置的领导,防止国有与集体资产的流失"(04号议案)和"保护区内河道两侧空间形态"(10号议案)2件代表议案进行审议,要求区政府结合实际提出办理方案，于4月向区人大常委会报告。会议还审议通过了有关人事任免事项,决定任命魏廉虢为宝山区环境保护局局长,免去郑建忠宝山区环境保护局局长职务。

■区五届人大常委会第八次会议 4月27日举行。会议审议区政府关于《加强对企业改制与撤制村队集体资产处置的领导，防止国有与集体资产的流失》和《保护区内河道两侧空间形态》2件代表议案办理方案的报告，并分别作出决议,要求区政府认真落实办理方案;听取区政府关于代表书面意见办理情况的报告和区人大常委会人事代表工委的调研报告，要求区政府和有关承办单位抓好代表书面意见的跟踪落实，重视书面意见的复查和巩固工作，对已经解决的问题加强长效管理,真正让代表满意,让群众受益；审议区乡镇教育经费专项督查情况报告和区人大常委会教科文卫工委的调研报告，建议区政府要在发展经济的同时按照"教育法"的规定保证教育经费增长、积极探索农村教育附加费的征收机制、重视乡镇教师的队伍建设、弘扬和宣传关心重视教育的先进事迹、大力提倡尊师重教的社会风尚。会议还审议通过了有关人事任免事项，决定任命李志英为宝山区人口和计划生育委员会主任，瞿新昌为宝山区文化广播电视管理局局长，免去吴春梅宝山区人口和计划生育委员会主任、李志英宝山区文化广播电视管理局局长职务。

■区五届人大常委会第九次会议 6月24日举行。会议听取和审议2003年区本级财政决算报告、2003年区本级财政预算执行和其他财政收支审计工作报告，决定批准区2003年度本级财政决算；会议首次以多媒体和书面报告相结合的形式，听取和审议区政府关于宝山区治安辅助巡逻队伍建设工作的情况汇报以及内务司法工委的调查报告，通过关于区治安辅助巡逻队伍建设的审议意见。会议还就有关人事任免事项进行了审议表决。

■区五届人大常委会第十次(扩大)会议 7月21~22日举行,244名区人大代表参加了会议,5名市民到会旁听。会议听取区长吕民元关于区政府上半年工作情况的报告，组织代表分组对区工业园区建设、新一轮环保三年行动计划、科教兴区等工作进行了评议。会议还听取区2004年上半年计划执行情况的报告和区2004年上半年财政预算执行情况的报告，审议通过关于增加罗泾镇人民代表大会代表名额的决定以及有关人事任免事项，决定免去戴杰宝山区人民检察院副检察长、检察委员会委员、检察员职务。

■**区五届人大常委会第十一次会议** 9月24日举行。会议听取区政府关于加强和改进未成年人思想道德建设工作的情况汇报，建议区政府及有关部门要进一步统一思想，建立健全机制，各司其职，积极创造未成年人健康成长的良好社会环境，要把未成年人的思想道德建设纳入政府发展的规划之中，着力构建学校、家庭和社会三位一体的教育网络；要抓好普法维权工作，不断深入推进未成年人预防犯罪和权益保护工作。会议审议并通过了有关人事任免事项。

■**区五届人大常委会第十二次会议** 10月28日举行。会议听取区卫生局局长李士华、区规划局局长周建军的述职报告和常委会述职评议调研组的调研报告。常委会组成人员在充分发表评议意见的基础上，首次对述职对象进行书面测评，会议在肯定李士华、周建军履职情况的同时，对2人的工作提出要求。要求李士华及区卫生局进一步提高依法行政水平，抓紧落实《公共卫生三年行动计划》及《医疗服务框架规划》，加强与乡镇、街道的沟通和对基层工作指导，认真解决卫生改革中的新矛盾、新问题，切实提高全区医疗技术水平和服务质量；要求周建军及规划局进一步加大规划行政执法的力度，加强深层次的规划研究思考，做好规划管理、服务和宣传工作，进一步增强财经法纪观念，加强预算管理。会议还听取和审查区政府关于2004年度区本级预算调整的报告以及年度预算调整方案，决定批准该调整方案。

■**区五届人大常委会第十三次会议** 12月23日举行。会议听取区政府关于编制《上海市宝山区区域总体规划实施方案（2004~2020）》的报告，审议通过区人大常委会《关于同意<宝山区区域总体规划实施方案（2004~2020）>的决议》，要求区政府在区域总体规划获市人民政府批准后，要结合宝山发展实际，确保总体规划的实施；会议决定，区五届人大三次会议于2005年1月25日召开；会议对区政府拟提交区五届人大三次会议审查批准的《2004年区本级财政预算执行情况及2005年区本级财政预算（草案）》进行初步审查；审议通过关于区五届人大三次会议公民旁听办法。

区五届人大常委会主任（扩大）会议情况一览表

会　次	时　间	内　　容
第十四次	1月7日	讨论补选区五届人大代表的决定；讨论区人大常委会工作报告；讨论代表议案的处理程序；讨论常委会第六次会议的有关事项
第十五次	2月23日	讨论常委会第七次会议的有关事项；听取办公室近期工作通报
第十六次	3月19日	听取区政府通报防治禽流感；实施《行政许可法》准备工作；“三农”问题；信访工作等情况
第十七次	3月26日	听取区检察院查办和预防职务犯罪工作情况的汇报
第十八次	3月29日	讨论通过《关于公民旁听区人大常委会会议试行办法》
第十九次	4月27日	讨论常委会第八次会议有关事项
第二十次	5月11日	听取区科技发展项目基金使用情况专题报告
第二十一次	5月24日	听取区政府关于区预算外资金管理使用情况的汇报
第二十二次	6月22日	讨论常委会第九次会议有关事项
第二十三次	7月5日	讨论常委会第十次（扩大）会议有关事项
第二十四次	7月19日	讨论常委会第十次（扩大）会议有关事项
第二十五次	7月28日	听取区政府关于进城务工农民子女义务教育和区百路整治及长效管理的情况
第二十六次	8月30日	听取区法院民事案件快速审理机制运作情况的报告
第二十七次	9月22日	讨论常委会第十一次会议有关事项
第二十八次	9月29日	讨论卫生局长李士华等的述职报告；听取述职评议调研情况
第二十九次	10月27日	讨论常委会第十二次会议有关事项
第三十次	11月16日	听取区政府关于宝山区域总体规划情况通报
第三十一次	11月25日	听取区政府关于区就业与社会保障工作情况及促进民营经济发展工作情况汇报
第三十二次	12月22日	讨论常委会第十三次会议有关事项

（樊家庆）

重要活动

■**检查《残疾人保障法》贯彻实施情况**
2月20日，宝山区人大常委会部分组成人员和代表对宝山区贯彻实施《中华人民共和国残疾人保障法》情况进行检查，并视察区残疾人康复中心。代表们对宝山区人民政府贯彻实施残疾人保障法情况及区残疾人康复中心的建设表示满意，建议区政府要继续加大宣传贯彻残疾人保障法的宣传力度，进一步维护残疾人的合法权益，保障残疾人平等地充分参与社会生活，享受社会物质文化成果，把区残疾人事业提高到一个新的水平。

区人大五届三次会议在新落成的区委党校礼堂召开。 摄影／胡新力

■视察街道社区卫生服务中心 3月17日，常委会部分组成人员和区人大代表视察友谊路地区社区卫生服务中心。代表们冒雨察看宝城二村和宝山一村社区卫生服务站建设情况，听取区卫生局和友谊地段医院负责人关于开展社区卫生服务情况的汇报，并进行评议。代表们对全区推进社区卫生服务中心建设工作取得的成绩给予肯定，针对存在的困难和不足，代表们建议区政府要将此项工作纳入建设健康城区的总体规划，进一步做好街道社区卫生服务的规划，整合资源，按照社区建设网格化、标准化的要求，建好卫生服务站，同时逐步缓解卫生站用房紧张的矛盾；要加强对社区卫生服务站医务人员应急处理、抢险能力的培训，防止因病人突发事件带来的医疗纠纷；要进一步加强对居民健康档案的动态管理，把建设社区卫生服务中心这一实事办得更好。

■市人大领导来宝山调研 3月23日，市人大常委会副主任包信宝等来宝山人大作工作调研。区委书记薛全荣、区人大常委会主任李贵庆、副主任吴德渊等陪同视察了罗店中心镇和杨北中心村。包信宝表示，关于宝山代表关心的吴淞工业区整治、农村居民动迁房用地指标、农村富余劳动力的就业与保障、社区管理体系的协调等热点问题，市人大常委会将予以高度重视，对其中一些共性问题，将在立法和有关监督工作中予以综合考虑，对吴淞工业区整治等问题，将通过适当途径帮助呼吁。

■视察物流、航运服务业 3月24日，常委会组织部分区人大代表视察吴淞国际物流园区和宝山航运经济发展区的建设、发展情况。代表们对“两区”（吴淞国际物流园区、宝山航运经济发展区）建设和发展取得的成绩给予高度评价，同时对进一步发展物流、航运服务业提出意见和建议。

■视察区公共交通建设 3月31日，常委会组织部分区人大代表视察近年新建的泰和路客运枢纽站和吴淞客运枢纽站，听取区政府关于区交通建设、交通规划编制情况的汇报。代表们建议：（1）继续深化公交管理模式的改革，以适应不断扩展的公交市场；（2）继续推进公交客运市场化，鼓励社会向公交运营、场站设施建设投资，以提高资源利用率，方便市民出行；（3）编制并落实好公交专业规划，充实区级公交管理力量，使其在未来宝山发展中发挥“龙头”作用；（4）按照“一体化”交通的要求，落实公交“用地、资金、高效运营、换乘”优先的政策，使宝山的公交网络更适应经济和社会发展的需求。

■视察“四五”普法工作 4月15日，常委会对区“四五”普法工作进行视察。代表们听取了区司法局关于宝山区“四五”普法工作情况的汇报、区教育局关于青少年法制教育的工作汇报和淞南镇“四五”普法工作汇报，实地视察淞南四村第一居委会、宝山职校的普法工作。代表们建议：（1）区政府要继续抓好重点对象的普法工作，要增强普法工作针对性；（2）要从实际出发，加强对动拆迁、镇保工作的法制宣传，加强对信访工作条例、社会治安处罚条例、市容环境卫生管理条例等法律法规的宣传，推进区重点工作的进程和公民法律素质的提高；（3）要创新思路，创新普法的体制和形式，体现以人为本，增强亲和力、吸引力和感召力，突破普法工作的难点；（4）要注重实效，在建立法律素质评价体系的同时，建立学法效果的评价体系，通过普法工作全面提升全区的法治化水平。

■视察区内优秀历史建筑 4月20日，常委会组织部分代表视察位于东海船厂内的全区唯一被列入上海市第三批历史风貌区和优秀历史建筑保护范围的优秀历史建筑——海底电缆登陆局房。代表们建议区有关部门要根据《上海市历史文化风貌区和优秀历史建筑保护条例》的规定，尽快采取措施，予以严格保护，要请专家会商，提出保护措施，并予以落实；要责成所在单位落实保护责任；要保管好该建筑的档案资料，不因企业破产而使其散失。

■视察烟粉尘整治工作 7月上旬，常委会组织部分代表走访区环保局、区交通局、区城管大队、区交巡警支队等部门和单位，听取区整治烟粉尘工作的进展情况汇报，并实地察看一钢、五钢、铁合金厂和蕰藻浜沿线部分码头的整治情况。根据视察情况，代表们建议区政府及有关部门要加大对环保的必要投入，有关单位和企业也要购置必需的降尘设备配合整治；要及时总结推广整治工作经验，要加强行政管理执法的协调配合和衔接，落实长效监管措施。

■视察农村社区卫生服务机构 8月26日上午，部分区人大常委会组成人员和代表视察区农村社区卫生服务中心（站）标准化建设和药品管理情况。代表们建议，有关乡镇要加大卫生事业的经费投入，区卫生局要加强对乡镇卫生工作指导，进一步健全社区卫生服务的功能，加强全科医生的培训，使区医疗卫生服务事业持续、健康发展。

■视察商业发展 9月21日，部分区人大常委会组成人员和代表视察区商业业态布局情况，重点察看淞宝地区的海滨社区商业服务中心（农工商超市宝山店）、景汇休闲娱乐中心及大场地区的弘基文化休闲广场、灿坤数码电器城、乐客多购物中心等商业点，并听取区商委关于区内商业发展情况的汇报。代表们建议区政府：（1）坚持以人为本的科学发展观，关注不同群体、不同层次的消费需求，满足人民群众日益增长的物质、文化生活需要；（2）抓住机遇，按照建设现代化滨江新城的规划要求，抓住房产开发的有利时机，加快区域商业发展，加强引导，提高宝山商业的档次、实力；（3）充分发挥中介组织作用，依靠行业协会等中介组织的自律功能，提高商业行业的管理水平和服务质量。

■《安全生产法》执法检查 10月20、22、26日，部分区人大常委会组成人员和代表分组赴罗店、罗泾、高境、顾村等镇进行《安全生产法》贯彻实施情况的执法检查，并集中听取区政府的专题情况汇报。代表们建议，区政府及有关职能部门做到警钟长鸣，长抓不懈：（1）不断加强宣传教育，强化责任观念，提高从业人员和经营者等各方面的安全生产意识；（2）建立安全生产长效管理机制，在加强政府监管职能的同时，充分发挥基层组织、中介组织，特别是企业内部工会组织的作用，做到自律和他律相结合；（3）根据可持续发展的要求，从源头抓好安全生产工作，既对引进企业实行严格准入，又结合整治工作对产业结构进行调整。

■职业教育工作调研 11月30日，常委会组织部分代表前往宝山职校行知校区，对区贯彻实施《上海市职业教育条例》情况及本区职业教育改革和发展情况进行调研。代表们对宝山职校办学成果给予了充分肯定，并就职业教育面临的机遇和挑战发表意见。代表们建议，区职业教育应着眼于全市、全区多层次多类型的职教需求，积极创造条件，丰富教育内涵，既要培养具有一定文化知识和专业技能的中、初级技术人才，又要为高等院校输送生源，探索构建适应区域经济、市场需要、人才需求的教育培训体系，并努力向高一层次方向发展；职业教育是整个国民教育的重要组成部分，应将之纳入整个区域总体发展规划中；要加强对职校学生的教育，严管厚爱，使学生成为合格的技术型劳动者。

■视察绿化建设 12月上旬，常委会组织部分代表对区绿化建设情况进行视察。代表们实地察看虎林绿地、月泉湾绿地、宝钢林带等有关绿地，听取区绿化局近年来绿化建设情况汇报和下一步工作设想。代表们对近年绿化建设取得的成果和区政府及有关部门所做的工作给予肯定，同时建议区政府及有关部门：（1）要进一步重视研究绿化建设生态化、人性化问题，坚持以人为本、人与自然和谐发展的先进理念，在绿化风格、布局、品种、设施等方面体现更生态、更自然、更人性化，考虑更周到一些，使园林与体育、与居民群众休憩娱乐有机结合，让市民能走进绿地亲近自然；（2）要研究制订科学合理的绿化标准要求，针对不同区域、不同功能研究制订不同的指导原则和标准，加强绿化规划，防止和减少重复建设的浪费；（3）要加强宣传和长效管理，提高全民爱绿护绿和参与意识，加强志愿队伍宣传和建设，绿化建管与社会志愿、与再就业有机结合起来；（4）要进一步研究深化绿化建管机制、体制改革，推行属地化管理，加强工作指导，发挥乡镇街道及社会建绿的积极性。

■视察《行政许可法》贯彻实施情况 12月8日，部分常委会委员和代表视察《行政许可法》贯彻实施情况。代表们分别察看区公安分局、区工商分局、区建委公路署的接待窗口及有关法律文书和公示情况，听取区政府及有关部门的情况汇报。代表们建议政府部门：（1）要进一步加强学习，深化认识，把对《行政许可法》宏观意义的认识与实现宝山“三变样”目标紧密结合起来，把贯彻实施《行政许可法》与推行执法责任制紧密结合起来；（2）认真研究，逐步解决实施过程中出现的新情况、新问题；（3）加强法制机构建设，进一步转变行政执法人员的思想观念，提高业务素质；要依法许可，注重审批后的后续监管工作。

■议案和代表书面意见办理 区五届人大二次会议及闭会期间，代表共提出书面意见273件（9件为代表议案转为书面意见），其中由区政府办理的236件。区五届人大常委会第八次会议听取并审议了区政府关于代表书面意见办理情况的报告和区人大常委会人事代表工委的调研报告。经督查，在区政府办理的236件代表书面意见中，已经解决的103件，正在解决的66件，计划解决的23件，列为工作参考的36件，因条件限制难以解决的8件。调查显示，代表对政府部门办理书面意见的态度表示满意和基本满意的100%；对办理结果表示满意的有152件，表示基本满意的有46件，表示理解的有36件，表示尚有意见或不满意的有2件。年内，常委会有关工委多次深入承办单位了解情况，听取代表意见，常委会对代表书面意见办理的评价体系做了改进，初步形成“办理态度”、“办理方案”、“办理结果”和“落实巩固”4个方面的评价体系。根据新的评价体系，常委会对区五届人大一次会议以来共641件书面意见办理情况进行了复查。（樊家庆）

宝山镜像 No:010
摄影／顾鹤忠
義薄雲天
罗店亭前街夜景
庙行无名英雄纪念碑
罗店民居
马桥纪念村牌坊
罗店亭前街夜景
钱世桢墓
宝山历史遗迹
之二
日军小川沙登陆地
姚子青营抗日牺牲处
YEARBOOK OF BAOSHAN
秦家墩南侧
小刀会
小白桥

共和新路高架

位于共和新路

上海市宝山区人民政府

People's Government of Baoshan District,Shanghai Municipality

■编辑　吴　敏

综述

2004年,区政府围绕区第四次党代会确定的奋斗目标,按照区委四届三次、四次全会的工作要求,紧紧依靠全区人民,全面完成了区五届人大二次会议确定的各项任务。全年完成增加值266亿元,可比增长22.5%;区地方财政收入45.2亿元,比上年增长42.8%,区级可用财力达51.4亿元;工业销售产值547.1亿元,比上年增长29.7%;社会消费品零售总额131亿元,比上年增长17.4%;外贸出口19.2亿美元;新增就业岗位3.5万个,城镇登记失业人数控制在3万人以内;城镇居民家庭人均可支配收入达到13085元,农村居民人均纯收入达到8772元,比上年分别增长11.2%和10%,特别是两岛农民收入又有了新的提高;全区刑事案件发案率下降5.2%。《宝山区域总体规划纲要》和《宝山区域总体规划实施方案》编制完成,并获市政府批准;第四届上海宝山国际民间艺术节、宝山区运动会等重大活动成功举办;全国民兵训练工作会议、全国国防教育经验交流会保障工作顺利完成;宝山区被评为全国文物工作先进区,并被农业部命名为生态示范区;高境镇成功创建国家卫生镇,庙行镇、淞南镇、顾村镇等被评为上海市一级卫生镇,罗店镇被评为中国著名小城镇,淞南镇、月浦镇分别被评为全国亿万农民健身活动先进镇、全国文化先进社区。

全年工作主要特点:(1)坚持科教兴区,全面发展。认真贯彻落实科教兴市主战略,以"两个第一"的思想("科学技术是第一生产力"和"人才是第一资源"),推动经济社会发展模式的转变,把这一战略的实施,贯穿到改革发展稳定的各项工作中去,促进宝山经济社会全面协调可持续发展。(2)坚持注重质量,提高效益。把握宏观调控、上海市产业布局调整和世博会筹办的契机,深化改革和扩大开放,为经济社会发展注入新的活力;注重经济结构调整,加快产业结构优化升级,切实推动经济增长方式转变,积极发展循环经济、集约经济;推进三个集中,抓好世博会重大项目入驻各项工作,加快宝山工业园区开发建设。(3)坚持团结鼓劲,乘势而上。注重调动全区各方面的积极性,保持了心齐、劲足、风正、气顺的大好局面,蓄势待发的势能开始转化为加速发展、加快变样的动能,经济发展速度进一步加快,城乡建设和管理水平进一步提升,社会发展后劲进一步增强。(4)坚持执政为民,关注民生。加大促进就业的工作力度,经济增长带动就业增长的良性机制开始形成。重视改善人民生活,特别是重视保障困难群众的基本生活,注重维护和实现社会公平,保持社会和谐稳定,在实现宝山经济社会协调发展的过程中,让人民群众得到更多实惠。(5)坚持立足当前,着眼长远。在全面完成"十五"计划、为实现三年中变样奠定基础的同时,深入研究事关经济社会发展的全局性问题,认真编制"十一五"规划,为宝山长远发展打下基础。　（肖　辉）

重要政事和决策

■贯彻宏观经济调控政策　年内,按照市委、市政府的部署,认真贯彻中央宏观调控政策。建立了经济指标预测分解体系,加强对经济发展预期目标的监控。制定《关于进一步加强土地管理工作的若干意见》,探索建立项目预审、"批项目、核土地"和"重点项目与土地计划挂钩"的管理机制。开展土地市场整顿和各类开发区清理,撤销6个区级工业园区,面积773.23公顷,核减面积占区级工业园区的43.07%。开展固定资产投资项目清理,取消、停建17个占地多、能耗高、产出低的项目。取缔924家不符合安全生产条件的企业。通过招标、挂牌方式推出经营性土地13幅、126.4公顷。

■市政府批准《宝山区域总体规划纲要》

3月,向市政府上报《宝山区域总体规划纲要》,市政府于4月25日批准该《规划纲要》。根据该《规划纲要》制定的《宝山区域总体规划纲要实施方案》于年内获得批准。根据规划,宝山区域发展的目标是到2020年,把宝山建设成为与上海国际大都市相适应的现代化滨江新城,形成精品钢基地、世界级造船基地,成为上海国际航运中心的重要组成部分,建成环境优美、适宜居住、现代化的生活园区。区域空间结构上确定为"一整体、五分区"的布局。"一整体"即以宝山区425平方公里区域为系统,建成一个分工合理、功能齐全、环境优美的现代化滨江新城。"五分区"为中心城、新城、产业区、长兴岛、横沙岛。(1)中心城由上海外环线以南的集中城市居住地区组成,主要形成大华、上海大学地区生活居住组团,张庙地区生活居住组团,吴淞临江地区生活居住组团,以完善城市功能、改善居住条件、提升百姓生活质量为规划目标,调整、完善、补充、提升区域功能,形成与市中心城相匹配的现代化城区。(2)新城为外环线和郊环线之间地区,由东城区、西城区、顾村地区等组合式空间组成,重点发展现代服务业和现代物流业,发展商贸、商务办公、房地产、文化和教育等产业。(3)产业区主要是上海郊环线以北地区,以宝山工业园区和宝钢为核心,建成全国重要的精品钢基地。(4)长兴岛充分发挥天然的岸线资源优势,建设以造船为重点的港口产业基地,形成配套产业链,培育相关产业集群。(5)横沙岛建设与世界级城市功能相匹配的国际会议、会务、游艇游览、休闲度假岛。年内,还完成各乡镇街道的总体(社区)规划,首次实现宝山区域与乡镇总体规划全覆盖,实现了规划研究领域的根本性突破。

■城乡环境整治取得实效　年内,扎实推进环境建设与整治，环境质量提高。（1）加大绿化建设力度，东西南北中“一环五园”生态绿地完成项目设计和评审，炮台湾湿地森林公园、宝山工业园区白鹭公园开工建设，宝钢林带至小沙背绿色生态步道启动建设；沪太路、逸仙路、同济路、月罗路、联水路等道路绿化改造工程全面竣工；月泉湾、杨盛河等大型绿地建成，临江公园扩建工程完成，正式向社会开放。全年新建绿地270公顷，其中公共绿地158公顷，人均公共绿地达到16平方米，区绿化覆盖率达到39%。（2）继续开展百路环境整治工作。按照“七个无”（无乱设摊、乱搭建、乱堆放，无杂草、无垃圾、无坑塘、无积水）、“五个有”（有机构、有队伍、有制度、有检查、有考核）的工作要求，在巩固上年122条道路整治成果的基础上，年内完成104条道路的整治任务，道路环境整治长效管理机制开始形成，出台了沿街商业用房管理办法。完成永清路、友谊支路、双城路、宝杨路、盘古路、淞滨路、共康路等城区景观道路整治任务。（3）初步建立了区域性环境监测、评估体系，完成93个年度环保项目，整治污染源225个，占计划112.5%。通河新村街道、吴淞镇街道创建基本无燃煤区通过市级验收，吴淞工业区污水纳管工程取得实质性进展，吴淞工业区烟粉尘无组织排放整治工作加快推进。（4）在沪郊率先成立城市管理监察大队，发挥统一指挥和综合执法的优势，有效遏制了主要地区和主要道路“六乱”（乱设摊、乱搭建、乱张贴、乱涂写、乱晾晒、乱堆放）和“六摊”（早点摊、百货摊、水果摊、洗车摊、修配摊、夜排挡）现象。

宝山区人民政府与新加坡佳通集团签订合作项目协议书。 摄影／浦志根

■2004年区政府实事项目完成 （1）全区新增就业岗位3.5万个，完成计划134%；区社会保障卡服务中心建立并对外办公。（2）完成“平改坡”36.1万平方米，完成计划120%。泰和路700弄和710弄、淞兴路5弄、东升路6号和8号、淞杨路、二纺公房、泗东新村等1783户居民液化气改管道煤气工作已完成；泰和路318弄、同济路191弄等421户改管道煤气工作因同济路立交桥改建暂缓实施。（3）新建居民生活垃圾压缩收集站8座，完成260个生活垃圾箱房给排水设施配置，完成计划130%。完成40台燃煤锅炉清洁能源替代工作，完成计划133%。（4）新建2所（吴淞、泗塘）、完善6所乡镇街道老年学校（月浦、罗泾、顾村、大场、淞南、通河）。已建成6个为老服务设施。新增115张养老床位，完成计划115%，新建乐业敬老院（50张床位）。罗店镇社区服务中心主体工程已基本完成，内装修正在进行；罗泾镇社区卫生服务中心结构已封顶，内装修正在进行。（5）完成8万户有线电视双向网络改造，完成计划133%。（6）完成186所中小学校和幼儿园食堂标准化改造，完成计划157.6%；完成26个塑胶操场改造，完成计划260%。（7）新建各类绿地270公顷，完成计划180%，其中新建公共绿地158公顷；完成月泉湾广场绿地和杨盛河绿地建设，基本建成吴淞十一街坊绿地。临江公园已于12月25日免费对外开放。（8）通河市民健身活动中心主体工程完成，建成2个社区市民体质监测站，建成39个居民健身点、4个健身苑，完成计划215%；建成宝钢林带篮球运动场和高境二村社区2个绿地小型运动场。（9）调整淞馨线、杨月线、钱泰线、760、728等5条公交线，完成53路公交终点站搬迁。（10）牡丹江路市民文化广场改扩建工程完成并对外开放，地下停车场已建成并通过验收。区气象站科普教育基地建成并开放，大场镇华灵路和友谊路等2条科普宣传街建成，完成7块电子科普画廊，完成计划233%；完成科普村创建78家，完成计划的173%；建成并开放市民科技学校6所，完成计划120%。

■群众性文化体育活动 年内，成功举办第四届上海宝山国际民间艺术节、宝山区运动会，宝山民间艺术团参加在法国巴黎举办的中法文化年“上海周”活动。组团代表上海市参加第五届全国农运会，实现运动成绩和精神文明双丰收。以“健康宝山”为主题的宝山区运动会是建区以来规模最大的一次综合性体育盛会，历时5个月。期间共举办29个项目的比赛和5项大型活动，参与人数达3万人。全区126所学校、57家单位参加区运会各项比赛，参赛人数达1.1万。9月10日举行区首届运动会开幕式，开幕式上表演了四幕大型团体操《宝山希望》、《宝山畅想》、《宝山之恋》、《可爱的家乡》，16个乡镇、街道进行行进表演，近9000人参加当天的表演。9月17日举行的闭幕式，对区群众体育的先进集体、个人及区运会团体总分前8名的单位进行表彰。第四届宝山国际民间艺术节于10月11日至22日举行，来自世界五大洲16个国家和地区的19个艺术团近500名各国朋友相聚宝山，进行文化艺术交流和展示。艺术节以“我们共同的节日”为主题，以“大众参与，大众享受”为理念，以国际性、艺术性、民间性和宝山特色为特点，设“友情之舞”开幕活动、“鼓乡之声”游园活动、“美兰湖之夜”闭幕活动、“友谊之旅”联谊活动等四大系列活动。各方嘉宾5000余人出席开幕式，开幕式同时作为第六届上海国际艺术节开幕活动，规模水平创历史之最；在月浦镇举行的“鼓乡之声”游园活动中，10支中外民间艺术团与8000多名中外游园群众一起交流技艺；"美兰湖之夜"闭幕活动举行宝山民间艺术品展和广场狂欢，并颁发首次设立的上海宝山国际民间艺术节"龙船奖"；"友谊之旅"联谊活动在海岛、农村、社区、学校、企业和上海其他8个区县的43个分会场组织了62场演出活动。艺术节期间观众人数达50万人次。

■防治禽流感 年初，宝山区采取强制免疫、强制消毒、跟踪监管和自我封闭等防治措施，效果明显，区内未发生人、畜禽流感疫病。全区各级成立禽流感防治领导小组，划片包干，责任到人。对所有禽舍及禽类实行全覆盖强制免疫消毒，全区共完成禽类强制免疫110.7万羽次，其中55.1万羽次为紧急免疫，总免疫率达100%，发放消毒药品28吨，完成抗体检测2813份，无害化处理禽类36621羽。加强对流通领域的监督检查，特别是加强洋桥道口检查，实行强制封闭措施，严禁外来禽类及无关人员、车辆的随意进出；阻止外来可疑禽、鸟的进入；组织乡镇对中小型养禽场户及农民自养禽进行地毯式检查，及时掌握全区禽数量和防疫的基本情况。注重加强宣传教育，提高养殖户的责任意识，增强风险意识，倡导服从大局，支持政府工作；贯彻市政府有关扶持政策精神，对压圈待销肉禽、肉鸽的农户，采取临时增设宰禽点，予以屠宰收购、帮助销售，减少损失。采取组织收购、宰杀家禽和关闭活禽市场等一系列措施，共收购、宰杀各种禽类74.84万羽，并落实补贴，缓解矛盾。积极引导农户自愿宰杀停产退养，服从规划调整。同时探索建立长期防治的体制和机制。

（杨 吉 程定广）

监察与纠风

■概况 年内，行政监察工作围绕建设服务政府、责任政府、法制政府的要求，深化行政审批制度、财政管理体制、投资体制、人事制度4项改革，完善建设工程招投标、经营性土地使用权出让、产权交易、政府采购4项制度，加强对权力的制约和监督。纠风工作以解决损害群众利益、影响发展环境的突出问题为重点，实施专项治理，深入开展政风行风测评，"三公开"（政务公开、厂务公开、村务公开）工作稳步推进。继续对百路整治情况进行监督检查；对宝山工业园区的开发建设情况、全区安全生产专项整治工作、绿地建设情况实施效能监察。行政效能投诉中心及时受理投诉、举报，做到有诉必查，共受理投诉件420件，办结率达98%。

■开展中小学收费问题专项治理 年内，对收费公示和收费状况开展专项检查，全区各学校均在醒目部位设置统一的教育收费公示栏，公办普通高中在择校生录取工作中严格执行"三限"（限分数、限人数、限钱数）要求，进一步规范中小学的收费行为。对个别学校存在的少量收费不规范行为进行纠正。

■乡镇、街道政风民主评议 年内，聘请60余名评议代表，对横沙、长兴、淞南、庙行、杨行和高境6个乡镇机关的政风开展评议。按照"全面测、重点评"的原则，对公安、工商、税务、劳动和社会保障、民政、教育、卫生、房地、规划、质监、环保、市容、城管、药监14个部门和电力、燃气、自来水、公交、邮政、医疗、电信、环卫、物业和法律服务10个行业，同步开展政风行风民主测评，测评结果统计显示，社会各界对部门和行业的政风行风的总体评价良好，平均分为84.55分。

■从源头上治理腐败 （1）以实施《行政许可法》为契机，深入推进行政审批制度改革，对全区现有的行政审批事项进行集中清理，区法制办和区监委对全区贯彻《行政许可法》的准备情况进行专项检查；（2）推进财政管理体制改革，制定并实施《关于对违反财政国库集中收付行为的纪律处分暂行规定》，进一步规范国库集中收付的运作；（3）对近100个处、科级领导岗位职务竞聘工作和公务员、事业单位及再就业岗位近500人招录用工作进行监督；（4）加强对有形建筑市场管理办公室与招标办公室"脱钩"后运作的监管工作，对16个重大投资项目评审和公开招标投标过程进行监督，区有形建筑市场招标率达90.77%，公开招投标率达84.85%；（5）落实经营性土地使用权招标拍卖挂牌出让制度，严格处理各种违规违法批地用地行为；（6）加强对政府采购活动的监督，扩大采购资金实行财政直接支付的规模，区采购中心累计采购金额2.5亿元，节约1600万元，节约率达5.93%；（7）对区动迁基地贯彻动拆迁管理五项制度的执行情况，及征用农民集体土地补偿费的管理使用情况，集中开展专项执法检查。

■遏制违法建筑"回潮"势头 年内，部分乡镇违法建筑"回潮"现象严重。区监委会同区拆迁办，对杨行、月浦、罗泾、罗店、顾村、大场、庙行、淞南、高境9个镇进行专项督查，并在区内通报。要求各单位：（1）对新建违法建筑要按时间节点和要求进行拆除；（2）建房审批部门严格执行政策，依法审批，从源头上加以控制；（3）把拆违工作与加强外来人口管理、市容环境整治，与创建文明小区相结合，发挥现有的督查网络，与公安、市容等执法部门紧密配合，形成合力；（4）强化责任意识，落实责任追究制，从组织、人员、制度上加以落实。（王瑆莹）

政府法制

■概况 年内，贯彻实施《中华人民共和国行政许可法》（以下简称《行政许可法》）开展对行政许可主体、事项、规范性文件的清理，做好《行政许可法》宣传、培训等工作，按照《上海市行政规范性文件制定和备案规定》要求，清理建区以来区政府制定的行政规范性文件，规范行政规范性文件的制定和备案工作。做好行政复议和行政应诉。9月至12月，全区开展行政许可法律文书制作和使用情况专项执法检查。在各行政机关自查的基础上，区政府对区农委、区环保局和区教育局进行重点检查。

■宣传贯彻《行政许可法》 7月1日，《行政许可法》实施。区委、区政府成立由区长吕民元任组长的贯彻实施《行政许可法》工作领导小组，领导小组办公室设在区政府法制办。年初，拟定贯彻实施《行政许可法》工作方案。3月26日，召开贯彻实施《行政许可法》动员大会。区政府常务会议专题学习《行政许可法》，为全区副处级以上干部举行贯彻《行政许可法》的专题报告；区委组织部、区政府法制办共同举办乡镇政府、街道办事处、区政府各部门分管领导《行政许可法》专题研讨班；区政府法制办举办各单位法制机构负责人和法制干部培训班；3月至5月，全区1760多名行政执法人员通过网络远程教育和集中授课参加《行政许可法》学习，并于5月中、下旬参加全市统一考核，合格率达97.7%。

■开展行政许可主体及相关规范性文件清理 区政府法制办对区内行政许可实施主体、行政许可事项、行政收费以及与行政许可相关的行政规范性文件进行了清理。截至2004年底，全区行政许可实施主体共54家，其中法定行政机关43家，法律、法规授权组织11家。废止区政府制定的与行政许可相关的行政规范性文件42件，其中10件涉及综合经济管理，11件涉及社会事业管理，21件涉及城市建设和管理；明确需要修改的行政规范性文件12件，内容涉及综合经济管理、城市建设和管理、社会治安管理。区政府通过宝山区政府公报、上海宝山政府门户网站、《宝山报》等媒体公告清理结果。共清理出区政府的行政许可事项31项，乡镇政府、街道办事处的行政许可事项27项，清理结果报市政府法制办。区财政局、区物价局按市财政局、市物价局等部门的部署，开展与行政许可相关的收费清理工作。

■《行政许可法》实施首日受理申请208件 据区建委、农委、计生委、房地局、规划局、文广局、卫生局、交通局、工商分局、公安分局、大场镇、药监分局、海滨新村街道等13家单位反馈，《行政许可法》实施首日，上述单位共受理行政许可申请208件，主要涉及企业登记、食品卫生、植物检疫等。大部分行政许可主体在《行政许可法》实施前已对行政许可申请书示范文本和审批表及办理程序等作了修订和规范，基本做到与《行政许可法》的要求相一致。

■规范性文件清理与备案审查 《上海市行政规范性文件制定和备案规定》自2004年5月1日起施行。按照市政府工作要求，区政府法制办对1988年建区以来区政府制定的113件现行有效的规范性文件进行了清理，其中认定应继续有效的27件，应废止的63件，应予修改的23件。清理结果通过宝山区政府公报、上海宝山政府门户网站、《宝山报》等媒体对外公布。2004年，区政府共制定规范性文件7件，按规定报市政府法制办备案。5月1日起，区政府法制办按照行政规范性文件备案审查工作规范，共审查区政府各部门报备规范性文件7件，在已审结的4件中，准予登记备案的2件，因不属于规范性文件退回的2件。

■行政复议与行政应诉 2004年，区政府共收到行政复议申请18件，比上年增加50%，经审查决定受理13件，比上年增加44%。不予受理3件，转送其他机关2件。在审结的14件行政复议案件（含上年未审结的1件）中，经审查维持行政机关原具体行政行为的10件，撤销行政机关原具体行政行为的1件，因申请人主动撤回申请而终止审理的3件。年内，以区政府为被告的行政诉讼案件10件，其中9件因原告申请撤回起诉，区法院以行政裁定书的形式准许原告撤回起诉；1件经一审法院审理判决区政府败诉后，一审第三人向市二中院提起上诉，二审法院裁定撤销一审法院判决并发回重审。

■行政执法统计 据统计上报的行政执法数据显示，全年各乡镇政府、街道办事处办理行政处罚案件52457件，罚款金额499712元；行政审批发证20522件；农村建房类的行政强制拆除6366平米；社会救助费发放类的行政给付205281元。

上海市宝山区行政许可实施主体名录

一、法定行政机关（43家）

单位名称	负责人	地址	电话	邮政编码
宝山区长兴乡人民政府	项明洁	凤滨路77号	56852999	201913
宝山区横沙乡人民政府	顾卫俊	新环路75号	56890427	201914
宝山区高境镇人民政府	顾梅林	殷高西路111号	56828385	200439
宝山区庙行镇人民政府	徐林彬	共和新路4730号	56404371	200435
宝山区淞南镇人民政府	马饮冰	淞南路500号	56144920	200441
宝山区月浦镇人民政府	沈伟民	月罗路200号	56647226	200941
宝山区罗店镇人民政府	程六一	市一路200号	56862527	201908
宝山区大场镇人民政府	梁迎群	沪太路1858号	56684155	200436
宝山区杨行镇人民政府	蒋伟民	杨鑫路2号	36020332	201901
宝山区罗泾镇人民政府	王陆弟	飞达路85号	56870050	200949
宝山区顾村镇人民政府	费富根	泰和西路3431号	36190028	201906
宝山区人民政府吴淞镇街道办事处	朱正光	淞滨路385号	56672262	200940
宝山区人民政府海滨新村街道办事处	袁惠明	同济支路65号	56168212	200940
宝山区人民政府友谊路街道办事处	陈　亮	友谊路197弄12号	56692370	201900
宝山区人民政府泗塘新村街道办事处	陈百勤	泗塘二村59号	56995279	200431
宝山区人民政府通河新村街道办事处	许章银	长江西路1568号	36110057	200431
宝山区建设和管理委员会	杨卫国	泰和路245号	56167051	200940
宝山区人口和计划生育委员会	李志英	泰和路245号	56166694	200940
宝山区农业委员会	潘玉林	蕰川路1552号	56495350	201901
宝山区民防办公室	陈鹤鸣	密山路5号	66799086	201900

（续表）

单 位 名 称	负责人	地 址	电 话	邮政编码
宝山区人民政府民族宗教事务办公室	宋晓青	密山路5号	56692214	201900
宝山区人民政府侨务办公室	宋晓青	密山路5号	56692214	201900
宝山区国防动员委员会交通战备办公室	杨卫国	友谊支路81号	56104452	201900
上海市公安局宝山分局	姚志荣	盘古路588号	56608111	201900
宝山区劳动和社会保障局	仇小平	友谊支路79号	56108352	201900
宝山区安全生产监察局	杨月明	淞滨路28号	56846322	200940
宝山区卫生局	李士华	淞滨路28号	56842126	200940
宝山区教育局	沈子华	淞滨路28号	56841182	200940
宝山区档案局	陈金龙	淞宝路104号	56565400	200940
宝山区人事局	马玉光	密山路5号	56782062	201900
宝山区体育局	刘 鸣	永清路700号	36010227	200940
宝山区民政局	彭 林	友谊支路79号	56122700	201900
宝山区文化广播电视管理局	瞿新昌	友谊支路175号	56601629	201900
宝山区水务局	潘锡根	密山路10号	56692757	201900
宝山区规划管理局	周建军	宝林路45号	36010217	201900
宝山区环境保护局	魏廉虢	密山路2号	56692937	201900
宝山区市容管理局	王爱芬	泰和路245号	66650084	200940
宝山区房屋土地管理局	朱礼福	淞滨路379号	56679388	200940
宝山区交通管理局	徐维明	友谊支路81号	56106460	201900
宝山区粮食局	王志明	西门街100号	56608784	201900
公安局宝山分局交通警察支队	王正平	宝杨路2031号	56121668	201900
宝山区住宅发展局	吴志宏	泰和路245号	56171841	200940
上海市公安局宝山分局防火监督处	戴伟国	盘古路588号	56691908	201900

二、法律、法规授权的组织（11家）

单 位 名 称	负责人	地 址	电 话	邮政编码
上海市宝山区地名管理办公室	王 磊	宝林路45号	56107543	201900
上海市宝山区酒类专卖管理局	潘宏祺	泰和路245号	66650266	200940
上海市宝山区公路管理署	许 生	宝杨路968号	66591010	201900
上海市宝山区陆上运输管理所	姜梅兴	友谊支路81号	56105621	201900
上海市宝山区汽车维修管理所	茆春余	友谊支路81号	56105621	201900
上海市宝山区航务管理所	朱玉忠	同济路523号	56114820	200940
上海市宝山区兽医卫生监督检验所	范洪斌	友谊支路173弄1号	66799060	201900
上海市宝山区植保植检站	汪明根	蕰川路1550号	56803754	201901
上海市宝山区森林植物检疫站	郁 铿	宝杨路2024号	56126015	201900
上海市宝山区渔政管理检查站	黄卫生	宝林二村77号	56122238	201900
上海市宝山区绿化管理局	郑树虎	牡丹江路1188号	56676015	200940

注：以上内容摘自宝府(2004)91号、120号和137号文件。

（张洁蓉）

信访

■概况 全年共受理接待群众来信来访8055件（批），比上年增加8.5%，其中群众来信4765件，增5.7%；群众来访3290批8676人次，批数和人次均增13%。全年群体性信访共547件（批），占信访总量的6.8%，其中到区政府的集体访220批4103人次，批数减少1.3%，人次增加8.6%；区内群众越级到中共上海市委、市政府集体访50批1327人次，在19个区县中名列13位，批数持平、人次增加15.8%。到市政府重复集体访比上年下降22%，市转来电401件。认真做好重要节点期间的信访接待和控制疏导工作，全国“两会”期间、国庆及十六届四中全会召开期间，各派4名人员参与驻京办工作，现场就地处理上访事项。全年人民群众来信来访主要特点：（1）总量持续上升，增幅比上年增高8个百分点；（2）上半年到市越级集体上访增势迅猛，有32批850人次，区内群众赴京上访也有所上升，全年赴京访28人次；（3）重复信访比例较大，占信访总量的37.1%，其中重复信占来信总量的9.9%，重复访人次占总来访人次的16.3%，有的群体性矛盾重复上访高达10余次；（4）周四区领导接待日集访集中，占集访总批数近6成，人次比上年增近一倍。

■群众信访热点问题趋于集中 年内，群众信访反映比较集中的问题主要有：（1）反映城市建设和动拆迁方面问题的占30.8%，集中在城建规划、物业管理、违法搭建、市容环境、动迁补偿及安置房源等方面。（2）反映国有集体资产处置和补偿方面问题的占26.7%，集中在要求追溯分配集体资产、征（使）用土地补偿、吸劳养老、提高企业转制补偿标准、下岗再就业等方面。（3）反映就业和社会保障方面问题的占19.2%，集中在就业、社会救济和医疗保障等方面。（4）反映历史遗留问题的9.8%，主要要求解决保障问题。（5）其他占13.5%。

■各级重视信访工作 区委、区政府继续高度重视信访工作，将信访工作列为目标考核的一项重要内容，并将信访工作考核与经济指标相结合。书记办公会、区委常委会、区长办公会16次专题研究信访工作，分析信访热点、难点和重大疑难信访事项。区委、区政府主要领导高度重视群众来信的阅批、处理情况。区委书记薛全荣亲自召开协调会，化解淞南镇原华浜村撤村集体资产处置问题。区长吕民元接到一封多次求职未果的下岗人员的求助信后，当即要求区地区办了解情况，并向有关企业推荐，使来信人的工作问题得到妥善解决。区委副书记、常委和副区长经常协调处理各自分管工作中的信访问题。区委、区政府领导全年阅批群众来信1233件，比上年增加27.9%，接待群众来访103批1249人次。有15名区领导参加了周四接待日工作，全年49个领导接待日共接待群众来访2012批5853人次，当场解决625件，列入督查的1023批。全年协调化解跨部门、跨地区性的疑难信访24件，化解群体性矛盾35起，化解信访老户17个。57件疑难信访矛盾得到及时化解。周四领导接待日制度进一步完善，在原挂牌接待的基础上，实行区、街（镇）两级领导接待日网上公示制度。劳动局、民政局坚持领导班子成员轮流接待上访群众，宝山公安分局邀请人大代表、政协委员和警风警纪监督员对基层单位周四党政领导接待群众上访制度执行情况进行明查暗访，通河新村街道建立社区（总）支部书记、社工站长参与周四党政领导接待群众上访工作。

■开展8次不稳定因素集中排查 建立并完善不稳定因素月排月报、随排随报制度，对排查出的各类矛盾，定人、定时、定措施，确保化解任务的落实。进一步健全基层对不稳定因素的排查网络，实行区、乡镇（街道）、村（社区）三级联动排查，对全区的社会矛盾基本做到心中有数。全年集中排查8次，排查不稳定因素188件。区信访办对排查出的不稳定因素及时进行梳理分析，将突出疑难矛盾汇总报送区领导和通报有关部门。

■处理疑难信访 年内，加大对疑难信访的处理。（1）政法口各部门分别挂钩联系重点村，化解了一批复杂疑难信访问题。区司法局挂钩联系月浦镇西河村，成功化解撤制村队资产处置矛盾。（2）加大对疑难信访矛盾的协调和指导。按照中央处理信访突出问题和群体性矛盾电视电话会议要求，区、镇两级建立联席会议制度和专项工作小组，由区房地局负责协调征地用地矛盾，区建委负责协调城镇房屋动拆迁矛盾，区国资办负责协调企业改制矛盾，区政法委负责协调涉法涉诉案件处理，区人事局负责协调军转干部安置矛盾，区劳动局负责协商历史遗留问题，对全区各类群体性矛盾进行会诊，查明信访成因，统一答复口径。有效解决了长兴乡红星村征地补偿、横沙乡海鸿村渔民信访、月浦镇原西河村和淞南镇华浜村集体资产处置分配、罗店镇繁荣等村社会保障等问题。（3）区信访办充分发挥督办、协调功能。按照“能快则快”的工作要求，加大督查力度，上半年区信访办建立专项查办制度，由办领导带队分4组对93件重要信访件进行现场调查、督办，全年列入查办的重要信访件543件，查办率达93%。区信访办全年牵头协调各类信访矛盾60多件次，督促化解各类突出矛盾40多件次，化解信访老户16人次，到现场接待群众或处理信访事项50多批次，有效化解率为85%。

■宣传信访条例 在《上海市信访条例》颁布实施一周年之际，区法宣办、区司法局、区信访办联合举办《上海市信访条例》宣传周活动。各乡镇、街道及有关部门组织上网参加《上海市信访条例》知识竞赛，在宝山、通河、月浦等地区设点巡展，发放资料，展示图片，接受咨询。加强对各乡镇、街道信访干部的培训，有30人参加市信访办《上海市信访条例》的培训。全年共召开8次条块信访例会，对信访形势、信访疑难问题进行研究和探讨，请市有关职能部门进行政策和业务指导。（戴　雯）

人事人才

■概况 年内，人事人才工作坚持敢为人先、求真务实、创新争优、止于至善的工作要求，实施“人才强区”和“科教兴区”战略，加大人才资源开发力度，创新人才服务机制；加强公务员队伍管理，开展正科级领导职位竞争上岗；公务员培训与继续教育的层次提高，培训面扩大；推进事业单位改革，人事人才综合服务质量有新的提高，开展干部人事制度调研与理论研究。完成2003、2004年度的机关事业单位工作人员的考核，加强离退休人员管理，完成军转干部的安置。

■区人才工作暨公务员队伍建设会议 4月23日，区委、区政府召开全区人才工作暨公务员队伍建设会议，发布了《2004~2007年宝山区人才工作行动计划》和《2004~2007年宝山区关于奖励和服务优秀人才、优秀人才工作单位的有关规定》，会议命名丁任等40人为“宝山区第五批专业技术拔尖人才”、王锋等20人为“宝山区第五批青年尖子”，授予王林兴等23人为“宝山区优秀专业技术人才”称号、王毅等15人为“宝山区优秀经营管理人才”称号，授予上海市公安局宝山分局等9家单位为“宝山区人才工作先进单位”称号。会后，区人事局贯彻区人才工作暨公务员队伍建设会议精神，细化分解了80项任务措施。

■加大人才资源开发力度 （1）实施海外人才集聚工程。全区推出机关科级及专业技术岗位30个，吸引海外留学人才和香港特区人才来区创业发展。(2)引进国内优秀人才。通过户籍引进、柔性流动引进方式为区机关企事业单位引进优秀人才445人,其中,户籍引进150人,办理居住证295人。(3)建设人才"蓄水池"。与上海交通大学、复旦大学、上海大学联合建立优秀大学毕业生实习基地,推出30个优秀毕业生实习岗位,有40名优秀研究生或本科生到宝山实习或就业。(4)推动基层人才队伍建设,招录30名地区工作者,派遣到乡镇村级机构和街道社区工作。

■加强公务员制度与管理机制研究 年内,制定出台《宝山区党政机关科级领导职位竞争上岗实施办法》、《宝山区科级及以下国家公务员在职培训管理办法》、《宝山区加强科级及以下国家公务员考核工作实施意见》、《宝山区国家公务员实施年休假制度的管理办法》4项管理制度。成立课题研究小组,组织实施公务员管理机制调查研究,从分级分类管理机制、竞争机制、激励机制、新陈代谢机制4个方面分析公务员管理机制现状,针对问题研究对策,出版了《公务员管理机制运行与创新——上海市宝山区的个案研究》一书。

■正科级领导职位竞争上岗 年内,部分正科级领导职位实行竞争上岗。全区共有42家单位推出79个竞聘岗位,并公布任职条件,有296人次报名,经资格审查,263人次参加竞岗,有65名竞岗者通过竞争走上正科级领导岗位。新任科长平均年龄39岁,其中35岁以下19名,占29.2%,最小的26岁;女干部19名,占29.2%;大专学历29名,占44.6%,本科学历及以上36名,占55.4%;37名得到晋升提拔,其中1名从科员岗位破格提拔,19名从非领导岗位走上正科级领导岗位,其中12名在本单位内科室间交流,16名实现跨单位交流。

■公务员培训与继续教育 实施以MPA课程为主导的"学分制"在职教育培训,首批220名公务员参加MPA核心课程培训,课程通过率95%。1200余名公务员参加《行政许可法》培训和考试,合格率98%。250余名公务员参加《电子政务》培训,合格率98%。14个单位29名新招录公务员进行入区教育培训、初任培训、艰苦环境磨练等系列教育培养,进行为期5个月的上岛锻炼。

■机关、事业单位工作人员考核 完成2003年度区级机关、事业单位工作人员年度考核和奖励工作。全区70个机关部门组织开展年度工作考核,参加考核的处级干部498名,其中考核优秀105名;科级及以下机关工作人员1620人参加考核,考核优秀193名,其中9名记三等功,184名行政嘉奖。考核不称职1名,未定等次3名,末位人员15名。全区19138名事业单位工作人员参加考核,确定优秀1980名,其中2名记大功,确定基本合格316名。2004年度全区共有72个机关部门组织开展区级机关、事业单位工作人员年度考核和奖励工作。512名处级领导干部参加考核,确定优秀121名。1479名科级及以下机关工作人员参加考核,确定优秀197名,其中13名记三等功,183名给予行政嘉奖。全区事业单位工作人员参加考核21866名,确定优秀2106名,其中34名记大功。确定基本合格15名。

■推进事业单位管理与改革 年内,继续推进事业单位全员聘用合同制工作,开展事业单位聘用合同制执行情况自查互查。全区事业单位聘用合同签约率94%。制定并实施《宝山区事业单位招聘工作人员暂行办法》。在区内部分新建事业单位实施以岗薪工资为主要形式的分配办法。在环卫、绿化行业事业单位继续推进"管养分开"。上海市宝山区人事争议仲裁委员会及办公室正式运行。实行事业单位法人网上申报登记、年检。

■落实工资福利待遇 完成2003年年终一次性奖金(即13个月工资)清算审核发放工作。机关事业单位正常晋升职务工资列入范围19185人,人均月增资42.1元;列入正常晋升级别工资范围382人,人均月增资51.8元。完成2004年调整机关事业单位工作人员地方职务(岗位)津贴标准工作,列入范围24198人,人均月增资138.0元。建立特定目标奖总量核算与自主分配机制,制定并推行公务员年休假补贴制度。全年组织60批2500名在职人员在无锡基地体检疗休养。组织6批130名考核优秀人员赴外省市疗休养。到江浙地区考察并初定第四轮疗休养基地选址工作。

■安置军转干部 年内,贯彻"双向选择、岗位竞争、岗前培训"军转安置政策,共安置军转干部38名,其中副师职干部1名,团职干部18名,营以下干部10名,专业技术干部9名。从2004年起公安系统军转干部安置实行条线管理,年内区公安系统共安置40名军转干部。

■机关事业单位退休人员管理 至年末,区内机关共有退休人员1566名,区内事业单位共有退休人员7640名。120人参加退休前学习班,900名退休干部参加体检疗休养,80人退休前外出疗休养。举办退休人员书画采风、家庭养花展、桥牌比赛等,丰富业余文化生活。(焦小峰)

社区建设和管理

■概况 年内,社区建设和管理工作按照"整体思考,分步推进,局部实施,及时总结"的思路,主要从加强社区基层建设、推进社区创建、促进街道经济、探索网格化管理等方面加大工作力度。(1)制定社区建设与管理的指标体系。按照指标设置协调、有效,数据采集准确、快捷的原则,根据年初区委、区政府与各街道签订的《2004年"变样"目标责任书》,将有关任务和目标进行量化,制定街道社区建设与管理的指标体系,对街道"中变样"目标进展情况进行跟踪监测。(2)以百路整治为抓手,加大城区管理力度。5个街道对辖区内的21条共计25.93公里的道路进行了重点整治,重点整治"六乱"、"六摊",修补人行道板,补种绿化;友谊路、吴淞镇、泗塘新村3个街道有25个小区积极创建"无乱设摊街区",乱设摊、夜排档和跨门营业等现象得到控制。(3)发挥网络资源的作用,广泛收集社情民意。3月,开通地区办办公业务网,网上共发布信息近200条,其中全区14个街、镇发布信息65条,共有1.2万多人次点击网页。在友谊路街道、杨行镇、淞南五村二居委等8个不同层面设立社情民意联络点,直接了解市民呼声。(4)加强基层社区干部队伍建设。地区办会同区委组织部、区民政局对全区225个居民区开展居民区组织建设调研,通过问卷调查和座谈会等形式,了解基层组织运作的经验和存在的矛盾,为推动基层政权建设奠定基础。(5)培训社区干部。经培训考核,有115名社区干部分别获社工师、助理社工师证书,116人获社工员证书,占社工干部的73.1%。

■完成4项社区建设实事工程 年内,占地3.8万平方米、投资1300万元的泗塘新村街道虎林苑对居民开放，吴淞镇街道“金波浪”为老服务中心建成，友谊路街道信息苑投入使用，新创12个市级示范、32个标准化老年活动室。至年末，全区已建成社区卫生服务站52个、社区图书馆协作网分馆43个、各街道有全民健身苑点304个。

■社区精神文明创建活动 年内，社区精神文明创建工作取得新成效，全区共有150个小区申报创建上海市文明小区，131个小区创建成为宝山区文明小区，文明创建覆盖率达90%；友谊路街道和杨行镇分别被命名为上海市社区建设模范街道和社区建设示范镇。年内，首次开展模范居委会创建评选活动，全区32个居委会被命名为模范居委会，覆盖率达13.73%；60个居委会被命名为示范居委会，创建累计覆盖率达到81.97%；全区有224个小区通过“百佳文化小区”评审，基本实现社区的全覆盖。

■街道经济增长 针对上半年街道经济进入盘整，街道税收未能实现“双过半”，各街道充分挖掘区域资源和区域周边资源，大力发展社区经济、楼宇经济和园区经济，终于扭转颓势，开始步入稳定上升的轨道。农工商社区商业服务中心和景汇休闲中心已成为海滨地区新的亮点和新的经济增长点；街道都市工业园区的建设全面启动，上海丰驰物流有限公司等企业入驻泗塘新村街道工业园区已有效益；利用政策积极参与区一号工程，吸引企业落户区工业园初见成效，华实海隆石油装备公司在园区征地18.67公顷。2004年，5个街道共招商引资732家，注册资金96199万元，区级财政收入累计完成21785万元，比上年增长46%，完成年度计划的115%。

■社区网格化管理 全区5个街道在认真分析区域情况的基础上，开展全区街道网格化管理机制的探索，以提高管理和执法效能，节约管理和执法成本，消灭管理和执法盲点为目的，依据“各司其职、优势互补、依法管理、规范运作、快速反应”的原则，街道党工委总揽全局、协调各方，针对社区建设和管理中急需解决的难点和热点，尝试用网格化管理的方式，寻求提升社区管理水平的新途径。通河新村街道结合社区发展规划的实施建立10个基础网格，形成“各司其职、优势互补”的以社区为平台的协调管理体系；吴淞镇街道建立7个区域网格、8个职能工作网络，形成平立交叉、多网覆盖的社区管理网格都取得很好成效。其他街道也根据各自实际情况，建立各自的网格体系。各街道还结合绘制《为民地图》的了解民情、掌握民意，有效地整合社区党建、行政和社会等各类资源，探索建立信息的快速收集、传递、反馈机制和应对问题的快速处置机制，以实现网上虚拟网格和块上管理网格的对接，把各种矛盾和问题解决在萌芽状态，使社区行政管理逐步做到最优化，努力实现社区管理的“无缝隙、全覆盖”。 （周文群）

区长吕民元会见日本泉佐野市友好代表团。 摄影／浦志根

外事

■概况 年内，区政府外事工作的重点，是继续巩固和发展已有的对外友好关系，不断开拓对外交往渠道。区政府接待日本泉佐野市友好代表团、澳大利亚汤斯威尔市代表团、科特迪瓦文化代表团、瑞典西格图纳市等代表团。第四届上海宝山国际民间艺术节期间接待16个国家的友好代表团，罗店镇政府与瑞典西格图纳市政府签订友好交流意向书，区政府在香港举办大型招商会。全年全区因公出国（境）团组205批610人次，其中经贸性质出访25批104人次，非经贸性质168批470人次，赴中国台湾12批36人次。区委组织部组织29名公务员赴香港培训，区教育局组织3批共60名英语教师赴加拿大培训。区农委向日本泉佐野市派遣2名研修生。接待境外记者2批3人次。

外国朋友参观罗店北欧风情街。
摄影／浦志根

■日本泉佐野市代表团来访 应区政府的邀请，以市长新田谷修司为团长的日本泉佐野市代表团一行8人于4月7日至10日访问宝山。区长吕民元会见新田谷修司一行，双方回顾多年来的交流历程，表达进一步推动两地交流事业的愿望。代表团参观访问了农业宜食园艺场、宝钢股份公司等，并与历次赴泉佐野市学习的研修生进行了座谈交流。宝山区和泉佐野市的交流始于1983年，该市的农业协会累计接纳宝山区派遣的农业研修生18批31人次。

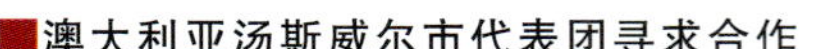
■澳大利亚汤斯威尔市代表团寻求合作

10 月 19 日，区长吕民元会见由市长、议员汤尼莫宁先生率领的澳大利亚汤斯威尔市代表团一行 9 人。汤斯威尔市是澳大利亚一个花园式的中型城市，盛产镍和铁。该代表团此次带着污水处理技术及资金来上海寻求合作，涉及到规划和建筑设计以及环保等方面。区外经委、区环保局、区规划局、罗店镇、区工商联等有关方面的负责人参加会见和交流。

■区长吕民元会见科特迪瓦文化部长 10 月 23 日，区长吕民元在宝山宾馆会见由文化部长梅苏率领的科特迪瓦代表团，该团是专程前来参加第四届宝山国际民间艺术节的。区长吕民元向梅苏部长介绍宝山国际民间艺术节的情况，高度赞扬科特迪瓦瓦萨艺术团的精彩表演，希望双方进一步加强联系和沟通，形成一种交流的机制。梅苏部长表示希望能和宝山结成友好关系，在文化、政治、经济等各方面与宝山进行广泛的合作。

瑞典西格图纳市与宝山区罗店镇建立友好交流关系签约。 摄影／浦志根

■瑞典西格图纳市代表团来访 应区政府的邀请，由市政执行委员会主席 Anders Johansson 率领的瑞典西格图纳市代表团一行 5 人于 11 月 7 日~13 日来区访问。代表团到罗店镇进行了实地考察，就与罗店镇建立友好交流关系事宜进行商谈。11 月 11 日，区长吕民元会见代表团一行。同日，《宝山区罗店镇·瑞典西格图纳市友好交流意向书》签字仪式在宝隆宾馆举行。吕民元、瑞典驻上海总领事安蓝等参加签字仪式。该交流项目已获市政府外事办公室批准。 （王　浩）

侨务

■概况 年内，区人民政府侨务办公室（以下简称“区侨办”）开展基本侨情调查，加大引资引智引技工作的力度，区侨办积极参与协办宝山区 2004（香港）招商会、宝山海外联谊会第四次会员大会、宝山区工业园区建设情况介绍会等重大活动。区侨办共联系接待来宝山投资考察的侨商、台商 58 人次，组织落实“2002~2004 年度上海市侨界先进私营企业家”评优活动，联合区侨联、私营企业家协会等部门走访候选单位，了解企业经营状况，推荐候选人。经市评审小组考核后，邵金如、姚盛钊被评为“上海市侨界优秀私营企业家”，并受到表彰。中秋国庆期间宝山区各级统战、侨务工作部门共走访慰问归侨侨眷重点对象 28 人，发放慰问款（物），共计金额 8000 元。

宝山区为侨情普查先进单位颁奖。
摄影／浦志根

■基本侨情调查 根据市政府侨办《关于在本市全面开展基本侨情调查工作的实施意见》，3 月至 6 月在全区各乡镇、街道开展基本侨情调查工作。经调查，截至 2003 年年底，区内有国外华侨 16255 人，有归侨、侨眷、港澳同胞眷属，外籍华人眷属及留学生家属 17648 人，其中归侨 111 人，有侨眷身份者 2370 人，有港澳同胞眷属身份者 486 人，长期居住在区内的华侨、港澳同胞、外籍华人 89 人。宝山区侨情呈现以下特点：（1）分布不均。归侨、侨眷、港澳同胞眷属、外籍华人眷属及留学生家属，主要集中在区内南部乡镇，尤其是大场镇的大华、锦秋地区相对集中，占总人数 10%以上。（2）归国人士较少。上述人士中经济状况较好的人员大多购买市区住房外迁。（3）申请地与居住地不一致的情况较普遍。近期回沪定居的归侨、留学生定居申请地在宝山，但其实际居住地和事业发展地不在宝山的情况较多。（4）涉侨对象中离退休人员比例较高，60 岁以上的离退休人员有 3259 人，占总人数 63%。（5）涉侨对象的学历普遍不高，以高中、初中及初中以下居多，拥有高等教育学历者占 14%。

■全国华商组织到宝山参观考察 由国务院侨办主办的“全国华商组织经验交流会”于 12 月 18 日在上海隆重召开。19 日，参加会议的来自全国 15 个省市的华商组织负责人代表以及省市侨办领导 100 余人，到宝山参观考察。区领导薛全荣、吕民元等与代表们进行座谈。代表们参观了宝钢、宝山工业园区、罗店北欧新镇核心风貌区、美兰湖国际会议中心、上大附中和上海大学校园。 （张步农）

台湾事务

■概况 年内，认真贯彻中央对台方针政策，围绕中心，服务大局，努力营造安商、利商、助商的氛围，不断拓展交往联络领域，提升涉台宣传工作水平。全年共接待台湾有关人士来访 7 批 109 人次，其中引进并接待台商前来宝山进行投资考察 4 批 58 人次；办理各单位企业赴台

考察、交流系列手续14批41人次;协助办理台湾学生就读5人次。接待、处理台胞台属来信、来访、来电80起,要求解决的问题主要涉及大陆买地、寻找亲人、遗产继承、家庭矛盾、经济纠纷、房屋拆迁、台生就读、涉台婚姻、赴台手续等。年内,区台办走访台资企业23家,为台资企业排忧解难22件;撰写涉台经贸等专题调研报告3篇,编辑《涉台事务信息》4期,搜集整理台湾岛内在"3·20"、"5·20"前后的政局发展、国台办的指示精神及宝山区涉台工作内容,为区委对台领导小组成员提供台情参考;2004年《上海对台工作》等涉台杂志录用宝山区涉台稿件18篇,"上海与台湾"等网络媒体发表有关宝山涉台工作的文章30篇。重阳敬老节期间共走访慰问台胞台属等重点对象28人,发放慰问款(物),共计金额8000元。

■引进台资项目13个 年内,区台办参与协办上海市宝山区(香港)招商会、上海市宝山海外联谊会第四次会员大会、上海市宝山区工业园区建设情况介绍会、"相聚上海共谋发展"等重大会务活动。与宝山工业园区、区对外经济委员会联合组织召开宝山区工业园区建设情况介绍会,区内外台商代表近40人参加会议。组织动员20余名台商及其友人出席上海市宝山区(香港)招商会。全年吸引台资项目13个,总投资3579万美元,合同利用台资1653万美元。至年末,全区有台资企业共118家,投资总额43899.49万美元。

■区政协访问团赴台考察访问 5月,以区委副书记康大华为团长的上海市宝山区政协访问团一行12人对台湾进行了考察访问。期间,访问团拜会了台湾桃园县县议会和县政府,参访中华映管股份有限公司、敏盛医院、老人安养中心等。通过访问,了解了台湾产业发展和企业家投资意向,介绍宝山投资环境和发展变化,巩固了宝山区与台湾桃园县友好关系。

■组织台情报告会 年内,针对台湾所谓"3·20总统选举"及"5·20总统就职"的时间节点,在区内组织多场台情报告会。(1)3月13日邀请市台研所常务副所长严安林博士为区内500余名处级干部作台情报告会;(2)4月2日邀请原市台办研究室主任、现香港中联办台湾事务部部长仇长根为区台港澳侨政协委员、区台联会理事、基层团干部,民主党派人士、统战系统机关干部,对台、对外宣传通讯员150余人作台情报告会;(3)组织区政协、人大、老干部局等部门的离退休老干观看台情资料片;(4)在通河中学等举办台情报告会。 (张步农)

机关事务管理

■概况 年内,机关事务管理工作坚持管理科学化、保障法制化、服务社会化方向,充分发挥财务资产管理、会务接待、生活服务、车辆服务、吴淞大院管理等部门的职能作用,全面完成各项工作任务,获上海市后勤部门"三优一满意"活动优胜单位"三连冠"、宝山区文明单位"三连冠"。

■会务接待创下"三个新高" 年内,机关事务管理局会务接待创下三个新高:(1)为来宝山考察、调研的市领导做好后勤保障服务的批次和人数创历史新高,全年共接待13批235人次;(2)接待全国地市级以上党政代表团批次人数创历史新高,全年共接待139批、1932人次,分别比上年增加247%和171%;(3)为重要会议和重大活动提供后勤保障次数创历史新高,先后为宝山国际民间艺术节、首届长江口民营经济论坛、区"两会"、团拜会等提供后勤保障服务。

■餐饮服务推出新品种 区级机关共开设区机关和吴淞大院2个食堂,有47个单位在机关食堂就餐,平均每天就餐人数达1400余人次。年内机关食堂增加了菜肴及早餐的花色品种,安排部分粗粮食品,受到用餐人员欢迎。

■集中管理公务用车全年行驶逾140万公里 机关事务管理局管理四套班子及机关大院19个单位的73辆公务用车,全年共行车142万公里,比上年增加2.5万公里。为区重要会议和重大活动保障用车260台次,做到安全、准点、规范。

■后勤服务体现人性化 在细节上体现人性化服务,在机关大院主要通道铺设地毯,以防止雨天地面湿滑;在休息和用餐时间播放背景音乐;定期在公告栏内刊登健康百科小知识;文印中心双休日、节假日安排工作人员全天值班,工作日延时值班,做到了文印服务随叫随到;为食堂、会务职工解决了浴室和更衣室过小的问题,弥补了因设计缺陷造成的不便。

■加强对社会化服务单位的督查 成立局督查小组,对物业、保安、绿化等社会化服务单位的工作加强督查,督查内容包括合同履行情况、服务质量、服务态度等6个方面。物业、保安、绿化服务受到机关大院各部门的好评,在年底向19个部门发出的意见征询表中,物业、保安、绿化的满意率平均达93%。

(金霞虹、王 菁)

宝山区机关事务管理局举行会务技能操作竞赛。 摄影/浦志根

宝莲商务楼

位于牡丹江路海江路

摄影／胡新力

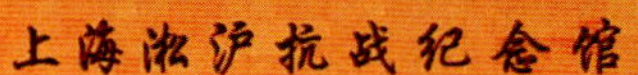

上海淞沪抗战纪念馆

位于临江公园

政协上海市宝山区委员会

Chinese people's Political Conaaaaative Conference of BaoshanDistrict, Shanghai Municipality

■编辑 吴 敏

综述

2004年，区政协围绕宝山加速发展、加快变样的奋斗目标，认真履行政协职能。组织委员学习贯彻中央、市委、区委全会精神和新修订的《政协章程》等，加强与区政府的工作沟通和协商，形成《宝山区政府、宝山区政协关于建立加强沟通联系、工作协商若干制度的意见》。邀请区政府领导在区政协常委会议、主席（扩大）会议上通报区政府确定的吴淞国际物流园区建设、商业发展布局、城市建设和管理、社会稳定和安全生产等重点工作及政协提案办理情况。认真做好民主监督工作，区政协下发《关于进一步加强反映社情民意信息工作的意见》，明确各专门委员会反映社情民意信息的量化指标。年内，区政协向区委、区政府报送《社情民意专报》5期，供领导参阅，向有关党政部门发《社情民意》34期，为区委、区政府有关部门提供参考。有65名政协委员应邀担任21个单位（部门）的特邀监督员。加强调查研究，提高参政议政有效性。区政协形成主席会议建议案2件、专门委员会调研报告5篇。举办以“加快民营经济发展”为主题的政协论坛活动。召开各民主党派区委、工商联、人民团体负责人座谈会2次，举办各界人士联谊会，应台湾桃园县议会的邀请组团对台湾考察访问，支持政协之友社开展活动。加强制度建设，先后建立主席、副主席、秘书长分工联系常委、副秘书长、专门委员会主任制度，以及专门委员会主任联系委员制度，委员参加政协会议、活动的量化制度和反馈制度，专门委员会工作最佳奖评选和优秀提案评选表彰制度等，有6个专门委员会获表彰、11件提案被评为优秀提案。加强政协的宣传工作，建立政协工作专题网，改《政协简报》月刊为周刊，在市《联合时报》、宝山“两台一报”、政府门户网站等媒体上加大宣传力度。（樊 俭）

主要会议

■区政协五届三次全体会议 2月2日~5日在宝钢文化中心影剧院举行。会议应出席委员272名，实到242名。会议审议通过五届区政协常务委员会工作报告、关于区政协五届一次会议以来提案工作情况的报告及大会决议。与会委员列席区人大五届二次会议，听取并讨论区政府工作报告、区人民法院工作报告、区人民检察院工作报告及其他重要报告。与会委员与列席人员就《推进工业园区建设》、《建立城乡环境长效管理机制》、《加强精神文明建设》、《促进就业与完善社会保障体系》、《实施“科教兴区”战略》和《加快民营经济发展》等6个专题与区委、区政府有关领导进行联组讨论。10名委员作大会发言，另有9篇书面发言。会议期间，共收到提案236件。

■区政协五届常委会会议 （1）第六次会议于2月4日举行。会议听取区政协五届三次会议大会秘书处关于各组讨论区政府、区政协工作报告和大会决议（草案）情况、提案审查立案情况的汇报。（2）第七次会议于4月15日举行。与会者视察正在建设中的罗店中心镇。（3）第八次会议于7月8日举行。会议听取区长吕民元通报区政府上半年工作情况及下半年工作打算。（4）第九次会议于10月28日举行。会议听取副区长斯福民通报区政府关于政协提案办理工作情况。（5）第十次会议于12月30日举行。会议决定，区政协五届四次会议于2005年1月24日下午至27日下午举行。审议通过区政协五届四次会议的议程（草案）和日程（草案）。（樊 俭）

重要活动

■专门委员会主要工作 年内，各专门委员会组织委员开展各种形式的委组活动110次，先后就推进全区社区网格化管理、促进区内被征地农民就业和社会保障工作、房屋租赁管理工作、进城务工就业农民子女义务教育现状等课题进行调研，形成调研报告14篇，部分转化为政协论坛论文或政协会议大会发言。（1）提案委员会做好提案的征集、审查、立案和协助承办单位做好提案办理工作。开展对区内被征地农民就业和社会保障工作的调研。（2）第一经济委员会组织委员与区计委、财政局、工商分局、商委、外经委、招商局对口协商，了解本区的财政、经济运行等情况。（3）第二经济委员会会同区工商联联合开展“一事一议”沙龙活动。组织税务知识座谈、咨询和工商管理知识讲座。（4）科技委员会不定期召开新村居民代表座谈会，反映《社情民意》6期。坚持同区科委每季度对口协商一次并联合对宝山的专利申请及分布情况进行调研。（5）人口、资源、环境、建设委员会完成《对我区房屋租赁管理工作的思考和建议》调研报告，对房屋出租、办证中的有关问题进行分析，并提出对策建议。（6）法制委员会分别与区司法局、政法委等单位就进一步推进“四五普法”、开展法律援助等工作进行对口协商，赴安徽视察白茅岭、军天湖监狱和慰问在酷暑季节坚守岗位的一线干警。（7）社会事务委员会会同区地区办、老龄办和妇联，就社区网格化管理和关心老年事业、老龄工作及单亲家庭中的未成年人等三个课题开展调查研究。（8）教育、文化、卫生、体育委员会组织委员开展义务医疗咨询活动，参观上海历史博物馆、上海博物馆、观看芭蕾等高雅艺术。（9）民族、宗教、港澳台侨委员会组织学习《社会主义的宗教论》、《中华人民共和国归侨侨眷权益保护法》（实施办法），参加宗教、侨务政策宣传月（周）活动等。

226 件提案全部办复　区政协五届三次会议以来，委员们共提交提案 251 件，经审查立案 226 件，其中，民主党派区委、区人民团体和政协专门委员会的提案有 22 件，委员个人和联名提案有 204 件。在未立案的 25 件提案中，有 21 件提案的内容涉及市有关部门。至年底，经 37 个区属单位办理，所有提案已全部办复，其中，所提意见建议已经解决和正在解决的 162 件，占 71.7%；列入计划解决和留作研究参考的提案 61 件，占 27%；由于条件不具备，难以解决的 3 件，占 1.3%。委员们对提案办理结果的满意和基本满意率为 96%；对办理态度的满意和基本满意率为 100%。区政协常委会议、主席会议多次听取提案工作汇报，正、副主席阅看全部政协提案，确定 12 件提案为年度重要提案进行跟踪和督办。年底，区政协召开提案办理工作会议，听取有关单位提案办理情况的汇报，推进办理工作。把所有的提案办理结果在政协网上公布，方便委员查阅。同时对 2003 年度被列为"正在解决"和"计划解决"的 98 件提案进行复查。区政协评出 2004 年度优秀提案 11 件。

270 人次参加年终工作视察　11 月 23 日~12 月 1 日，区政协组织 2004 年度工作视察。视察分城市建设与管理、安全生产监督与管理、精神文明建设、罗店中心镇建设和宝山工业园区开发建设 5 个专题进行。参加视察的政协委员、有关方面人士 270 余人次。政协委员在视察中提出的意见和建议，经整理归纳报送区委、区政府及其有关部门。

2004 政协论坛　3 月 9 日~6 月 24 日，区政协举行"加快民营经济发展"政协论坛系列活动。3 月 9~10 日及 3 月 25~27 日，组织部分委员赴江苏省苏州市、昆山市和浙江省台州市、萧山区学习考察民营经济发展情况。5 月 9 日、24 日、6 月 10 日先后举办了以"更新观念营造氛围——谈加快民营经济发展的意识理念"、"创业和拼搏感言—江、浙、沪三地企业家心声"和"亲商、安商、富商—为促进民营经济快速发展提供服务"为议题的 3 场研讨会，其中，邀请苏州、昆山、萧山三地的政协领导和民营企业家参加第二场座谈会，进行了交流和探讨。6 月 24 日举办论坛大会发言，全体政协委员出席，51 名政协委员作交流发言，共提交论文、发言稿 60 篇。区政协法制委员会获得优秀组织奖——宝山区政协论坛流动奖杯。

庆祝人民政协成立 55 周年活动　9 月 22 日，区政协在金富门酒店二楼多功能厅举行庆祝人民政协成立 55 周年、"迎中秋、庆国庆"联谊会。区委、区人大、区政府和区政协的有关领导与政协委员和各界代表人士出席会议。

民主党派、工商联、人民团体负责人座谈会　全年举行民主党派、工商联、人民团体负责人座谈会 2 次。2 月 6 日，区政协邀请各民主党派区委、区工商联、人民团体负责人参观上海 F1 赛车场建设工程、嘉定工业开发区和绿化建设等，并进行工作座谈。11 月 17 日，召开第二次座谈会，与会人士交流各自工作情况，通报在区政协五届四次会议上的大会发言和提案的准备工作。

政协委员参加社区服务活动　3 月 6 日和 10 月 23 日，分别在宝钢商场楼前和

区政协五届四次会议。　摄影 / 胡新力

宝林二村社区为群众提供有关法律、医疗、家庭小药箱、就业、计划生育等方面的咨询服务，区政协社会事务委员会、法制委员会、人口资源环境建设委员会、教育文化卫生体育委员会等专委会和机关党支部共40余人参加咨询，接待群众200余人。5月29日，区政协教育文化卫生体育委员会会同农工宝山区委，赴横沙乡举行义务医疗咨询服务活动，受益群众280人次。9月29日，区政协法制委员会在宝山中心广场开设义务法律咨询为民服务活动，为群众提供经济、民事、刑事、户籍管理、劳动争议等方面的法律咨询。

■视察吴淞工业区环境综合整治 3月23日，区政协组织在区部分市政协委员和区政协委员，视察上钢一厂、上钢五厂的环境综合整治工作。期间，委员们观看吴淞工业区烟粉尘无组织排放现状录像片，听取整治工作情况通报。委员们对吴淞工业区环境综合整治工作提出意见和建议，提出要把整治工作作为一项系统工程来抓，要加大整治力度，做到整治和绿化并举，要选择吸附量大的树木品种，以改善吴淞工业区环境。

■"促进被征地农民就业和社会保障工作"课题调研 区政协提案委员会成立"被征地农民的就业和保障"调研组，2月~5月课题组先后到区信访办、统计局、劳动局、房地局，庙行、顾村、罗泾、罗店、大场等单位了解情况，召开专题研讨会和调研组工作会议13次，在此基础上完成调研报告，报政协主席会议作专题研究后，向区政府提交《关于进一步促进我区被征地农民就业和社会保障的建议案》。该建议案提出4条建议：(1)进一步增强各级党政领导和工作人员执政为民的责任意识，切实做好被征地农民的就业和社会保障工作；(2) 从宝山经济、社会发展的要求出发，进一步探索促进被征地农民的就业政策措施；(3)加强职业技能培训，努力提高农民再就业的上岗率；(4) 从各乡镇的实际情况出发，扎实做好日常管理和就业服务工作。

市政协主席蒋以任、副主席谢丽娟等察看杨北中心村农民新房。 摄影/浦志根

■"关于推进社区网格化管理"课题调研 2月~8月，调研组先后12次到海滨新村街道、友谊路街道、吴淞镇街道、泗塘新村街道、通河新村街道，对社区网格化管理的情况进行调查研究，专程到徐汇区田林新村街道考察学习，与区政府地区办就社区网格化管理对口协商，初步形成调研报告后，又先后4次召开有关街道、居委会、执法部门人员参加的论证会。形成主席会议《关于推进我区社区网格化管理的建议案》。对社区网格化管理存在的问题提出5条建议：(1)进一步理顺条块关系；(2)建立社区信息平台；(3) 整合社区管理资源；(4)加强社区工作站建设；(5)发挥居委会作用。

2004年区政协主席会议一览表

时　间	次　别	主　要　内　容
1月16日	五届十次	研究区政协五届三次会议筹备工作
3月23日	五届十一次	视察吴淞工业区环境综合整治工作
4月29日	五届十二次	听取2004年提案办理工作进展情况
5月13日	五届十三次	听取副区长斯福民通报2004年1~4月区经济发展情况及吴淞国际物流园区建设情况
6月14日	五届十四次	视察区商业工作
8月12日	五届十五次	视察宝山工业园区建设情况
8月31日	五届十六次	听取副区长顾佳德通报本区社会稳定和安全生产工作情况
10月28日	五届十七次	听取区人民法院、人民检察院2004年工作情况的通报
11月23日	五届十八次	视察区城市建设与管理工作
11月25日	五届十九次	视察区精神文明建设工作
12月21日	五届二十次	研究五届四次会议的有关准备工作

(樊　俭)

上海市吴淞中学

校　长：徐惠民

校　址：吴淞泰和路99号

邮政编码：200940

网　址：http://www.wszx.org

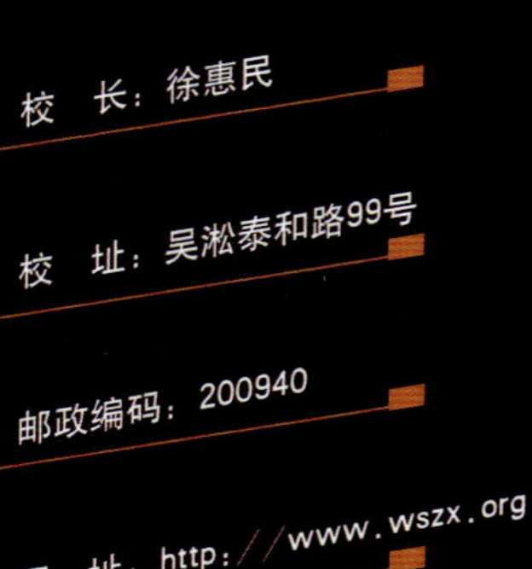

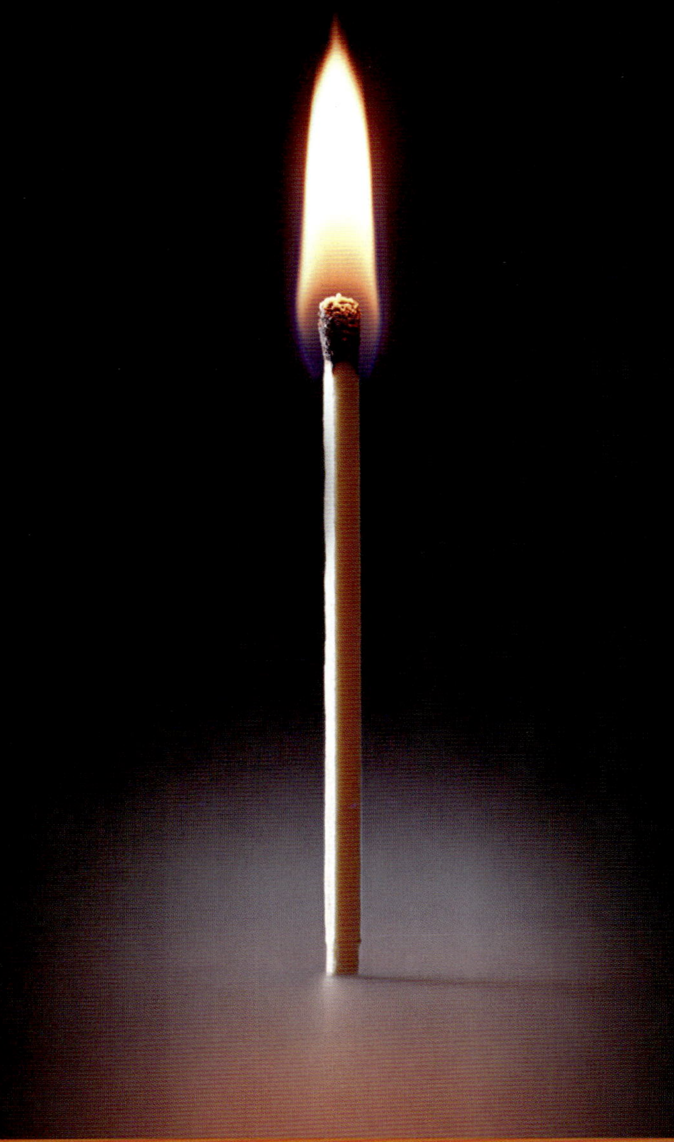

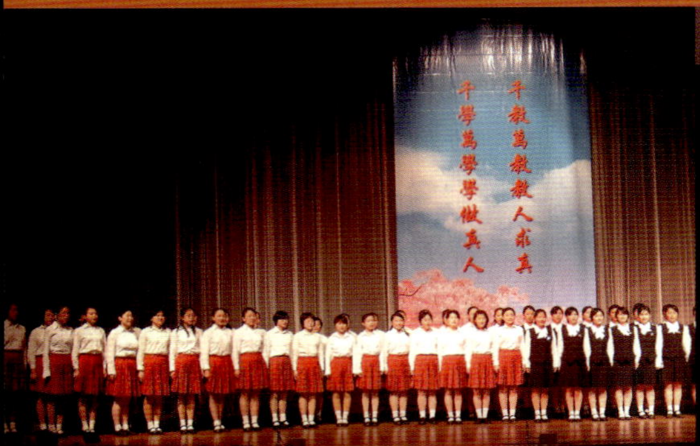

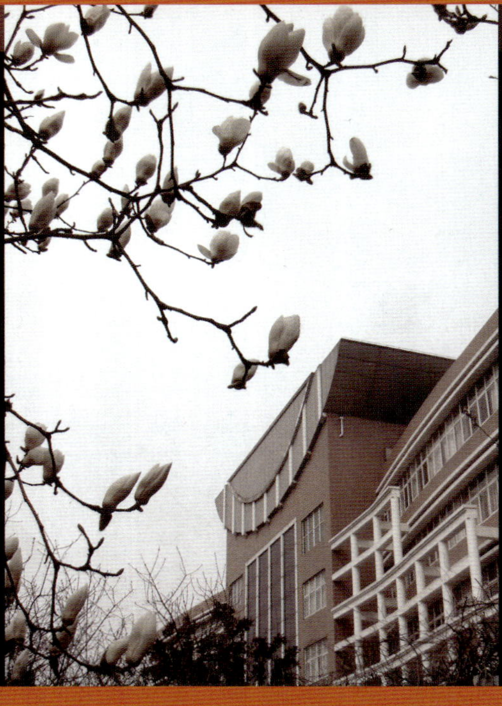

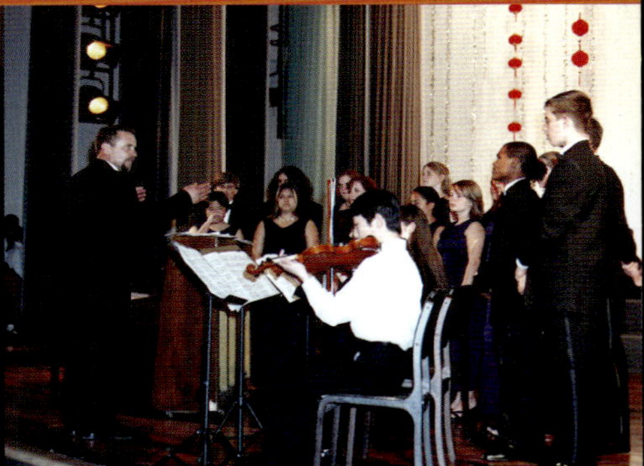

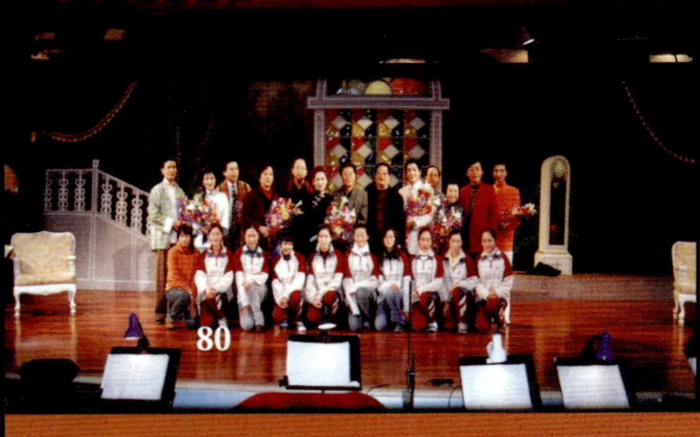

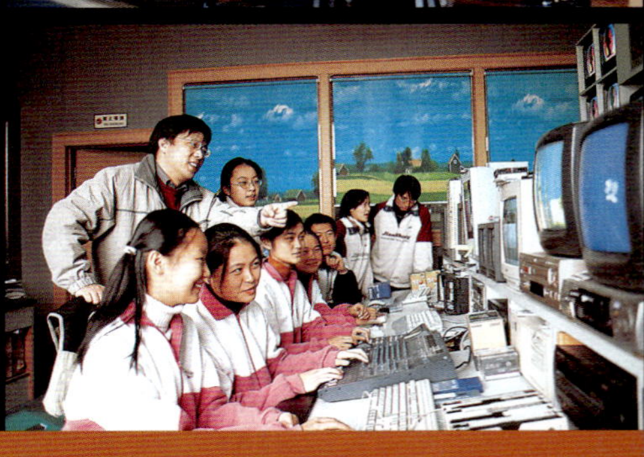

上海市吴淞中学创建于1924年10月。80年来，吴淞中学师生员工继往开来，与时俱进，使学校成为沪上著名重点中学。著名数学家苏步青教授在担任全国政协副主席期间，曾视察吴淞中学，并为学校题词："今日满园桃李，他年遍地英豪。"

吴淞中学占地面积66亩，地处长江、黄浦江入海口吴淞口畔，建筑面积27792.9平方米。校园内小桥流水、亭台水榭、奇岩怪石、翠竹紫藤、花香鸟语，充满诗情画意。现代化教学设施一应俱全，形成了人性化、网络化、智能化、花园化的基建系统，部分基建项目已与世界先进水平接轨。

世纪之交，吴淞中学在发扬"坚苦卓绝"校训精神的同时，确立了"健全人格，主动发展"的教育理念。20世纪90年代以来，学校有千余人次获国际、全国、省（市）级学科竞赛等第奖。研究型学习课程已获得30多项全国级和省市级的成果奖。2002年，在莫斯科"国际青少年科学研究者大会"上，吴淞中学提交的研究项目获得生命、环境科学组的一等奖，并获得大会参赛项目的特等奖。2004年5月14日，在美国波特兰市闭幕的第55届英特尔国际科学与工程大奖赛决赛中，吴淞中学3名同学提交的团体项目一举夺得7项大奖，成为本次赛事获奖最多的团体项目，同时也创下了我国国家队参加ISEF以来团体项目的最好成绩。此外，吴淞中学合唱团曾连续5届获得上海市重点中学合唱比赛一等奖，1次夺得全国合唱比赛高中组第一名；船模、建模等项目竞赛曾多次获得全国一等奖；学生舞蹈队曾出访法国、巴西。吴淞中学的教育教学水平，一直稳步排在全市学校前列。近年来，吴淞中学接待了日本、加拿大、英国、澳大利亚等国友人前来访问交流，并与澳大利亚棕榈树海滨区、可伦宾区中学签订建立友好学校协议。

学校6次蝉联"上海市文明单位"称号，并荣膺"联合国教科文组织EPD项目实验学校"、"上海市花园单位"、"上海市十佳校园"、"上海市中学生行为规范示范校"、"上海市绿色学校"、"上海市国防教育十佳单位"、"上海市军民共建先进单位"、"上海市档案管理先进单位"、"上海市中小学示范图书馆"等称号，目前已通过"上海市实验性示范性高级中学"总结性评审。

宝钢人雕塑

位于宝山中心城区友谊路牡丹江路

钢铁企业与冶金延伸业

Iron & Steel Corporation and Extending Metallurgical Industry

■编辑　经瑞坤

宝钢股份公司

■概况　2004 年,宝山钢铁股份有限公司(以下简称"宝钢股份")实现销售收入 576 亿元,比上年增长 30%;实现利润 136 亿元,增长 36%;生产商品坯材 1187 万吨,为年度预算的 102%;完成产品销售量 541 万吨,占商品坯材总量的 48%;商品坯材出口量 116.5 万吨,为年度预算的 104.5%,冷轧产品销售 659.95 万吨,增长 20.14%;冷轧汽车板销售 184 万吨,市场占有率约 47%;家电用钢板销售 148 万吨,市场占有率约 52%;作为初级产品的钢坯销售,占商品坯材销售量 5%,下降 33.28%;实现利润 136 亿元,增长 36%。

20 条主作业线月均故障比上年下降 13.8%;设备综合效率比上年提高 2.8 百分点;事故成本比年度预算有所下降。吨钢水耗比上年略有下降;余能回收好于上年;实现科研效益占年度目标的 118%;实现新产品销售率为年度目标的 104.8%;受理专利为年度目标的 136%;审定技术秘密为年度目标的 150%;合理化建议产生经济效益为年度目标的 135%。"十五"建设项目投资按预定计划完成;自主开发集成投产的 3 号热镀锌机组和 3 号彩涂机组,比总进度分别提前完成;厚板坯连铸机和 1800 冷轧酸轧机组,分别提前 18 天和 3 个月投产;技术改造总投资占年度投资计划的 100%。

年内宝钢股份坯材产品向东亚市场、东南亚市场、美洲市场、欧洲市场出口。热镀锌外板月均成材率、单月成材率均有所提高;汽车用钢"外板"各项性能合格率提高了三分之一;60Mpa 高强钢批量生产,80Mpa 高强钢试制成功。高效电工钢高效铁芯材料大批量生产,产品性能一次合格率达 98.7%,高牌号无取向硅钢开发试制成功并投产,产品质量已领先国外企业的无铬耐指纹钢,达到欧盟环境保护法规要求,其制作的家电产品已批量出口。

宝钢股份完成向马鞍山钢铁股份有限公司输出以作业长制为中心的基层管理模式《管理咨询服务合同》。宝钢股份增发新股等 10 个议案获通过。宝钢股份与国际三大轮胎制造商之一的米其林集团签订合作协议。采购电炉钢帘线,采购量每年呈递增趋势。宝钢股份公司与格力电器股份有限公司签订总体合作协议。使用宝钢家电用板量逐年递增,年用量超过 10 万吨。

2004 年,宝钢股份获 CCTV2003 年度中国最具价值上市公司第一名;获首届"中国十届上市公司"第一名;被上海市总工会、上海市质量协会、上海市企业家联合会等联合评选为"上海市职工最满意十佳企业";在第四届中国上市公司百强高峰论坛上获"2004 年最具竞争力的上市公司 20 强"第二名;入选《董事会》杂志社和中国董事会网联合举办的 2004 年中国"十佳董事会"排行榜。标准普尔把宝钢股份信用等级从 BBB 提升到 BBB+,成为同期国家主权级,前景展望为"稳定"。

■冷轧 3 号彩涂机组热负荷试车成功　8 月 18 日,宝钢股份冷轧 3 号彩涂机组热负荷试车成功。该项目由宝钢自行设计、技术集成并担任安装和调试指导的生产线,从引进设备合同签约至机组投产,历时 16 个月。

■1800 冷轧酸洗机组热负荷试车　12 月 23 日,宝钢股份举行 1800 冷轧酸洗机组热负荷试车仪式。1800 冷轧工程是国内专业汽车板生产项目,年设计产能 170 万吨,其中冷轧产品 90 万吨、热镀锌产品 80 万吨。1800 冷轧酸洗机组自 2002 年 9 月 26 日开工建设,中冶南方公司、二十冶等设计、施工、设备制造单位协作,宝日汽车板公司生产人员参与;日本三菱日立公司派专家,指导设备安装和施工;宝钢监理公司严格实行全过程监理,按照规范和标准严把工程质量关,该机组比原计划提前 3 个月建成投产。

■厚板坯连铸机热负荷试车　该项目是宝钢股份"十五"规划项目四大主体工程之一,是宽厚板轧机的配套项目,年设计产能达 230 万吨,产品涉及所有宽厚板钢种。12 月 23 日,宝钢股份举行厚板坯连铸机热负荷试车仪式。该项目从 2002 年 12 月 1 日开工建设,工期 25 个月,是国内大型连铸机工程建设中工期最短的项目。在宝钢国际、宝信软件、中冶赛迪、西重所、常冶、大重和太重等设备供货和外方协作单位的协作下,工程项目比原计划提前 18 天建成投产。

■批量生产 X80 管线钢获成功　12 月 14 日,国内西气东输工程首条 X80 管线试验段所需管线钢在宝钢股份首次批量生产获得成功。该批 X80 管线钢厚度为 15.3 毫米,共 750 吨,各项性能和质量指标均达到标准,具有优良的冲击韧性和焊接性能。

■炼铁工序水耗指标达先进水平　宝钢股份炼铁厂不断完善节水管理制度,加大科技、技改投入,深挖节水潜力,全年炼铁系统水质综合管理合格率达 99%,水重复利用率达 98%以上,节约新水 130 万吨,平均每生产 1 吨铁水仅消耗新水 1.18 吨,达到国际先进水平。

■1450 连铸连续 45 个月无设备停机故障　至 4 月底,宝钢股份 1450 板坯连铸主作业线连续 45 个月故障停机时间为零,创投产以来最好成绩。1450 板坯连铸机于 1998 年投产,国产化率达 80%以上。1450 板坯连铸主要生产指标均创历史最优,每小时吨钢产量、双高品种钢比例、浇钢作业率分别比上年有所提高,板坯质量抽查合格率达 100%。

宽厚板项目试车成功。　　摄影 / 贝金国

■**宝钢股份公司通过ISO/TS16949认证**　2月，经国际认证机构专家审核，宝钢股份获由英国BSI标准协会颁发的ISO/TS16949质量管理体系认证证书，成为国内冶金行业第一家通过此项认证的企业。ISO/TS16949标准系统规定了国际汽车工业质量管理体系的基本要求，强调在汽车生产供应链中建立持续改进、预防缺陷、减少变差和浪费的质量管理体系。

■**通过ISO14001环境管理体系复审**

年内，宝钢股份通过ISO14001环境管理体系（国内证书）的复审，成为国内最早通过ISO14001环境管理体系认证的钢铁企业。公司实行环境因素重点控制和污染物综合治理，建立健全环境质量检测和评价体系，全年污染物综合排放合格率达99.87%，固体废弃物综合利用率达98.13%，其中返生产利用率为23.2%，岗位粉尘合格率达到100%。

■**综合管理体系通过英国标准协会认证**

6月，宝钢股份综合管理体系首次通过英国标准协会认证。根据体系管理的总体思路，宝钢股份系统创新部、制造部、安环处和设备部等加强合作，重新调整了系统管理网络，建立统一综合管理架构，形成统一管理和专业化职能管理相结合的管理体系，对质量、职业健康安全和环境管理体系整合，编制完成《综合管理手册》，完成体系管理的培训工作。

■**降本增效逾12亿元**　至年底，降本增效逾12.3亿元，超额完成年度指标。年内宝钢股份围绕企业战略规划和生产经营中的重点问题，确立优化机组生产能力等12个方面31个降本增效项目，确定年度降本增效目标为7.2亿元。下半年，进一步挖掘潜力，追求效益最大化，将降本增效目标提高到9.2亿元。年末超额完成年度降本增效的任务。

■**冷轧薄板厂成功转制**　宝钢股份完成上海宝钢益昌薄板有限公司的吸收合并工作。4月1日起，原上海宝钢益昌薄板公司正式更名为宝钢股份公司冷轧薄板厂，下设办公室、生产技术室、安环管理室、轧钢分厂、精整分厂、镀锡分厂、能源车间、质检站及二次冷轧改造项目组等机构。宝钢股份冷轧薄板厂在转制推进过程中，按照“整合到位、管理到位、效率到位”的工作目标，由宝钢股份公司系统创新部牵头，会同各有关部门，就冷轧薄板厂整合工作制订目标管理模式和评价体系，明确各部门职责和相关工作推进时间表。各部门按照宝钢股份公司的统筹安排，确保各项工作严格按节点推进。4月、5月，各项效率指标连续达到宝钢股份设定的现代化管理验收标准。至年底，冷轧薄板厂基本实现“三到位”（整合、管理、效率）的目标。

■**《宝钢股份现代化管理》编制完成**

《宝钢股份现代化管理》分为上、下册，共21篇，70余万字，内容涵盖各项专业管理、基础管理及信息化管理。宝钢股份按照“立足宝钢、面向集团”的要求，成立《宝钢股份现代化管理》编制组，根据宝钢现代化管理的实践，突出宝钢管理的特色和内涵，按照宝钢现代化管理总论、集中一贯的专业管理、基础管理、信息化管理四部分内容进行系统编制，供集团公司各子公司研究、借鉴。

■**2号高炉易地大修实施“快速安装技术”**　年内，由宝钢股份、宝冶、中冶赛迪公司等单位联合开发的特大型高炉快速安装技术，成功应用于宝钢股份2号高炉易地大修工程。3月9日，高炉炉体第四段约800吨炉壳及附件经平移、转运、提升后成功安装。该技术在国内冶金建设领域推广后，改变了以往高炉炉体安装采用炉壳吊装法，缩短特大型高炉建设工期 100 天。

■荫罩带钢国产化难题被破解 由宝钢股份冷轧厂首席工程师李俊负责研发的“荫罩带钢及其制造法”获国家发明专利授权。此前世界上只有日本、德国部分钢铁企业能生产荫罩带钢，国内企业长期依赖进口。荫罩带钢对彩管成像质量起到举足轻重的作用，被誉为钢铁精品中的艺术品。国家将荫罩带钢国产化列入冶金行业八大难题之一。年内成功开发出厚度 0.169 至 0.250 毫米多种规格品种荫罩带钢产品，填补了国内空白，并实现批量生产，突破宝钢股份 1420 冷轧产品最薄 0.18 毫米的极限。产品已向咸阳彩管厂等国内大型彩管企业供货。

■专利和技术秘密年度受理量创新纪录 年内，宝钢股份推进知识产权工作，宝钢股份提出“两天一件专利、一天两件技术秘密”的目标，并首次将专利申请和技术秘密申报列入年度经营目标。全年受理专利 212 件，形成技术秘密 998 件，创宝钢股份专利和技术秘密年度受理量的最高纪录。

■4 项科技成果获奖 11 月，在德国纽伦堡举行的“新思维、新发明、新技术”国际展览会上，宝钢股份参展的 5 项科技成果获金奖 1 项、银奖 1 项、铜奖 2 项。“新思维、新发明、新技术”国际展览会是欧洲有较大规模和影响力的展览会，在德国已有 50 年的历史。宝钢股份参展的“短流程渣处理技术”在此次展览会上获得金奖。

■宝钢股份与交大科研“联姻” 3 月 15 日，宝钢股份与上海交通大学签订科研合作协议。(1)双方在材料科学与工程、能源与环保、生产过程控制与信息化等领域开展科研合作，并以紧密型战略联盟的方式参加重大、重点招标工程项目。(2)根据宝钢股份的发展方向，开展具有前瞻性的预研和基础研究，并通过科研合作培养出宝钢需求的人才。(3)双方建立互派访问学者制度，开展科技沙龙、报告会等形式多样的学术交流活动，采取合作开发、技术服务、共建工程技术联合实验室等方式全面展开合作。(4)双方共同构建企业专利工程体系，包括企业专利工程的构架设计、合理的专利群布局、专利的挖掘与二次开发、专利人才的培养。

■与中海油公司签订战略合作协议 7 月，宝钢股份与中国海洋石油总公司签订战略合作协议。中海油负责在中国海域对外合作开采海洋石油、天然气资源。宝钢产品在中海油负责的东方——洋浦——海口天然气管道工程、浙江天然气管道工程、烟台——龙口天然气项目上应用。在中海油陆上管线项目上，宝钢占 50%。4 月，中海油番禺——惠州天然气开发项目组来宝钢股份公司考察，要求提供海洋石油管线用钢。8 月起，已提供海洋石油管线用钢 6 万吨，占整个项目用量的 90%以上。

■冷轧 3 号热镀锌机组投产 6 月 16 日，宝钢股份“十五”规划首个投产项目——冷轧 3 号热镀锌机组投入热负荷运行。该项目从 2002 年 8 月 22 日合同签约开始到 2004 年 6 月热负荷试车成功，工期提前两个半月。投产后，镀铝锌产品产量达 4.67 万吨，其中耐指纹产品达 1.82 万吨。12 月，镀铝锌产品出口合同达 1280 吨，产品销往意大利、澳大利亚、美国等国家。镀铝锌产品批量出口，打破了镀铝锌产品的国际市场格局，提升了宝钢产品的品牌形象。（罗和平）

一钢公司

■概况 宝钢集团上海第一钢铁有限公司(以下简称一钢公司)属国家特大型钢铁企业。2004 年总资产 151.27 亿元。在岗职工 16890 人，其中主体在岗人数 7739 人。全年完成产铁量 303 万吨，产钢量 289 万吨，生产钢材 304 万吨，实现销售收入 131 亿元，利润 20.6 亿元。9 月 27 日老中板生产线退役，累计生产 32 年共扎制中板 1520 万吨。全年申请国家专利 78 项，技术秘密 38 项，获第十四届全国发明展览会参展项目铜奖 2 项；获上海市科技进步奖 2 项。

■不锈钢工程建成投产 4 月 18 日，投资超过 100 亿元人民币的国内最大规模的不锈钢工程正式建成投产。该工程项目由不锈钢、碳钢炼钢，连铸生产线及轧制宽度为 1780 毫米的热轧生产线组成，年设计产能为 257 万吨钢，其中不锈钢 72 万吨。工程独创了一条不锈钢和碳钢联合生产线：不锈钢生产线可生产奥氏体、铁素体及超低碳超低氮不锈钢钢种，并具备不断开发新钢种的能力；碳钢生产线可生产优质碳素钢、耐大气腐蚀钢、低微合金高强度钢及低磷、低硫钢种。经宝钢工程质量监督站对炼钢、连铸、热扎 3 个主体工程 261 项工程核定，其中有 246 项工程被评定为优良，优良率 94.25%；主体工程钢结构获上海市“金钢奖”。年内不锈钢冶炼系统实现 20 万吨的生产目标，不锈钢板卷成材率达到 95.71%。该项目建成投产后，将改变不锈钢产品长期依赖进口的局面，有利于中国钢铁工业的产品结构调整。

■信息化管理控制中心建成 一钢公司以不锈钢工程建设为契机，推进信息化工程建设，制订现代“三电”(计算机、仪表、电器)技术应用的目标，实现基础自动化、过程计算机化、产销管理计算机系统与不锈钢新生产线热负试车同步投入的要求；建成集生产、设备能源、质量在线管理，消防、环保在线监控及管理计算机和通信网络系统融为一体的现代化管理控制中心，实现物流、信息流、资金流同步和按合同组织生产、集中管理、整体优化的目标。

■主辅分离和辅业改制 年内，公司以“规范、有序、稳步、高效”为要求，推进主辅分离、辅业改制，实施剥离、改制以及清理关闭。金属软管公司、一钢设计院、一钢建设公司等 3 家子公司改制任务完成；完成海江公司、钢联公司破产程序；主体在岗人员从 14326 人减至 5336 人，累计减员 19251 人，其中与企业解除劳动合同 8573 人，内退 8385 人，通过各种途径落实再就业岗位 4455 人次。

（章鼎成）

五钢公司

■概况 宝钢集团上海五钢有限公司(以下简称五钢公司)是宝钢集团控股的钢铁主业子公司，至年底在册员工人数 17776 人，主体工种 5359 人。五钢公司以“对标登高，再造特钢”为发展方针，制订“四线四中心”(不锈钢长型材、合金钢棒材、合金钢特种金属、合金钢板带材 4 条生产线和银亮材、特种合金管、精密冷带、金属制品延伸四个加工中心)的特钢发展规划。年内五钢公司主要装备有 100 吨超高功率直流电弧炉、60 吨交流电弧炉、特种冶炼装备以及不锈钢长型材、合金钢棒材、模块、银亮钢等世界先进特殊钢专业生产线。全年钢产量达到166.7万吨，其中，电炉钢产量首破百万吨大关，比上年增长25.3%。商品坯材销售149.4万吨，其中，优钢坯材销售94.2万吨。主体销售收入72亿元，比上年增长18.4%，其中，优钢销售收入55.2亿元，比上年增长44.7%，占销售收入的77%；新品销售收入15.8亿元，比上年增长77%；外贸出口创汇1.27亿美元，比上年增长3.4倍。财务管理取得上海市企业管理现代化创新成果奖以及"工程项目重心前移的投资控制与管理"二等奖。资金信用评级达到A—级。

■化铁炼钢生产线全线关停 该生产线于上世纪50年代末建成，年产钢上百万吨。根据上海城市建设总体规划和集团新一轮发展战略的要求，五钢公司以转炉、带钢为主体的化铁炼钢生产线，实施淘汰落后工艺的关停任务。8月25日凌晨5:45，随着最后一炉钢水出炉，五钢公司化铁炼钢生产线提前正式全线关停，同济路两侧的环境得到一定改善。截至年底，五钢公司选择协议解除劳动力关系共4154人，通过转岗实现再就业235人。

■完成科研课题89项 年内，五钢公司运用新工艺、新技术，优化工艺流程，形成一批具有自主知识产权的科技成果。全年科研项目计划数189项，列入集团公司科研开发计划101项，完成课题89项，结转项目54项，申报专利28项，申报技术秘密32项。在成果转化方面，大型GH2674合金锻件研制取得突破性的进展，采用4000吨快锻试制成功直径900毫米重10吨电渣锭，创国内高温合金生产之最；环保型易切削钢首次在不锈钢长型材生产线上实现全过程贯通试制，工艺技术及产业化贯通生产创多项国内第一；抗湿硫化应力腐蚀钢、硫系易切削钢等5项成果获上海市高新成果转化项目认定；电弧炉冶炼镍基高温合金的工艺方法获2004年第五届中国国际发明展览会金奖；40Cr3MoVA材料的研制及高品质热作模具钢SWPH13分获国防科技成果奖及上海市科技进步奖。

■产供销信息系统建立 年内，以公司的主体业务为主，建立以财务为核心、以市场为导向、以生产为主线的整体产、供、销信息系统。11月30日，主要生产线信息系统正式上线切换；12月3日，MES系统先期支持生产；12月6日，SAP系统、设备物料管理系统正式投运；12月8日，首次通过ERP（SAP）系统完成外贸销售合同，并由MES系统实现合同接收、滚动计划编制、作业计划下发、实绩收集、订单成本分析全过程。

■推进主辅分离、辅业改制 年内公司以"规范、有序、稳步、高效"为要求，推进主辅分离、辅业改制。拟定五钢公司《辅业改制工作管理办法》；制订公司辅业改制工作计划。至年末，五钢开发（生活服务）公司改制正式启动。上海冷拉型钢厂整体产权转让方案经集团公司审核通过。各相关子公司的基础调研、沟通联络以及内审工作均按计划完成。

■有效控制污染物排放 五钢公司根据上海市吴淞工业区环境综合整治纲要，将污染物排放稳定达标和污染物排放总量控制在上海市环保局核定的总量范围内；结合技改及市政建设，开展管理理念、生态型发展思路紧密融为一体的环境整治，严把新建项目环保设施验收关，项目竣工环保"三同时"（同时设计、同时施工、同时投产）执行率100%。

■特钢新项目建设 年内，五钢公司加速推进各项技改项目建设和新项目"达产达标达效"。不锈钢长型材、特冶一期等一批生产线相继建成投产；30万吨合金钢棒材生产线改造工程竣工投产；"十一五"建成的"两线"（高合金钢生产线、合金板带生产线）工程的前期立项和规划工作全面展开；与钢研所整合并进行填平补齐的"钢管中心"建设启动；"冷带中心"、"金属制品中心"结合二钢公司的搬迁同步实施。

■开拓市场营销渠道 五钢公司通过创建高效的营销体制，明晰营销"管理与操作"的分离，实行"区域维护、专业渗透"的业务拓展思路。（1）加强对直供大户、重点用户的培育与管理，体现利益共享、风险共担的长期战略合作伙伴关系。（2）通过新产品开发及产销研工作，促进品种规模化的实现。（3）借助宝钢集团国内外平台，全力开拓五钢产品的销售渠道。（4）加强同GE、NMB等高端目标用户的合作，以建立产销研工作小组的方式，开发和研制高附加值产品，满足国防、军工及高科技产业发展对特种金属材料的需求，为国防、军工提供各类优质钢材。（5）寻找和培育与特钢产品结构相吻合的用户群体，尤其针对不锈钢、工模具用钢、高温合金、钛合金，以及高档汽车用钢和电站设备用钢等高附加值产品的客户群体，以新产线、新品种、新用户的"三新"开发作为营销工作的重点，凸现"品种规模化"的组合优势。

（董晓虎）

宝钢集团企业开发总公司

■概况 宝钢集团企业开发总公司（以下简称开发总公司）下辖14个专业子公司，年末在册职工15433人。全年实现销售收入163.79亿元，比上年增长50.69%；利税完成12.62亿元，增31.46%；资产总值82.17亿元，增8.12%；净资产收益率22.2%，增96.46%；资产负债率58%。开发总公司及所属多家单位被评为上海市"重合同、守信用"单位。

■提升后勤保障和外协服务水平 年内，后勤保障公司三条营养餐生产线投入运营，在宝钢股份公司实行岗位饭的集中配送。物业管理整合后实行扁平化管理。交通运输公司建立通勤服务长效管理机制，一批新型客车投入宝钢职工上下班通勤使用。厂容绿化公司建立绿化、环卫绩效评价体系，实施按时间节点完成多项绿化施工、搬迁项目。宝山宾馆重点推进宾馆的整体建设，提升宾馆的管理水平和服务质量。生产协力公司保质保量按时完成宝钢股份公司职工新款工作服的制作和发放任务。工业公司严把冷、热轧产品包装质量管理关，确保产品合格出厂。新事业公司与宝钢股份公司签订相关区域的《作业区横向联系协议书》，加强工序间的互保；条钢火清切割质量合格率保持在98%以上，提高产品成材率；将建泰和道伟两家人力资源中介公司划归新事业公司管理；卫生处优化宝钢职工体检项目及跟踪服务，保健服务由单一向系统化转变，完成新增体检项目设备的采购、安装、调试和监控工作，全年完成各类体检6.27万人次。

■加强管理和开拓市场 年内，工贸公司实行一体化管理运作，变二级核算为一级核算，集中资金管理和优化资源配置，实现高效运行全过程监控。宝磁公司针对磁性材料行业的特点，突出计划值管理的重点，将计划的制订、实施、调整、监督工作融入到生产经营管理的工作中。建设总公司改革管理机制，变粗放型为集中型，全面推行现场项目经理负责制，实行工序全过程控制、跟踪管理，严把工程质量关。宝钢物业参与社会商品房物业管理的投标，接管月泉湾小区、丽雅花园的物业管理，面向外省市物业市场，接管江苏省无锡市的金置广场物业。开发总公司通过竞标取得宝钢股份公司工程机械更新的大宗采购业务和货运车加装厢盖密封装置的业务。新建金龙车辆、东芝空调等特约维修站。年内绿化公司共承接外围市场绿化施工和养护工程业务31项，绿化面积达24.45万平方米。新增月泉湾小区、杨行铜材厂等15家单位的保洁与绿化养护业务。工业公司开发新型包装材料，降低产品包装成本。继向马钢输出包装技术后，又与邯钢签订《包装技术总承包合同》。制袋厂包装袋供应扩大到马钢、苏州宝化碳黑等单位。发挥专业技术优势，利用八大资质，拓展冷轧薄板厂和宝钢新日铁汽车板有限公司的4项设备、非生产性设施日常维护项目，承接宽厚板轧二标通风管、BSEE大楼装饰装修、宁波宝新四期402标段电气室、浦东金桥锦华苑公寓屋面工程等共计46个项目。钢材经营全年销售各类钢材200余万吨。全年进口矿石、氧化铁红、备品备件等1.06亿美元，出口磁粉、电子元件、夹芯板等184.6万美元。工程建设除民用建筑、钢结构工程外，还向装饰性工程、场馆工程迈进，全年总产值突破16亿元。

厂容绿化公司清扫车辆正在宝钢厂区主干道上作业。 摄影／施政

■废弃资源综合利用 年内，压球生产工艺的改进及粉刷石膏生产线、氧化铁颜料生产线、废耐材加工原料生产线的相继投产。废弃物回收点扩大到南京梅山化工厂；受宝钢集团公司的委托，编制宝钢主业生产过程中产生的废弃物综合利用规划，确立"一个目的、二个基本职能、三个层级、四个行业发展方向"的良性经济增长模式，全面提升综合利用产业的技术含量，开发自主知识产权。《钢厂含铁尘泥生产氧化铁颜料的研究与开发》、《利用宝钢高炉水渣生产塞隆粉及耐磨元件的研究》通过专家评审，申报宝钢重点科研项目。生产协力公司石膏矿粉复合凝胶材料应用研究、矿粉基高性能粉体材料应用、矿粉基高性能装饰材料、高性能碱基激发剂、粉煤灰分选工艺可行性研究、用于水泥和矿粉的高炉水渣性能研究等取得新进展。

■项目建设和管理 年内，投资项目16项，总投资15760.5万元，实际完成投资16184万元。与梅钢公司合资组建的梅宝公司经土建施工、设备安装、设备单机及联动调试，于11月16日正式投料试生产，矿渣微粉产品在南京等市场上得到推广应用。宝磁公司扩建的年产8000吨料粉的新制粉生产线于7月投产。具备年产锰锌软磁铁氧体料粉15000吨、磁芯3000吨的生产能力，产能的提升与宝钢股份氧化铁红产量的逐步递增相适应、相匹配。宝田公司二期投产后矿渣微粉年生产能力达到100万吨，销售收入和销售量都取得历史性的突破。宝田三期再建造年产50万吨的生产线项目建议书，获宝钢集团公司批准，筹建前期准备工作正式启动。模具钢工程已迁扩建至蕰川路以西宝钢带征地地块。

■房地产项目投资经营 年内，在房地产开发建设和投资管理等工作方面取得实质性的拓展：新弘大项目从年初股权溢价买进到9月股权溢价卖出取得收益8493万元。七浦国际服饰城项目于11月28日开始试营业。靖江上海城项目商铺主体工程基本完工，12月31日开业。9月，宝莲项目与合作方竞拍宝山区碧水路地块获得开发项目权，拟开发建设"宝莲中央商务区"，建筑面积17万平方米。威尼斯别墅项目以4500万元受让南光联合房产公司50%的股权。9月以7500万元收购台湾城项目物业，拟进行整体装修和加层改造后对外销售，改造后建筑面积1.3万平方米。开发总公司将参与新江湾城9.33公顷住宅用地和2.5公顷综合建设用地的土地储备等。

■加快技术创新步伐 6月，召开第二届开发总公司科技表彰会，开发实施科研项目86个，总投入3055万元，科技投入率2.1%，新产品产值率33.69%；申请专利18件，专利授权数8件。技术贸易输出项目29项，标的金额406万元。《高性能软磁铁氧体材料BRL2K3D、BRL10K/12K》、《宝田海工专用掺合料》科研项目获宝钢技术创新三等奖。交运公司成立科技创新研发室，特聘全国劳模孔利明为导师，通过"传、帮、带"，促进科技项目的研发进程。工业公司杨行工业园区建造以塑料制品为主的包装制品制作中心和以包装材料研究开发试验为主的研发中心，形成具有自主知识产权的核心技术。建筑维修公司与同济大学合作研制开发的无氟特种空调获国家使用新型专利。新昕板材公司产品"U型槽接口聚氨脂夹芯板"获国家产品专利认证。综合开发公司在月浦地区的工业废弃物综合利用基地上建成宝鼎公司。新宝公司与安徽大学组建的教育部电能质量工程研究中心通过专家验收，形成特色鲜明的产学研、技工贸一体的工程技术开发应用平台。

■自主管理活动取得新成效 开发总公司开展自主管理活动，全年完成自主管理课题602个，合理化建议10169条，采纳率43.81%，实施率57.28%；按照系统化、制度化要求，每季度对各单位推进情况进行跟踪、检查和评价，使管理水平跃上新台阶。

加强安全生产和环境保护 年内开发总公司建立横向到边、纵向到底的安全生产责任体系，全员签订生产安全和交通安全承诺书；建立安全生产长效受控管理机制，贯彻“二定期”（安委会、安全例会）制度；突出重点，加大对要害部位、重大危险源等区域的安全监管力度，全年专家检查5次，专业检查4次，专项检查6次；全年控制污染排放量，实施环境监测点75个，污染物排放量基本达标，岗位粉尘达标率98.7%；通过综合管理体系（质量、环境、安全）认证单位3家。完成宝钢水库北堤外侧增设潜水坝加固、宝钢水库内坡浆砌石块护坡修理、马迹山港前方山体保护坡修理工程，完成护厂河及雨排水管道清淤8.9万立方米。（施　政）

冶金延伸业

概况 全年冶金延伸业平稳增长，实现销售总产值211.2亿元，比上年增长35%，占全区工业产总量比重38.3%，比上年提高1.2个百分点。在冶金延伸业中，金属制品业实现销售产值99.3亿元，其中集装箱制造业销售产值51.78亿元，钢结构业销售产值24.37亿元；黑色金属冶炼及压延加工业销售产值40.5亿元；通用设备制造业46.4亿元。在产品结构上，集装箱、钢材剪切和螺纹钢、钢结构仍是全区总量最大的三类产品，其中宝山特色产业集装箱销售产值51.7亿元，比上年增长60.2%。宝伟集装箱公司销售产值达15.7亿元，比上年增长1.2倍，为全区最大的集装箱生产企业。

2004年宝山区冶金延伸业情况表

单位：亿元

行　业	户数	销售产值	上年同期	增长%	所占比重%
金属制品业	192	99.3	66.4	49.6	43.9
通用设备制造业	149	46.4	30.3	53.4	20.5
黑色金属冶炼及压延加业	40	40.5	43.5	-6.8	17.9
有色金属冶炼及压延加业	32	28.2	20.0	41	12.4
其他与冶金行业相关产品业	30	11.9	7.6	57.6	5.3
合　计	**433**	**226.3**	**167.8**	**194.8**	**100**

2004年集装箱制造企业情况表

单位：亿元

企业名称	销售产值	上年同期	增长%
上海宝伟工业有限公司	15.7	7.1	122.3
上海中集冷藏箱有限公司	12.8	9.9	29.4
上海宝山太平货柜有限公司	11.1	6.9	61.5
上海进道集装箱有限公司	10.5	6.6	58.4
上海瀚洋船舶集装箱零部件制造有限公司	1.0	0.1	900
上海宝荣国际集装箱有限公司	0.6	1.7	-64.7

（黄志刚）

党委书记、主任：陈智敏

地址：上海市淞滨路28号六楼

邮编：200940

电话：56842211

上海市宝山区经济委员会

2004年区经委按照科学发展观的要求，围绕工业经济持续稳定发展的目标，以监控工业经济运行、推进工业向园区集中、推动企业技术进步、大力发展非公经济和安全生产专项整治等为切入点，在克服能源紧张和宏观调控等带来的影响下，扎实有序推进各项工作。精品钢延伸业稳步增长，特色产品一集装箱制造占据龙头地位；工业园区开发快速推进，工业集中度提高了5个百分点；都市产业发展初见成效，顾村郊区都市型工业园被列为上海第一批试点园。全区工业经济发展实现三大突破：一是工业增加值突破100亿元，达到110.2亿元；二是工业总产值和销售产值双双突破500亿元，分别达到551.1亿元和547.1亿元；三是工业投资突破40亿元，达到46.9亿元。

军工路集装箱港区

位于军工路

港口与口岸管理

Managcment of Port and Customs

编辑　经瑞坤

港务

概况　宝山境内有上海港集装箱股份有限公司、上海集装箱码头有限公司、上海港张华浜港务公司、上海港军工路港务公司、上海港宝山港务公司、上海港罗泾散货码头有限公司，拥有万吨级以上码头22个，全年集装箱吞吐量1221.14万标准箱。（经瑞坤）

上海港集装箱股份有限公司　（以下简称上港集箱）全年完成集装箱吞吐量820.40万标准箱，占年度计划的101.53%，比上年增长15%；外埠码头（武汉、宁波集信、申安物流、长沙集星）集装箱吞吐量19.19万标准箱，占年度计划的112.88%，增32.15%；堆场进出箱量347.98万标准箱，占年度计划108.74%，增12%；船舶运输箱量63.25万标准箱，占年度计划115%，增19.38%；船舶代理净吨7805.86万吨，占年度计划115.64%，增17.56%；货运代理箱量27.98万标准箱，占年度计划139.9%，增29.7%；集卡运输箱量157.69万标准箱，占年度计划105.13%，增20.86%；公司主营收入40.4亿元，增17.9%；净利润11.56亿元，增15.72%；每股收益0.64元，增15.72%。

年内，重点开展以下工作：（1）开展市场调查。先后到湖北、西北五省、重庆、九江及乍浦港、嘉兴、张家港等地进行调查研究，为有计划地实施投资决策做好准备；（2）以长江战略关于基地、网点相配套的原则，成立集星集装箱码头有限公司，避免了重复投资，做到合理布局，湘潭项目改由长沙集星集装箱码头有限公司负责实施；（3）资产重组，通过股权置换的方式，融合性质相同的企业，逐步构筑"五大板块式"管理模式；（4）转让武港集箱、宁波集信、海华货运、海勃公司、港技公司的部分股权至澳门公司，增强澳门公司扩充能力。

5月30日，收购外高桥四期港区资产。6月1日起租赁给上海沪东集装箱码头有限公司经营，租赁期加有权展续期为50年。8月，经董事会及股东大会通过，公司以现金出资25.5亿元与上海国际港务（集团）有限公司合资成立洋山公司，上港集箱占股权51%。

年内，建立内部督查工作制度、财务定期报告制度、经营者年薪制等多项管理制度，成立长江事业部，加强长江投资企业业务协调、发展环境研究、货源市场分析等方面的管理。（林　佳）

上海集装箱码头有限公司　该公司是由上海港集装箱股份有限公司（SPC）与和记港口集团有限公司（HPH）合资经营的沪港合资企业，投资总额56亿元，注册资本20亿元，双方各占50%股权，合资经营期为50年。经营宝山、张华浜、军工路3个国际集装箱专用码头，占地面积83万平方米。集装箱专用泊位10个，泊位总长2281米，码头前沿水深为-10.5~-12.5米。年末有员工1470人。全年完成集装箱吞吐量366.08万标准箱，比上年增长9.03%，其中张华浜码头完成142.84万标准箱，比上年增长10.45%，军工路码头完成131.22万标准箱，比上年增长7.17%，宝山码头完成92.02万标准箱，比上年增长9.55%。（邱振鸣　宦　敏）

张华浜港务公司　年末有职工1193人，其中各类技术管理人员211人。拥有固定资产原值2.02亿元，比上年增12.85%，净值10552万元，有万吨级以上泊位3个，设计通过能力180万吨，码头岸线总长540.3米。拥有生产仓库1.79万平方米，堆场7.81万平方米，各类装卸机械118台。全年完成吞吐量541万吨，完成年度计划的143%，比上年增长18.3%，其中集装箱吞吐量11万标准箱，比上年增长16%；实现总收入1.87亿元，比上年增长29%。全年劳动生产率3555吨/人，增115.5%；安全装卸重大件769艘次计135万吨，装卸火车车皮4352节计24.6万吨。全年固定资产总投资2384.9万元，项目完成率100%。生产性投资2221.6万元，占总投资的93%，其中装卸机械投资1889.7万元，占生产性投资的85%；年库场容量周转次数达59次。全年举办各类安全教育培训和讲座23期，共731人次参加。

公司累计完成固定资产投资2384.9万元，比上年增长近一倍，是历年技术资金投入最大的一年；购置12台装卸机械，最大起重装卸能力提升到100吨，最大水平运输能力提升到60吨；完成机修车间北场地和机械队北场地改造工程，新增多用途堆场面积近8700平方米。完成40吨变矩式吊架、特种卷钢弹性叉具、港口特殊货物成套装卸技术研究等技术攻关课题并在生产中应用；累计完成水工土建修理总费用413.8万元，比上年增长95.4%；年内提高工班装卸效率、泊位利用率和船舶周转率，全年装卸千吨货在港区停时比上年的0.15天下降0.01天。该公司获全国"安康杯"竞赛（上海赛区）优胜企业，上海市设备管理优秀单位，上海市"夏季安全生产百日无事故竞赛活动"优胜单位；被市总工会命名为上海市"民主管理示范基地"；通过中国船级社质量认证公司的质量复审；公司获交通部颁发的《港口设施保安符合证书》和上海市港口管理局颁发的《危险货物港口作业认可证》；连续第十次被评为上海市"守合同、重信用"单位。（陈必银）

上海港军工路港务公司　年末有职工1628人，拥有万吨级以上泊位4个，码头岸线总长743米，全年完成货物吞吐量482.54万吨，占年度计划的134.04%，比上年增长34.6%；完成集装箱吞吐量7.86万标准箱，增长13.2%；完成营业收入1.96亿元,占年度计划的122.4%,增长25.3%;实现利润2138.78万元,占年度计划的106.94%,增长6.3%;安全质量实现连续412天无重大、大事故;吞吐量、营业收入、考核利润和职工年收入等指标均创公司历史最好水平。全年月吞吐量屡创新高,其中12月份吞吐量达50.57万吨,破历史月吞吐量最高纪录。

年内,对三产企业清理改制,12月13日,所属的临江码头、通海工索具厂、实力公司、实强公司、安骏公司、捷通公司6家三产企业,经工商局核准注销,成为集体公司内首批完成全部三产企业改制的基层单位,收回投资575万元,实现现金收益1432万元。203名从业人员中,解除劳动关系42名,161名职工得到妥善安排。全年协议解除劳动关系334名。在册人员由年初2045名降至年末1628名,净减417名;在岗人数从年初1669名降到年末1435名,净减234名。

年内,公司调整现有场地,减少非生产场地的占用,扩大库场面积,腾出车间、修建队场地3300平方米,拆除901库,改造801B、902堆场。全年新增堆场面积近5万平方米,提高了堆存能力和生产能力。全年投入3040.5万元,改造生产、生活设施,其中,新增、更新装卸机械21台,新增40吨门机、45吨集装箱正面吊、30吨住友液压吊等大型机械;改建堆场总面积达25604平方米。（吴仲之）

■上海港宝山港务公司 至年末,该公司在册职工630人,比上年减少20%。拥有万吨以上泊位3个,码头岸线总长780米,全年完成货物吞吐量506.3万吨,比上年增长19.5%,创1993年以来的新高;完成集装箱15.8万标准箱,比上年增长26.1%;完成营业收入1.4亿万元,比上年增长30.8%;实现利润3537万元,比上年增长132.7%;未发生重大、大事故,实现安全年的目标。

年内该公司调整货种结构,推行"项目主管负责制",加大对外揽货力度,全年完成外贸吞吐量165.1万吨,占吞吐总量的33.6%,完成铬铁、锆英砂等外贸新货种,吞吐量22.4万吨。

坚持"外拓市场、内抓现场"的方针,生产效率实现新的突破,3月份完成46.5万吨,创1993年来单月吞吐量新高。全年完成各类作业船舶3419艘次,比上年增长24.1%;全员劳动生产率为4650吞吐吨/人,比上年提高17%。抓好机械设备的"管用养修",全年装卸机械完好率94.9%,与上年基本持平;重点机械故障停机率2.1%,计划修理完成率100%;装卸工艺覆盖率100%,装卸工具上架合格率100%。12月,公司通过中国船级社质量认证公司的年度复审。（唐 健）

■上海港罗泾散货码头有限公司 年末有职工434人,其中专业技术人员102人,公司主要从事散铁矿装卸作业。拥有万吨级以上泊位2个,码头岸线总长420米。全年完成吞吐量1525万吨,比上年增长20.84%,首次实现盈利;完成接卸量880万吨,比上年增长23.9%;完成疏运量867万吨,增长16.2%;月平均出货量72万吨以上,直取量125万吨,月平均9.56万吨,比上年增长22.5%;年接卸大船168艘,各类装船作业5604艘;年营业总收入1.5亿元;设备完好率保持在95%以上,设备利用率23.1%。投入资金近2552万元,完成2号链斗机移位和改造,更换皮带机胶带10余公里,完成1号桥吊的综合性大修。完成更新改造资金650余万元,水工土建维大修资金230余万元,全年签订合同233个,标的2943余万元;全员劳动生产率3.48万吨/人年,比上年增长20.6%。强化安全生产,设立职工安全生产专项奖,制定安全生产禁令,全年实现安全无重大、大事故,被评为集团公司2004年度安全生产先进单位。"速差自控器"科技项目获上海市总工会劳动保护"绿十字奖"二等奖;"散货清舱安全预警系统"项目获第五届中国国际发明展览会铜奖及集团发明奖三等奖。（薛国荣）

物流

■概况 全年区域交通运输仓储业实现营业收入90.04亿元,其中部市属单位37.78亿元。至年末,区陆上运输管理所在册管理的业户(企业单位及个体运输户)5522户,拥有运输车辆17072辆,其中,10吨以下13436辆,10~30吨3224辆,30吨以上412辆。吴淞国际物流园区全年完成投资、建设、洽谈项目18个,总投资240960万元,批租土地152.57公顷,其中已办结土地指标55.24公顷,正在办理97.33公顷。6月28日,区政府批准成立上海新杨行物流经济发展区,负责吴淞国际物流园区的招商引资工作。新杨行物流经济发展区引进各类企业16户,总注册资金6330万元。

■吴淞物流园区钢材物流基地规划确定

年内,吴淞国际物流园区钢材物流基地控制性详细规划出台。基地规划范围东、南至宝钢铁路专用线,西至铁山路,北达友谊路,规划总用地面积约32.68公顷。基地将形成以友谊路为公务车辆主入口、铁山路为货运车辆主入口的"十"字形道路网系统,主干道宽度20米,次干道12米;基地总绿地率35%,沿友谊路、铁山路规划20米绿化带,转角处设置6600平方米的绿地广场。基地将形成海关宝山公共型监管区、货运配载市场、公共型信息平台、海铁联运(杨行铁路)货运基地、铁山路内河集装箱综合码头等物流项目,以及停车、加油、汽车修理、检测、金融保险等便捷配套的物流园区。

■中储股份落户吴淞物流园区 年内,该公司决定在吴淞国际物流园区内购置土地11.86万平方米兴建物流基地,该项目一期工程占地面积5.45万平方米,建设项目包括露天货场、铁路专用线、道路、围墙、办公生活及变电所设施、绿化、配套货场、生产设施龙门吊设备等。第一期货场建设投资6121万元。

■吴淞国际物流园区3个项目建成投产

年内,吴淞国际物流园区竣工投产3个项目:(1)上海宝湾国际物流中心(一期)工程竣工投产,该工程占地面积17.13公顷,总投资1.6亿元,中心引入"HSE"(健康Health、安全Safety、环保Environment)管理理念,采用的信息网络和可视监控系统,可24小时远距离观察监控仓库内的运作状况;库区和办公区域安装的国内先进自动烟雾报警系统和自动消防喷淋系统,为用户提供便捷安全信息传输交换和消防保障;(2)9月,中国储运上海分公司建成的华东地区有色金属配送中心(一期)工程投产,该项目总投资1.5亿元,占地面积12公顷;(3)建立上海神源企业发展有限公司,该项目总投资900万元,占地面积4.4公顷。

■江杨农产品物流基地建设启动 4月28日,上海大型综合农产品物流基地江杨农产品物流基地在上海吴淞国际物流园区内兴建。基地位于杨盛河以东、江杨北路以西、外环线以南、蕰藻浜以北。按规划,该基地分二期进行开发,总用地面积62.25公顷,总建筑面积10.4万平方米,总投资3.2亿元。一期工程至年底完工。

落户吴淞国际物流园区的大型物流企业。 摄影／胡新力

吴淞地区国际物流专业委员会成立 3月，经市民政局、市社团管理局批准，成立"上海口岸协会吴淞地区国际物流专业委员会"。12月，专业委员会和北部物流中心有限公司联合创办上海吴淞国际物流职业技能培训中心，至年底招收学员160名。开设现代物流、计算机网络、汽车维修、电工、物业管理等5门课程。（徐建华）

上海宝山华洋集团 年末拥有总资产1.8亿元，有员工200人，集团有全资企业4家：上海宝山区华洋储运（集团）有限公司、宝山区仓储公司、宝山区外经贸实业有限公司、宝山区谭杨仓库；有合资控股企业3家：上海北洋储运有限公司、上海宝升国际货运有限公司、上海三江国际货运有限公司。全年经营收入1.27亿元，利润总额400万元，上缴税金780万元，其中代理海上国际货运3万余标准箱，进口分拨箱量1.02万余标准箱，海关查验6000余宗，检疫检验8400余宗。（邵学敏）

口岸管理

概况 宝山境内有中华人民共和国上海吴淞、宝山海关、中华人民共和国吴淞出入境边防检查站、中华人民共和国吴淞出入境检验检疫局。全年海关完成监管进出口货物4583.80万吨，比上年减少4.04%。吴淞出入境检验检疫局全年检验检疫出入境货物139354批次，比上年增长4.15%，检疫处理出入境货物119270批次，比上年增长136.61%；截获疫情1364批次。吴淞出入境边防检查站全年检查出入境船舶11613艘次，比上年增长15.8%，检查出入境船员254293人次，比上年增加27.4%；办理登陆证37494份、登轮证32824份、搭靠外轮许可证1132份；全年查处无证登轮254人次。（经瑞坤）

中华人民共和国上海吴淞、宝山海关 年末有干部职工266人。全年完成监管进出口货物153.31万批、4583.80万吨；监管进出口集装箱379.85万箱、3464.45万吨，分别比上年增长5.61%和8.25%；受理进出口报关单96.28万份；征收进出口税款175.55亿元，比上年增长10.96%；查获走私违规案件528起，比上年增长63.98%，案值达23284.36万元，其中查获走私案件3起，案值1057万元；查获违规案件525起，案值2.22亿元；罚没入库共计1329万元，补税327.02万元，再次获上海海关年度集体嘉奖。

年内，结合《行政许可法》、《海关行政处罚实施条例》等法律法规的颁布实施，对各业务环节行政行为的合法性和合理性进行全面的清理。"5+2天"工作制不断完善，确保"365天，天天能通关"。继续推广提前报关、无纸通关、联网申报等模式，简化通关手续，整合通关环节。全年完成加工贸易联网监管扩大试点工作，率先对所辖10家保税仓库试行计算机管理。

8月，为加快货物通关速度，提高海关与检验检疫局执法效率，规范企业进出口行为，与吴淞出入境检验检疫局联合建立合作联动机制；深化与执勤武警配合"三共"（思想共建、国门共把、队伍共管）的机制，获全国海关"三共"活动先进单位称号。

年内，推进海关队伍"准军事化"建设，开展内部秩序整治活动，对办公秩序、关员着装、敬礼动作在全关范围内进行规范、统一。（陈丽华）

中华人民共和国吴淞出入境检验检疫局 年末有员工108人，全年受理申报出入境货物525779批次，比上年增长

4.36%；检验检疫出入境货物139354批次，比上年增长4.15%；检疫处理出入境货物119270批次，比上年增长136.61%；签发出入境货物通关单379388份，签发各类证书107484份。检疫出入境国际远洋船舶5372艘次，检疫查验出入境人员109610人次，办理国际远洋航行船舶卫生证书，免予除鼠证书454份，对国际远洋船舶卫生、食品监督643次。全年截获疫情1364批次，其中检出一类危险性有害生物小麦印度黑腥穗病菌、咖啡果小蠹等17批次；检出二类危险性有害生物松材线虫、大象白蚁、双钩异翅长蠹、假高粱、巴西豆象等67批次；检出三类危险性有害生物四纹豆象、锯齿大戟等44批次；检出其他有害生物1236批次；封存来自高致病性禽流感、疯牛病、口蹄疫等疫区国家和地区的远洋船舶上的肉类18915公斤，270批次；果蔬100公斤，2批次。对1171批违规木质包装分别进行拆除、销毁处理。在出口货物熏蒸监管过程中检测出不符要求的74批。

年内，对7567批进口废物原料进行环保查验，共检验检疫71112标准箱，货值31779万美元。在进口废物原料中检出疫情18批，分别来自日本、美国和中国台湾等国家和地区，作消毒或退运处理。发现104批进口废物原料环保品质不合格，分别为来自日本、美国、韩国等22个国家和地区，作销毁或退运处理，其中4批分别来自印尼和加纳的废金属中发现夹带子弹壳，作退运处理。全年查获不合格进口货物142批，货值4577万美元。启用门式放射性检测仪，检测出花岗石荒料放射性物质超标30批，采取限制使用的措施。年内，加强防控高致病性禽流感疫情传入的检疫查验和消毒处理工作。检疫出入境国际远洋船舶数比上年增长62.79%，检疫查验出入境人员比上年增长59.98%。在入境船舶检验检疫过程中，处理携带禽流感疫区禽肉及其制品的船舶254艘，封存物品10218公斤，对船舶上的食品残渣和泔水实施无害化消毒处理。

进口报检窗口建立了电子排队系统；推广“检验检疫快速查验系统”，对口岸集装箱实施电子化管理。开展核与辐射突发事件处置合成演练。在上港九、十区分别开展蝇类、蠓蠊本底调查4次，捕获蝇类1014只，隶属5科19种；捕获蜚蠊200只，隶属2科2种。在入境船舶和集装箱检验检疫中截获蝇类2075只，蜚蠊1489只，其他病媒生物143只。依法对73起违反检验检疫法律、法规的船舶及出入境货物的货主或代理人给予行政处罚，计罚款83.1万元。（袁维敏）

中华人民共和国吴淞出入境边防检查站 吴淞边检站辖宝山地区内所有国家对外开放口岸，下设公安一线单位7个，其中巡查监护队5个、检查队1个和船队1个。担负宝山地区60多个码头泊位、来自120余个国家和地区的船舶、交通运输工具、旅客船员的入出境边防检查、证件管理和监护任务。勤务岸线144.2公里，辖区共有23个执勤点，包括军工路、张华浜、宝山等三个大型集装箱进出口码头及特大钢铁企业宝钢集团的综合码头、原料进口码头和成品出口码头，另有崇明大东和长兴岛大型造船基地2个。

2004年进出口货运量增长，共检查出入境船舶11613艘次，比上年增长15.8%，检查出入境船员254293人次，比上年增加27.4%；办理登陆证37494份、登轮证32824份、搭靠外轮许可证1132份；查处无证登轮254人次，破获非法携枪入境案1起。

年内，实施新型勤务运作机制，至年底全站各单位达到“电视监控+码头巡（抽）查+快速处警”的电视监控系统全覆盖。根据《关于开展外轮协管人员边检业务培训的实施方案》和《吴淞站2004年护船队培训方案》的要求，该站对厂矿护船队开展业务培训，全年举办培训班3期，培训人员212人次，开设专题讲座2次，举办业务知识考核3次。

年内，按照公安部《关于在全国公安机关开展“大练兵”活动》的总体部署，于6月15日至11月15日开展大练兵活动。练兵内容包括政治练兵、技能练兵、实战练兵、体能练兵、反恐实战演练等，经过练兵，提高了口岸突发性事件的处置能力。全年出动警力参加地方建设和社会公益性劳动6次计180余人次，被上海市边防委评为边防工作先进集体。（崔　健）

海关监管区。　　摄影／胡新力

上海东升电子(集团)股份有限公司

Shanghai Dongsheng Electric (Group) Co., Ltd

董事长：钱培胜
地址：月罗路2255号
邮编：201908
电话：56863636(总机转)
传真：56861441

上海东升集团于2003年6月组建成立。
上海东升电子（集团）股份有限公司是上海东升集团的母公司，该公司前身是上海东升灯饰厂，建于1992年6月，1997年经上海市政府批准改制成股份制企业。
本公司现占地面积约为67498平方米，建筑面积为65365平方米，注册资金7000万元。公司有员工1000余人。公司本部设有市场部、技术中心、工程开发部、人事部等12个部室和电子、电器、光源、塑料、组装等5个制造部和车间，以及具有独立核算的上海东升照明电器销售有限公司和上海东圣电子进出口有限公司。
公司产品以各类灯具为主，经营规模和经营效益在上海灯具类生产企业中处于领先地位，多次获得上海市文明企业等荣誉称号。
公司主要生产的产品灯具类的有：泛光照明灯、道路灯、草坪灯、庭院灯、埋地灯、卤素工作灯、HID灯电子节能灯、紫外线消毒灯具；
配件类的电子镇流器、电感镇流器、电子触发器；电源类的有汞灯、钠灯、金卤灯、彩卤灯、紫外线消毒灯等。
在上海工业企业销售500强中排名：1997年排名230位；1998年排名217位；1999年排名191位；2000年排名208位；2001难排名237位；2002年排名205位；2003年280位。
公司的ISO9001质量体系分别通过中国质量认证中心（CQC）和德国莱茵技术公司（TUV）的认证。
公司的企业精神是“今天要比昨天做得好”，创国内同行业第一品牌是公司的发展目标。

吴淞新城

位于吴淞镇

城乡建设与管理

Urban and Rural Construction and Management

■编辑 胡新力

建设管理

■概况 2004年,宝山区的城乡建设和管理在实现“一年小变样”的基础上,以重大项目、重点工作和重要任务为抓手,以争创“五个一流”(建一流工程、抓一流管理、育一流队伍、创一流服务、树一流形象)为目标,重大工程建设、绿化、百路环境整治等各项工作扎实推进,为实现“三年中变样”目标奠定了较好的基础。同时,全区对城乡管理的认识提高到一个新的高度,确立管理新理念,加强管理制度建设,努力提高管理水平。先后制订了重大工程建设和管理、重大市政前期动迁工作责任制。百路环境整治长效管理机制等11项工作制度。

■百路环境整治 在巩固2003年122条道路整治成果的基础上,结合各项重大活动的环境整治,全面完成103条道路的整治任务,并建立百路环境整治长效管理机制,制定了街面营业用房的管理意见。

■景观道路建设 对永清路、友谊支路、双城路、宝杨路、盘古路、淞滨路、共康路等7条道路进行景观道路整治,其中永清路、友谊支路的架空线全部入地。

■无障碍设施改造 改造各级党政机关坡道26条、厕所35个;改造公园坡道13条、公共厕所13个;建成缘石坡道647个、市政盲道31.2公里、公路盲道9.8公里。

■吴淞地区旧式公房燃气设施改造 原计划完成居民液化气改管道煤气2204户,实际完成1783户。421户未改装,是因为二纺地区约300余户居民列入动拆迁范围,煤气改装工作暂缓进行,另有部分有2套以上住房的居民,未全部实施煤气改装。

■区建筑劳务交易市场成立 7月25日,市场正式挂牌成立,位于牡丹江路1188号五楼,人员配备10人,并在上海市建设工程交易中心宝山区分中心(牡丹江路1188号七楼)设立窗口,实行一门式受理模式和一条龙服务,从源头上确保综合保险资金的落实,作为建筑劳务交易场所,为区内建筑业企业规范劳务用工提供操作平台,规范企业用工行为。

■工程量清单招标在区推行 3月3日,区招标办公室与宝山区建设工程交易分中心在宝山区建设工程交易分中心交易大厅,对拓宽改建江杨北路(富锦路—蕰川路)道路1标~4标工程首次采用工程量清单招标。开标过程由区监委、区招标办全程监督并备案,交易分中心负责电子招标的操作服务。在取得成功经验的基础上推广使用。宝山区年内共采用工程量清单招标17次,大部分是财政投资的项目。2005年起,将对所有的财政投资项目采用工程量清单招标,国有资产控股的项目也积极推荐采用。该招标办法能为投标人在同一工程量清单基础上自主报价提供公平竞争的平台,增强竞争的透明度,避免因分部分项工程量的计算偏差而造成不平等竞争,是国际上惯用的做法。它能把企业技术特长在施工方案中进行充分体现,运用综合优势和降低造价等方面在竞争中获胜,把施工技术与商务报价紧密结合起来,解决以往商务标和技术标脱节的问题。开标的整个过程由区监委、区招标办全程监督和备案,交易分中心负责电子招标的操作服务。 (郑文哲)

重大工程建设

■市级重大工程建设 宝山区承担在境内建设的市级重大工程项目动迁任务。(1)郊环线(宝山段)工程,西起嘉定区,在罗店镇境内穿越沪太路沿富锦路转入同济路至双城路,长约16.9公里,路幅宽60米,共动迁单位73家,居(农)民433户。工程于年底通车。(2)轨道交通3号线(江湾镇~宝钢),因方案调整,宝山段全长为13.4公里,宽9米,全线设车站10座。共计动迁单位89家,动迁居民499户。到2004年底,完成动迁88家,居民129户。(3)中环线(宝山段)工程,东起沪太支路,西至真北路立交,长约2.3公里,路幅宽50米~70米,动迁单位54家,居民65户。(4)轨道交通7号线(宝山段),因线路方案调整,2004年只完成汶水路站前期动迁。(5)蕰川路拓宽工程,南起外环线蕰川路立交,北至石太路,全长10.9公里,路幅宽50米,两侧绿化带各20米。需动迁单位183家,动迁居民180户。2004年,完成单位动迁180家,完成居(农)民动迁80户。郊环线以南工程计划2005年10月竣工,郊环线以北工程计划2005年12月竣工。

■区级道路重大工程 (1)友谊西路辟通工程,东起同济路,西至蕰川路,全长5.2公里,路幅宽50米~65米,断面设置为四快二慢,为跨年度工程。工程于4月竣工,5月通车。(2)宝杨路改建工程,东起沈水浜桥,西至蕰川路,长约1.7公里,路幅宽45米,北侧绿化带20米,断面设置为六快二慢。需动迁单位51家,动迁居民224户。共完成单位动迁44家,居民动迁177户。该工程居民动迁难度较大,施工单位采取见缝插针的办法,抢抓工期,确保工程在2005年9月竣工。(3)江杨北路四期工程,南起富锦路,北至蕰川路,全长3.4公里,路幅宽40米,断面设置为六快二慢,需动迁单位20家。(4)铁力路北延伸工程,南起上钢五厂铁路专用线,北至友谊西路,全长380米,路幅宽35米,断面设置为四快二慢。工程于7月竣工通车。(5)铁山路北延伸工程,南起上钢五厂铁路专用线,北至友谊西路,全长360米,路幅宽35米,断面设置为四快二慢。工程于10月竣工。

■区委党校工程竣工 工程于2003年12月18日开工,2004年12月15日竣工。占地面积26476平方米,总建筑面积25606平方米,由四个单体工程组成,其中教学办公楼8478平方米,会议中心5371平方米并附地下人防工程3649平方米,后勤服务楼3604平方米,网球馆4469平方米。由上海工程勘察设计院设计,宝建集团施工总承包,宝山监理公司监理。（郑文哲）

■地铁一号线北延伸段试运行 上海轨道交通1号线北延伸段于12月28日上午6:00开通投入试运营,通车未举行典礼。北延段工程起自上海火车站北端,沿共和新路直至宝山区泰和路,全长12.45公里,其中地下线长4.15公里,高架线8.3公里,共设9座车站,已经正式确定的站名为中山北路站、延长路站、上海马戏城站（原广中路站）、汶水路站、彭浦新村站（原场中路站）、共康路站（原保德路站）、通河新村站（原长江路站）、呼兰路站、共富新村站（原泰和路站）。前3座为地下车站,后6座为高架车站。每4列从莘庄出的列车中,有1列开抵共富新村站（3列在上海火车站折返）。从共富新村站开往莘庄站,首末班车分别为早6:00和晚10:30,莘庄站发车的首末班车仍维持原时间不变。运行间隔为12分钟1列。上行方向小交路（莘庄——上海火车站）列车驶抵上海火车站站时,乘客全部下车,欲前往北延伸段的乘客须下车等候换乘后续大交路（莘庄——共富新村）列车。乘客若要乘坐大交路列车至共富新村方向,一号线既有段（莘庄——上海火车站）16座车站中的任何一站都可以实现换乘。与北延伸段配套的公交泰和路、长江西路枢纽站将同时启用,已安排5条公交线路进入。长江西路公交枢纽站共有2条线路:760,从长江西路到青石路;728,从长江西路到宝杨路汽车站。泰和路公交枢纽站有3条线路:泰牛线,从泰和路到嘉定区牛头泾;泰月线,从泰和路到月浦新村;泰淞线,从泰和路到永清新村。

■A30郊环北段高速全线通车 12月30日,全长14公里的A30郊环北段高速公路二期工程（沪太路———同济路）段正式建成通车,通车未搞典礼。该段通车标志着全长38.78公里的A30郊环北段高速公路全线贯通。A30郊环北段高速公路西起沪宁高速公路,与A30同三段高速公路相接,东至同济路与外环线相连,是上海北大门连接苏浙两省的重要交通干道。路面宽35米,设双向6车道,设计车速100公里,高架道路包括桥梁的里程有17.95公里,占总里程的46%。A30郊环北段高速公路与A30郊环同三段、A11沪宁高速、A12沪嘉浏高速和A5嘉金高速等四条高速公路互通,为完善上海高速公路路网、缓解本市西北部交通压力发挥重要的作用。

（宝山政府网站）

规划管理

■概况 2004年是市、区新的规划管理机制的实施年,宝山区坚持规划先行、加强规划科学民主决策、协调区域发展诸方面取得突破性进展,规划的前瞻性、科学性和覆盖率提高,编制完成的《宝山区区域总体规划纲要》、《宝山区区域总体规划实施方案》分别经市政府和市规划局正式批准实施。（1）完成全区乡镇、街道的总体（社区）规划,实现宝山区域、乡镇域、工业园区,以及全区市政基础设施和社会事业规划的全覆盖;组织编制各类指令性规划及详细规划120余项,完成规划调研课题与报告30项,并汇编成集。规划成果中,《宝山区区域总体规划》等4个项目获上海市优秀规划设计成果奖,1项研究成果获上海市规划科技进步奖,8篇规划研究成果入选全国规划论文集。（2）实现网格化的资源共享与最优配置新体系,建立规划电子政务管理体系,实现从局域网到城域网的突破与跨越,当年改版网站获市规划系统优秀奖。（3）依法实施规划行政管理。查处违法违章案件,全年拆除各类违法建筑464438平方米;对工业园区内工业项目实施"三合一"审批制度;实行规划审批责任过错追究制度,对恶意违法建设的开发单位实行"一罚三"和"黑名单"上网制度等措施;规划执法加大日常执法巡查力度;继续实行建设工程总平面图公示试点制度、违章建筑补照前公示制度,加大规划审批、建筑审批和批后管理严格执法力度;对重点项目开辟绿色通道等办法和措施;推进市区重大项目、重大市政工程的规划选址、方案论证及《规划用地许可证》、《规划工程许可证》办理,规划部门和土地管理部门共同做好土地使用权招投标的规划管理和服务的工作。（4）增强规划政务公开力度,实施规划公示制度和"阳光规划"工程,提高社会对规划实施的参与和监督力度。完善和提升从规划管理实践中提炼出来的"五诊"（即主动上门服务"出诊"、提前介入服务"预诊"、特事特办服务"急诊"、集体并联服务"会诊",优化常规服务"门诊"）工作法,以及"五想"思考法（即想前一步、发挥规划前瞻性,想远一步、发挥规划主动性,想深一步、发挥规划科学性,想精一步、发挥规划特色性,想实一步、发挥规划操作性）。（5）区规划局全年受理来信来访725件（其中网上来函254件）,办结611封（件）,办结率84%,答复咨询逾千起。全年办理区人大代表书面意见23件、区政协委员提案26件,共计49件,其中主办24件,会办25件。主办件中,人大代表和政协委员满意23件,满意率98%,基本满意1件。成立区规划委员会和规划专家咨询委员会,聘请中科院院士郑时龄及同济大学、华东师范大学、上海大学教授专家19人为委员,区政府专文印发两个委员会组成人员名单、章程、规划管理体系结构表和规划编制与审批体系一览表。

■《宝山区区域总体规划实施方案（2004~2020）》完成 2004年4月26日,上海市人民政府批准《上海市宝山区区域总体规划纲要》后,区政府于8月编制完成纲要图集,同时,根据新一轮上海市城市发展的要求,结合"世博会—城市让生活更美好"主题,将深化完善区域总体规划作为一项重要项目,对宝山的重点问题进行深入研究与探索,反复征询专家和社会各方意见,加以修改调整,并于12月13日召开听取市民意见会;12月23日,区委常委会扩大会议审议《宝山区区域总体规划实施方案》,予以充分肯定。同日,宝山区人大常委会第十三次会议通过审议,同意上报《宝山区区域总体规划实施方案（2004~2020）》,该实施方案上报件包括"文本、专题研究、近期建设规划、说明与附件、图件"五部分。这是宝山区历时六年,在全市率先完成区域总体规划纲要的审批基础上,再次率先完成的全市第一个区域总体规划实施方案的编报工作。

■上海中心城北分区控制性编制单元规划完成 年内,编制完成上海中心城北分区10个控制性编制单元规划,规划体现中心城区"双增（增加公共开放空间、增加公共绿地）双控（控制建筑容量、控制高层建筑）”的发展思路。10个控制性编制单元规划涵盖外环线以内的中心城宝山区域街道和镇区，分别为高境社区、淞南社区、吴淞社区、泗塘社区、共康社区、大华社区、大场社区、祁连地区、上大社区、共富社区，包含开发强度、集中公共绿地、历史文化风貌区、公共服务设施、市政基础设施及地下空间，其中，加强城市交通、水域河道、黄浦江与长江交汇处等规划则为重点内容。

宝山区总体规划模型展示 为优化区域发展布局，使全区人民及相关人士更好地了解宝山区基本情况及规划发展，先后于5月19日和6月3日召开“宝山区总体规划模型邀标会和评标会”，区委办、区府办、区机关事务局、同济大学、PA设计事务所，以及沪上知名模型公司参加，经专家表决评审，选中上海建境建筑造型公司方案。模型制作要求以批准的《宝山区区域总体规划纲要》为依据，展示区位的独特性、发展的方向性、现代的风貌性、陆（域）岛（域）的整体性、分区的现代性和环境的园林性，既反映现实情况，又体现总体规划的超前性，还能直观重点地段、重点建筑。模型制作完成后，首先向五届三次区人代会，政协会议展示。

月浦镇镇域总体规划 区政府批准该总体规划，规划总面积24.97平方公里（不含宝钢股份公司20平方公里企业用地）。城镇体系布局为“一城、两区”结构，即月浦城区、盛桥社区和沈巷社区；产业布局分别为月浦工业园区和北部宝山工业园区部分，园区面积共计8.12平方公里；农业用地与罗店镇接壤，近期以生态型农业为主；道路网由四级道路组成；绿化景观系统由道路、河道、防护绿地和集中绿地组成，集中居住地各布置一片不小于3公顷的公共绿地园林。

长兴岛岛域总体规划 年内，市规划局批复同意宝山区长兴岛岛域总体规划，规划面积约124平方公里（包括中央沙、青草沙成陆地区），规划建设用地规模约31平方公里，规划到2020年总人口规模约10万，城镇人口约8.5万，城市化水平将由目前的约33%升到80%。长兴岛岛域发展定位和性质为：上海重要的水源地之一，上海六大产业基地之一，国际一流的现代船舶制造业基

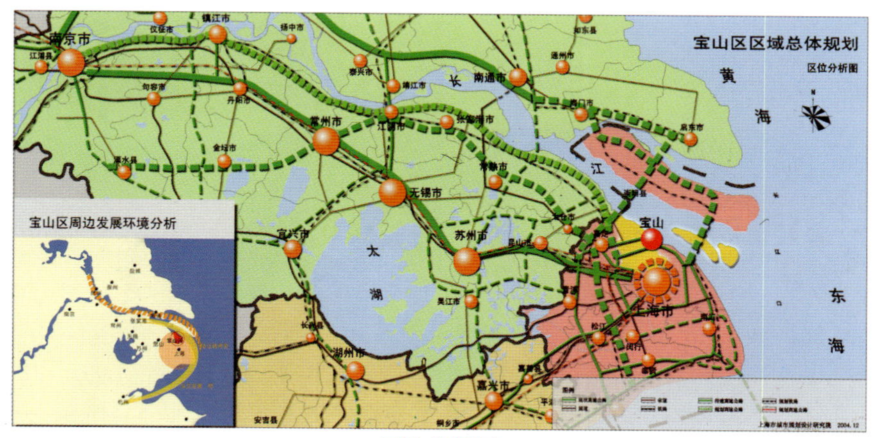

区位分析图

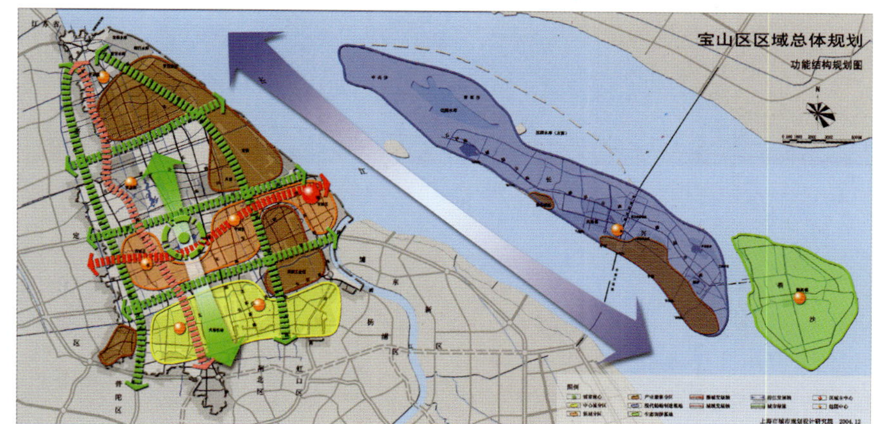

功能结构规划图

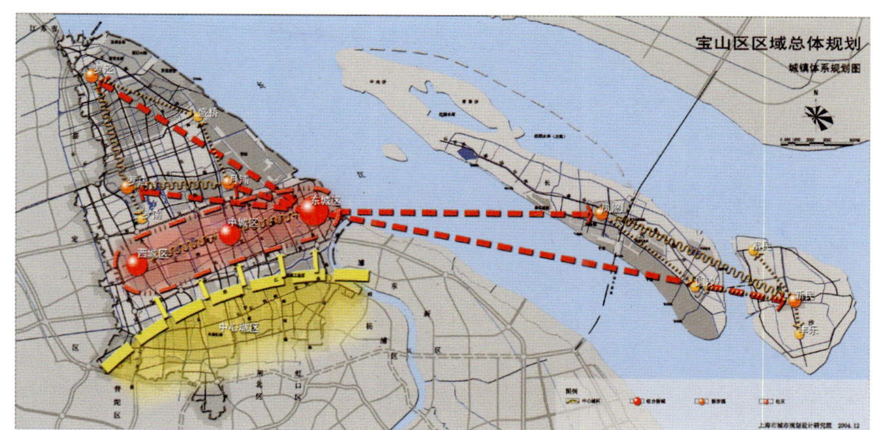

城镇体系规划图

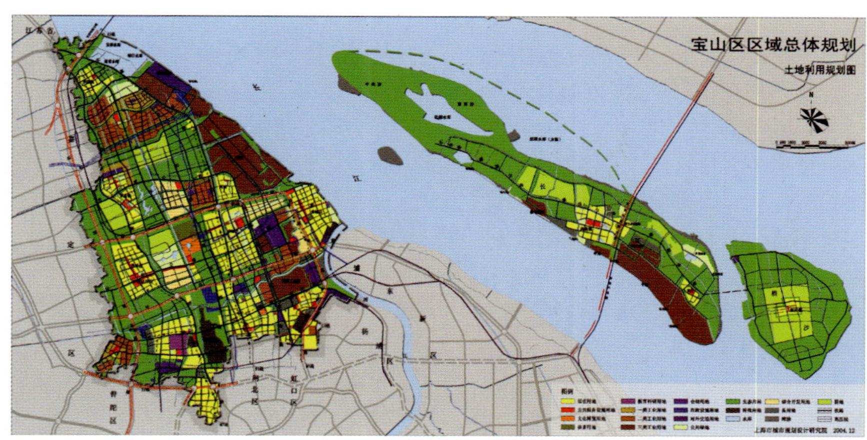

土地利用规划图

区委、区政府向规划专家咨询委员会的专家们颁发聘书。　摄影 / 张明是

地，上海社会经济和生态建设协调发展的示范地区。现代化、综合型、生态型的特色岛域。岛域功能结构形成四个主要功能区，其中，城镇生活区是长兴现代船舶制造业的重要配套服务区，以凤凰镇为主，圆沙镇居住社区为辅；核心工业区包括中国船舶工业集团公司（下称中船）、中国海洋集装箱船舶工业公司（下称中海）以及上海振华港机股份有限公司（下称振华港机）用地；现代船舶制造业的配套工业区是上述核心企业的产业配套基地，是现代船舶制造业基地的补充；生态区为以上三类地区以外的其它区域，以满足环境要求和生态要求；总体规划还对国家级中心渔港——横沙渔港作了安排。岛域总体布局包括凤凰核心镇、圆沙居住社区、工业用地、农林业用地和发展备用地，其中城镇居住用地与核心工业企业用地与一般工业用地之间的防护隔离带均留有充分余地。长兴岛域的道路网以长江隧道、长江大桥与岛域主干路构成的“十字”型为基本骨架，形成“三横、双环、多纵”网格状道路系统，规划道路总长120余公里，并预留长兴与横沙两岛间的越江工程通道。为建设上海社会经济和生态建设协调发展的示范地区，规划到2020年绿地率达到60%以上，规划城镇生活区的绿地率达到40%，总体规划对岛域水源保护、给排水、污水处理以及水网系统均作了安排。

■顾村镇镇域总体规划　经市规划局批准的该规划面积44.3平方公里，城镇建设用地规模占60%，各类绿地总面积占40%以上。顾村三大城镇组团分别为共富新村组团（1.52平方公里，规划人口3万）、顾村城镇组团（4.6平方公里，规划人口8万）、沪太路西侧组团（13.7平方公里，规划人口20万），依托轨道交通M1号线、M7号线（规划）及外环线、郊环线、共和新路高架、沪太路等主干道网络状交通体系，紧邻上海中心城区的区位，以及4.5平方公里的外环绿带生态环境和F1赛车场功能辐射等优势，引进“邻居单元”规划理念，建设富有江南水乡特色的现代化居住区。3月11日，召开顾村镇沪太路西侧地块国际方案征集评审会，分别对由澳大利亚ANZ设计公司、加拿大C3设计公司和英国A1设计公司的设计方案进行评审。作为上海市“宅基地置换”试点镇之一，“三个集中”工作有序推进，已批准“新顾村大家园”（顾村中心村五期）修建性详细规划调整方案，范围占地15.99公顷，总建筑面积22.3万平方米，绿地率超过40%。镇中心区规划商业地块总面积19.6公顷，建筑面积12.04万平方米，A街坊以展览、商业和公园为主，B街坊以商业文化为主，C街坊以商业为主，D街坊为公园绿地，整体绿地率达71%。

■罗店中心镇新区核心风貌区建成　6月28日，罗店中心镇新镇核心北欧风貌区揭幕，市人大、市政协有关负责人参加了揭幕仪式。根据市政府“重点突破、有序推进”的城镇发展方针，“一城九镇”之一的罗店中心镇高起点规划，通过国际招标，瑞典SWECO公司全过程参与新镇区的总体规划、控制性详细规划和核心风貌区的修建性详细规划的设计；同济大学规划院、现代建筑设计（集团）公司从多角度提炼北欧风格特色，保证原汁原味地体现北欧小城镇“依林而建、人临水而居、城在林中、城在水中”的风貌。瑞典SWECO建筑设计咨询公司对第一期工程建设表示满意。新镇1.2平方公里的核心风貌区、7万平方米的北欧商业建筑风情街、20公顷的美兰湖、3.44万平方米的会议中心建成，为现代化生态城镇建设打下了基础。

■罗店镇老镇区重点地段整治规划实施

规划实施从体现历史风貌的角度实施城市设计控制。重点地段为宗教文化旅游区、亭前街历史文化街区。宗教文化旅游区总面积约14.9公顷，总建筑量控制在5.12万平方米，规划范围东至罗溪路、西临塘西街、南达赵巷街、北邻祁北路，为宝山区的佛教文化中心、罗店镇的商业文化中心和老镇区的旅游休闲娱乐中心；亭前街历史文化街区总面积3.54公顷，总建筑量控制在2.85万平方米；规划范围东至东南弄街、西至新桥街北段、南濒市河、北达规划道路，为具有市镇平民生活特色的文化展示、商业服务、生活居住的传统风貌旅游区域。

■大场老镇改造规划　年内，区政府将大场老镇改造项目列入当年重点工作任务。《大场老镇控制性详细规划》由区规划局组织，委托同济大学规划设计研究院编制，于8月获市规划局批准。该规划分为5个分区，其中老镇范围（A区）总面积75.95公顷，居住用地面积4.68公顷，建筑净容积率小于1.0，商办综合用地10.33公顷，容积率小于1.0，绿地面积不小于36.95公顷，交通枢纽位置和规模将融合中环线综合交通枢纽规划；B区总面积23.37公顷，绿地面积不少于49%；C区总面积41.35公顷，绿地面积不少于35%，沿汶水路规划50米~100米公共绿地；D区总面积73.52公顷，规划63.31公顷公共绿地；E区总面积83.15公顷，其中居住用地39.28公顷（含一所小学和两所幼托机构2.8公顷），住宅净容积率小于1.8，商住综合用地0.49公顷，公共设施用地0.44公顷，容积率小于1.5，绿地面积26.96公顷。为改变镇区环境质量和面貌，同步实施老镇范围内（A 区）和沿铁路、道路和河流两侧的绿化带，规定住宅组团集中绿地率不小于 10%。为大场老镇改造配套的动迁基地《汶水北路（一期）居住区修建性详细规划与建筑方案》已编制设计完成。

2004 年宝山区控制性详细规划表

名　称	规　划　内　容
罗店中心镇新镇区控制性详细规划	规划范围东濒潘泾、南至杨南路、西达沪太路、北近月罗公路，面积 6.8 平方公里，其中建设用地 3.4 平方公里，规划人口约 3 万人。沿沪太路规划约 20 公顷的人工湖，公共活动中心位于新镇区中心，并配以大型主题绿地公园。新镇总建筑面积控制为 184.2 万平方米以内，其中居住建筑面积约 156 万平方米，平均容积率 0.54，建筑以多低层为主；公共服务设施布局中，行政中心与商业中心适度分离，在商业中心设置步行街，广场、宾馆、图书馆等公共活动设施；公交系统完善自行车专用道和步行系统，设计无障碍系统；绿化走廊向新镇区居住组团延伸渗透，绿地率不低于 40%，集中绿地率不低于 24%。
罗店老镇区控制性详细规划	由同济城市规划设计院编制准。规划范围西至沪太路，东临抚远路，南近月罗公路，北至石太路，规划区域总面积 4.7 平方公里，规划人口约 3.8 万人。总建筑面积控制在 237.34 万平方米以内，其中居住建筑面积约 146.19 平方米，总体布局结构老镇区划分为 3 个生活社区（传统社区、安居社区、新水乡社区）和 3 个区（特色工业区、教育区、罗店工业区），以及 2 座公园，沿沪太路设置防护绿带。历史风貌区和传统风貌核心区范围分别为 72 公顷和 14.7 公顷，行政中心与商业中心适度分离，罗溪路和市一路周边形成行政文化中心；罗溪路和祁北路周边形成商贸旅游中心；老镇区附近保留文化娱乐用地，东部布置教育科研设施。道路规划完整保留历史街巷，完善自行车专用道和步行系统。老镇构成公园、广场和防护绿地多层次开放空间网格，西部工业用地改造为带状公园，并疏理现有水网，强化江南水乡特征。
上海宝山工业园区控制性详细规划	规划范围东至蕰川路，西至沪太路，南至石太路，北达新川沙路，规划总用地约 23 平方公里，总建筑面积 806.33 万平方米，其中工业建筑面积 638.06 万平方米，公建配套建筑面积 168 万平方米。绿地率大于 28%，集中绿地率大于 18%。功能定位以大中型企业为主、科技含量高、污染小、环境优美、社会公用设施和生活设施配套齐全的精品钢工业基地。园区形成“三纵、三横、三环”道路网结构，形成“一核、七点、两轴、两环”加园区外围环形绿带的绿化系统，
顾村镇中心区商业地块控制性详细规划	规划范围为宝安公路以南、沪太路以东、获泾以西，地块与沪太路西侧规划轨道交通 M7 号线站点通过交通广场连结。总面积约 19.6 公顷。开发容积率不大于 0.61，地上总建筑面积 12.04 万平方米，自北至南由规划路、沙浦和顾北路将地块分为四个街坊，A 街坊以展览、商业和绿地公园为主，容积率不大于 0.63；B 街坊以商业文化综合用地为主，容积率不大于 0.76；C 街坊商业用地为主，容积率不大于 0.85；D 街坊为公园绿地。整体绿地率达 71%，集中绿地率大于 53%。
长兴岛凤凰镇一期建设区控制性详细规划（长兴乡政府报送）	规划范围东至丰福路、南临凤丰东路、西达凤凰公路、北沿潘圆公路，规划总面积 87.27 公顷，居住人口 1.7 万人；居住用地占 64%，容积率不大于 0.93，总体布局“一环、两轴、多点”道路系统为四级道路网；景观绿化系统为“绿连环绕、核心放射、绿水穿插”，凤凰路和凤东河设置绿化防护林带。
长兴圆沙社区控制性详细规划（长兴乡政府报送）	规划范围东濒海庆河、西至规划道路、北近合作圩河、南临潘圆公路，占地 1.82 平方公里，居住人口 2 万人。居住容积率不大于 0.65，“一心、五带、三片区”为框架，组团居住小区满足“均好性”和邻里街坊。
邦德学院控制性详细规划（上海邦德职业技术学院报送）	规划范围锦秋路以北，桃浦以西，总面积近 10 万平方米，总建筑面积 55000 平方米，容积率 0.55，建筑密度 32%，功能分区生活区、教学区、活动区、行政区、绿化区等五类分区南北向主轴线，主入口为锦秋路，绿地率为 55%。

2004 年宝山区修建性详细规划表

名　　称	规　　划　　内　　容
罗店新镇核心区修建性详细规划	规划范围东至抚远路、南达约帕路南侧河道、西近沪太路、北临诺贝尔路，面积约 1.2 平方公里，建设总用地 110.54 公顷，其中居住用地 50.82 公顷，总建筑量控制在 62.1 万平方米以内。规划目标形成具有典型北欧城镇居住特色、交通特色和环境特色的现代化生态型新城镇，借鉴北欧城镇规划特色，建设成为具有主题特色的绿色现代生活区。
顾村镇六号地块商品住宅修建性详细规划	规划范围东起电台路、西濒获泾、北临宝安公路、南达规划路。总用地面积 18.78 公顷，容积率不大于 1.35，停车位不小于 60%。，绿地率 50% 以上，集中绿地率 18%。贯通居住区中部的步行通道将地块分为东、西两个组团，分别以多层、小高层和高层为主，联排别墅和多层住宅间距不小于南侧建筑高度 1.2 倍
顾村镇"自然居家园"修建性详细规划	规划范围北濒黄狼泾、西临盛宅浜、南达水产路、东至富联路，总用地面积 6.71 公顷，容积率不大于 1.4，停车位不小于 60%，绿地率不小于 38%，集中绿地率不小于 12%。沿水产路、富联路设置车行出入口；沿黄狼泾建筑退河道蓝线不小于 10 米。
顾村镇新顾村大家园第五期商品住宅修建性详细规划	规划范围潘泾以东、沙浦以南、富联路以西、黄狼泾以北总用地面积 19.23 公顷，容积率不大于 1.08，（总建筑面积 21.8 万平方米，其中住宅建筑面积 19 万平方米），停车泊位不小于 40%，绿地率不小于 40%，集中绿地率 15%。总建筑面积 22,3 万平方米，其中住宅建筑面积 19,64 万平方；多层住宅建筑间距不小于南侧建筑高度 1.2 倍；沿顾北路和富联路设置车行出入口，沿道路和河道设置绿化带 10 ~ 20 米。
顾村镇新顾村大家园 C 地块居住小区修建性详细规划	规划范围北濒沙浦、西至富联路、南临顾北路，总用地面积 18.96 公顷，容积率不大于 1.17，停车泊位 61%，绿地率不小于 42%，集中绿地率 12%。沿顾村、富联路设置车行出入口建筑退沙浦河道蓝线不小于 15 米，沿顾村、富联路设置车行出入口建筑退沙浦河道蓝线不小于 15 米。
顾村镇"依云花园"（暂名）修建性详细规划	规划范围北临顾北路、西至获泾、南濒获泾、东起规划路，总用地面积 18.98 公顷，容积率不大于 1.0（总建筑面积 16.98 万平方米），停车泊位联排住宅 100%，多层住宅不小于 72%，绿地率不小于 50%，集中绿地率不小于 15%。沿顾北路设置车行出入口；地块中央为绿地景观，并贯通周边河道；沿获泾建筑退河道蓝线 20 米。
上海杨泰春城修建详细规划	规划范围东至杨泰路、南达镇泰路、西临月城路、北濒庵木港，总用地面积 4.6 公顷，容积率 1.58，（总建筑面积 72776 平方米），停车泊位 40%、非机动车 2.7 平方米/户，绿地率 43%，集中绿地率 15.10%。建筑间距不低于 1∶1.2；临街建筑保证西城区公建特色。
大黄中心村住宅修建性详细规划	规划范围南至水产路、北濒桃园港、西临规划富长路、东近高压走廊，总用地面积 14.02 公顷，容积率 1.2（总建筑面积 16.83 万平方米，其中住宅建筑面积 14.91 万平方米），停车泊位 55%，绿地率 40.75%，集中绿地率 16.15%，多层建筑间距不低于 1∶1.2；小区主干道环状布局，衔接进户通道。
海德花园修建性详细规划（局部调整）	容积率 0.5，停车泊位 100%，绿地率 50%。沿轨道交通 M1 号线部分住宅调整为 2 ~ 3 层商业、办公用房；杨北路车行入口部分住宅调整为会所。
柏丽华庭修建性详细规划	规划范围东至梅林路、西临蕰川路、南濒桃园港、北达规划路，总用地面积 39959.8 平方米，容积率不大于 2.12 建筑密度不大于 19.5%（总建筑面积 84680 平方米），停车泊位 72%，绿地率 50.20%，集中绿地率 20.20%。高层住宅间距不少于南侧建筑物高度 0.5 倍，最小值不小于 30 米。
淞南镇鎏园商品住宅小区	规划范围东至逸仙路、南起淞发路、北临华浜二村，总用地面积 4.67 公顷，容积率 1.3（建筑密度 18%，建筑面积 66754 平方米），停车泊位 50%，绿地率 17.60%。
上海长江国际商贸中心（暂名）修建性详细规划	规划范围江杨南路以东、高境路以西、殷高西路以北，总用地面积 64054.9 平方米，容积率 1.6（总建筑面积 145240.3 平方米，其中住宅建筑面积 37384.2 平方米），绿地率 23.60%，集中绿地率 9%。沿殷高西路西部以酒店服务功能为主；中部以商业服务文化娱乐功能为主；东侧以居住功能为主。
高境镇境逸宁静佳苑居住小区修建性详细规划	规划范围东起南何铁路支线、西至规划路，南至安汾路、北临云西路，总用地面积 6.65 公顷，容积率 1.7，（总建筑面积 11.3 万平方米），停车泊位 60%，绿地率 40%，集中绿地率 17%。"二心一带"绿化系统特色。

（续表）

名　　称	规　划　内　容
美岸栖庭居住小区二期修建性详细规划	规划范围东起国权北路、西临南何铁路支线、南至居住小区、北达何家湾路，总用地面积13.69公顷，容积率1.73（总建筑面积23.68万平方米，建筑密度20.4%），停车泊位56%（非机动车2.7平方米/户），绿地率46%，集中绿地率16.40%。高层建筑间距不小于南侧建筑物高度0.5倍，最小值不小于30米；小区主干道环状布局；“点、面”相结合绿化布局。
长兴岛凤凰镇启动区修建性详细规划	规划范围东、西均为规划道路、北临潘圆公路、南近凤东河，总用地面积11.05万平方米，容积率1.05，停车泊位50.30%，绿地率42%，集中绿地率15%。沿潘圆公路绿化带20米，2条规划路绿化带10米，凤东河河道蓝线20米。
长兴岛圆沙社区启动区修建性详细规划	规划范围东至圆东二路（规划）、北达规划道路、南临潘圆公路，总用地面积17.86公顷，商业建筑面积1/2，总建筑面积10.2%，容积率不大于0.65。景观轴贯穿广场、绿地和公建设施组成“三心”空间景观中心。
富浩河滨花园修建性详细规划	规划范围东起德都路、西至杨盛河、北濒马路河、南至景观绿带，总用地面积5.12公顷，容积率1.6，停车泊位50%，绿地率57.20%，集中绿地率21%。以降低住宅建筑密度保证充足的公共开放空间，贯穿东西向景观步行道和车行环路为基本骨架。
上海“四高”示范居住区顾村镇2号地块修建性详细规划	规划范围菊太路以南、沙浦以北、陆翔路以东，总用地面积6.95公顷，容积率1.55（总住宅建筑面积10.77万平方米），停车泊位50%，绿地率30%，集中绿地率15%以上。多层住宅建筑间距不少于南侧建筑高度的1.2倍。
西城区第一期动迁用房修建性详细规划	规划范围东临铁路、西至铁山路、南达友谊路、北邻盘古路，总用地面积21.67公顷，容积率1.52，地面总建筑面积32.9万平方米，其中住宅面积28.5万平方米，，停车泊位54%，绿地率43.6%，集中绿地率17%。
顾村镇成亿·宝盛家苑居住区修建性详细规划	规划范围富联路以东、富长路以西、黄狼泾以南、天极盛宅居住区以北，总用地面积11.4公顷，容积率1.41，总建筑面积17.2万平方米，其中住宅建筑面积15.1万平方米，停车泊位40%，绿地率40%，集中绿地率15%。主要出入口沿水产路设置南北向公共绿地和休闲广场。
大场镇汶水路中片南街坊（大场浦以西）C、D地块修建性详细规划	规划范围规划真北路延伸段以东、大场浦以西、规划路以南、汶水路以北，总用地面积17.52公顷，容积率真华路东1.55，真华路西1.29，总建筑面积25.8万平方米，停车泊位50%，绿地率40%，集中绿地率19%。沿真华路两侧多层住宅为院落围合式单元，多层住宅建筑间距不少于南侧建筑高度1.2倍，地块主出入口沿真华路开设，小区道路7～9米宽，东侧退大场浦蓝线不小于10米。
新梅绿岛苑修建性详细规划	规划范围东至规划路、北达南蕰藻路、西濒东茭泾、南临段浦，总用地面积11.22公顷，容积率1.55，总建筑面积93172平方米，停车泊位50%，绿地率40.30%，集中绿地率10%。地块自北至南布局，分别为18层、14层和6层住宅，滨河绿化和高压走廊防护绿化约27公顷；主出入口通过桥梁贯通场北路；东侧建筑距高压线35米以上。
大场镇锦秋花园八至十一期B1、2、3、4地块修建性详细规划	规划范围祁连山路以东、南陈路以西、塘祁路以南、锦秋路以北，总用地面积18.21公顷，容积率B－1、2、4地块不大于1.0，B－3地块不大于1.5，总建筑面积19.97万平方米，停车泊位不小于83%，绿地率55%，集中绿地率50%，B－1地块以多层住宅为主，B－2、4地块以多层住宅和联排别墅为主，B－3地块以联排别墅和小高层、高层住宅为主；集中绿地结合中心地块设置，沿红光河两岸建筑退河道蓝线不小于6米。
大场镇大华虎城购物中心修建性详细规划	规划范围东沿大华路、南临新村路、西邻真华路、北至大华二路，总用地面积15.94公顷，容积率1.8，建筑密度39.5%，绿地率30%，集中绿地率15%。功能分区A区以大体量建筑和室外空间为主；B区为线形景观街；C区为公寓式酒店。
通河市民健身活动中心规划总平面方案	规划范围东起通河路、西至呼玛三村、南至呼玛路，总用地面积1.3公顷，容积率0.37，总建筑面积4905平方米，建筑密度27%，停车泊位70辆，绿地率38%。
西城区南块C分区地块修建性详细规划	规划范围东至杨泰路、西濒杨盛河、南临水产路、北达杨鑫路，总用地面积10.48公顷，地面总建筑面积11.02万平方米，其中住宅9.59万平方米，停车泊位54%，绿地率38.50%，集中绿地率16.10%。

（续表）

名　　称	规　　划　　内　　容
富南苑及罗南二村续建住宅修建性详细规划	规划范围东濒获泾、北至东太路、西至富锦路，总用地面积8.3公顷，容积率富南苑1.21、罗南二村1.3，绿地率富南苑41%、罗南二村36%，集中绿地率富南苑19.40%、罗南二村12%。南侧建筑退富锦路红线23米，东侧建筑退获泾蓝线20米。
大场镇祥泰苑居住小区修建性详细规划	规划范围东濒西弥浦、西近沪太路、北至东方国贸城，总用地面积7.11公顷，容积率1，停车泊位不小于50%，绿地率37%，集中绿地率。主出入口为北侧，结合主要道路和河道设置绿化带。
月浦镇盛桥社区修建性详细规划	规划范围东至蕰川路、北达石太路、西临规划鹤水路、南邻月川路，总用地面积50.2公顷，容积率1.46，总建筑面积73.12万平方米，其中住宅建筑面积65.11万平方米，绿地率36～44%，集中绿地率10%～20%。盛桥绿地东侧布置大型商业设施，A2、D2地块幼托机构各1所，A2地块设置社区管理中心。
顾村镇八号地块修建性详细规划	规划范围东至规划电台路、南濒获泾，总用地面积17.01公顷，容积率1.35，停车泊位80%，绿地率48%，集中绿地率15%。3个组团分别沿电台路设置主入口，配置商业等设施不超过总建筑量15%。
庙行共和居住区五街坊修建性详细规划	规划范围东起共和新路、西至长临路、南达场北路、北临蕰藻路，总用地面积14.55公顷，容积率1.8，绿地率55.20%，集中绿地率22.20%。道路“二环一纵”人车分流；绿化系统“一心四点”。
大华世家D块居住小区修建性详细规划	规划范围东至大华路、西临真华路、北达大华三路、南近大华二路，总用地面积10.11公顷，容积率1.8，停车泊位60%，绿地率40%，集中绿地率17%。线形组团，公共绿地，西北角设置街头广场。
顾村镇七号地块修建性详细规划	规划范围东、北至规划路，西濒获泾，南临沙浦，总用地面积16.88公顷，容积率1.35，停车泊位64%，绿地率55%，集中绿地率16.7%。加强沿河景观带，公共服务设施建筑总量控制在总建筑面积的10%以内。
庙行共和居住区三街坊修建性详细规划	东起长临路、西至东茭路、南达长江西路、北临场北路，总用地面积7.65公顷，容积率1.6，绿地率48%，集中绿地率17.2%；绿化系统设置大面积中心绿化。
天馨花园北块十至十二期规划方案调整	容积率1.34（建筑密度22%），停车泊位406辆，绿地率48%，集中绿地率15%。
罗泾镇陈行中心村一期修建性详细规划	东至潘泾路、南至陈川路，总用地面积42.57公顷，容积率1.3，总建筑面积约52万平方米，绿地率35.6%，集中绿地率12.4%。弧形道路骨架，人车分流、每个居住组团设置社区服务中心、老年人活动站和青少年活动站等公建设施。
罗泾新镇B地块修建性详细规划	东至潘泾路、北近规划集宁路、西临规划陈集路、南达规划中央大道，总用地面积41.84公顷，容积率1.26，总建筑面积约52.5万平方米、其中住宅建筑面积约46.7万平方米，停车泊位60%，绿地率36.30%，集中绿地率15.20%。规划区域中总设置幼托、会所、市场等公建系统，沿南侧中央大道为商业建筑。
刘行中心村一期配套商品房修建性详细规划	东至陆翔路、南达菊太路、北临宝安公路，总用地面积11.37公顷，容积率1.25，停车泊位60%，绿地率50%，集中绿地率15.4%。
月浦镇配套商品房8号地块修建性详细规划	东至德都路、西濒杨盛河、南临郊环线，总用地面积4.25公顷，容积率1.8，总建筑面积75616平方米、其中住宅建筑面积75871平方米，停车泊位50%，绿地率48.60%，集中绿地率10%。出入口通过街坊路与德都路相连；沿郊环线布置50米隔离绿化带。
淞南新城尚景苑居住小区修建性详细规划	西至淞肇路、南起淞发路、北临长江南路，部用地面积43350平方米，容积率1.65（建筑密度18.8%），停车泊位53%，绿地率41%，集中绿地率27.6%。高层住宅建筑间距最低不小于30米，同时满足日照规范要求。
罗店镇8号地块修建性详细规划	东至抚远路、北濒马路河、西临罗迎路、南达美兰湖路，总用地面积9.74公顷，容积率0。5，停车泊位1辆/户，绿地率60%，集中绿地率10%。主入口设置于美兰湖路上以树状形从东西两侧进入住宅组群；绿化景观体现高绿化率、低密度、生态型自然风貌的北欧城镇居诠特色；沿马路河布置40米绿化带。
罗店新镇C1－2（7号地块）商品住宅修建性详细规划	东至罗芬路、北临美兰湖路、西达沪太路、南近街坊路，总用地面积4.77公顷，容积率0.5，停车泊位1辆/户，绿地率50。5%，集中绿地率20%。美兰湖路布置沿街商业建筑外观和环境空间体现北欧特色；道路系统等级分明、功能明确；主入口设于美兰湖路；组团绿化结合别墅布局。

（续表）

名　称	规　划　内　容
罗店新镇 C2－1（7 号地块）商品住宅修建性详细规划	东濒荻泾、北至美兰湖路、西临罗太路、南近街坊路，总用地面积 11.7 公顷，容积率 0.5，停车泊位 1 辆/户，绿地率 61.5%，集中绿地率 19.5%。结合水系组团布置，人车分离，主入口设置于美兰湖路上；美兰湖路沿街商业应具北欧风格，与北侧风情街呼应。
罗店镇金星绿苑修建性详细规划	南濒练祁河，容积率 1.37，总建筑面积 16.4 万平方米，住宅建筑面积 15.83 万平方米，停车泊位 513 个，绿地率 35.7%，集中绿地率 12.04%。小区东、西片区主出入口设置在南北向规划路上。
罗新花园修建性详细规划	东至抚远路、北达罗新路、西濒荻泾、南临祁北路，总用地面积 17.71 公顷，容积率 1.31，总建筑面积 21.5 万平方米，其中住宅建筑面积 19.12 万平方米，停车泊位 50%，绿地率 35%，集中绿地率 11%。
金星绿苑二期住宅小区修建性详细规划	东至抚远路、北达祁北路、西临集贤路、南濒练祁河，总用地面积 8 公顷，容积率 1.3，总建筑面积 8.85 万平方米，其中住宅建筑面积 8.55 万平方米，停车泊位 320 个，绿地率 39.27%，集中绿地率 12.44%，出入口设置于祁北路和集贤路上；公建依托祁北路；沿练祁河退界 20 米布置绿化。

■宝山区绿地系统规划　年内，区政府批准绿地系统规划。规划至 2020 年人均公共绿地大于 20 平方米，绿地率大于 40%，绿化覆盖率大于 45%，形成“一心、一环、六园、六脉、多点”的绿地结构特色，即“一心”为城市“生态绿心”，“一环”指绿色生态步道，“六园”指环绕“城市绿心”开放式公园，沿江炮台湾湿地公园以及宝山工业园区内生态公园，“六脉”指道路，水网，绿带为载体的“三纵三横”绿色生态廊道，“多点”指公共绿地，居住组团的健身游憩绿化节点；绿地分类为公园绿地、生产绿地、防护绿地、附属绿地和其他绿地等五类，针对区域生态环境特点，将大力构建生长健壮、性状稳定的各类人工植物群落，同时，落实下一层次绿化专业规划设计。

■环宝山区绿色生态步道建设　生态步道全长 80 公里，由易道景观设计公司设计，一期建设 55 公里。环城步道经月浦、罗泾、罗店、顾村等 4 个镇，在绿带中设置宽 2 米的弯曲自如的游览步道。

■宝杨路（蕰川路—江杨北路）绿化景观规划　宝杨路（蕰川路—江杨北路）2 个绿化景观规划方案通过专家评审。该路段长 1.9 公里，规划道路红线宽 30 米，两侧绿化带宽度 20 米，涉及蕰川路、杨盛路、杨泰路、镇东路、江杨北路以及区级河道杨盛河、深水浜等交汇处，规划方案在江杨北路与宝杨路交汇处西侧设集中绿地 3.3 公顷。

■经纬城市绿洲家园修建性详细规划实施　2001 年经市规划局批准调整的华东贸易广场及周边地块为居住用地，范围为塘祁路以南、锦秋路以北、沪太路以西、南陈路以东区域，总面积为 109.48 公顷、规划人口 3.58 万人，建筑面积 130 万平方米，绿地率为 40%以上，景观绿地系统连结商业中心桃浦和人工湖体系。该规划项目由美国 GENSLER 公司和上海现代设计集团联合设计，被评为上海优秀规划设计成果二等奖。该居住区在 2004 年中国住宅产业博览会上被评为中国住宅产业十大品牌之一。

■牡丹江路安信商业广场规划获准实施　该规划由上海现代设计集团与上海建筑设计院编制。范围为东城区牡丹江路两侧，东至海江一路、西至海江二路、北至海江路、南至永乐路，规划用地面积 5.5 万余平方米，容积率不大于 1.8，总建筑面积 14.6 万平方米，其中地面以上建筑面积为近 10 万平方米，地下设置整体机动车库；建筑形态的总体布局由牡丹江路西侧从北向南分 A、B、C 三个组团街区，以宾馆、商业服务功能为主；牡丹江路东侧由南向北分为 D、E、F 三个组团街区，以办公楼、商业服务、文化娱乐功能为主；绿化系统规划每个组团均设置重点绿化节点，并与庭院绿化、道路绿化带相连，形成绿色商业街—绿荫平台—庭院—屋顶花园的绿化系统，总绿化率为 26.8%，与牡丹江路空间景观要求相适应，并设置无障碍设施。

■长江原水输送工程建设项目　长江腹背水库至泰和、大场水厂原水输水管及取水泵站工程选址涉及宝山区的罗泾、月浦、罗店和杨行镇，将建设 1 座 430 万立方米 /d 原水取水泵站、输水管线连接泰和水厂和大场水厂。该项目旨在增强上海城市北部地区供水能量。

■江杨北路（富锦路—蕰川路）段道路拓宽改建规划　沿宝钢（股份）公司 T 区西南侧的江杨北路（富锦路—蕰川路）拓宽改建工程规划项目业已实施，该城市次干道全长 3.5 公里，道路按规划红线 40 米一次辟筑。按“四快二慢”道路断面布置，雨污水管道与道路一并实施，改造并拓宽马泾桥、马路河桥，各类公用事业管线按规划实施搬迁。项目总投资约 1.4 亿元。

■中环线宝山段规划建设交通枢纽带　市规划局批准的中环线 17 处交通枢纽中，宝山段汶水路——沪太路交通枢纽和铁路上海南站、上海西站并列为 3 座等级最高的市内外交通综合换乘枢纽，江湾——五角场，汶水路——共和新路等 4 处为市内交通换乘枢纽。汶水路——沪太路交通枢纽跨宝山、闸北两个行政区域，位于沪太路、江场西路东南，邻近 M7 号轨道交通车站，将由地铁 M7 线车站、规划公交枢纽站、长途汽车客运站、社会停车库和出租汽车营业站共同组成综合性交通换乘枢纽，占地约 4 公顷。该枢纽专项规划由市交通局组织编制，要求衔接中环线景观规划、轨道交通、常规公交，以及周边地区规划，统筹安排地上地下空间，综合利用，开发容量，适合环境要求和交通承载力，并按市场运作方式实施规划，该交通枢纽 P+R 换乘功能突出，已作为中环线枢纽站试点。

■上海港口机械制造厂规划迁建长兴岛　该厂列入世博会规划用地迁建单位，作为“国家重大技术装备国产化基地”和“国家重点工业性试验单位”，将在长兴岛制造港机集装箱、散货装卸机械与隧道掘进机（盾构）等先进大型装备。

■宝山区域供配电规划框架形成 电力部门为加快宝山滨江新城和精品钢、船舶制造业基地建设，满足一钢、五钢扩大产能，浦钢的迁入，以及中船、中海基地的启动电力建设，已完成宝山区域供配电规划框架。根据电网供电"统一规划、分期建设、协调发展"的原则，业已启动华能上海石洞口电厂燃气工程项目建设，将在现有基地上，建设3台39万千瓦发电机组，在加快电站建设的同时，供电部门将加快输配电设施的建设，把宝山区陆域分为上海中心城分区、宝山新城分区（近期以西城区和顾村新城为重点），工业城镇分区（由宝钢、宝山工业园区及罗泾、罗店、月浦城镇组成）三大分区，规划将架设电力线路350千米以上，并将加快实施东、西城区、罗店新镇等地架空线入地工程建设，还将新建9座左右变电站、并采取可靠性、灵活性供电方式。为配合长兴岛现代船舶制造业基地的建设，由崇明至长江跨江电缆和大中型输变电站组成的供配电网也在实施之中。

■宝山区户外广告规划编制 4月，宝山区户外广告设施进入整治梳理阶段，7月确定总体思路、规划战略、设计导则，由区规划设计研究院和同济历德设计公司编制《宝山区户外广告规划》，该规划把宝山区陆域分成北部产业区、中部新城区、南部中心城区三部分。通过对不同区域进行功能定位，提出严禁区、控制区、集中居住区、一般控制区界定；广告设置道路等级分为高架道路、交通性主干道、综合性道路、生活性干道四级道路，突出陆上门户、水上门户、五大公园、环城绿带。9月6日，该规划通过专家评审。11月23日，区政府第五十三次常务会议通过《宝山区户外广告设置规划和管理实施细则（试行）》，对户外广告设施管理、会审、设置公共广告阵地拍卖、设施维护保养和安全检测等作了详细规定。

■横沙一级渔港建设项目获国家发改委批准 该渔港位于长兴岛东端，总投资2440万元，其中中央预算内专项资金1100万元，地方配套费用1340万元，主要建设项目为新建固定码头1座、浮码头2座；开挖港池3万立方米，陆域回填20万立方米；建设渔政综合执法用房800平方米，港区道路1.2万平方米以及水电等配套设施，项目将于2006年完成。此前，国家农牧渔业部多次组织专家勘察现场，会审方案，市发改委多次专题研究、协调横沙渔港建设项目，认为选址位于长江口，毗邻全国三大渔场，可容纳上海远洋渔船和邻国、邻近地区渔船交易和避风、加油、加水；陆域通过长江隧桥连接江浙沪及华东地区，有效地繁荣年均消费水产品60~70万吨的上海水产市场；横沙渔港作为销地渔港，邻近浦东、虹桥机场；且邻近居住人口2万多的规划新镇圆沙社区。

■长兴岛水利规划 该规划近期配合长江岸线调整规划和出海闸建设，构建骨干水系，打通圆沙、跃进、前卫、新开港四片水系，初步建立全岛的防汛安全水系格局；中远期全面完成岛内河网水系的水利工程建设，形成统一的、工程布局完善、工程规模达标的防汛排涝安全体系；加强水景观的建设，构筑与上海国际化大都市形象相适应的"水清、岸绿、景美、游畅"的新景观。长兴岛西北部的青草沙水源地将规划建设4.2亿立方米库容的蓄淡水库，有望成为上海的"备用水源地"；建设原水管网和自来水供水环网，近期接口延伸至横沙岛敷设通道，远景向市区供水。在规划排水系统中，实施分流制排水，建立独立的污水收集、输送、处理和排放系统，以达到环保生态标准。

■中海长兴岛修船基地滩涂圈围工程实施 名列国际集装箱班轮船次前十位的中海集团，将迁移至所属长兴修船基地。年内已成立长兴国际船务工程有限公司，圈围滩涂工程3公顷，按照腹地环保、工艺流程好的原则，将建能承修50万吨超级油轮、超级散货轮、8000标准箱的第六代集装箱轮及海洋采油平台的大型修（造）船基地。中海集团迁移至长兴岛，将满足上海黄浦江沿岸开发功能和世博会需要，建设上海国际航运中心，与大、小洋山港呼应，保障船舶安全运输和提供定期维修技术支撑，在2015年进入世界前三甲。

■长兴造船基地配套产业园区规划 以中船集团所属江南造船公司、中华沪东造船公司，中海和振华港机等大型企业的建设为契机，通过引进中船集团联合重组配套企业，充分发挥区域造船基地、钢铁基地、港口交通、能源等方面整体优势，做大做强精品钢延伸业和现代船舶制造业，区政府第五十一次常务会议听取并讨论专题汇报，要求继续做好船舶配套产业园区的规划，积极谋划船舶制造相关的配套产业和配套情况，使园区成为与造船主体产业要求相一致的配套基地，并在此基础上形成规模，以适应多样化的市场需求。长兴岛域总体规划在布局上将现代船舶制造业配套工业园区设置在上海长江隧道出口东侧，潘圆公路南侧，中船、中海修造船基地北侧，净用地面积约定1.7平方公里。

■长兴造船基地、宝钢罗泾基地配套建设 长兴造船基地选址长兴岛的东南端岸线和腹地，东至横沙小港，西近新开河，北为凤丰东路；宝钢（浦东钢铁公司）罗泾基地选址近长江的罗泾镇和月浦镇域，东至罗泾港区，西为北蕰川路，南靠石洞口经济区。两基地涉及动迁户近4000户，动迁企业50余家。规划部门编制完成并陆续实施长兴岛凤凰镇、圆沙社区以及宝山陆域罗泾社区、盛桥社区控制性详细规划和启动区修建性详细规划。使之成为低密度、低层建筑为主、绿地率较高、品位较高的形象居住区。

■上海长江隧道、长江大桥规划实施 自20世纪90年初起规划研究的世界最大隧桥结合工程12月28日正式启动。该工程方案为"南隧北桥"全长25.5公里。长江隧道全长8.95公里，起自浦东五号沟郊区环线A30公路（远东大道——五洲大道）立交，跨越长江南港水域，于长兴岛新开河处登陆，接长兴岛潘圆公路立交，规划沿海铁路（或市域地铁R4线）南北向从岛域中部穿过，将在潘圆公路以北的前卫农场设服务区和停靠站，形成集休息购物、公交枢纽站、社会停车场和出租汽车营业站于一体的大型综合性交通枢纽；隧道圆形盾构段长度为6.97公里，按双向6车道布置，两圆形隧道间每隔1.2公里自由设置一条横向通道，共设4条横向通道，行车速度80公里/小时，车辆可直达长兴全岛及造船基地，或通过长（兴）横（沙）大桥进入横沙全岛。桥梁全长10.27公里，起自长兴岛北岸，跨越长江北港水域，于崇明岛奚家港处登陆，接崇明陈海公路立交，行车速度100公里/小时。

■历史文化风貌区优秀历史建筑和遗址保护 市规划管理部门印发《上海市历史文化风貌区和优秀历史建筑保护条例》，公示宝山区域内的历史文化风貌区、优秀历史建筑和遗址保护名录。

宝山区优秀历史建筑和遗址保护名录

名　称		年　代	位　置	价　值
罗店古镇历史文化风貌区		元代	宝山区罗店老镇，练祁河以南，西至罗太路、东抵罗溪路、南到月罗公路	保存了"三湾、九街、十八弄"的街河格局，留存的建筑在整体上还保存了原有的建筑结构和传统江南水乡民居建筑风格。历史上桥梁众多，现保存有历史价值的桥梁主要有大通桥和丰德桥。反映了有"金罗店、银南翔、铜江湾、铁大场"之誉的罗店镇的大镇风范
古遗址	大场烽火墩遗址	宋代	大场镇沪太路洛场路2370号	南宋建炎三年（1129年），韩世忠驻军江湾时，为联络军情所建
古建筑	积福桥	明代	罗店镇王家村中部	始建于清顺治十三年（1656年），为旧时罗店至吴淞官路上三节孔双拼条石桥，跨潘泾，依积福桥镇
古建筑	宝善桥	明代	月浦镇双泉路东侧，现迁建于临江公园内	明天启五年（1625年）建，跨马路河
古建筑	花神堂	清代	罗店镇赵巷西街136号	始建于明天启（1621～1627年）年间，原为城隍行宫建筑之一，砖雕门楼，殿屋很有特色
古建筑	石牌坊	清代	杨行镇东街255弄口	清乾隆五年（1740年）建
古建筑	节孝坊	清代	顾村镇谭杨村南潘泾	建于清乾隆（1736～1795）年间，坊前有4根石柱，柱顶刻有狮子
古建筑	小白桥	清代	吴淞民康路95号北侧	建于清光绪二十六年（1900年）跨随塘河，曾为淞沪铁路炮台湾车站附近唯一桥梁
古建筑	来龙桥	清代	原位于罗店镇蒋家巷北，现迁建于罗店镇罗溪公园	建于清同治八年（1869年），跨老练祁河
近代建筑	海底电缆登陆局房		逸仙路390号东海船厂内	3层砖混结构，建于清同治二十年（1873年）
近代建筑	马桥纪念村牌坊	1932年	大场镇五星村	为纪念"一·二八"淞沪战争抗日将士，1932年8月，群众集资建"大场纪念坊"。同时，集资建"高境纪念坊"
近代建筑	高境纪念村牌坊	1932年	逸仙路、殷高西路交叉口西南侧	

■建设工程规划审核及批后管理　全年受理规划建设项目"一书两证"总数1764件，受理办结核发1695件；接待咨询6494件、8745人次，其中，核发《建设项目规划选址意见书》321件，规划征询复函288件，划示规划道路控制红线约5000幅，核发土地招投标地块规划参数44件；核发《建设用地规划许可证》273件，总用地面积1232.57万平方米；核发《建设工程规划许可证》340件，总建筑面积565.93万平方米，审核建筑工程设计方案280件，建筑工程规划设计要求42件，审核《临时建设工程许可证》35件；核准市政管线工程许可55件，市政交通道路工程许可10件，工程桩基14件；开展"居住区住宅建筑日照分析"工作。继续抓好各项新建工程项目的开工放样复验和竣工验收，全年受理建设项目423件，面积449余万平方米。开工项目203件，复验灰线203件，面积280万平方米，复验率100%；竣工项目238件，验收238件，面积338万平方米，验收率100%；核发规划验收合格证书238件，面积338万平方米。

■规划违法案件减少四成　按照《上海市城市规划条例》规定，全年查处违法建设案件58件，比上年减少43%，其中拆除28件，拆除面积1.5万平方米；补证30件，面积60636平方米；行政复议、行政诉讼各1件，申诉1件，均已办理结案；申请法院强制执行2件，其中1件已执行。配合区拆违办拆除各类违法建筑464438平方米。

■测绘管理　全年完成宝山区区域范围的规划竣工测绘55件，面积80万平方米；订界道路红线28项，计40公里。

■拆除违法建筑46.44万平方米　2004年，全区共拆除各类违法建筑46.44万平方米，基本拆除主要景观道路两侧的违法建筑；有效整治因违法建筑引发的大面积公共治安混乱、外来人员集聚、环境脏乱差状况；城镇居民小区内的违法建筑基本拆除；农村宅基地、自留地上绝大多数违法建筑（搭建），以及农田和河道两侧大面积的违法搭建建筑被拆除。非法房屋租赁基本被取缔。全区组建7支、220余人的综合协管员队伍；乡镇、街道建立以"准居证"为核心的房屋租赁管理制度。全区已基本上形成"以块为主"的监控网络、建筑管理审批、监控工作职责，并列入年度考核领导干部的内容。全区拆违建绿12.5万平方米、拆违建透绿围墙2.45万米、拆违修路2.14万平方米，在拆除后的空地上建健身点等公共设施。全年召开规模较大拆除违法建筑动员会、现场会7次。

■规划信息管理　编辑数字化道路红线527幅、高压走廊黄线250幅、数字化河道蓝线70幅，业经质检审核；建设规划管理数据库，以"一书两证"为基础数据，完成规划工程项目图形注记和编辑339余项，用地图形注记和编辑273余幅；建设基础地形图数据库，扫描编辑与更新光栅地形图352幅，更新矢量图320幅，以保持现势性，整理、归类各类规划图纸5200余幅。按月向市规划局报送“一书两证”电子数据，在区域网站发布规划信息300余条，电子简报汇报、专报26条，在全球（英特网）站上发布信息245条，公众点击率2.6万余人次。

■城建档案管理 全年预立建设项目379个，签订合同项目379份，接收竣工档案164个项目（建筑工程执照），归档项目共2771卷，进行业务指导660人次，核发竣工验收审核意见书213份，核发建设项目档案验收合格证10张，接收竣工测绘成果盘片131张；接收并整理文书、财务、建管、用地、处罚档案1761卷；完成扫描工程项目档案8409卷，扫描文件14692张，图纸66278幅，完成案卷目录著录7770条、卷内目录12300条。利用档案674人次，阅档967卷，收集档案利用效果实例10例，开具证明81份；举办城建档案网络培训班，参加培训的有16家建设单位的档案联络员36人。

■地名管理 年内，协调解决区内上大路、陈太路、抚远路等历史遗留问题，理顺抚远路门牌号和上大路东段延伸命名及门牌号。开展全区同名道路梳理整顿，拟订对24条“两条同名同音”道路问题的整改方案，方案于4月通过市地名办评审批准。配合全区绿地规划编制，根据五大绿地（上海炮台湾公园、上海环北公园、东茭泾绿地、白鹭公园、蔓弯公园）所在位置、地形及自然、人文、美学等要素，编制五大绿地的命名规划。

2004年宝山区命名建筑物、居住区、道路名称一览表

序号	标准名称	汉语拼音	所在地	四至范围及起迄点
1	东方国贸新城	DongfangGuomaoXincheng	大场镇	东濒西弥浦，南邻苏家桥宅，西邻沪太路。
2	富南路	FunanLu	罗店镇	南起南长路，北迄杨南路。
3	北上海商业广场	BeishanghaiShangyeGuangchang	杨行镇	南靠杨鑫路，西邻蕰川路。
4	久华佳苑	JiuhuaJiayuan	大场镇	新沪路的东、西两侧，北邻南华苑、大华二村。
5	祥瑞公寓	XiangruiGongyu	友谊路街道	友谊路197弄20号，宝钢五村范围内。
6	宝宸共和家园	BaochenGongheJiayuan	庙行镇	东靠共和新路，南至长江西路，西沿长临路，北至场北路。
7	盛达家园	ShengdaJiayuan	淞南镇	东沿江杨南路，南沿一二八纪念路，西濒西泗塘。
8	罗芬路	LuofenLu	罗店镇	南起杨南路，北迄月罗公路。
9	共和新苑	GongheXinyuan	庙行镇	东近共和新路，西沿三泉路，北近长江西路。
10	成亿宝盛家苑	ChenyiBaoshengJiayuan	顾村镇	南邻天极盛宅花园，西沿富联路。
11	三湘盛世花园	SanxiangShengshiHuayuan	通河新村街道	东沿岭南路，北靠一二八纪念路，西南界高境镇。
12	海德花园	HaideHuayuan	杨行镇	东邻蕰川路，北至杨北路。
13	嘉骏香山苑	JiajunXiangshanYuan	淞南镇	西近张庙铁路站，南邻嘉骏花园。
14	通田商住楼	TongtianShangzhuLou	通河新村街道	东沿通河路，北临呼玛路。
15	紫逸佳苑	ZiyiJiayuan	高境镇	南近三门路，西近逸仙路，北邻幸之苑。
16	新顾村大家园	XinGucunDajiayuan	顾村镇	东近规划富长路，南濒黄狼泾，西沿潘泾，北濒沙浦。
17	鎏园	LiuYuan	淞南镇	东近逸仙路邻华浜二村，南沿淞发路。
18	自然居家园	ZiranJuJiayuan	顾村镇	东近富联路，南临规划水产西路，北濒黄狼泾。
19	安信商业广场	AnxinShangyeGuangchang	友谊路街道	南起永乐路，北迄海江路，牡丹江路两侧。
20	禄德嘉苑	LudeJiayuan	杨行镇	东近杨行镇政府，南临水产路，北靠杨鑫路。
21	世纪长江苑	ShijiChangjiangYuan	顾村镇	东近电台路，南濒荻泾，西沿潘泾，北近宝安公路。
22	新天地荻泾花园	XintiandiDijingHuayuan	顾村镇	南濒沙浦，西临荻泾，北靠宝安公路。
23	中华纺织服装会馆大楼	ZhonghuaFangzhiFuzhuang HuiguanDalou	大场镇	东近沪太路，南沿规划路，西邻桃浦。
24	新月翡翠园	XinyueFeicuiYuan	月浦镇	西近德都路（南延伸段），南近富锦路。
25	经地路	JingdiLu	大场镇	南起陈太路，北迄涵青路。
26	纬地路	WeidiLu	大场镇	东起沪太路，西迄南陈路。
27	涵青路	HanqingLu	大场镇	东起沪太路，西迄南陈路
28	顾荻路	Gudilu	顾村镇	南起荻泾，北迄沙浦路。

（续表）

序号	标准名称	汉语拼音	所在地	四至范围及起迄点
29	沙浦路	ShapuLu	顾村镇	东起电台路，西迄荻泾。
30	呼青路	HuqingLu	通河新村街道	南起呼兰路，北近蕰藻浜。
31	宝林春天苑	BaolinChuntianYuan	吴淞镇街道	东邻长征新村，南沿淞兴西路，北邻淞滨路。
32	富浩河滨花园	FuhaoHebinHuayuan	月浦镇	东近德都路，西沿杨盛河，北濒马路河。
33	绿洲花园	LuzhouHuayuan	顾村镇	东近电台路，西濒荻泾，北近宝安公路。
34	飞乐路	FeileLu	罗泾镇	东起沪太路，西迄界泾。
35	和泰苑	HetaiYuan	大场镇	东近西弥浦，西沿沪太路，北至南蕰藻路。
36	经纬城市绿洲家园（扩大）	JingweiChengshiLuzhouJiayuan	大场镇	东近沪太路，南沿锦秋路，西邻南陈路，北至塘祁路。
37	菊盛路	JushengLu	顾村镇	南起沙浦，北迄宝安公路。
38	成事高邸	ChengshiGaodi	大场镇	东近沪太路，北沿上大路。
39	宝宸怡秀园	BaochengYixiuYuan	吴淞镇街道	南沿淞滨路，西临同泰路。
40	新月锦绣园	XinyueJinxiuYuan	月浦镇	东沿春雷路，北至绥化路。
41	金星绿苑	JingxingLuyuan	罗店镇	东沿集贤路，西濒荻泾，北靠祁北东路。
42	聚丰购物广场	JufengGouwuGuangchang	大场镇	南沿聚丰园路，西临祁连山路。
43	菊泉街（延伸）	JuquanJie	顾村镇	南起沙浦，北迄宝安公路。
44	四季宜景苑	SijiYijingYuan	大场镇	东界闸北区，北临场中路。
45	锦观路	JinguanLu	月浦镇	南起春和路，北迄园和路。
46	共富一路	Gongfu1Lu	顾村镇	南起联谊路，北迄共富路。
47	共富二路	Gongfu2Lu	顾村镇	东起联泰路，西迄规划富长路。
48	三湘雅苑	SanxiangYayuan	通河新村街道	东沿泗塘公园，南邻通河一村，北靠呼玛路。
49	美兰湖别墅	MeilanhuBieshu	罗店镇	东沿罗芬路，西沿沪太路，北靠美兰湖路。
50	柏丽华庭	BailiHuating	杨行镇	东沿梅林路，西邻蕰川路，南濒沙浦。
51	丰水宝邸	FengshuiBaodi	顾村镇	西近电台路，南濒沙浦，北沿宝安公路。
52	远景佳苑（扩大）	YuanjingJiayuan	大场镇	东邻行知实验中学，南邻行知路，西靠大华路。
53	乾静园（乾安园更名）	QianjingYuan	大场镇	东近沪太路，北靠上大路，乾溪新村范围内。
54	宏润韶光花园	HongrunShaoguangHuayuan	顾村镇	南沿顾北路，北濒沙浦。
55	金石路	JinshiLu	罗泾镇	东起北蕰川路，西迄沪太路。
56	枫叶路	FengyeLu	罗泾镇	南起潘泾路，北迄金石路。
57	山茶路	ShanchaLu	罗泾镇	南起潘泾路，北迄金石路。
58	金兰雅墅	JinlanYashu	罗店镇	东沿抚远路，南沿美兰湖路，西邻罗迎路，北至马路河。
59	教育路（延伸）	JiaoyuLu	顾村镇	南起顾太路，北迄宝安公路。
60	大华虎城购物中心	DahuaHuchengGouwuZhongxin	大场镇	东沿大华路，南沿新村路，西邻真华路，北至大华二路。
61	新城尚景苑	XinchengShangjingYuan	淞南镇	南沿淞发路，西邻淞肇路，北至长江南路。
62	万临家园	WanlinJiayuan	淞南镇	东邻淞南路，西临淞良路，北沿淞发路。
63	美兰金邸	MeilanJindi	罗店镇	东濒荻泾，西邻罗芬路，北沿美兰湖路。
64	菊泉新城	JuquanXincheng	顾村镇	东近沪太路，南沿沙浦，西邻陆翔路，北至宝安公路。
65	友谊家园	YouyiJiayuan	杨行镇	东近宝钢铁路专线，南沿友谊路，西邻铁山路，北靠盘古路。
66	新梅绿岛苑	XinmeiLudaoYuan	庙行镇	南近场北路，西濒东高泾。
67	龙汇公寓	LonghuiGongyu	大场镇	南邻南大路210弄，西濒桃浦，北临走马塘。
68	新兴路（延伸段：原名永和路）	XinxingLu	长兴乡	东起新兴支路，西迄丰富路。
69	平原路（注销）	PingyuanLu	吴淞镇街道	南起淞市路，北迄淞兴路。
70	锦秋路（原名陈太路）	JinqiuLu	大场镇	东起沪太路，西迄真陈路。

（张明是）

水务建设与管理

■概况 2004年，宝山加大水利、排水、供水建设管理力度。对市、区16条骨干河道实施两岸环境整治，完成4个镇区内18条中小黑臭河道整治，实现了水清岸绿的变化要求；集约供水取得新突破，13.5万市民停用深井水改喝地表水问题得到解决；蕰南地区截污工程启动；水利测量船、区污水泵站管理所事业改企业工作扎实推进。区水务局年内聘请7名区人大代表担任局行风监督员，推动行风建设。局系统共有11个窗口达到了行业管理要求。

■水利规划编制 2004年完成的水利规划有：《宝山区水利现代化规划》，《宝山区主要骨干河道空间形态控制规划》，《宝山工业园区水系调整及排水规划》，《宝山工业园区及周边地区污水规划》，《宝山工业园区及周边地区供水规划》。调整和完善的有顾村、月浦、杨行工业小区等水系规划。

■水利设施建设 年内，按时间节点完成横沙红星水闸、杨盛河水闸、荻泾下闸翻建；完成上海市208公里防汛墙宝山地段19段，长3.128公里；完成并验收海塘岁修工程14段，全长7.313公里；河道疏浚49条段，长154.58公里，完成土方268.31万方，为市下达250万立方米的107%；完成小吉浦二期整治、随塘河二期整治、南泗塘护岸应急工程；完成西弥浦、杨盛河二期、罗店生态水系一期；完成危桥翻建50座，其中区级危桥10座，镇(乡)级危桥40座。

■完成18条镇级中小河道整治 整治的18条中小河道总长28.65公里，其中顾村镇的朱家弄宅河、黄杨树河等3条中小黑臭河道，共计长4.15公里；大场镇的葑村塘、鹅蛋浦等10条中小黑臭河道共计长17.6公里；庙行镇的泥城港、康介围场河等2条中小黑臭河道长3.8公里；淞南镇的向阳河、大周浜等3条中小黑臭河道长3.1公里，对这18条中小黑臭河道的整治，采取整坡、截污、绿化清淤的方式。

■16条市、区级河道两岸环境整治 16条河道(新槎浦、桃浦、东茭泾、西泗塘、南泗塘、潘泾、顾泾、北泗塘、洋泾、界泾、杨盛河、沙浦、湄浦、荻泾、马路河、练祁河)共完成整治岸段长25019米，清理垃圾71222吨，拆除违章搭建13621平方米，清除非法堆场36542平方米，修复岸线16065米、补种绿化87161平方米。

■13.5万市民改喝自来水 上海市水务局和宝山区政府对宝山地区城乡供水体制进行的一体化改革，一体化改革共分三个阶段实施，目标是严格控制地下水开采，关闭深井，扩大地表水供水范围。年内，宝山地区供水集约化第一阶段工作目标完成。先后关闭深井31口，其中顾村镇5口、罗店镇6口、杨行镇12口、大场镇8口。12月21日起，4个镇顺利完成切换，80平方公里范围的13.5万人口开始使用月浦水厂引用长江水源生产的优质自来水，是日举行切换通水仪式和上海市北宝山自来水有限公司成立揭牌仪式。该地区由市自来水公司市北公司统一供水体制建立。对尚未进行深井切换的地区，将由水厂把好供水的消毒检测关，保证使这些地区市民喝上放心水、健康水。第二阶段目标将进一步实施各项供水设施的建设和改造，增加宝山区域的自来水供水能力，基本关闭宝山陆域地区剩余的深井，第三阶段目标加快长兴、横沙两岛地区供水设施的规划和建设，全面关闭岛域地区深井，使长兴、横沙两岛居民用上与市中心城区同样的优质地表水。

■罗店中心镇与宝山工业园区水务项目 年内，市水务局计划投入资金1.84亿元，其中6400万元用于总管敷设；投资1.2亿元用于宝山工业园区供水、污水配套设施建设，项目实施后将使罗店中心镇、宝山工业园区的供水、污水问题得到解决。

■蕰南地区截污工程启动 (1)苏州河二期截污工程东至国权北路、南至三门路、西至铁路南何支线、北至何家湾路，新敷设污水管5.8公里，工程于年内全面启动；(2)污水合流三期宝山块截污工程东至逸仙路、南至宝山区界、西至宝山区界、北至蕰藻浜，新建污水收集管93公里，雨水管70公里，建设污水泵站3座，雨水泵站8座，前期工作推进顺利。

■汛期安全措施落实 年内，遭受暴雨袭击4次，因各项防汛措施有效落实，全区安全度汛。(1)制定防汛抗台应急预案，健全组织机构，调整防汛指挥部组成人员，按照《上海市防汛条例》的规定，与各镇(乡)、街道、有关委、办、局、集团公司签订防汛责任书；(2)举办《上海市防汛条例》学习班，培训防汛专管员80余名；针对一线海塘、防汛墙和排水设施等存在的隐患，督促落实整改措施，落实了抢险物资；(3)加强汛期值班和信息传递，全区进入主汛期后，区、镇(乡)防汛人员保持24小时在线，加强信息传递，“云娜”台风来袭期间，及时召开紧急动员会，落实各项防台措施，保证了安全度汛。

■水务行业管理 2004年是水利、排水、供水行业管理加强年。(1)水利行业管理突出重点，在实施水闸、海塘、防汛等设施管理中，除继续推进责任制管理外，实行检查登记制度；建立区、镇(乡)河道保洁服务社16个，招聘录用保洁员474名，担任区域河道环境保洁工作；(2)排水行业管理采用新的对策，针对全区排水窨井盖时有被盗的情况，采用了复合材料防盗窨井盖替代铸铁窨井盖。

■水务行政执法 针对擅自填堵河道、防汛墙堆载和随意倾倒垃圾等违法行为，加大执法力度。查处水事违法案件51起，罚款26.8万元，发出整改通知书100余份；审验取水许可证59套，注销4套，增发4套；征收供水水费预计200万元。全年处理人民来信来电31件。

■水文测报制度初步建立 年内，加强区域水质监测工作，完成对潘泾、荻泾、练祁、桃浦、走马塘等12条市、区级骨干河道20个水质监测点的监测；对马路河(新石洞水闸)、新川沙、练祁河2个引水口监测点进行了3×188次氯离子监测，全面掌握了长江口引水咸氯度的基本情况，完成区域雨量、水质、潮位的数据资料整编。 (尹晓信)

市政道路与公路

■概况 2004年末，宝山区境内共有市政道路108条，比上年增加3条，道路全长163.8公里，比上年增加19.85公里；乡镇市政道路202条(含开发区道路13条)，比上年增加11条，道路全长117.72公里，比上年增加4.35公里。公路609公里，比上年增加163.51公里；公路桥梁342座，比上年增加34座，其中市管公路72.92公里，桥梁71座；区管公路191.82公里，桥梁107座；农村公路 344.26 公里，桥梁 164 座。

■市政设施养护管理经费增长 140% 2004 年市政道路综合完好率达到 90.56%，比上年提高 0.3 个百分点。在 2004 年度上海市城市调查队开展的市民对市政道路满意度抽样调查中，宝山区列 12 个中心城区第三名。全年投入建设经费超过 1.2 亿元，比上年增长 140% 以上，其中市政养护 1830 万元，景观道路 4757 万元，大中修工程 1056 万元，百路环境整治 588 万元，无障碍设施建设 188 万元，吴淞工业区道路整治 3775 万元。工程优良率 80%以上，超过年初提出的 75%的指标。年内列入百路整治的 38 条道路全部通过验收；完成永清路 / 友谊支路 / 密山路、盘古路、双城路、宝杨路、淞滨路、共康路等 6 项景观道路建设项目；完成永清路/友谊支路/密山路架空线入地工程，共有 8 家主要架空线单位的 48 根 153 公里光缆入地，全线 90 根旧电杆被拔除；呼兰路砼板块修复，密山东路/宝林支路、共江路、南汀路、龙镇路道路整治，德都路人行道彩板铺设等大中修工程按期竣工；新接管的沪太路道路整治、国权北路西沙河桥整治、吴淞大桥防眩屏及隔离栏安装等工程完工；年内开展无障碍设施建设，共在 40 条道路上改建无障碍坡道 658 条，新铺盲道 48 公里；全面完成区机关无障碍设施改造工作，共改建残疾人无障碍坡道 28 条、男女厕所 34 个，清除人行道障碍物 198 处；根据交通排堵保畅要求，完成共和新路呼玛路下匝道综合改造、长江西路通河路港湾式停车站改造、淞兴路道路拓宽、泰和路南北辅道港湾式停车站改建等 4 项道路整治工程。宝杨路、淞滨路道路改建工程获市政局文明养护工地称号。

市政道路机械化施工。 摄影 / 胡新力

■江杨北路创建成宝山区第一条市级文明样板路 江杨北路全长 5.60 公里，为四快二慢一级公路，2004 年大中修工程共投入经费 891 万元。公路署将该路列入创建市级文明样板路，半年内重新摊铺 SMA 沥青砼，新增无障碍设施，改造调整原有绿化带。经市文明样板路检查组考核，上海市市政局命名该路为上海市市级文明样板路。 （徐根福）

■农村公路建设快速发展 2004 年根据中央农村公路工作会议精神，加大农村公路建设的投资力度，农村公路和桥梁建设投资总额 13636 万元，比上年大幅增加，其中，完成农村公路建设项目 59 个，比上年增加 13 个；总里程 135 公里，比上年增加 67.15 公里，投资额 12860 万元；完成农村公路危桥改建 12 座，比上年增加 1 座，投资额 776 万元。区公路署对农村公路建设实行行业管理，从工程立项、设计、施工、竣工、安全生产、文明施工、工程质量、资料实行全方位、全过程监督管理。

■养路费征收再创历史新高 在全市联网征收的形势下，宝山区加强公路养路费、通行费征稽工作，加大规费稽查力度。据统计，对区境内大型、重型车 15657 辆、小型车 40474 辆、外地在宝山运输车 8450 辆实行征收，全年共征收养路费 3.64 亿元，征收通行费 2.31 亿元，连续 5 年创历史新高。

■公路交通流量分析 年内，上海公路网交通流量调查全部采用自动化观测仪器，在宝山区的沪太路宝安路口、沪太路月罗路口、丰翔路工业路口等路段设置有 9 个观察点，根据收集的数据，日流量超过 3 万辆（折合成标准小客车）的道路有江杨北路、蕰川路、沪太路、宝安路、月罗路、丰翔路等，上下班高峰时间这些路段交叉口往往存在拥堵现象。

■治理公路超载超限 根据交通部、公安部等国务院七部委治理超载超限的统一部署，区路政中队与区公安交巡警支队分工对公路超载、超限加强治理。路政中队全年上路专项查处超限 46 次，共查处超限车辆 496 辆，罚款 24.81 万元，区内公路超载超限特别严重的状况得到明显遏制。

■公路养护与管理推出新举措 在前两年实行公路全断面保洁包干和建立公路垃圾清运处置系统的基础上，2004 年又在全市率先实行公路全断面养护第一责任人制度，促使公路一线作业人员及时反馈公路上发生的各种信息，变静态管理为动态管理，有效地保障了公路畅通能力。 （苏贵宝）

2004 年宝山区市政道路情况表

道路类型	长度（公里）	总面积（平方米）	桥梁（座）
市政道路　108 条	163.73	3903536	76
其中：主干道	29.13	977410	
次干道	104.47	2456586	
支　路	30.13	469540	
乡镇镇区道路 189 条	103.64	1228965	57
开发区道路　13 条	14.08	138027	

（徐根福）

● 常务理事

Baoshanqu 宝山区顾村镇 Gucunzhen

镇党委书记：周德勋
镇长：费富根
地址：泰和西路3431号
邮编：201906
电话：56181660

顾村镇位于宝山区中西部，东临杨行镇，南濒大场镇，
西接嘉定区马陆镇，北靠罗店镇，总面积41.66平方公里，
耕地面积1627公顷。辖20个行政村，12个居委会。
年末全镇户籍17513户，人口51564人，其中城镇居民30040人。
计划生育率99.8%，人口出生率4.84‰，人口自然增长率-2.4‰。
2004年，全镇实现工农业总产值622000万元，增长31.9%，其中工业总产值610500万元，
农业总产值11500万元；实现增加值18.57亿元，增长30%；
外贸出口完成2.02亿美元，增长35.6%；引进外资总额1.64亿美元，增长268.93%；
完成合同外资1421万美元，增长118.4%；完成国家税金5亿元，增长86%；
利润达到1.7亿元，增长18%；财政收入2.5970亿元，增长78.4%；
完成固定资产投入9.6亿元，增长160%；劳均收入12041元，增长15.1%；
人均收入8360元，增长13.2%；实现社会消费品零售总额36567万元，比上年增长413%。
粮食总产量698吨，上市蔬菜3.32万吨，生猪出栏0.98万头，上市鲜牛奶22.3万公斤。
全镇有线电视用户2.05万户，合作医疗投保率81%，养老保险投保率95%。
顾村镇工业园区被列入郊区都市工业园区示范基地建设试点项目。

街边绿化

位于海江路

环境

Environment

■编辑　胡新力

环境保护

■**概况**　2004年宝山区环境保护工作注重实践科学发展观，着重做好区域环境规划和工业区环境影响评价，以区域污染物排放总量控制为重点，推进环保三年行动计划实施，开展吴淞工业区烟粉尘无组织排放整治行动，强化环境治理；继续梳理环境管理、环境监察、环境监测三者之间的关系，不断加大环境监测、监控力度。按照“准、狠、严、宽”（监测准、执法狠、许可严、审批宽）四字工作要求，加大污染源现场监察和建设项目“三同时”（建设项目需要配套建设的环境保护设施，必须与主体工程同时设计、同时施工、同时投产使用）检查力度，建立完善污染源数据信息体系，建立信访处理快速反应机制。全年审批建设项目1024个，其中环境影响报告书5份，报告表167份，登记表433份，告知承诺419份，批复试生产项目176个，办理建设项目竣工验收293个；全年有18个项目不予许可。全年污染源现场监察730户，出动4173人次；建设项目“三同时”现场监察492户次。对环境违法行为实施行政处罚109件，处罚金额160万元。2004年，新的《排污费征收使用管理条例》开始实施，年内开征排污费445户，征收排污费627.7万元。全年实施工业污染源治理项目74个，投资20674.3万元。对14个污染物排放严重超标的企业实施限期治理措施。建成投产实际执行“三同时”项目32个，投资额1935.3万元。

■**环境状况**　2004年环境年报统计显示：全区各类污染物排放量较2003年有不同程度增减，国家实行总量控制的各项主要污染物排放量均有不同程度的下降，具体情况见当页表。

■**区域环境规划和环境影响评价**　年内突出“规划引导”在环境保护中的龙头地位，按照区域产业结构功能定位，开展宝山区环境保护规划“十一五”环境保护专项规划第三轮环保三年行动计划及宝山区环境监测网络体系规划的编制工作。完成罗店、杨行、月浦等工业园区和宝山西城区的环境影响评价工作，率先在全市实施工业园区环境影响综合评价。

■**“环保三年行动计划”实施**　2004年是实施第二轮环保三年行动计划的第二年，全区环境保护和环境建设投资总额11.7亿元，占区国内生产总值（GDP）3.59%，年内开工环境保护和建设项目93个，完成75个，占开工项目数80%。上海市第二轮环保三年行动计划下达给宝

2003～2004年宝山区主要污染物排放情况表

指　　标	单位	2003年	2004年	2004年比上年增减
工业废水排放量	万吨	12174.9	9658.8	－20.67%
工业废气排放量	亿标立方米	4806.4	5513.6	14.71%
二氧化硫排放量	吨	81289.5	86753.9	6.72%
烟尘排放量	吨	10793.0	11901.14	10.27%
工业粉尘排放量	吨	13915.7	13354.9	－4.03%
工业固体废物产生量	万吨	1077.6	1150.9	6.80%
六价铬排放量	吨	0.35	0.29	－17.14%
氰化物排放量	吨	1.96	1.08	－44.90%
酚的排放量	吨	3.41	2.29	－32.84%
化学需氧量（COD）排放量	吨	6793.2	4690.5	－30.95%
氨氮排放量	吨	572.5	261.25	－54.37%
油	吨	336.6	276.6	－17.83%
砷	吨	0	0	0
汞	吨	0	0	0
铅	吨	0	0	0
镉	吨	0	0	0

外环线 500 米绿化带。 摄影 / 胡新力

山区目标任务 20 个，开工率 100%，全部完成 8 个，占 40%。（1）水环境治理，年内共投入 47700.7 万元用于河道整治，主要完成小吉浦河二期、罗店生态水系整治二期、南泗塘等重点河道及区内 18 条黑臭小河道的整治和随塘河二期整治。年内工业园区污水管网建设有效推进，共投入资金 26350.9 万元，其中顾村工业园区、月浦工业园区（北区）、宝山城市工业园区已全面建成污水管网；宝山工业区及西城区污水管网建设正按计划全面展开。（2）大气环境治理以扬尘控制、燃煤锅炉清洁能源替代、基本无燃煤区创建、餐饮业油烟气整治等工作为重点。完成燃煤锅炉清洁能源替代 40 台、取缔无证餐饮业 236 户，治理餐饮油烟气排放单位 49 个；新建成通河新村街道和吴淞镇街道（蕰藻浜以北地区）2 个街道基本无燃煤区。区内渣土运输车辆全部实施密闭化改装；中心城区全部纳入高水平保洁范围，市政道路机扫率和水冲洗率分别达到 90%和 60%。（3）加大各类固体废物回收利用与集中处置力度，年内对 125 家产生危险废物的企业进行专项检查，查出危险废物 13345 吨，督促相关企业对危险废物进行综合处理，防止危险废物污染环境。年投入 480 万元建成生活垃圾压缩收集站 8 座；撤除和取消 25 处垃圾堆点；计划总投资 2.2 亿元的生活垃圾综合处理厂已进入开工前的准备工作。（4）绿化建设以公共绿地建设、生态林建设、道路绿带、主题公园建设、河道防护带为主。已建成长兴海塘防护林 40 公顷、横沙生态岛造林 120 公顷；年内新建公共绿地 150 公顷，主要包括月亮湾广场绿地、杨盛河亲水绿地及月罗路、友谊路等道路绿化的建设任务。西北公园、西城区绿龙、炮台湾湿地森林公园、宝山工业园区中心公园等工程正按计划目标进行。人均公共绿地面积达 16 平方米，区绿化覆盖率达 39%。

■加大吴淞工业区环境综合整治力度 年内全面建成吴淞工业区集中供热管网，累计取缔各种燃煤锅炉 47 台；工业区企业内部清浊分流和污水纳管工程正按计划实施，已有 40 户单位完成截污纳管。从二季度起一钢公司三转炉车间 3 台转炉开 2 台；吴淞煤气公司重油制气生产线关停，五钢公司四炼钢车间化铁炼钢生产线 8 月 25 日全线关停。

■五钢公司四炼钢化铁炼钢生产线关停 8 月 25 日，五钢公司四炼钢化铁炼钢生产线全线关停。该生产线是吴淞工业区即时最大的粉尘污染源。该生产线关停后削减的污染量：废气（有组织排放）246102 万标立方米 / 年；烟粉尘（包括无组织排放）2772.2 吨 / 年；二氧化硫 10 吨 / 年；废水 585.2 万吨 / 年；化学耗氧量 234 吨 / 年；石油类 17 吨 / 年；固体废弃物 28 万吨 / 年。受益群众达 20 余万人。该条生产线的关闭，是吴淞工业区环境综合整治的一个大突破。也是上海市整治三大重污染工业区之一——吴淞工业区的一项最重大的举措。

■吴淞工业区烟粉尘无组织排放整治 年内，市政府下达宝山区抓好吴淞工业区烟粉尘无组织排放的整治工作任务，按照“抓住重点、以点带面、点面结合、循序推进、注重实效”的整治工作总要求，整治工作全面展开，重点对 44 条（段）道路、33 户堆场、26 家码头单位进行整治，其中，降尘量大于 100 吨 / 月 · 平方公里的道路已经全面开工，2 个区域地块和 31 条道路的绿化按道路整治计划及时补种；需整治的 33 户堆场中 6 户已经通过验收；需进行整改的 26 户码头中 13 户已基本完成整改，2 户企业停止作业，11 户按要求进行整治。吴淞区烟粉尘无组织排放整治工作将于 2005 年全面结束。

■环保整治专项行动 （1）开展打击不法排污企业，保障群众健康生活专项整治行动，对 33 户重点企业进行了挂牌督查，整治 250 户存在环境问题的企业。（2）在大场地区开展化工行业专项整治行动，重点突击检查生产性化工企业 32 家，化工仓库 45 家。（3）开展大场、罗店化工企业集聚区的污染源调查及主要河道两岸企业污染物排放的普查工作，为下一步对重点区域的环境综合整治打下了基础。（4）开展餐饮业企业专项整治，整治餐饮企业 109 家，其中关闭 18 家，对 30 家群众反映强烈的有环境问题的餐饮企业进行重点整治，缓解了部分由环境问题引发的矛盾。全年还关停并转污染企业 225 户。

■农业生态环境保护 全年关闭畜禽场 7 个，整治畜禽场 6 个；农药施用量 2785 吨。

■环境保护信访 年内办理人大书面意见和政协提案 31 件，办结率 100%，满意率 95%。全年共受理环境信访 1118 件，比上年增加 56%，办理率 100%，办复率 98.4%，满意率 95%。1118 件信访中，按性质分：要求解决 796 件，占 71.2%；申诉 234 件，占 20.9%；举报 35 件，意见建议 20 件，其它 33 件。按污染类型分：废气污染 362 件，占 32.4%；噪声 287 件，占 24.9%；油烟气 101 件，废水 81 件，固废 73 件，其它 214 件。

■新增环境监测点 155 个 2004 年全

区新增的环境监测点中，河流断面监测点位30个；降尘监测点位89个；环境噪声监测点位36个。宝山区域内水、尘、声监测点位分别达到76个、152个、69个。投资400万元，购置大气自动监测车、便携式烟尘在线监测仪、TOC监测仪等大型监测仪，为进一步掌握区域环境质量打下坚实基础。年内获得各类监测数据40多万个，被直接采用的达4000多个。

■"绿色小区"创建 为将环境管理和环境保护的公众参与机制引入社区，增强公众的环境意识和文明素养，促进社区的环境建设和环境质量改善，开展"绿色小区"创建工作，友谊路街道宝山九村、宝山十村、宝钢六村、宝钢十一村、华能城市花园5个社区工作站进行"绿色小区"创建工作并通过区级验收。区内累计已有6个居民小区通过"绿色小区"创建验收。"绿色小区"的评选标准包括环境管理、环境质量和污染防治、环境建设、环境教育、绿色消费等评选指标。

■新增3所"绿色学校" 年内，高境三中、江湾中心小学、长江路小学3所学校创建"绿色学校"（绿色学校创建包括校园绿化、环保科技、环境教育、志愿者队伍等内容）并通过区级验收。

■环境保护宣传 开展"6·5世界环境日"和"12·25环境宣传日"宣传活动，2004年"6·5世界环境日"的主题是"地球和水"。6月5日，区长吕民元向全区人民发表主题为《积极行动起来，努力改善宝山环境质量》的电视讲话，号召全区人民爱护环境，珍惜环境，走可持续发展之路。同日，在友谊路街道、高镜镇等多个点位进行公众环境宣传，共发放各种环境宣传资料5千多份。12月25日是首个"12·25环境宣传日"，在文化广场进行环境宣传和咨询活动，发放宣传资料3000余份。年内投资18.5万元建立了环保公益广告阵地。（赵晓怀）

吴淞工业区环境综合整治

■概况 2004年是上海市新一轮环保三年行动计划的第二年，也是吴淞工业区环境综合整治的第五年。市吴淞工业区环境综合整治办公室贯彻实施《上海市吴淞工业区环境综合整治规划》、《上海市吴淞工业区环境综合整治实施计划纲要》、《上海市吴淞工业区环境综合整治配套政策的实施意见》，经上海市环保局、市经委、宝山区政府、宝钢集团等成员单位和吴淞工业区各相关企业的积极配合，吴淞工业区环境综合整治各项工作顺利推进，确保了2004年度各项整治任务的全面完成。至年底，关停污染严重的企业12家、生产线35条，完成计划关停数的138%；就地完成污染治理项目22个，占计划96%。由于历史原因造成长期生活在严重污染区域的1162户"征地未动迁"居民，已于2003年全部动迁至工业区外环境较好的地区生活。吴淞工业区的环境空气质量有了明显改善，工业区降尘量从整治前的22吨/月·平方公里降至2004年的15.4吨/月·平方公里，降幅30%；二氧化硫日平均值由整治前的0.084毫克/立方米降至2004年的0.063毫克/立方米，降幅25%。

■燃煤锅炉清洁能源替代 吴淞工业区内共有112台燃煤锅炉。经过实施集中供热工程等，至2004年底完成81台清洁能源替代，完成率达72.3%。尚余17台20吨和14台4吨以下燃煤锅炉待整治，均可在2005年底前完成脱硫或清洁能源替代或关停。

■企业雨污水排放治理 吴淞工业区蕰藻浜以北共有160余家企业需实施雨污水分流、污水纳管排放。至年底，完成外部4.1公里污水管网的建设任务。企业内部雨、污水分流管网建设完成59家，占37%，其余计划于2005年10月前全部完成，实现所有企业污水纳管排放。

■环保监控设施建设 至2004年底已建成1套吴淞工业区环境综合整治信息集合系统、5座大气自动监测站、1套烟尘黑度自动识别系统和一批锅炉烟气和污水排放在线监测系统，新增环境质量监测车1辆，降尘监测点由原15个增至116个，建成了网格化监测网。

■吴淞工业区内绿地建设 吴淞工业区内规划绿地总量为531.6公顷，其中公共防护绿地（非附属绿地）253.8公顷；企业等内部绿地（附属绿地）277.8公顷。至2004年底，已建成384.6公顷，占规划数的72%，其中建成公共防护绿地143.6公顷；建成企业内部绿地241公顷。

■吴淞工业区市政道路建设 根据《上海市吴淞工业区环境综合整治规划》，工业区内市政道路建设项目有水产路、铁力路、宝杨路、铁山路4条道路和2座雨水泵站、2座污水泵站等。至年末，除宝杨路跨铁路杨行支线立交桥因铁路部门原因尚未完工外，其他各项均已完工，地面道路已移交使用。

■整治烟粉尘无组织排放 该项工作未列入《上海市吴淞工业区环境综合整治规划》，由宝山区政府组织实施。区政府于2004年4月成立专项整治机构并制定了整治方案，全面推进了堆场、码头、道路和无主碴土等扬尘治理。（陈 良）

关闭前的五钢公司化铁炉生产线浓烟滚滚。 摄影/胡新力

市容管理

■概况　2004年，全区市容环境卫生按照“大市容、大环境、大卫生”和“全社会、全行业、全过程”的管理理念，以市场化改革为主线，构建市容环卫行政管理新体制和环卫作业市场运行机制，推进市容景观、固废处置和城市保洁三大系统的建设。区市容管理局下辖渣土管理所、退休职工管理服务所和5个街道环卫所等事业管理单位。受区国资委委托，由区市容局管理上海宝山环境卫生服务有限公司及其控股的9家环卫作业公司。区市容局采用内部招投标方式，由9家环卫作业公司为城区5个街道和城市化乡镇地区提供环卫作业服务，承担的环卫任务量面积近100平方公里。清扫保洁城市式道路580万平方米/天，清运居民和单位生活垃圾1250吨/天，清运粪便329吨/天，保洁公厕91座。全年投资3000万元更新与新增各类环卫作业车辆79辆。年末，区市容局及其管理的作业公司有各类环卫专用车辆238辆（台），垃圾滩地1处，粪码头和垃圾专用码头各1座。

■市容环卫综合改革进展顺利　2004年，全市范围内的市容环卫市场化改革正式启动，计划3年完成。宝山区的改革任务主要有：环卫事业型作业单位转制为企业型作业单位，行政事务执行机构的重新设置，市、区两级事权下放与职责划分。（1）年初，区市容局制订《宝山区市容环卫综合改革方案》和“整体设计、分步推进、平稳过渡、有序实施”的实施原则。区政府于6月24日批准市容环卫综合改革方案，并于6月28日召开市容环卫综合改革动员大会。区市容局协调财政、人事、社保、劳动等部门制定并完善有关劳动人事、养老保障、人员分流等配套政策。对原区环卫总公司及所属8个事业型作业单位共871名在编人员的年龄、工龄进行认定。至6月30日，9家单位（含环卫总公司机关）的871名职工顺利完成由事业身份到企业身份的转变，其中186名职工享受提前5年按事业身份退休的政策；其余符合相关条件的员工也享受分段计算养老金或者一次性购买养老金的优惠政策。在单位转制、身份转变、人员分流的过程中，区市容局高度重视稳定工作，编写《宝山区市容环卫综合改革宣传提纲》，局领导分别出席9家转企单位召开的全体职工大会，专门开设上访接待室。由于教育引导、组织保证和政策落实到位，没有发生影响全局稳定的重大事件。区市容局委托社会中介机构对9家转制单位的清产核资和资产评估工作于12月结束，与国资、工商等部门协调确定转制单位的工商登记和企业组建方案。（2）区编委于8月批准区渣土管理所更名为区废弃物管理所，新组建区灯光广告管理所、环卫作业质量监督（投诉处理）中心。（3）年内，上海市开展区县城市管理相对集中行政处罚权工作，按照区城管综合执法领导小组的统一部署，区市容局对下属市容监察支队的人员、财产等进行清理，为22名分流人员制定妥善的安置方案，5月20日区城市管理监察大队正式成立，区市容局原行使的行政处罚权全部移交区城市管理监察大队，并完成市容环境卫生专业管理与综合执法界面的划分。

宝山国际民间艺术节期间沿街围墙布置上了花卉。　　摄影／胡新力

■市容环境建设与管理　2004年全区市容环境建设包括104条“百路整治”重点整治道路，以及环卫设施配备、无主垃圾清除、户外广告整治等。（1）“百路整治”全年共设置废物箱800余只、清除无主垃圾3万吨（其中7000吨为区环卫系统清除）、拆除违章户外广告牌（条幅）13712块。完成全区18条景观道路、19条城乡结合部道路和3条中小道路的建设与整治任务，16个无乱设摊街区基本建成。（2）吴淞镇街道创建市容管理达标街道成功，海滨新村街道巩固了上年创建达标街道成果。（3）完成F1大赛、世界工程师大会、国际民间艺术节等重大活动和重要节日期间的市容保障和协调工作。（4）强化市容环境长效管理，各乡镇、街道继续落实市容环境卫生责任区制度，对城镇范围197条路段，1.3万余个责任单位重新发放市容环境卫生责任区告知书，56条达标路段创建顺利完成，在5个街道开展夜间门店责任垃圾上门收集试点，对责任单位和责任人在管理、作业、执法、自律上“四位一体”的管理模式基本形成。（5）以快速反应和处置机制为重点，在5个街道和南部乡镇推行了市容环境网格化管理试点，对控制乱设摊和跨门营业等现象起到了积极的作用。以市容环境卫生状况市民满意度测评为抓手，推进市容综合建设与管理，提高市民满意度。

■户外广告管理　年内，区市容局对区内户外广告设施设置开展普查，并建立户外广告电子资料档案，6月，对城区主要道路两侧建筑物屋顶户外广告和东城区118块违法指示牌进行集中清理整顿。编制宝山区户外广告规划设计，加强对户外广告设施的日常维护保养、安全检测和设施设置公共阵地拍卖的监督管理，区政府转发区市容局制订的《宝山区户外广告设置规划和管理实施细则（试行）》。全年审批户外固定广告设施383块（只），临时性条幅、对旗等1753条（组），收取市容整治费295130元。

■道路保洁范围扩大 年内，中心城区道路全部纳入高水平保洁范围，投入1379万元购置27辆扫路车与冲洗车。年增加机械清扫（简称机扫）面积109万平方米，至年底，区市容局系统承担的市政道路保洁总面积为580万平方米，机扫率和水冲洗率分别达到66%和45%。配合吴淞工业区烟粉尘无组织排放整治工作的开展，对区内道路加强机扫和冲洗，全年清除无主垃圾3.5万余吨。

■渣土管理实行网上申报 9月起，渣土申报实行网上办理，至年底累计受理申报业务284笔。年内，对泗东码头进行综合整治，并对吴淞工业区内渣土运输线路、密闭化运输、车辆清洗等实行严格控制。区渣土所全年受理各类渣土处置申报452家单位，160万吨；回填申报222家单位，240万吨。渣土运输车辆加盖率达100%、沙石运输车密闭化运输改装达65%。开展"环卫作业及运渣运浆车辆添美行动"，7月，市、区电视台对整治违章渣土运输车辆和吴淞工业区内无主垃圾的情况进行了报道。

■构建固体废弃物收运处置系统 编制完成《宝山区固体废弃物处置规划》，并通过市区两级评审。区市容局督促协调宝钢环卫公司关闭月浦长春垃圾填埋场，协调有关乡镇撤除25个农村生活垃圾临时堆点，撤除总数达140处（尚余34处），农村生活垃圾收集处置系统进一步完善。健全和完善餐厨垃圾收运网络，将宝钢、上海大学等单位纳入专业收运处置系统，全年收运量突破1万吨。回收一次性塑料饭盒1060万只，比上年增加21%。城区和乡镇实行分类收集的小区分别达到89个和31个，分类收集率分别达到80%和25%。

■环卫设施建设 2004年市、区两级政府实事项目全部完成。建成8座小型生活垃圾压缩收集站，压缩站总数达到38座。完成350座垃圾库房上下水改造，超过区政府下达计划数75%。全年设置废物箱1855只，并选用新型防盗防掏废物箱575只，开始在通河、泗塘地区试用。新建（改建）公厕11座，在全区公厕安装臭氧除臭器140台。加快大型生活垃圾处置设施建设步伐。神工生活垃圾综合处理厂于7月28日奠基，对原规划用地的调整已结束，正在进行开工前期准备工作。大型生活垃圾中转站完成项目立项，正与规划和房地部门协调选址和用地事宜。生活垃圾焚烧厂正在前期论证过程中。顾村垃圾堆场终场利用方案和治理方案委托上海市环境集团进行细化论证。

城管大队女队员在城市管理监察大队成立会上。 摄影／浦志根

■市容环卫行政许可事项清理 年内，按照《行政许可法》对市容环卫行政管理规范性文件进行清理，废止《宝山区摊亭棚设置和管理办法》、《宝山区户外广告管理办法》；参照市、区法制工作部门的意见，区市容局保留11项行政许可事项、2项行政登记事项、2项行政申报事项和5项行政备案事项。组织区市容局机关、渣土所和5个环卫管理所全体人员共80余人参加《行政许可法》的培训，全部通过全市统一的《行政许可法》考试。

■市容环卫政风行风建设 年内，加强政风行风建设，市容环卫政风与行风评议得分在全区的排名比上年均上升一位。（1）向全区作业服务单位、社区居民、行风监督员发放2400份政风行风意见征询表，广泛征求意见；（2）办理人大、政协书面意见和提案19件；（3）落实十大利民便民措施，在淞宝地区全面推行垃圾车不进新村新型作业法，受到群众欢迎；（4）加强环境卫生质量监督，提高投诉处理的质量和速度。全年外出巡检148次，发现问题452个，整改率99%。接到投诉1396件，移送城管部门640件，实际受理756件。实际受理案件中市投诉中心转来461件，电话投诉226件，信访投诉54件，政府网站投诉15件。处理率99%，满意率89%。区市容清洁服务公司获上海市总工会评选的职业道德"十佳"标兵单位称号。（毛荣峰）

城市管理监察执法

■概况 2004年5月20日，宝山区成立城市管理监察大队（以下简称"大队"）。并自即日起行使城市管理相对集中行政处罚权，原宝山区市容监察支队、宝山路政中队、5个街道监察队建制撤销。区城市管理监察大队为区政府直属正处级行政事业执行机构，大队部暂设党政办公室、法制管理科，暂定编制14人，大队下设16个派驻监察分队和大队直属的机动监察分队、吴淞工业园区监察分队，编制286人。年末，共有在编队员272人，队员参照公务员待遇。城管大队主要职责是依据《上海市城市管理相对集中处罚权暂行规定》，行使市容环卫、市政、园林绿化、规划、房地、环保、建设、水务、公安、工商等方面的全部或部分行政检查权、行政处罚权以及与行政处罚权相关的行政强制权。9月，大队工会和共青团组织相继成立。

■城管监察系列整治 大队成立后，针对区内道路市容环境脏乱差的状况，组织各分队开展以整治乱设摊为主要内容、以友谊路街道为重点、代号为"城管一号"的专项整治，对道路两侧的进行集中整治，打击了一批外来摊贩团伙势

力，取缔一批“钉子户”，并切实做好专项整治后的巩固工作。经过专项整治，黄金广场周边成片流动摊贩、盘古路水果摊点跨门占道经营、长江西路爱辉路口夜排档、淞宝集市西侧占道水果棚等全部取缔，城乡环境改善，尤其是友谊路街道改观更为明显，进入长效管理状态。“城管一号”专项整治历时2个月，共取缔流动摊点16690个，固定摊点7064个，当场处罚643起，罚款54850元；立案150件，罚款60650元。10月，大队再次组织各监察分队开展以创建城市管理规范化道路为主要内容，以吴淞镇街道、海滨新村街道为重点的代号为“城管二号”的专项整治。所属一、二、三分队组成“淞滨行动”指挥部，进行“无界化区域联动执法”，取缔吴淞客运码头乱设摊、东升路蟹摊贩、同泰北路跨门营业、海三通道乱设摊、双城路东段占路水果、烧烤摊贩等。其他各分队结合百路环境整治和创建国家、市一级卫生镇工作，加大整治的力度，并落实相应的监管措施。整治后，海滨新村街道、吴淞镇街道、泗塘新村街道和淞南、高境、庙行、罗店等镇区市容环境改善。“城管二号”专项整治历时2个月，共出动人员6954人次，取缔乱设摊3532个，整治乱堆放494处，整治跨门营业2538处，清除乱张贴、乱涂写3265处，拆除乱搭建856平方米。

■专项城管监察执法 吴淞工业园区监察分队按照《上海市扬尘污染防治管理办法》的规定，对吴淞工业区内41个散装货物码头、25个原料散货堆场烟粉尘无组织排放企业进行监察执法，督促25家企业落实整改措施，并对其进行检查验收。监察执法中处罚扬尘污染企业18家，处罚金额18.7万元。顾村、杨行、月浦、罗店、罗泾镇监察分队会同镇政府对19条、23公里长的区级骨干河道两岸的环境进行整治，拆除沿21公里岸线的搭建、堆场，整治任务如期完成，并通过验收。各监察分队重点实施学校周边、集市超市周边、建筑工地、车站码头市容环境监察执法，配合乡镇街道和工商、文化、药监、卫生等部门，进行拆除违法建筑、整治地下食品加工、无证行医、贩卖非法音像制品和出版物等的监察执法，查处夜间施工噪声、渣土污染等影响市民生活质量的热点问题。自城管大队成立至年底，共处理区信访办交办、相关部门转办、市民直接来信来电的信访投诉2241件，处理率98%，满意率90%以上。

■市容环境协管员上岗 按照市政府“万人就业项目”要求，8月起，大队会同区市容局、区劳动和社会保障局、区财政局和各乡镇街道，开展市容环境协管员招录工作。共招录下岗失业人员、协保人员和农村富余劳动力420名。成立宝山区市容环境协管办公室，由区城管大队大队长兼任主任，各乡镇街道成立市容环境协管服务社和市容环境协管队。9月下旬起，420名市容环境协管员正式上岗，在城管队员带领下，履行市容环卫、市政、绿化三方面宣传教育、督促劝阻、登记报告的职责。

■城管协同机制建立 由区政府法制办牵头，城管大队完成城管综合执法与10个相关部门的执法界面的清理，会同相关部门制定并落实城管大队与10个相关部门之间首问、告知、通知、移送、会商协调等8项工作机制，建立城管监察联席会议制度，形成分工合理、协同配合、便于操作的工作机制。大队与乡镇、街道建立“以条为主、条块结合、双重管理”的城管监察执法体制。各派驻监察分队“依靠地方、服务地方”，接受街道乡镇的领导，开展城管监察执法与市容环境协管工作。城管监察执法的协同机制初步显现，条块之间运转基本协调。

■城管法制建设 （1）城管大队委托市城市管理职业技术学院对原区市容监察支队、街道监察队、区路政中队、区绿化局212名队员和新招录的49名队员进行综合执法资格培训，并取得市政府法制办颁发的城市管理监察执法证。（2）大队建立案件集中审理制度，大队部设置案件审理室。各监察分队履行简易程序处罚、一般程序案件前期调查取证和暂扣物品先行登记保存的职责，大队案件审理室履行一般程序案件的审结和暂扣物品的处置。（3）大队建立重大案件听证制度，年内对上海昌新钢渣公司、上海三鼎有色金属公司、上海新腾炉料公司等4家无组织排放烟粉尘企业实施听证。（4）制订《行政执法过错追究办法》，编制《城管监察执法业务规程》和办案流程，不定期地对队员进行执法实务培训。自7月中旬起正式实施行政处罚至年底，共查处简易程序案2493件，处罚金额226750元，一般程序案706件，处罚金额57.26万元。未发生行政复议和行政诉讼案件。

■城管队伍建设 大队在全体队员中开展“爱岗敬业，争当一名合格城管监察队员”大讨论活动，明确“爱岗敬业，忠于职守，依法行政，勤政为民”的合格城管队员标准和“一流形象、一流素质、一流服务、一流效率”的建队目标。9月，针对在实施具体行政执法行为中存在的不文明、不规范的突出问题，开展“规范执法、文明执法”主题教育活动，要求队员正确处理好严格执法、规范执法和文明执法三者之间的关系，并且与各分队签订政风建设目标责任书。以建章立制为重点，落实“制度管人”的各项措施。制订各岗位工作职责、勤务运作制度、考核办法、队员行为准则、违纪违规处理、内务管理制度等。（陈正祥）

绿化

■概况 2004年，全区新建公共绿地157.8万平方米，其中单位附属绿地36.62万平方米，居住区绿地75.6万平方米。至年底，全区公共绿地总面积1095万平方米，单位附属绿地总面积1418.2万平方米，居住区绿地总面积507.8万平方米，分别比上年增加16.8%、2.6%、17.5%；全区人均公共绿地面积比上年增加1平方米，达到16平方米，建成区绿化覆盖率达到39%，比上年增加1个百分点。区级财政用于绿地建设的资金9000万元，比上年增20个百分点。

■绿化建设和养护管理 （1）绿地建设：年内完成宝杨路（2000平方米）、塔源路（1.2万平方米）、古莲路（4000平方米）、月罗路（4.3万平方米）、真祁路（2万平方米）、临江公园扩建（3.2万平方米）、杨盛河绿地（1.4万平方米）、月泉湾广场绿地（4200平方米）等项目，基本完成吴淞十一街坊绿地（1万平方米）。（2）养护管理：改造江杨南路（长江路-殷高路）绿地2.25万平方米，长江西路绿地1.5万平方米；新建行道树带江杨南路两侧行道树带5600平方米、宝杨路两侧行道树带3600平方米、永清路、盘古路行道树带9700平方米；完成逸仙路桥荫下绿地、水产路牡丹江路下沉式广场改造；成功引进紫叶矮樱、红叶石楠、海滨木槿、紫叶风箱果等一批树木新品种；组建环城绿带植保网；对全区44棵古树进行了挂牌，完成罗店镇11棵古树的社会认养工作；香樟黄化病治理工作初见成效。

2004 年全区新建 3000 平方米以上大型公共绿地表

绿地名称	位 置	面积(平方米)	投资金额(万元)	所属单位
月泉湾绿地	德都路四元路东南角	4200	40	月浦镇
郝桥港绿地	逸仙路长逸路西南角	4500	60	淞南镇

临江公园扩建工程完成 工程于2003年9月动工,2004年7月1日正式对外开放。扩建后的临江公园保持了公园原有江南园林的风格,新、老园林有机结合。新园以新建的化成广场为中心,连接陈化成纪念区和淞沪抗战纪念馆两个景区,使公园的历史文化主题更加突出,园内新增停车场、园务管理区、老年活动室、湿地水景观赏区、玫瑰园、桂馨谷、三角泉溪流景区等。扩建后的临江公园有醉红坡、香樟林、梅花坞、松树林、翠竹林、杉树棕榈林、银杏林等纪念性植物和景观性植物,植物与地形有机结合,形成层次丰富、形式多样的园林景观。

郝桥港绿地竣工 绿地位于逸仙路、长逸路西南角,面积约4500平方米,投资90万元。绿地设计遵循自然生态与人工景观结合的原则,以规则的行列式种植结合疏林草地的形式,模拟出自然群落的面貌。林内种植有香樟、桂花、无患子、哺鸡竹等乔、灌木,以及诸多优质"彩"树。秋季栾树、羽毛枫、马褂木、乌桕等色叶树种呈现出金黄、火红、红褐等多种色彩。林中还设有健身卵石路和景观平台。绿地于2004年底全面竣工。

杨盛河绿地建成 绿地位于月浦镇杨盛河东侧,南起四元路,北至德都路桥,全长800米,宽12~20米不等,面积1.4万平方米。在杨盛河绿地内设有2个小型活动场地及贯穿南北的步行小道,可供居民活动、健身和散步。

月泉湾广场绿地完成 绿地位于月浦镇德都路四元路东南角,北接好宝钢大型超市,东邻月泉湾居住区,面积0.4公顷。绿地以乔灌木、地被为主,辅以休闲活动场地,具有休闲观赏功能。

宝钢林带改造完成 林带位于漠河路以北,牡丹江路东侧,东林路西侧,面积11万平方米。原林带呈封闭的育林状态,改建工程根据地形变化和新增的活动场地,对原有绿化进行调整和梳理,保留原有意杨林、水杉林、银杏林等,增植花灌木和桂花、红叶李、樱花、红花继木等15个品种;增设疏林草地;开挖和疏通了原有水系,该林带的改造完成,给人们创造一个生态的、充满野趣的集休闲、健身为一体的绿色场所,发挥了林带服务社会、面向大众的功能。

吴淞十一街坊绿地基本建成 绿地位于淞桥路延伸段的西侧,西靠吴淞大桥,南临淞浦路,北接淞兴路,面积为1.27万平方米。12月底基本完成绿化种植工作。该绿地设计思想是以中国第一条营业性铁路淞沪铁路为背景,通过道路为导线的有机串联,融合中国铁路起源的历史;运用园林的手法营造自然、生态的园林景观。园内地形呈西高东低的走势,连绵起伏。植物配置疏密有致,四季分明,并与地形设计有机结合,起到隔离防尘的作用。绿地内还设有2个篮球场和1个中心活动广场,供市民休闲、活动、锻炼。

白鹭公园开工建设 公园地处罗泾镇,东到潘泾河,西至规划路,北靠规划中的花园路,南到规划中的经纬二路和纲纬二路。总面积17.5万平方米,建成后将成为宝山最北端的免费开放式公园。公园通过一条横贯东西的水体将4块相对独立的绿地连成一体,突出生态、文化、运动的理念,利用环形桥和水体连接各个生态景点,形成芦汀花语、雾花赏虹、山林观唱、柳浪风和、绿岛胜境、春花观喜、森林娱乐等景点。栽种的10万株苗木将全部取材宝山境内的外环绿带。公园计划于2005年年底竣工。 (钱晓岚)

炮台湾湿地现状。 摄影/熊志强

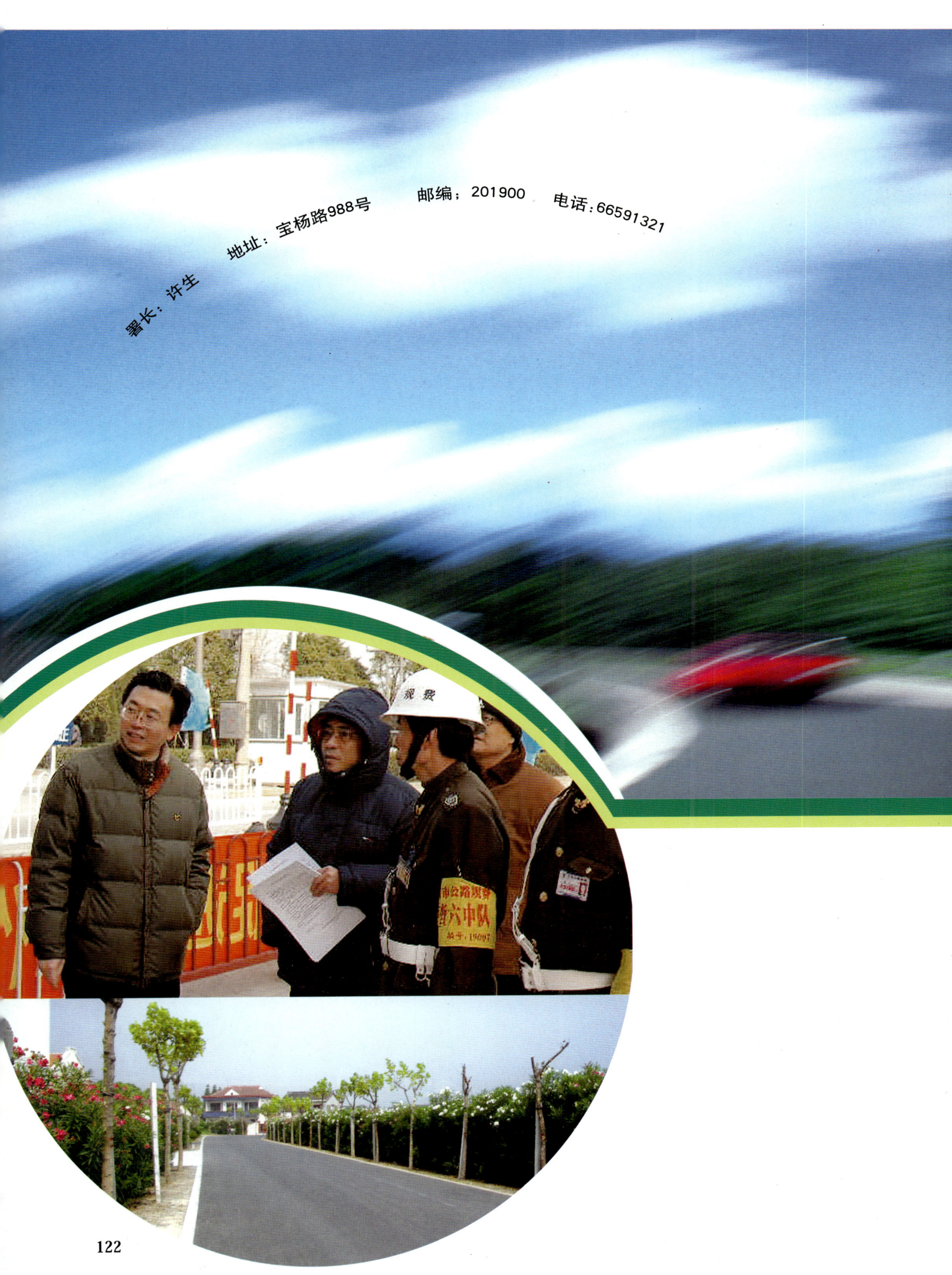
署长：许生
地址：宝杨路988号
邮编：201900
电话：66591321

上海市宝山区公路管理署

该管理署是宝山区的公路管理机构，其职能主要是负责全区公路的养护与管理、公路建设管理、公路路政执法管理、公路规费征收稽查，实行公路行业管理等。依据《中华人民共和国公路法》和《上海市公路管理条例》，该署对全区的481.65公里公路（其中干线公路61.23公里，县公路170.68公里，专用公路2.35公里，乡村公路247.39公里），308座桥梁（其中干线公路59座、县公路94座、专用公路1座、乡村公路154座），实行全方位、全过程、全覆盖的公路行业管理。

该署在「管养分开」改革前是宝山区公路管理所，在以往的公路建设中，先后参加过上海市重点工程杨高路、沪嘉高速公路、逸仙路高架；区重点工程月罗路、沪太路、宝安路、富锦路、江杨路、蕰川路；江苏省太浏路等重大工程建设，取得了优异的成绩，获得上海市「重点工程立功竞赛先进集体」、「优秀科队」、区「文明单位」、「先进党支部」等多项荣誉，公路养护与管理一直名列前茅。

管养分开后的2000年，该署又参加了江杨北路、新二路等工程建设，公路养护百分之百实行招标；该署设施科被评为上海市「绿化先进集体」，路政科被评为区「文明班组」和区建委「先进集体」，署办公室获区「红旗文明岗」称号，2001年，署被宝山区公安分局评为「治安合格单位」，署党支部被评为区「先进基层党组织」。2002年、2004年署获宝山区「文明单位」荣誉。2003年，署获「上海市绿化先进集体」、上海市市政治理「三乱」先进集体、上海市公路思想政治工作优秀工作奖。2004年，署获市委宣传部「三学先进集体」称号，上海市军民共建社会主义精神文明先进单位称号，宝山区公路养路费、通行费所获共青团中央「全国青年文明号」称号。

上海宝山工业园区雕塑

位于罗泾镇

工业与建筑业

Industry and Construction

■编辑　陈全权

工业

■**概况**　全区工业企业5700余户（含注册型企业），比上年新增近300户。按调整后的统计口径，全区实现工业总产值551.1亿元，比上年增长29.9%；实现销售产值547.1亿元，增长29.7%；累计产销率99.3%。全年实现工业增加值110.2亿元，增长25.1%。第二产业占三次产业的比重为48.6%。规模以上企业730户，增加60户；销售产值超1亿元以上企业达70户，新增16户，实现销售产值264.7亿元，增长37.2%；三资企业实现销售产值173.0亿元，占销售产值总量的近三分之一，增长36.3%；私营有限责任公司实现销售产值39.3亿元，增长73.1%；各经济发展区实现销售产值152.2亿元，增长24.4%。村及村以上工业企业累计实现销售收入418.9亿元，增长36.5%，实现利税总额32.5亿元，增长27.0%，其中利润总额19.5亿元，增长25.8%，比上年同期提高2.5个百分点。全区亏损企业240户，比上年同期增加11家；亏损金额为1.8亿元，比上年下降31.6%。

2004年全区完成工业投资46.9亿元，比上年增长20.0%。投资在5000万元以上的工业项目24个，完成投资29.8亿元，占工业投资总量的63.5%。

（黄志刚　陈芳庭）

2004年销售产值前十位行业一览表

单位：亿元

序号	户数	行业名称	本年累计	上年同期	增长%
1	202	金属制品业	101.8	68.5	48.6
2	184	通用设备制造业	49.7	32.6	52.5
3	40	黑色金属冶炼及压延加工业	40.5	35.9	12.8
4	32	有色金属冶炼及压延加工业	28.2	20	41
5	98	非金属矿物制品业	27.9	19.8	40.9
6	83	电气机械及器材制造业	25.1	20.5	22.4
7	80	化学原料及化学制品制造业	19	13.5	40.7
8	67	交通运输设备制造业	14.5	11.5	26.1
9	34	造纸及纸制品业	9.2	7.9	16.5
10	46	纺织业	9.1	6.9	31.9

2004年销售产值前十位企业一览表

单位：亿元

序号	所属镇	行业名称	本年累计	上年同期	增长%
1	顾村镇	上海新格有色金属有限公司	19.8	14.4	37.5
2	罗店镇	上海宝伟工业有限公司	15.7	7.1	121.1
3	罗店镇	上海中集冷藏箱有限公司	12.8	9.9	29.3
4	杨行镇	上海宝山太平货柜有限公司	11.1	6.9	60.9
5	杨行镇	上海进道集装箱有限公司	10.5	6.6	59.1
6	月浦镇	上海泛亚潜力纸业有限公司	6.4	5.7	12.3
7	杨行镇	上海崇友电梯有限公司	6.4	4.4	45.5
8	月浦镇	上海华冶钢材加工有限公司	6.3	4.6	37.0
9	杨行镇	上海同强表面处理有限公司	6.1		
10	顾村镇	上海关西涂料化工有限公司	5.9	3.5	68.6

2004 年各类所有制企业销售产值情况表

单位:亿元

所　　有　　制	本年累计	上年同期	增长%
国有企业	10.2	16	-36.3
集体企业	53.2	39	36.4
股份合作企业	23.3	19.4	20.1
联营企业	32.5	30.1	8.0
有限责任公司	43.3	32.3	34.1
私营有限责任公司	39.3	22.7	73.1
三资企业	173	126.9	36.3
经济发展区	152.2	122.3	24.4

■宝山城市工业园区　2004 年,宝山城市工业园区完成增加值 9.6 亿元，比上年增加 43.1%;完成工业销售产值 21 亿元，比上年增 64%；完成生产总值 9 亿元,净增 50%;上缴国家税收 2.9 亿元,比上年增 114.8%；利用外资总额达 1.3 亿美元，其中合同外资 4762 万美元;引进内资 2 亿元；全年签约项目 22 个,其中外资项目 13 个,内资项目 9 个,主要有汽车配件、电子专用设备、金属深加工等行业;外资投资密度平均每亩 32 万美元,比上年增加 2.3%,内资投资密度达 200 万元,与上年持平;新引进注册型企业 318 家,注册资本新增 2.7 亿元;生产经营性固定资产投入 8 亿元。全年新开工项目 25 个,开工面积逾 30 万平方米。年内竣工项目（含上年引结转项目)24 个,竣工面积 17 万平方米;明治橡胶、霍富锁具、上环光盘三大重大项目如期竣工投产。拆迁破旧厂房 1.2 万平方米,100 多户农民动迁过渡户搬入动迁基地一期东块“星福家园”新居;“星福家园”西块建设年内完成单体装饰,开始配套建设。新建道路 2.2 公里;陈太路、丰翔路、真陈路等道路整治通过验收。开工建设雨水泵站 2 座。敷设地下管道 3600 米。建设园区污水管网 2100 米。新建通讯模块局 1 座。开通了光缆宽带。全年植绿 9.7 万平方米。　（陈军琴）

■工业园区实现销售产值超 150 亿元　至年末,在原“1+5”工业园区(宝山城市工业园区和杨行、月浦、罗店、顾村、罗泾）落户企业达 260 户，比上年增加 56 户。实现销售产值 159.5 亿元，增长 41.8%;工业集中度 29.2%,比上年提高 5 个百分点;工业园区投资完成额 37.99 亿元,占全区工业投资总量的 81%,增长 3 个百分点。经过多年的开发建设,各工业园区(不包括宝山工业园区)水、电、路等基础设施基本配套,2004 年,原“1+5”工业园区基础设施投入达 24714 万元,至年末累计投入 121265 万元，基本上形成了道路格式化、通讯现代化、水电规范化、绿地成荫化。全年共动迁农户 2236 户,完成年初下达指标的 149%。全年技术改造总投资 4.5 亿元,投产后可新增产值 13.9 亿元,税收 9700 万元左右。中集宝伟经过技改后实现产值 15 亿元,是上年的 1.2 倍,太平货柜项目投入 1200 多万元改造流水线,全年增长速度达 60.8%。

■都市工业园销售收入突破 20 亿元　年内，南部各镇和街道继续加强与区域内国有企业的合作，利用国有企业的闲置厂房经改造后建立都市工业园,全年共改建、新建 8 个都市工业园,新增厂房面积 8 万平方米。至年底,全区共有都市工业园 16 个,可供出租面积 25 万平方米,累计引进落地型企业 54 户。都市工业园全年实现销售收入 206368 万元、税收 5117 万元、地方税收 2374 万元,提供就业岗位 1800 余个。（黄志刚　陈芳庭）

宝山工业园区

■概况　年内,区委、区政府做出决定,调整宝山工业园区、罗泾镇行政区划及管理体制。7 月，完成有关行政区划调整。调整后的宝山工业区园区、罗泾镇行政区划为:罗泾镇全部,罗店镇、月浦镇在宝山工业区园区规划范围部分，即南起石太路,北至上海市与江苏省交界,西起宝山区与嘉定区交界，东沿北蕴川路至罗泾月浦交界，总面积 47.68 平方公里。宝山工业区园区党工委与罗泾镇党

2004 年各工业园区基础设施投入情况对比表

单位:万元

园区名称	2003 年投入	2004 年投入	净增	增长(%)
宝山城市工业园区	13284	11850	-1434	-11
顾村	5000	5600	600	12
杨行	1200	1200	0	-
月浦	700	1600	900	129
罗店	2250	1800	-450	-20
罗泾	493	2664	2171	440
合计	**22927**	**24714**	**1787**	**8**

2004 年宝山都市工业园一览表

序号	园区名称	所属乡镇、街道	新建、改建面积（平方米）	市、区支持资金（万元）		备注
				市经委	区财政	
1	吴淞八棉都市工业园	吴淞镇街道	5000			
2	白猫家电科技产业园	大场镇	29000	100	50	
3	吴淞服装工业园	海滨新村街道	8000			
4	逸仙都市工业园	淞南镇	15000	140	50	
5	葵花都市工业园	淞南镇	12000	75	25	
6	金都工业园	大场镇	22000	50		
7	炮台科技工业园	友谊路街道	5000			
8	高境都市工业园	高境镇	25000		50	
9	火炬文体工业园	大场镇	2000			
10	长逸都市工业园	淞南镇	40000			
11	中远工业园	泗塘新村街道				整合
12	同济工业园	通河新村街道	12000			
13	福鑫工业园	大场镇	13000		5	
14	轻玻都市工业园	淞南镇	20000	110	50	
15	沪北都市工业园	庙行镇	22000		42	
16	南大工业园	大场镇	8700		17	
	合　　计		**256700**	**475**	**289**	

（黄志刚　陈芳庭）

委，宝山工业园区管委会与罗泾政府领导分别实行合署办公。根据宝山工业园区和罗泾镇建设需要，年内计划动迁农户 1698 户，实际完成动迁 1559 户，完成计划的的 91.81%。

■**征地农民就业和社会保障措施出台**　因宝山工业园区和浦钢基地建设，罗泾镇征地农民增加。为维护征地农民切身利益，保障其老有所养和提高生活水平，该镇根据市政府有关文件规定，制订《关于被征用农村集体所有土地农业人员就业和社会保障管理实施意见》。按照规定，在征地范围内具有镇常住农业户口年满 16 周岁以上人员，包括正在服现役的义务兵和其他人员，可以参加小城镇社会保险，户口农转非。户籍转性后，其就业按照市场就业的原则，纳入户籍所在地城镇就业服务范围。

■**园区 10 大项目全面推进**　年内，宝山工业园区基础设施项目建设全面推进。（1）金石路于 12 月全线贯通，道路全长 5.37 公里，宽 44 米，西至沪太路，南至北蕰川路。（2）潘泾路园区北段所有污水、快车道建设项目于 5 月 8 日开工，计划至 2005 年 3 月底完成。（3）环钟路年内完成排水工程、道路基层、三座桥架梁。（4）中心服务大楼周边的天际路、日晕路、朝晖路竣工。（5）园区服务中心大楼于 1 月 18 日竣工，建筑面积 10300 平方米，总投资 6900 万元。（6）居家酒店于 5 月 20 日竣工并投入使用，可容纳 100 人就餐，设有住宿、娱乐和餐饮等功能。（7）集贤路 3.5 千伏变电站于 11 月 8 日开工，预计 2005 年 5 月竣工。（8）由市政府投资的 220 千伏变电站开工。（9）工业园区主题公园白鹭公园，投资 760 万元，占地 23 公顷，

宝山工业园区举行上海模具中心、上海模具产业园揭牌，工业园区主题公园开工仪式。
摄影／浦志根

年内完成设计，2005年上半年完成建设。(10)完成10万平方米标准厂房的设计、勘察招投标工作。

■招商引资初见成效 年内落实招商意向项目29个，签约15个，其中外资项目5个，总投资7.3亿美元；内资项目10个，总投资50亿元；签约项目中已立项8个，总投资14.75亿元和1.15亿美元，全年利用外资总额1亿美元；投资3.6亿元的屹丰模具项目和投资1.5亿元的钢之杰项目已开工建设。

■新加坡佳通集团落户园区 1月，宝山区政府与新加坡佳通集团签订投资合作框架协议，由上海宝山工业园区投资管理有限公司、佳通亚太控股私人有限公司共同出资成立上海宝山佳通投资有限公司，注册资本2亿元人民币；由佳通亚太控股私人有限公司及关联企业投资6亿美元，在宝山工业园区内设立与汽车配件相关的制造业及其研发和销售中心；由上海宝山罗泾资产经营公司与佳通集团控股的新加坡传慎公司下属的上海佳苑房地产发展有限公司共同出资成立上海罗泾传慎投资有限公司，注册资本2亿元。由佳通公司分期投资6亿美元的汽车配件合作项目于11月22日签约。 （吴士忠）

■上海海豹水泥集团 2004年，该集团按照"深化改革，加快发展；追求诚信，打造名牌；提高产能，确保质量；以销定产，以产促销；推进技改，降低成本；抓好安全，加强环保；利用三废，美化环境。"的生产经营方针，克服市场水泥价格下滑，水泥原材料、燃料、运费、电价持续上扬的不利影响，生产水泥97.62万吨，比上年增长15.69%；实现销售96.59万吨，增长14.55%；完成产值2.67亿元，比上年增长16.09%；完成销售收入2.61亿元，同比增长12.02%；资金回笼率100%；实现税利总额4689万元，增长3%。公司产品质量继续保持出厂水泥合格率、出厂水泥富裕标号合格率、出厂水泥袋重合格率三个100%；在国家水泥质量监督检验中心组织的第九次全国水泥化学分析大对比活动中，获全国水泥化学分析大对比"全优单位"称号；获2003~2004年上海市水泥产品质量诚信优胜企业、2004年上海市用户满意企业，上海市"守合同重信用单位"称号；公司在上海市百强私营企业中排名，由2002年的第23位上升到第17位。

该集团2004年完成对1#高温风机改水阻调速、2#辊压机就地补偿等节能类技改项目8项，水泥综合电耗全年平均值38.29Kwh，同比降低了3.99%，水泥综合能耗全年平均值117.01Kg/t，同比降低了5.5%。完成生料均化库顶、库底收尘、矿渣烘干煤粉仓收尘等环保类项目9项，达到了预期效果，减少了扬尘点；完成水泥发货系统计算机控制改造、砂岩进库计量等提高管理效率类项目4项，在水泥发货系统的统计和管理、进厂物料量的监督等方面取得了成效。年内，集团公司斥资150万余元，购置了国际先进的X射线荧光分析仪，代替了原本由手工操作的分析检验，减少了误差，提高了速度和准确率。

工业"三废"资源开发利用取得进展，在保证水泥产品质量的原则下，开展以合适的工业废料和替代品作为原料的试验开发，成功开发利用工业废料煤矸石、电厂平炉渣、泛亚纸业纸浆灰、电厂粉煤灰、矿山选矿尾矿、炉渣、钢渣等7个品种，使"三废"资源综合利用率超过30%。

该公司按照GB/T24001 idt ISO 14001:1996国家标准，建立和实施了环境管理体系，经上海质量体系审核中心认证审核，上海海豹水泥（集团）有限公司、上海海豹机械安装有限公司获《环境管理体系认证证书》，成为上海水泥行业首家获ISO14001环境管理体系认证的企业。

年内，经上海市著名商标认定委员会第九次会议审议通过，并经上海市工商行政管理局审定，该公司"海豹"商标被认定为上海市著名商标，有效期自2005年至2007年止。 （倪东升）

建筑业

■概况 区域内有建筑业企业共145户，比上年减少5户，其中，内资企业144户，外商投资企业1户。年末从业人员60023人。内资企业中国有19户，集体26户，股份合作4户，联营1户，有限责任公司33户，股份有限公司8户，私营53户。按行业分，从事房屋工程建筑的62户，土木工程建筑的23户，建筑安装业的26户，建筑装饰业的18户，其他建筑业16户。全年实现建筑业增加值19.11亿元，比上年增长16.2%。三级以上资质建筑业企业全年完成施工产值170.35亿元，比上年增长31.1%，其中在外省市完成产值58.18亿元。以四大冶建公司为主的部市属建筑企业完成施工产值88.98亿元，增长62.0%。全年区属建筑业企业有130户，比上年减少9户。签订合同额115.0320万元，全年完成总产值62.1437万元。 （陈全权）

■上海宝冶建设有限公司 该公司（简称宝冶建设）是从中冶集团上海宝钢冶金建设公司分立出建筑主业核心资产、吸收科研等股东单位出资设立的从事工程施工总承包及检修协力的大型国有控股建筑企业。2004年公司实现总产值59.9亿元，比上年增长75.1%，是2002年改制前的建筑业主业产值的3倍以上。全年合同签约额首次达到67.57亿元，比上年增长58.6%，其中冶金项目工程量递增65.2%。全年两级公司共有项目86个，其中公司总管项目32个；二级分公司独自承揽的在建项目54个，比上年增加36.5%。成功建设一批有社会影响力的工程：(1)南京奥林匹克体育中心主体育馆、苏州国际博览中心、宝钢十五规划工程项目、郑州会议展览中心、上广电等重点项目。(2)由该公司承建的宝钢"十五"规划工程3号连铸机于12月26日热负荷试车成功。(3)宝钢5米宽厚板轧机工程、宝钢4号高炉工程综

宝冶承建的宝钢5米宽厚板轧机生产线。 摄影／沈有福

合进展正点率98.46%，质量、安全、进度均处于受控状态。（4）承接上海陆家嘴地区42层黄金置地工程，填补了超高层钢构业绩的空白。（5）新开拓湘钢、韩国浦项等市场，中标南通体育场、太钢高炉、浙江玉环电厂、佛山体育场等几个大项目。组织参与国家体育场钢结构安装施工方案的征集。加大非冶金市场的开拓，非冶金项目的比例占到58.13%。钢构品牌不断提升，年内承接钢结构订单37.7万吨，钢构制作加工总量达到25万吨以上，是上年的3倍。在开拓以大钢铁厂为基地的河南分公司、南京分公司、杭州分公司市场的同时，还借助中冶集团和宝钢股份，开拓缅甸、巴西、巴基斯坦等海外市场。武钢二热轧、上海海烟物流配送中心工程获冶金工业优质工程奖；上海海烟物流配送中心安装工程获"申安杯"奖；11篇QC成果分获全国冶金系统、上海市建设系统成果奖；公司连续第九次获得上海市建筑企业综合实力50强第一名，并获全国"五一"劳动奖章。2004年，上海宝冶建设有限公司获省市级以上科技成果10项、国家专利2项。（王云高）

■上海五冶建设有限公司 该公司（以下简称上海五冶）为中国第五冶金建设公司独家投资在上海市注册的国有独资公司，具有国家建设部审批的国家冶金工程施工总承包一级、房屋建筑施工总承包一级等五项目总承包一级资质。公司下设设备材料供应公司、混凝土公司、技改公司等7个专业工程公司。2004年公司在册职工4983人，比上年减少12.38%，其中具有各类专业职称的1463人（高级职称178人，中级职称513人，初级职称747人，其他职称25人），拥有一级项目经理84人，二级项目经理153人，三级项目经理14人。固定资产总额3.67亿元，比上年增长11.21%。技术装备率6935元/人；动力装备率9.6千瓦/人。公司拥有各种施工机械设备1504台（套），其中运输机械297台，总功率23112千瓦；起重机械140台，总功率8821千瓦；土方机械30台，总功率3364千瓦。全年完成产值16.4亿元，比上年增长13.9%；签订合同18.5亿元，比上年增长30.56%。实现利润550万元，比上年增长3.77%。分项工程优良率达90.62%，分部工程优良率达89.69%，单位工程优良率达84.6%，承接各项工程的工期履约率达100%。举办施工现场一线操作人员安全知识培训班12期，2300余人次参加培训；公司冷三标项目、3号热镀锌项目、上钢一厂污水处理项目、阿赛洛项目安保体系先后通过上海市施工现场安全生产保证体系第二认证中心认证审核并获证书；全年月均千人负伤率0.21‰。

年内承建宝钢3号硅钢项目、宝钢ERW工程、五钢合金棒材改造工程等项目，新开发广东韶关钢铁公司、本溪钢铁公司、太原钢铁公司等市场。公司参与国际竞标，承接了土耳其2座焦炉工程。承建的莱芜钢铁公司"十五"技改焦化工程5号焦炉工程提前两个月投产，工程创造了55孔6米大容焦炉6天达产的世界新纪录。公司承建宝钢集团上海五钢有限公司不锈钢长型材轧钢车间厂房钢结构工程、九寨沟甘海子国际会议度假中心大堂、温泉、泳浴中心钢结构工程均被授予"中国钢结构金奖"；该公司钢结构工程公司承建的明珠线项目获"上海市重大工程立功竞赛先进集体"表彰；签约的洋山深水港南北闸桥工程进入空间管结构领域；承建的宁波宝新二期技改光亮机组工程，获"2004年全国冶金工业优质工程奖"，并在年内质量评比中取得9个优秀的QC质量管理工作成果。公司连续两年获全国"优秀施工企业"称号，连续七年被评为上海市建筑业综合实力50强，公司下设的检修公司进入上海市设备维修企业50强。（吴　琼）

■上海十三冶金建设有限公司 2004年是公司以新的名称注册后的第一年（简称上海十三冶，原上海宝山十三冶金建设有限公司）。根据中冶集团《关于上海十九冶金建设有限公司整体并入上海十三冶建设有限公司的决定》，年内顺利完成了整合工作。形成地基与基础、土建、钢结构、机电安装、商品混凝土、炉窑砌筑等10大专业公司。公司注册资本金7000万元，至年末有员工9034人，比上年增加50.74%；各类专业技术人员和管理人员2293人，比上年增加108.9%，其中高级职称192人，中级职称756人，一级项目经理141人，一级建造师26人。固定资产原值53346万元，比上年增加28.12%，净值23254万元，增加28.02%。全年完成企业总产值27.39亿元，为年计划的133%，增加31.68%，其中主营业务产值26.13亿元，为年计划的145.17%，增加44.36%。全员劳动生产率27.06万元/人·年，为年计划的108.25%，增加16.14%。

全年签订工程承包合同206项，总金额29.12亿元，比上年增加52.5%，创历史最高水平。公司全年在建工程项目70余项。为更好地承担宝钢"十一五"规划建设任务。年内，公司在罗泾、月浦工业园区批租2幅地块，计24.3公顷。

公司申报的"SMW工法（水泥土搅拌连续墙）在深基坑维护中的应用"、"聚能切割爆破技术在钢结构厂

2004年十三冶竣工项目名录

工　程　名　称	工　程　名　称
宝钢一钢不锈钢工程1号、2号、3号连铸机工程	江苏沙钢荣盛40万吨转炉连铸工程
宝钢梅山公司梅宝新型建材工程	江苏扬子石化3.85万Nm^3/h制氧工程
江苏南钢高炉项目焦矿槽及公辅设施工程和综合管线工程	江苏沙钢热连轧土建及钢结构工程
荣盛高线、棒材工程	宝钢股份能源部液化装置改造工程
宝钢五钢合金棒材车间改造工程	湖南涟钢冷轧公辅设施工程
河北石钢转炉0号连铸机工程	浙江嵊州经济开发区市政配套工程
安徽芜湖奇瑞汽车研究院土建工程	上海高桥物流园仓库工程
安徽芜湖世纪花园工程	北京英蓝国际金融中心工程

（白　雪）

房拆除中的应用”和“超大型工字型钢梁制作工艺技术的开发和应用”3项技术通过上海市科技情报研究所的技术查新和中冶集团的科技成果鉴定。公司完成了地基处理等11项企业标准的编制。在2004年度全国冶金焊接大赛中公司代表队取得团体第三、个人第三的成绩。

2004年公司的工程实体质量合格率按新、老标准核定均为100%,按老标准核定优良率94.6%。年度事故发生率比上年下降17%。宝钢股份宽厚板、宝钢一钢不锈钢连铸和炼钢项目通过安全生产保证体系的外审。

年内,全面贯彻ISO9001质量标准,完善和强化执行“三级管理、一级专检”制度,工程质量保持稳定。宝钢股份宽厚板、铁一标、铁三标、宝钢集团一钢不锈钢连铸工程质量精益求精，成为公司在建工程中的精品工程。公司在工程质量方面获奖主要有:宝钢集团一钢不锈钢连铸、新西兰大雄宝殿工程的中国建筑钢结构金奖;广州珠钢续建CSP系统工程的冶金工业优质工程;宝钢股份宽厚板轧机主厂房工程的上海市金属结构建设工程“金钢奖”特等奖;宝钢股份铁一标钢结构工程、浦东外高桥国际物流中心仓库工程、上海化学工业区公共管廊工程、上海沪豪汽车零部件有限公司厂房工程的上海市金属结构建设工程“金钢奖”;宝钢集团一钢西氧站球罐工程的上海市“申安杯”;宝钢集团一钢不锈钢管理控制中心工程的上海市“用户满意工程”;重庆天友乳品二厂主厂房的重庆市“巴渝杯”优质工程。(白　雪)

■中国第二十冶金建设公司　2004年,该公司(以下简称二十冶)拥有资产总额28.42亿元,比上年增加15.34%;固定资产原值8亿元,增加2.04%;净值4.57亿元,增加1.33%;国有资产保值增值率为105.59%。拥有施工机械设备3775台(套),原值42555.1万元,净值19602.85万元。至年末有员工10020人,比上年减少7.47%。拥有各类专业技术人员3498人,其中教授级高工和各类高级职称人员341人,中级职称人员1103人。公司年营销额达到62.74亿元,比上年增长8.8%。企业总产值达到49.89亿元,比上年增长27.86%;实现利税总额1.57亿元,增长27.63%;在岗职工劳动生产率达到47.74万元/人·年,增长34.3%;在岗职工人均年收入达到25471元,增长18.5%。

年内建成工程项目123项,135项在建工程有序推进。宝钢新日铁1800毫米冷轧工程酸轧机组于12月6日负荷试车成功,比合同工期提前40天,成为宝钢“十五”规划项目中第一个进入负荷试车的项目;12月31日连退机组如期实现穿带冷运行。至年末,宁波宝新不锈钢四期工程提前实现单体试车目标。马鞍山钢铁公司冷轧薄板工程、天津钢铁公司2000立方米高炉、天津荣程钢厂100吨转炉和3号高炉工程、萍乡钢厂高炉、绍兴漓铁竖炉二期工程、南京钢铁公司热轧附属工程等都提前或按期顺利竣工。宝钢集团一钢1780热轧工程完工,3号加热炉工程完工。年内,公司以宝钢股份为重点,加强技改工程的市场拓展和施工组织,技改工程营销额1.21亿元,比上年增长361.9%,技改工程产值6008.93万元。在宝钢对各冶技改公司的考评中获得综合评价第一。全年完成检修产值8879.44万元,增长18.4%。作为检修产业主体企业的检修分公司跻身2003年度上海市设备维修安装企业50强。

全年共验收单位工程101项,其中优良工程92项,优良率92%,比年度质量目标提高2个百分点。已竣工项目中,乍嘉苏高速公路浙江段工程获得2004年度“中国建筑工程鲁班奖”和浙江省“钱江杯”奖。长沙万达广场、青岛万达广场、天津轧二生产线、济钢120万吨转炉炼钢工程获得2004年度“全国冶金工业优质工程奖”。承建的宝钢集团一钢不锈钢1780毫米热轧工程创国内外同类规模工程工期最短纪录;该工程的地下基础工程取得国内超长地下工程裂缝控制和防渗问题最优技术经济效果;不锈钢超深大型旋流池工程达到国际先进水平;热轧连轧机组获得上海市“申安杯”奖;1780毫米热轧和松下等离子显示器厂房工程被评为上海市“用户满意工程”。公司下属的天津二十冶金建设有限公司承建的日照钢铁有限公司2X45吨转炉系统及附属工程创国内同类同规模工程最快速度。建成投产的太仓第二水厂二期工程,被评为太仓市建委“标准化工地”,获苏州市“优质工程奖”和全国冶金行业“优质工程奖”。宝钢集团一钢工地3号加热炉工程被评为上海市“文明工地”。在上海市2003~2004年度重点工程实事立功竞赛活动中,二十冶2个集体、13名个人受到表彰。申报的13篇QC(全面质量管理)成果,分别获冶金系统一等奖、二等奖、优秀奖;其中2个QC小组获全国工程建筑系统优秀质量管理小组称号;4篇还分别获上海市工程建设系统一等奖、三等奖。年内,确立的27个年度技术开发项目基本结题，重点开发的8个项目得到实施。4项研究课题通过了中冶集团科技成果鉴定，其中3项达到国际先进水平,1项达到国内先进水平。关于宝钢集团一钢“超深大型旋流池施工工艺及理论分析”课题项目通过了2004年度上海市科技进步奖初评。超长大型地下混凝土工程裂缝控制等三项科技成果分获2003年度“中冶集团科学技术奖”一、二、三等奖。全年申报专利11项，已有8项专利获得授权。年内,获得国资委“中央大型企业先进集体”和“全国冶金行业优秀施工企业”称号,并被中国企业联合会授予“中国企业新纪录优秀创造单位”称号,再次被评为AAA级企业资信等级,进入2003年度“上海市建筑业企业综合实力50强”。(韩红霞)

■中冶赛迪工程技术股份有限公司上海宝钢设计总队　中冶赛迪工程技术股份有限公司(CISDI)是以设计为龙头,以专业技术、项目管理、融资能力为支撑的工程公司。2004年在国家建设部公布的2003年全国勘察设计企业营业收入前100强的排序中,CISDI以17.64亿元的营业收入排名第一。上海宝钢设计总队是CISDI的分支机构，是CISDI在宝钢和华东地区的设计基地和窗口，成立已有28年,有炼铁、炼钢、轧钢等18个专业的设计人员80余人,其中教授级高级工程师20人，高级工程师22人。2004年该队共完成可行性研究26项、初步设计8项、施工图4972张、通知单5988张、终版图3336张,出席各种专业会议2000余次。CISDI在宝钢的市场份额继续扩大,承担了宝钢“十一五”规划十大项目45%的任务。

2004年,CISDI主要经济指标创历史最好水平,再次被评为重庆市“质量效益型企业”,CISDI上海宝钢设计总队蝉联上海市重大工程实事立功竞赛优秀单位的称号。(张春光　余秋根)

上海移动通信有限责任公司北郊分公司

Shanghai Yidong Tongxin Youxian Zeren Gongsi Beijiao Fengongsi

上海移动通信有限责任公司北郊分公司（涵盖宝山、嘉定、青浦和崇明）主要为这些地区中国移动的个人客户提供营业厅的业务服务，为集团客户提供互联网接入以及相关的信息服务、技术开发、技术服务等其它业务和服务。

上海移动努力构建具有特色的企业文化，我们的使命是：成为一家创新和领先的、为客户、股东、员工和社会持续创造最优价值且最值得信赖的信息服务商；我们的愿景是：通过持续改进和创新，提供高品质的服务和业务，成为上海地区最具品牌优势及市场竞争力的信息服务商；我们的核心价值观是：客户优先、珍视员工、追求卓越、精诚合作、求知若渴、奉献社会。

上海移动一贯秉承“改革创新、只争朝夕、艰苦创业、团队合作”的企业精神，核心竞争力和执行力不断得以提升，在网络建设、市场开发、客户服务和企业管理等方面都取得了可喜的业绩。上海移动通过实施品牌规划锻造强势品牌，在“中国移动通信”的企业品牌下，实施以“全球通”、“动感地带”、“神州行”三大客户品牌，面向细分客户群实施不同的品牌策略，赋予不同的品牌内在特性，满足不同消费群的不同需要。“全球通”象征信誉和实力，是成功人士的首选；“动感地带”充分体现时尚和潮流，得到年轻一族的青睐；“神州行”方便实惠，面向大众，受到普通消费者的欢迎。目前市场占有率达到了70%；客户总数约860万，其中宝山地区除预付费客户外，出帐客户数已达到537713户，年移动产品销售收入去年全年3亿多，今年1—6月分已经达到3.02亿元。为了更好地为宝山地区的移动客户提供优质服务，在原有杨行、牡丹江路、月浦、吴淞、泗塘五个营业厅的基础上，2005年又在宝山的罗店、大场、顾村、淞南再新增五个营业厅，以方便移动客户办理各类业务。

“追求客户满意服务”是上海移动的企业经营宗旨，上海移动在2003年通过ISO9000质量体系的认证，并荣获上海市质量金奖企业和全国用户满意服务企业称号、2004荣获全国质量效益型先进单位、上海市质量管理奖。今年，北郊分公司获得第12届上海市精神文明先进单位荣誉称号。在创建精神文明的过程中，北郊分公司以极大的热忱投入到军民共建、地区共建的活动中，在立足企业发展的基础上，真诚回报社会：到部队慰问子弟兵；为社区困难老人送彩电；为十对金婚老人送手机并预付2年话费；党团员捐款资助西部贫困地区失学儿童；为里弄修缮教育活动场所；当义务志愿者到儿童福利院抱一抱孤儿等活动，受到部队和地区的好评。

在总经理蔡惠英及领导班子的带领下，北郊分公司全体员工有信心在日趋激烈的市场竞争中，继续保持较高发展速度和领先的市场地位，为上海移动成为一家创新和领先的，为客户、为股东、为员工和社会持续创造最优价值且最值得信赖的信息通信服务商而作出不懈的努力。

总经理：蔡惠英
地址：同济路131号15楼
邮编：200940
电话：56847608

中国移动通信
CHINA MOBILE
移 动 通 信 专 家

摄影／胡新力

张华浜集装箱港区

外经贸与国内协作

Foreign Economic Trade and Internal Coordination

■编辑 胡新力

利用外资

■**概况** 2004年,利用外资创出历史新高,利用外资提前实现“中变样”目标,全区共批准外资项目144个(其中:新批外资项目96个,增资项目48个),比上年增长67%。投资总额83257万美元(其中:新批项目投资总额为70453万美元,增资项目投资总额为12804万美元),增长2%,完成年度计划的137%。注册资本为43637万美元,增长7%(其中新批项目注册资本33231万美元,增资项目注册资本为10406万美元)。合同外资为33025万美元(其中:新批项目合同外资为23097万美元,增资项目合同外资为9928万美元),增长12%。截至2004年底,全区共批准外商投资企业945家,投资总额422421万美元,协议(合同)外资244450万美元。

■**引资主体利用外资情况普遍良好** 年内,乡镇和工业园区利用外资总额比上年有较大增长,按利用外资总额排在前六位的分别是:顾村镇16197万美元,宝山工业园区(含罗泾镇)13910万美元,宝山城市工业园区11388万美元,罗店镇8619万美元,杨行镇7268万美元,大场镇4157万美元。按完成合同外资排在前六位的分别是:宝山工业园区(含罗泾镇)5265万美元,宝山城市工业园区4762万美元,高境镇3848万美元,罗店镇2657万美元,大场镇2123万美元,杨行镇2041万美元。

宝山区历年批准外资项目情况表

年　份	批准项目数(个)	投资总额(万美元)	协议(合同)外资(万美元)
1986~1991	43	4800	2185
1992	76	8916	5197
1993	155	22897	12112
1994	109	33540	20055
1995	70	39678	25393
1996	53	17735	12519
1997	45	36420	32928
1998	37	11607	5608
1999	35	11919	7278
2000	40	10417	5899
2001	44	27833	18317
2002	85	32057	18281
2003	57	81345	45653
2004	96	83257	33025

(表中批准项目数为新批项目数,投资总额、合同外资包括增资额)

2004年度全区各乡镇、园区利用外资情况表(按投资总额排序)

排名	单　位	新批项目数(个)	总投资(万美元)	合同外资(万美元)
1	顾村镇	6	16197	1432
2	宝山工业园区(含罗泾镇)	12	13910	5265
3	宝山城市工业园区	16	11388	4762
4	罗店镇	9	8619	2657
5	杨行镇	12	7268	2041

（续表）

排名	单　　位	新批项目数（个）	总投资（万美元）	合同外资（万美元）
6	大场镇	15	4157	2123
7	高境镇	5	4035	3848
8	庙行镇	4	2235	1166
9	淞南镇	1	2030	1011
10	长兴乡	1	2010	1440
11	横沙乡	1	1085	616
12	月浦镇	2	403	686
13	其他	12	9920	5978
合计		**96**	**83257**	**33025**

（表中投资总额、合同外资包括增资部分）

25 个项目投资额超过 1000 万美元

年内，全区利用外资的“量”有增长，“质”有新的突破。（1）项目的投资规模相对较大。新批项目中，平均投资额为734 万美元，平均合同外资为 241 万美元，总投资超过 1000 万美元的项目有25 个。（2）引进的项目科技含量普遍较高，成长性好。索肯科技、索肯工控、阿尔玛生物制药、日杨电子、光驰科技等项目不仅投资额大，且具有较高的科技含量，将为全区加快产业结构调整步伐发挥积极作用。

2004 年新批投资额超过 1000 万美元的外资项目情况表

单位：万美元

序号	企　业　名　称	性质	所　　属	总投资额	注册外资	合同外资	经营范围
1	光驰科技（上海）有限公司	独资	宝山城市工业园区	1867	762	762	光通信设备的研发
2	上海福将塑胶工业有限公司	合资	宝山城市工业园区	2400	1200	300	塑料制品、金属制品的生产
3	上海上环光电科技有限公司	合作	宝山城市工业园区	2040	1000	1000	光盘生产
4	港宝彩印（上海）有限公司	独资	宝山城市工业园区	2000	1000	1000	包装装潢印刷及相关产品的印刷
5	利世（上海）有限公司	独资	宝山城市工业园区	1250	500	500	汽车零部件及配件
6	阿尔玛（上海）生物医药技术有限公司	独资	高境镇	1923	1923	1923	生化医药研发
7	日扬电子科技（上海）有限公司	独资	宝山城市工业园区	2950	1200	1200	生产电子专用设备
8	西德科东昌汽车座椅技术有限公司	合资	宝山城市工业园区	1812	846	507	汽车座椅
9	上海友恩商标织造有限公司	合资	宝山城市工业园区	1600	640	224	商标织造及包装纸
10	上海环绿房地产开发有限公司	合资	顾村镇	15000	5000	500	商品住宅开发及相关服务
11	索肯（上海）工控成套设备有限公司	独资	宝山工业园区	5000	1680	1680	电机、设备等
12	索肯（上海）科技有限公司	独资	宝山工业园区	3000	1200	1200	研发中心
13	上海华谊微电子材料有限公司	合资	杨行镇	2078	870	435	电子化学品
14	上海新舒房地产开发有限公司	合作	杨行镇	3625	1208	1124	房地产开发
15	益美高（上海）制冷设备有限公司	独资	宝山工业园区	1000	500	500	制冷设备生产
16	上海真晶工艺礼品有限公司	合作	淞南镇	1000	600	594	玻璃工艺品制造
17	上海宝特雷汽车零部件有限公司	独资	庙行镇	2000	1000	1000	汽车零部件制造
18	上海宝横生态旅游开发有限公司	合资	横沙乡	1000	1000	600	生态林开发
19	上海富国皮革股份有限公司	合资	大场镇	2990	1216	1155	皮革加工
20	上海日硝保温瓶胆有限公司	合资	高境镇	3800	1700	1550	保温瓶胆
21	新宸宜（上海）实业有限公司	独资	宝山工业园区	2980	1280	1280	机电电子电器
22	上海海隆石油装备有限公司	合资	宝山工业园区	1209	605	151	石油钻采设备
23	上海骏港精密模具制造有限公司	合作	罗店镇	1600	640	640	汽车摩托车模具
24	上海利迅模具注塑有限公司	独资	宝山城市工业园区	1250	500	500	非金属模具等
25	上海安美特铝业有限公司	合资	宝山城市工业园区	1500	600	450	磁盘及磁盘铝材

■**第二产业项目占七成以上** 年内批准的项目中(含增资项目),第二产业仍占较大比重,其项目数和投资总额分别占总数的77.08%和72.78%。主要是机电、轻工、电子、金属加工、化工产品、生物制药等行业,其中机电项目45个,投资总额23469万美元,分别占总数的31.25%和28.19%;轻工项目25个,投资总额13461万美元,分别占总数的17.36%和16.17%。电子产品项目10个,投资总额7903万美元,分别占总数的6.94%和9.49%。第三产业项目数和投资总额分别占总数的22.22%和26.02%,按投资额排序分别是房地产开发、研发中心、物流等项目。

2004年新批外资项目产业分布情况表

项目	产业分类	项目数(个)	占项目总数(%)	投资额(万美元)	占投资总额(%)
新批项目	第一产业	1	0.69	1000	1.21
	第二产业	75	52.09	48179	57.87
	第三产业	20	13.89	21304	25.59
增资项目	第二产业	36	25.00	12418	14.92
	第三产业	12	8.34	356	0.43
合计		**144**	**100**	**83257**	**100**

(林国荣)

外贸出口

■**概况** 年内,外贸出口创历史新高,全区外贸进出口总额为29.6亿美元,比上年增长49.6%,其中进口10.4亿美元,增长25.2%;出口19.2亿美元(含振华港机外贸出口增量部分在地统计3.5亿美元),增长67.0%。全区年度出口额占全市出口总额的2.6%,列全市第六位,出口增幅列全市第二位。年度外贸出口实现了"两个提前完成",即:提前三个月完成当年外贸出口10亿美元目标,提前三年实现外贸出口"五年大变样"目标。上海中集冷藏箱有限公司、上海新格有色金属有限公司、上海宝山太平货柜有限公司获上海市外贸出口百强企业银奖,上海宝伟工业有限公司和上海进道集装箱有限公司获上海市外贸出口百强企业铜奖。

■**加工贸易和一般贸易增势强劲** 从贸易增长方式来看,全年加工贸易出口16.3亿美元,比上年增长69.1%,占全区出口总额的84.9%。在加工贸易出口中,来料加工贸易出口3638.8万美元,下降67.7%;进料加工贸易增幅明显,实现15.9亿美元,增长86.6%。一般贸易的出口增幅比较明显,达2.9亿美元,增长61.4%。与此相反,其他类贸易的出口额仅为287.1万美元,下降43.5%。

■**出口品种结构优化** (1)出口品种更加集中。全区已形成包括集装箱、金属制品、灯具、服装、电子产品、兽药等六大类产品为主的出口构成。2003年六大类产品出口占全年出口总量的93.4%,2004年这一比例虽然有所下降,但仍占到了75.8%。(2)随着各类生产行业和生产品种的增多,外贸出口呈现出多元化的趋势,出口领域更加广泛,产品结构进一步优化,像香料、化妆用具、家居装潢、特种纸等产品也逐渐开始成为外贸出口的组成部分。

2004年宝山区各乡镇、园区外贸出口完成情况表

单　　位	完成出口额(万美元)	同比(±%)
罗店镇	71341.9	43.9
长兴乡	35327.6	327.0
杨行镇	30652.1	71.3
顾村镇	21929.3	37.3
罗泾镇	7011.0	56.9
宝山城市工业园区	5702.7	112.2
月浦镇	3587.1	13.4
淞南镇	2699.4	39.3
庙行镇	2172.2	12.4
大场镇	1692.3	86.2
高境镇	760.6	101.4
横沙乡	0	0
其他	8244.0	15.9
合　　计	**192120.2**	**67.9**

2004 年宝山区主要商品出口情况表

商品名称	出口额(万美元)	占出口比例(%)	同比±(%)
集装箱	90578.0	47.1	48.2
金属制品	27345.2	14.2	3.1
灯具	10065.7	5.2	39.4
服装	8579.8	4.5	45.5
电子产品	7975.8	4.2	32.0
兽药	1105.8	0.6	84.2
其他	46469.9	24.2	510.2
合计	**192120.2**	**100**	**67.0**

重点企业拉动外贸出口增长 年内，全区外贸出口总额达1000万美元以上的企业有16家(含振华港机)，出口总额16.8亿美元，占全区外贸出口总额的87.5%。上海中集冷藏箱有限公司以总额3.75亿美元的出口额位列全区外贸出口企业首位，这是该企业连续四年蝉联全区外贸出口前茅。上海中集宝伟工业有限公司出口总额2.28亿美元，同比增长333.6%，上海新格有色金属有限公司出口1.80亿美元，同比增长43.3%，分列全区外贸出口第二、第三位。2004年振华港机总的外贸出口数额巨增，在地统计部分出口额由2003年的8203万美元飙升至2004年的3.5亿美元，对全区外贸出口额的增量拉动作用明显。

外商投资企业出口快速增长 年度全区外商投资企业出口增势明显，出口额达17.4亿美元，比上年增长67.8%，占全区出口总额的90.6%，有力地拉动了全区外贸出口的增长。

内资企业出口业务日趋活跃 随着国家采取外贸经营权改审批制为备案制，取得进出口经营资格的内资企业增多。2004年，共有包括国有、集体和民营在内的全区54家内资企业完成出口总额17871.87万美元，比上年同期增长61.6%(其中，外贸流通企业实现出口11763万美元，比上年增长37.5%，自营生产企业出口6108.8万美元，增长131.6%。)，出口总额占到全年全区外贸出口的9.38%。

出口市场多元化程度提高 年内，对世界各主要出口国家和地区的出口额都有不同程度的增加，其中对北美洲地区出口9.4亿美元，比上年增长122.0%，占出口总额的49.0%，取代亚洲成为宝山区第一大的出口地区。对亚洲、欧洲的出口分别以6.4亿美元、2.9亿美元的总额和34.0%、34.1%的增量位居出口地区二、三位。就出口国别看，对美国出口9.2亿美元，增幅132.0%，占全区外贸出口总额的47.8%，继续以明显的优势保持外贸出口国家“领头羊”地位。对日本的出口以总额2.7亿美元，增长23.0%位列第二位。对法国的外贸出口随着两国不断升温的经贸关系和中法互办文化年的影响，表现出良好的走势，年度出口法国总额达3019万美元，比上年增长393.9%，成为出口增量最多的主要出口国。

2004 年重点企业外贸出口情况表

企业名称	年度出口额(万美元)	同比(±%)
上海中集冷藏箱有限公司	37530.5	3.6
上海中集宝伟工业有限公司	22777.8	333.6
上海新格有色金属有限公司	18003.5	43.3
上海宝山太平货柜有限公司	17491.4	120.9
上海进道集装箱有限公司	12177.4	28.9
上海东圣电子进出口有限公司	8304.9	48.7
上海申和热磁电子有限公司	3466.5	196.9
勤展电子(上海)有限公司	2647.0	-2.5
住建(上海)有限公司	1907.1	16.1
上海宝山川沙综合厂	1684.8	3.1
上海盛顺服装有限公司	1684.4	0.2
上海本原金属制品有限公司	1523.3	8.9
上海前卫衬布厂	1458.2	117.2
上海宝达兽药制造有限公司	1105.8	84.2
上海铃兰卫生用品有限公司	1000.4	12.7

2004 年出口商品主要输往地情况表

国别和地区	出口额(万美元)	占出口总额(%)	国别和地区	出口额(万美元)	占出口总额(%)
美国	91740	47.8	韩国	8188	4.3
日本	27424	4.3	荷兰	6049	3.1
中国香港特区	19356	10.1	英国	4986	2.6
德国	9574	5	法国	3019	1.6

■中集冷藏箱等 12 家外企被评定为先进技术企业 年内,全区有 12 家外商投资企业通过考核,被评定为 2003 年度全国先进技术企业。分别是:上海中集冷藏箱有限公司、上海爱普食品工业有限公司、上海宝钢普莱克斯实用气体有限公司、上海宝翼制罐有限公司、上海泛亚潜力纸业有限公司、上海金亭汽车线束有限公司、上海申和热磁电子有限公司、上海西艾爱电子有限公司、上海中远川崎重工钢结构有限公司、上海中远关西涂料化工有限公司、上海松川精密电子有限公司、上海图博可特石油管道涂层有限公司。通过先进技术考核的企业,可以享受国家相关优惠政策。另外,上海松川精密电子有限公司等 77 家企业通过考核,被评定为产品出口企业。

■9 家企业 17 个项目获中小企业国际开拓资金 42 万元 年内,区内有上海松川精密电子有限公司、上海前卫衬布厂等 9 家企业 17 个项目获得由国家商务部、财政部资助的“中小企业国际市场开拓资金”,总共资助额达 419872 元。开拓资金主要用于企业举办或参加境外展览会,参加质量管理体系、环境管理体系、软件出口企业和各类产品的认证以及国际市场宣传推介等方面。通过政府资助,调动了中小企业参与国际市场竞争的积极性。 (林国荣)

外资企业生产经营

■概况 年内,全区有正常生产经营的外商投资企业 352 家。产业分布情况为:第一产业 1 家,占总企业数 0.3%;第二产业 290 家,占总企业数 82.4%;第三产业 61 家,占总企业数 17.3%。第二产业主要集中在机电电子(101 家)、轻工(86 家)、冶金延伸业(41 家)、化工(32 家)等行业。352 家企业全年实现销售(营业)收入合计为 201.5 亿元,比上年增加 46.1%;利润总额 13.67 亿元,增加 78.9%;实缴税金 8.5 亿元,增加 27.4%;完成外贸出口额 17.4 亿美元,就业总人数为 3.97 万人,其中中方人员为 3.93 万人。

■第二产业具有较大的经营优势 年内,外商投资企业中,第二产业企业占主导地位,投资总额 1000 万美元以上的企业具有较强的经营优势,产品外销型企业销售收入位居前列,产品内销型企业实缴税金位居前列。合资、合作和独资企业中,合资企业具有较好的经营业绩。投资额 1000 万美元以上的企业中,销售收入、实缴税金、利润等指标位居前 5 名的均为合资、合作企业,且尤以合资企业为多,这些合资企业的中方大多是国内的大中型企业,如宝钢、中远集团等。外商投资企业中第二产业实现销售收入 1854628.1 万元,占总销售收入的 92.06%;实缴税金 64589.0 万元,占总实缴税金的 75.99%;利润为 99180.0 万元,

2004 年各乡镇、园区外商投资企业生产经营情况表

单位:万元

单位名称	企业户数	销售收入	实缴税金	利润总额
杨行镇	54	438375.6	20379.7	38600.7
罗店镇	32	426629.0	12131.6	34023.0
顾村镇	46	388426.1	11139.5	15143.3
月浦镇	32	182228.6	14729.9	11729.0
大场镇	40	180391.3	7500.7	12658.8
城市工业园区	36	174584.6	9511.2	10301.5
淞南镇	23	52177.4	1097.8	2210.3
庙行镇	13	46061.3	2370.2	5765.1
高境镇	16	43666.8	2610.8	2730.4
罗泾镇	16	19862.0	779.4	1465.1
横沙乡	2	19335.7	943.3	92.6
长兴乡	2	11120.5	179.1	508.3
宝山工业园区	2	352.4	0.3	-15.2
街道	10	10062.7	280.8	-310.9
其他	28	21376.9	1345.7	1792.9
合　计	**352**	**2014650.9**	**85000.0**	**136694.9**

2004 年销售收入前十名外商投资企业排行表

排名	企业名称	排名	企业名称
1	上海新格有色金属有限公司	6	上海富国皮革有限公司
2	上海中集宝伟工业有限公司	7	上海东方康桥房地产发展有限公司
3	上海中集冷藏箱有限公司	8	东芝电梯(上海)有限公司
4	上海宝山太平货柜有限公司	9	上海泛亚潜力纸业有限公司
5	上海进道集装箱有限公司	10	上海中远关西涂料化工有限公司

2004 年利润总额前十名外商投资企业排行表

排名	企业名称	排名	企业名称
1	上海东方康桥房地产发展有限公司	6	汉纳明特休闲家具(上海)有限公司
2	上海中集宝伟工业有限公司	7	东芝电梯(上海)有限公司
3	上海中集冷藏箱有限公司	8	上海新格有色金属有限公司
4	上海锦秋房地产有限公司	9	上海宝山太平货柜有限公司
5	上海中远关西涂料化工有限公司	10	上海富国皮革有限公司

2004 年实缴税金前十名外商投资企业排行表

排名	企业名称	排名	企业名称
1	上海东方康桥房地产发展有限公司	6	上海中集宝伟工业有限公司
2	上海泛亚潜力纸业有限公司	7	上海金亭汽车线束有限公司
3	东芝电梯(上海)有限公司	8	上海明治橡胶制品有限公司
4	上海锦秋房地产有限公司	9	上海宝钢普莱克斯实用气体有限公司
5	上海新格有色金属有限公司	10	上海莱升照明电器有限公司

占总利润的 72.56%。(1)从销售收入情况看,冶金延伸业实现销售收入 916052.8 万元,位居第一,占总销售额的 45.47%,其中集装箱制造业实现销售收入 499648.1 万元,占总销售额的 24.80%;以下是机电电子和轻工,分别实现销售收入 386571.3 万元和 325448.1 万元,各占总销售额的 19.19%和 16.15%。(2)从税收情况看,上缴税金总额最大的是机电电子行业,实缴税金为 18570.5 万元,占总税金的 21.85%,以下依次是冶金延伸业、房地产和轻工,实缴税金分别为 16341.8 万元、15890.8 万元和 14095.4 万元,各占总税金的 19.23%、18.70%和 16.58%。(3)从企业获利情况来看,最高为冶金延伸业 39296.8 万元,其中集装箱制造业 31083.3 万元;其次分别为房地产业 32829.4 万元,机电电子业 20342.1 万元,轻工业 18251.4 万元,化工 17635.4 万元,交运仓储业 5064.1 万元,建材业 2628.4 万元,食品加工业 1528.0 万元。 (林国荣)

外经贸推进工作

■概况 年内,区委、区政府加强了利用外资工作的领导,把利用外资继续纳入年度工作考核内容,明确引资主体年度的工作目标,并进行定期的工作督查;制定工业项目向宝山工业园区集中的鼓励政策,完善利用外资工作的考核体系,产生了明显的激励作用,相关部门形成合力。各乡镇、园区积极捕捉项目信息,想方设法改善投资环境,为企业落地创造条件。2004 年度,宝山区获得上海市外经贸工作组织二等奖,宝山城市工业园区获上海市外经贸工作组织三等奖,年内区外经委项目协调科被评为上海市“人民满意的公务员集体”。

■落实香港投资推介会签约的外资项目 年内,区政府在香港特区举行投资推介会,会上有钢铁物流总部基地、中集物流装备、索肯项目、友恩商标织造、华德塑料制品、金罗店酒店管理、仁和医院资产重组等 7 个项目签订意向,投资总额近 3 亿美元。会后,区外经委把推进签约的外资项目作为工作的重点之一,成立推进工作领导小组,制订推进工作方案,明确具体责任人、推进任务和时间节点,建立推进工作档案,与签约方保持不间断的联系和协调。经常研究分析项目推进情况,根据不同特点,适时提出新的措施。至 2004 年底,有 4 个项目已经批准,投资总额 1.46 亿美元,合同外资 4121 万美元,其中物流总部基地分解为:上海亚盛置业发展有限公司、上海舜港置业发展有限公司、上海木申置业发展有限公司、上海沪钢置业发展有限公司、上海腾兴置业发展有限公司及上海港瑞置业发展有限公司等 6 家企业,合计投资总额 2814 万美元,合同外资 398 万美元;索肯项目分解为索肯(上海)工控成套设备有限公司、索肯(上海)科技有限公司等 2 个项目,合计投资总额 8000 万美元,合同外资 2880 万美元;上海友恩商标织造有限公司投资总额 1600 万美元,合同外资 224 万美元;上海华德塑料制品有限公司投资总额 2246 万美元,合同外资 619.1 万美元;投资近 1000 万美元的上海中集车辆物流装备有限公司已报批;金罗店酒店管理项目引进国外管理模式,不引进外资,项目已报批;仁和医院转制项目将以内资方式投入进行改制。

■**捕捉外商投资信息源** 在继续巩固与项目信息源单位沟通的基础上，特别加强与驻沪美领馆商务处、美商会及知名投资咨询公司等的联络。先后在市外商投资促进中心设立办事处，派员加入市外经贸委北美商务小组，与市外商投资服务中心签订《更紧密合作的框架协议》,积极开展对外宣传和主动招商,年内共组织各类经贸出访23批113人次，参加赴香港、日本、德国、美国的对外招商活动。参加第八届中国投资洽谈会、上海市跨国投资采购大会、中国国际金属加工工业展览会以及墨西哥、汉堡等投资推介会,从中获得大量投资信息,为选择投资目标奠定了基础。

■**外经贸服务质量提高** 年内,外经贸系统围绕年度工作目标,制订并实施一系列服务基层、服务企业的工作制度,深化外经贸“一线工作法”的内涵，每月11日定为走访服务企业日，把服务送进企业，年内走访外企100多家，了解掌握企业生产经营情况,帮助企业解决实际问题,受到普遍欢迎。协助宝山工业园区做好宣传和推介工作,在引导项目向工业园区集中上取得了初步进展。在协调企业用地、用电,促进企业“五早”(资本金早到位、早建成投产(开业)、早出口、早见效、早增资)上取得明显成效。完成对396家外商投资企业的年检和批准证书换发。年内,宝山对外经济贸易促进支会为企业签发原产地证602份，比上年增加47.19%,签证的FOB总金额13967万美元。涉外商业发票认证46份，代办使馆认证10份。区外商投资服务中心全年累计为外商代理服务项目73个（其中新设项目42个,变更项目31个)。区外商投资企业投诉中心接受并处理企业投诉案13件。同时加强对乡镇(园区)外经办的工作指导,及时通报项目信息,主动参与项目洽谈。

■**提出在宝山设立船舶配套产业园区设想** 年内，外经贸系统围绕提升区域吸引外资核心竞争力,以发挥区域优势,凸显宝山产业特色为课题，开展广泛的调查研究，策划并提出在宝山建立上海市船舶配套产业园区的设想。与市外经贸委联合形成《关于宝山区兴建船舶零部件配套园区的预研报告》，对本区发展船舶配套产业园区进行可行性论证,提出建设船舶配套产业园区的初步设想和招商引资的方案，在拓宽引资领域上取得初步进展。（林国荣）

由韩方投资的上海进道集装箱有限公司送来地球仪,感谢区外经委为企业排忧解难。
摄影／林国荣

招商服务

■**概况** 2004年，宝山区招商工作以形成全区大招商工作格局为重点,创新招商引资思路,加强国内合作交流,强化服务意识和协调功能。全区新增工商注册资金71.04亿元,比上年增长10.3%;工商注册户数5628户（未含66户外资及分支机构),增长4.2%。全区新增各地投资企业注册资金17.6亿元，增长15.3%；户数1698户,增长38.4%。全区固定资产投资项目累计审批695个，比上年增长34.2%,审批金额242.6亿元,增长60.3%。“宝山(香港)投资推介会”在香港特区成功召开;“宝山投资网”年初正式开通；开设的“局长信箱”和“投资论坛”提供了与投资者互动交流的平台;在组织招商主体引进重大项目方面取得显著成果;探索“无地招商”新途径。区招商服务中心围绕实施《行政许可法》,提升招商服务水平。成立重大项目协调小组,对区政府年初确定的20个重大生产经营性项目开展全方位的跟踪、协调、服务。成立由房地局等5个部门组成的协调小组,对全区公开招投标拍卖27个地块房地产项目进行协调、推进,推动房地产招商项目尽快落地。在贯彻国家宏观调控政策过程中,区招商局会同区计委等职能部门,梳理筛选出34个重点项目,按照从优标准,先行审批,推进重大项目建设。

■**宝山区赴港投资推介活动获圆满成功** 5月27日,宝山(香港)投资推介会在香港特区九龙香格里拉大酒店举行,推介会全面介绍宝山的区位、资源、交通、产业、人文等五大优势,推介罗店新镇、西城区、宝山工业园区、吴淞国际物流园区、房地产、商业服务业等6个重点投资项目。会上,钢铁物流总部基地、中集物流装备、索肯科技、友恩商标织造、华德塑料制品、金罗店酒店管理、仁和医院资产重组等7个外商投资项目签订意向书,引资总额近3亿美元。香港特区行政长官董建华、港府财政司长唐英年、中央驻港联络办公室等向推介会发来了贺信和贺电。中共宝山区委书记薛全荣、区长吕民元,香港特区立法会议员朱幼麟、丁午寿,香港特区政府工商科技推广署、贸发局、中央驻港联络办公室有关负责人等两地政要与会；东方石油公司董事长刘浩清、泰昌祥轮船公司董事长顾国华、远东集团主席邱德根、其士集团主席周亦卿、招商局集团总裁傅育宁、世界华人联合商会主席贺兴桐、上实集团总裁王荣峰、香港中华厂商会荣誉会长陆增镛、世茂集团主席许荣茂、长江实业集团执行董事赵国雄、恒基兆业集团执行董事李镜禹等香港工商界著名人士以及香港知名人士著名导演吴思远、唐季礼等近400名来宾应邀出席会议。在香港推介活动期间,薛全荣、吕民元等先后拜访港府贸发局、香港总商会、东方石油集团,并与香港的招商局集团、新世界集团、远东集团、世茂集团、上实集团、中远三林集团、中集集团、上海置业公司、东太平洋实业公司的企业家进行了友好会晤。

2004年宝山(香港)投资推介会签约项目一览表

序号	签约项目名称	项目总金额(万美元)	签约合作方	签约代表	职务
1	钢铁物流总部基地	10000	上海舜业钢铁集团上海新杨行经济发展有限公司精裕投资有限公司恒兴国际投资有限公司	席劲松 蒋伟民 施永敏 DejanMinic(德健·米尼奇)	董事长 总裁 董事总经理
2	中集物流装备项目	2000	中国国际海运集装箱(集团)股份有限公司上海杨行企业发展有限公司	李胤辉 徐连发	副总裁
3	索肯科技项目	8000	索肯科技(上海)有限公司宝山工业园区投资管理有限公司	陈道贤 杨宝康	董事长
4	友恩商标织造项目	1600	香港银信国际集团有限公司宝山城市工业园区开发有限公司	陈国良 滕永福	总裁
5	华德塑料制品项目	1818(增资)	华德塑料制品有限公司宝山城市工业园区开发有限公司	杨惠德 滕永福	总经理
6	金罗店酒店管理项目		新加坡君华酒店集团上海金罗店开发有限公司	欧锦辉 施 建	总裁 副董事长
7	宝山区仁和医院转制项目		上海上实(集团)有限公司上海市宝山区卫生局	杨锡森 李士华	总裁 局长

■宝山区与新加坡佳通集团合作项目签约 2004年1月,宝山区与佳通集团签订了投资合作框架协议。11月22日,宝山区与新加坡佳通集团合作项目签约仪式在锦江小礼堂举行,签订的合作项目有:(1)由上海宝工园投资管理有限公司、佳通亚太控股私人有限公司共同出资成立上海宝山佳通投资有限公司,注册资本为2亿元人民币;(2)由佳通亚太控股私人有限公司及其关联企业投资6亿美元,在宝山工业园区内设立汽车配件制造企业及研发中心;(3)由宝山罗泾资产经营公司与佳通集团旗下上海佳苑房地产发展有限公司共同出资成立上海罗泾传慎投资有限公司,注册资本为2亿元人民币。上海市副市长胡延照、新加坡驻沪总领事谢德祥、新加坡佳通集团主席林德祥,宝钢集团党委副书记欧阳英鹏,中共宝山区委书记薛全荣、区长吕民元、区政协主席杜玉英等出席了签约仪式。佳通集团是著名跨国公司,宝山区与佳通集团此次签约,标志着该项目合作的实质性启动。

■首届"长江口民营经济发展论坛"在宝山举行 "论坛"10月21日在罗店新镇美兰湖畔的君华国际会议中心举行。主题是"长江口区域优势与民营经济发展机遇"。议题包括区域分工与定位、产业投资机会和社会协调发展。举办形式有领导纵论、专家解析、国际交流、企业漫淡、实地考察等。出席这次论坛的有来自全国和长江地区的著名民营企业家、政府官员、专家学者、国际友人等共300余人。全国工商联副主席王以铭,上海市人大副主任、市工商联会长任文燕,中共宝山区委书记薛全荣分别致辞。区长吕民元作题为"宝山区产业定位与发展规划"的演讲。

■宝山区国内合作交流工作联席会议制度建立 按照上海市国内合作交流工作联席会议第一次会议精神,贯彻市政府《关于进一步服务全国,加强上海国内合作交流工作的若干意见》要求,区政府颁布《宝山区国内合作交流工作联席会议制度(试行)》,该制度明确联席会议是宝山区国内合作交流工作的协调机构,主要负责组织协调宝山区国内合作交流工作;研究确定国内合作交流工作专项计划和措施;指导督察国内合作交流工作重点工作。区协作办主任为联席会议办公室主任,联席会议成员由区22个委、办、局领导和16个乡镇、街道的领导组成。

■组织招商主体引进重大项目取得显著成果 全年直接引进或参与引进中集物流、钢铁物流总部基地、宝钢印铁等10余个投资总额亿元以上、投资密度25万美元以上的实体型项目,中储股份、安徽日泉集团等3个大集团的地区总部落户宝山,引进上海交运钢材交易市场等多个大型商业项目。

■探索推进"无地招商"新途径 针对招商引资面临土地资源、存量资产日益减少的实际问题,区招商局探索"无地招商"新途径,以南部地区为重点,推动现代服务业、物流、大型商业项目的招商引资。以楼宇经济、都市工业等新型招商载体为切入点,通过盘活国企存量资产、土地置换等途径,运作了一批大型项目。努力提高招商项目的质量和能级,推进现代服务业、楼宇经济、都市工业、航运经济发展区、留学生创业园等招商载体建设和招商引资工作。以"腾笼换鸟"、增资扩股、并购重组等方式,鼓励招商主体和企业用足用好土地资源。

■对27个公开招投标拍卖用地房地产项目实行协调服务 招商服务中心对宝山区首次集中推出的27个公开招投标

2003年招投标、拍卖用地房地产项目情况表

	地块名称	中标单位	项目公司或供地主体
1	宝山区蕰川路东侧、杨鑫路北侧住宅	上海凯城(集团)有限公司	上海凯城世华置业有限公司
2	宝山区庙行镇呼玛路南侧、通河路东侧	上海湘海房地产有限公司	上海湘雅房地产发展有限公司
3	宝山区淞南镇逸仙路西侧、淞发路北侧	上海中星集团新城房地产有限公司	上海鎏宇房产有限公司
4	宝山区大场镇场中路南侧、绿雅苑小区西侧	上海华龙建设有限公司	上海郴州置业有限公司

（续表）

	地块名称	中标单位	项目公司或供地主体
5	宝山区虎林路东侧、规划共江路南侧	沈阳民安房地产开发股份有限公司	上海名府置业有限公司
6	宝山区庙行镇一二八纪念路南侧、岭南路西侧	上海三湘集团	上海康荣置业有限公司
7	宝山区顾村镇宝安公路南侧、电台路西侧（A）	上海顾村房地产开发公司	上海环绿房地产开发有限公司
8	宝山区顾村镇宝安公路南侧、电台路西侧（B）	上海新天地房地产开发有限公司	上海新天地房地产开发有限公司
9	宝山区顾村镇宝安公路南侧、电台路西侧（C）	上海临江房地产开发经营有限公司长江经济联合发展（集团）股份有限公司上海鹏欣房地产开发有限公司	上海世纪长江产业发展有限公司
10	宝山区蕰川路东侧、杨鑫路北侧商业	上海茸北房地产开发有限公司	上海宝茸房地产开发有限公司
11	宝山区大华路西侧、大华二路南侧	上海申新（集团）有限公司	上海申新（集团）有限公司（商业挂牌）
12	宝山区西城区湄浦路南侧	上海中远两湾置业发展有限公司	上海中远宝山置业有限公司
13	宝山区绥化路南侧、春雷路西侧	上海月浦房地产开发有限责任公司上海新竹房地产有限公司	上海月浦房地产开发有限责任公司 上海新竹房地产有限公司
14	宝山区德都路西侧、马路河南侧	上海富中置业有限公司	上海富中置业有限公司
15	宝山区沪太路西侧、上大路南侧	上海佳能房地产开发有限公司	上海成事高第置业有限公司
16	宝山区罗店中心镇 C2－1	上海金牛房地产有限公司	上海金彩置业有限公司
17	宝山区罗店中心镇 E3－3	上海金牛房地产有限公司	上海金牧置业有限公司
18	宝山区罗店新镇沪太路东侧、罗太路西侧、美兰湖路南侧	上海月浦房地产开发有限责任公司上海新竹房地产有限公司	上海新秋房地产有限公司
19	宝山区长江南路东侧、淞发路北侧	常州新城房产开发有限公司	上海新城宝缘房地产有限公司
20	宝山区顾太路东侧、外环绿带北侧	上海远通房产经营有限公司	上海环北房地产有限公司
21	宝山区顾北路以北、沙浦河以南、规划路以西	上海润仁房地产开发有限公司	上海宏洲房地产有限公司
22	宝山区东茭泾以东、长江西路以北、场北路以南	上海虹桥经济技术开发区联合发展有限公司	上海谷元置业有限公司
23	宝山区东茭泾以东、场北路以北	上海新梅房地产有限公司	上海新竺实业发展有限公司
24	宝山区月浦镇郊环线北侧、德都路东侧	上海月浦房地产开发有限责任公司上海新月浦房地产（集团）有限公司上海新竹房地产有限公司	上海月浦房地产开发有限责任公司 上海新月浦房地产（集团）有限公司 上海新竹房地产有限公司
25	宝山区高境镇淞沪铁路东侧、三门路北侧	上海物资集团房地产有限公司	上海紫逸房地产有限公司
26	宝山区环镇南路南侧、龙珍港西侧、真北路东侧	大华（集团）有限公司	大华（集团）有限公司
27	宝山区江杨北路东侧、友谊路北侧	中远发展股份有限公司	上海中远宝山置业有限公司

拍卖地块房地产项目进行协调、推进。成立由招商服务中心为组长，区计委、建委、房地局、规划局、住宅发展局共6个成员单位组成的协调小组。自4月至年底，协调组共召开5次例会。招商服务中心每月向各部门传递审批信息和进度，推进房地产项目。至年底，27个项目全部完成工商营业执照申领、房地开发资质评定等公司组建工作。修订规划方案及报批、项目报建核发规划建筑许可证、施工许可证发放等审批工作办理过半。

推出政务公开新举措 区招商服务中心19个窗口共涉及行政许可事项71项。7月1日《行政许可法》施行后，该中心推出多项政务公开新举措：各窗口设立告示牌，重新修改告知单；按《行政许可法》规定实行受理回执制度；工商、税务、规划、统计、食品药品监督局在办公大厅安装了电子触摸屏查询系统，公开审批流程时限、及时发布新政策。

贯彻国家宏观经济调控政策 5月起，国家实行宏观调控，国务院五部委联

2004年宝山区20个重大招商项目一览表

单位：万元

	项目名称	乡镇	投资规模
1	上海科明传输技术有限公司（国集合资）	杨行镇	20000
2	上海同强表面处理公司扩建（国集合资）	杨行镇	12000
3	上海中储发展股份公司（国有）	杨行镇	15000
4	深圳赤湾石油基地股份公司二期（股份）	杨行镇	33080

（续表）

	项目名称	乡镇	投资规模
5	上海江杨农副产品交易市场（国集合资）	杨行镇	4998
6	上海新格有色金属公司（中外合作）	顾村镇	32000
7	上海欣龙非织造新材料公司一期（股份）	顾村镇	39940
8	上海航空发动机厂顾村分厂扩建（国集合资）	顾村镇	28000
9	罗浩斯（上海）实业发展公司（外商独资）	顾村镇	49620
10	上海上环光电科技有限公司（中外合资）海权	宝山城市工业园区	16870
11	光弛科技（上海）有限公司（外商独资）	宝山城市工业园区	15316
12	上海霍富利用汽车锁具有限公司（中外合资）	宝山城市工业园区	9510
13	上海广泰金属工业有限公司（中外合作）	高境镇	33080
14	上海冠生园华光酿酒药业江湾药酒厂（国集合资）	高境镇	4338
15	南极光钢铁有限公司（外商独资）	罗店镇	24810
16	上海佰加壹医药公司（股份）	罗店镇	15000
17	大华虎城A块（股份）	大场镇	34072
18	上海华冶钢材加工有限公司（国内合资）	月浦镇	6000
19	神工生活废物处置公司（国内合资）	月浦镇	21493
20	上海长兴太平洋钢管公司（中外合资）	长兴乡	24810

合发出《关于在深入开展土地市场治理整顿期间严格建设用地审批管理的实施意见》，严格限制农转用指标。8月份，区招商服务中心办公室会同区计委、外经委、经委、房地局、规划局、环保局等部门分别到宝山工业园区、城市工业园区、罗泾、罗店、月浦、杨行、顾村等乡镇、工业园区，对已立项但尚未落实土地指标的144个项目进行梳理分析，从中筛选出34个重点项目，按照科学发展观的要求进行推进。（李新民）

对口支援

■概况 2004年对口支援重庆市万州区五桥移民开发区、云南省迪庆州、西藏自治区日喀则地区、新疆自治区阿克苏地区等四地的各项任务圆满完成。区政府于5月份列支200万元对口支援经费，安排到重庆市万州区五桥移民开发区7个受援项目上。为落实市委、市政府关于接受云南迪庆州为重点对口支援的决定，及时与迪庆州对接对口支援关系，并落实对口支援经费。区卫生局被评为2002年至2004年度对口支援先进集体，罗泾镇飞士实业公司总经理马金根被评为先进个人。

宝山区与重庆市渝北区建立友好区签约仪式。　摄影／浦志根

■宝山区代表团赴重庆五桥、渝北学习考察 8月10日，中共中央政治局委员、上海市委书记陈良宇率上海市代表团前往重庆市万州区考察指导对口支援工作，随行的宝山区委书记薛全荣代表宝山区向五桥移民开发区捐赠项目建设资金和实物，并于8月11日至12日率宝山区代表团前往重庆市万州五桥移民区、重庆市渝北区推进对口支援工作。期间，宝山区卫生局、杨行镇分别与五桥卫生局、新田镇签订友好关系协议书。区政府和区卫生局、杨行镇、飞士总公司分别向文华福利院、五桥卫生局、五桥教委、新田镇、飞士幼儿园捐赠资金和实物。宝山区代表团还考察了重庆市渝北区的两路工业园区、空港工业园区。与渝北区签订建立友好区的意向书，并向该区希望工程捐款。

■对口支援重庆五桥移民开发区 2004

年，区财政落实对口支援专项资金200万元。主要项目有：五桥移民开发区月亮湾、乌龙池旅游风景区基础设施项目70万元；接待用车30万元；边远乡镇希望小学工程项目40万元；中小学危房改造项目20万元；劳务培训机构筹建10万元；办公设备费用20万元；卫生局改善办公条件费用10万元。8月，区委书记薛全荣率宝山区代表团随陈良宇率领的上海市代表团再次访问重庆五桥移民开发区，将发动有关部门、乡镇及企业单位，再落实、筹措对口支援资金105万元及价值41万元的医疗设备交付该开发区。杨行镇与五桥新田镇建立友好镇关系，捐赠对口支援经费20万元，罗泾镇飞士实业总公司捐赠20万元用于五桥飞士幼儿园。区慈善基金会出资20万元，支援赶场希望小学建设。全区年度对口支援五桥的资金、实物总量达346万元，位居全市对口五桥区县捐赠金额之首。10年来，宝山区为五桥移民开发区捐赠资金和实物共1845.87万元，援建项目53个，帮助960多名失学儿童重返校园，先后缔结9对乡镇、委办局友好关系。

■**对口支援云南迪庆州** 落实市委、市政府关于接受云南迪庆州为重点对口支援的决定，8月，区协作办出资购置580册少儿书籍，新华书店宝山区店出资2000元，购置历史、科普知识类书籍101册，作为宝山区对口支援该州的首批实物，赠送迪庆州青少年活动中心。9月，区政府派员随上海市考察组考察云南省迪庆州，完成宝山区与迪庆州及下属维西县的对接关系。将上海市列支的250万元对口支援经费，落实到3个村脱贫、维西县医院医疗设备和迪庆州远程教育网络建设等项目上。（李新民）

各地在区企业

■**概况** 2004年宝山区共引进各地投资企业1698户，注册资金17.6亿元。截至年末，全区共有各地投资企业9678户，全年上缴税金14亿元，比上年增长55%，其中注册资金1亿元以上大企业、大集团有11户。各地投资企业来源地集中聚集在浙江、福建省等。4月7日，在宝山宾馆举行宝山各地投资企业表彰大会，2003年度100家为宝山区发展和社会进步作出显著贡献的各地投资企业分别获得"20强企业"、"优秀企业"和"先进企业"荣誉。

■**3家在区各地投资企业通过"市外在沪大企业"认证** 年内，投资宝山的上海君益商贸有限公司、上海圆吉商贸有限公司、上海保集（集团）有限公司3家企业被认定为"市外在沪大企业"。自1998年以来，区内共有15家各地投资企业通过"市外在沪大企业"认证。截至年底，全市共有241家各地在沪企业被认定为"市外在沪大企业"，其中浦东新区93家，黄浦区19家，南汇区、宝山区各15家，并列第三。宝山的15家"市外在沪大企业"分别为：上海五冶冶金建设有限公司、上海十三冶金建设有限公司、中集申发建设实业有限公司、上海海泰钢管有限公司、上海建配龙建材配送有限公司、上海二十冶金建设有限公司、上海舜业钢铁集团有限公司、上海华冶钢铁集团有限公司、上海圆通贸易有限公司、上海飞和集团、上海百营企业发展有限公司、上海巨盈实业有限公司、上海保集（集团）有限公司、上海圆吉商贸有限公司、上海君益商贸有限公司。

■**宝山区各地投资企业协会产生新一届理事会** 宝山区各地投资企业协会第六次会员代表大会于12月14日举行。会议选举产生新一届理事会成员，通过《上海市宝山区各地投资企业协会章程（修正案）》。新一届理事会成员56名，其中会长1名，副会长17名，秘书长1名，副秘书长2名，理事35名，上海舜业钢铁集团有限公司董事长席劲松当选为协会第六届理事会会长。协会聘请区委常委、副区长斯福民担任协会名誉会长，聘请区工商分局、税务分局等有关职能部门、区域内有关金融单位担任协会顾问。

宝山区各地投资企业协会第六届理事会组成人员名录

名誉会长：

斯福民　中共上海市宝山区委常委、副区长

会　长：

席劲松　上海舜业钢铁集团有限公司董事长

副会长：（以姓氏笔划为序）

丁劲松　上海海泰钢管有限公司董事长
叶华彪　上海屹丰模具制造有限公司董事长
叶湘武　上海佰加壹医药有限公司董事长
相景春　中储发展股份有限公司上海吴淞分公司经理
吴永旭　上海东方泵业集团有限公司董事长
张创一　上海宝冶建设有限公司总经理
张培义　上海十三冶金建设有限公司董事长
邵金如　上海舜枫龙物流有限公司董事长
周　青　上海五冶冶金建设有限公司总经理
罗发呈　上海圆通贸易有限公司董事长
郑良贤　上海建配龙建材配送有限公司董事长
郑雷飞　上海飞和实业集团有限公司董事长
唐正国　上海科明传输技术有限公司董事长
高　峰　上海华冶钢铁集团有限公司董事长
高　翔　上海巨盈实业有限公司董事长
崔建华　上海百营钢铁集团有限公司董事长
裘东方　上海保集(集团)有限公司董事长

秘书长：

陶国强　上海市宝山区人民政府协作办公室主任、招商局局长

副秘书长：（以姓氏笔划为序）

左会军　上海钢联投资发展有限公司常务副总经理
陈春堡　上海市宝山区人民政府协作办公室主任助理

理　事：（以姓氏笔划为序）

马志刚　上海安源实业有限公司总经理
王　毅　上海君益商贸有限公司董事长
王庭福　上海增裕商贸有限公司董事长
王燕芳　上海四新建筑钢结构制品有限公司董事长
刘晓东　上海商德物资有限公司董事长
朱道斌　上海祥年皮革有限公司董事长
余水君　上海越洲钢管有限公司董事长
吴巧培　上海亚繁建筑材料有限公司董事长
张永林　上海万通物流有限公司董事长
张玉茹　上海一名鞋业有限公司董事长
杨建民　上海欣安企业（集团）有限公司总裁助理
沈　红　上海宝山千斤顶总厂有限公司董事长
陈之胜　上海滨沪集装箱货运有限董事长
陈友翔　上海友翔五金实业公司董事长
陈永福　上海钢宇商贸有限公司董事长

陈招贵　上海昌鑫集团有限公司董事长
林法平　上海百特机电有限公司董事长
郑长渭　上海攀矿工贸公司董事长
郑尧英　中外运上海集团安达中转仓库主任
郑晓远　上海宝临电器成套制造有限公司董事长
侯　艳　上海联达运输有限公司董事长
徐　宏　上海灵器工贸有限公司董事长
贾孝君　上海宏裕房地产开发有限公司总经理
郭士元　上海盐宝机械厂厂长
陶凤香　上海吉利家具公司董事长
顾弘人　中集申发建设实业有限公司总经理
高相庭　上海苏沪集装箱储运有限公司董事长
崔宝田　上海祁连建设工程有限公司董事长
曹至能　上海欣然金属有限公司总经理
盛　军　上海创盈物资有限公司董事长
彭广义　上海盐沪防腐检修工程公司董事长
程宏利　上海凯通置业有限公司董事长
谢长春　上海宝湾国际物流有限公司总经理
裘　生　上海生欣储运有限公司董事长
裘东红　上海申标建筑工程有限公司董事长

宝山区2003年各地投资企业20强企业名录

上海宝冶建设有限公司
上海华冶钢铁集团有限公司
上海昌鑫(集团)有限公司
上海巨盈实业有限公司
上海宝山十三冶金建设有限公司
上海圆通贸易有限公司
上海海泰钢管有限公司
上海凯通置业有限公司
上海舜业钢铁集团限公司
上海百营企业发展有限公司
上海君益商贸有限公司
上海三航奔腾建设工程有限公司
上海东方泵业制造有限公司
上海飞和实业集团有限公司
上海粤海纺织印染有限公司
上海保集实业(集团)有限公司
上海宏裕房地产开发有限公司
上海建配龙建材配送有限公司
上海灵器工贸有限公司
上海屹丰模具制造有限公司

2003年各地投资企业优秀企业名录(共30家)

上海越洲钢管有限公司
上海百特机电有限公司
上海生欣储运有限公司
上海裕项防腐防水工程有限公司
上海舜宝彩钢结构有限公司
上海舜枫龙物流有限公司
上海祥年皮革有限公司
上海祁连建设工程有限公司
上海联达运输有限公司
上海商德物资有限公司
上海北方国际物流有限公司
上海一重机械设备有限公司
上海坤生储运有限公司
上海滨沪集装箱货运有限公司
上海钢宇商贸有限公司
上海海伦家具有限公司
上海友翔五金实业公司
上海陕汽汽车销售有限公司
上海海泰红木家具有限公司
上海苏沪集装箱储运有限公司
上海万通物流有限公司
上海创业纸张印刷有限公司
上海安源实业有限公司
上海凌志高级汽车修理厂
上海盐沪防腐检修工程公司
上海曼森阀门制造有限公司
上海东洋建材发展有限公司
嘉兴五芳斋粽子上海销售中心
上海定发建筑工程部
上海银明冲孔网筛有限公司

2003年各地投资企业先进企业名录(共50家)

上海斯达汽车配件有限公司
上海攀峰金属结构厂
中外运上海集团安达中转仓库
上海星辰经济技术开发有限公司
上海武冶冶金设备经营部
上海鑫顺化学工业公司
上海枫林家具有限公司
上海盐宝机械厂
上海盐沪集装箱货运有限公司
上海古隆红木装饰公司
上海华东物资再生有限公司
上海铜灿货运有限公司
上海南田木业有限公司
上海快可物流有限公司
上海瑞普金属制品厂
上海海洋汽车修理厂
上海綦江重型汽车配件有限公司
上海宝山海龙汽车运输队
上海海化实业公司
上海宝靖燃料物资公司
上海越通冶金设备制造公司
上海辽辉实业公司
上海享康经济发展公司
上海宝鑫实业公司
上海东方灯饰厂
上海玉新实业有限公司
上海常钢物资经营部
上海兴隆装饰劳务公司
上海微山前程运输队
上海宏兴钢模租赁公司
上海龙丰木业有限公司
上海新斌汽车运输有限公司
上海正红汽车运输有限公司
桐精印刷厂上海分厂
上海锡洛电缆安装公司
上海梅李贸易有限公司
内蒙古黄河铬盐股份公司驻沪经营部
上海繁宝物资公司
上海攀矿工贸公司
上海吉祥木器厂
上海天坤物资经营部
象山炼钢吹氧管厂宝山分厂
上海沪如贸易有限公司
上海裕项工艺品有限公司
上海惠联工贸公司
上海伊盟化工有限公司
上海顺发炼化设备厂
上海大东防水建材厂
上海海营化工工贸实业公司
上海黔金磷酸化工经销部

宝山区建立友好区、县、市一览表

序号	友好地区名称	建立日期	备注	序号	友好地区名称	建立日期	备注
1	福建省建阳市	1984.8	与原宝山县	4	浙江省宁波市海署区	1984.11.30	与原吴淞区
2	山东省临沂市	1984.11.20	与原吴淞区	5	辽宁省辽中县	1986.5.12	与原宝山县
3	云南省楚雄市	1984.11.22	与原吴淞区	6	辽宁省新民县	1986.5.12	与原宝山县

（续表）

序号	友好地区名称	建立日期	备注	序号	友好地区名称	建立日期	备注
7	湖南省岳阳市	1985.5.28	与原吴淞区	33	重庆市万州区五桥移民开发区	1993.12.2	
8	黑龙江省依兰县	1986.11.13	与原宝山县	34	山西省左权县	1994.6.22	
9	福建省三明市	1986.11.25	与原吴淞区	35	江苏省如东县	1994.7.9	
10	黑龙江省双城县	1986.12.25	与原宝山县	36	福建省安溪县	1994.10.18	
11	安徽省太湖县	1986.12.26	与原宝山县	37	西藏自治区日喀则地区	1995.3	
12	江西省井冈山市	1987.3	与原宝山县	38	陕西省延安地区	1995.4.12	
13	浙江省海宁市	1987.10.9	与原宝山县	39	四川省江油市	1995.8.23	
14	浙江省象山县	1988.1.18	与原吴淞区	40	山东省莱芜市	1996.1	
15	安徽省金寨县	1988.3	与原宝山县	41	天津市东丽区	1996.1.8	
16	安徽省滁州市	1988.5	与原宝山县	42	宁夏回族自治区固原市	1996.6	
17	辽宁省沈阳市于洪区	1988.6.25	与原宝山县	43	北京市石景山区	1996.7.27	
18	山东省恒台县	1988.7.25	与原宝山县	44	湖北省武汉市青山区	1996.7.27	
19	黑龙江省鹤岗市	1988.8.19		45	重庆市大渡口区	1996.7.27	
20	福建省浦城县	1989		46	四川省攀枝花市东区	1996.7.27	
21	山西省太原市清徐县	1989.2.23		47	云南省安宁市	1996.7.27	
22	山东省烟台市	1989.7		48	辽宁省鞍山市立山区	1996.7.27	
23	浙江省江山县	1989.9.1		49	内蒙古包头市昆都仑区	1996.7.27	
24	江西省龙南县	1990.6		50	浙江省温州市	1998.8.22	
25	广东省珠海市红旗区	1990.12.19		51	新疆自治区阿克苏市	1998.8.27	
26	湖南省冷水江市	1991.6.4		52	厦门市湖里区	1999.3.9	
27	江西省赣州地区	1992.3.2		53	黑龙江省牡丹江市	1999.3.19	
28	江苏省滨海县	1992.5.25		54	江西省新余市	2001.7	
29	江苏省姜堰市	1992.7		55	四川省攀枝花市	2002.5	
30	湖北省恩施市	1993.2.26		56	安徽省休宁县	2003.11.9	
31	甘肃省张掖市	1993.2.26		57	重庆市渝北区	2004.11.11	
32	重庆市奉节县	1993.5.8					

经区协作办公室批准的各地驻沪机构情况表

单　　位	地　　址	邮　　编	电　话	负责人
安徽省肥东县人民政府驻沪工作处	江杨南路1165号	200439	56998668	张　军
河南省固始县人民政府驻沪工作处	富锦路1662号	201901	56803121	张显义
福建省沙县人民政府驻沪工作处	行知路50弄13号101室	200436	66351468	王景荣
冶金工业部建筑研究总院宝钢技术工作处	同济支路199号5楼3号楼；宝钢四村25号203室	200940　201900	56693696	金伟江　姜凤有
山东天象集团公司驻沪办事处	泰和西路3381弄49号401室	201906	56045722	李守清
清华同方威视技术股份有限公司驻沪工作处	宁海东路200号；申鑫大厦1503室	200021　200092	63748461	刘小东
绍兴县建设局驻上海办事处	共康路8号5楼	200435	56408711	朱阿来
上海德力西集团有限公司驻宝山工作处	同济路131号同济大厦1101室	200940	56845659	周建光
江苏省丰县人民政府驻沪工作处	淞南七村171号203室	200439	56825527	姚志民
陕西省重型汽车有限公司驻上海工作处	长江南路1027号	200441	66151909	王建业

（李新民）

Shanghai Qianxizhiye

地址：沪太路2518号
邮编：200436
电话：56683806
传真：5668071

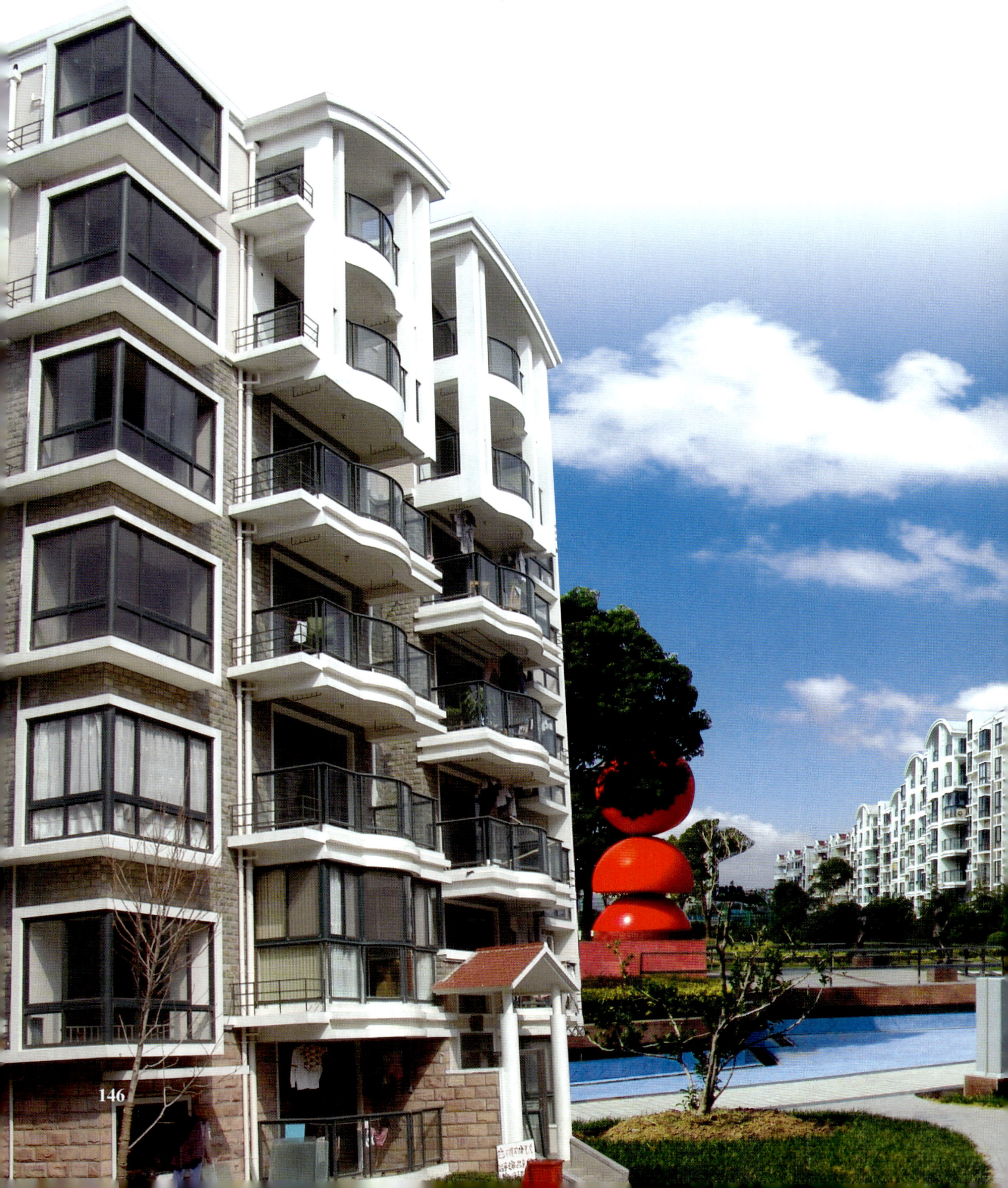

恩泽◎安宁◎清静

该公司成立于1994年，上海市房地产开发二级企业，上海市房地产协会会员单位，是直属宝山区大场镇人民政府领导的集体所有制企业。公司自成立至今，一直致力于乾溪居住区的住宅开发建设，至今已交付使用住宅70余万平方米，完成了所有的市政、公用配套设施的建设。随着上海大学新校址的落成，以及M7地铁的即将实施，公司对存量土地上的建设重新定位、规划，力求营造一个具有文化氛围、舒适安全、祥和的新型社区。以“恩泽、安宁、清静”为主题的生活社区正在建设中。已建成的“上大阳光·乾泽园”、“上大阳光·乾恩园”、“上大阳光园·乾宁园”、“现代律感·乾清园”和正在建设中的“上大阳光·乾静园”取得了较好的销售业绩，深受广大业主的欢迎。公司荣膺2002年上海市房地产销售面积百强企业、2001年房地产销售金额百强企业第35名。公司开发的乾溪三村二街坊一期、二期住宅项目荣获上海市1996年度、1997年度白玉兰奖（市优质工程），公司开发的乾泽园小区荣获第二届“上海市优秀住宅”评选的《优秀房型奖》、《住宅小区规划设计奖》。公司发展前景良好。

弘基文化休闲广场

商业与旅游

Commerce and Tourism

■编辑　胡新力

商业

■概况　2004年全区商业加快结构和业态调整，商业业态更加多样化，商业经济保持快速增长，运行质量进一步提高。全区实现社会消费零售总额130.93亿元，比上年增长17.4%，名列全市18个区县的第四位，超额完成区人代会确定的126亿元的目标，其中，国有商业实现零售额13.88亿元，比上年增长10.3%；集体商业实现零售额17.65亿元，比上年增长6.9%；私营和个体商业企业实现零售额60.46亿元，比上年增长7.3%；股份制等其他商业企业实现零售额38.94亿元，比上年增长49.2%。按商品结构分，吃的商品零售额59.88亿元，增长14.7%；穿的商品零售额9亿元，增长10.1%；用的商品零售额62.04亿元，增长21.3%。全区集贸市场实现零售额35.51亿元，占社会消费品零售总额的27.1%。全年实现批发零售业增加值31.06亿元，比上年增长22.8%。

■商业规划课题调研和编制　年内，进一步深化《宝山区促进消费行动计划》的课题研究，在《上海市宝山区区域总体规划纲要》的总体框架下，编制新一轮《宝山区商业发展战略规划研究》，明确商业发展的战略目标和布局，提出商旅结合，优先发展现代服务业等战略措施，形成今后一段时期商业的发展指导性框架。区商委指导、协助顾村镇制订《宝山区顾村镇商业发展规划》，明确了顾村镇商业定位、商业分层次布局功能和商业规划推进的主要措施。继续深化《西城区商业发展规划（初稿）》的编制，实现商业规划研究由以往的城市化成熟地区为主到与城市化发展地区并重。

■一批多业态商业项目开业　2004年全区商业业态更加多样化，消费品市场继续保持稳定增长的趋势。年内全区新增商业面积近30万平方米。乐客多生活购物中心、弘基文化休闲广场（上大）、大华乐城、金海马家具吴淞店、建配龙家具广场、家得利超市月浦店、灿坤数码电器城（大华旗舰店）、景汇休闲娱乐中心、农工商超市宝山店等9家具有集聚效应，适应不同消费层次的需要的大中型商业项目陆续竣工开业。新增连锁超市、便利店和烟草糖酒加盟店百余家，填补了地区商业发展的空白，为地区居民消费提供了方便。大卖场、连锁便利超市等商业项目在新城区、集镇地区和城乡结合部不断扩张，满足了农民和新迁入人口的消费需求，成为宝山商业新的增长点。

■连锁业态快速发展　年内，宝山区域内新增标准型连锁超市36家，总数达到118家；新增连锁便利店54家，总数达到222家；新增连锁综合型大卖场2家，总数达到9家；新增迪亚天天折扣店2家，总数达到9家；新增烟草糖酒加盟店53家，总数达到145家；屈臣氏超市、伍缘店等一批新型业态进入宝山并陆续开业。

■废品回收利用交投站增至18家　年内，继续在全区乡镇推进社区废品回收利用交投站网络建设，罗店、罗泾、杨行、大场、顾村、淞南、长兴、横沙乡等乡镇有12个社区废品回收利用交投站竣工开业并验收合格，使符合“六统一”标准的废品回收交投站总数达到18家。

■汽车成为新的消费热点　年内，汽车消费成为拉动消费增长的主要动力，至年末，全区有“4S”汽车销售企业19家，全年实现零售额9.69亿元。主要销售经营的汽车品牌有：通用别克、大众、本田、

2004年宝山区竣工开业大卖场、专业市场情况表

名　　称	业　　态	地　　址	建筑面积（平方米）	投资金额（万元）	开业时间
乐客多生活购物中心	超市	大华路518号	550008	15000	2004.1.3
弘基文化休闲广场（上大）	美食、文化休闲广场	上大西门、聚丰园路北侧	14000	3000	2004.4.20
大华乐城	餐饮	沪太路、三泉路东南侧	14000	2000	2004.1
金海马家具吴淞店	家具卖场	淞兴路127号	9000	300	2004.4.20
建配龙家具广场	家具卖场	长逸路15号	50000	10000	2004.10.16
家得利超市月浦店	大卖场	龙镇路75号	5700	1500	2004.4.24
灿坤数码电器城（大华旗舰店）	电脑、小家电、数码产品	沪太路1598号	9000	1800	2004.6.12
景汇休闲娱乐中心	综合商业项目	同济支路水产路	9865	2500	2004.9.30
农工商超市宝山店	综合型商业项目	牡丹江路西侧，同济支路北侧地块	19167	3500	2004.9.17

广州本田、日产、东风雪铁龙、东风标致、大宇、现代、瑞风、佳宝、奇瑞、北方奔驰等27个品牌。区内"4S"汽车销售店总投资逾1.8亿元，总用地169173平方米，总建筑面积86680平方米。

■**假日市场繁荣** 年内，百货、超市卖场、专业店、餐饮饭店等各类商业企业开展各种节日营销，结合结构调整开展品牌营销，根据各时段消费特点组织专题营销。元旦期间开展"暖暖岁末情，融融新春意"的主体营销，积极推动商文结合，弘扬商业文化；春节期间，商业服务业的新春节日营销拉动消费，27家主要商业企业节日7天共实现销售5248.96万元，比上年同期增长15.43%；"三八"妇女节期间，区域内各大商场、大卖场纷纷推出以"美丽"为主题的促销活动；"五一"黄金周，全区28家重点跟踪的商业企业共实现零售总额5907.77万元，比上年同期增长35.22%；"十一"黄金周开展"金秋畅享"中秋国庆系列营销等活动，全区28家主要商业企业实现销售额6637万元，比上年同期增长26.6%。抽样统计显示，主要商业企业销售比上年同期增长15.43%、35.22%和18.59%。

上图 牡丹江路商业一条街。
下图 汽车消费进入家庭。摄影 / 胡新力

■**百货业调整** 百货业推进集约化经营模式，调整商品结构，促进品牌消费，引进汤尼·威尔、ONLY、COBO等一批适应本地区消费的知名品牌。黄金广场全年调整品牌108个，引进Etam、Tony Wear等品牌97个，商场销售额不断攀升，调整效应日渐显现。春节黄金周商场服饰类销售达115万元，比上年同期增幅63%，女鞋销售达11.5万元，增幅150%，体育运动系列商品实现销售24.32万元，增加121.49%。男装品牌调整效果显著，"五一"期间，销售出现较大幅度上升，7天销售8.83万元，比上年同期增长124%。

■**食品烟酒市场整顿** 年内，区商委会同工商、卫生、技监、药监等职能部门加大对烟草、酒类、粮食等商品和旅游业的管理力度，依法查处一批假冒伪劣商品和制假窝点，组织一批具有代表性的餐饮企业和大型超市卖场向社会做出公开承诺，确保食品安全。（1）有条件开放集贸市场活鸡交易定点。按照市政府提出的建立上海国际大都市禽类流通长效管理机制，确定有条件开放活鸡交易定点单位，指导交易点改造，推进有条件开放活鸡交易的工作。（2）参与2004年上海科技节活动，承办"绿色食品、绿色消费"的主题活动。（3）整顿酒类市场。开展元旦春节酒类检查、夏季啤酒及散装酒专项检查、白酒黄酒市场整治及第四季度酒类市场专项整治等活动，形成以酒类机构牵头的综合监管机制。年内有38家酒类经营户因经营行为严重违规而受到了处罚，罚没款约14.6万元；共查获假酒4287瓶；查获侵权酒1992瓶；查获标识不符国家规定的瓶装酒1.1万瓶；查获伪劣散装白酒1350公斤。

■**转改制商业企业党组织属地管理** 年内重点对改制企业的运作进行跟踪调研，梳理集团资产重组后出现的问题和困难，以政府力所能及为原则，对改制后企业运作中存在的问题进行扶持和协调，并通过不断的调整来提高企业核心竞争力。为理顺体制，对转改制企业上海市宝山钢材交易市场、上海市健翼经贸有限公司、上海市宝山区机电设备供应公司等7个条件成熟的党支部和74名党员，完成属地转接工作，其中4个党支部进行了先换届、再属地的工作，撤销2个党支部。

■**文明创建活动和诚信档案工作** 2004年商业系统申报市级文明单位8家，申报区级文明单位32家。年内，商业系统有21家企业首批申报创建商业诚信档案单位，采取创建单位自评，组织协调消协、质检、财政、审计、卫生等12个部门进行民主测评，交流评审情况，其中对3家存在问题的企业进行实地考评，提出整改意见。 （刘文青）

上图 装修一新的宝钢商场。
下图 赛博数码广场落户宝山。
摄影 / 胡新力

供销社

■**概况** 2004年，宝山区供销合作总社（北翼集团）经济运行继续保持上升趋势，完成销售额20.11亿元，比上年增长8.18%；完成社会消费品零售5.84亿元，增长25.86%；上缴税金2164.17万元，增长11.29%。年末总资产13.96亿元。至年底，有全资企业24家，控股企业6家，参股企业3家，关联企业3家，老集体企业5家。年末在编员工2170人。

■**重点企业发展良好** 年内，供销合作总社一批重点企业呈现良好的发展态势。（1）上海华森消防水带有限公司依托企业产权制度改革后的良好环境，取得了国内、国外两个市场的同步发展，全年产值比上年增长25%。（2）上海南方冶金炉料有限公司改革、经营两手抓，全年完成主营业务超年度计划17%，并完成12个符合“六统一”标准的废品交投站建设。(3)上海北翼商业街完成西侧店面和南侧通道改造，并尝试铺位的竞价拍租,先后对16个铺位进行竞拍,获得成功。(4)北翼国大医药公司新开药店4个、医保定点药店2个。(5)北翼商厦继续打造品牌和优质服务的企业形象，引进“协享”连锁手机市场等,给销售带来了新的卖点；酒店部客房率平均保持在80%以上,提前完成全年销售指标。

■重点项目建设启动 年内，开工建造宝杨供销大楼和水电路汽车展示厅项目。两个项目总建筑面积超过6000平方米,总投资约为1100万元;启动北翼大酒店11~14层客房改造，横沙加油站项目进入立项征地阶段。以上项目的建设或启动，结束了供销社9年来无新建项目、无项目投入的历史。

■机构整合资源实行统一管理 年内，区供销合作总社对内部机构进行调整。(1)培育商业物业经营新业态,组建上海北翼(集团)有限公司商铺置业管理事业部，实行对区供销总社系统商铺资源统一管理;(2)对部分企业进行整合，撤销吴淞供销社,杨行供销社、月浦供销社、杨行集体商店，分别成立上海北翼(集团)有限公司淞宝分公司、月杨百货分公司。新机构重组了企业资源,凸显了行业的专业化管理，奠定了企业商铺物业管理规范化经营管理的基础。

■企业产权制度改革 年内，积极推进企业产权制度多元化改革。25个网点完成集体转私营（其中老集体网点21个),全系统中小网点转制累计达96%。长兴供销社、横沙供销社、上海南方冶金炉料公司、葑塘综合商店完成产权制度改革。作为配套工作,关闭、改制了32家原实行承包、挂靠等形式经营的废品回收部门,规避了企业经营风险。以绩效管理为核心的企业分配、激励机制开始逐步确立。（施文芳）

节庆期间超市的红火景象。 摄影/胡新力

粮食购销

■概况 全年收购晚粳谷26381吨、小麦4800吨、油菜籽2721吨,分别比上年增长137.4%、42.25%、202%,其中:外采粳谷17390吨、小麦1489吨。年内,粮食管理部门贯彻国务院《粮食流通管理条例》,加强调研，适时轮换,推进储备粮市场化建设；完成区内粮食收购企业收购资格许可证的审核和发证工作；推进粮食政策性保障体系建设，加强副食品补贴发放和帮困粮油供应的管理工作；抓好军粮供应管理;规范粮食行政管理，加强粮食市场监测和检查；推进粮食信息化建设;促进粮食购销市场化建设,国有粮食购销企业进一步拓展市场，经营业绩提升,实现扭亏为盈。

■国有粮食购销企业经营业绩提升 区粮油购销公司从1999年成立以来首次实现扭亏为盈，全年实现利润58万元。实现商品销售收入15933万元，比上年同期增长34%。全年完成粮油销售57156吨,其中粳谷31945吨,大米7133吨,小麦7146吨,面粉、食用油、饲料等10932吨。全年公司的经济运行质量有所提高,业绩上升。

■区级储备粮轮换取得成效 按市政府要求,2004年起宝山区的区级储备粮规模从原来的粳谷20000吨，调整为粳谷38860吨、小麦3420吨。总规模增加了22280吨,上升94.3%。针对储备粮规模的增加，区内商品粮源的不足和仓储设施不足的压力,粮食管理部门加强调研，抓住价格有利时机，与承储企业签订销售区级储备粮的委托书。年内共轮出陈粳谷6976吨，因轮出时机掌握准确,实现顺价282万元,是1999年粮食流通体制改革以来的第一次顺差。完成粳谷轮入25000吨，确保全年42280吨储备粮按时按质足额到位。

■加强粮食仓储设施建设 区粮油购销公司投入资金498.81万元,加强粮食收储企业的粮食仓储设施建设。(1)罗店地区投入资金224.88万元,其中新建粮食仓库170.38万元,维修仓库、地坪及下水道54.5万元;(2)投资192.8万元,新建江苏兴化地区商品粮采购点;(3)投资61.13万元维修原有旧仓库、地坪、天棚、地磅间及粮食化验室等;(4)投资20万元,维修长兴、大场分公司仓库。

■探索粮食异地采购新路 随着区级储备粮规模的扩大,区内商品粮逐年递减,异地采购成为一条补足储备粮和拓展粮食经营的重要途径。年内,区粮油购销公司探索异地采购,在江苏兴化、灌南组织粮源，建立采购、销售基地，采购小麦1489吨,晚粳谷15372吨。

■粮食行政管理 年内贯彻落实《行政许可法》和《粮食流通管理条例》,探索由粮食内部管理向全社会粮食流通管理的转变,加强对市场的监督,落实措施,规范市场行为和(QS)准入制度,防止了陈化粮、毒米、霉米和变质米流入本区的口粮市场。建立区内粮食市场的价格信息动态和市场行情的监测点，对监测的项目、数据资料进行定期采集分析，初步形成区内粮油市场价格、行情、质量的监测检查网络。做好粮食收购批发准入制度的管理。完成区粮食收购企业收购资格许可证的审核和发证工作。

■副食品补贴发放和帮困粮油供应管理 年内副食品补贴全部改为现金发放，粮食管理部门对所属的副食品补贴发放组的安全防范设施进行改造，增加警方联网的报警系统。控制现金下拨量，减少基层现金库存量。全年发放599万元现金无差错，被市粮食局评为先进。开展“争先创优”活动，区内评出4家“宝山区帮困粮油供应示范店”，推动帮困粮油供应工作，建立帮困粮油供应监督检查制度，做到帮困供应价格合理，买卖公平，使帮困对象真正得到实惠，全年供应帮困粮油金额443万元。

■军粮供应管理 年内，市场粮食价格大幅度上涨，军粮供应出现购销差价倒挂，军供企业效益下滑，一度出现供应销售越多，亏损越大的情况，职工积极性受挫，服务质量下降。粮食管理部门及时提出“三个一切”（部队的需要高于一切、部队的呼声高于一切、部队的困难高于一切）和“两个不变（服务的质量不能变、服务的承诺不能变）”。建立以兴化、束里桥等军粮供应采购基地，确保驻区部队供应的数量和质量，形成了区粮食局、区粮油购销公司、各军粮供应点三位一体的质量监督网络体系。逐步建立起军粮供应的“时间、质量、服务”三确保的长效管理机制。在年初市场粮价大幅上涨，军粮供应出现购销差价倒挂的情况下，由于措施到位，军供数量、质量没有下降，服务质量有新提高，在上海市粮食局组织的2次抽查中各项指标均为合格。

■粮食政务信息公开 年内加强粮食信息工作，坚持实行政务公开，本着“便民、利民、无偿”的原则，网上公开粮食政务信息，将粮食收购资格审批条件、流程和服务指南及副补发放、帮困粮油供应的网点、服务公约、监督电话等及时公开上墙和网上发布，实行服务承诺制，适时发布区内主要粮油市场信息和粮食政务。年内在“上海粮食网”发布动态信息40余篇，为市民、企业提供信息服务。（黄小平）

烟草专卖

■概况 2004年，上海烟草专卖局宝山分局、上海烟草集团宝山烟草糖酒有限公司实现销售6.3亿元，利润9555万元。公司执行ISO9001:2000质量管理体系标准，9月，上海市质量审核认证中心监审通过。至年末，宝山区域内的卷烟零售网络户1837户；发展延伸服务客户141户，统一安装服务形象柜的VI标识、POS机等，推进延伸服务。

■宝山卷烟市场执法检查 2004年，上海烟草专买局宝山分局与公安等有关执法部门联合执法20余次，案值800万余元。全年出动市场检查319次，检查人员2735人次，检查市场46个，检查马路2236条，查获各种有牌号有价走私烟632.5条，有价国产品牌烟45557.5条，查获各种牌号假冒品牌53860.65条，假冒烟标价值894.1万元，查处违法案件315起，罚没款154.1万元，未发生错案和行政诉讼问题。

■《烟草专卖证》换证 2004年对全区1990余户持证经营户进行五年一次的换发新证，共受理《烟草专买受理许可证》705登记户，发新证198张，变更218户。（李德强）

长江口公司

■概况 2004年，公司总资产为5.74亿元，销售7.38亿元，实现利税2672万元，年末职工1586人。公司为商业、粮食非工业类企业，经营范围包括商业贸易、物资供销、饮食、仓储、进出口业务，经营主业为百货、医药器材、五金生产资料等。

■百货业注重品牌经营 长江口百货分公司优化品牌经营，实施综合百货与主题百货相结合的经营目标，有30%的商品品牌在年内得到更新；黄金广场在地下室引进屈臣氏超市、优之良品和美容院，各楼面通过调整，形成一楼女鞋、化妆品，二楼少女淑女服饰，三楼绅士服饰，四楼运动休闲服饰，五楼床品、礼品，六楼儿童用品的格局，宝钢商场经过错位调整，形成一楼鞋类、首饰专柜，二楼流行运动休闲品牌，三楼职业装为特色的结构布局。通过经营布局的调整，每平方米营业面积产出毛利比上年增长50.04%。年内，公司利用黄金广场正门场地组织开展营销活动几十次。年初组织几十个柜组参与核心柜组创建，核心柜组创建的标准之一是月销售达到10~30万元。至年底，有28个柜组达到创核心柜组的要求，占商场销售总额的27%。

■医药业创新经营方式 新世纪药业公司年初起与区内20多家医院采用销售协议的方式确定销售目标，签约率达到80%，平均履约率达到89%；公司在参与市、区两级药品招标中，每次都有药品中标，中标平均达60.67%；新世纪和一德公司积极提升管理内涵，创建较为完备的采购询价系统，实行进价上限及进货量限定标准，通过询价比价，近四分之一品种进价降低，降幅最大的达到50%；扩大区域市场覆盖面，年内开出4家直营店、6家加盟店，新增3家医保定点药店。通过努力，一德大药房连锁公司淞滨店进入上海市经济药房行列，使一德公司成为全市十家医药主要零售连锁公司之一；努力实现商品经营为主向商品经营与资产经营结合，提高资产产出，挖掘公司潜能，年内新增收入88万元。

■五金交电年销售达亿元 年内，长江口五金交电公司实施五金业态战略性调整，以构建物流供应为目标，调整组织结构，合并职能部室，扩大销售部门，年销售跃上1亿元，比上年增长5.72%。提升管理，完善流程，五金公司完成商品报价系统、应收应付款系统、销售部子系统3个计算机信息系统的调试，进行两次调整，提高反映速度和工作效率；积极开拓重点客户和边缘市场，成为宝钢股份公司、振华港机、上海柴油机厂等特大型企业的指定供应商，标志生产资料销售向前发展，全年生资销售达到近7000万元，占销售比重的65.04%，比上年增长56.8%，；提升市场化参与竞争能力，开展为民服务，在扩大销售的同时，注重家电经营中的集团供应，为宝钢医院、区民政局等提供家电商品400余万元，并开展“温暖送海岛”活动，为岛上居民送去慰问品，受到区领导好评和媒体赞扬。

■社区商业探索便民服务 年内，绿叶便利连锁公司在连锁经营上注重高效化，把探索社区商业模式和保持平稳发展势头作为工作重点，公司的创利比上年增长50.95%。绿叶商场年内进行组团式调整，

旅游

■概况　至年末，全区旅游行业直接从业人员5000余人。主要旅游饭店22家，客房3100间，床位6020个。旅游饭店中有星级饭店15家，其中四星级饭店2家、三星级饭店4家、二星级饭店7家、一星级饭店2家。区内有1家国际旅行社和25家国内旅行社。年内实施“提升东线、开发西线、重点发展横沙岛”的发展战略，培育旅游产业，遵循“挖掘、利用、组合、创新”的原则，开发与上海国际化大都市相匹配的具有宝山特色的旅游产品与节庆活动。宝钢被评为全国工业旅游示范点，罗店新镇美兰湖君华会议中心和南块18洞高尔夫球场建成，长兴、横沙两岛举办缤纷海岛欢乐周，有卡丁车大奖赛、长江河鲜节、漫步桔花园、农家乐等主题活动，旅游业经济效益明显提高。上海旅游节期间，宝山分会场推出节庆欢乐游——“迎国庆—上海旅游节花车宝山巡游”、金秋海岛游——“桔香飘溢，魅力海岛”和宝山特色游——“绿色钢城动感之旅”三大主题活动。与长沙市旅游局联合举办长沙旅游推介会暨佳程·宝隆湘菜美食节开幕式，全市43家旅行社和22家新闻媒体参加推介会。区旅游局承办由区委宣传部、区文明办主办的“宝山市民看变样”活动，组织区内5个街道和9个乡镇的万名居民参观罗店新镇、杨北中心村、宝山区气象局、外环林带等反映宝山城乡建设“一年小变样”的亮点工程。

■旅游行业管理　根据《旅行社管理条例》，全年审批设立国内旅行社4家，2家旅行社变更经营场所。区内25家国内旅行社参加业务年检，3家暂缓通过。与上海市旅游培训中心合作，在长江口职业技术培训中心开设为期3个月的导游资格考试培训班，培训学员50名。组织区内近200名导游参加上海市导游年审培训与考试，在宝山区业余大学设立考点，考试合格的导游参加年度审核。《旅游涉外饭店星级的划分与评定》标准（2003版）于2004年7月1日起实施，根据新标准，上海桔园度假村被评为三星级旅游饭店。按照市旅游委的部署，对区内原有14家星级饭店进行星级复核，换挂新的星级评定标志牌。《上海市旅游条例》于3月1日实施，区内旅游企业负责人参加学习培训。行政许可法实施后，取消对旅行社营业部的审批，并相应修改旅行社的设立条件，取消旅行社经理必须持资格证上岗的规定。开展2004年度宝山区旅游统计工作先进单位和个人的评比，上海渔友餐饮服务有限公司、宝山宾馆、宝钢商务大厦、宝业大酒店、大康度假城、飞士大厦6家饭店和宝钢国旅、宝隆假日、宝申、龙廷、明曙、通达6家旅行社被评为2004年区旅游统计工作先进单位。在2004年上海市旅游饭店行

2004年宝山区旅游经济情况表

项　　目	单　位	2004年	2003年	2004年比上年增减%
旅行社				
接待人数	人次	101260	67687	49.60
组团人数	人次	145411	88415	64.46
营业收入(万元)	万元	19259.4	12696	51.70
饭店				
接待国内游客	人次	329723	351138	-6.1
接待海外游客	人次	54607	26268	107.88
主要饭店营收	万元	42950.7	36627	17.27
客房率	%	69	72	-3个百分点

2004年宝山区新增旅行社一览表

经营许可证号	名　　称	地　　址	电　　话
L-SH-GN731	新浦江商务假期旅行社	共江路832号	66215892
L-SH-GN752	碧海旅行社	淞宝路251号	56582760
L-SH-GN770	华人旅行社	牡丹江路445号	56172606
L-SH-GN771	有缘来旅行社	友谊路13号	66780708

2004年主要经营指标前五位旅行社排名表

名次	总营业收入排名	自组团人数排名	接待人数排名	接待天人数排名
1	宝钢国旅	宝隆假日	宝隆假日	宝隆假日
2	通达	安达水乡	宝钢国旅	宝钢国旅
3	宝隆假日	宝钢国旅	通达	通达
4	宝申	宝申	世豪观光	世豪观光
5	天翼	世豪观光	宝申	天翼

2004年宝山区饭店经营指标排名表

名次	总营业收入	客房收入	餐饮收入	接待人数	平均出租率	平均房价
1	宝山宾馆	宝山宾馆	宝隆宾馆	宝隆宾馆	申高大酒店	宝隆宾馆
2	宝隆宾馆	宝隆宾馆	宝山宾馆	华怡宾馆	汇海大酒店	华怡宾馆
3	金富门酒店	金富门酒店	金富门酒店	大康度假城	宝业大酒店	宝山宾馆
4	宝钢商务大厦	华怡宾馆	北翼大酒店	宝山宾馆	宝钢商务大厦	金富门酒店
5	华怡宾馆	大康度假城	宝钢商务大厦	宁江大酒店	金富门酒店	夏园宾馆

宝钢旅游成为宝山的旅游品牌。　区旅游局供稿

业“微笑服务明星”评选中，宝山宾馆的黄英、宝隆宾馆的王惠娟、大康度假城的曹秋丽、飞士大厦的杨晓红当选“微笑服务明星”。

■宝钢被评为全国工业旅游示范点　宝钢于2001年8月正式向国家旅游局申报“全国工业旅游示范点”。3年来，宝钢工业游根据《全国工（农）业旅游示范点创建标准》，针对不同层次游客编排3条科学合理的旅游线路，并建立一套内部管理制度。2004年3月，宝钢工业旅游通过自检和上海市旅游事业管理委员会的初审，向国家旅游局提出申报验收的申请。4月，国家旅游局全国工（农）业旅游示范点验收组对宝钢工业旅游项目进行验收检查，并于8月命名为全国工业旅游示范点。在2004年上海旅游节期间，宝钢与淞沪抗战纪念馆、陈化成纪念馆、海军博览馆等组合，推出绿色钢城动感之旅。

■上海旅游节花车巡游首次亮相宝山

9月25日，上海旅游节宝山分会场举行“迎国庆—上海旅游节花车宝山巡游”，公安、交通、体育等部门参与。上海旅游节的经典传统节目“花车巡游”首次亮相宝山，由广场文艺演出、龙狮舞和花车巡游表演组成，25辆花车在牡丹江路停留1小时，让市民与之零距离接触，随后花车进行巡游表演，该活动吸引游客5万余名。

■上海“飞士杯”钓鱼大赛在长兴岛举行

上海“飞士杯”钓鱼大赛是上海旅游节宝山分会场“金秋海岛游——桔香飘溢，魅力海岛”中的主题活动之一，于10月5日在长兴岛桔园度假村举行，上海市钓鱼协会的60名来自各区县的钓鱼

上海旅游节花车巡游到宝山。　摄影／浦志根

高手参赛。同时长兴岛推出桔园美食节、桔园采桔赏桔及蒙古村跃马等游乐活动，横沙岛举办卡丁车大赛、“荷香美食节”。旅游节期间，长兴、横沙两岛活动具有参与性与娱乐性特点，突出市区联手、两岛联动，接待游客人数创历史新高。

■美兰湖君华会议中心建成 美兰湖君华会议中心于9月初建成开放，该中心坐落于宝山区罗店新镇内，由君华酒店管理集团管理，有湖景房、街景房、爱心房等特色客房76间和中央茶廊、鸿桃轩中餐厅、巴沙黎酒吧、商务中心、健身房等配套设施。美兰湖君华会议中心的会议、展览设施占地3000平方米，有4个会议厅、1个展览厅、11个不同风格的会议室、2个多功能厅、1个剧院和4个贵宾接待区，配备了镭射投影仪、数字音响设施、同声传译系统等先进的会议设备。（张维倩）

“飞士杯”钓鱼大赛。 摄影／顾鹤忠

宝隆集团

■概况 2004年是宝隆集团公司完成资产重组的第一年，全年实现销售收入32298万元，比2002年同期增加5374万元，增幅16.6%（2003年受“非典”影响，不具可比性，下同）。年内从集团本部开始，内部机构精简重组，分层授权，实施扁平化管理。

■酒店业销售实现稳定增长 宝隆宾馆2004年销售突破1亿元，平均房价达虹口区较高水平，比2002年增长27.93%；金富门酒店实现销售3827万元，平均房价较2002年增加39.14%。达到全市三星酒店业平均水平。

■巴士宝隆出租汽车有限公司托管后效益提升 巴士宝隆出租汽车有限公司2004年3月22日委托上海巴士出租汽车有限公司管理。由于实行专业化管理，企业经济效益明显提高，全年单车利润2.9万元，比上年增长3.6%。

■宝隆居家品牌连锁店增至4家 至年末，在宝隆旅店管理公司下的宝隆居家品牌连锁店增至4家。除上年开业的纪念店外，中山店于3月底开业；友谊店于11月18日开业，罗泾店于12月23日开业。（吴丽芳）

上图 新建成的新长江大酒店主楼。
下图 宁江大酒店。 摄影/胡新力

临江公园江边晨景。 摄影／胡新力

上海宝建集团
宝山市政房地产开发有限公司

Shanghai Baojian Jituan
Baoshan Shizheng
Fangdichan Kaifa Youxian Gongsi

地址：淞滨支路140号

邮编：200940

电话：56841482

经理：张惠权

该公司为上海宝建集团全资子公司。成立于1992年，1995年被核定为上海房地产开发二级企业，公司注册资金1000万元。公司先后建造了具有一定规模的低密度、高质量、高品位的呼玛新村、大华二村、华浜二村多层住宅。完成宝山五大楼、吴淞小李家宅旧区改造项目和长江路动迁房等20余万平方米。2002年开发的逸兴家园一期住宅，规划面积7.35万平方米，其中住宅6.21万平方米，于2003年建成。已售完毕，并开始入住。二期总建筑面积4.2万平方米，已通过规划方案，正在实施。该小区的环境设计获2002年首届“中国优秀环境设计大赛”景观设计金奖。

总经理：吴大奎

文明单位

Model Unit

上海市人民政府颁发

Issued by Shanghai Municipality

上海宝勤金属制品公司成立于1992年，
属月浦镇勤丰村主管，是以勤丰村为最大股东的股份合作企业。
占地面积25000平方米，建筑面积3800平方米，企业资产总额2235万元。
现有职工72人：其中管理人员14名，工人58名。
公司通过对内狠抓企业管理，对外扩大巩固业务渠道，取得了较好业绩。
2004年完成生产总值7457万元，比上年有较大幅度的增长，
年内通过ISO—9001国际质量管理体系认证。
近年来该公司主动调整经营思路，
充分挖掘和利用企业现有的土地和水电等配套资源。
投入巨资，建成了两座现代化的标准工业厂房，现已投入使用，
为企业带来了稳定且可观的经济收入。
该公司在取得较好的经济效益的同时，十分重视精神文明建设，
自1999年以来，已连续多年被宝山区政府评为“宝山区文明单位”，
还多次被市老龄委、市绿化会评为“先进单位”。
2003年—2004年度被评为“上海市文明单位”。

地址：月罗路888号18号

邮编：200941

电话：56931745

传真：56931756

http://www.cimc.com

E-mail：shbaoqin72@sina.com

上海宝勤金属制品公司

SHANGHAI BAOQIN JINSHUZHIPINGONGSI

No:021 宝山镜像
摄影／胡新力
华能城市花园
位于牡丹江路
YEARBOOK OF BAOSHAN

房地产业

House industries

■编辑　胡新力

土地管理

■概况　年内制定《关于进一步加强土地管理的若干意见》，探索建立“批项目、核土地”和“重要项目与土地计划挂钩”的土地利用机制。全年挂牌出让地块4幅、土地面积67.5公顷。推出公开招标地块9幅、面积52.9公顷。(1)土地利用规划工作:调整顾村、罗店两镇土地利用规划、报批罗泾镇土地利用规划;(2)建设用地项目审批:全年完成建设用地上报审批146个项目，涉及土地面积1689.72公顷,其中农用地1109.57公顷。上报审批项目中市属项目4个、土地面积1061.57公顷、农用地734.82公顷;(3)土地复垦:经市房地局确认,罗店、横沙、前卫农场土地复垦净增耕地面积111.58公顷，可置换面积100.4217公顷;(4)落实世博动迁基地用地:中船和浦钢两基地的用地计划已报市房地局,并已拟制40公顷世博基地动迁企业安置用地批次，完成长兴6个生产队撤队的报批准备工作;(5) 工业园区土地审批:完成EWO1路、环钟路、罗东路、罗宁路、潘泾路及1、4号变电站的土地审批工作,落实陈行中心村一、二配套商品房基地的用地;(6) 配套商品房基地:落实配套商品房基地24块(其中世博动迁安置8块)、面积约227.6公顷;(7)基本农田划定:组织开展基本农田和区域土地利用现状调查,完成110平方公里的基本农田保护区域划定工作,1:10000图已绘制完成,1:2000图正在绘制中,分析报告完成并报市房地局。

■撤销区级工业园区6个　4月29日，国务院发出《关于深入开展土地市场治理整顿严格土地管理的紧急通知》,区政府及时成立土地市场清理整顿领导小组,开展治理整顿工作。领导小组多次深入各乡镇开展工作调研,实地踏勘,全区12个工业园区经过清理整顿,撤销区级工业园区6个，核减面积773.23公顷，核减率达43.07%。

■外资企业土地使用费征收　全年征收外商投资企业土地使用费1205.7万元，比上年增长　39.89%，创区土地使用费征收以来历史最高纪录。上半年应征户数193户，实征131户，政策性免征3户,欠缴59户;应征土地面积199.3公顷,实征土地面积142.6公顷;应征金额490.3万元,实征金额334.1万元,征收率68%;追缴历年欠款177.6万元,上半年合计征收511.7万元。下半年应征户数199户，实征136户，政策性免征1户,欠缴62户,征收率为68.8%;应征土地面积204.9公顷,实征土地面积148.5公顷；应征金额677.6万元，实征金额488万元，征收率72%，追缴历年欠款206万元,下半合计年征收694万元。

■非城镇国有土地统筹费征收管理　全区非城镇国有土地统筹费应征户数338户,政策性免征45户,实征221户,欠征81户,征收率75.4%。全年非城镇国有土地统筹费应征金额454.4万元,政策性免征65.9万元,实征258.6万元,欠缴129.9万元,征收率为67%,列全市首位。9月，将全区2003年非城镇国有土地统筹费251万元金额解缴市房地局资金处。

■动迁居、农民4750户　年内,征用、使用土地范围内居、农民动迁工作完成情况良好,全年动迁基地共计20个,其中国家征地基地18个,乡镇使用土地基地2个。居、农民动迁总户数5050户,签订动迁协议4750户,签约率94%。房屋动迁总建筑面积96万平方米,签订动迁协议面积90万平方米,其中,完成浦钢基地、长兴军品基地、宝山工业园区(北区)、顾村、罗泾配套商品房基地项目等动迁2863户、拆迁面积50.392公顷;完成2774户房屋丈量，与1890户农民签订动迁协议书。20个动迁基地涉及全区6个乡镇,45个村120个生产队。　　(王逸民)

土地储备与供应

■概况　宝山区土地储备中心成立于2001年12月，最初与宝山区土地使用权出让招标拍卖办公室两块牌子、一套班子(为区房地局的一个部门)。为了进一步加强土地资源和资产管理，提高政府对土地的宏观调控能力，加大土地运作力度,2004年9月,区委、区政府决定区土地储备中心单列,直属区政府领导。土地储备中心为正处级事业单位，内设综合办公室、计划储备部、前期开发部。综合办公室主要负责行政、党支部日常事务。计划储备部负责拟定土地储备中心次年、三至五年、远期经营性用地储备计划和每年的供地计划，协助编制暂无规划的控制性详细规划,市政专业规划;负责有关政策和法律、法规的执行和宣传；负责全区范围内存量土地的收购并落实具体收购地块；根据规划指标测算土地收购成本，土地市场价格和土地增值收益，签订《收购合同》；负责编制《招标文件》,同时负责招标拍卖的日常工作。前期开发部负责全区范围内土地“生地至熟地”的管理和开发;负责与乡镇签订前期开发包干合同；负责全区范围内增量土地的收购并落实具体的储备地块;负责储备地块的计委立项、规划选址、土地征用及征地包干、劳动力安置、动拆迁等相关工作的报批手续和协调工作;负责督促公开招标、挂牌地块按时交地;负责签订《征用合同》等。

■推进土地供应规范管理　为建立土地市场化运作的新机制作积极的探索。(1)区土地储备中心制订并经区政府批转出台《宝山区土地使用权公开招标实施意见》、《关于进一步加强土地管理工作的决定》、《关于加快推进宝山区土地供应市场化的意见(试行)》以及《土地

宝山中心城区的高层住宅楼。　　摄影 / 胡新力

管理审批程序和工作流程》等规范性文件，明确土地市场化运作的范围、程序、相关部门的职责等。要求“凡是本区经营性六类用地，必须经区土地管理领导小组集体讨论决定后报市局审批，再进入公开招拍挂程序，走市场化道路。努力使区土地管理工作达到审批程序明确，部门职责清晰，供地标准公开，监督及时有效”的目标。（2）加强对土地管理工作的监督，由区监察委按照“全程参与、全面监督、严格执法、严肃纪律”的原则，对经营性土地使用权公开招标拍卖工作的监督检查，制订宝山区经营性土地使用权出让执法监察实施方案。

■**土地储备供应情况**　自2001年区土地储备中心成立至2004年末，共收购储备土地630公顷，以招拍挂方式出让地块44幅，总面积328公顷，总成交额50余亿元，其中2003年共推出土地公开招标和挂牌出让29幅，总面积205公顷（以公开招标方式出让地块27幅，约192公顷）。年内计划收购储备土地300公顷，实际收购储备约260公顷。由于国家宏观政策调整，1~9月份未进行土地使用权出让。自10月份起计划出让土地200公顷，实际出让约120公顷。其中，挂牌出让4幅地块，共67.55公顷；公开招标出让9幅地块，共52.6公顷。（叶玉林）

房产管理

■**概况**　2004年，宝山区对房产二、三级市场的管理趋于规范，4月起，严格实行预售商品房网上销售。全年商品房新开工面积267.10万平方米，比上年增长45.30%；商品房销售面积253.97万平方米，比上年增长37.58%；存量房成交209.69万平方米，比上年增长19.05%。从2004年3月起，区房地局对辖区内未取得商品房预售许可证的在建项目以及已取得土地使用权，尚未开工建设的项目进行执法检查。5月，区房地产工作会议确定2004年宝山区房地产管理工作目标：实现房地产业占全区GDP的比重比上年上升15%，确立房地产支柱产业地位；进一步规范土地市场交易行为，全年以公开招标方式推出经营性土地200~300公顷；努力实现商品房销售200万平方米，二手房交易200万平方米，新开工商品房面积200万平方米；发挥职能部门的行业监管优势、乡镇街道的属地优势和物业公司的责任优势，提高物业管理总体水平和居民群众的满意率。

■**房屋拆迁管理**　为18个拆迁基地核发拆迁许可证和办理暂停手续，设立房屋拆迁管理“五项制度”公示栏；9个拆迁基地完成拆迁，全年共搬迁居民2500户、单位350户，建筑面积521376平方米；完成了2004年房屋拆迁安置补偿标准调整；受理房屋拆迁裁决案件21件，其中组织强制执行前听证3件；完成拆房工程基地备案70件，拆除房屋建筑面积942199平方米；受理并解决私房落实政策21件；受理并解决其它各类信访案件108件。

■**房屋违法案件执法**　全年受理房屋违法处罚54件，涉及建筑面积942.88平方米。对1家未按规定申领物业管理资质证书的物业管理公司进行了行政处罚，罚款人民币0.2万元，处罚房地产中介服务公司5家，罚款总计人民币1.24万元。

■**查处上海龙灏置业有限公司违规售楼**　2004年1月3日《新民晚报》刊登“6000万元‘预售’一片黄泥地”报道，反映位于宝山区共和新路5368号“绅聆枫情”售楼处违规售楼，楼盘还未开工，却通知买房人交付预约金8万到12万元不等。报道刊登后，引起市委、市政府领导高度重视。市长韩正批示，要求依法从严查处。市房地局立即召开会议并作出决定：责令上海龙灏置业有限公司立即停止违法违规销售行为，取消该公司的房地产开发经营资质。宝山区区委书记薛全荣、区长吕民元要求区内各相关部门查处此事件。宝山区房地局在该楼盘现场张贴告示，禁止一切预约活动。上海龙灏置业有限公司向区房地局作了书面检查。

■**房屋租赁市场状况调查**　根据上海市房屋土地资源管理局的布置和要求，区房地局进行房屋租赁市场调查。调查范围是在2004年8月15日前，全区范围内的房屋（居住房屋和非居住房屋）租赁情况，具体包括个人产权房屋出租、转租，单位产权房屋出租、转租，房地产开发企业未销售的新建商品房出租，转租及公有房屋转租。调查内容为各类房屋租赁的区域分布、租赁面积、租赁当事人、租金水平等。区房地局提前完成租赁信息的归集、汇总，并上报市房地局。

■**劳模获廉租房**　根据市房地资源局《关于适用享受廉租住房政策劳模和重点优抚对象的若干意见》的通知，通河新村街道的老劳模周才德符合享受廉租住房条件。廉租办快速办结审批手续，使购买廉租房的资金及时到位，老劳模周才德得到虹口区一室户的廉租住房。

■**房地产交易中心完善内部管理**　建立严格的办证保证机制，避免房地产权证发放出错；严格按照《登记条例》和《业务规范》的规定程序受理、审核，做好与成果管理部门之间的衔接工作。全年房地产交易登记发证5.9万件，办证的时限均得到有效保证，发证附图（宗地图和房产平面图）全部从大机系统打印出图。

■房地产测绘 全年完成房地产测绘任务925项，其中土地勘丈定界407项，土地面积2500.9公顷，（包括初始发证勘丈）。单位发证勘丈356项，土地面积831.7公顷，房产测量136.8万平方米。商品房预测92项，房屋建筑面积286.4万平方米。商品房实测70项，建筑面积230.4万平方米。

■房产档案管理 （1）档案接收、归档，接收各类档案59409卷，其中房地产登记档案58000余卷、建设用地档案652卷、房地产开发公司资质审核档案32卷、商品房预售许可证档案26卷、文书档案108卷、会计档案583卷、基建档案5卷、设备档案3卷。完成2002年度55663卷及2003年度32000卷档案的正式归档。对2004年已立卷但还未能及时归档的房地产登记档案进行临时编号装盒，完成房地产抵押登记19600件和预售登记资料16360件的整理归档。（2）档案查阅，提供各类档案利用4593卷，接待人数425人次，其中，利用文书及会计档案57卷，接待40人次；建设用地档案1353卷，接待372人次；房产档案290卷，接待13人次；区档案馆接待500人次，提供档案查阅700卷。

■住房改革管理 全年代售公有住房468套，累计代售5179套。办理有限产权接轨1156户，办理单位使用权转产权房屋201套，涉及建筑面积10035.31平方米。

■商品房维修基金管理 全年审核楼盘84个，归集维修基金1.47亿元，涉及建筑面积408.54万平方米。新楼盘归集率100%；累计归集维修基金5.90亿元，涉及楼盘480个（包括分期开发的），涉及建筑面积1014.5万平方米。清理老楼盘的维修基金归集情况，梳理出难以追缴维修基金的老楼盘8个，经与相关单位沟通，使“死楼盘”变成了“活楼盘”（天极盛宅小区）。按时做好79个业委会清理上线工作，划转29个业委会，划转金额4646.11万元，面积83.39万平方米，共9344户。

■公积金管理 全年公积金调整单位数1597户，占总数的97%；审核公积金新开户238户，涉及5536人。全区累计公积金余额39.3亿元，补充公积金2.2亿元。全年完成业务受理16600件，其中柜面咨询4564人次、电话咨询6514个、信息修改184笔、提取1334笔、提取复议134笔、销户登记15笔、缴存登记278笔、变更登记66笔、查询1625笔、信访18件、入管封存1794笔、委托转移11笔、补缴3笔。累计清欠公积金1289家，其中挂帐17家、补缴133家、封存9家、降低比例7家；欠缴单位基数调整完成10家；累计催缴901家，经催缴，已有573家补缴。

■廉租房管理 年内新增受理廉租申请对象146户、调整30户。累计受理430户、登记391户、配租380户（其中租金配租372户、实物配租8户），补贴资金259.07万元（其中租金补贴211.97万元，实物补贴47.10万元）。

■房地局与住宅局合并成立新的区房地局 区委、区政府决定，原宝山区房屋土地管理局与区住宅发展局整合为新的宝山区房屋土地管理局，并建立新的宝山区土地储备中心，11月3日该项工作正式启动，12月5日完成。经整合设置的机关科室有：办公室（法制科）、组织人事科、财务管理科、土地利用科、物业管理科、房地产市场和权籍管理科、拆迁科。设置的事业单位有：执法队、建设用地事物所、公积金中心、交易中心、档案中心、测量队、房地产办事处、住宅管理中心、信息中心和财务结算中心，其中新增了住宅管理中心、信息中心和财务结算中心。同时，推出10个副科级职位实行内部竞聘上岗、6个副科级职位面向区内招聘。

具有欧洲建筑风格的宝莲府邸商务楼夜景。 摄影/胡新力

2004年宝山区主要房地产开发企业一览表

企　业　名　称	资质等级	地　　址	邮政编码	证书编号
大华(集团)有限公司	一级	华灵路698号	200436	
上海宝宸(集团)有限公司	一级	淞滨路135号	200940	
上海凯迪企业(集团)有限公司	二级	宝杨路1231号A-061室	201900	沪房地资开第613号
上海市宝山区房产经营公司	二级	淞宝路96号3号楼	201900	沪房地资开第353号
上海淞南房地产经营开发实业总公司	二级	长江路440号	200431	沪房地资开第354号
上海乾溪置业总公司	二级	大场镇沪太路2518号	200436	沪房地资开第355号
上海祁连房地产开发总公司	二级	陈太路1301号	200436	沪房地资开第356号
上海爱迪房产开发有限公司	三级	友谊路宝钢十村18号	201900	沪房地资开第506号
上海昌鑫(集团)有限公司	三级	共江路978号	200435	沪房地资开第525号
上海月浦房地产开发有限责任公司	三级	月罗路200号	200941	沪房地资开第604号
上海乘龙实业有限公司	三级	共和新路688弄2号506室	200070	沪房地资开第471号
上海佳源置业有限公司	三级	中山北二路1515号D座3702室	200092	沪房地资开第549号
上海凯士达房地产开发经营有限公司	三级	三泉路740号	200435	沪房地资开第583号
上海宝鸿房产开发有限公司	三级	殷高西路111号	200439	沪房地资开第602号
上海远景房地产开发有限公司	三级	沪太路1717号	200436	沪房地资开第507号
上海庙行房地产开发经营公司	三级	三泉路930号	200435	沪房地资开第358号
上海凯通置业有限公司	三级	蕰川路1498弄	201901	沪房地资开第359号
上海共富经济发展有限公司	三级	共富路181号	201906	沪房地资开第360号
上海吴淞住宅建设开发有限公司	三级	牡丹江路1188号4楼	200940	沪房地资开第361号
上海金明房地产开发有限公司	三级	梅川路999弄88号	200333	沪房地资开第362号
上海宝林房地产开发有限公司	三级	宝林二村93号	201900	沪房地资开第363号
上海宝昌房地产开发经营有限公司	三级	逸仙路150号16楼	200434	沪房地资开第364号
上海宝发房地产开发有限公司	三级	淞宝路96号3号楼	200940	沪房地资开第365号
上海顾村房地产开发公司	三级	泰和西路3431号	201906	沪房地资开第366号
上海杨泰房地产开发有限公司	三级	杨泰路386号	201901	沪房地资开第367号
上海五钢房地产开发公司	三级	同济支路209号	200940	沪房地资开第368号
上海大柏树房地产开发经营公司	三级	汶水东路121号	200434	沪房地资开第369号
上海市江湾房地产开发经营总公司	三级	殷高西路111号	200439	沪房地资开第370号
上海华意房地产发展有限公司	三级	海滨新村26号101室	200940	沪房地资开第371号
上海宝建集团宝山市政房地产开发有限公司	三级	淞滨支路140号	200940	沪房地资开第373号
上海富中置业有限公司	三级	长江西路1180号4F	200431	沪房地资开第551号
上海信建房地产开发有限公司	三级	浦东南路2111号由由大酒店9005室	200126	沪房地资开第603号

（王逸民）

住宅建设管理

■概况　2004年，区住宅建设以进一步改善广大市民的居住环境，提升住宅建设档次为出发点，以科技进步为原则，以创建“四高”(高起点规划、高水平设计、高质量施工、高标准管理)优秀小区、亮点工程为载体，搞好小区环境建设和新建住宅创“无渗漏”工作，做好“平改坡”和为老服务设施建设实事工程，不断提高住宅建设管理和村、镇建设水平，推进住宅建设和村、镇建设持续、健康发展。全年新开工住宅380万平方米，住宅竣工223万平方米，分别完成年度目标的190%和111.5%；住宅施工645.74万平方米；区住宅局发放住宅交付使用许可证55张，184.26万平方米，492幢；新建住宅工程质量合格率达到100%。全年共收到来信来访120件，办结率达90%以上；办理“两会”代表、委员的意见、提案8件，办结8件。

■住宅小区环境建设　年内，区住宅局对所有已竣工的新建住宅小区绿化进行评审，发放《竣工日期确认单》100张，计452幢185.24万平方米；全年完成新建住宅小区绿化面积42.18万平方米，完成年度目标的105.45%，住宅小区建成透绿围墙43344米；新建住宅小区的围墙透绿率、室外线缆入地率、空调外机

宝山西城区新崛起的住宅群。　　摄影 / 胡新力

统一设置率均达 100%。

5 个小区被评为“四高”小区　年内全面提高“四高”小区的创建水平，要求全区所有新建住宅小区都要按“四高”的要求进行建设，进一步开展创建“四高”优秀小区、“四高”小区和亮点工程的活动。枫庭丽苑、滨江雅苑、馨康苑、万科四季花城、昌鑫时代绿园等 5 个小区被市房屋土地资源管理局评为“四高”优秀小区。

推进住宅产业现代化　积极推进商品房菜单式装修和全装修工作，提高住宅产品附加值，要求新开工的住宅面积在 2 万平方米以上的基地按 20%的比例实施菜单式全装修。至年末落实全装修房 23 万平方米。根据《上海市住宅产业现代化试点工作计划》的要求，加大对“四新”（新材料、新技术、新设备、新工艺）成果推广应用的力度，新建住宅小区中箱式变压器、分质供水、宽带上网、三表远程抄送以及 IC 卡的应用等试点工作都先后实质性启动。年内落实“四新”成果聚焦小区 3 个。

新建住宅“无渗漏”达标建设　开展新建住宅创“无渗漏”达标工作。年内，区住宅发展局与全区 56 个新建住宅基地全部签订“无渗漏”自查月报制责任书。对 17 个基地进行创“无渗漏”工程对口检查，根据检查情况分别发放“无渗漏”检查《告知单》或《整改通知书》，由专家组对渗漏问题作出鉴定，研究并提出解决的办法。这一做法得到开发商的认可和好评。年内新建住宅创“无渗漏”100%达标。

市政配套建设　（1）对 2003 年招标的 27 块地块和 14 块动迁基地进行大市政配套摸底，制定相应的大市政配套计划；（2）西城区大市政配套协调推进，水产路、镇泰路、松兰路已竣工，杨泰路（北块）、莲花山路、竹韵路正在施工，杨泰、杨行雨水泵站工程可行性研究报告（以下简称“工可”）完成，铁锋路项目进入工可阶段；（3）友谊路、漠河路竣工，并移交有关部门，克山路、湄浦路施工完成 90%，通河路进入招投标阶段，一二八纪念路工可完成，安汾路项目建议书完成；（4）罗泾新镇市政专业规划完成，月浦市政专业规划已进入评审阶段，顾村东块包干报批，罗店办理包干，共和小区完成工可，正在办理包干手续，汶水路北块、真北路、真华路、规划路、环镇南路完成项目建议书，工可完成。

为老服务设施建设　年内，新建 6 个为老服务设施项目，其中吴淞镇街道老年活动中心 2200 平方米，呼玛四村老年活动室 300 平方米，东方康桥老年活动室 800 平方米，万科四季花城老年活动中心 1000 平方米，宝钢果园老年活动室 500 平方米，横沙久久敬老院 1100 平方米。

多层住宅“平改坡”及旧小区综合改造　年内对区域内 145 幢、39.43 万平方米住宅进行了多层平屋面改坡屋顶（平改坡）工程（包括两个旧小区综合改造 14.3 万平方米）。根据市房地局和区政府的工作要求，年内对海滨五、六、七村（137143 平方米）和宝林四村（69754 平方米）两个旧小区实施综合改造，内容包括环境改造、房屋改造和配套设施改造，10 月进入全面施工，计划 2005 年 4 月完成。

配套商品房建设　年内区属配套商品房基地开工 7 块，面积 105.2 万平方米（其中上年度结转 20.3 万平方米），竣工 26 万平方米。

大场镇老镇改造有序展开　年内，区政府提出大场老镇改造“两年基本完成动迁，四年基本建成”的工作目标。2 月，大场老镇改造开发指挥部成立；完成老镇动迁调查、摸底工作，初步制订老镇动迁方案；委托上海同济城市规划设计院编制并完成控制性详细规划，得到市规划局批准；基本完成资金测算；初步确定土地供应方式，解决老镇改造开发用地问题；确定动迁房建设基地开工位置，完成开工准备；落实异地动迁房源。　（孙全陵）

房产交易

概况　2004 年，宝山的商品房价格继续上升，至年末，网上商品房成交平均单价已达 6394 元 / 平方米，销售均价同比涨幅达 26.32%。区房地产市场主要特征是：（1）商品房批准预售面积、销售面积、存量房交易面积均破 200 万平方米大关，分别达 212.01 万平方米、253.97 万平方米、209.69 万平方米，比上年分别增长 13.85%、37.58%、19.05%；（2）市场行情经过上半年一段时间的观望后，下半年又现火爆场面，九华佳苑、逸仙华庭、宝地绿洲城等楼盘相继出现群众通宵排队争购商品房的场面；（3）由于地铁 1 号线开通运行，加速带动了宝山房价上扬；（4）商品房实行网上合同备案：截至 2005 年 1 月 5 日，纳入网上销售总套数为 19438 套、建筑总面积为 196.58 万平方米；已售 14337 套、面积 151.76 万平方米、已售金额 97.04 亿元；平均销售率为 77.20%。

商品房预售批准量以乡镇、街道排名，依次为大场镇、杨行镇、顾村镇、高境镇、淞南镇、月浦镇，分别占全区批准预售量的 34.24%、24.60%、20.01%、6.74%、5.07%、4.39%，以上 6 个地区占了全区总量的 95.04%。　（王逸民）

2004 年宝山区房地产市场情况表

项目名称	金额、面积	比上年增减%
房地产开发投资额	62.54 亿元	58.90
商品房新开工面积	267.10 万平方米	45.30
商品房竣工面积	161.40 万平方米	-14.10
商品房预售批准	212.01 万平方米	13.85
商品房销售面积	253.97 万平方米	37.58
商品房销售金额	131.14 亿元	73.79
商品房平均单价	5164 元/平方米	26.32
存量房成交面积	209.69 万平方米	19.05
存量房成交金额	85.34 亿元	57.23
存量房平均单价	4070 元/平方米	32.07

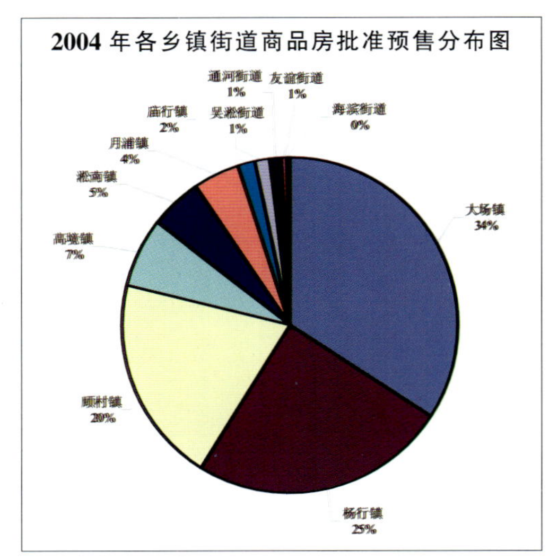

2004 年宝山区商品房预售情况表

面积:平方米

预售证号	公司名称	项目名称	坐落地点	区域	批准日期	批准面积	批准套数
2004-001	上海凯通置业有限公司	天馨花园第六、七期商品住宅	蕰川路 1498 弄	杨行镇	2004.01.05	11531.24	108
2004-002	上海月浦房地产开发经营有限责任公司	庆安居住区北块一、二期商品住宅	绥化路 265 弄	月浦镇	2004.01.05	18060.63	158
2004-003	上海宝发房地产开发有限公司	共富二村六、七期商品住宅	共富二村	顾村镇	2004.01.17	27415.28	254
2004-004	上海东方康桥房地产发展有限公司	康桥水都一、二期商品住宅	水产路 2800 弄、2900 弄	杨行镇	2004.01.17	34507.83	304
2004-005	上海庙行房地产开发经营公司	共康北块居住区三期商品住宅	三泉路 1495 弄	庙行镇	2004.01.17	12643.28	132
2004-006	上海台鼎实业有限公司	建造标准(通用)工业厂房	真陈路 1398 弄	大场镇	2004.01.18	29810.88	66
2004-007	上海锦秋房地产有限公司	锦秋花园六、七期商品住宅	陈太路 699 弄八区	大场镇	2004.01.18	12769.56	84
2004-008	上海昌鑫(集团)有限公司	昌鑫时代绿园三期	虎林路东侧	庙行镇	2004.02.02	17941.11	219
2004-009	大华(集团)有限公司	大华公园世家 A 块(二期)商品住宅	大华路 988 弄	大场镇	2004.02.13	14063.34	114
2004-010	大华(集团)有限公司	大华公园世家 A 块(二期)商品住宅	大华路 988 弄	大场镇	2004.02.20	29910.73	263
2004-011	上海六顺房地产有限公司	当代高邸四期商品住宅	聚丰园路 95 弄	大场镇	2004.02.25	27507.81	324
2004-012	上海顾村房地产开发公司	共富鑫鑫花园二期商品住宅	联谊路 501 弄	顾村镇	2004.02.27	26897.01	234
2004-013	上海顾村房地产开发公司	共富三村五街坊一至三期商品住宅(富隆苑)	共富路 476 弄	顾村镇	2004.03.19	10881.09	93
2004-014	上海缘韵置业有限公司	聚丰园示范小区商品住宅	上大路 1288 弄	大场镇	2004.03.19	25643.70	220
2004-015	上海华翔房地产开发有限公司	华翔公寓西块商品住宅(水韵华庭)	新沪路 58 弄	大场镇	2004.03.22	16364.24	139
2004-016	上海锦秋房地产有限公司	锦秋花园六、七期商品住宅	陈太路 699 弄八区	大场镇	2004.03.26	25471.06	146
2004-017	大华(集团)有限公司	大华公园世家 A 块(二期)商品住宅	大华路 988 弄	大场镇	2004.03.26	28975.38	236
2004-018	上海东方康桥房地产发展有限公司	康桥水都一、三期商品住宅	水产路 2700 弄、2600 弄	杨行镇	2004.03.29	18222.47	168

（续表）

预售证号	公司名称	项目名称	坐落地点	区域	批准日期	批准面积	批准套数
2004－019	上海宝地宝山房地产开发有限公司	宝钢果园商品住宅（宝地绿洲城）	湄浦路219弄	杨行镇	2004.03.29	13046.72	112
2004－020	上海华翔房地产开发有限公司	华翔公寓西块商品住宅（水韵华庭）	新沪路58弄	大场镇	2004.04.09	12314.32	100
2004－021	上海宝地宝山房地产开发有限公司	宝钢果园商品住宅（宝地绿洲城）	湄浦路219弄	杨行镇	2004.04.28	23379.05	240
2004－022	上海缘韵置业有限公司	聚丰园小区二期商品住宅	上大路1288弄	大场镇	2004.04.29	12065.40	120
2004－023	上海月浦房地产开发经营有限责任公司	宝莲湖景园二期商品住宅	绥化路260弄	月浦镇	2004.04.29	17690.77	124
2004－024	上海凯通置业有限公司	天馨花园第六、七期商品住宅	蕰川路1498弄	杨行镇	2004.04.29	5768.34	48
2004－025	大华（集团）有限公司	大华公园世家C块（二期）商品住宅（枫庭丽苑）	华灵路1788弄	大场镇	2004.05.10	11924.35	104
2004－026	上海吴淞住宅建设开发有限公司	宝山七村商品住宅	宝山七村	友谊路街道	2004.05.11	7439.54	48
2004－027	上海乾溪置业总公司	乾宁园一、二期商品住宅	上大路218弄	大场镇	2004.05.20	16129.10	144
2004－028	上海祁连房地产开发总公司	上大聚丰园	上大路1288弄	大场镇	2004.05.20	4390.40	36
2004－0000042	上海乾溪置业总公司	乾宁园一、二期商品住宅	上大路218弄	大场镇	2004.06.18	15146.74	144
2004－0000056	上海竞亿房地产开发有限公司	名优土特产交易中心	沪太路3633号	大场镇	2004.06.23	10209.26	216
2004－0000074	上海凯通置业有限公司	天馨花园第八、九期	蕰川路1498弄	杨行镇	2004.06.25	22946.72	192
2004－0000075	上海凯通置业有限公司	天馨花园第六、七期	蕰川路1498弄	杨行镇	2004.06.25	7232.90	60
2004－0000084	上海信尔房地产经营开发实业有限公司	淞南九村新苑	淞南九村	淞南镇	2004.06.29	7409.35	102
2004－0000090	大华（集团）有限公司	大华公园世家C块（二期）商品住宅	华灵路1788弄	大场镇	2004.06.29	35858.61	304
2004－0000137	上海住名房地产有限公司	住嘉新苑	长江西路通河路口	通河新村街道	2004.07.06	16626.01	138
2004－0000144	上海祁连房地产开发总公司	上大聚丰园二期	上大路1288弄	大场镇	2004.07.08	4826.18	48
2004－0000145	上海缘韵置业有限公司	上大聚丰园二期	上大路1288弄	大场镇	2004.07.08	12953.14	120
2004－0000194	上海乾溪置业总公司	乾宁园（四期）	上大路218弄	大场镇	2004.07.16	23710.73	216
2004－0000195	上海月浦房地产开发经营有限责任公司	宝莲湖景园	绥化路260弄	月浦镇	2004.07.16	4601.6	32
2004－0000223	上海通林房地产有限公司	呼玛三村泗塘西三块住宅	呼玛三村367号甲、乙、丙	通河新村街道	2004.07.21	3300.96	36
2004－0000266	上海东方康桥房地产发展有限公司	康桥水都（一期）	水产路2600弄	杨行镇	2004.07.30	5891.73	54
2004－0000267	上海东方康桥房地产发展有限公司	康桥水都（一期）	水产路2700弄	杨行镇	2004.07.30	12676.3	115
2004－0000268	上海东方康桥房地产发展有限公司	康桥水都（一期）	水产路2800弄	杨行镇	2004.07.30	1384.07	9
2004－0000269	上海东方康桥房地产发展有限公司	康桥水都（一期）	水产路2900弄	杨行镇	2004.07.30	3230.36	21
2004－0000270	上海竞亿房地产开发有限公司	名优土特产交易中心	沪太路3633号	大场镇	2004.07.30	5301.18	48
2004－0000285	上海凯通置业有限公司	天馨花园八、九期	蕰川路1498弄	杨行镇	2004.08.03	8052.86	84

（续表）

预售证号	公司名称	项目名称	坐落地点	区域	批准日期	批准面积	批准套数
2004－0000286	经纬置地有限公司	经纬城市绿洲－阳光水岸家园	纬地路88弄	大场镇	2004.08.03	12785.78	130
2004－0000289	上海宝地宝山房地产开发有限公司	宝地绿洲城	湄浦路218弄	杨行镇	2004.08.03	39227.25	354
2004－0000314	上海宝宸（集团）有限公司	吴淞老镇三街坊	同泰路135号	吴淞镇街道	2004.08.06	18479.02	144＋9＋24
2004－0000339	上海缘韵置业有限公司	上大聚丰园二期	上大路1288弄	大场镇	2004.08.11	13974.9	120
2004－0000345	上海东方康桥房地产发展有限公司	康桥水都（一期）	水产路2700弄	杨行镇	2004.08.11	8266.05	76
2004－0000350	经纬置地有限公司	经纬城市绿洲－阳光水岸家园	纬地路88弄	大场镇	2004.08.12	23333.01	221
2004－0000404	上海宝茂房地产开发有限公司	水上新村旧住房改造	水上新村6－8号	友谊路街道	2004.08.19	4383.24	36
2004－0000461	大华（集团）有限公司	大华公园世家E块（水岸蓝桥）一期	真华路999号	大场镇	2004.09.01	19113.06	174
2004－0000462	经纬置地有限公司	经纬城市绿洲－阳光水岸家园	纬地路88弄	大场镇	2004.09.01	24883.47	227
2004－0000496	上海祁连房地产开发总公司	上大聚丰园二期	上大路1288弄	大场镇	2004.09.06	2530.20	24
2004－0000497	上海缘韵置业有限公司	上大聚丰园二期	上大路1288弄	大场镇	2004.09.06	4500.9	36
2004－0000498	上海宝发房地产开发有限公司	共富二村七期商品住宅	共富二村	顾村镇	2004.09.06	34625.99	385
2004－0000544	上海佳源置业有限公司	美岸栖庭	高逸路201弄、国权北路828弄	高境镇	2004.09.10	12139.71	110
2004－0000568	经纬置地有限公司	经纬城市绿洲－阳光水岸家园	纬地路88弄	大场镇	2004.09.16	17678.27	174
2004－0000574	上海幸之苑房地产置业有限公司	幸之苑二期	逸仙路1321弄5支弄	高境镇	2004.09.17	7913.5	64
2004－0000599	上海顾村房地产开发公司	兴达利盛宅花园	富联路128弄	顾村镇	2004.09.21	14784.55	250
2004－0000600	上海宝宸（集团）有限公司	吴淞新城十四街坊一期	淞兴路76弄	吴淞镇街道	2004.09.24	8371.68	79
2004－0000619	上海江湾房地产开发经营有限公司	四季绿城	新二路999弄	高境镇	2004.09.24	22597.1	244
2004－0000643	上海凯城世华置业有限公司	世华佳苑	杨鑫路451弄	杨行镇	2004.09.27	24598.11	222
2004－0000644	上海久华房地产有限公司	久华佳苑商品住宅	新沪路198弄	大场镇	2004.09.27	8667	80
2004－0000674	上海宝地宝山房地产开发有限公司	宝地绿洲城	湄浦路218弄、219弄、179号	杨行镇	2004.09.29	3563.84	36
2004－0000694	大华（集团）有限公司	大华公园世家E块（水岸蓝桥）一期	真华路999号	大场镇	2004.09.30	21232.55	218
2004－0000695	经纬置地有限公司	经纬城市绿洲－阳光水岸家园	纬地路88弄	大场镇	2004.09.30	21328.93	167
2004－0000696	上海杨泰房地产开发有限公司	禄德嘉苑	竹韵路258弄1－25号	杨行镇	2004.09.30	23171.77	174
2004－0000697	上海腾杰实业发展有限公司	禄德嘉苑	竹韵路259弄	杨行镇	2004.09.30	16437.64	142
2004－0000777	上海佳源置业有限公司	美岸栖庭	高逸路201弄、国权北路828弄	高境镇	2004.10.15	23939.21	230
2004－0000796	上海乾溪置业总公司	乾宁园（四期）	上大路218弄	大场镇	2004.10.20	3464.92	24
2004－0000825	大华（集团）有限公司	大华公园世家E块（水岸蓝桥）一期	真华路999号	大场镇	2004.10.22	19663.96	172

（续表）

预售证号	公司名称	项目名称	坐落地点	区域	批准日期	批准面积	批准套数
2004－0000826	上海东方康桥房地产发展有限公司	康桥水都（一期）	水产路2600弄、2700弄、2800弄、2900弄	杨行镇	2004.10.22	2549.72	24
2004－0000827	上海东方康桥房地产发展有限公司	康桥水都（一期）	水产路2600弄、2700弄、2800弄、2900弄	杨行镇	2004.10.22	29699	276
2004－0000828	上海东方康桥房地产发展有限公司	康桥水都（一期）	水产路2600弄、2700弄、2800弄、2900弄	杨行镇	2004.10.22	5266.13	48
2004－0000857	上海祁连房地产开发总公司	瑞丰园	陈太路1456弄	大场镇	2004.10.26	14810.96	132
2004－0000858	上海泽欣房地产开发有限公司	逸仙华庭	逸仙路1238弄	高境镇	2004.10.22	11926.66	114
2004－0000882	上海顾村房地产开发公司	共富鑫鑫花园	顾村镇联谊路501弄	顾村镇	2004.11.01	38713.86	326＋16＋33
2004－0000902	经纬置地有限公司	经纬城市绿洲－阳光水岸家园	纬地路88弄	大场镇	2004.11.04	21555.22	200
2004－0000903	上海新月浦房地产（集团）有限公司	新月翡翠园	德都路35弄	月浦镇	2004.11.04	13795.39	118
2004－0000904	上海华意房地产发展有限公司	永清路商住楼	永清路335弄	海滨新村街道	2004.11.04	5352.76	50
2004－0000957	上海江湾房地产开发经营有限公司	四季绿城	新二路999弄	高境镇	2004.11.13	18278.32	176
2004－0000971	上海久华房地产有限公司	久华佳苑一至四期商品住宅	新沪路198弄	大场镇	2004.11.16	21010.42	204
2004－0000983	上海杨泰房地产开发有限公司	禄德嘉苑	竹韵路258弄	杨行镇	2004.11.19	28333.44	244
2004－0000984	大华（集团）有限公司	大华公园世家E块（水岸蓝桥）一期	真华路999号	大场镇	2004.11.19	12968.87	111
2004－0000991	经纬置地有限公司	经纬城市绿洲－阳光水岸家园	纬地路88弄	大场镇	2004.11.19	21985.11	248
2004－0001003	上海东方康桥房地产发展有限公司	康桥水都（一期）	水产路2800弄	杨行镇	2004.11.23	2549.72	24
2004－0001004	上海东方康桥房地产发展有限公司	康桥水都（一期）	水产路2700弄	杨行镇	2004.11.23	2494.3	24
2004－0001005	上海泽欣房地产开发有限公司	逸仙华庭	逸仙路1238弄	高境镇	2004.11.27	9742.5	96
2004－0001006	上海湘雅房地产发展有限公司	三湘雅苑	呼玛路582－680号（双号）、682弄1－4号	通河新村街道	2004.11.23	3832.92	32＋18
2004－0001007	上海湘雅房地产发展有限公司	三湘雅苑	呼玛路582－680号（双号）、682弄1－4号	通河新村街道	2004.11.23	1620.96	15
2004－0001045	上海宝地宝山房地产开发有限公司	宝地绿洲城	湄浦路218弄	杨行镇	2004.11.27	40596.24	297
2004－0001046	上海古北顾村置业有限公司	上海市中低价四高示范居住区宝山顾村镇基地2号地块	陆翔路358弄	顾村镇	2004.11.30	76806.35	1083
2004－0001047	上海古北顾村置业有限公司	上海市中低价四高示范居住区宝山顾村镇基地2号地块	陆翔路358弄	顾村镇	2004.11.30	32547.06	340
2004－0001064	上海名府置业有限公司	丽雅花园	虎林路159弄	庙行镇	2004.11.30	5802.52	66
2004－0001110	上海乾溪置业总公司	乾宁园一、二期商品住宅	上大路218弄	大场镇	2004.12.07	3441.37	32
2004－0001111	上海住名房地产有限公司	住嘉新苑	长江西路通河路口	通河新村街道	2004.12.07	2575.91	9
2004－0001112	上海乾溪置业总公司	乾宁园（四期）	上大路218弄	大场镇	2004.12.07	8179.14	56
2004－0001120	上海凯通置业有限公司	天馨花园八、九期	蕴川路1498弄	杨行镇	2004.12.07	7602.71	72
2004－0001134	上海置沪房地产开发有限公司	东方丽都	友谊路2858弄	杨行镇	2004.12.08	6493.02	69

（续表）

预售证号	公司名称	项目名称	坐落地点	区域	批准日期	批准面积	批准套数
2004－0001135	上海爱建顾村置业有限公司	四高示范居住区顾村基地三号地块	菊盛路186弄	顾村镇	2004.12.08	31723.1	395
2004－0001136	上海爱建顾村置业有限公司	四高示范居住区顾村基地三号地块	菊盛路50弄	顾村镇	2004.12.08	103404.09	1291
2004－0001137	上海爱建顾村置业有限公司	四高示范居住区顾村基地三号地块	菊盛路50弄	顾村镇	2004.12.08	26400	3480
2004－0001148	上海磐盛达置业有限公司	盛达家园	一二八纪念路55弄	淞南镇	2004.12.10	100108.67	1256
2004－0001149	上海江湾房地产开发经营有限公司	四季绿城	新二路999弄	高境镇	2004.12.10	18202.86	175
2004－0001150	经纬置地有限公司	经纬城市绿洲－阳光水岸家园	纬地路88弄	大场镇	2004.12.10	16320.18	164
2004－0001160	上海东方康桥房地产发展有限公司	康桥水都(一期)	水产路2900弄	杨行镇	2004.12.12	5720.83	50
2004－0001161	上海东方康桥房地产发展有限公司	康桥水都(一期)	水产路2600弄	杨行镇	2004.12.12	3871.06	36
2004－0001162	上海东方康桥房地产发展有限公司	康桥水都(一期)	水产路2600弄	杨行镇	2004.12.12	3898.26	36
2004－0001163	上海东方康桥房地产发展有限公司	康桥水都(一期)	水产路2700弄	杨行镇	2004.12.12	10533.31	86
2004－0001184	上海久华房地产有限公司	久华佳苑一至四期商品住宅	新沪路198弄	大场镇	2004.12.14	13115.92	118
2004－0001189	上海宝茸房地产开发有限公司	北上海商业广场	蕴川路1555号、1553号	杨行镇	2004.12.15	71801.22	1714
2004－0001206	上海富中置业有限公司	富浩河滨花园	月浦镇德都路88弄	月浦镇	2004.12.17	8691.91	84
2004－0001207	上海祁连房地产开发总公司	瑞丰园	陈太路1456弄	大场镇	2004.12.17	12466.64	132
2004－0001208	上海泽欣房地产开发有限公司	逸仙华庭	逸仙路1238弄	高境镇	2004.12.19	12826.78	114
2004－0001234	上海凯城世华置业有限公司	世华佳苑	杨鑫路451弄	杨行镇	2004.12.22	16967.88	166
2004－0001235	上海新月浦房地产(集团)有限公司	新月翡翠园	德都路35弄	月浦镇	2004.12.22	23494.19	204
2004－0001237	上海佳源置业有限公司	美岸栖庭	国权北路828弄	高境镇	2004.12.22	5289.28	44
2004－0001286	上海月浦房地产开发经营有限责任公司	新月锦绣园	绥化路228弄	月浦镇	2004.12.29	6673.18	59
2004－0001293	上海远景房地产开发有限公司	远景佳苑(三期)	大华路1355弄	大场镇	2004.12.29	8258.63	81

（王逸民）

■行家分析宝山房价快速上涨的八大原因 据上海楼市周刊：近年来，宝山区受市中心房价不断上升的影响，加之三条连接市中心轨道交通线的建设，从年初起就开始了新一轮的补涨行情，成交活跃。据区统计局统计，宝山区1~9月新开发商品房每平方米销售均价4690元，其中9月份的销售均价更是达到了5791元／平方米，比上年增长19%；存量房每平方米成交均价3818元／平方米，比上年增长32.6%。据行家分析，宝山地区的房价上扬有以下八大原因：（1）经过2002、2003年上海房价拉升，上海楼市整个房价底部被抬高，宝山区房价优势明显凸现。宝山区域面积有400多平方公里，土地储备充沛，发展后劲强劲，极有可能成为上海中档商品房主要供应区域。（2）地铁一号线北延伸段在年内通车，计划还将继续延伸到郊环线，对宝山区房产，特别是共和新路沿线楼盘无疑又是一大利好。重大市政建设投入，将极大改善目前宝山地区的交通，并且对该地区房产价值提升起到重要的作用。受益的地区有西城区和规划中的顾村板块和罗店新镇，这些地区紧邻外环线、沪太路、蕴川路，距轨道1号线起点站也不远，未来交通也会变得较为理想。（3）宝山北部的长兴、横沙两岛有其独有的资源优势。目前，长兴岛正建设世界级造船基地，江南造船厂迁入，振华港机厂投入生产，大批工作人员进入该地区将促使当地购房力量的形成。（4）宝山境内宝钢、浦钢拥有一批购买力强劲的购房群体，宝山区现已成为名副其实的钢城。有了这样雄厚的工业基础，这些员工收入也较稳定，购买力不可小视。（5）多家上海市开发50强企业进驻宝山，有利于带动整个宝山区楼市，提升宝山在上海楼市的地位。目前已有万科、中星集团、鹏欣集团、三湘集团、上海地产集团、新长宁集团等多家企业进驻。区政府积极建设宝山新城，区域内已崛起了一批较有特色的中高档生活社区。(6)由于五角场商业圈和新江湾城的新建,虹口、杨浦的一手房房价已升至8000~10000元,二手房的成交均价也在7000~8000元左右。致使淞南地区的房价也有不断上升的空间。逸仙路沿线(包括高境和淞南地区),随着逸仙路高架的贯穿,淞南地区和虹口以及杨浦五角场的房价也将距离拉近。(7)配套设施的完善,商业规划将建北上海商业广场和水产路商业街两大商业中心,其中北上海商业广场是宝山西城区重点商业项目之一,计划将于2005年10月1日建成。(8)宝山房价仍具明显优势,从宝山各楼盘的成交状况以及未来即将开盘楼盘的报价来看,预计宝山未来的房价还有持续上升的空间,宝山均价于今年9月份冲破5700元大关不是一个偶然现象,从市场供应来看,未来绝大多数楼盘均价都在5000~6000元/平方米之间。(宝山政府网站)

物业管理

■概况 2004年,宝山区大物业管理的格局基本形成,建立物业企业和小区经理诚信考核制度,对全区107个物业公司和183名小区经理建立诚信档案及相应的诚信考核制度。成立"宝山区房屋维修应急中心",建成覆盖全区的房屋应急维修网络。全区484个小区中已有229家组建业主委员会,新增业委会26家;协调解决了9家多头管理小区,另有8个正在协调中。

■房屋维修应急中心建立 区房屋维修应急中心于"五一"前夕进入试运行。该中心下设9个分中心,覆盖宝山城区部分,居民的应急报修业务由中心负责统一调度,由分中心或物业公司处理解决。应急中心主要承担辖区内因物业公司维修不及时或不到位引起的房屋应急维修。应急中心的建立使本区房屋应急修理的能力增强,中心成立至年末,共受理居民报修530件,除7件由分中心处置外,其余都由所在区域的物业公司处置,实现应急落实率100%、回访率100%,应急维修的投诉率降为零。

■居住物业管理 完成旧小区综合改造2个、"平改坡"工程54.10万平方米;完成前期物业管理招投标小区12个,建筑面积97万平方米;新成立业主大会65个;新组建业委会24个、换届39个、变更3个;完成无人管理小区整治4个,面积4653平方米;完成电梯更新14台,60万平方米成套房、0.32万平方米非成套房综合整治工作全面推开;受理企业资质申请10件、更换资质证书57件。

■建立物业管理行业诚信考核制度 年初开始推行物业企业与小区经理的诚信档案制度和与之相应的考核制度,把物业公司的诚信档案作为物业公司资质年检和资质升降及物业招投标资格的参考依据;把小区经理诚信档案作为小区经理岗位证书年检的依据。各房地办事处会同街道相关部门对小区经理的诚信度进行考核,并由区房地局职能部门牵头,对考核工作进行检查和监督。诚信制度的建立对优化物业企业的管理作风、提升服务质量、转变服务态度,起到积极的推动作用,促使物业管理企业和小区经理比以往更加重视业主反映的问题,能够及时地想办法出点子予以解决。

■物业行业"四保"规范服务 作为夯实物业管理的基础工程,上半年在5个管理小区实施"四保"(保洁、保绿、保安、保修)规范服务试点。7月份在取得试点成果的基础上,在249个相对封闭的小区中全面推行,8月,对物业公司落实"四保"规范服务工作进行全面指导,10月,对"四保"工作进行检查。

(王逸民)

2004年宝山区10万平方米以上居住小区基础情况表

序号	小区名称	小区地址	产业面积(万平方米)			自然幢数
			小计	居住	非居住	
1	呼玛三村	呼玛三村	10.61	10.61		34
2	通河二村	通河二村	14.1	14.1		46
3	呼玛二村	呼玛二村	17.8	17.8		76
4	通河八村	通河八村	11.01	11.01		33
5	民悦苑	通河三村	12.01	12.01		34
6	呼玛四村	呼玛四村	10.8	10.8		38
7	共康五村	共康五村	18.57	18.57		51
8	共康六村	共康六村	12.77	12.77		38
9	屹立家园	长临路118弄50－55号	10.5	10.5		31
10	共康七村	共康七村	10.5	10.5		33
11	共康八村	共康八村	13.4	13.4		33
12	南华苑	华灵路80、81、82、198弄	11.63	11.63		37
13	大华路301、455弄新沪路837弄	大华路301、455弄新沪路837弄	13.94	13.94		35
14	大华路693、781、869弄	大华路693、781、869弄	10.39	10.39		24
15	嘉华苑	新村路789弄	13.07	13.07		27
16	馨华苑	新沪路1059弄	12.53	12.53		20
17	乾溪一村	乾溪路201、250、351、150等弄	19.54	19.54		68
18	乾溪二村	环镇北路300、400、500、600等弄	17.02	17.02		53

（续表）

序号	小区名称	小区地址	产业面积（万平方米）			自然幢数
			小计	居住	非居住	
19	锦秋花园	锦秋路699弄	33.95	33.95		2162
20	康泰新城	真金路1039、1885、1895弄	24	24		35
21	文华苑	华灵路1280、1210、1180弄	18.22	18.22		42
22	文华苑	华灵路901、1099弄	15.77	15.77		33
23	康华苑	华灵路1681、1781弄	21.37	21.37		114
24	当代高邸	聚丰园路105、95弄	15.15	14.97	0.18	20
25	枫庭丽苑	华灵路1788弄	11	10.66	0.34	20
26	淞南五．六村	长逸路．淞南五．六村	18	17.7	0.3	48
27	淞南八村	长江南路82弄15号	16.2	15.9	0.3	42
28	淞南七村	淞南七村	20.1	19.8	0.3	40
29	淞南五村	长江南路东侧	18.55	18.25	0.3	53
30	淞南九村	淞南九村	10.63	10.08	0.55	35
31	高镜一村	高镜一村	22.56	22.26	0.3	52
32	高镜二村	高镜二村	26.54	26.24	0.3	50
33	共和新路4719弄	共和新路4719弄	15.55	15.35	0.2	35
34	淞南三村	淞良路东侧	14.3	13.9	0.4	61
35	淞南四村	淞南路东侧	12.42	12.12	0.3	43
36	淞南九．十村	通南路西侧	21.24	20.74	0.5	79
37	城投世纪城	阳曲路1388弄	15.8	15.5	0.3	51
38	国权北路290－460弄	国权北路290－460弄	12.68	12.48	0.2	29
39	泗塘一村北块	泗塘一村	13.02	12.72	0.3	61
40	富浩花园	虎林路800弄	10.2	10	0.2	25
41	呼玛一村	呼玛一村	16.05	15.75	0.3	53
42	泰和西路3493弄、3499弄	泰和西路3493弄、3499弄	18.94	18.15	0.79	61
43	泰和西路3381弄	泰和西路3381弄	11.90	11.90		37
44	共富二村	共富二村	16.87	16.10	0.77	54
45	共富一村	共富一村	24.89	24.30	0.59	65
46	大唐人家花园	沪太路3717弄、顾太路85弄	12.15	11.55	0.60	39
47	海滨新村	海滨新村	11.43	11.43		75
48	海滨二村	海滨二村	11.28	10.88	0.40	54
49	海滨三村—四村	海滨三村—四村	11.42	11.25	0.17	51
50	永清新村	永清新村	13.23	13.14	0.09	60
51	四季花城	四季花城	17.00	17.00		149
52	康桥水都	康桥水都	17.00	17.00		66
53	杨泰苑	杨泰苑	11.23	11.23		27
54	杨泰二村	杨泰二村	14.62	14.62		44
55	杨泰三村	杨泰三村	14.16	14.16		23
56	富锦苑	富锦苑	10.68	10.68		24
57	宝地绿洲城	宝地绿洲城	12.41	12.41		27
58	天馨花园	蕰川路1498弄	17.35	16.45	0.90	54
59	绿德嘉苑	绿德嘉苑	11.02	10.28	0.74	12
60	宝林一村	宝林路	11.1	11.1		47
61	宝林二村	宝林路	10.9	10.9		65
62	宝山十村	淞宝路	14.6	14.6		33

（续表）

序号	小区名称	小区地址	产业面积(万平方米)			自然幢数
			小计	居住	非居住	
63	宝山八村	永清路	20.3	20.3		33
64	宝城新村	友谊路	13.05	12.9	0.15	43
65	华能城市花园	牡丹江路1298弄	10.79	10.7	0.09	25
66	白玉兰花园	海江路667弄	11.52	10.85	0.67	20
67	宝山三村(西新寓)	双城路	14.81	14.03	0.78	46
68	庆安苑	绥化路50、52弄	18.07	17.15	0.92	41
69	乐业五村	德都路、四元路	14.2	14.2		58
70	月鑫小区	月浦六、七、九村	14.1	14.1		54
71	月浦八村	龙镇路	12.5	12.5		42
72	罗南二村	东太路	15.41	15.41		55

2004年宝山区三级资质以上物业公司情况表

物业公司名称	等级	地　　址	邮　编	电　话
上海宝钢源康物业管理有限公司	一级	同济路1118号	209400	56786515
上海复瑞物业管理有限公司	一级	行知路180号	200442	66392626
上海金明房地产物业管理有限公司	三级	曹杨路2168弄9号102室	200333	32250488
上海润鑫物业管理有限公司	三级	通河路129弄34号	200435	66215178
上海北康物业管理有限公司	三级	长临路1118弄52号	200435	56482528
上海泽华物业管理有限公司	三级	华灵路1681弄37号	200442	66396028
上海豪斯物业管理有限公司	三级	祁连山路丰翔路151号	200436	56138564
上海风华物业管理有限公司	三级	真金路1039弄51号	200442	66367658
上海宝房通河物业管理有限公司	三级	通河二村28号	200431	56993027
上海达灵物业管理有限公司	三级	真华路1116号4楼	200442	66342585
上海昌兴物业管理有限公司	三级	通河一村6号楼101室	200431	56768094
上海宝山新寓物业管理有限公司	三级	呼玛二村183号	200431	56750146
上海华宇物业有限公司	三级	新沪路555号	200442	66357627
上海乾溪物业管理有限公司	三级	沪太路2565号	200436	56510765
上海大康物业管理有限公司	三级	长临路380弄188号	200435	56405898
大华集团上海物业管理有限公司	三级	新沪路1099弄2号	200442	66359242
上海骏利集团共江物业管理有限公司	三级	聚丰园路105弄15号	200436	66128088
上海金牛物业管理有限公司	三级	田东路377弄3号2A	200235	64867058
上海庙行物业总公司	三级	共和新路4730号	200433	56401448
上海宝业集团馨康物业管理有限公司	三级	共康路316号	200435	56417462
上海良迪物业管理有限公司	三级	通河六村175号甲	200435	56747124
上海好管佳物业管理有限公司	三级	宝山区环镇北路700弄6号202室	200436	66501661
上海野桥物业管理有限公司	三级	共和新路5212弄143号	200435	56407084
上海宝业物业管理有限公司	三级	保德路1420号	200435	56417462
上海骏利物业管理有限公司	三级	共江路758号	200435	56743341
上海双力物业管理有限公司	三级	共康七村186号101室	200435	64736073
锦秋物业管理(上海)有限公司	三级	陈太路301号	200436	561338151
上海诚意物业管理有限公司	三级	吉浦路375弄37号101～102室	200434	65600088
上海福仕源地物业管理有限公司	三级	中山北二路1515号D座3702室	200092	55540626
上海太实物业管理有限公司	三级	万安路669弄22号101室	200434	65619510
上海兴兆物业公司	三级	淞南路167号	200441	56148664
上海继发物业公司	三级	淞南路330号	200441	56147275
上海宝丰联(集团)有限公司	三级	逸仙路150号	200434	56812600
上海乾强物业管理有限公司	三级	政立路545弄9号甲	200433	55132857
上海新星实业总公司物业管理公司	三级	虎林路泗塘六村52号	200431	56752813
上海湘鑫实业有限公司	三级	通南路28弄13号	200439	66151800

（续表）

物业公司名称	等级	地　　址	邮　编	电　话
上海兴昌物业管理有限公司	三级	长江南路 82 弄 15 号	200439	56148746
上海一钢房地产开发经营公司物业分公司	三级	长江路 780 弄 49 号 102 室	200431	62271834
上海大如物业管理有限公司	三级	殷高路 21 弄 26 号甲	200439	65917616
上海高境物业管理有限公司	三级	殷高西路高境二村 19 号二楼	200439	56827711
上海宝房泗塘物业管理有限公司	三级	爱晖路 217 号	200431	56995485
上海宜嘉物业管理有限公司	三级	浦东南路 2111 号 9005 室	200127	58393239
上海文通物业有限公司	三级	昌平路 318 号二楼	200040	62183664
上海顾村物业管理有限公司	三级	泰和西路 3463 弄 116 号	201906	56180718
上海宝房吴淞物业管理有限公司	三级	淞兴西路 81 号	200940	56678907
上海富锦物业管理有限公司	三级	共富路 183 弄 12 号	201906	56046856
上海龙胜物业管理有限公司	三级	淞滨支路 140 号 4 楼	200940	56841482
上海菊泉物业有限公司	三级	菊泉街 524 号菊泉新村 27 号 101 室	201906	56020727
上海宝园物业管理有限公司	三级	顾太路 21 弄 120 号	201906	66044205
上海泰发物业管理有限公司	三级	共富二村 74 号 101 室	201906	56048348
上海盛宅物业管理有限公司	三级	富联路 88 号	201906	36190212
上海淞滨物业有限公司	三级	淞滨路 150 号 106 室	200940	56679874
上海宝房海滨物业管理有限公司	三级	牡丹江路 209 号 4 楼	200940	56161605
上海宝房（集团）有限公司	三级	淞宝路 88 号	200940	56672386
上海五钢物业有限公司	三级	同济路 251 号	200940	56842050
上海天鹏物业管理有限公司	三级	蕰川路 1438 弄 16 号	201901	56802789
上海天馨物业管理服务有限公司	三级	蕰川路 1498 弄 101 号	201901	56803275
上海宝启物业管理有限公司	三级	宝杨路 3288 号	201901	56492099
上海思致物业管理有限公司	三级	牡丹江路 285 弄 26 支弄 6 号	200940	56176298
上海杨行物业管理有限公司	三级	杨泰路 328 弄 49 号	201901	56807624
上海宝房月浦物业管理有限公司	三级	德都路 389 号	200941	56935231
上海宝冶物业有限公司	三级	四元路 366 弄 4 号	200941	56647153
上海璞金物业管理有限公司	三级	碧水路 85 弄 32 号	200940	56118124
上海罗南物业管理有限公司	三级	罗南开发区（南东路 8 号）	201908	56012254
上海海尚物业管理有限公司	三级	淞宝路 251 号	200940	56576120
上海佳虹物业管理有限公司	三级	盘古路 65 号	201900	66788122
上海鑫宝物业管理有限公司	三级	宝林路 50 弄 4 号	201900	56127799
上海吴淞住宅建设开发有限公司宝淞物业分公司	三级	宝山一村 31 号底楼	200940	56846358
上海宝房友宜物业管理有限公司	三级	盘古路 572 号	201900	66792889
上海佳居达物业管理有限公司	三级	蕰川路 3757 号	200941	56934794
上海宝明物业管理有限公司	三级	石太路 98 号	200942	56151520
上海百花物业管理有限公司	三级	月罗路 307 弄新村内	200941	66680807
上海新果物业管理有限公司	三级	海江路 955 号	201900	66591218
上海宝灵物业管理有限公司	三级	宝林二村 93 号 507 室	201900	56115296
上海宝鑫物业管理有限公司	三级	铁力路 2501 号	201900	56782479
上海宝艺物业管理有限公司	三级	东林路 395 弄 10 号 2 楼	201900	56780658
上海罗店物业管理有限公司	三级	罗店镇祁南二村 49 号 101 室	201908	56862989
上海锦佳物业管理有限公司	三级	铁力路 2469 号	201900	56695266
上海爱迪物业管理有限公司	三级	宝钢十村 18 号	201900	56698232
上海新竹物业管理有限公司	三级	盛桥鹤林路 250 弄 5 号 101 室	200942	56153438
上海宝协实业公司	三级	牡丹江路 1321 弄 1 号 201 室	201900	56117000
上海浩谦实业发展有限公司	三级	友谊路 199 号 8A	201900	36071763
上海久远物业管理有限公司	三级	新闸路 1708 号 406 号	200040	62155809
上海宝房大楼物业管理有限公司	三级	盘古路 181 号	201900	56784542
上海宝月物业管理有限公司	三级	绥化路 50 弄 11 号	200941	56193624

（王逸民）

小区保安队伍。 摄影 / 顾鹤忠

■华能城市花园业主自主选聘新的物业管理公司 上海首批安静小区华能城市花园物业管理公司易主,具有物业管理一级资质的宝钢源康物业管理公司进驻该小区,接替上海绿地公司下属科瑞物业管理公司,受聘成为华能城市花园物业管理者。在2004年末召开的小区业主代表大会上,业主提出不再聘请科瑞物业,并决定自主选聘物业公司。尽管科瑞物业在此后采取了一系列补救措施,但仍不能得到业委会谅解。此间业主委员会对包括科瑞物业在内的宝钢源康物业等3家物业公司实行招标,3家公司均投出标书。业主委员会对这3家物业公司进行评分,并向华能小区业主发出742份选聘征询意见表。在回收的722份选聘征询意见表中,同意选聘宝钢源康物业的高达691份,占95.7%,业委会对宝钢源康物业给出的评分也最高,据此,宝钢源康物业中标成为华能城市花园物业管理者。华能城市花园是宝山城区颇具影响的中高档住宅小区,2000年建成后一直倍受关注。2004年被评为上海市首批安静小区。此次由业主自主选聘物业管理公司的举动,得到了区房地局宝山地区办事处、宝山区物业管理协会和友谊路街道办事处的认同和支持。 (胡新力)

宝房集团

■概况 2004年,宝房集团下属企业中除新成立的上海宝房拆迁有限公司按规定为国有全资企业外,其余企业均改制为多元化经济成份的民营企业,至年末,有员工186人。全年实现经营收入3905.43万元,利润798.30万元(不含已改制企业的经济指标)。国有总资产17841.05万元,净资产6286.53万元;集团直管公房、售后房360万平方米,居民业主7.5万户,新村街坊小区95个,管理范围涉及全区5个街道、8个乡镇。国有资产保值率为100%,增值率为11.14%。

■直管公房与物业管理 (1)全年完成直管公房租金1455.26万元,其中居住公房租金842.98万元,非居住公房租金612.28万元。全年居住公房租金实际欠租126.37万元,历年累计直管公房居住租金欠租为555.64万元。(2)全年投入综合维修费834.83万元,其中,计划内完成364.9万元;计划外完成496.93万元。受理便民小修养护单44386张,除注销外,实际完成43770张。维修及时率100%,质量合格率98%,居民满意率98%,"三率"均高于上海市房屋土地资源管理局规定标准;回访率80%以上,其中屋漏、山墙渗水修理回访率100%;全年居民投诉率在万分之五以下。(3)完成计划修缮工程段794个,合格率100%;优良段295个,优良率达37.15%。保养小区水泵和消防泵分别为136台和32台;对1243幢房屋屋顶避雷带进行测试、保养和更新;新村小区路灯亮灯率、大楼电梯的保养维修等工作,均达到或符合规范操作的要求。(4)对管辖范围内的3606只屋顶高水箱和75座蓄水池进行2次清洗,经市、区有关部门抽查检验,全部合格。(5)由区房地局和集团牵头建立区房屋维修应急中心对辖区内实行全天候服务,形成应急服务网络,与地区服务热线连网沟通。管理区内居民的应急报修,按规定全部在2小时甚至半小时内到达现场解决问题。集团系统全年为居民解决"急、难、愁"应急维修3662起,及时率和完成率均为100%。(6)集团管辖绿地面积72.99万平方米,其中一级绿地2.77万平方米,二级绿地69.65万平方米,三级绿地0.57万平方米。(7)至年底有53个小区纳入保安保洁专业化管理,保安从业人员289名,保洁从业人员307名。当年,1名保安人员被区见义勇为评审委员会授予2004年度"宝山区见义勇为先进个人"称号。

■多层旧住宅"平改坡"及综合改造工程 (1)纯"平改坡"工程。年内按计划完成"平改坡"8.48万平方米,共34幢房屋,总投资820.46万元,其中呼玛二村6幢,1.67万平方米;长江路68弄5幢,2.37万平方米;淞滨路48弄和淞兴路343号各1幢,0.54万平方米;宝钢一村21幢,3.9万平方米。(2)"平改坡"综合改造工程。该项工程系市政府实事工程之一。集团当年实施的工程主要有:屋顶"平改坡"、房屋渗漏及外墙面整修、空调滴水管安装、每户电控防盗门及对讲系统、小区雨污水并入市政管网改造、修理或新建部分围墙、新装小区庭院灯、修复损坏路面、小区绿化整治及补种等。年内按计划实施平改坡综合改造20.69万平方米,共81幢房屋,其中宝林四村30幢6.98万平方米,海滨五、六、七村51幢13.71万平方米。总投资2784.67万元,受益居民3747户。

■旧居住小区综合整治 集团连续3年开展小区综合整治。2004年对通河四村、大场洛中新村、泗塘华浜小区、吴淞泗东小区、友宜宝钢十一村、罗店祁南小区等11个物业管理小区、171自然幢住宅实施综合整治,整治面积35.75万平方米,投入整治资金2428.77万元,是历年来投资项目最多、投资额度最大的一年。受益居民6790户。改造大楼电梯7台,改造费用63万元。

■房屋查险和危旧房翻建 (1)当年查出危房2幢,共9间365平方米;查出其他房屋险点16处,全部解危。(2)当年实施翻建危旧房建筑面积610.34平方米,投入资金31.13万元,受益户数8户,其中罗店亭前街156号234平方米9.28万元,大场东街32号216.34平方米12.89万元,大场东后街178—179号160平方米8.96万元。

■改制企业党群组织属地管理 按照中共宝山区委办公室《关于做好区属企业改制后属地管理转接工作的实施意见的通知》的要求,集团党委年内将已改制企业的党支部、工会、共青团的组织关系,全部移交改制企业注册地的街道、乡、镇党群组织,进行属地管理。移交企业有:上海宝房通河物业管理有限公司、上海宝房海滨物业管理有限公司、上海宝房绿化工程有限公司、上海宝房月浦物业管理有限公司、上海宝房泗塘物业管理有限公司、上海宝房吴淞物业管理有限公司、上海宝山房屋置换有限公司、上海宝房经济发展有限公司(原上海市宝山区公房资产经营有限公司)、上海宝房新业经营管理有限公司(原上海宝淞实业公司)、上海宝房友宜物业管理有限公司。 (孙沛中)

上海杨行铜材有限公司
上海杨行铜材有限公司(原上海宝山杨行铜材厂)目前拥有国际上最先进的德-意联合制造的DR51.500型换位导线生产线，英国进口的Conform285裸铜扁线生产线及DK7632型模具加工中心，是国内规模最大、能力最强、设备最精良、技术最成熟、产品种类规格最齐全、质量达到国际先进水平的变压器用电磁线专业生产型企业。
公司已连续多年年产各类电磁线万吨以上，占国内第一，尤其是主导产品及高电压、大容量变压器、电抗器用的换位导线年产7000吨左右，占全国需求量的60%以上。产品远销欧洲、南美、东南亚。与国内合资、股份公司、国营、民营大型变压器制造公司均有悠久、牢固、亲密的合作和交往。1998年公司率行业之先通过了ISO9000质量体系认证，2002年初完成2000年版标准的转换。2003年初又获得了德国西门子公司总部颁发的国内唯一的“全球采购放行”资格证书。公司生产的各种电磁线作为变压器的心脏和血脉，随着主机耸立在葛州坝、秦山核电、长江三峡、黄河小浪底、云南大朝山、四川二滩、广东大亚湾等国内外许多电站电厂。近年来，公司又为国家首条750KV输变电线路用最高电压等级变压器、电抗器提供产品并获一次试制成功；为美国加州90万KVA变压器(目前国内制造最大容量的变压器)成功配套电磁线。
上海杨行铜材有限公司是国内独家能将国际最优质品牌的电解铜作为唯一基材，并完全由自身从熔炼、铸杆到成品全过程生产制造的公司，是国内首家大批量试制并投产换位导线生产的公司。几年来，公司还先后率先开发了自粘换位导线、多节串连换位导线、网包绝缘换位导线、多节阶梯组合换位导线、轴向并列漆包纸包组合导线等各种新产品及专利产品，领先行业潮流，也是迄今为止自粘换位导线为独家通过国家部级鉴定的企业。
公司将用一流的人才、一流的理念、一流的设备、一流的技术、一流的管理、一流的产品，为国内外变压器制造商和电力行业提供优质的服务。
地址：蕰川路1536号
邮编：201901
总机：56806552
以品牌赢得市场，
以管理取得效益，
以质量求得生存，
以科技夺得发展。

上海一冷-开利空调设备有限公司

地址：杨泰路868号　邮编：201901　电话：56805680

坐落在宝山的上海一冷-开利空调设备有限公司是美国Carrier公司和上海电气（集团）共同投资的合资企业，开利空调在中国的主要生产基地，年产集中式中央空调机组6000套，制冷压缩机50000台。主要产品有30HXC系列螺杆式冷水机组，30SHP系列螺杆式热泵机组，30RA/RB系列涡旋式冷水机组、30RH/RQ 系列涡旋热泵机组；16D系列溴化锂吸收式机组。30HK、30HR系列活塞式冷水机组；19XR、19XL系列离心式冷水机组；30GQ、30AQA系列活塞式热泵机组；30GH系列活塞式风冷冷水机组；30LD系列冷冻机组。一冷开利下属的全球压缩机中心SCOOTER成立于2004年，该中心主要产品活塞式压缩机销往开利海外工厂，部分离心式、螺杆式及活塞式压

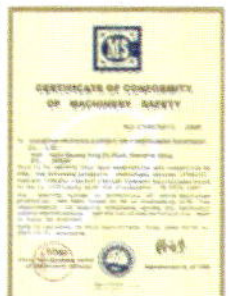

1987年享有世界“空调之父”美国Carrier公司,率先与上海第一冷冻机厂部分合资，成立了上海合众一开利空调设备有限公司，1994年合众开利连续赢利，成功收回原投资的10倍资金。1995年美国Carrier再一次与上海第一冷冻机厂全面合作，成立了上海一冷—开利空调设备有限公司。目前一冷开利与合众开利全部坐落于上海宝山，按开利的发展战略，不久两工厂将强强联手在上海建立Carrier国内最大的中央空调生产企业。

一冷开利和合众开利都是国内中央空调的重点生产企业，上海市外商投资先进技术型企业，合众开利还是上海市高新技术企业。

开利空调领导着世界空调的新潮流，开利工厂十几年来一直把引进世界最新产品，消化吸收世界最新技术及延伸产品系列规格，增加品种数量作为工厂发展目标之一。目前开利工厂的离心式冷水机组，活塞式冷热水机组，螺杆式机组，涡旋式机组都是国内主导产品，工厂的生产发展在国内制冷空调行业有着举足轻重的作用。

一冷开利的16DF直燃型溴化锂吸收式冷水机组1998年获“上海市优秀新产品二等奖”；30HXC螺杆式冷水机组2000年获“上海市级新产品”奖，2003年获上海市科技进步奖；30RA/RH涡旋式风冷冷水机组/热泵机组2003年获“上海市级新产品”奖。合众开利的19XL系列、19XR系列离心式冷水机组、30AQA系列活塞式风冷热泵机组都已获“上海市级新产品”奖、“国家级新产品奖”。30GH系列风冷式冷水机组、30GQ热泵机组也已获得“上海市级新产品”奖、“上海市优秀新产品奖”，30GQ热泵机组、19XL离心式机组1996、1997分别获“上海市科技进步二等奖”等殊荣。

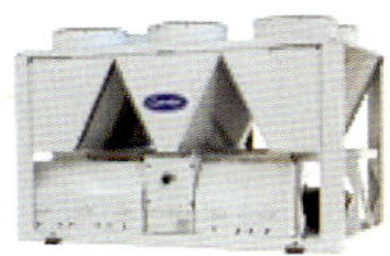

YEARBOOK OF BAOSHAN

晨曦下的船坞

位于长兴乡

民营经济

Nongovernmental Economy

■编辑　陆柏盛

私营企业

■**概况**　2004年全区私营经济继续保持平稳健康协调发展。年末私营经济企业总数达24808户、雇工199734人，注册资金总额达314.76亿元，分别比上年增长20.76%、18.68%、34.03%；全年上缴税金总额达27.52亿元，比上年增长59%。私营企业综合实力得到了大幅度的提升，年内，上海汇集新材料股份有限公司技质部被评为上海市劳模集体。该技质部共开发新产品12个，获得国家冶金工业局科学技术进步二等奖，被评为上海市级新产品和宝山区特优新产品；全区有14家私营企业进入市私营企业前百名，其中上海华冶钢铁集团有限公司被排序为全市第二名；10月，区政府召开2003年度宝山区私营企业50强表彰会，根据纳税额和营业额等综合指标排序，进入前50名的私营企业受到了表彰，50强私营企业在数量上占全区私营企业总数的0.24%，但缴纳税金总额却达52412万元，占全区私营企业当年缴纳税金总数的30.3%，比上年增长39.47%。年内，区私营企业协会安排经费52.5万元，在上海市第一人民医院宝山分院体检中心为私营企业业主2200人免费体检。区私营企业协会计划在三年内为全区所有私企业主会员每人免费体检一次。

■**区个私经济党总支建立"红帆港"**　按照中共宝山区委《关于进一步加强非公有制企业党建工作若干意见》的要求，区委组织部于9月8日在区个体私营经济党总支建立了党员教育管理服务站—"红帆港"。"红帆港"功能：党内服务、教育培训、党建研究、信访接待、文化娱乐等。在宝山地区党员服务中心"红帆港"总站的指导下，加强党员的教育、管理、服务工作，把个私经济党员，入党积极分子和入党申请者组织、团结、凝聚起来。

■**席劲松获"优秀中国特色社会主义建设者"称号**　12月24日，宝山区上海舜业钢铁（集团）有限公司董事长席劲松在中共中央统战部、国家发展改革委员会、人事部、国家工商总局、全国工商联在北京召开"中国特色社会主义事业优秀建设者表彰大会"上受到表彰，被授予"优秀中国特色社会主义事业建设者"奖章和证书，此次大会是国家首次对为中国改革开放和社会主义现代化建设作出贡献的100名非公经济人士进行表彰。

■**88家私企获"守合同重信用"企业称号**　年内，上海为中建筑工程发展有限公司（建筑业）、大华（集团）有限公司（房地产业）2家私企被国家工商行政管理总局评为全国第三批2003年度"守合同重信用"企业；上海市昌鑫（集团）有限公司等86家私企在上海市工商行政管理局2003年度"守合同重信用"企业活动中被评为上海市"守合同重信用"企业，其中，AAA级4家、AA级28家、A级54家。至此，私营企业中被市级及市级以上认定"守合同重信用"单位已占全区163家"守合同重信用"企业的52.8%。

■**"汉康"商标被评为上海市著名商标**　位于宝山区罗店镇的上海汉康豆类食品有限公司创建于1991年，1999年注册"汉康"商标。该厂拥有先进的生产设备，建有东北三省和河南等地大豆原料生产基地，有产品品种40多个，在上海的市场占有率达51.6%，部分产品还远销英国。各项经济指标在行业中名列前茅，并通过了HACCP国际质量体系认证。2002年被授予"安全食用农副产品推荐产品"，2003年被上海市食品协会授予"上海名优食品"称号，2004年3月被评为"上海市著名商标"企业，获得上海市著名商标权。

■**开展安全生产竞赛活动**　年内，在全市"安全生产月暨夏季百日无事故竞赛"活动中，对区内生产、销售易燃易爆、有毒有害产品的私企进行重点检查，对一般私企实行自查、互查和抽查，共检查2763家次。有10家企业被评为"上海市2004年度安全生产月暨夏季百日无事故竞赛优胜单位"。有21家企业被评为"宝山区2004年度安全生产月暨夏季百日无事故优胜单位"。

■**为小企业担保贷款逾2亿元**　根据市政府《关于小企业贷款信用担保若干规定》，区财政局出台了《小企业贷款信用担保管理暂行办法》，由各乡镇政府经济发展区共同筹集2500万元，作为中小型企业贷款的担保基金，各乡镇同区财政局、中国经济技术投保公司、银行，通过对申请贷款企业财务收支、偿还能力、企业诚信度、项目性质、产品科技含量、发展前途及市场需求程度等进行考察验证后，决定贷款额度。几年中先后为196户企业担保贷款26780万元，都取得较好的效益，使用累计获利近4亿元。

■**私营企业回报社会**　年内，有17家私企的56名员工参加无偿献血；有8家私企出资5.5万元为社区修桥铺路；有13家私企出资48.84万元资助178名困难学生，有2家私企为希望工程捐资13.74万元；有21家私企向慈善基金会福利会捐款58.1万元；上海共富经济发展有限公司董事长须福根为家乡236名65岁以上老人捐款10万元，并承诺计划投资1000万元建敬老院；全区有2家私企捐款25.1万元帮助社区开展扶贫帮困，有5家私企捐赠棉衣被和钱款，上海同恒实业发展有限公司董事长臧书同亲自组织员工捐献棉衣裤并派员购买了新棉被42条捐献给云南灾区人民。上海舜业钢铁集团有限公司为支持西部地区建设，专程远赴西安招聘20多名来自贫困地区就业困难的学生，该公司2004年吸收应届大学毕业生和下岗人员达50余人。此外还资助在上海五所大学就读的贫困学生15万元，资助1名崇明岛贫困学生，为其解决大学三年的学费和其他费用。（吴绍立）

个体经济

■概况 2004年，全区个体经济继续稳步发展。年末全区个体劳动者达17541户，较上年减少2.42%；从业人员达19896人，减少3.4%；注册资金达2.31亿元，较上年增长5.18%；上缴税金总额0.83亿元，较上年增长45.6%。个体工商户减少的主要原因，是部分个体工商户发展成为私营企业，部分个体工商户重新择业等。

■永连个体出租车队加强法制教育 2004年，永连个体出租车队坚持每月学习制度，并实行正面教育与检查考核相结合；宣传贯彻《道路交通安全法》，开办"道路交通法规讲座"，全队驾驶员在市客管处举办的"四五"普法考试中一次考试全部合格；全队在安全行车，规范服务方面，始终保持良好的车容车貌，全年安全行车无事故。三项教育活动使车队在创建文明车队的道路上迈出新步。

■6家美发美容店承诺诚信服务 2004年，上海市美发美容行业在全市开展了行业"诚信服务承诺"活动，在第二批全市28家诚信服务承诺单位中，宝山区上海美丽时男女理发厅、上海美神形象设计中心、上海花多·木充盛美发美容、王良富美发厅、上海伊兰美容美发有限公司、上海雅致美发中心等6家参加签字，成为宝山区首批诚信服务承诺单位。

■个体劳动者向社会献爱心 春节前后，区个体劳动者协会组织会员开展慰问敬老院和社会特困户活动，共送去慰问品、慰问金3450元，个协友谊工委还会同街道民政科在宝山宴欣酒家安排41名老人吃年夜饭。全区287名个体会员在"3·5学雷锋"、"4·15爱心行动日"活动中为市民、军人开展义务服务2557人次。横沙乡个体会员向乡文化站赠送价值1000元的图书。14名个体会员捐资1.4万元，资助5名困难学生，有21名个体劳动者参加无偿献血。在全国第十四个残疾日的"爱之旅——情系我们的兄弟姐妹活动"中，东方国贸陈国领、夏德乐等16名个体会员共捐款66188元。（吴绍立）

宝山区私营企业获2003年度"守合同重信用"企业一览表

序号	行业	企业名称	企业类别	信用等级	注册资金(万元)
1	房地产	大华(集团)有限公司	私营	AAA	11000
2	房地产	上海信建房地产开发有限公司	私营	AAA	1000
3	房地产	上海昌鑫(集团)有限公司	私营	AAA	5050
4	机械工业	上海东方泵业(集团)有限公司	私营	AAA	5718
5	机械工业	上海汉耀实业有限公司	私营	AAA	500
6	建材工业	上海鑫杰彩钢结构有限公司	私营	AAA	1288
7	交通运输、仓储	上海舜枫龙物流有限公司	私营	AAA	1116
8	批发零售	上海巨盈实业有限公司	私营	AAA	5000
9	批发零售	上海华冶钢铁集团有限公司	私营	AAA	11000
10	批发零售	上海舜业钢铁集团有限公司	私营	AAA	5000
11	其他服务业	上海宝松实业发展有限公司	私营	AAA	600
12	土木工程建筑	上海为中建设工程发展有限公司	私营	AAA	2000
13	化学工业	上海超高工程塑料有限公司	私营	AA	250
14	机械工业	上海宝山液压油缸有限公司	私营	AA	400
15	机械工业	上海南东实业发展有限公司	私营	AA	500
16	机械工业	上海振华焊割工具有限公司	私营	AA	540
17	机械工业	上海锡能起重冶金机械制造有限公司	私营	AA	580
18	机械工业	上海肯特智能仪器有限公司	私营	AA	1080
19	机械工业	上海宝临电器成套制造有限公司	私营	AA	5000
20	交通运输	上海生欣储运有限公司	私营	AA	1500
21	批发零售	上海逸平实业有限公司	私营	AA	5000
22	批发零售	上海进基机电工程有限公司	私营	AA	2300
23	批发零售	上海海泰钢管有限公司	私营	AA	5000
24	批发零售	上海增裕商贸有限公司	私营	AA	1500
25	其他工业	上海家声粉末冶金有限公司	私营	AA	50
26	其他工业	上海群根焊接材料有限公司	私营	AA	50

（续表）

序号	行　　业	企　业　名　称	企业类别	信用等级	注册资金(万元)
27	其他工业	上海盛宝钢铁冶金炉料有限公司	私营	AA	500
28	其他工业	上海银明冲网筛有限公司	私营	AA	200
29	其他工业	上海宝辉冶金溶剂有限公司	私营	AA	100
30	其他工业	上海晟昌实业有限公司	私营	AA	100
31	其他工业	上海汇集新材料股份有限公司	私营	AA	5200
32	轻工业	上海一名鞋业有限公司	私营	AA	100
33	土木工程建筑	上海东圣建筑工程有限公司	私营	AA	5000
34	冶金工业	上海宝山冶金辅料有限公司	私营	AA	630
35	冶金工业	上海国维不锈钢材料有限公司	私营	AA	110
36	装修装饰	上海华艺建筑装饰工程有限公司	私营	AA	108
37	房地产	上海思致实业有限公司	私营	A	2000
38	房地产	上海宝宸(集团)有限公司	私营	A	5000
39	房地产	上海金明房地产开发有限公司	私营	A	980
40	房地产	上海宏裕房地产开发有限公司	私营	A	2000
41	化学工业	上海宝鸟化工有限公司	私营	A	100
42	机械工业	上海宝臣钢结构门窗有限公司	私营	A	250
43	机械工业	上海和欣金属制品有限公司	私营	A	150
44	机械工业	上海浪潮机器有限公司	私营	A	1000
45	机械工业	上海欧阳电气有限公司	私营	A	1600
46	建材工业	上海捷灵门窗装饰有限公司	私营	A	311
47	建材工业	上海骏豪混凝土有限公司	私营	A	1000
48	建材工业	上海钢之杰钢建筑产品有限公司	私营	A	1000
49	交通运输	上海康芸物流发展有限公司	私营	A	500
50	交通运输	上海经茂货运代理有限公司	私营	A	200
51	交通运输	上海利江集装箱运输有限公司	私营	A	400
52	交通运输、仓储	上海昂兴国际货运有限公司	私营	A	550
53	交通运输、仓储	上海开元储运有限公司	私营	A	486
54	批发零售	上海君益商贸有限公司	私营	A	500
55	批发零售	上海越洲钢管有限公司	私营	A	1280
56	批发零售	上海月月潮工贸有限公司	私营	A	3000
57	批发零售	上海正联金属材料有限公司	私营	A	500
58	批发零售	上海神源企业发展有限公司	私营	A	2000
59	批发零售	上海铃为摩托车有限公司	私营	A	500
60	批发零售	上海圆通贸易有限公司	私营	A	5000
61	其他服务业	上海凝众冷暖设备维修有限公司	私营	A	50
62	其他服务业	上海金牡丹餐饮管理有限公司	私营	A	200
63	其他服务业	上海宸乐机电设备检修有限公司	私营	A	100
64	其他工业	上海行驰酱品厂	私营	A	50
65	其他工业	上海亚龙机动车维修检测有限公司	私营	A	300
66	其他社会服务业	上海佳捷广告有限公司	私营	A	200
67	其他社会服务业	上海同昆数码图文有限公司	私营	A	50
68	轻工业	上海乐音钢琴有限公司	私营	A	50

（续表）

序号	行　　业	企　业　名　称	企业类别	信用等级	注册资金（万元）
69	轻工业	上海宝山行宇印刷有限公司	私营	A	80
70	轻工业	上海创业纸张印刷有限公司	私营	A	50
71	土木工程建筑	上海祥华建设发展有限公司	私营	A	700
72	土木工程建筑	上海金工建筑工程有限公司	私营	A	2000
73	土木工程建筑	上海江杰建筑装潢有限公司	私营	A	2000
74	土木工程建筑	上海舒雅建筑安装工程有限公司	私营	A	2200
75	土木工程建筑	上海金润建筑工程有限公司	私营	A	1200
76	土木工程建筑	上海宸杰建筑工程有限公司	私营	A	600
77	土木工程建筑	上海伸立建设发展有限公司	私营	A	360
78	土木工程建筑	上海申标建筑工程有限公司	私营	A	2000
79	土木工程建筑业	上海益建建筑防水有限公司	私营	A	200
80	土木工程建筑业	上海四新建筑钢结构制品有限公司	私营	A	1800
81	信息、咨询服务	上海新万宝广告装潢有限公司	私营	A	100
82	冶金工业	上海申联不锈钢管制造有限公司	私营	A	280
83	冶金工业	上海第一钢铁厂恒荣轧钢厂	私营	A	
84	冶金工业	上海三联金属制品有限公司	私营	A	900
85	装修装饰	上海维荣室内装饰有限公司	私营	A	500
86	装修装饰	上海点石室内设计装饰有限公司	私营	A	88

（吴绍立）

宝山区获“2003年度上海市百强私营企业”的14家企业一览表

企　业　名　称	排序	法定代表人	企　业　名　称	排序	法定代表人
上海华冶钢铁集团有限公司	2	高　峰	上海东圣建筑工程有限公司	37	邵东明
上海舜业钢铁集团有限公司	9	席劲松	上海昌鑫（集团）有限公司	40	陈招贵
上海圆通贸易有限公司	11	张烨冬	上海盛顺服装有限公司	41	朱政平
上海巨盈实业有限公司	15	高　翔	上海恺源房地产开发有限公司	46	陈小莉
上海海豹水泥（集团）有限公司	17	黄士兴	上海明天纺织制衣有限公司	58	陈仁明
上海海泰钢管有限公司	25	丁劲松	上海凯士达房地产开发经营有限公司	62	邬美君
上海金工建筑工程有限公司	32	郁永清	上海新宝建筑安装工程有限公司	64	张　洋

2003年度宝山区50强私营企业一览表

序号	企　业　名　称	法人代表	行业	注册资本（万元）	销售额（万元）	上缴税收（万元）
1	上海华冶钢铁集团有限公司	高　峰	商贸	21000	856108.2	4674.58
2	上海舜业钢铁集团有限公司	席劲松	商贸	5000	418787.4	1309.2
3	上海圆通贸易有限公司	张烨冬	商贸	5000	287410.5	2272.6
4	上海巨盈实业有限公司	高　翔	商贸	5000	202682.9	2393.7
5	上海海豹水泥（集团）有限公司	黄士兴	制造业	9116	58319.5	3941.96
6	上海海泰钢管有限公司	丁劲松	加工	5000	91010.6	1634.7
7	上海金工建筑工程有限公司	郁永清	建筑	6000	53740.7	2049.3
8	上海东圣建筑工程有限公司	邵东明	建筑	18150	35088	2156
9	上海昌鑫（集团）有限公司	陈招贵	房地产	5050	32260.1	2592.2
10	上海盛顺服装有限公司	朱政平	加工	1200	17382.6	2273.2

（续表）

序号	企　业　名　称	法人代表	行业	注册资本(万元)	销售额(万元)	上缴税收(万元)
11	上海恺源房地产开发有限公司	陈小莉	房地产	1000	24363.3	2469.5
12	上海明天纺织制衣有限公司	徐仁明	加工	500	14005.4	1890.8
13	上海凯士达房地产开发经营有限公司	邬美君	房地产	3088	21238.8	1966.3
14	上海新宝建筑安装工程有限公司	张　洋	建筑	3000	32476.3	1290
15	上海凯通置业有限公司	程宏利	房地产	2298	13399.33	1550
16	上海共富经济发展有限公司	须福根	房地产	2300	5845.7	1287.2
17	上海百营企业发展有限公司	崔建华	商贸	2000	89562.74	977.26
18	上海六顺房地产有限公司	赵莉萍	房地产	580	15643.8	947.3
19	上海君益商贸有限公司	王　毅	商贸	5000	136769.8	884.6
20	上海山兴经贸有限公司	梁兴东	商贸	1500	49139.4	859.6
21	上海东方泵业(集团)有限公司	吴永旭	制造业	5718	16674.9	833.1
22	上海汇集新材料股份有限公司	朱卫民	制造业	5700	12342.4	772.4
23	上海信建房地产开发有限公司	赵正科	房地产	3500	6954	706
24	上海爱普实业有限公司	陶元荣	商贸	800	14071.6	687.1
25	上海乘龙实业有限公司	潘荣贵	房地产	5000	6481	647.2
26	上海日兴泵业有限公司	叶　军	制造业	50	7906.3	636.5
27	上海宝闽实业有限公司	许松军	商贸	500	100023.5	586
28	上海月月潮工贸有限公司	殷建飞	商贸	3000	23689.4	569.3
29	上海金灿建筑工程有限公司	金水土	建筑	2200	11645.7	489.1
30	上海美新生物有限公司	王兴龙	制造业	500	5805.8	482.1
31	上海玉凌金属材料有限公司	孟庆修	商贸	50	9835.8	457.2
32	上海祥铭实业发展有限公司	金　蕾	生产业	200	5162	452.1
33	上海晟象自行车零件有限公司	孙晓亮	制造业	100	3450.2	400.71
34	上海宝谊工贸有限公司	张伟明	商贸	1188	12724.6	396.98
35	上海金牡丹餐饮管理有限公司	周士荣	餐饮	200	4607.02	383.3
36	上海飞和实业集团有限公司	郑雷飞	工业	10018	8995.5	374.2
37	上海宏裕房地产开发有限公司	何齐元	房地产	2000	4827.5	359.9
38	上海东悦贸易有限公司	张　伟	商贸	1000	28911.3	332.51
39	上海正鸿房地产有限公司	朱爱玲	房地产	3000	5852	323.2
40	上海祥明仪表机箱有限公司	张开明	制造业	1000	4579.9	313.9
41	上海家美好百货有限公司	邹健週	商业	1500	13675.6	309.9
42	上海钢宇商贸有限公司	陈永福	商贸	1000	106525.4	307.5
43	上海亘博商贸有限公司	付庆林	商贸	3300	34656.7	303.3
44	上海宝澄实业有限公司	钱建峰	加工业	508	13985.9	286.7
45	上海森江物资有限公司	王幸生	商贸	3000	44266.2	282.9
46	上海创盈物资有限公司	盛　军	商贸	1500	40062.5	273.98
47	上海宝山煤矿机械有限公司	徐泉弟	制造业	300	1868.4	262.7
48	上海宝山液压油缸有限公司	姚国良	制造业	400	2471.7	256.6
49	上海普海电子有限公司	陈　芳	商贸	50	4809.8	256
50	上海仕成贸易发展有限公司	王燕平	商贸	100	3392	250.1

地铁 1 号线延伸段

位于呼玛路

交通与邮政

Transportation and Post Service

■编辑 陈全权

交通运输管理

■概况 年内，交通管理局发挥行业管理职能的作用，促进交通运输业、现代物流业的新发展，组织开展公共客运市场专项治理工作，改善市民公共出行的环境，服务意识和行业管理水平有新的提高。辖区内河拥有各类装卸码头153座，进出口吞吐量2467万吨，比上年增长6.27%，其中：经营性码头84座，比上年增加4座，年吞吐量2120万吨，比上年增长7.02%。公路运输企业5278户，比上年增加4.51%，其中：社会运输企业555户（其中个体运输户132户、普通货物运输企业305户、国际集装箱运输企业97户、危险货物运输企业21户），比上年增加27.29%；兼营本单位货物运输企业4051户，比上年增加2.43%；各类运输服务企业672户（其中货运代理企业615户、搬运装卸企业15户、收费停车场42户），比上年增加2%。公路营运车辆1.67万辆，比上年增加2100辆。经营性汽车维修业户135户，比上年增加10户，其中一类企业44户，二类企业91户。综合检测站2户。非经营性汽车维护单位87户。专项维修业户239户，比上年增加21户，其中企业40户、个体户199户。宝山区交通管理局属区建设和管理委员会，共有管理人员117人，比上年减少5.6%。

■加强陆上运输市场管理 全年共审验运输业户3713户，审验运输车辆1.28万辆，办理道路运输开业许可证705户。办理变更歇业手续1027户，报废更新车辆471辆。加强路检、路查，保护合法经营，打击非法经营，年内出动路检、路查共149天计559人次，检查车辆2845辆，行政处罚307件，罚款17.55万元。加强资质审验，发放各类发票2.65万本。

■整顿水上运输航政管理 以巩固海事文明达标活动为切入点，促进航务管理工作上新台阶。年内，打捞、整治和销毁蕰藻浜“三无”（无船名号、无证书、无航运薄）船舶55艘。对危险品码头、客运企业进行较大规模的清理整顿和安全大检查15次，期间出动稽查750人次，检查船舶3.97万余艘，检查装卸码头和有船单位164户，检查危险品码头19座。全年受理船舶签证6.34万艘，处理教育违章船舶2.31万艘，处理上报事故5起；审核换发船舶航行簿85本，工程船舶施工作业许可证32张，危险品码头作业许可证19张。组织开展对吴淞工业园区内45家码头烟粉尘无组织排放整治工作，3家码头单位停产，5家码头单位转产。规范装卸运输企业和运输船舶经营行为，审验装卸服务企业87户、运输单位14户、水路运输服务企业36户、个体户船舶10艘。全年检查码头302次，检查各类船舶8332艘次。受理水路运输企业办证4户。

■规范汽车维修市场 对辖区内340户经营性维修业户进行资质审验，其中一类企业41户、二类企业85户、三类维修业户25户、三类个体189户。办理汽车维修行业质量检验员年度审验524人。办理汽车维修业户（含个体户）开业许可18户，备案登记自行维护企业8户。发放及核销《车辆维修竣工出厂合格证》16885本（营业性）。从业人员上岗培训647人次。完成101户《ARMSI2.0汽车维修信息管理应用软件》的推广使用。发展快修连锁店15家。年内取缔无证修车户23家。

■航道管理 受理上报项目38起，审批项目30起，划示航道规划蓝线30张。辖区内河航道疏浚土方量2.24万立方米。

■船员考核 区航务管理所培训船员24人；换发船员适任证书31本，船员服务簿166本。年内在建立辖区乡镇船舶安全管理员网络的基础上，对全区乡镇船舶进行6次安全大检查，检查船舶300艘，检查人员45人次。

■检验船舶227艘 区航务管理所全年共检验船舶227艘，总吨位2.31万总吨，功率1.68万千瓦，征收船舶检验费31.23万元，审核换发船舶检验证书509本。

■公交线路调整 12月28日轨道交通1号线北延伸段通车，该局先后完成泰和路公交枢纽站淞馨线、杨月线、钱泰线以及长江西路公交枢纽站728路、760路公交衔接配套的调整和延伸。12月23日起952A线终点站调整至海江路新建终点站，12月30日起53路密山路终点站搬迁至双城路海江新村站。年内共查处“黑车”1320辆（其中“黑公交”27辆）。

■《宝山区公交发展规划》通过专家评审

2002年9月，区域内公交协调职能从区建委移至区交通局后，为解决公共交通供需矛盾，适应宝山区新一轮经济发展要求，区交通管理局委托同济大学编制《宝山区公交发展规划》，规划时间段为2003年~2010年。2003年10月完成规划文本，12月结合“区总体发展战略规划”变动进行了修改，2004年2月通过专家评审。规划着眼于长期发展，对区内客运枢纽与站点、公交车场、公交线网优化调整进行规划，为形成区内布局合理、衔接紧密、换乘便捷、环境舒适的公共客运交通体系奠定基础。（赵 伟）

海事管理

■中华人民共和国宝山海事处 至年末，宝山海事处有干部、职工62人，设办公室、船舶危防科、通航科、宝钢办事处和5个船舶签证点。全年办理船舶进出口签证7.6万艘次，比上年增加25%，港内作业报备265艘次，办理危险货物申报540次，船舶申报306艘次，危险货物装箱点检查20次，危险品积载审核16艘次，残油接收签证264次，危险品作业报备29次，成功救助遇险船舶42艘次。4月1日起，上海港实施船舶报港制。至年底，共受理报港船舶4400艘次。从4月1日至5月30日，开展辖区内2004年打击水上运输超载统一执法行动，整治期间发现并取缔了炮台湾水域停泊的6艘非法吸沙船。根据第三十三个世界环境日“海洋存亡”的主题，6月1日组织辖区防污/化救/消防综合应急演习。全年实施PSC检查110艘次，开航前检查61艘次，检查滞留外国籍船舶12艘次。（钟德云　朱　礼）

■中华人民共和国吴淞海事处　至年底，有职工262人。全年办理进出港签证62833艘次，比上年增加30.9%。按照4月1日起实施的《上海港水域船舶进出港动态报告制实施办法》，共办理船舶报港5624艘次；发放电子签证卡901张；规费征收684.66万元，比上年增加61.61%；处理违章1196艘次，比上年增加48.02%；罚款金额238.43万元，比上年增加64.95%；专程护航2361艘次，比上年减少10.94%；船舶安全检查936艘次，比上年增加30.73%；船舶防污染检查263艘次，比上年增加270.42%；危险品船舶现场检查307艘次，比上年增加125.74%；抢险救助68艘次，获救463人，比上年分别增加61.9%和226.06%。年内，吴淞海事处利用专业救助和社会力量，健全完善辖区水上安全应急预案。全年共实施68次抢险救助。9月6日，受台风“桑达”的外围影响，航行至长江口水域的“金昌68”轮遇险，吴淞海事处迅速组织指导对遇险船舶开展自救、互救、搜救，在海况恶劣的情况下，遇险沉没的“金昌68”轮上15名落水船员于4小时内全部获救。吴淞海事处所属吴淞交管中心因此受到中国海上搜救中心通报表彰。

年内，深水航道共进出船舶22909艘次，比上年减少2%，大吃水船舶明显增加：9米以上增加21.5%、10米以上增加57%；集装箱船舶增加12.8%。大吨位船舶增加：5~7.5万吨的增加24.2%、7.5万吨以上的增加24.6%。年内深水航道疏浚船舶作业施工达到15154艘次，比上年增加87.2%。吴淞海事处严格施工船舶准入关，共实施对长江口深水航道二期工程施工船舶安全检查和日常监督检查260余艘次，对中船造船基地吹填工程等施工船舶检查120余艘次，确保了深水航道施工和通航两不误。十六铺客运中心搬迁至吴淞后，吴淞海事处重视对客船的有效监督。圆满完成占上海港春运70%客运量的水上交通安全管理重任，在40天的春运中，未发生客轮安全事故，被宝山区政府授予“2004年春运先进集体”称号。（胡松良）

水陆客运

■上海宝山巴士公共交通有限公司　公司前身宝山公交公司，1981年建成投产，1999年底按现代企业制度要求组建宝山巴士公共交通有限公司，总股本金8000万元。辖纪念路、宝杨路2个停车场，宝杨路、淞宝路及长兴、横沙两岛4个汽车站，占地面积达140245平方米。2004年有营运线路51条（含长兴、横沙两岛所属线路），其中市区线路22条、郊区线路15条、专线14条，营运车辆1059辆。年内调整公交线路11条。公司营运范围东起杨浦区安图路，西到嘉定区安亭镇，北达嘉定工业区，南至黄浦区老西门。在册职工4044人，比上年减少11%。日均运客36.70万人次，比上年增加5.16%；日均行驶里程17.00万公里，比上年增加1.86%；日均营业收入65.17万元，比上年增长4.29%。公司本着“绿色巴士，服务到家”宗旨，为市民提供优质服务，乘客满意指数达82.38%，继续保持行业平均线以上水平，列集团行业第二名，行风测评84.4分，保持行业第二名名次。

2004年宝山巴士公交线路调整情况表

线路	调　整　内　容
537路	上行：由逸仙路改走仁德路、武东路至原线行驶；下行：由武川路改走武东路、仁德路至原线行驶
51路	上行：由牡丹江路改走淞宝路至原线行驶；下行：由永清路改走淞宝路、化成路至原线行驶
508路	浦东段由原清溪路改走大同路
952路	上行：由同济路改走淞滨路、牡丹江路、淞宝路、永清路至海江路终点站； 下行：由海江路起点站走宝东路、宝杨路、淞宝路、海江路、永清路、淞宝路、牡丹江路、淞滨路、同济路至原线行驶
728路	北段起点站由呼玛路延伸至地铁“通河新村站”
760路	北段起点站由共康新村延伸至地铁“通河新村站”，由地铁站走纪蕰路、呼玛路、通河路至原线行驶
杨月线	南段终点站由杨行西街延伸至地铁泰和路蕰川路站，由公交泰和路枢纽站走蕰川路、杨鑫路、杨泰路至原线行驶，线路改名泰月线
淞馨线	西段起点站由天馨花园延伸至泰和路蕰川路，线路改名淞泰线
53路	北段起点站调整至双城路，走宝东路、永乐路、碧水路、双城路至原线行驶
952B	上行：由威海路匝道上南北高架转外环线高架同济路匝道下至原线行驶 下行：由同济路匝道上外环线高架转南北高架新闸路匝道下至原线行驶
宝杨码头专线	上行：由中由中山北二路匝道上名逸仙路高架至场中路匝道下、逸仙路、再由高境庙匝道上逸仙路高架至原线行驶 下行：由北张华浜匝道上逸仙路高架至高境庙匝道下、逸仙路、再由场中路匝道上逸仙路高架至中山北二路匝道下至原线行驶

（朱震海）

司等11家企业。货场面积5.6万平方米，分危险货物和普通货物2个作业区；拥有仓库4栋、货物雨棚6座、货物站台6座，日处理污水能力120吨废水处理站1座。1~10月，完成货物发送31.1万吨，比上年增长13.5%；装车5996辆，比上年增长14.7;货车静载重51.9吨/辆，比上年下降1%；卸车33550辆，比上年增长15.2%；运输收入3267.3万元，比上年增长12.7%。

年内，该站以危险品运输安全为重点，把安全专项整治工作贯穿于运输生产的全过程。组织全站干部职工开展安全签名承诺活动，营造安全生产的氛围。制定《桃浦站事故苗子、违章违纪范围及分析考核办法》、《桃浦站事故责任追究实施细则》。在安全专项整治中，对危险品运输从业人员和专用线单位企业运输员进行全面培训考试，按规定做到持证上岗。剧毒品运输按铁道部要求实行了微机全程跟踪管理和押运制度，车站制定了《剧毒品车辆应用数码相机拍照存档管理办法》；对所有在车站达到和发送的危险货物实行作业流程签认制度。对货场内历年货车清扫下来的1000余吨固体废弃物，经上海市环境检测中心鉴定后，8月委托有处理资质的单位搬出车站进行分类处理，清除污染源。11月9日该站撤销上海铁路分局直属站建制，划归北郊直属站管理。　（沈瑾琰）

邮政

■**概况**　上海市邮政局宝山区局服务区域为宝山全境及杨浦、虹口、闸北、普陀4个区的北部地区，服务面积480平方公里，服务人口185.8万（常住人口）。辖22个支局（比上年增加1个）、45个邮政所（比上年增加1个）、1个代办点、4个专业公司、1个专业分局。实现电子化支局、邮政所59个，占88.05%。在册职工839人，比上年减少3.12%；其他用工1079人，比上年增加14.67%。投递邮路511条，开箱邮路24条，摩托化邮路4条（长度285公里），邮路总长7704公里，比上年增加12.36%。设有信筒信箱471个、ATM自动取款机28个。通信总量2.63亿元，比上年增长10.79%。报刊流转额9972.87万元，比上年下降6.5%。年末邮政储蓄余额42.04亿元，增长21.2%，创历年增长新高点。汇票开发94.3万件，兑付56.7万件。收支差额10182.70万元，比上年增长3.64%。劳动生产率按职工人数839人计25.98万元/人·年；按从业人数1918人计11.37万元/人·年。2004年，翔殷路支局投递组连续第二年被评为“上海市劳模集体”；运光支局沪办所被命名为上海市邮政局“共青团号”；友谊路支局营业组“全国青年文明号”通过复审。

宝山邮政大楼。　摄影/胡新力

■**速递收入增长迅速**　全年完成业务收入2.18亿元，比上年增长0.81%，其中速递业务加强代收货款工作，全年共完成代收件数1.45万件。速递收入2905.65万元，增长25.18%；储汇收入10290.30万元，增长10.73%；函件收入2605.30万元，下降2.33%；包件收入1467.84万元，下降2.68%；集邮收入1607.45万元，下降29.89%；报刊发行收入2455.27万元，下降3.82%。

■**邮政业务发展**　全年共发展铁通“17991”长途注册业务1535户，联通193业务648户；完成国寿鸿泰、国寿营销、“千禧红”分红保险代理中间业务4680万元。函件业务重点发展DM广告业务，全年共承接邮广专送177笔，创业务收入187.9万元。开展中秋“思乡月”月饼营销活动，实现营业收入115万元。集邮业务成功制作18项个性化邮票计28053版，开发5项形象年册计3500册。报刊发行业务共补收订《解放日报》、《文汇报》、《新民晚报》、《劳动报》11058份；开展《邓小平手书选集》征订工作，累计征订688套，实现流转额15.74万元。9月1日，位于阳曲路1073号的阳曲路邮政所正式对外营业。

■**实施扁平化管理改革**　3月，在友谊路、彭浦两个邮政支局率先开展扁平化管理（即减少管理层次，实行支局管理人员面向生产、面向市场、面向职工的直接管理模式）改革试点工作。全局有30人报名参加了正、副支局长竞聘，34人报名参加综合管理员竞聘。经考试和上海市邮政局领导综合考评，7人分别被聘为正、副支局长，6人被录用支局综合管理员。6月，该项改革在另16个支局全面展开，34人被聘为正、副支局长。在18个支局82个管理岗位扁平化改革竞聘中，被聘者35周岁以下占70%以上，大专以上学历达85%。

■**邮政储蓄统一版本顺利切换上线**　11月，邮政储蓄统一版本工作启动，全局50个储蓄网点更新调整主机服务器、打印机、终端等各类设备共计111台；158位储蓄人员分11批参加了上海市邮政局组织的培训课程。在上海邮政举办的邮政储蓄统一版本操作技能比赛中，宝山区局参赛人员获3个二等奖和2个三等奖，占上海市邮政局所设奖项的50%。12月，邮政储蓄统一版本正式切换上线后，区局获国家邮政局邮政储蓄统一版本工作先进集体称号。　（吴瑞音）

BAOSHANQU

宝山区大场镇新华村 DACHANGZHEN XINHUACUN

该村有7个村民小组，1115户，3504人，村级劳动力1250人。
1992年组建上海申新实业公司，
1997年10月改制为上海申新实业（集团）有限公司，
注册资金1.2亿元，其中集体控股69%，村民占股31%，
1999年改名为上海申新（集团）有限公司。
全村各业年收入8亿元，村民年劳动分配3万元。
该村用房地产开发积累的资金完成了工业厂房、
仓储用房的更新换代，并促进了商业的发展。
目前全村拥有室内标准仓库10万平方米
和商业用房15万平方米，
标准化工业用房5万平方米。
全村总资产16.8亿元，净总资产4.28亿元。
先后引进九百、华联、联华、大润发、
华夏证券等一批名优企业。
村党支部连续多次被评为上海市“农村五好党支部”、
宝山区“先进基层党组织”、
“农村五好党支部”；
村被评为上海市“文明村”、
“综合实力百强村”。
2002年被评为“全国创建文明村镇工作先进单位”。

新华村举办户代表培训

新加坡总理公署部长林文兴（中）视察乐客多

水韵华庭

新华村在校大学生联谊会暑期活动

新的仓储基地投入使用

新华村引进法国圣戈班集团

地址：上海宝山区月罗路1881号

邮编：201908

电话：56860000

传真：56863985

http://www.cimc.com

上海中集宝伟工业有限公司

上海中集宝伟工业有限公司是全球最大的集装箱制造公司——中集集团与中国最大的钢铁企业——宝钢集团强强联合的结晶。作为中集集团在华东的主要生产基地之一，中集宝伟秉承优秀的中集文化，实施为现代化交通运输提供装备和服务的发展战略，在重资投入进行大规模的生产和技术改造、大幅提升集装箱生产能力的同时，开始涉足半挂车及其零配件的设计、制造和服务。

中集宝伟以“真诚做人，用心做事”为原则，坚持“客户至上”的服务理念，加强管理，不断提高企业运营水平。目前，在集装箱生产领域，中集宝伟已先后生产MAERSK、TEX、TAITON、MOL、NYK等众多全球知名船运或租箱公司需求的产品，年产值超过15亿元；在半挂车领域，与中集美国公司合作，成功实现中美互动，产品顺利进入北美市场。

2004年，中集宝伟集装箱产销量超过120000TEU，半挂车零配件生产3000套，公司销售产值位列宝山三甲，并跻身上海99家“亿美元出口群企业”，获得市政府“上海外贸出口百强企业铜奖”荣誉表彰。

政府网站机房

通信与传媒

Communcation and Media

■编辑　方继红

信息化管理

■概况　2004年，全区信息化管理体制逐步理顺，区办公业务网建设与应用进一步推进，统一的电子政务网络平台充分发挥作用；政府信息公开工作、社会保障卡和市民信箱工作有序进行。年内，制订《宝山区信息化持续发展行动纲要2004~2006年）》，修订《宝山区信息化项目管理暂行办法实施细则》。至年底，区信息化项目建设共立项34个，投入资金1800万元，其中8个项目完成并进入试运行阶段，7个项目正在编制技术方案，2项暂缓实施。年内，区信息委和财政局组织对区一级财政单位的信息化资源进行调查，共有33家机关单位反馈了调查表，其中有32家建立局域网机关，21家单位建设了应用系统。宝山区地理信息系统基础平台和基本单位名录数据库建设被上海市信息委列为2004年试点项目。年内，区信息委获"2004年度上海市区县信息化工作先进单位"称号。

■区办公业务网信息交互平台发挥作用　年内，区信息委牵头完成区司法局、体育局等6个部门的局域网建设，使全区委、办、局局域网建设全面完成，并整体接入区办公业务网，为全区实现联网办公打下了基础。年内完成全区统一的办公自动化应用系统升级改版和培训工作，并在区政府办公室与社会事业口各部门开展试点，初步实现"公文流转、会议通知、专题信息、领导讲话"无纸化。

■区信息化专家组成立　年内，成立区信息化专家组，首批聘任贺寿昌、张世永、缪淮扣、施聪、吴小寅5位专家为区信息化专家组成员，负责对宝山信息化发展规划咨询、重大决策、重大项目等进行咨询，提出意见建议。

■政府信息公开工作全面启动　年内，区政府成立信息公开联席会议，联席会议办公室设在区信息委。区信息委完成了《宝山区政府信息公开指南》和第一批《宝山区政府公开信息目录》的编制工作。区档案局作为政府信息公开工作的受理点，主要承担集中查询工作，区政府门户网站承担网上发布政府信息任务。至年底，全区69家政府部门和具有行政执法主体的事业单位公开政府信息共计1323条，接受市民公开信息查询和咨询327人次（不包括网上查询）。

■诚信体系建设　区信息委牵头推进诚信体系建设。（1）区房地局开展物业公司诚信档案建设；（2）区财政局开展了企事业单位财务会计信用等级评定工作，评出A类单位11户，B类单位391户，C类单位97户，D类单位2户；（3）区商委在各商业企业中推进实施商业道德规范，建立商业诚信档案，对北翼商厦、黄金广场等7家单位的文明创建和商业企业诚信档案工作进行抽查；（4）区市容局投诉中心于8月初开设夏令热线；（5）在全国质量月期间，开展以"质量展现城市精神，质量保障安全健康"主题的宣传活动，举办"吃得放心"食品质量安全系列活动，在宝山政府门户网站上开设"食品质量安全大家谈"、"计量放心"系列活动，举办"特种设备安全放心"系列活动以及品牌战略研讨会；（6）开展住宅工程质量系列活动。

■区信息化三年发展目标确定　年内，完成《宝山区信息化持续发展行动纲要（2004~2006年）》的编制工作，明确宝山信息化发展的三年目标。《纲要》明确了区电子政务、城市管理和社会公共服务信息化、信息产业发展及企业信息化等各方面的目标，2005年全面实施各专业部门职能事务处理、管理信息化。城市管理和社会公共服务领域信息化应用，教育、文化、卫生、劳动保障、社区服务、公共事业等领域将逐步实现重要信息资源的数字化。《纲要》明确，将加大对企业信息化的扶持力度，信息安全平台建设、信息化宣传培训等工作也列入《纲要》。

■地理信息基础平台建设　年内，区委、区政府决定用5年左右的时间完成区领导决策管理咨询地理信息系统建设，该系统依托区办公业务网，以宝山区领导决策管理咨询地理信息系统为核心，立足统一的GIS平台，整合各部门的地理信息资源，推进综合性GIS应用系统开发。一期工程主要完成区电子地图的拼接，初步建立全区统一的地理信息基础平台，整合区内现有地理信息系统——区民防办的抗灾救灾应急指挥系统和区水务局的防汛监控指挥系统，一期工程于年内完成验收。二期建设主要将完善已有的基础数据平台，建立起集中式、分布式相结合的数据库，开展《为民地图》、国民经济综合分析等子系统的建设。

■宝山政府门户网站访问量突破百万人次　年内，宝山门户网站丰富信息资源，拓展网站功能。至11月底，访问量已突破105万人次。在全国地方政府电子政务应用调查中，宝山政府门户网站日访问量列居全国地市级政府门户网站前十位。在由国家信息产业部信息化举办的2004全国地市电子政务应用调查总结大会暨2004中国电子政务高峰论坛上，宝山政府门户网站获2004年全国地市电子政务管理奖。

■社区信息苑建设　年内，根据上海市委宣传部的部署，宝山区成立由区文明办、区信息委、区文广局等单位组成的社区信息苑建设领导小组。至年底，罗店、顾村镇各投资90万元，分别建成东方社区信息苑，信息苑功能主要有文化传播、电子政务、信息综合服务三大板块，为居民提供查询文化教育、科普知识、实时新闻、医疗卫生、公共交通、住房公积金、购物消费、政策法规等公用信息。

■区组织人事综合管理信息系统建设 5月初，区组织人事综合管理信息系统建成并投入试运行，实现区各类组织人事、编制统计信息的自动生成、汇总和查询，可随时动态调出领导干部的基本信息及领导班子的调整对比情况，全方位地展现出领导干部和领导班子的各类情况。该系统由人事信息管理、党组织及党员管理、干部任免管理、领导干部收入申报业务、知识分子管理、干部人事档案管理等12个子系统构成，每个子系统都共享人员数据库和单位数据库两个基本数据库。系统依托区办公业务网，各委办局和乡镇街道根据相应权限实现信息上报、更新和信息查询服务等功能。该系统已录入领导干部信息1000余条。

■环保信息化建设取得新进展 （1）加强重点污染源的信息化监控。《吴淞工业区环境综合整治监控系统》建成后，在工业区大气自动监测、烟尘黑度自动监控、环境质量管理、环境评估和辅助决策等方面发挥作用，管辖范围达5公里，提高了吴淞工业区综合整治工作的管理效率，预防了重大污染事故的发生和蔓延。（2）推进环保业务的网上在线服务。区环保局通过改造传统的环保行政审批模式，推进网上互动、在线事务处理、网上协同办公，环保网上审批信息系统技术方案已通过专家论证。（3）探索环保网格化管理。区环保局探索利用GIS、GPS等信息技术与环境管理业务流程相融合，突破时空限制，清晰显现本区域内所有水、气、固、噪声等环境要素的在线监测数据和环境业务数据的动态更新，实时监控各重大污染源、企业的环境变化特征，构建环保GIS平台，为全区的环境管理和决策分析提供直观、系统、科学的依据，从而实现环保管理网格化。

■高境镇信息系统建设 高境镇信息系统建立在高境镇内部信息管理平台和区办公业务平台之间体系结构基础上，系统的安全保密、系统管理、数据共享模式等方面符合区办公业务网的规范。该系统已投入使用。

■区档案综合管理业务系统建成 该项目依托区办公业务网，建立全区统一的档案目录中心。全区各乡镇街道、委办局通过本地的档案目录中心系统分别导入本单位的档案信息，实现本区所有档案信息的统一查询、检索。系统设计以JAVA和XML技术为基础，以J2EE规范为标准，推进馆藏档案的数字化和数据库建设，实现档案管理网络化和办公自动化。

■区检察院网络安全保密系统建成 区检察院安全系统将局域网网络设备通过屏蔽机房、监控系统、防盗系统、门禁系统等电子技术，实现高效安全管理，使区检察院与上海市检察院实现数据、视频、语音等信息共享传输，传输数据通过加密设备得到安全保障。

■知识产权管理信息平台建立 区科委开展知识产权管理信息平台建设。区知识产权管理信息平台建立专利信息的检索和查询系统，存放和管理各种专利数据，实现专利文献的检索、浏览、分析处理功能，并同全国各地区的专利机构实行联网。

■构筑“数字民防”框架 “数字民防”包括抗灾救灾应急指挥中心、215工程指挥通信系统和减灾应急指挥系统建设等。“数字民防”借助计算机技术、网络通信技术、地理信息系统（GIS）等信息技术，形成民防地面、地下互联互通的高科技指挥场所，建立覆盖全区的综合减灾信息GIS平台，逐步建立和完善灾害数据库。该系统为决策者提供二次灾害（潜在事故）和处置预案的查询，为交通部门提供交通警戒依据，保障人员撤离和救援路线的畅通。至年底，该系统已录入抗灾减灾各类数据4万多条。

■区人武部作战指挥系统建设 年内，根据上海警备区作战指挥系统和宝山区民兵作战指挥系统的要求，区人武部开展作战指挥系统建设。该系统实现战术作业和网上对抗训练保障，对各作业室实现全程监控，各作业室计算机实现网络互连，各作业点计算机信号、监控信号叠加投影到屏幕上。通过集中控制平台实现对计算机信号、视频信号、音频信号及各类设备的集中控制，实现首长席无线控制。

■《上海市居住证》试点工作 5月20日，市信息委对宝山区《上海市居住证》制度试点情况进行检查，实地查看罗泾镇、泗塘新村居住证发放点有关准备情况。两处发放点于10月8日正式对外开放。截至年底，共办理居住证9209张，其中临时居住证8702张。

■社会保障卡和“市民信箱”办理 至年底，共采集社会保障卡信息13979人，发放社保卡13477张，补（换）卡6132张，验卡3877张，挂失23人，解挂失5人。建立区社会保障卡服务中心办公服务网点，为市民提供社保卡补（换）卡以及政策咨询和宣传服务。截至年末，办理“市民信箱”48456个，完成市政府下达任务的112.7%。区社保卡服务中心被评为上海市市民信箱先进受理点。 （胡道沭）

政府门户网站

■概况 2004年，上海宝山政府门户网站（以下简称网站）全年发布各类信息9000余条，主要包括政府信息公开、政务新闻、公示公告、便民服务等信息；转、督办“书记、区长信箱”市民电子来函471件，回复率达100%；建成开通视频点播系统，完成网站信息安全（二期）系统建设编辑出版《上海宝山网站概览》，全年页面访问总量逾110万人次。年内，网站在信息产业部信息化推进司主办的全国地市政府电子政务应用调查中获管理奖。

■公开政府信息1300条 贯彻执行《上海市政府信息公开规定》，网站于5月1日第二次改版，增设“政府信息公开”频道，设政府信息公开目录、政府信息公开指南、最新公开信息、政府公报、人事任免、规划计划、依申请公开等17个子栏目。除依法免予公开的以外，凡政府应公开的信息，均在网上公布或者依申请予以提供。同时，依据《行政许可法》对直通政府栏目的政务公开内容进行清理、修订，统一归并到“政府信息公开”频道。全年网站共发布、公开各类政府信息约1300条。

■百姓网上评机关专题网开通 6月，百姓网上评机关专题网开通，政府36个部门、16个乡镇街道的主要职能和年度“三重”工作，首次在网上接受公众评议。网站把市民意见汇编成简报报区领导参阅，全年共汇编简报6期。网站加强与被评单位联系，跟踪评议意见的整改情况，及时向市民反馈。至年底，共收到网上群众评议票13809票，市民分别对政府各部门、乡镇街道的总体形象、办事公正、政务公开、工作效率、服务态度、清正廉洁等6个方面进行评议，区委将评议意见列入对各单位党政领导班子和领导干部考核的参考依据。年内，网站分别就区农委、区教育局、区环保局的行政许可法律文书制作和使用情况作了公众评议调查，为西城区环境评议和区卫生局行风评议等活动搭建了网上平台。

■**发布便民服务信息1200余条** 年内，网站便民服务频道增设宝山餐饮、宝山楼市、电信服务等3个栏目，并对旅游、交通等栏目进行改版，充实服务信息。至年底，便民服务频道已开设栏目20个（全市统一平台的便民服务信息采用链接），其中网站自办栏目发布信息1200余条。7月起，开设特别提醒栏目，及时发布、转载即时性的便民信息和生活常识等。

■**网上办事功能拓展** 网站运用网络技术资源，为区机关各部门、乡镇街道统一开设电子政务邮箱，为1000余名国家机关人员开设了命名格式统一、易记的个人电子邮箱，方便了各部门、乡镇街道、公务员之间以及与公众的联系，特别是发挥了网上信访、网上咨询等功能，提高办事效率，降低了行政成本。下半年，网上办事频道增设宝山区精品钢及相关行业专利数据检索分析、产权交易2个栏目，网民们可进行专利数据款目及文摘等信息的精确检索，了解产权交易公示、挂牌等情况。此外，公示公告栏目全年发布与市民、企业、投资人等办事相关的即时信息180余条。

■**视频系统建成开通** 11月底，网站建成视频系统，开通视频点播、音频在线、网上直播和在线阅读等功能，实现静态文字、图片和动态的视频相结合，单向发布和互动交流相结合的信息传播。公众通过视频点播，形象、直观地了解区委、区政府的各类重要信息。

■**网站信息安全（二期）系统建成** 为确保网站安全可靠运行，网站在信息安全（一期）系统基础上，完成信息安全（二期）系统项目建设，为政府门户网站与部门网站的信息资源配置、共享、系统运行与恢复、入侵监测、防病毒等提供了信息安全保证。该项目经上海市信息安全测评认证中心测评，通过了上海市首批信息系统A类安全测评审定。

■**子网站、专题网（页）建设** 年内，网站为区人大、区科委、区委组织部等单位设计、制作网站，提供建网、改版技术支持。同时，配合区“三重”工作，集聚、整合信息资源，推出专题网，以连续追踪的方式及时更新报道。年内共制作开通宝山人大网、宝山科技网、健康城区建设、百路环境整治、2004年区运会、第四届宝山国际民间艺术节等10多个子网站和专题网。

■**《上海宝山网站概览》出版发行** 12月，网站编辑出版《上海宝山网站概览》，在全区范围内发行2600多册。区委书记薛全荣为该书题词，区委副书记、区长吕民元为该书撰写寄语。该书全面介绍了上海宝山政府门户网站和宝山党建、宝山人大、宝山政协、宝山外经贸、宝山人才、宝山规划等宝山区内的30多个网站及主要栏目，并附彩色网页插图。（王春明）

宝山广播电视

■**概况** 宝山区广播电视台现有在编工作人员70人，设办公室、总编室、新闻部、专题部、技术部、网络新闻部、广告部。区广播电视台共有专业频率1套，平均每天播音14小时；专业频道1套，平均每周播出时间105小时。电台全年自制节目663小时，电视台全年制作新闻208小时。年内，区广播电视台围绕全区的中心工作做好新闻宣传，完成区委全会、区“两会”、全区处级单位党政“一把手”研讨班、处级党政副职干部研讨班等全区性重要会议的宣传报道任务。开设专栏，对宝山工业园区、罗店中心镇、宝山西城区以及经济、城乡建设和社会事业的重点地区和重点工作进行跟踪报道，两台共报道新闻700多条，推出“求真务实抓‘三重’”、“第四届宝山国际民间艺术节”、“弘扬实践宝山精神”、“察民情解民忧”、“城乡文明风”、“实事工程”、“再就业工程”、“未成年人思想道德建设”等新闻专栏，对安全生产、百路整治等热点、难点工作在新闻宣传上予以全方位的关注，全年报道共计300余次。年内，宝钢新闻中心与宝山电视台实现有线电视网络资源共享，《宝钢新闻》在《宝山新闻》中播出。宝山区广播电视台被评为2004年度上海东方电视台优秀通联集体、2004年度上海电视台新闻综合频道优秀集体（铜奖）。《为了动迁户顾村镇三改房型顺民意》获上海市广播电视学会二等奖，《盛世年代，花甲老人开着小车追快乐》获第十三届上海新闻三等奖。

■**电台、电视台栏目设置** 电台共设置9个栏目。其中每周6档的有每档20分钟的《宝山新闻》及每档5分钟的《宝山经纬》；每周一档的有《一周播报》、《今日宝山》、《道德与法律》、《大众健康》、《人才、市场、生活》、《芳草地》、《少儿广播台》等。电视台设置11个栏目。其中每周6档的有每档15分钟的

宝山电视台新装备的卫星电视转播车。 摄影／胡新力

《宝山新闻》；每周三档的有每档5分钟的《新闻扫描》，另设有每周一档的《周日播报》、《金色年华》、《神州瞭望》、《市郊专题》、《长江潮》、《宝钢传真》和每两周一档的《健康之窗》、《房产家居》、《宝山警苑》等栏目。

■添置电视转播车 年内，区广播电视台投入800万元，新添置电视转播车1辆。运用电视转播车对首届区运动会开幕式进行现场电视直播，对宝山国际民间艺术节闭幕式等主要活动进行现场电视录播，均取得成功。电视台的广播电视设备数字化网络的实施列入区“十五”计划之中，计划投入资金1500万元，分5年实施，其中每年自筹资金150万元，2004年投入资金300万元。

■节目制作自产化比例提高 年内，区广播电视台全面实现播出节目自行制作和大型电视专题节目自产化的目标。制作了大型电视纪实片《2003，我们共同走过》，开办了以社会新闻为主的《周日播报》新闻栏目，实现了真正意义上的“天天新闻”。开办《金色年华》、《少儿广播台》等青少年广播电视栏目，开办有关青少年题材的小说广播联播节目，创作广播剧《林家有子》。

■新闻宣传构建外宣平台 第四届宝山国际民间艺术节期间，共邀请到中央及外省市和上海市共10家广播电视媒体参与艺术节报道。艺术节共播发新闻40多条，其中在央视《新闻联播》中播出的有2条，在《新闻30分》中播出的有2条，在央视《中国文艺》中播出专题2档。与上海市级媒体的合作进入新阶段。向上海市级新闻媒体供稿总数列上海市区县台前列，全年累计在上视、东视播出的新闻有512条，参加上视新闻综合频道国庆区县专版的展示活动。宝山广播电视台分别被上海电视台新闻综合频道以及上海东方电视台新闻娱乐频道评为2004年度通联先进集体。通过中国黄河电视台搭建的外宣大平台，对境外的宣传也取得新进展。全年在美国斯科拉卫星电视网播出专题片25部。

■特约记者队伍组建 区广播电视台发掘社会力量办广播电视，组建宝山广播电视台特约记者队伍，有成员25名。全年共录用信息336条。

■首席聘用制推行 年内，在上海区县台中率先推行首席聘用制。首席聘用制在个人申报的基础上，由电视台编委会对照有关评审要求推选而出。王伟荣被聘为首席播音员，史美龙被聘为首席记者。（朱　力）

■宝山区有线电视中心 该中心共有职工85人，其中在编职工59人，下设基层管理站13个，维修点18个。传输有线电视节目频道62套。至年末，辖区内有线电视户数达30.5万户，比上年增11.67%，工程利润357.2万元。年内，宝山有线电视中心在双向网改造的同时，进行了分中心机房的建设。规划建立泗塘、大场、淞宝、罗店等4个分中心机房，其中泗塘分中心机房于5月份投入使用，罗店、淞宝分中心机房将于2005年投入使用。

■有线电视双向网完成改造8万户 有线电视中心计划自2004年起用3年时间完成全区有线电视双向网改造工程（室内采用860M标准，主干线由电缆改为光缆）。年内，对泗塘、通河、高境等地区进行双向网改造，至年底共完成改造户数约8万户，比原计划多改造约2万户。

■“两岛”农村有线电视接入网工程完成 长兴、横沙两岛农村有线电视网络于2002年9月开通，但因岛上居民收入较低造成有线电视入户率低。区政府、“两岛”乡政府及区文广局共同对“两岛”农村有线电视初装用户实行财政补贴制，从而正式启动“两岛”农村有线电视接入网工程，该工程由区有线中心负责建设。至5月底，“两岛”农村有线电视接入网工程全面完成，共安装有线电视用户1万多户，其中免费安装特困户1000多户。

■有线电视增值业务 年内，有线电视中心发展的企业、集团用户主要有长兴法庭、中国银行、区残联、富国皮革、陆上管理四期、工商银行、捷强连锁等7家单位，共计有接入点21个。其中，工商银行有接入点11个，捷强连锁有接入点9个，其余5家单位均为1个接入点。（张　磊）

宝山报

■概况 《宝山报》全年共出版50期（对开半彩大报，自1336期至1386期）、A4报专刊5期，发行量近3万份，总计用稿1797篇、近200万字，刊出照片484幅。

■《宝山报》重要系列报道 加强新闻宣传，强化策划，注重效果，为推进重大项目、重点工作和重要任务落实营造良好的舆论氛围。对宝山工业园区“一号工程”、百路整治、拆违集中整治、安全生产专项整治等进行全程报道。主要有：（1）宣传“一年小变样”成效的“一年小变样、今看成果丰”的系列报道和新闻综述，共刊发19篇；（2）报道全区“三重”工作推进及成果的“集中精力抓落实、全力以赴促变样”及“求真务实、落实‘三重’”系列报道432篇；（3）刊发弘扬实践“敢为人先、永不懈怠”宝山精神的“弘扬实践宝山精神”系列报道21篇；（4）刊发加强党的执政能力建设的“党委书记笔谈”、加强机关作风建设的“建设一支高素质干部队伍”等党建系列报道20篇。

■《宝山报》重要时事报道 主要有全区重大会议活动及领导重要活动；本区赴港成功招商、区2004年运动会、第四届上海宝山国际民间艺术节等新闻报道，共刊发新闻报道27篇。

■《宝山报》关注民生 该报注重加强对群众关心的热点问题等的宣传引导。年内，辟出专版，对党内两个法规、《行政许可法》、社会救助、民事诉讼的法律知识等进行专题宣传。10月，刊出“解读10月新规”的专刊，介绍有关部门相继出台食用油安全标准、家具安全要求、更换居民身份证、试行来沪人员居住证等新规章。在质量月活动、“119消防日”、防空警报演习等群众较关心的活动期间，及时在活动前后编辑出版知识性专刊，许多还被相关单位作为向市民发放的专门宣传资料，使新闻宣传和舆论引导贴近群众需求。

■出版A4报专刊5期 经过一年多的探索，基本形成A4报的整体编辑理念、版式特色，形成了专题性见长、图片为主、符合现代阅读习惯的A4报风格。以A4报的样式，对第四届上海宝山国际民间艺术节进行全程报道，出版图片专集2期，受到与会各国人士的赞赏；年内还编辑出版“宝山城乡新貌”、“宝山历史文化遗存”、“宝山西城区建设”A4报

专集3期。　（徐　冰）

宝钢新闻中心

■**概况**　8月8日，上海宝钢集团公司（以下简称集团公司）宣传部成立，主要负责集团公司战略目标、重大方针政策、企业精神和经营理念的宣传，形势任务教育，新闻中心和对外新闻宣传报道的归口管理等工作。宣传部与集团公司党委宣传部实行两块牌子、一套班子运作。9月，《宝钢日报》社、宝钢电视台和宝钢集团公司门户网站合并，成立宝钢新闻中心，隶属集团公司宣传部，主要负责《宝钢日报》的编辑和出版发行、宝钢视频新闻节目制作、内外网新闻管理等工作。新闻中心设新闻室、编辑室、专题室、信息综合室等4部门，有职工55人。

■**《宝钢日报》出版发行5000期**　《宝钢日报》全年出版253期（第4790期至第5043期），每期发行量5.5万份，全年刊发稿件12600篇，照片3700幅。年内，开设“强势推进宝钢股份先进管理模式”和“打造战略供应链”等专栏，采写《深入开展向孔利明同志学习活动》、《宝钢跻身世界500强》等专栏文章100多篇。10月，《宝钢日报》电子检索版正式发行。

■**宝钢新闻中心有线网络用户达6万户**　宝钢新闻中心成立后，宝钢电视台划归新闻中心管理，对外保留宝钢电视台称呼，对内为宝钢新闻中心专题室。宝钢电视台设宝钢综合频道和宝钢教育频道2个自播频道，有线网络用户达6万户。综合频道设《市场经纬》、《文化生活》、《一周要闻》等栏目；每周一、三、五播出《宝钢新闻》，长度在20分钟以上，次日重播。10月1日起，《宝钢新闻》改为天天新闻（周一至周五）。全年共播出新闻报道1600余条，完成各类专题片30余部。教育频道由宝钢集团网络教育中心供片，内容以职工技能培训、外语学习、科学知识普及为主。

■**《宝钢新闻》视频点击率达6万余次**　2月，《宝钢新闻》在宝钢股份公司和宝钢集团公司网页上以视频形式播出。至年底，《宝钢新闻》视频累计点击率达6万余次。

■**宝钢新闻中心与宝山电视台实现有线电视网络资源共享**　10月，宝钢新闻中心与宝山区文广局协商，双方同时开放电视网络资源，宝钢电视台制作的《每日新闻》在宝山电视台《宝山新闻》节目中播出。

■**宝钢集团公司门户网点击率超过200万人次**　6月，宝钢集团公司门户网（网址：www.Baosteel.com）改版，成员单位、宝钢金融栏目调整为钢铁主业、其他产业，2003年年报、宝钢经济与管理、宝钢技术、宝钢技报归并为公司出版物栏目。8月，开通中英文两个版面，增设《宝钢新闻》视频栏目。至年末，宝钢集团公司门户网站点击率超过200万人次。　（刘元杰）

电信

■**上海市电信有限公司宝山电信局**　上海市电信有限公司宝山电信局（以下简称宝山电信局）是中国电信集团上海市电信有限公司直属单位，负责宝山区范围内379.16平方公里电信网络及设施的营销、维护和服务。年内，营业大厅搬迁至牡丹江路1780号。宝山电信局购置长距离宽带设备，解决长距离宽带用户的安装问题；通过增设ADSL2+设备，解决了部分距离过长且无法开通宽带的用户的需求；改善业务流程，加快处理速度，加快工程建设，解决缺线待装用户的需求。至年末，全区固定电话用户达38.17万户，比上年增加1038%。新增宽带用户2.6万户。年内，小灵通业务在宝山地区发展迅速，宝山电信局成为继7个郊县局之后率先发展小灵通业务的市区局。全年新增小灵通用户5.3万户。　（张明之）

高压走廊绿地

位于碧水路

电力·煤气·自来水

Electric Power·Gas·Tap Water

■编辑　经瑞坤

电力

■**概况**　境内电力企业有华能上海石洞口第一电厂、华能上海石洞口第二电厂和宝山供电分公司，共有职工3310人，全年发电168.1亿千瓦时。负责宝山大部分及周边的杨浦、虹口、闸北等部分地区供电的宝山供电分公司，拥有高低压供电线路2874.729公里，供电客户65万户。（经瑞坤）

■**华能上海石洞口第一电厂**　年末有职工2279人，其中具有中高级以上技术职称有266人，占11.67%；全年完成发电量83.1亿千瓦时，比年计划超发0.5亿千瓦时，比上年增4.7亿千瓦时，同比增长6%，创历史最高纪录，建厂以来累计发电达1148.7亿千瓦时；供电煤耗370克/千瓦时；厂用电率为5.99%；全年接卸海轮147艘，卸运燃煤390万吨；向长江取水5.8亿吨，其中冷却用水5.8亿吨，生产用水86万吨。全年实现"0003"安全目标，（无死亡、恶性重伤事故，无特大、重大设备事故，无考核事故），达到3个百日安全生产无事故纪录，未发生重大交通事故、重大环境污染事故。迎峰度夏期间，该厂克服煤源紧缺、料煤质量下降等困难，确保机组安全稳发、满发运行，未发生跳机和"非计划停机"等现象。4台30万千瓦发电机组创同时连续运行78天的历史最好纪录。其间，全厂共发电22亿千瓦时，被评为"上海电力系统迎峰度夏优胜单位"。该厂继4号、3号、1号机组完成技术性改造大修后，1988年投运的2号机组于是年12月28日停役，进入跨年度改造大修。该厂下属的上海电力检修工程公司除完成4台次机组计划检修外，先后承接华能石洞口二厂、外高桥电厂、崇明电厂、太仓电厂、嘉兴电厂、南通电厂、福州电厂、秦山核电站二期三期发电机组的检修以及供电公司变电站的改造安装等任务；该厂下属的上海石洞口电力实业有限公司全年销售收入1.98亿元，比上年增长11.2%，实现利润1529万元，比上年增长32.6%，厂外收入比率上升至57.58%。（张卫国）

■**华能上海石洞口第二电厂**　年末有职工474人，其中具有中高级以上技术职称有151人。全年完成发电量85.00216亿千瓦时，比上年增2.54%；销售收入24.12亿元，比上年增加1.35亿元，实现供电煤耗306.99克/千瓦时，比上年下降0.36%；厂用电率3.41%，比上年下降0.2个百分点；劳动生产率135.84万元/人，比上年提高5.4万元/人；通过ISO9001质量管理体系的认证。年内该厂把"五个绝对不允许发生"（重大责任事故、人为责任造成的重大人身死亡事故和设备损坏事故、重要的时间段影响安全供电事故、造成社会重大影响的安全事故、煤炭供应影响发电和安全生产）作为安全检查目标，开展春节前后、春季、迎峰度夏前和秋、冬季等生产安全检查，全年未发生人身死亡事故和重大设备损坏事故。完成1号机组C级检修任务，比原计划提前1.5天，实现机组启动并网一次成功，至年底，1号机组已连续安全运行167天。针对煤料质量下降的现状，该厂制定并实施燃烧劣质煤危险点预控方案，落实掺煤配煤制度，遏制锅炉结焦、断煤等事故的发生。按照ISO14001环境管理体系运作的规范，制订环境治理目标。全年废气排放量未超过国家标准。获"2004年度上海市迎峰度夏优胜单位"、"发电行业效益十佳企业"、"全国电力行业优秀企业"的称号。（邢　侠）

■**宝山供电分公司**　属上海市电力公司，供电营业范围304平方公里，电网覆盖宝山区大部分及周边的杨浦、虹口、闸北等区部分地块。拥有高低压供电线路2874.729公里，110千伏变电站2座，比上年增加1座；有35千伏变电站38座，比上年增加6座；主变总容量190.5万千伏安；用户65万户。年末有职工557人，2004年售电量73.26亿千瓦时，比上年增长17.7%，最高负荷136.5万千瓦，比上年增6.3%；"迎峰度夏"期间，该分公司安排错峰13万千瓦、让电1.3万千瓦、轮休2.5万千瓦、隔日避峰1万千瓦，通知让电2.5万千瓦，各项措施执行率均达到98%以上。7月22日宝山地区电网用电负荷达到136.5万千瓦的历史新高。没有因高温而限电或拉电现象；按照"一个坚持（限电不拉电），三个确保"（确保市民生活用电不受影响、确保重点企业生产需要、确保城市生产生活正常有序）要求，做好抵御台风和雷击等自然灾害，保障电力供应。安全生产累计达到1250天无考核事故记录。在区政府组织的企业行风查测评中，连续四年获第一名。该分公司全年完成各类建设施工项目396项，涉及资金9.06亿元，所有技术、安全指标全部合格。年内新添7座35千伏及以上电压等级的变电站，净增供电容量36.6万千伏安，扩容率达23.54%，其中，扩容改造完成庙行变电站，新增供电容量2.3万千伏安；新建沈行、约帕、杨泰、乾溪、邯郸及海江等35千伏变电站6座，新增供电容量26.3千伏安；建成110千伏政立变电站1座。为迎峰度夏和过渡需要建成35千伏政立临时变电站1座，110千伏政立变电站正式投运后，临时变电站退出运行。年内，该分公司完成的供电配套工程主要有：（1）蕰川路、潘泾路、友谊西路、宝杨路、杨泰路等十余条道路市政改造的供电配套；（2）轻轨一号线、轻轨三号线延伸、轻轨七号线等重大工程的供电配套；（3）纳入区级道路环境整治的7条道路的配套工程，其中永清路（友谊路至双城路）改建架空线入地敷设工程（电力公司投资）全部竣工，架空线入地总长约1.5千米，排管1.2千米；（4）新建2

2004 年宝山地区电网供电能力和用电量

类　　别	单　位	数　量
供电线路部分		
35 千伏	公里	255.449
10 千伏	公里	1004.3
低压配电	公里	1614.98
变配电部分		
35 千伏及以上变电站	座	40
配电站	座	1173
主变压器总容量	万千伏安	190.5
用电量		
售电量	亿千瓦时	73.26
其中:工业用电	亿千瓦时	48.21
商业用电	亿千瓦时	2.24
农业用电	亿千瓦时	0.93
城乡居民	亿千瓦时	9.31
用电最高负荷	万千瓦	136.5
各类用电用户	万户	65

（常　杰）

进 10 出永海开关站 1 座，Ⅲ型站改Ⅳ型站 2 座，新增 800 千伏安箱变 2 台，500 千伏安箱变 2 台及 1 进 5 出分支 10 台；（5）住宅供电配套项目 32 项，总金额 9147 万元，有杨行镇万科房产、庙行镇共康公寓、庙行镇屹立家园、庙行镇大昌房产、虹口区乾杨房产、杨行镇杨泰公寓等，启动沪太路经纬房产、月浦镇德都路地区、杨行镇康桥水都、新江湾城住宅区等大型住宅工程的供电配套；（6）中环线架空线入地工程。（常　杰）

煤气

■概况　境内有吴淞煤气制气有限公司和上海石洞口煤气制气有限公司 2 个燃气生产企业，共有职工 2109 人，其中各类技术人员 313 人。全年生产管道燃气 4.76 亿立方米。（经瑞坤）

上海第 100 万户天然气用户诞生在宝山泗塘街道。　　摄影 / 浦志根

■上海吴淞煤气制气有限公司　隶属于上海燃气（集团）有限公司。年末有职工 1669 人，其中技术人员 190 人，固定资产 4 亿余元，主要生产城市管道燃气，以及余热发电、热源供汽等。全年完成销售产值 3.5 亿元，制气量 3.3 亿立方米，其中消耗天然气 1.17 亿立方米，占上海城市供气的 1/4，其中冬高峰制气产量达 1.1 亿立方米。4 台天然气改质炉和集中供热 B 网全面竣工投产，生产运行状况达到设计要求。（杨家树）

■上海石洞口煤气制气有限公司　年末有职工 440 人，其中工程技术人员 123 人。全年生产城市煤气 1.46 亿立方米，占年度生产调度计划的 112.31%，其中最高日产量为 237.46 万立方米，煤气单位考核成本 1.258 元 / 立方米。安全接卸石脑油 17 船，计 6.11 万吨；进氯乙烯 18 船，计 3.45 万吨，出 3.26 万吨；进液化气 1191.86 吨；进汽油 1.85 万吨，出 1.50 万吨。码头总吞吐量达 12.91 万吨。年内经上海市水务局的批复，同意将上海石洞口发电厂用作灰场的滩涂地中 10.2 万平方米使用权转让给该公司，作为建设液化气、油品及化工品等仓储基地。10 月 8 日，以天然气为原料代替轻质石脑油改造工程投入试运行。11 月底完成燃料到和掺混部分的改造及 3 号线的调

市北煤气销售公司深入小区为居民转换天然气。　摄影／胡新力

试任务，工程主要性能指标达到城市煤气5R标准。国产化“CN-32型催化剂工业应用”技术通过由西南化工设计院技术委员会的技术鉴定，取代进口催化剂产品，降低生产成本。该催化剂具有良好的工业运转活性及活性稳定性；试用中炉管管壁温度较低且均匀，具有较高的抗积碳性能，其综合性能与进口同类催化剂相当。年内，公司被评为上海市治安防范先进集体；检修部金工QC小组的《严格控制装配间隙尺寸，延长加氢压缩机的使用寿命》课题获上海市市政行业2004年度优秀QC成果三等奖。码头取得中华人民共和国港口设施保安符合证书。（宋剑蔚）

自来水

■概况　境内有上海市原水股份有限公司长江原水厂、上海市自来水市北有限公司吴淞自来水厂、月浦自来水厂、泰和自来水厂等4家自来水厂，有职工559人，其中各类技术人员138人。7月，上海泰晤士大场自来水有限公司正式并入上海市北自来水公司所辖的泰和水厂。全年供水总量为6.8余亿吨。（经瑞坤）

■上海市原水股份有限公司长江原水厂

年末有职工203人，其中各类专业技术人员44人，具有中高级职称10人，中、高级工108人。全年完成售水量4.723亿吨，日最大供水量为150.718万吨，均创建厂以来新高，被市水务局评为“文明单位”。年内，该厂水库加固增能工程竣工，对陈行水库外堤和东西两堤等围堤及防汛墙长约36550.6米实施加固加高，墙身加高至9.2米，水库水位最高位由7.25米提高到7.40米。7月中旬，由于连续十几天的高温，陈行水库出现十年不遇的藻类爆发，水面大量的鱼腥藻、微囊藻漂浮聚集。该厂启动紧急预案，组织职工约250人次，连续6天沿水库内堤近5公里岸边，抛撒漂粉精约10吨，遏制藻类的蔓延。在陈行水库边建设宝钢水库翻水泵工程，9月25日工程开工，11月25日竣工，经验收测试，达到设计要求，确保了冬季咸潮入侵期间长江供水系统的供水量和氯化物指标正常。全年遭受8次咸潮入侵，其中4月8日的咸潮入侵长达7天，氯化物浓度最高达959ppm。该厂依靠氯度遥测系统的实时数据，采取合理调节水库水位、咸潮间隙降本底、利用宝钢水库借水的稀释作用等一系列措施，做到“借水不减水，出水不超标”，确保了水量供应。（高　斌）

■上海市自来水市北有限公司吴淞水厂

年末有职工93人，其中各类专业技术和管理人员28人。供水包括吴淞、宝山区域，全年完成总供水量5482万吨，比上年增长6%，平均日供水量15.13万吨。（陈永昌）

■上海市自来水市北有限公司月浦水厂

年末有职工127人，其中各类专业技术人员32人，全年完成供水量9355万吨，比上年增长8.9%；平均日供水量25.63万吨。年内，贯彻市政府“城乡供水一体化”要求，做好深井水切换后“增量保质”工作，供水区域由闸北、普陀部分地区、宝山东北地区延伸至罗店地区及建设中的罗店新城。12月28日，该厂长江水排泥水处理工程如期竣工，工程投入使用后，日处置污水1.16万吨，减轻了地区环境污染，促进了水资源保护。（宣永明）

■上海市自来水市北有限公司泰和水厂

年末有职工136人，其中各类专业技术和管理人员34人。全年供水能力60万吨/日，主要向上海西部及嘉定等区域供水。7月7日，上海泰晤士大场自来水有限公司（简称大场水厂）正式并入上海市北自来水公司所辖的泰和水厂。大场水厂是国内第一座以BOT（建设-运营-移交）形式建设的自来水厂，日供水能力为40万吨。英国泰晤士水务公司于1995年投资约7300万美元取得了上海市北自来水公司下属大场水厂项目为期20年的经营权，1998年正式投入运行，主要向宝山等上海西北地区供水。2000年，泰晤士水务收购原宝维士公司该项目50%的股份，变为独资公司，成为国内第一个由外商独资经营的水厂。根据BOT协议，上海市水务部门逐年给予其建设补偿，并保证15%的年固定回报率。2002年，国家有关部门明确规定，保证外方投资固定回报不符合中外投资者利益共享、风险共担的原则。由此一批固定回报项目被列入清理范围。2004年4月，大场水厂的投资方英国泰晤士水务与上海市北自来水公司签订《上海泰晤士大场自来水有限公司股权转让合同》，决定把大场水厂转让给上海市北自来水公司，市水务资产公司将一次性付清英方费用。该厂被评为“上海市花园单位”、局“文明单位”，档案目标管理通过市级先进认定。（严　鹂）

2004年自来水厂水质主要指标比较表

单位	综合合格率%		浑浊度（NTU）%		剩余氯（毫克/升）		细菌总数（个/毫升）		总大肠菌（个/升）		平均浑浊度（NTU）%		厂用率%		设备完好率%	
	指标值	实际数	指标值	实际数	指标值	实际数	指标值	实际数		指标值	实际数	指标值	实际数	指标值	实际数	实际数
吴淞水厂	99.5	100	99.7	100	99.3	100	99.5	100	吴淞水厂	99.5	100	99.7	100	99.3	100	100
月浦水厂	99.5	100	99.7	100	99.3	100	99.5	100	月浦水厂	99.5	100	99.7	100	99.3	100	100
泰和水厂	99.5	100	99.7	100	99.3	100	99.5	100	99.5	100	0.13	0.06	5	1.91	98.5	100

（经瑞坤）

书记：朱云仙
院长：赵宝龙
地址：友谊路181号
邮编：201900
电话：56601100

上海市宝山中心医院

该院为“二级甲等”医院。建于1956年，建筑面积2万平方米。医院核定床位302张，实际开设床位400张，在职职工582人，其中高中级职称者211人。2004年年门急诊量50万人次，收治住院病人9608人次，手术病人3207人次，床位使用率112%。该院眼科是上海市医院特色专科，开展白内障超声乳化术及小切口叠迭式人工晶体植入术等先进技术，科研课题《m–ERG/m–PERG对青光眼的诊断价值和视野视盘的相关研究》、《视网膜电图对白内障术前视网膜功能评估的研究》曾获上海市科技进步奖三等奖和上海市首届医学科技奖三等奖。心内科起博器安装、外科及妇产科腹腔镜手术、放射科介入疗法及RIS/PACS影像管理系统、高压氧治疗等均具有医疗特色。医院设施配置齐全，拥有的眼科光学相干断层扫描仪、数字眼底荧光血管造影仪、810红外激光仪、YAG激光仪为同类医院领先项目，并拥有最先进的16排CT、4500彩超、ICU床边监护仪、全自动生化分析仪、Drager　Julian麻醉机、氩气刀等先进的医疗设备。医院1997年以来连续四次被评为“上海市文明单位”。

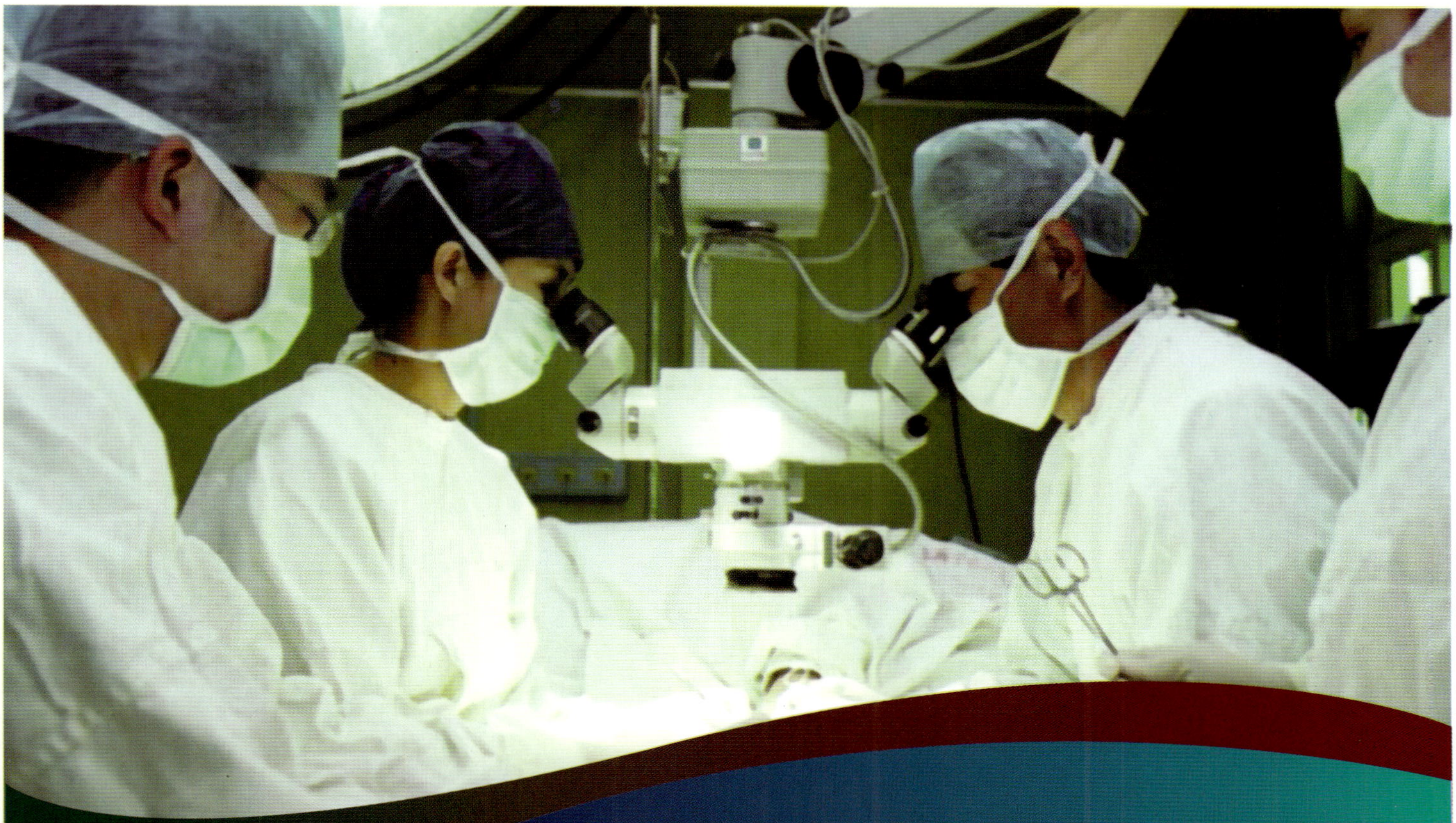

上海市第一人民医院宝山分院

上海市第一人民医院宝山分院（上海市宝山区吴淞中心医院）为集医疗、教学、科研、预防为一体的综合性二级甲等医院。2003年1月由上海市第一人民医院托管，第一冠名为上海市第一人民医院宝山分院。医院蝉联宝山区文明单位六次、上海市卫生系统文明单位五次、上海市文明单位四次。

2004年核定床位402张，实际开放587张，年门急诊51.3万人次，年住院病人1.22万人次，住院手术近5000人次。现有职工889人，其中卫技人员726人，高级职称103人，中级职称171人。拥有35个临床、医技科室和螺旋CT、DSA、ECT、钼靶乳腺摄片机、彩色多普勒腹部、心脏超声仪、全自动生化分析仪、泌尿外科等离子切割系统等先进设备。手外科、医学检验科为上海市医学领先专科特色专科，泌尿外科、骨科、呼吸科、心血管内科、消化内科为宝山区重点特色专科。普外科、胸外科、脑外科、妇产科、口腔科、风湿科等在市内和区内也颇具竞争力。开设专家、专科和专病门诊50 余个，并建成乳腺病诊治中心、创伤急救中心、中风绿色通道、体检中心、疼痛管理治疗、微创外科发展中心等特色学科和治疗中心。第一人民医院30余位常驻著名教授和近80位兼职教授的加盟，提升了整体医疗技术水平，使宝山区老百姓足不出区就能享受到市区三甲医院著名专家的医疗服务。

医院肩负全区医疗救护任务，承担第二军医大学等七所医学院校的实习教学任务。近年来获上海市科技进步奖、临床医学成果奖8项，国家体育总局科技进步奖1项，宝山区科技进步奖、宝山区卫生系统医学科技奖49项。每年在国内外医学杂志上发表论文100余篇。

2003年12月启动医院总体改造一期工程，现在建的门急诊医技大楼高16层，建筑面积26336平方米，投资1.3亿元。

地址：同泰北路101号
邮编：200940
总机：56162417

摄影／胡新力

温室花卉种植

位于罗店镇

农业与农村经济

Agriculture and Agricultural Economy

■编辑　陆柏盛

综合管理

■概况　年内，区农村经济延续上年快速增长的势头。根据2004年宝山区农村收益分配统计，全区164个行政村，1463个生产队，67689户农户，参加农村收益分配人口237451人，农村劳动力156993人（包括35408个外来劳力）。实现农村经济总收入1403.53亿元，比上年增48.8%；实现利润总额40.59亿元，增31.7%；完成国家税金36.97亿元，增27.8%。经济总收入超百亿元乡镇从上年的3个增加到8个，杨行镇、淞南镇、月浦镇分别以326亿元、157亿元、154亿元位居前三名。各乡镇经济开发区快速壮大是经济收入快速提升的主要因素。年内各开发区实现收入909亿元，比上年增52.2%，占全区农村经济总收入64.8%。从产业结构上看，一、二、三产业比重为0.3:34.9:68.4，随着宝山区环境、交通等条件的改善，乡镇房产迅速升温，住宅小区渐成规模，大卖场、超市、连锁店纷纷进驻乡镇，使得全区农村房产业和商业收入占到第三产业收入的九成。

■农民收入保持两位数增长　2004年，全区农民人均收入7884元，劳均分配11925元，分别比上年增长15.4%和14.4%。人均收入超万元的4个乡镇分别是：淞南镇16306元，高境镇14911元，大场镇12637元，庙行镇11420元。长兴乡和横沙乡人均收入增幅继续保持20%以上，增幅位居全区前列。

■农村住户收支抽样调查　根据2004年对区内820户农村住户收支抽样调查，全区农民人均纯收入9534元，比上年增加1025元，增12%。农村居民收入出现“三多”：（1）工资性收入多。农村居民工资性收入达到7869元，占人均纯收入82.5%，比上年净增897元，占当年农民净增收入的87.5%。由于政府积极拓宽农村就业渠道，农村富裕劳动力加快向二三产业转移，农民不仅从本地企业，而且从行政、事业等非企业组织和外出务工中获得收入，所占比例分别为48.2%、37.8%和14%。（2）房屋出租收入多，人均年租金收入412元，占财产性收入56.2%，租金收入最高的大场镇人均1266元，增幅最大的长兴乡增190%，反映了南部高度城市化和海岛发展新机遇给农民带来了实惠。（3）退休金养老金多，人均达444元，增加14.7%，这是由于“镇保”等农村社会保障体系的逐步完善，使农村“两金”成为继工资性收入后农民的第二收入来源。农民支出也有“三多”：（1）生活性消费支出多，2004年农民人均支出8037元，其中生活性消费6744元，占84%，食品消费比例仍较高，人均2016元，占29.9%，其他如住房、教育开支有增加的迹象，人均支出各为1058元和816元，农民收入提高之后开始注重改善居住条件、加大对子女教育的投入。（2）保险费交得多，农民的保险意识增强，人均支出440元。（3）馈赠亲友支出多，人均支出533元，这一项占农民转移性支出的近半数。

■村级财务会计电算化试点　年内，区农村经济管理部门对长兴、横沙两乡的村帐乡代管试点工作进行业务辅导，重点是对会计服务机构实施财务核算电算化。针对海岛村级业务和财务人员的特点，组织协调软件公司技术人员上岛研究设计财务软件，并实地指导。

■宝山公有产权交易网站开通　上海宝山公有产权交易网7月正式开通，作为国有集体产权“公开、公平、公正”交易的基础工程，从此产权交易的政策法规、办事指南、领导讲话、操作流程、出让受让项目等信息在交流平台上都可以得到。年内，宝山产权经纪有限公司通过上海联合产权交易所和宝山产权交易网首次推出上市挂牌项目5宗，涉及资产总额2.65亿元，其中3宗项目已完成交易手续。另外，经上海联合产权交易所审核鉴证产权交易项目77宗，成交总资产额（单向）10.79亿元，净资产额3.73亿元，同时盘活土地资源61271平方米，吸纳安置职工2456人。　（毛鲁康）

■农业行政执法　年内，组织开展以《行政许可法》为重点的法律、法规学习培训，加强农业行政执法检查。（1）农林执法管理。与全区56家农药经营商店、69家种子经营单位签订《守法经营承诺书》；举办2期经营人员业务培训班，培训140人次；全年开展各类执法检查45次，出动检查人员226人次，检查各类承包户146家，抽查各类农资样品522份；取缔无证无照经营单位12家，查处各类违法案件15起，没收假冒农药190包，收缴甲胺磷等禁用剧毒农药58瓶；收缴各类禁用、限用剧毒农药1.5公斤。（2）畜牧执法管理。共查处各类案件155起，罚、没款55940元，销毁生猪497头，无害化处理畜禽产品1800多公斤。（3）渔政执法管理。参与市有关部门组织的长江水域联合执法整治活动和海洋伏季休渔监管，取缔违规违法渔船、网具等，加强鳗苗、蟹苗、长江春季禁渔和海洋伏季休渔为主要内容的执法管理，全年共查处各类案件184起，罚没款36748元。

■食用农产品监测近4万份　加强食用农产品监测，年内抽样检测猪“瘦肉精”1916份，合格率达100%；监测猪、牛W病、蓝耳病等样品1.15万份；对全区10个水产养殖监测点，对200公顷的养殖水域进行监测。全区共检测蔬菜样本27872个，其中合格27565个，合格率98.89%。年内开展食用油转基因生物标识专项检查2次，对区内16家超市进行检查，检查中发现2家超市的2种食用油标识存在问题，及时作出处理。全区在原有20台农药残留检测仪（带电脑6台）的基础上，年内新增CL－Ⅲ蔬菜农残检测仪8台，建立以园艺场、配送中心、批发交易市场自检为主，镇、区、市抽检为辅的多元化检测网络。全区10个蔬菜配送中心全部配备了蔬菜农残检测仪，做到配送蔬菜没检测不配送，不合格不配送。

■植物检疫面积逾300公顷 对麦子5个品种进行“二病一草”（腥黑穗病、全蚀病、毒麦）监测调查，调查面积103.9公顷，未见毒麦发生；水稻“二病一虫”（白叶枯病、细菌性条斑病、水象甲）调查面积28.47公顷，未发现有检疫对象；对234.67公顷8个品种蔬菜地进行蔬菜危险性病虫调查，有7个品种发生美洲斑潜蝇；有害生物专项调查17个品种，面积94.07公顷，豚草发生面积0.13公顷。年内共调运种子4个批次，对调出及调进的种子都进行严格的检疫，未发现检疫对象。

■科技培训 年内开展多种形式的科技培训。（1）技术推广。组织18人参加杂交水稻秀优5号栽培技术培训；举办BB肥应用技术培训班，培训34人；开展《宝山土壤与环境质量现状》专题讲座，20人参加。（2）远程教育。利用郊区农民远程教育平台，结合市农委开展的“郊区农民网上行”活动，组织郊区农民参加现代远程教育培训。开展计算机基本操作知识培训，培训200余人。（3）岗位培训。开展蔬菜技术岗位培训，培训75人；实施绿色证书培训，培训500人；针对蔬菜生产过程中农药使用出现的乱买药、乱混药、乱用药、乱配药“四乱”现象，加强蔬菜科学技术指导和服务。举办各种形式的技术培训班19次，培训843人次。

■农业劳动力调查 年内，区农委对各乡镇农业劳动力数量以及分布情况进行调查。调查显示，全区农业劳动力55355人，（其中外来劳动力14856人，占全区农业劳动力的26.84%）。种植业劳动力54410人，占98.3%；畜牧业劳动力945人，占1.7%。 （程定广）

农田种植

■概况 区农业部门采取“保粮减菜、减猪稳奶、控林稳果、扩大异地种养业，积极发展名特优产品”的结构调整方针，全年实现种植业产值43776万元，比上年减少10.4%，全年粮食播种面积4533.07公顷，总产32488吨，比上年增长13.5%，超额完成市下达的任务；油菜籽1930吨，增长67.0%，完成农村植树造林553公顷；水果总产72558吨（其中柑桔70552吨）增长8.0%，总产值9180万元（其中柑桔8680万元）；柑桔出口6542吨，进超市565吨。全区有菜田2500.2公顷，全年上市蔬菜21.998万吨，比上年减30.7%，金额2.3亿元，混合平均单价每百公斤107元。其中蔬菜配送量4.5万吨，配送金额8010万元，出口蔬菜2914吨，创汇133万美元，全年超额完成上市供应任务。年内，落实市政府扶持粮食生产的种粮农户补贴、冬季绿肥补贴、优质水稻种子补贴等三项直拨政策，共发放补贴款420万元，全部按时发放到农户手中。

“健康生活在农村”宝山区示范周活动。 摄影／王春明

■水稻种植面积达3333公顷 采取有效措施，扩大水稻种植面积。（1）压缩生产水平低、安全隐患多、环境差的外地散户种植的蔬菜面积；（2）对两岛部分经济效益低的蟹塘复耕种粮；（3）扩大经济作物茬口的后季稻；（4）利用征而未用及其他土地种植粮食。通过挖潜种足，水稻种植面积达到3333公顷，扩大8%，完成市政府下达水稻种植任务。

■森林资源普查 年内在全区开展上海市第六次森林资源清查工作。普查结果是：全区森林覆盖率按国家林业局计算口径为14.81%，按上海市计算口径为16.53%，分别高于全市平均值的4.28和4.5个百分点，名列全市第一。

■“万人就业——林业养护项目”启动 年内，开展“万人就业——林业养护项目”工作。制定《宝山区万人就业“林业养护”项目实施方案》；建立9个林业养护服务社，组织开展上岗培训。安排就业岗位568个。促进了生态公益林管理，解决了部分农村富余劳力的就业，增加了农民收入。

■林木种苗行政执法获全国先进称号 对区内90余家苗木生产单位开展苗木生产、经营许可证的核发工作，实施产地检疫，检疫面积达731.8公顷，占全区苗木面积的56%，被国家林业局评为全国林木种苗行政执法质量监督先进单位。

■蔬菜病虫害预测预报点建立 加强蔬菜病虫害预测预报综合防治体系建设，投资30万元的宝山区蔬菜病虫害预报点于4月1日正式启动，年内已发病虫害预测预报简报11期，为制定和落实蔬菜主要病虫害的综合防治技术打下扎实的基础，减少了化学农药使用，降低了农药对蔬菜的污染。

■水稻／小麦示范方获丰产 年内区、镇两级组成的专家技术指导小组，编写高产栽培模式图，印发良种良法技术资料，不定期对水稻/小麦丰产示范方进行

北欧庄园种植的微型南瓜。 罗店镇供稿

田间会诊，以点带面指导面上生产。在罗店、罗泾建立3个小麦新品种示范方，示范面积18.67公顷，小麦示范方平均亩产390公斤，比全区平均亩产增产二成；在7个乡镇建立了镇级水稻丰产示范方，示范面积50.33公顷，品种为“嘉花一号”为主，其中罗店方和横沙方参加市级丰产方竞赛活动。水稻示范方平均亩产640.8公斤，比全区平均亩产增产13.1%。罗店示范丰产方亩产达到652.7公斤，在全市丰产方评比中，单产水平列24个参赛方之首。 （程定广）

养殖捕捞

■概况 全年畜牧水产食用菌生产总值45715万元，其中：畜牧22112万元，水产21054万元，食用菌2549万元。全年生猪出栏15.89万头，比上年减少34.5%；家禽上市45.34万羽，减少61.0%，鲜蛋上市206.28万公斤，减少44.9%，鲜牛奶上市36450吨，与上年基本持平，特种动物出栏55万羽（头）；生猪存栏5.4万头，奶牛存栏8323头（含异地养殖）。水产品总产量10626吨，比上年减少7.4%，其中海洋捕捞6642吨，增长10.7%，长江捕捞363吨，减少382吨，淡水养殖3621吨；鳗苗捕捞522万尾，刀鱼捕捞7吨，天然蟹苗4吨。名特优水产养殖1795吨，其中河鳗200吨、鲟鱼90吨、河蟹1165吨（包括扣蟹512吨）、泥鳅160吨。食用菌生产总产量1642吨，其中蘑菇510吨、香菇1046吨、特色食用菌86吨。

■禽流感防治 （参见第67页“上海市宝山区人民政府·重要政事及决策”）

■畜禽防疫 年内对动物防疫条件审核发证1282张，其中办证1179张，审证103张。各类检疫证明领取5430本，发放5145本，回收上缴存根5162本。与市所和外区县结算（对冲）市场索证182837头。生猪产地检疫133188头，比上年减2.8%。生猪屠宰检疫205921头，减59.5%，其中刘行196406头，长兴5779头，横沙3736头；剔除胴体病变16.56吨，内脏斥品26.01吨。奶牛两病检疫10253头，比上年减36.3%，检出结核病阳性牛14头，全部作无害化处理。

■取缔不规范猪场 年内，依法取缔6个不规范猪场，共整治不规范饲养生猪17100头，拆除猪棚34724平方米，利用猪舍9000平方米。

■畜牧业现状调查 年内开展畜牧业现

上海宝山蔬菜园艺场在恒温大棚内种植的花卉。 摄影／顾鹤忠

状调查，到2004年末全区集约化畜禽养殖场35个，其中猪场18个（存栏4万头）、奶牛场16个（存栏5200头）、蛋鸡场1个（存栏1.5万羽）。

■渔船报废拆解 根据国家实行海洋捕捞渔船减船、渔民转产转业计划。完成2003年度7艘渔船拆解，完成2004年度6艘渔船拆解核定基本情况的上报工作。（程定广）

产业化

■概况 年内，全区农业产业化经营共完成销售总额5.26亿元，比上年增加2600万元；实现利润总额2752万元；农产品出口创汇1340万美元，比上年增加730万美元；解决就业人员2806人，带动农户2.5万余户，农户从产业化经营中得到总收入8500余万元。

■农民合作社成立 年内，贯彻市产业化办公室关于农民合作社实行“政府推动，农民自愿，坚持民办、民管、民受益”的原则，共组建蔬菜、柑桔、花卉苗木3家农民合作社。

■农田建设项目完成投资逾1500万元

完成农田基础设施建设项目投资1588.64万元，其中中央、市、区三级财政扶持1000万元，建设单位自筹588.64万元。（1）完成2003~2004年度国家农业综合开发项目——罗泾镇土地治理项目的建设，并通过市级验收，改造农田666.67公顷。（2）完成2003~2004年度“三高”农田建设，在横沙乡建造“三高”农田213.33公顷，通过市级验收。组织2004~2005年度长兴农业综合开发土地治理项目和“三高”农田建设项目的申报和施工准备。

■蔬菜规模经营 积极发展蔬菜规模经营，提高蔬菜安全生产综合能力。要求各乡镇新引进的蔬菜承包户具有一定经营面积（2公顷以上），有一定经营能力和经济实力。至年底，全区2公顷以上的承包户50户，承包面积475.13公顷，占全区蔬菜面积的19%，其中6.67公顷以上的大户29户，承包面积405.93公顷，占全区蔬菜面积的16.24%。结合园艺场动迁，建立36.67公顷宝山区现代农业示范基地和帮助筹建33.33公顷金篮子农产品配送有限公司生产基地，逐步淘汰经营能力差、安全生产意识弱的散户300余户。

■蔬菜种苗繁育 以种子工程为突破口，抓好良种繁育推广工作。发展源头农业，加快蔬菜种子繁育体系建设，做大做强种子产业。聘请2名蔬菜专家搞好品种提纯复壮等工作，落实黄瓜、茄子、番茄等品种三圃面积1.67公顷，其中包括“605耐热”青菜、“宝杨”豇豆、红米苋等宝山区特色地方品种，通过品种比较提纯，共计采收原种82公斤。年内良种繁育面积达40多公顷，收到如“宝杨系列”黄瓜、“江丰一号”茄子、“江丰三号”花菜等各类蔬菜良种26000公斤，其中杂交种子3700公斤；落实较多品种的评比示范，引进了大葱、甘蓝、番茄、黄瓜等40多个蔬菜新品种，推广良种3万多公斤，推广面积达2666.67公顷次以上，使全区主要品种良种覆盖率达95%以上。依靠育苗流水线，推进种苗产业化进程。年内自动化育苗流水线为全区各菜区提供卷心菜、花菜、黄瓜等优质种苗310.5万株。

■水产品加工项目建设 加强对农产品出口龙头企业的扶持，重点扶持北部水产养殖中心水产品加工项目（烤鳗生产线）建设，年内投资1300万元（其中市产业化资金100万元，区财政扶持150万元），建设一条先进的烤鳗加工流水线，年底完成厂房土建工程，2005年6月正式投产。（程定广）

前卫实业总公司

■概况 上海前卫实业总公司位于长江入海口的长兴岛中部，土地总面积约13.1平方公里，是集农业、工业、三产和社区服务于一体的综合性区属企业集团。年末在编职工1 839人，总资产9.58亿元，国有净资产4.46亿元。2004年，该公司继续调整产业结构，推进柑桔、旅游等优势产业发展，深化企业产权制度改革，基本解决阻碍企业发展的两大历史遗留问题（负债、富余人员分流），步入良性发展的轨道。公司全年完成销售收入16.37亿元，比上年增长20.3%，其中，农业收入3581万元，增长2.5%；工业收入1121万元，增长13.3%；三产收入5977万元，增长9.6%；前卫开发区入驻企业实现销售收入15.3亿元，增长21.4%。开发区企业上缴各项税收5155万元，减少1.5%，其中上缴地方财政税收2258万元，减少29.4%。该公司全年经营亏损991万元，比上年减亏1216万元。

■柑桔产业化基地建设 2004年，柑桔总产量2250万公斤，实现销售收入3482万元。该公司在改善柑桔品质、改造加工设施和拓展销售渠道等方面取得成效。（1）注重提高果品质量，通过加强专业技术队伍培训，推行规范化、标准化的生产管理模式，优质果率超过80%。10月，下属的柑桔十分公司通过市级柑桔标准化生产基地验收。（2）注重增强柑桔业发展后劲，通过自筹农业发展基金，投入500万元改造柑桔加工场地，提高鲜果的加工能力和加工质量。（3）注重拓展国内外销售市场，柑桔出口达640万公斤，比上年增长14.4%，再创历史新高，出口收入1225万元；内销市场通过市果品配送中心实现超市覆盖面的新突破，超市销售总量50万公斤，推出的“前卫蜜桔”精品系列得到市场认可。（4）注重发挥龙头企业作用，2004年，帮助农户销售110万公斤柑桔，安排出口8万公斤，用“前卫蜜桔”品牌和信誉带领岛内桔农共同发展。

■旅游服务基地建设 桔园度假村全面投入使用，管理水平和服务质量提高，年内先后通过了旅游行业三星级涉外饭店评审和4A绿色饭店认证，成为长兴岛唯一一家旅游涉外三星级饭店，多次完成岛内重要接待服务。年内，旅游服务公司开辟一日游项目，全年接待游客6万人次，旅游服务业收入352万元，比上年增134.7%。

■2家企业整建制转制 年内，原实业公司所属乾强物业管理公司和前卫劳动服务公司经规范化程序，完成产权交易，实现整建制转制，原企业职工全部转入新企业，转制工作平稳有序。至此，该公司基本完成下属企业的改制工作。

■中船长兴基地建设前期工作完成 提前对中国船舶工业集团公司长兴基地建设征用该公司土地范围内的资产进行清理和评估，及时移植征地范围内的桔树3.6万棵，按时完成征地范围内的5家个体承包户和企业搬迁。回购征地范围内的抵债土地52.07公顷，完成258.2公顷抵押土地权证的释放，确保重点工程建设用地。（徐建勋）

Shanghai Car-hua Supermarket Ltd.Company, Gongjiang Store
上海联家超市有限公司共江店

法国文化节

十周年店庆

新鲜每一天

团购电话
36114510*164

店长：陈美芳
地址：共江路1208号
邮编：200435

上海联家超市有限公司共江店系上海联华超市有限公司和家乐福（中国）管理咨询服务有限公司合资在上海地区开设的第六家大型卖场，(上海地区第八家店已于2004年底在浦东联洋开张)。该店坐落在上海市闸北区和宝山区的交界处，占地面积约28000平方米，总投资8200万人民币，拥有员工500余人，是宝山区内截至目前最大的超级卖场。

全店分两层楼面：二楼为专营百货、食品、烟、酒、各类服装和家用电器的家乐福超市。在商品营销方面，除继续大力推介“棒”系列产品（棒产品系家乐福精心选择出的涵盖食品、洗护用品、服装、家电和日用百货在内的近千种商品，旨在提供给顾客其同类商品的最低、最优惠的价格)之外，自2003年12月起更是全新推出了家乐福自有品牌的系列产品(家乐福自有品牌产品，是基于家乐福股份有限公司授权，由上海联家超市有限公司许可制造商在产品上使用“家乐福”商标的产品，其产品仅供家乐福各地超市销售)。

汇聚了诸多知名品牌的餐饮、服饰、休闲、旅游和娱乐的销品茂，正以全新的面貌迎接广大顾客：无论是肯德基，永和大王，味千拉面，面包物语，天福茗茶，还是佐丹奴，E库，中宝银楼，贝塔斯曼书友会，以及全新改建的儿童乐园都真诚期待着您的光临。

促销活动

新年喜洋洋

该店推出的系列特色服务有：

开设至张庙、彭浦、共康、淞南、顾村、杨行、高境、乾溪等八条线路的免费班车。购买大型物件享受免费送货上门；团购服务台方便大量购买商品的顾客。二楼卖场提供的儿童推车，方便家长，更给小朋友增添购物乐趣。并提供其他各种特色服务；商场一楼与三楼的车库，免费提供2000多个自行车位和580多个机动车位。

法国文化节

上海浦東發展銀行
兴业银行
INDUSTRIAL
BANK
CO.,LTD.
宝山支行
新辰广告
65442105
新生态家园
MAGNOLIA GARDEN

冬日街景

位于牡丹江路

财税与金融

Fiscal Revenue Taxation Finance

■编辑　经瑞坤

财政

■概况　2004年，区财政收入快速增长，全年完成区地方财政收入45.24亿元，完成年度预算的101.66%，比上年增长42.8%；完成区地方财政支出51.21亿元，是预算的102.01%，比上年增长41.49%，全年收支实现综合平衡，略有1495.66万元的结余。年内，在确保财政收入稳步增长的基础上，以深化支出管理改革为重点，加快构筑宝山的公共财政框架体系。超额完成征收的财政收入任务，全年征收契税33772.69万元，比上年增长51.47%；行政性收费入库8938.90万元，增长92.49%；罚没收入入库9041.41万元，增长21.74%。全年上交礼品、礼券和礼金折合人民币1.97万元。

■预算编制程序实行"两上两下"制度　按照"量入为出，收支平衡"的原则，实行"两上两下"（预算单位按要求编制并上交部门预算、预算单位根据财政初审意见对照提出部门意见；财政初审后回复预算单位、财政审定后在人大批准后30个工作日，下达部门预算）的预算编制程序制度。7月，区财政局开展调查研究，听取15个政府主管部门及一级预算单位的财政预算定额标准等意见，确定预算编制口径，为编制部门预算奠定了基础。

■建立规范的资金拨付机制　年内，财政国库集中收付范围扩大。在区检察院、卫生局、统计局和财政局等部门实行国库单一帐户试点的基础上，5月起，完善操作程序。至年末，全区一级预算单位共43家单位纳入集中收付，并采取用款计划填报、审批、执行及信息反馈网络化方式，共下达计划额度724笔、计46966.98万元；额度内授权支付7337笔、计44615.82万元；直接支付752笔、计13192.70万元；政府采购支付364笔、计9939.08万元。

■完成政府采购2.58亿元　完善政府采购计划和资金的管理，发挥政府采购特邀监督员的作用，做好政府采购的监督工作，逐步规范采购与监管分离相配套的措施，提高政府采购的透明度，对较大金额的采购项目，采取公开招标的形式，全年完成政府采购450批次，实际采购额2.58亿元，超额完成年计划3800万元，比上年增加6500万元，增幅33%，节约资金2100万元，节约率7.5%。

■拨付各项社保资金1.2亿元　年内，做好社会保障资金的拨付工作，全年拨付各项社保资金12037万元。其中，拨付农民养老金补贴535万元；解决污水处理厂征地农民养老补贴500万元；拨付低保人员的生活补贴24000人次，拨付资金5042万元；拨付再就业人员工资40500人次，补贴2335万元。启动万人就业项目，拟订《关于宝山区实施万人就业项目若干意见的通知》，推出"环境协管"、"特种设备协管"、"市容协管"、"林业协管"、"河道保洁"、"社区助残"、"社区助老"等7个项目，共新增就业岗位1971个、1977人，其中安置失业人员602人、协保人员147人，农村富余劳动力就业和再就业人员1046人，其他人员182人，拨付万人就业项目资金601万元。

■发挥财政政策导向作用　年内，清理和规范财政政策，梳理和清理市、区现有的财政政策，完成梳理财政政策172件，清理50件，整合政策的聚集力度，规范行政性收费项目，规范招商引资政策，财政政策导向作用进一步发挥。（1）加强对乡镇（街道）财政预算管理的指导，构筑公共财政框架体系，进一步明确财权、事权划分范围，调动乡镇（街道）聚财的积极性。（2）支持中小企业发展。全年实施贷款担保的中小企业39家，担保贷款金额5760万元，回收到期贷款8966万元；（3）实施财政贴息和补贴政策。兑付各项技改贴息资金、标准厂房补贴资金4849万元，"1+5"工业园区标准厂房补贴和基础设施建设补贴2676万元，拨付沪太路安置费1502万元；（4）落实防治"禽流感"资金。区财政共拨出专款569万元，用于家禽宰杀补贴，减少家禽养殖户和农民损失。

■加强政府投资项目和投融资管理　编制完成政府投资计划、资金使用计划、政府负债还本付息计划。全年完成政府投资项目104083万元，其中预算内19183万元，政府土地收益79900万元，负债周转金5000万元；市政基础设施项目82450万元，其中政府土地收益77450万元；社会事业项目21633万元，其中预算内19183万元，政府土地收益2450万元。至年底区政府负债总余额39.61亿元。

■加强基础管理工作　规范会计工作秩序，健全会计人员管理规范和服务。（1）普及会计内部控制制度，督促企事业单位建立健全会计内部控制制度；（2）推行代理记帐，开展代理记帐的资格审查。全区持有代理记帐许可证的代理记帐机构13户。（3）开展会计从业培训和资格审查。开展继续教育，全年培训会计人员1400人，参加会计从业资格考试7079人次、会计专业技术资格职称考试5730人次、会计电算化考试1850人，全年新办会计从业资格证书1300人。（4）完成企业年报审核。完成外商投资企业年报审核325户，国有及国有控股427户，集体企业5428户。（5）完成财务会计信用等级评定。全年共完成财务会计信用等级评定501户，其中A类单位11户，B类单位391户，C类单位93户，D类单位2户。完成等级年检199个单位，其中B类单位升为A类3个，C类单位上升为B类1个。

■**加强财政、财务监管** 对全区22家行政主管单位及所属142家行政事业单位进行财政、财务监督检查，共查处违规金额5163万元。其中，隐匿或转移收入1433万元，截留财政收入216万元。私设“小金库”和帐外帐653万元，虚列支出239万元，专项未专用24万元，违规将国家资金转作储蓄400万元，自行处置国有资产535万元，历年违规拆借且尚未收回资金1433万元。区财政局会同区监委、纠风办、教育局，对区教育系统16所学校开展治理学校乱收费专项检查；会同区监委对15个区政府组成部门的机关党风廉政建设情况进行检查考评。（胡　军）

税务

■**概况** 2004年，区税务局完成税收收入83.12亿元，比上年增加26.01亿元，增长45.6%，其中增值税和消费税33.74亿元，增长44.7%。区级收入40.04亿元，增长43.65%。年内，加强对680户重点税源户的跟踪分析，分级落实责任制，对税收占50%的重点户实施动态管理。对税收低、负增长企业加强稽核评估，杜绝税收“跑、冒、滴、漏”。根据区域经济发展态势和各行业发展特点，对各税务所分税种、分行业进行纵横向的比较，加强税收征管质量的考核，各税务所的组织收入进度以“排行表”形式在局域网上公布，每月对税务所组织收入情况进行评估分析。编印上年纳税百强排行榜。筛选整理近年来部分行业涉税常规错漏与检查要点115个，汇编成册。年内，区税务局对全区税务稽查骨干开展为期一个月涉外稽查培训和实地税收调研，增强税务稽查人员开展涉外企业税收审计的基础。采取“五进”（进企业、乡镇、学校、机关、开发区）形式，把税收政策送上门。开展以“依法诚信纳税，共建小康社会”的主题税法宣传月活动。至年末，共有税务干部542人，其中中级以上职称101人，注册税务师51人。

■**税源结构新变化** 年内，形成一批新的税收增长点，主要有：（1）理顺房产税征管分工，加强房产税税基调查，强化房产税征收管理，全年房产税入库1.69亿元，比上年增长72%；（2）重视对印花税的日常征管，把印花税检查作为税收检查的重点内容来抓，全年印花税完成9003万元，比上年同期增长32.24%；（3）普遍建立个人所得税代扣代缴制度，重点监控高收入行业、高收入群体，全年完成个人所得税收入51543万元；（4）加大清欠力度，压缩陈欠，严格控制新欠，全年清理历年欠税1022万元，比上年减少85.4%。

■**开展一线窗口规范服务活动** 以“公开、公正、廉洁、高效”的标准加强窗口建设，增强税收执法和服务的透明度，税务局在区政风、行风测评总评分91.5分，在全区14个行政执法单位中名列第二，满意率96.5%，列行政执法单位第一。建立健全监督机制，邀请18名特邀监督员，组织明察暗访，并通过局域网或监察建议等方式，及时反馈给相关单位和税务人员，限令其整改。

宝山区税务局举行税法宣传月活动，吸引路人关注。　摄影／谢永朝

■**税收征管信息化建设** 年内，区税务局税收征管信息化建设推出新举措：（1）实现区域内增值税一般纳税人“一窗式”管理模式；（2）采用电子印章与办公软件嵌入技术，实现增值税签报加密传送；（3）采用网上邮件加密技术，明确处理责任制；（4）制订《数据应用中心管理办法》，提高数据应用中心的职能及应用方式；（5）开发启用基层税务所管理监控评价软件、增值税发票组合查询和发票发售环节监控分析软件；（6）为地区局行编制提供筛选程序和应用数据；（7）为运输发票等“五小票”的监控比对增加链接查询；（8）建立应用数据库，跟踪网上电子报税、认证、分析、甄别软件升级、应用和个人所得税明细申报操作中问题，制订《加强电子申报和网上认证管理的实施意见》，改善网络性能和数据处理能力，提高了网络的运行效率。

■**工业园区税务所成立** 年内，加强对工业园区的税务征管、服务，对6个税务所的征管职能和范围进行调整，涉及企业3775户。新建工业园区税务所2个，分别设在大场、罗泾工业园区内。

■**完善电子申报资料归集制度** 年内，区税务局实行注销户、非正常户征管资料集中管理，完善电子申报纳税人纳税资料归集制度，确保纳税资料的准确与完整。全年认定非正常户900户，对外公告726户，强制注销643户，清理注销2478户，完成市税务局下放到宝山区的73户企业的税收户管任务。

■**规范执法行为** 年内，进一步规范税务执法行为，推行企业享受税收优惠政策的社会公示制度，全年税收支出减少1500万元。在政策税源向税收转化中，在上海市率先推行土地储备拍卖中心纳税界定制度。加强民政福利企业的管理，实施民政福利企业认定、申请退税、分类管理、年检、超税负退税、签报格式等规章程序，防止骗税事件的发生，保障残疾人的权益。

破，以团体业务为重点，以个人业务为基础”的发展战略，个人营业员渠道销售的产品主要包括：为个人客户提供少儿养老、医疗健康、寿险、意外险种等，形成“事业有成”、“长安定期”、“长命百岁”、“个人综合意外保险”等各大类系列产品，并可通过各种组合来满足不同消费者的需求。团体直销渠道销售的产品主要包括：为企业员工和团体消费者提供养老、医疗、寿险、意外等各类保障。形成投资型、中间过渡型和传统型三位一体的团体直销产品体系，主要产品有“团体累积型养老保险”、“补充养老团体年金保险”、“城镇职工补充医疗保险”及附加团体医疗和附加团体意外伤害医疗等。中介代理渠道基本形成以储蓄投资类产品为主，信贷保障类产品和简易意外险类产品为辅的产品系列。年内该处被太平洋人寿上海分公司评为优秀营业区。（李玉民）

证券

申银万国证券股份有限公司上海同泰路营业部　年内，申银万国证券公司成为中国证监会网站上首家推广经营管理经验的证券公司，并被《亚洲金融》评选为“中国最佳经纪商”。同泰路营业部实现利润364万元。4月，二楼贵宾厅退租300平方米，该营业部总面积调整为2400平方米。对内部进行改建和修缮，在中户厅内新建6间贵宾室，专辟咨询栏“鑫讯”。更换资金服务器，增加安全方面的投入，新增数字式硬盘录像机6台、彩色变焦摄像机1台，增添烟感和喷淋等一批消防设备。做好申万巴黎盛利精选、强化配置和富国天利、天益及上证50ETF等基金的发售工作，获销售单项奖。为客户提供2004年全国最受欢迎的证券网站——申银万国“神网”网上交易服务。坚持“依法、合规、规范”的经营方针，重新制定管理办法和各项工作流程及考核细则，认真做好营业部基础管理达标工作，经考核，再次被总公司评为A类营业部和“文明窗口”。（傅　迪）

海通证券上海牡丹江路证券营业部

该营业部位于宝山区牡丹江路265号，营业总面积达2400平方米，一、二楼为散户大厅，拥有自助委托机100台、行情显示机50台、自助交割机6台、电话委托终端机100门，三楼为贵宾室。年末该营业部有从业人员18人。业务经营涉及证券承销、代理、自营、投资咨询、投资基金、资产委托管理等领域。拥有DDN和卫星传递系统，可以通过柜台、自助、电话、网上等多种委托方式；与交行、工行、农行、中行、招行等银行开通银证转帐业务；自助、网上交割实行每周邮寄交割单（免费）。新股中签、上市、配股、增发、暂停、恢复上市、分红、送股等均电话提醒投资者。神光、万国测评、A股参考、内参，洛珈投资即时广播、周二名家点评等构筑全方位咨询服务网络。（邹　琦）

联合证券上海牡丹江路营业部　该营业部位于宝山区牡丹江路1512号，营业部是证券经营机构，从事证券经纪业务，业务包括证券二级市场代理交易（包括A股、B股、封闭式基金、债券、回购等），开放式基金代理发行、申购、赎回，代办股东帐户卡、银证转帐等，交易方式包括柜台委托、自助委托等现场交易方式和电话委托、网上交易等多种非现场交易方式。营业总面积1459平方米，拥有交易大厅2个，交易席位4个，独立大户室8个和中户室9个，终端机300门，SCOM千兆网络交换机、DELL和HP服务器、千兆以太网、电话委托中继线128根。年末有职工19人，其中中级职称6人，全年资金开户数2.28万户，客户资产存量13亿元，股票基金交易量53.6亿元，营业收入1355.53万元，比上年增长11.6%，手续费收入1124.79万元，比上年增长9.55%，实现利润630.66万元。市场占有率0.626%。（周金发）

东方证券股份有限公司上海长江西路证券营业部　该营业部位于宝山区长江西路1788号，主要从事沪、深（A、B）股的证券投资交易，及国债、基金、回购等业务，下设的服务部主要从事网上交易，并与工商银行、农业银行开通银证通业务。推出服务项目有：资金存取、柜台委托、电话委托、开放式基金代销、电话咨询、网上交易、并与中国银行，建设银行，招商银行，工商银行，农业银行，交通银行，浦发银行，上海银行等8家银行开通了银证转帐业务。营业部总面积1200平方米，底楼设散户大厅，拥有大屏幕滚动行情，配备自助委托电脑60台，自助行情显示屏60台，自助交割机2台，二楼为大户室10间，中户座位近100个。年末有员工15人，其中具有证券从业资格14人。全年完成股民开户数1.56万户，指定交易1.54万户，总交易量26亿元，营业收入933万元，比上年减少3.5%，实现利润总额307万，比上年减少1.3%。（俞继忠）

华鑫证券股份有限公司同济路营业部

该营业部位于宝山区同济路131号，主要从事沪、深（A、B）股的证券投资交易，及国债、基金、回购等业务，服务部主要从事网上交易。推出服务项目有：资金存取、柜台委托、电话委托、开放式基金代销、电话咨询、网上交易、并与农业银行、工商银行、交通银行、招商银行、浦发银行等5家银行开通银证转帐业务。营业总面积1200平方米，设散户大厅，拥有大屏幕滚动行情，配备自助委托电脑35台，自助行情显示屏25台，自助交割机2台。营业部有大户室13间，中户座位50个。年末有员工10人，有证券从业资格9人，交易席位2个。全年完成股民开户数1.2万户，指定交易1.15万户，总成交量62亿元，营业收入345万元，实现利润总额87万元，均比上年减少5%。（诸国荣）

2004年区内部分证券营业机构基本情况表

单　位	从业人数（人）	交易席位（个）	B股交易	代办股份转让	资金帐户（户）	年成交额（亿元）	其中股票（亿元）
申银万国同泰路营业部	14	1	有	有	16746	30.1	30
海通证券牡丹江路营业部	18	2	有	有	2.6	30	26
联合证券牡丹江路营业部	19	4	有	无	2.27	400	53.6
东方证券长江西路营业部	15	2	有	无	1.55	77	26
华鑫证券同济路营业部	10	2	有	无	1.2	62	12

上海市行知中学由伟大的人民教育家陶行知先生亲手创办。学校教学设施先进、师资力量雄厚，是宝山区唯一的市重点中学，也是市教委2005年正式命名的首批28所实验性示范性高中之一。

学校坚持"以陶为师、以德立校、以人为本、以身立教"的办学理念，以"有特色、高质量、现代化"为宗旨，以"三个整合"，即：陶行知教育思想中的德育观与新时期学校德育工作的整合；陶行知教育思想中"教学做合一"与学校教学及研究性学习的整合；陶行知教育思想中科学精神与现代教育技术应用的整合为突破口，辛勤耕耘，努力求索，形成了"学习陶行知，求真做真人；学习宝钢人，面向现代化"的办学特色，在教育改革实践中，取得了丰硕成果，为此学校已连续多年获得"上海市文明单位"的荣誉称号。

学校以其在现代化教育技术运用上的独特成果，被国家教育部首批命名为"现代教育技术实验学校"，学校还是上海市科技特色学校、上海市艺术教育特色学校、上海市心理健康实验学校。

SHANGHAISHI XINGZHI ZHONGXUE

上海市行知中学

校长：诸雨谷

地址：宝林支路99号

邮编：201900

电话：36010044

网址：www.xzhs.org

校长：朱伟文

刘浩清先生铜像落成仪式

SHANGHAISHI GUCUN ZHONGXUE

上海市顾村中学

顾村中学创办于1944年。1958年秋开始招收高一新生，成为完全中学，1982年起，全国政协委员，香港著名实业家、校友刘浩清先生和夫人孔爱菊女士捐资助学，为母校的发展作出重要的贡献。学校占地3.7公顷，建筑面积2.7万平方米。现有45个教学班，学生2300人；教职工172人，其中高级教师37名，一级教师74名。建校60年以来，几代人的同心协力，形成了淳朴的校风，严谨的教风，勤奋刻苦的学风。

顾村中学坚持全面贯彻教育方针，面向全体学生，从本校实际出发，解放思想，实事求是，积极推进以培养学生创新精神和实际能力为重点的素质教育。重视德育工作，加强校容、校貌、校风、校纪建设；培养和引进并举，注重师德建设，以形成一支敬业爱生，严谨治学，整体素质良好的教师队伍；认真以科研促教学，以教改保质量，优化课堂教学，严格质量管理，重视基础知识和实践能力的培养，教育质量稳步提高。初中教育步入区先进行列；高中高校升学率连续10余年达到85%以上，2000年以后更是锦上添花，高校入学率达到97%。顾村中学以其出色的教育质量和显著的办学效益，赢得了社会各界的赞誉和信赖。

地址：电台路93号
邮编：201906
电话：66046102

同济路立交

位于吴淞镇

经济行政管理

Administrative Management of Economy

■编辑　方继红

发展计划管理

■国民经济和社会发展研究　年内，区发展计划委员会完成编制《关于宝山区2003年国民经济和社会发展计划执行情况与2004年国民经济和社会发展计划（草案）的报告》、《宝山区2004年固定资产投资计划、工业、地方技改项目投资计划》、《宝山区推进‘三个集中’三年行动计划》，确定本区2004年重大生产经营性建设项目和生产基地、重大建设项目、政府投资项目的计划、方案等。完成《宝山区2003年经济发展报告》、《宝山区2004年经济发展展望》、《上海市郊区县2003年经济发展回顾与2004年经济发展目标综述》、《我区新一轮发展中功能定位和产业布局的调研报告》、《政府引导，切实提高我区农民收入——关于增加农民收入的调研报告》、《用科学发展观指导宝山新发展》《宏观调控政策对区县经济的影响》、《适应新形势，不断完善投资决策机制》、《对进一步加强我区政府投资项目招投标管理的思考》等研究报告，开展“宝山区市、区两级工业园区工业投资项目准入条件调研”、“重点建设地区区外施工单位缴税情况”、“建筑业纳税现状与2005年度指标体系安排”、“加快宝山工业园区建设、推进新项目向工业园区集中”、“工业、物流园区内外存量建设用地资源和建设用地闲置情况”等一系列专题调研。

■清理固定资产投资项目422个　5月15日至6月9日，开展固定资产投资清理工作。对全区在建、拟建固定资产投资项目进行自查清理，并接受上海市固定资产清理办公室的实地抽查。经清理，提出停止建设1个、暂停建设限期整改1个、取消立项3个的处理意见。共清理项目422个，项目总投资为219亿元。其中重点清理项目145个，总投资172亿元（在建项目94个，总投资69亿元；拟建项目51个，总投资103亿元）；一般清理项目共277个，总投资47亿元（在建项目119个，总投资18亿元；拟建项目158个，总投资29亿元）。

■“十一五”规划编制前期工作启动　根据国家和上海市发展与改革委员会的部署，宝山“十一五”规划编制的前期工作于3月启动，区政府成立“十一五”规划编制前期工作小组，负责协调衔接区内各类规划的编制，加强与上海市“十一五”规划编制的衔接。工作小组对“十一五”规划前期工作进行了分工，确定重大研究课题和34项专项规划，落实了各课题、专项规划的牵头单位、时间节点和责任单位间的联系制度，全区“十一五”规划基本思路已初步形成。

■推进罗店中心镇和西城区开发建设　年内，区计委作为罗店中心镇、西城区建设协调推进的牵头部门，着力推进重点地区建设。按照“三高”（高起点规划，高质量建设，高效率管理）要求和“三个先行”（规划先行，基础设施先行，生态环境先行）的发展理念，推进罗店中心镇大市政架构、公共设施框架和主要景观亮点的建设，市政基础设施和公建配套项目框架基本形成。完善西城区西块控制性详细规划、商业专业规划等各层次规划，加快构建市政基础设施骨架，陆续启动学校、社区社保中心等公共建设配套项目，一批设计标准高、配套完善的房产项目相继动工或销售，初步形成“宝山西城区”房地产板块。

■“三个集中”推进　年内，完成全区“三个集中”三年行动计划编制，该计划分析了宝山推进“三个集中”的形势和任务，明确了指导思想和总体目标，提出了明确的行动计划和主要措施，并在政策机制和组织领导方面作了相应的要求。完成《关于鼓励工业向宝山工业园区集中的若干意见》的制订和修改工作，由区计委牵头对横沙土地流转工作进行协调，研究并拟定顾村等地区农民宅基地置换方案。

■价格管理　按照《行政许可法》和行政审批制度改革的要求，开展并完成历年来收费项目的清理工作；区计委会同有关联部门对区国有土地拆迁最低补偿标准和集体所有土地拆迁房屋安置标准作出调整；会同有关部门共同协调做好崇明、长兴、横沙三岛客运票价改革实施前的有关工作以及实施中价格成本的监管工作；完成49所中小学校、幼儿园以及中等职业学校学生教育生均成本的调查；专题开展环卫生活垃圾的收费情况调查。

■价格调整　5月，核定上海市行知纪念馆门票价格：成人票定为8元，学生票定为5元。9月，核准申江燃气有限公司供应长兴农场职工瓶装液化气加收代理服务费为3元/瓶，核准该公司管道液化石油气销售价格每平方米12元。调整红星幼儿园管理费收费标准，每生每月调整为750元，原收取的特色费取消。12月，制订《上海市宝山区法律服务收费管理办法》，法律服务收费由原政府定价改为政府指导价。

■价格监督检查　年内，以清费、治乱，减负为重点，开展农资价格、农村建房收费和环保、技监、卫监等机关收费的专项检查；开展医疗收费及药品价格、教育系统收费、成品油价格、禽流感防治相关商品价格的专项检查。全年共立案查处68件，经济制裁总额299.41万元，退款287.58万元，没收违法所得9.77万元，罚款1.87万元。

■价格认证　全年累计完成各类鉴证案

件及交通事故评估案件共7228件，鉴证总案值5602万元。其中：刑案数2389件，案值1493万元；非刑案数91件，案值1374万元；交通事故物损评估4739件，案值2735万元。年内完成蕴川路、潘泾路、公安局新址、长兴泰和工业小区等四个项目的评估工作。

■**散装水泥生产和新型墙体材料开发** 初步形成砖、块、板、瓦四类墙材产品的生产体系，非粘土类新墙体材料的生产量达40133万标块，占全部墙体材料产量的81.05%，比上年增长8.69个百分点；散装水泥生产量达95.99万吨，水泥散装率达96.19%，散装水泥的社会使用率达80.91%。（朱 俊）

工商行政管理

■**新登记注册企业5694户** 全年共设立登记各类企业5694户，比上年增4%，至年末，全区共有各类企业3.11万户；共有个体工商户1.75万户。按企业类型分，年内共受理各类内资企业登记3715户（其中开业224户，变更2154户，注销666户）。有内资企业5713户。年内共受理各类私营企业登记1.42万户（其中私营有限公司开业5404户，变更5915户，歇业806户；个人独资企业开业671户，变更348户，歇业47户；合伙企业开业13户，变更29户）。有各类私营企业2.48万户；年内共受理个体工商户登记1.04万户（其中开业3589户，变更3252户，歇业3606户）。全年受理各类外资企业登记451户（其中开业66户，变更326户，歇业24户）。有外资企业511户，投资总额20.49亿美元，注册资本13.33亿美元。以《行政许可法》实施为契机，做好规范性文件清理工作。原涉及工商登记注册方面的法律、行政法规规定的前置审批项目有156项，经清理后减至133项。对在执行的133项法律法规及规范性文件予以公示。改革注册登记程序，精简审批环节，做好网上并联审批工作。完成网上并联审批申请26件。

■**实施企业注册官制度** 8月，企业注册官制度在本区实施，工商宝山分局共有三级注册官1人、四级注册官2人、五级注册官3人、六级注册官6人。

■**参与企业改制方案制订** 年内，工商分局参与建委、物资局、医药公司、校办公司以及部分乡镇企业的整体改制方案设计，使企业在改制过程中减少改制商务成本，缩短办照环节；在法律允许范围内，使部分挂靠企业通过“产权界定报告”来代替产权交易，不实资产完全剥离，实现产权明晰。全年共完成改制企业168户，市场改制72家。

■**企业年检完成2.77万户** 全年对7510户内资企业，1.98万户私营企业，484户外资企业进行2003年度企业年检，年检率分别为94.19%、90.72%和93.25%；比上年略有增长。对1.40万户个体工商户进行验（换）照，验照率为92.12%；对359户企业实行免检，对3378户企业完成网上年检，比上年增212.20%；对5181户未参加年检的企业进行公告吊销营业执照，比上年增234.91%。

区工商分局开设窗口方便市民咨询办证。 区工商分局供稿

■**拓展合同管理工作服务内容** 全年共免费为企业办理动产抵押登记124件，抵押物总值17.3亿元，被担保的主债权9.5亿元，变更登记6件，抵押物总值4849万元，担保的主债权2328万元；注销登记109件。推广各类示范合同文本980本。共发展合同促进会新入会企业50户，有163户企业被评为“守合同、重信用”单位。其中A级企业84户，AA级企业49户，AAA级企业30户。有5户“守合同、重信用”企业被评为第三批全国“守合同、重信用”单位。

■**商标专用权保护** 针对宝山地区企业拥有的商标、品牌较少，与经济发展规模和水平不相符的特点，会同有关行业协会，通过各种政策引导和社会宣传，帮助企业培育、扶植和发展一批有较大市场覆盖率、较高社会知名度的自主商标，营造全社会重视商标、支持商标和保护商标的氛围。“宝钢”、“大华”、“百诺”，“汉康”4个商标被评为上海市的著名商标。

■**整改有照无证经营户675家** 开展食品企业普查工作。全区有食品经营企业6065户。对675户有照无证食品经营企业要求进行整改。加强对食品企业的监管，取缔无照经营。全年共查处有关食品生产、销售方面的违法行为为200余起，取缔涉及食品方面无照经营650户，取缔地下食品加工窝点350个，收缴各类假冒劣质食品20余吨。加强集贸市场监管。75家农贸市场的近400户经营活禽的个体户被停止经营活动，查获无检疫合格证明的禽类产品52.5公斤，工商分局与区商委共同对39个活鸡交易点进行监管。

■**罚没假冒商品款45.11万元** 依法加强对驰名商标的保护力度。全年共出动执法人员2247人次，检查经营户1.84万家，查处商标侵权假冒案件126件，查扣商标侵权、假冒商品11.18万件，没收商标标识2733件，处罚款45.11万元。

■**查处违法违章案件960件** 全年共立

案查处各类违法违章案件960件，比上年减少11.55%，已办结941件，已入库罚没款1137.28万元，比上年增18.48%。各工商所加强对假冒伪劣钢材的查处力度，全年查处不合格螺纹钢2000余吨。加强对中介机构的规范与整治。根据辖区实际，对鉴证类中介机构及房地产中介机构加强监管。

■**查处和取缔无照经营单位945户** 区工商分局与区各有关执法、职能部门联手，建立抄告制度，对涉及扰民和生命安全等高危行业的饭店、饮食店、浴室等无照经营单位加大了取缔力度。全年共查处和取缔无照经营单位945户，其中工商部门立案查处163户。对小区内尤其是对通河、呼玛地区无照经营的“黑网吧”加大了打击力度。

■**受理消费者投诉1659件** 8月5日，宝山区消费者权益保护委员会成立，全年受理消费者投诉1659件，办结1613件，办结率97.23%，为消费者挽回经济损失130.57万元。工商分局受理消费者申诉237件，办结236件，办结率99%，争议涉及金额13.81万元，为消费者挽回经济损失金额11.99万元。受理消费者举报865件，与上年基本持平，已处理852件，办结率98%。

■**广告监督管理** 全年接待户外广告、印刷品广告、店堂广告申请发布咨询1200人次；预审受理户外广告发布申请195件，核发《户外广告登记表》139张；受理社会车辆广告114件；核发《户外广告登记表》56张。上半年，核发《广告经营许可证》35份（7月1日起，取消《广告经营许可证》核发）。全区共有广告经营单位138户。截至6月30日受理变更增加广告经营项目31户，受理申请歇业广告经营业务1户，受理印刷品广告登记4件。全年受理公益广告审核登记48件。受理未经审核登记广告案件数34件，罚没款21.18万元。整顿与规范本区广告市场秩序。上半年主要整治虚假违法物品、医疗、性保健品、保健食品、房地产广告。整治的广告媒体主要是户外广告及印刷品广告，整治的对象主要是居民生活小区信箱、医药商场（店）、医院、印刷厂、商场大卖场、电视报纸媒介等。7月1日至9月30日，在本区范围内开展对关系人民群众生命、财产安全的产品和服务广告以及含有不良文化内容广告的专项整治活动，共出动检查人员231人次，检查食品广告117起、医疗广告58起、出入境中介广告1起、不良内容广告1起。检查发现涉嫌违法广告14件，立案查处9件。（谢 靖）

国有（集体）资产管理

■**国有（集体）资产基础管理** 年内，完善国有、集体资产两级三层监督（指导）管理体制，区国资办会同区监察委制订《关于加强本区国有企业和行政事业单位国有资产管理的若干意见》、《关于完善国有集体产权转让监管工作的指导意见》，强化国有（集体）资产的监管力度，规范推进国有、集体资产运作和产权有序合理流动，创新出资人监管方式，加快形成以混合所有制和非公有制为主要形式的企业新体制。2004年，列入年报统计的国有企业170户，比上年减少49户，国有资产总量8.21亿元；城镇集体企业119户，比上年减少24户，城镇集体资产总量7.30亿元；行政事业单位384户，比上年减少8户，国有资产总量46.90亿元，比上年增加9.13亿元。参加2004年农村集体资产年检的镇、村、队经济组织212户，企业666户，比上年共减少166户；净资产93.89亿元，比上年增4.10%，其中，农村集体净资产76.19亿元，比上年增22.24%。

■**国有（城镇集体）资本退出1.02亿元** 深化国资、国企改革，引进各种所有制资本，推进混合所有制经济发展，实现区属国有资本在绝大部分经营性领域基本退出的结构调整，继续推进区属国有小企业以混合所有制和非公有制为主要形式的企业改制。年内，有15户区属国有（城镇集体）企业完成各项改革转制，共退出国有（城镇集体）资本1.02亿元。

■**31户乡镇企业实施产权制度改革** 年内，加大镇（乡）级集体资本调整力度，以明晰产权为重点，深化镇（乡）集体企业产权制度改革，发展多种形式的农村集体经济。全区镇（乡）企业实施产权制度改革31户，退出经营性集体资本1.14亿元。

■**加强行政事业单位国有资产管理** 推进行政事业单位资产分类管理，开展行政事业单位资产清理。开展行政类单位资产电算化管理试点工作，加强资产基础管理，完成国家安全局宝山分局、罗店医院、区环境监测站等单位适用性试点，指导大场镇及友谊路街道做好资产清理工作。拓展完善行政事业单位资产委托监管工作，不断探索参与社会事业投资的途径。

■**27个撤建制村队完成集体资产处置** 区集资办指导乡镇完成撤制村队资产处置工作，协助调解撤制村队在资产处置工作中的难点及历史遗留问题。年内，指导27个生产队（村）完成集体资产的处置，涉及净资产1.44亿元，核准分配资金1.19亿元，全区累计完成撤制村队集体资产处置112户，涉及净资产13.15亿元。

■**加强村级财务管理** 年内，完成农村收益分配的指导和农民收入的统计分析，开展农村住户收入专项调查，对820户农村记帐户进行常规指导和数据汇总分析；加强村级财务管理，巩固提高村帐乡代管试点工作；加强土地承包相关管理工作，对横沙、长兴乡土地承包现状进行调查。

■**完成产权交易11.53亿元** 年内，经上海联合产权交易所鉴证，上海宝山产权经纪有限公司成交产权转让合同85宗，成交资产总额11.53亿元，实际成交净资产3.80亿元。盘活土地资源6.13万平方米，协议吸纳安置职工2734人。（高 宏）

审计

■**完成审计项目37项** 2004年，区审计局共完成审计项目37项。其中：财政审计9项，行政事业审计15项，企业审计1项，投资审计12项。在37项各类审计中，13项为经济责任审计。查处违规金额8.78亿元，其中应缴财政资金3675万元，应归还原渠道资金4757万元，应调账处理资金7.94亿元。核减工程结算资金1600万元。查出管理不规范资金7143万元。

■**财税审计注重资金使用效益** 年内审计区本级财政预算执行和预算外资金管理使用、地方税征收管理、教育专项资金和社会保障资金管理使用情况等9个项目。在对2003年预算执行审计中，通过对地方财政收入、支出的审计分析，反映出本区当年的财力状况基本做到有计划分配，资金安排合理，推进了国库集中支付制度的实施，税收逐年稳步增长。但在审计中发现以下问题：（1）部门预算编制不够完整，预算执行缺乏刚性。从随机抽查的38家单位的部门预算执行情况看，有16家存在超预算支出，占被抽查单位总数的42%。（2）政府采购范围不广，政府采购计划不够完整，在实施政府采购项目时局限于部分工程大（中）修和货物采购，大部分服务项目未纳入政府采购。（3）部分印花税未及时入库，少计当年财政收入。（4）对民政福利企业监管力度不够，存在关联操作，税赋向民福企业转移的现象。在审计预算外资金时，发现区土地储备中心土地出让收入专户的利息收入194.27万元未上交区财政部门，被转作其他收入。各乡镇街道"扶贫帮困资金"的管理办法滞后，少数乡镇将资金出借或委托理财，存在一定风险。

■经济责任审计面扩大 年内，重点对乡镇进行经济责任审计，对罗店镇、顾村镇、罗泾镇、庙行镇、淞南镇、月浦镇、杨行镇、长兴乡、横沙乡、友谊路街道及住宅发展局等13家单位的党政领导干部实施经济责任审计，并延伸审计下属68家独立核算单位同期的财务收支和资产负债权益情况。查出违规违纪金额7.38亿元，其中：应交财政3272.62万元，应归还原渠道资金4756.88万元，应调账处理6.58亿元。经审计，至2003年末，9个乡镇资产总额10.83亿元，负债5.07亿元，净资产5.76亿元，比乡镇提供数增加净资产2.91亿元（未剔除账面不良资产1.47亿元），经审计调整财力结余4.31亿元。其所属公司合并后的资产总额44.25亿元，负债30.49亿元，净资产13.76亿元，比乡镇提供数增加净资产6111.99万元（未剔除账面不良资产3.04亿元）。通过审计反映，两年来，各乡镇街道加大招商引资力度，财政收入保持了较高的增长水平，综合经济实力进一步提升。同时发现了以下问题：（1）乡镇预算管理不规范。多数单位预算编制不够细化完整，直接影响财政预算执行，乡镇决算报告数与财政账面实际发生数普遍存在差异，隐匿部分财政收入；随意扩大预算支出，人为降低财政结余，无预算、超预算。（2）部分专项资金挪作他用，存在将动迁费支付给非动迁对象情况；在专项资金中列支购置轿车、出借扶贫帮困基金。（3）个别乡镇在动迁房使用管理中存在管理不到位、动迁资金未能及时收回、资金被占用。（4）财产管理工作薄弱，存在大量账外资产和账外资金。（5）财务管理松弛，监管不力。部分乡镇的下属单位会计核算混乱，甚至长期无人做账、违规出借银行账户及套取现金、白条支付费用、擅自投资和出借资金、有关人员兼职兼薪。（6）9个乡镇政府和镇级公司净资产19.52亿元，账面不良资产4.51亿元，占净资产23.09%。

■核减基础公益性政府投资项目资金1600万元 年内对罗泾中学迁建、牡丹江路架空线入地道路整治工程、共和新路高架工程（宝山段）前期费用、2002年度创建国家园林城区绿化工程等12个项目开展审计，共核减工程结算资金1600万元。其中在对共和新路高架工程（宝山段）前期费用财务收支审计中，审计核减前期费用824.35万元。

■内部审计查出损失浪费金额365.92万元 全区现有内审机构33个、内审人员163名，其中专职人员31名。全年各内审机构共完成审计项目490项，查出损失浪费金额365.92万元，增收节支金额1643.33万元，纠正违纪金额900.11万元。（苏琳贞）

统计

■统计服务 年内，统计工作加强经济运行监测，提高预测预警能力，每月提供全区主要经济指标完成情况，提供各乡镇、街道经济社会发展信息与上海市区县主要经济指标横向比较情况，全年撰写统计分析53篇；"两会"期间，发表统计公报，整理、公布工业销售百强企业及乡镇、街道主要经济指标完成情况等，编辑出版《宝山统计资料汇编》1300册；为区"一把手"培训班提供《从横向比较看宝山一年小变样》等资料。

■统计专题调研 年内开展了"从横向比较看宝山一年小变样"、"城镇居民失业率"、"我区工业企业资源、能源、环境保护情况"、"市容环境卫生状况"等6个专题调研，撰写调研报告11篇。

■统计信息化建设 建立《宝山区基本单位名录库管理系统》，成为政府部门间实现信息资源共享的基础平台。建设"统计报表网上申报"数据处理系统，工业、建筑业、房产等近10个条线实现网上申报。

■城乡调查网络建设 建立城镇300户、农村200户的城乡调查网络，并利用该网络开展社情民意、失业率、自然村归并等多项调查，撰写《再就业工程稳步推进存在问题不容忽视——宝山区城镇失业情况跟踪调查报告》、《宝山区自然村归并情况及动迁农户心态调查分析》等报告。年内，宝山区成为全国城镇住户调查试点区县，建立200户城镇住户调查样本框，使城镇住户调查、小康水平监测等资料收集规范化。

■第一次经济普查 组建区、乡镇、街道等各级经济普查领导小组及办公室，落实普查经费123万元，开展宣传动员。8月份起，开展经济普查清查摸底工作。普查结果显示，至年末，区域内有单位数24546户，其中法人单位19887户，产业活动单位4659户，另外有个体工商户13976户。

■在地统计抄报率达100% 完成中央属、市属等在地企业的同步抄报任务，召开统计单位座谈会和部、市属单位工作部署会，上报数据的差异率控制在1%范围内，工业、农业、商业等15个条线的在地企业数据抄报率达100%。（支宏愿）

质量技术监督

■实施食品质量安全市场准入制度 做好《食品生产许可证》的办证审查工作。大米、小麦粉、食用植物油、酱油、食醋等老5类8家企业的10个单元产品和肉制品、乳制品、饮料、调味品、方便面、饼干、罐头食品、冷冻饮品、速冻面米食品、膨化食品等新10类9家企业的14个单元产品获《食品生产许可证》。至年末，全区有17家企业的24个单元产品获证。完成3家企业5个单元产品的食品生产许可证年审工作。配合市局食品审查中心做好6家企业8个单元产品的复审检查。做好食品企业普查工作。完成41家后8类（挂面、糖果、蜜饯、酱腌菜、啤酒、葡萄酒、黄酒、淀粉及淀粉制品）食品企业的生产必备条件普查，完成数据库录入及分析报告。开展食品及相关产品卫生许可证企业的普查，共计完成普查企业126家。

■开展监督抽查和区域专项整治 组织对针织内衣、强化实木地板、月饼、肉制品、一次性生活用品、内墙涂料、黄酒等产品的质量监督抽查。抽查结果针织内衣合格率为75%，强化实木地板合格率

50%，月饼、肉制品和一次性生活用品的合格率达100%，内墙涂料合格率91%，黄酒合格率80%；对童车生产企业、瓦楞纸箱生产企业、木制家具生产企业开展专项整治工作，抽查童车生产企业5家、瓦楞纸箱24批、木制家具企业37家，对产品质量监督抽查不合格和保证产品质量必备条件检查不达标企业进行处理整改、复查和处罚。

延伸计量监管面 在继续加强对全区集贸市场、加油站、医疗卫生等领域的计量器具强检监管的基础上，根据国家总局和市局工作要求，向餐饮业和眼镜配制行业延伸计量监管工作，重点开展对用于安全防护的计量器具（锅炉、压力容器用压力表）的调查登记和强制检查工作。（1）完成贸易结算、医疗卫生等领域计量器具强检共1.06万台（件）。（2）实施"光明"工程，对眼镜行业的屈光度计实施强制检定，在全区51家配镜企业中举办计量法律、法规培训班，完成51家配镜企业共127台（件）计量器具的登记造册工作，组织人员上门检定，配镜计量器具受检率达100%。（3）延伸计量监管工作。对淞宝地区具有餐饮场所规模在300平方米以上的餐饮企业开展计量专项监督抽查。完成58家餐饮企业共73台（件）计量器具的强检工作。（4）针对用于压力容器、承压锅炉的压力表登记备案、受检率较低的状况，向全区1345家企业发出通知，告知《计量法》的有关规定，敦促企业在规定时间内向计量管理部门、计量器具强检机构登记备案、检定，至年末，824家企业备案并检定压力表2866台。（5）帮助中小型企业完善计量体系。对14家中小企业进行计量合格评定，合格12家。至此，全区已有79家企业通过计量检测保证能力合格评定。

受理企业产品标准备案634项 起草《宝山区关于贯彻<上海市公共信息图形标志标准化管理办法>的实施意见》和《三年实施计划》，开展农业标准化工作。推进国家级柑桔农业标准化示范区和市级示范区创建工作，"上海宝山柑桔"市级示范区项目于10月底通过市局专家组验收，《蔬菜绿叶网覆盖标准化示范区建设》项目经区科委同意立项并已组织实施；召开《"宝杨五号"黄瓜生产技术操作技术规范》和《柑桔生产操作规范》等系列标准提升上海市地方标准研讨会，并组织编制和完善系列标准。对强制性标准实施情况开展检查，食品、纺织品、涂料、气瓶充装、红木家具等产（商）品标志、标识合格率为84%。全年为企事业单位办理组织机构代码换发证、验证1.10万户。

建立特种设备安全监察协管员队伍 3月，组建宝山特种设备安全协管服务社，召录的39名协管员分别进驻各乡镇、街道的安全办、综治办、安监队，协管员队伍的建立，提高了本区特种设备安全动态监管力度。年内，安全协管员检查单位2035家，检查各类特种设备1.18万台，检查压力管道6.4公里，开出巡查告知书280份，拆除"土锅炉"12台。继续开展对区域内"五小"企业、公园、码头、大型商场等人员密集场所重点单位的专项检查。特别在元旦、春节、"五一"、"六一"、"十一"等节假日前夕以及区"两会"期间加大检查的频次和力度，共出动检查人员592人次，检查单位612家，查出安全隐患25条，取缔非法使用锅炉11台，停运无证电动游艇12艘。对检查中发现的安全隐患当场责令

2004年宝山区食品生产QS获证企业一览表

序号	企业名称	地　址	产　品
1	上海淘大食品有限公司	国权北路11号	酱油食醋
2	上海长乐调味品有限公司	宝安公路2195号	酱油食醋
3	上海福禄食品有限公司	月浦镇沈巷村月巷路88号	食醋
4	上海宝山达盛碾米厂	沪太路3465号	大米
5	上海方宇粮油食品有限公司	顾村镇教育路22号	小麦粉
6	上海宝山沪兴油脂厂	长兴岛潘园公路1630号	食用植物油
7	上海市宝山区粮油购销有限公司東里桥米厂	月罗路1560号	大米
8	上海市宝山区粮食局顾村粮管所谭杨米厂	顾村镇谭杨村潘泾路801号	大米
9	上海荷美尔食品有限公司	南大路30号	肉制品（熏煮火腿香肠制品）
10	上海蜜儿可营养乳制品有限公司	场北路200号	乳制品［液体乳（巴氏杀菌乳、酸牛乳）］饮料（含乳饮料及植物蛋白饮料）
11	上海锦江麒麟饮料食品有限公司	沪太路7388号	饮料［瓶装饮用水（饮用纯净水）、茶饮料、果（蔬）汁及果（蔬）汁饮料］
12	上海国奥工贸实业公司绿茵饮料食品厂	同济路1532号	饮料［瓶装饮用水（饮用天然矿泉水、饮用纯净水）、碳酸饮料（碳酸饮料）］
13	上海郭光食品有限公司	同济路321号	饮料［瓶装饮用水（饮用纯净水）］
14	上海天络饮用水有限公司	丰翔路300弄101号107幢	饮料［瓶装饮用水（饮用纯净水）］
15	上海莱卡食品有限公司	呼兰路799号	速冻面米食品（熟制品）冷冻饮品（冰淇淋、雪糕、雪泥、冰棍）
16	上海卫岗乳品有限公司	陈太路2039号	乳制品［液体乳（巴氏杀菌乳、酸牛乳）］饮料（含乳饮料及植物蛋白饮料）
17	上海富强饮用水有限公司	沪太路6666号	饮料［瓶装饮用水（饮用纯净水）］

整改，并全部落实回访。召开气瓶充装单位工作推进会3次，完成辖区范围内17家气瓶充装单位的普查整治工作。做好特种设备使用证发放和换证工作，全年共发放锅炉使用证351份，压力容器使用证572份，办理特种设备开工告知登记493份。

■打假治劣 抓住贴近人民群众衣、食、住、行、用产品和关系人民群众生命财产安全的假冒伪劣产品的热点问题、重点问题，深入开展打假治劣。全年共办理行政案件68件，案值450万元，办理质量申诉79件，为用户、消费者挽回经济损失36万余元。开展食品执法打假检查工作，查封并销毁无入境检验检疫证书的“巴西牛肚”2吨，查封无“QS”生产许可证生产的“纯野山茶油”9万余瓶，食醋1千余瓶，查扣伪造QS许可证编号的劣质酱油5700余袋，查扣假冒喜力啤酒1904瓶，假冒标贴、瓶盖1万余套。开展建材产品整治，捣毁“地条钢”加工窝点8处，查扣“地条钢”24吨，模具193根，拆除工频炉8台；先后3次会同上海市知名涂料油漆生产企业对部分建材市场销售的油漆、涂料和粘结剂进行专项执法打假，查获假冒产品400余桶；查扣假冒水泥1.5吨；组织对区域内建筑工地使用的螺纹钢进行专项执法检查，共抽查螺纹钢44批，其中不合格的有34批；查获制售假冒“杜邦”钛白粉的黑窝点1个，查扣假冒钛白粉79包。查获“黑心棉”438条，假冒“耐克”、“阿迪达斯”等名牌运动鞋3452双。

■质量检测检验收入逾600万元 区计量质量检测所完成强制检定工作计量器具1.06万台（件），其中集贸市场、超市、饭店等领域各类检定衡器5712台、强制检定压力表2361件、心电图机107台、加油机790枪、血压计1543台。全年计量检定校准业务收入257万元。区特种设备监督检验所完成各类压力容器检验3661台次、锅炉定检789台、电梯定检1312台、起重机械定检1484台、厂内车辆定检1600台；完成安全阀校验1980只，电梯限速校验381台，锅炉产品监检120台，容器监检898台，管道安装监检1.5万米；检测检验收入360万元。

■宣传培训多样化 开展以“吃得放心、安全放心、计量放心”为主题的“走进质量技术监督活动”，组织各乡镇街道的有关人员参观与质量技术监督工作密切相关的上海市计测院、检测所，深入乡镇街道举办宣传讲座17期，听众800余人。质量月期间在政府门户网站上开设食品质量安全论坛；在《宝山报》上开辟专栏4个、专版2期。全年举办各类培训25期，参加培训人数1068人次，内容包括企业标准体系、公共信息图形标志、企业质量档案、食品QS认证、监督抽查不合格企业整改、质量工程师资质以及计量等法律、法规培训。（陈培新）

安全生产监察

■安全生产专项整治 年内，区政府与各乡镇街道、工业园区、集团公司签订2004年安全生产目标管理责任书共32份，各签约单位分别与各村、企业、公司签订安全生产责任书共1162份，签约率达100%。作为2004年区重点工作之一，区安全生产监察管理局在全区开展为期一年的安全生产专项整治活动。根据专项整治三个阶段工作重点，先后组织召开大型推进会3次，取得较好成效。

■依法受理各类事故 2004年，区域内企业发生生产安全死亡事故37起，比上年同期下降2.63%，死亡38人，与上年持平。其中宝山区企业死亡26人，占死亡总数68.42%。高处坠落、起重伤害、车辆伤害三类事故死亡24人，占死亡总数63.16%；外来务工人员死亡28人，占死亡总数73.68%。安全生产违法行为行政处罚立案62起，已作出行政处罚62起，罚款人民币164.8万元；37起死亡事故已全部结案，结案率达100%，有13名责任人被移送司法机关追究刑事责任。

■组织安全检查23次 年内，开展以消除各类事故隐患为主要内容的安全检查，区安全生产监察局共组织下基层检查23次，检查企业单位46家，检查发现各类隐患136条，发出安全生产监察指令书8份。6月，举办“安全生产月”活动，期间对防暑降温和安全用电开展安全生产检查，发现隐患89条，发出安全生产监察指令书6份。春节、“五一”、“十一”重大节庆期间进行有针对性的安全检查。发出安全生产监察指令书3份。对危险化学品生产、储存、经营单位开展安全检查共121次，检查单位121家，发现安全隐患487条，立即整改209条，开具安全监察指令书52份，责令停业整顿11家，因整改不力责令停产3家，停用氯气单位2家。

■危险化学品企业专项管理 配合市安监局做好危化企业登记和审查工作。区有危险化学品生产单位76家，储存单位52家，使用单位104家，经营单位233家，共计465家。经核查，取得“经营许可证”的单位有181家，占77%，其中：甲证单位47家（经营剧毒品14家，经营加油站33家）、乙证单位134家。

■安全生产培训 年内，区安全生产监管部门加大对特殊工种操作人员培训力度，共组织包括电工、焊工、场内车辆驾驶等内容的各类培训7904人次；培训厂长经理456人次，安全生产管理人员18774人次。7月起，组织开展全区《安全生产法》普法培训，培训3720人次。（李　俊）

2004年宝山区安全生产专项整治情况一览表

单位：个

	总　数	计划整改数	实际整改数	计划取缔数	实际取缔数
不符合要求的出租房屋、场所	2521	2000	1948	521	519
不符合要求的危化企业	200	145	139	55	54
不符合要求的“五小”企业	698	371	339	327	323
不符合要求的公众聚集场所	349	328	317	21	19

上海水泉机动车驾驶员培训有限公司是上海首家民营驾培机构，由宝钢集团一钢公司所属上海益钢机动车驾驶员培训部改制而来，坐落在宝山区长江西路1181号。

公司转制以来，在公司领路人、民营企业家王水泉总经理的带领下，坚持依法经营、守法经营、规划经营的经营方针和质量、廉洁、服务的服务宗旨，按照科学化的模式、规范化的管理、人性化的服务、现代企业管理理念，以服务社会为目标和己任，坚持热心、耐心地为学车人服务。创出桑塔纳轿车专业培训的品牌。通过一流的服务，其诚信度已经得到市场的普遍认可，公司在行业中的品牌优势初步显现。

通过全体员工的积极努力，公司被评为2003～2004年度宝山区文明单位；通过国家质检部门ISO9001：2000质量认证；公司党支部被评为区（市）级五好党支部；工会被评为区先进工会组织；后勤组被评为区文明班组；办证接待窗口被评为区红旗文明岗，提升了公司的形象和资质。

公司有6000多平方米的经营场所，有停车训练场地近5000平方米，教室700平方米，就餐食堂、厕所等各项培训和后勤服务设施一应俱全。目前公司拥有教练车49辆，有一支高素质高技能的教练师资队伍。

公司正以扎实的质量基础、严格的管理和服务特色，以开拓创新的全新理念和一流的企业形象朝着更高的目标不断前进。

No:030 宝山镜像

摄影／胡新力

宝钢宝山八村

位于中心城区永清路东侧

司法

Justice

■编辑　陆柏盛

审判

■概况　2004年区法院共受理各类案件12118件，比上年上升1%，连同上年存案共审结12340件，比上年上升2.7%，诉讼标的总金额达人民币9.2亿元，正在审理和执行的案件1218件，比上年下降15.4%。刑事审判庭被评为上海市劳动模范集体，海岛人民法庭被评为上海市“先进人民法庭”，89人受到上级嘉奖。区人民法院有干警184人，新录用10人（其中研究生7人），均通过国家司法考试。继续抓好学历教育和岗位培训，有159人达到大学本科以上学历，占全院干警总数的86%。有10名书记员通过全国统一司法考试，取得任职资格，司法考试通过率高出全国平均水平22个百分点。经市高级人民法院考核，任命12名助理审判员；报请区人大常委会任命了2名审判委员会委员、4名正副庭长和7名审判员。选拔了9名庭长、主任助理，调整充实到中层干部岗位。认真落实市人大常委会组织的市人大代表“旁听百案庭审”调研活动要求，不断规范审判工作，提高审判质量效率。配合区人大常委会对民事速裁工作开展调研，向区人大常委会主任扩大会议专题汇报民事快速审理机制运行的情况。继续完善特邀监督员工作，邀请人大代表、政协委员和特邀监督员旁听庭审，视察海岛人民法庭，参加法院集中专项执行，并通报法院工作。年内，继续实行以计算机管理为主要手段，以统一立案、统一排期开庭为主要内容，适合案件繁简分流和民事快速审理机制运行的案件审判流程管理，发挥各审判庭、合议庭和独任庭自我管理、立案庭跟踪管理、政治部岗位目标考核管理、审监庭审判监督的职能作用，杜绝因主观原因超审理期限现象发生。

■审结刑事案件810件　年内共受理刑事案件811件，连同上年存案审结810件，比上年增加149件，增22.5%。判处被告人1133名。其中，审结故意杀人、故意伤害等侵犯公民人身权利、民主权利罪案件108件，判处被告人142名；审结盗窃、诈骗等多发性侵犯财产罪案件333件，判处被告人508名；审结交通肇事罪、重大责任事故罪等危害公共安全犯罪案件61件，判处被告人69名；审结虚开增值税专用发票、合同诈骗等破坏社会主义市场经济秩序罪案件67件，判处被告人105名；审结涉及“黄、赌、毒”等妨害社会管理秩序罪案件216件，判处被告人281名；审结贪污、挪用公款等贪污贿赂罪和渎职罪案件25件，判处被告人28名。在判决发生法律效力的案件中，725名被告人系外地来沪人员，占判处被告人总数的64%；被判处5年以上有期徒刑的被告人92名，占判处被告人总数的9%。

■落实社会治安综合治理措施　年内结合审判工作落实社会治安综合治理措施：（1）选派3名法官参与司法社工工作，加强与社区矫治机构的联系，做好非监禁刑被告人和未成年被告人的帮教工作。（2）针对审判中发现的问题，及时向有关单位发出司法建议11份，督促其堵塞漏洞，及时制订整改措施。（3）加强法制宣传，在各类报刊发表文章176篇，电台广播503次，电视台新闻、专题片播出84部。

■审结民商事案件7922件　全年共受理各类民商事案件7700件，连同上年存案审结7922件，比上年增4.8%。其中，审结离婚、赡养、扶养、抚养等婚姻家庭案件1954件，占24.7%；审结各类人身损害赔偿案件310件，占3.9%；审结劳动报酬、保险、福利等劳动争议和社会保障案件225件，占2.8%，妥善化解34起群体性劳动争议纠纷；审结房屋买卖、房屋租赁等房地产纠纷案件887件，占11.2%，对锦秋花园群体性案件的进行审判，使264件案件得到妥善处理；审结票据、股权转让、买卖等各类商事案件1464件，占18.5%。审结2件涉及宝山工业园区建设用地的租赁合同纠纷案件。审结41户外来人员与杨行镇城西二村村民委员会的农业承包合同纠纷案件，为杨行镇其余80户外来人员合同纠纷的解决起到了示范作用，及时清退涉及西城区建设的33.33余公顷土地。

■审结行政案件59件　全年共受理行政案件63件，连同上年存案审结59件，比上年增90.3%。其中，维持行政机关决定和驳回起诉、驳回诉讼请求的占35.6%，撤销或变更行政机关决定的占6.8%，原告申请撤诉的占57.6%。根据行政机关的申请，进行合法性审查，依法强制执行行政决定案件229件。

■执结执行案件3521件　制订并实施《关于执行案件流程管理实施细则》、《强制执行群体性拆违案件的暂行规定》、《执行案件恢复执行实施细则》等规定，按照繁简分流、裁执分离的要求，分别设立简易执行组、普通执行组和裁决组。根据案件执行进展情况，分别采取执行合议、执行长联席会议讨论和审判委员会讨论等工作措施。全年共受理执行案件3510件，连同上年存案执结3521件，比上年同期下降5.1%。执行到位金额2.3亿元。执结方式中，被执行人自动履行的1029件，占29.22%；双方当事人和解的697件，占19.80%；法院强制执行的73件，占2.07%；不予执行的8件，占0.23%。执行终结和其他类的分别为836件和878件，占23.74%和24.94%。根据市高级人民法院的统一部署，开展两次集中专项执行，依法对26名被执行人实施司法拘留，执结案件

301 件，执行到位标的金额 1574 万元。

■申诉案件审结 87.5% 年内共受理再审和复查案件 32 件，比上年减少 33.3%，其中刑事 3 件，占 9.38%；民事（含民商事）29 件，占 90.62%；审结 28 件，其中驳回申诉的 16 件，撤诉的 11 件，本院决定再审的 1 件。

■加强立案信访 年内共接立案信访 12118 件，接待当事人来访 3378 人次，处理当事人来信 1299 件。其中，涉及诉讼的有 2802 件。重视信访工作，提高初信初访质量。

■3086 件民事案件快速审结 年内，规范刑事案件普通程序简化审判，提高被告人认罪案件审判效率，加大刑事附带民事诉讼案件调解力度，63%的刑事案件以简易程序审结。贯彻落实最高人民法院《适用简易程序审理民事案件的规定》，继续扩大、规范简易程序适用范围，年内共有 6613 件民事案件适用简易程序审结，其中 3086 件通过快速审理机制审结，占民事案件结案总数的 39%，民事速裁庭法官人均结案达 514 件。

■民事案件调解结案率 64% 年内，加强对人民调解工作的指导，会同区司法行政机关对 600 名人民调解员进行法律知识和调解技能的培训，聘请 13 名人民调解员担任人民陪审员，组织人民调解员旁听庭审 100 人次，民事案件调解撤诉结案案件 5059 件，结案率达 64%。（陈大伟）

检察

■概况 2004 年，区检察院开展以深化"强化法律监督，维护公平正义"、"让人民高兴，让党放心"、"坚持执法为民，确保司法公正"等为内容的各项教育活动，制定《关于进一步加强院党组班子建设的若干意见》、《关于进一步加强检察队伍严格教育、严格管理、严格监督的若干意见》等完善队伍管理的配套措施。从提高检察工作的质量与效率着手，建立和完善工作督办机制，按月对重点工作、专项工作以及各部门工作条目进行督查，促进工作落实。修订案件督查工作办法和检察委员会议事规则，规范自行侦查案件线索初查、立案侦查等环节的操作流程，进一步完善案件质量保障机制。认真落实人民监督员制度试行工作，及时听取人大代表对公诉人刑事出庭工作的评析意见，采取上门走访、召开座谈会等形式，加强与人大代表及有关单位的沟通联系，主动听取意见建议，自觉接受社会各界的监督。开展专题调研，形成《宝山区侵害国有资产职务犯罪案件特点、原因及预防对策》、《关于企业改制过程中加强国有资产管理的思考》等调研报告。邀请区审计局及 20 余家企业联合召开专题研讨会，进行深入探讨。与区监委、区国资办联合制定《宝山区关于完善国有集体资产产权转让监管工作的意见》、《加强我区国有（集体）企业反腐倡廉工作意见》。继续加强监所检察网络化、规范化建设，推动监管执法和检察监督工作，驻宝山监狱检察室被评为全国检察机关监所检察网络化建设先进集体，驻宝山监狱检察室及驻宝山看守所检察室分别被高检院命名为二级规范化检察室。年内，反贪污贿赂局、民事行政检察科等 3 个部门被市检察院记集体三等功，另有 1 名干部被记个人二等功。区检察院被评为上海市检察机关先进检察院，并受到嘉奖表彰。

■打击刑事犯罪 年内，依法批准逮捕各类刑事犯罪嫌疑人 1089 人，比上年增加 35.6%；提起公诉 843 件 1198 人，分别比上年增加 25.8%和 32.8%。坚持"严打"方针，始终把凶杀、入室盗窃、"两抢"、涉毒等"八类"案件及破坏社会主义市场经济秩序案件作为打击重点。共批准逮捕"八类"案件犯罪嫌疑人 232 人；提起公诉 139 件 223 人，分别占提起公诉案件总数的 16.5%和 18.6%。共批准逮捕制售假冒伪劣商品、侵犯知识产权、金融诈骗等犯罪嫌疑人 52 人，提起公诉 68 件 110 人，分别占提起公诉案件总数的 8.1%和 9.2%。配合公安机关开展"打击色情淫秽网站"、"打击赌博"等专项活动。

■公诉案件实行分类办案 将受理案件分为"法轮功案件、恶势力案件和交督办案件"、"自侦和经侦案件"、"重大暴力性案件"、"涉税案件和普通程序简化审案件"以及"简易程序审案件"等五大"板块"，对受理案件先确定主诉检察官及办案组，再定案定人，发挥专业化分类办案的优势，办案质量和效率明显提高。年内，案件有罪判决率为 100%；适用简易程序、被告人认罪案件实行简化审理的比例达 81.1%，比上年提高 3.8 个百分点。

■立案侦查职务犯罪案件 32 件 全年共立案侦查职务犯罪案件 32 件，比上年增加 45.5%。其中，国家工作人员涉嫌贪污贿赂、挪用公款等经济犯罪案件 29 件；国家机关工作人员涉嫌渎职、侵权犯罪案件 3 件。立案侦查贪污、受贿 5 万元以上，挪用公款 10 万元以上的大案 20 件，其中 50 万元以上的特大案 7 件。查办的经济案件中，处级以上干部犯罪要案 9 件；大案要案合占立案总数的 100%。发生在国有企业的犯罪案件 20 件，占立案总数的 69%；发生在土地征用、为公司员工办理投保等环节中损害群众利益的案件 5 件，占立案总数的 17.2%。通过办案，依法追缴赃款人民币 599.68 万元。初查成案率达到 54.7%，自摸线索 25 件，占立案总数的 86.2%，当年案件侦结率达 95.5%，有罪判决率达 100%，其中实刑率达 68.8%，比上年上升 26.8%。

■推行律师代理民事申诉案件制度 年内，会同区司法局、区属律师事务所等部门，构建起由区信访办、区法制办、律师事务所以及各乡镇法律服务所等单位组成的民事行政案件代理申诉网络，并与 4 家区属律师事务所及 1 家乡镇法律服务所签订《民事行政案件律师代理申诉协议》，拓展民事行政案件案源渠道。年内共立案审查申诉件 21 件，其中律师代理申诉的占受理总数的 72%。对认为确有错误的已生效二审判决、裁定建议提请抗诉 7 件，市检察二分院审查后全部提请抗诉，市检察院决定支抗 5 件；向区法院发出检察建议 4 份，提请市检察二分院向市第二中级法院发出检察建议 1 份，两级法院均已采纳并纠正。

■加强未成年人特殊检察工作 年内，批准逮捕未成年犯罪嫌疑人 65 人，比上年减少 24.4%；提起公诉 96 人，比上年减少 4%。结合办案，开展检察阶段对未成年犯罪嫌疑人、未成年被害人落实法律援助等特殊检察工作。分别与团区委、区法律援助中心会签《关于建立涉案未成年人一体化帮助教育制度的工作协议》、《关于在检察阶段对未成年犯罪嫌疑人和被害人实施法律援助的工作协议》，积极参与区内涉案未成年人一体化帮教工作。结合办案将个案帮教与地区预防相结合，在友谊路街道等重点地区，协同青保委共同研讨规划青少年违法犯罪预防工作，指导开展系列活动。开展“假期青少年法制辅导班”、“家长法制辅导班”等形式多样的法制教育辅导，建立社区闲散青少年跟踪帮教制度，落实对有不良行为闲散未成年人的社区矫治措施，使未成年人犯罪数明显下降。年内，区人民检察院未成年人刑事检察科被评为“全国优秀青少年维权岗”。

■**49件案件服判息诉** 年内，有不服法院裁判的申诉案件64件，区检察院采取举行听证会，落实首办责任制与检察长接待制相结合，做好当事人的服判息诉工作，息诉49件。对4件涉法上访，及时制定处置预案并依法予以有效化解。受理不服刑期折抵等申诉51件，通过调查，纠正刑期折抵错误20件；纠正法律文书差错25份，依法清理扣押物品8件，维护了在押人员的合法权益。

■**检察业务人才和后备干部培养** 通过公开选拔，确定8名干部为院第一批实务型检察专门人才培养对象，12名干部为中层后备干部，采取定向培养、专人带教等措施，加大培养力度。鼓励干部积极参加市检察院组织的“三优一能”（优秀公诉人、优秀侦查员、优秀侦查监督员、办案能手）评选活动，3名干部通过考核、答辩，分别被评为市级“优秀公诉人”、“优秀侦查员”、“优秀侦查监督员”。

■**强化控告申诉首办责任制** 积极探索、大胆实践融信访首办责任、工作督办、效能监察于一体的“三链接”工作模式，制作“三链接”工作流程图，制定《控告、申诉、举报首办流程登记表》、《控告、申诉、举报首办查处进展情况》、《催办单》、《控告申诉首办、督办、检务效能监察事项处理单》等表格材料，建立健全相应台帐资料，控申科、办公室、监察科3个部门共同对受理、分流、催办、督办、效能监察等重要节点实行动态跟踪、总体把握，改变原先的首办责任制仅由控申科1个部门负责的状况，实现信访首办件的全程监督。（杨宏亮）

区司法局开展的法制教育活动。 区司法局供稿

司法行政

■**概况** 年内，开展“坚持执法为民，确保公正司法”及律师队伍集中教育整顿活动，区司法局与系统内各法律服务单位签订行风建设责任书。参与化解区内突出群体性矛盾，探索人民内部矛盾化解工作机制，强化对外来人口的法制宣传教育。加大人民调解工作管理力度，成立了区域性联合人民调解委员会。抓好社区矫正启动和全面实施的各项工作，完善安置帮教工作制度，促进安置帮教规范化建设。坚持开展律师参与区领导信访接待，发挥“区维护被动拆迁人合法权益律师志愿团”的作用，化解、缓解了一批重复上访、越级上访的问题。区法律援助中心推出法律援助10项便民措施，拓展区内法律援助三级网络，提供为困难群众的法律服务。开展法律援助案件质量检查，编印《法律援助在行动》。全年，区法律援助中心接待法律咨询，受理“110”“148”公安、司法联动处警案件1719件，接警“12348”法律咨询热线电话3507个，共受理法律援助案件212起，比上年增加81%。其中刑事法律援助96起，民事法律援助106起。年内，区法律援助中心、瑞和律师事务所、庙行镇法律服务所被评为上海市司法行政系统先进集体。

■**律师代理诉讼案件2925起** 至年末，全区有注册律师事务所10家，律师94人。年内，全区律师共代理诉讼案件2925件，比上年增加11.7%，其中刑事诉讼代理386件，占13.2%；民事诉讼代理1779件，占60.8%；经济诉讼代理721件，占24.6%；行政诉讼代理39件，占1.3%。代理非诉讼案件324件，解答咨询2862人次，代写文书557件，担任法律顾问499家，全年创收2985万元，比上年增加2.8%。

■**办理公证1.52万件** 全年共办理公证1.52万件，比上年减少21.8%。其中，国内民事公证3437件，占22.5%；国内经济公证8086件，占53%；涉外民事公证3411件，占22.4%；涉外经济公证206件，占1.4%；涉台民事公证45件，涉澳民事公证13件，涉港民事公证27件，涉港经济公证19件。全年创收1089万元。

■**法律服务所代理案件逾200余件** 年内，全区5家法律服务所共代理民事诉讼173件，比上年减少27.3%，代理非诉讼62件，解答法律咨询2545次，追回拖欠款32.7万元。

■**法制宣传教育** 年内，开展了宪法宣传周、“四五”普法规划落实检查等系列活动，坚持和完善领导干部“八项”学法制度，创办领导干部学法读物《学法参阅》，举办领导干部学法测试，450余名在职处级干部参加学法测试。建立20所外来人口法制教育学校。举办《行政许可法》等各级各类法制讲座62期，其中公务员听讲3600余人次，处级及处级以上干部1500余人次。举办新办企业法定代表人培训班12期，500余人参加培训，新办企业法定代表人培训率达100%。另有23516名经管人员和26320名个体工商户、私营业主和从业人员接受了法律知识教育。

■**调解各类民间纠纷3000余起** 全区有调解委员会494个，调解人员2381名。年内，在区人民调解协会5个地区工作委员会中成立区域性联合人民调解委员会。人民陪审员13名参加业务加培训。举办基层调解干部培训班13期，500余名调解干部参加培训。加强对人民调解协议书指导和备案，年内，各乡镇、街道和企业、行业调解委员会共制作人民调解协议书156份，比上年增255%。全区人民调解组织共调处各类民间纠纷3257起，比上年增加54.9%，调解成功率达96%。

■**安置帮教率达93%** 年内，开展社区矫正工作业务培训和社区服刑人员基本情况排查，对全区16个乡镇、街道400余个村(居)委安置帮教矫正工作站和部分社会志愿者共500余人开展业务培训。抓好社区服刑人员法律文书收集，全区有法律文书齐全的社区服刑人员316名。16个乡镇、街道已全部开展社区矫正第一次集中教育会工作。制定区安置帮教工作《宝山区安置帮教工作意见》、《宝山区安置帮教领导小组成员单位工作职责》，印发《宝山区安置帮教工作实务》要求。全年，全区回归社会的刑释解教人员有523人。其中，安置333人，安置率达63%，落实帮教措施487人，帮教率93%。

■**购房电脑摇号系统开发成功** 年内，区公证处开发设计商品房公证电脑摇号系统。该电脑程序避免传统摇号方式的人为计算的不随机性问题，也解决中签的人一旦放弃权利其余未中签购房的人候补购房的问题。系统开发成功后，相继在海上国际花园、逸仙华庭、金外滩花园、北上海商业广场、东方丽都等楼盘投入运营。

2004年宝山区公证处、律师事务所一览表

处(所)名	公证员、律师数	地 址	电 话
宝山区公证处	13	宝林路50弄17号	56121040
沪北律师事务所	16	友谊路48号	56601626
银星律师事务所	6	友谊支路173弄1号1楼	56601040
百汇律师事务所	5	汶水东路121号5楼	65170215
东海律师事务所	11	友谊支路225号2楼	56602173
天云律师事务所	9	四平路283号虹临花苑1号9A座	65227372
瑞和律师事务所	8	友谊路110号1楼	56604937
诚建成律师事务所	12	友谊路40号3楼	56609404
昊坤律师事务所	8	牡丹江路1325号3楼	36011186
致真律师事务所	11	友谊支路173号1号4楼	56691008
江南律师事务所	8	友谊支路181号3楼	56785977

(冯桂娟)

公园晨曲
摄于永清公园

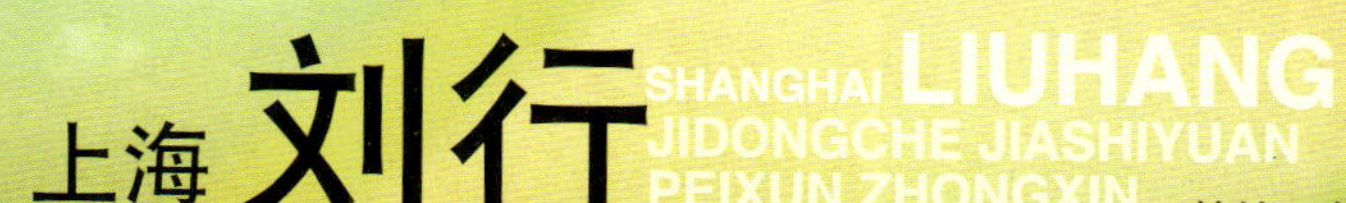

上海刘行机动车驾驶员培训中心

SHANGHAI LIUHANG JIDONGCHE JIASHIYUAN PEIXUN ZHONGXIN

地址：宝安公路2009号
邮编：201907
电话：56021832

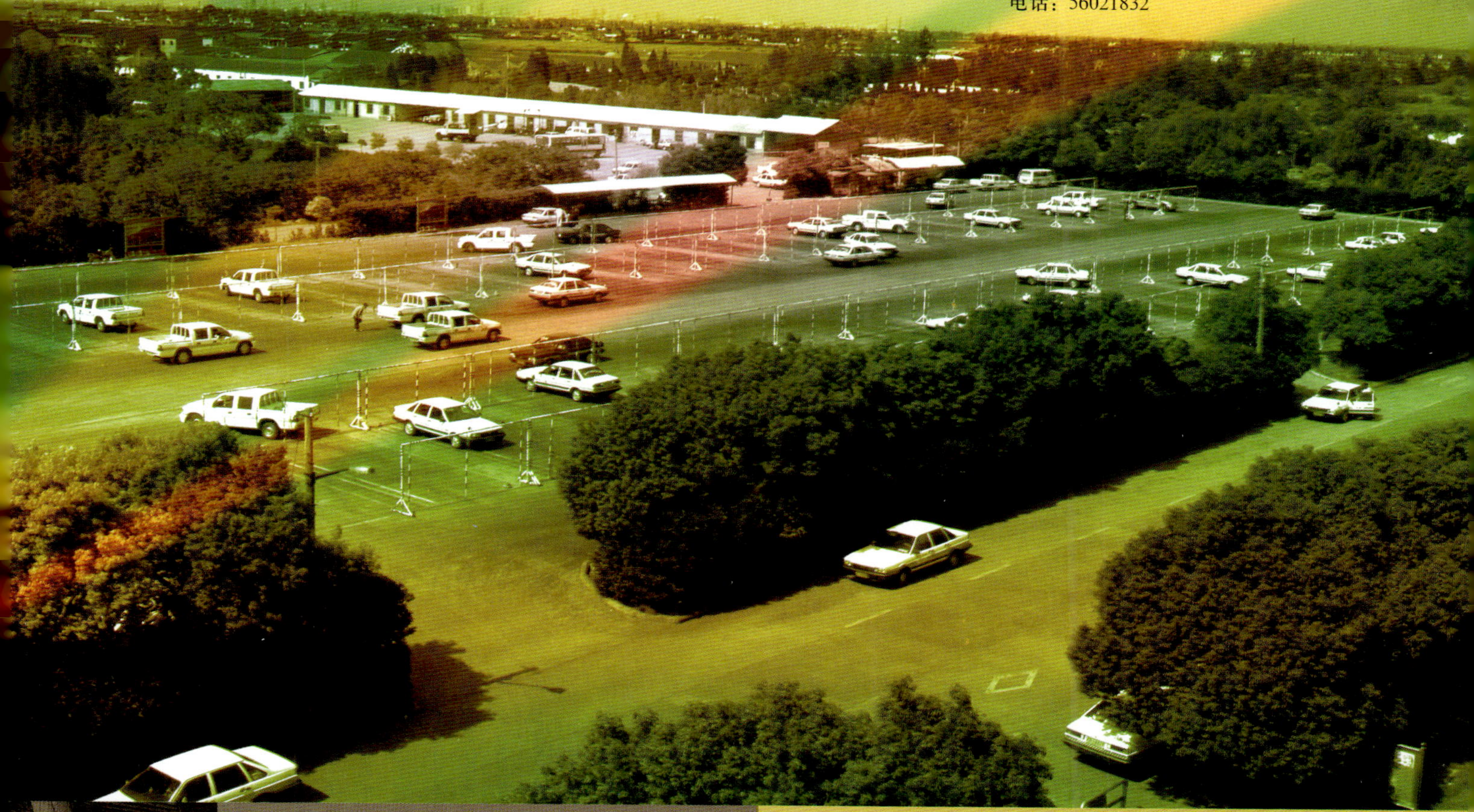

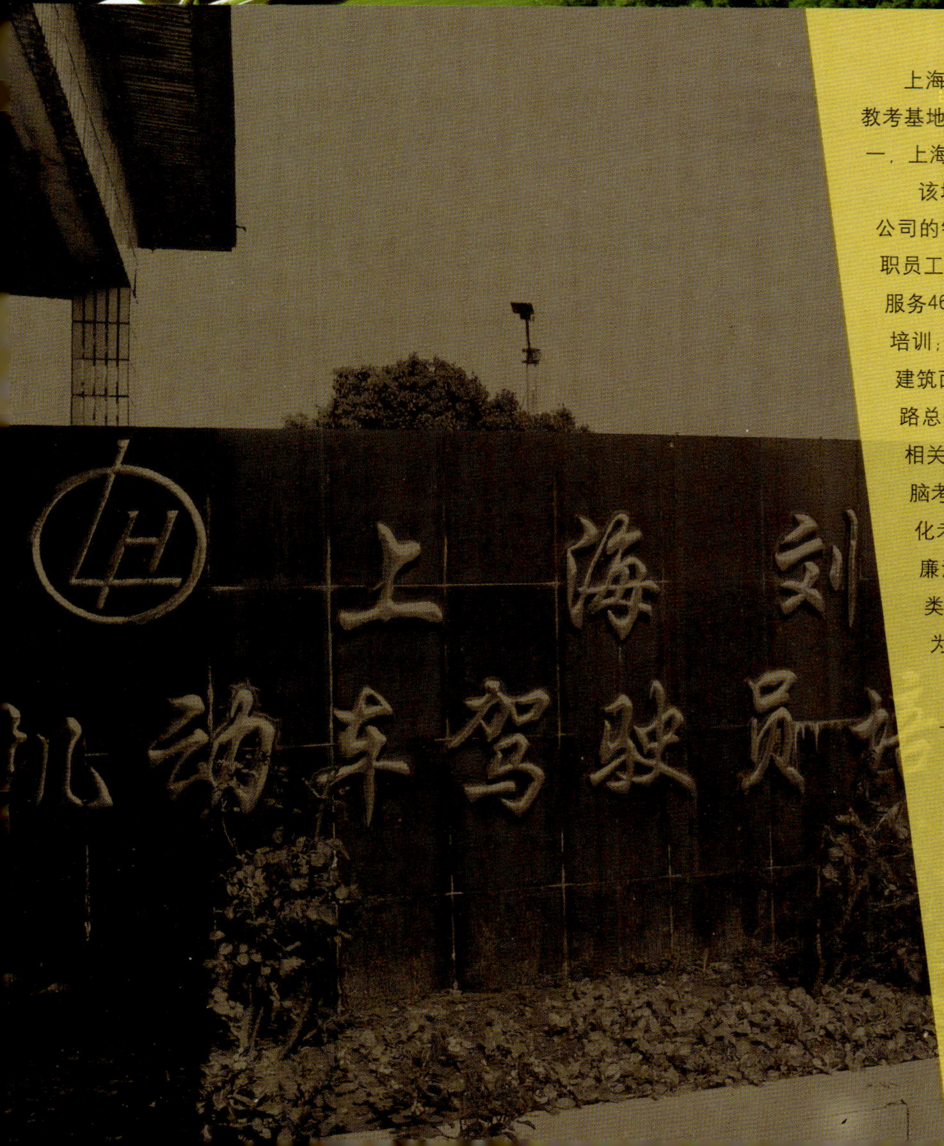

上海刘行机动车驾驶员培训中心，是市属规范化的大型教考基地，本市首批营业性道路运输驾驶员职业培训学校之一，上海市机动车驾驶员培训行业协会常任理事单位。

该培训中心位于宝山区顾村镇，是隶属于顾村镇工业公司的镇办集体企业。目前拥有固定资产2700万元，有教职员工234人，其中，教练员168人，管理人员22人，后勤服务46人；拥有一室四部二队以及双证培训、上岗资格证培训；各类教练车150余辆，占地面积为34.3万平方米，建筑面积7800平方米，场地面积3万平方米，各类训练道路总长为32.7公里。根据公安部对机动车驾驶员培训的相关规定，全面实行科目一、科目二、科目三考试的电脑考试管理系统，并实行电脑约排考、电化教学、无纸化考试和电脑局域网络管理系统；拥有完善的规章和廉洁的执教制度，管理规范有序、后勤保障有力，各类车型齐全，师资力量雄厚。多次被上级主管部门评为培训先进单位。

专业培训项目包括：机动车驾驶员C1照培训、上岗资格证培训、出租汽车服务证培训、摩托车加考。作为市车管所直辖的第十一考试场，有12家培训单位指定进场训练及考试。

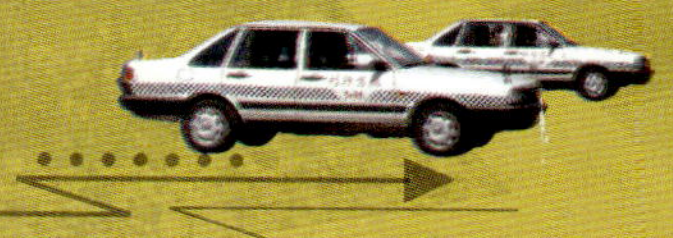

礼兵

摄于白玉兰广场

军事与社会安全

Military and Society Security

■编辑　经瑞坤

人民武装

■**概况**　2004年,区人民武装工作以做好对台应急作战准备为牵引，着力抓好重大任务、重点工作的落实,推动民兵预备役工作展开。年内,在全区基层人武部和各级民兵预备役人员中开展“学习实践‘三个代表’重要思想,积极投身中国特色军事变革”、“身在好环境，更要干出好事业”等专题教育。区人武部建立人武信息网站,新建部史室,建立干部职工学习室。全年接待总部、军区、警备区和各省市军地领导26批共1300余人次，先后通过南京军区考核组和上海警备区考核组的全面建设考核。9月7日，总参谋部副总参谋长吴胜利中将在军区、上海警备区首长和区领导的陪同下视察宝山区民兵训练基地和民兵武器库,并察看民兵武器库室,对区民兵训练基地使用和民兵武器装备管理给予肯定。区人武部被南京军区评为“全面建设先进单位”;获《解放军报》、《中国国防报》、《中国民兵》杂志“国防刊授教育最佳奖”;被上海市政府、上海警备区授于全国民兵军事训练工作“演练先进单位”;被上海市政府、上海警备区评为“民兵武器装备二十年安全管理先进单位”;被上海市征兵办评为“征兵工作先进单位”; 被上海市国防教育委员会办公室评为“优秀组织奖”;被上海警备区评为 “2004年度新闻报道先进单位”。区委书记、区人武部党委第一书记薛全荣被《解放军报》、《中国国防报》、《中国民兵》杂志评为全国国防后备力量建设十佳新闻人物，被南京军区评为国防后备力量系统“党管武装好书记”;区委常委、区人武部部长赵公元被南京军区评为“优秀人武部主官”;区人武部政委顾亦兵被上海警备区记嘉奖一次。

■**组织民兵集训**　落实上海市民兵作战力量建设会议精神。突出抓了民兵防空分队、海上侦察分队、信息作战分队等骨干队伍建设。3月,组织100余名民兵参加高炮分队营、连长集训和高炮团首长机关射击指挥集训;4月,举办专职人武干部培训班53人参加培训;组织基干民兵基础课目训练2次计600余人次;组织海上侦察分队、民兵导弹分队部队人员参加上级部门的集训87人;全年民兵参训率达79%。

■**开展国防动员**　抓好以反 “台独”应急作战准备为重点的应急作战方案和保障方案的完善配套工作,3月，组织国防动员委员会“八办”(综合办公室、人民武装动员办公室、经济动员办公室、人民防空办公室、交通战备办公室、国防教育办公室、政治动员办公室、科技动员办公室)人员参加由市国防动员委员会举办“2004东方网上动员演习”，对动员支前、人民防空等8个课题进行演练。开展《地方支前政治动员调查》和《南京战区潜力调查》统计工作,完成适龄青年兵役登记5437人，完成在校学生军训6300余人,二类预备役军官登记率达100%。

■**全国民兵军事训练工作会议召开**　9月10日,全国民兵军事训练工作会议在宝山区杨行训练中心召开，中共中央政治局委员、中央军委副主席、国防部长曹刚川上将,中共中央政治局委员、上海市委书记陈良宇等领导参加会议。宝山区民兵参与“上海市宝山地区防空群反空袭战斗行动”的实兵演练,完成“组织伪装防护和侦察预警”与“抗击敌精确打击和临空轰炸”的组织指挥及遮盖变形伪装、高炮阵地的抗红外迷彩伪装和陆上导弹捕捉目标演示等演练课题汇报任务。有一钢公司、五钢公司、华能石洞口电厂、铁合金厂、杨行镇等9个单位的民兵预备役人员和部分现役部队官兵153名参加汇报表演。被上海市政府、上海警备区评为“演练先进单位”。

■**国防教育进社区**　年内开展 “爱中

中央军委副主席、国防部长曹刚川上将和中共中央政治局委员、上海市委书记陈良宇接见参加上海民兵宝山地区防空作战实兵演练的宝山民兵。　摄影/方宏向

华、奔小康、强国防”读书征文和知识竞赛的国防教育活动，将国防教育与塑造上海“海纳百川，追求卓越”的上海精神和“敢为人先，永不懈怠”的宝山精神相结合，与公民道德规范教育、争创“双拥模范城”和“固长城、稳军心”等活动相结合。推广友谊路街道、海滨新村街道、淞南镇等单位把国防教育进社区的经验。9月18日至19日，《解放军报》、《中国国防报》、《中国民兵》杂志社在宝山区召开2004年全民国防教育刊授经验交流暨全国国防后备力量建设新闻人物评选揭晓会，《解放军报》社副总编肖江峰少将、南京军区政治部副主任嵇绍滢少将，上海市委常委、副市长冯国勤，《中国国防报》、《中国民兵》杂志社以及全国省军区政治部领导等参加会议。区人武部获“全国国防刊授教育最佳奖”。

中国人民解放军副总参谋长吴胜利中将视察宝山区民兵武器库。　摄影／方四青

■**上海警备区人武部系统政治教育现场观摩会在宝山召开**　8月18日，上海警备区在宝山区人武部召开人武部政治教育现场观摩会，上海警备区政委戴长友少将、副政委张龙少将、政治部主任吴柏铭少将以及各区县人武部政委、政工科长参加会议。宝山区人武部政委顾亦兵介绍区人武部政治教育规范化建设的经验，与会人员参观区人武部“三室一网”（学习室、部史室、作战室、人武部信息网）。

上图　区委书记薛全荣视察民兵高炮训练。
中图　宝山民兵为全国民兵军事训练会议进行防空作战实兵汇报演练。
下图　宝山民兵便携式导弹训练。
摄影／方四青

■**民兵参与区重大活动**　全年组织民兵协助公安干警夜间治安巡逻1.1万余人次，600人次参加第四届宝山国际民间艺术节等各项保障和执勤任务，组织协调海、陆、空、武警和民兵预备役等驻区部队860余人担负区运动会开幕式各类旗队、标兵和群众性文体表演任务。区人武部被区运动会组委评为“宝山区运动会突出贡献奖”。　（方四青）

驻军与武警

■**概况**　境内驻有陆、海、空、武警、边防、消防等部队，分别驻扎在区内沿江、沿海及内陆地区，有军用机场1个，军用港口1个。年内驻军各部队认真扎实地做好以反“台独”应急作战准备为龙头的各项工作，坚持依法施训、按纲施训，部队战备训练水平进一步提高。驻区部队共有9.6万余人次直接参与地方建设。有132个基层党委、党支部跨入先进行列。

■**国际军事友好往来**　年内，驻区部队吴淞军港共接待来自美国、日本、法国、德国、韩国、朝鲜、印度、巴基斯坦、澳大利亚等29个国家军事领导人和海军舰艇官兵共47批634人。　（方四青）

社会治安综合治理

■**概况**　2004年，区政法系统各部门围绕“两个下降、三个不发生”（刑事案件发案总量有所下降，群众到市、区级集访量有所下降；不发生特大恶性案件、不发生影响全局的群体性案件、不发生群死群伤重大案件）的目标，构建多层次、全覆盖的社会治安综合治理网络，提高地区治安防控能力。抓好6支队伍（公安队伍、治安辅助巡逻队伍、社区综合协管员队伍、物业保安队伍、治安防范志愿者队伍、司法社工队伍）建设，推进群防群治工作深入开展。8月，在全市维护稳定工作会议上，宝山区介绍了抓好队伍建设，打造“平安宝山”的经验。全年各类刑事案件6253起，在市刑事案件上升21.7%情况下，宝山区同比下降5.2%；比较突出的人民内部矛盾得到及时的化解和缓解；没有发生影响全局的大规模群体性事件、特大恶性案件、重大的群死群伤事故。

■**建立化解群体性矛盾纠纷工作制度**　年内，由区政法委牵头，建立政法部门与乡镇街道结对化解群体性矛盾纠纷制度。加大对群体性矛盾纠纷的排查处置力度，区公安分局、法院、检察院、司法局深入乡镇街道调查研究，运用政策和法律，耐心做群众思想工作，有效化解了矛盾。其中，司法局等部门会同月浦镇、淞南镇党委、政府有效化解月浦镇、淞南镇久拖不决的群体性矛盾，起到了示范效应。年内公安分局配合杨行镇党委、政府，化解北宗村的群体性矛盾；检察院配合罗泾镇党委、政府，基本化解肖泾村的群体性矛盾；法院配合庙行镇党委、政府，缓解康家村的群体性矛盾；信访办全年配合有关乡镇、街道共化解群体性矛盾纠纷224起，化解率由上年的81.9%提高到85%。

■区涉法涉诉专项领导小组成立　年内，区成立涉法涉诉专项工作领导小组，主要职能是化解突出涉及法律和法律诉讼问题的案件，下设涉法涉诉办公室在区政法委内，对市涉法涉诉小组办公室交办14起案件，落实责任人，制订相应性措施，逐个督查协调，全年化解涉法涉诉案1件。

■居住证发证试点工作启动　年内，按照《上海市居住证暂行规定》，在来沪人员中实行居住证制度。10月，泗塘新村街道、罗泾镇居住证发证试点工作启动。为做好试点工作，采取了3项措施：（1）每500名外来流动人员配1名社区综合协管员；（2）注重发挥成员单位作用，形成工作合力；（3）制订外来流动人口管理工作考评方案。至年底，共受理居住证378张，办理临时居住证5145张，外来流动人口管理开始实现由户籍所在地为主向现居住地为主管理转变。

■推进预防犯罪工作体系建设　根据市政法委的部署，全面推进预防犯罪工作体系建设。6月，建立预防犯罪协调领导小组办公室，作为体系建设的指导、协调部门，其主要是职能：（1）加强对社工的思想教育。开展爱岗敬业系列主题教育活动；（2）进行业务培训。学习先进区工作经验，组织社工培训，提高社工综合素质；（3）开展工作考核。建立控制犯罪率、服务对象转化率为主的考核指标，推进社工的规范化、职业化、专业化建设；（4）加强与政府有关部门、政法各部门、各乡镇街道的协调联系。全年招聘司法社会工作者128名，担负社区矫正和社区青少年管理、禁毒等工作。

■开展“扫毒行动”　年内，区综合治理办公室联合政法各部门，开展“扫毒行动”，对吸毒人员展开清理统计，全年区域登记在册的吸毒人员984人，其中现有吸毒人员894人；区政法办会与区妇联、预防办、司法局以“不让毒品进我家”为主题，开展“6.26”禁毒集中宣传教育活动，发挥帮教志愿者和禁毒社工网络作用，收集帮教志愿者与劳教人员结对帮教的感人事迹，召开帮教志愿者座谈会，走访女子监狱。全年破获毒品犯罪案70余件，抓获毒品犯罪人员60余人，缴获各类毒品共计11.25千克，毒资25万元。

■开展“三项整治活动”　年内，开展拆除违法建筑、巩固拆违成果，安全生产，打击“黑车”三项整治活动。（1）全年拆除各类违法建筑45.8万平方米，累计拆除210万平方米，遏制违法建筑的“回潮”、“反弹”现象，初步建立长效管理机制；（2）安全生产专项整治共取缔易燃易爆及“五小”企业924家，整治安全隐患严重企业2844家。全年火灾发生率比上年下降26.1%，生产死亡人数比市政府下达的控制指标下降14.7%；（3）加大打击“黑车”专项整治力度，全年依法查处取缔“非法营运车辆”1320辆，累计整治4038辆，有效维护客运市场正常营运秩序。

■加强政法队伍建设　年内，区政法系统落实市、区“促进司法公正，维护司法权威”党政负责干部大会精神，开展“让人民高兴、让党放心”、“坚持执法为民、确保公正司法”等主题教育活动，区政法委牵头举办政法口党、政副职领导干部培训班1期共50余人次参加学习，培训内容主要包括提高政法系统领导干部驾驭治安局势、处置突发事件、服务经济社会发展的能力等方面。　（苏继文）

警务

■概况　2004年，宝山公安分局贯彻提高“四个能力”（维护国家安全的能力、驾御社会治安局势的能力、处置突发事件的能力、为经济社会服务的能力）的总要求，以完善治安防控网络为主线，挖掘治安资源，理顺工作机制，推进队伍正规化建设，全力维护地区的政治安定和社会稳定。年内共协破各类刑事案件400起，其中八类案件47起。协破治安案件1408起，查获违法犯罪嫌疑人3115人。全区夜间发案2961起，比上年减少3.1%。依靠乡镇街道居、村委及地区治保组织，推进志愿者队伍组建工作。建立“三级情报网络”（分局、业务支队、派出所），加强情报信息的收集、分析、综合研判和跟进核查工作。年内共申报等级情报102份，被市公安局评为等级情报49份。协助有关部门疏导、化解各类人民内部矛盾引发的群体性事件387起，涉及人数1.08万人（次），未发生重大的失稳事件。完成第四届宝山国际民间艺术节等一系列重大活动的安全保卫工作。共受理各类信访件1915件，重复和越级信访数为零，未出现疑难信访和积压件，实现信访工作2个（重信、重访）越级上访零指标。再次被市公安局评为“上海市优秀公安分局”。

■推进严打整治斗争　年内共破案2395起，破案量比上年增加2.4%，破案率为38.3%。打击处理治安违法人员、立案侦查犯罪嫌疑人共20350余人（次），其中执行逮捕1001人，起诉1154人，劳教676人。相继开展命案侦破、“挖两抢、打盗窃、挖团伙”、打击车扒犯罪、打击入民宅盗窃、打击赌博违法犯罪等专项行动，切实遏制刑事案件多发态势。不断完善破案追逃新机制建设，抓获网上逃犯229名，其中外省市（区）逃犯119名。

■侦破各类经济犯罪案件113起　构建宝山特色的经济情报信息平台，组织开展打击地下钱庄和整治金融票证、虚开增值税发票等涉税犯罪、打击走私等专项行动，全力维护社会主义市场经济秩序。共侦破各类经济犯罪案件113起，追缴经济损失4711.16万元，追缴率比上年增加30个百分点。

■加强监所管理　实行对新进监人员的法律凭证核对、人身检查捺印指纹及基本情况输入电脑等收押“一条龙”制度，发挥监所第二战场的作用，加大深挖工作力度，共提供各类线索432条，破案199起。

■加强重点目标的治安整治　开展以打击“黄、赌、毒”为重点的各类治安整治，加强对公共复杂娱乐场所等重点目标的检查整治，严厉打击马路招嫖、发廊内色情按摩、聚众赌博、吸食毒品等违法犯罪活动，严查重处此类案件的组织经营者，查处涉黄、涉毒、涉赌案件分别为292起、234起、1067起；开展打击淫秽色情网站专项行动，共破案3起，抓获违法犯罪嫌疑人4人，关闭各类黄色网站21个。

■推进队伍正规化建设 公安分局从政治建警、素质强警入手，以大练兵活动为载体，开展警务英语、车辆驾驶、警务射击、治安、社区岗位技能等项目的练兵活动，各项练兵成绩均名列全市前茅。贯彻落实公安部“五条禁令”，未发生重大违法违纪和涉及“五条禁令”的案件，民警违纪率由上年2.2‰降低至0.5‰。在罗泾、淞南2个派出所开展岗位责任制试点，细化岗位规范，初步形成较为合理的奖惩激励机制。

■构筑宝山“平安网络” 全区公安、治安辅助巡逻、物业保安、社区综合协管、治安防范志愿者5支队伍协同配合，全年刑案总量同比下降5.1%。（1）公安分局整合社保队、治安联防队力量，建立一支由2400名队员组成的治安辅助巡逻队伍，增强夜间治安巡逻力量，缓解了警力不足的压力，遏制了夜间发案增加的势头。全年治安辅助巡逻队伍共抓获和协助抓获各类违法犯罪嫌疑人3115人，协破刑案400起。（2）对外来人员进行综合管理。按全区外来人员每400~500人中配置1名协管员，以办理《暂住证》入手，实施外来人员治安管理与劳动力管理、私房出租管理相结合的综合管理，全区组建了一支650人的社区综合协作管理队伍。（3）发挥物业保安队伍的作用。制订物业保安管理办法，对全区167家物业公司的3372名物业保安人员进行统一管理和培训，建立由区公安分局、房地局等单位组成的物业保安管理机构，全区409家物业公司已纳入统一管理的占86.6%，制定物业保安门卫、查勤、一案一奖基金等制度，全区各新村小区发案同比减少18.4%；物业保安队员在值守和巡逻工作中，直接抓获犯罪嫌疑人50人，其中刑拘13人、治拘13人、劳动教养2人、其他22人，现场制止汽车偷盗1起1辆，摩托车、电动车偷盗4起5辆。

■运钞车实现“门对门”停靠 年内，由区政府牵头，区市政工程管理署、市容监察、绿化管理局等有关职能部门配合，解决金融营业网点运钞车无法与辖区内部分营业网点“门对门”停靠问题。（1）对相关网点进行改造。（2）在道路改建时，先规划、后施工，为金融网点预留道口，设置移动护栏或在道口两侧设置水泥墩。（3）加强对网点周边小商小贩等无证设摊、摩托车、人力三轮车等非法营运活动以及乱停车现象的整治。至年底，全区172家金融网点运钞押运全部实现“门对门”停靠或进入后院停靠交接。

■“两抢”防控区建设见成效 年初起实施多警种和治安辅助力量的组合防控，遏制“两抢”案件高发势头。确定沪太路沿线、长江西路沿线、殷高路沿线三大区域为重点防控区，落实交巡警支队担任各防控区域的总协调人，负责指挥、协调区域内各警种联合打防工作。年内，3个重点区域共发生“两抢”案件70起，比上年减少15.7%。

宝山公安分局被公安部授予公安文化工作示范单位。 摄影／浦志根

■吴淞派出所加强旅馆业长效管理 吴淞派出所结合地区实际，摆脱旅馆业管理由专管民警1人承担的管理模式，实行“以块为主”的工作责任制度，细化管理、明确职责、强化民警业务培训、落实绩效考评制度，充分调动民警积极性。以规范旅馆住宿登记为突破，实施长效治安管理机制。通过定期例会、上门培训、互相查、定期查、突击查相结合和季度考评以及旅馆业自我管理、自我完善等制度，严格地区旅馆日常管理，强化管控能力，提高旅馆业在安全防范、措施落实、信息登记等方面的能力。年内，获市公安局治安总队“旅馆业治安管理优胜奖”。

■交通安全 年内，根据预防道路交通事故“五整顿”（整顿驾驶员队伍、整顿路面停车秩序、整顿交通运输企业、整顿机动车生产改装企业、整顿危险路段）、“三加强”（加强责任制、加强宣传教育、加强执法检查）的工作要求，开展降事故专项治理工作。深入开展“治乱保畅”工作。通过调整警力部署，围绕同济路友谊路口等“四个乱点”，组织“战高温、治乱点、保畅通”专项整治，严防发生群死群伤重特大交通事故。全年共发生交通事故1295起，查处各类违章134.8万起，其中机动车违章33.4万起，教育违章人员60余万人次。

■公安分局被公安部命名为“公安文化示范点” 8月12日，公安分局在宝钢文化中心影剧院举行“公安文化示范点”揭牌仪式。公安分局坚持以政治建警、科教强警、文化育警并举的方针，将公安文化建设纳入各级党组织确立的“一年小变样、三年中变样、五年大变样”的公安工作总体目标之中，开展形式多样、内容丰富的公安文化活动，全面推进了公安队伍和文化建设协调发展。组织开展各项有公安职业特色的文体活动。举办宝山公安第二届文艺会演、书画摄影展等活动，积极参与区运动会，获区级机关总分第二名、优秀组织奖、先进集体等荣誉。在市局组织的执法为民辩论赛中取得优秀组织奖、优胜奖，其中2人获“最佳辩手”称号。

■获市局行风测评“三连冠”　公安分局继续深入开展“端正执法思想，坚持执法为民”专题教育活动。通过向任长霞、费兴耀、孙华虎等先进典型的学习活动，制订一批规范性文件及考核细则，实施窗口等级评定、规范用语、基本礼仪等规范执法行为的措施，使基层单位的所容所貌有所改观，民警形象进一步优化。在行风测评中，列全市公安系统和全区政府部门“双第一”，获市公安局行风测评“三连冠”。

■侦破“1·14”杀人案　1月14日，公安分局祁连派出所接报，河南郑州籍男子孙某被害于暂住地祁连三村内，另一合租人去向不明。公安分局刑侦支队会同市局刑侦总队联合作战，于2月3日凌晨将犯罪嫌疑人敖某在辽宁省锦州市义县瓦子峪镇捕获。该案获2004年度“刑警803破案奖”金奖。

■侦破“2·26”系列盗车案　2月26日，经守候伏击，外线跟踪，在沪太路行知路口，抓获暂住大场镇犯罪嫌疑人姜某，当场缴获桑塔纳轿车1辆，犯罪嫌疑人姜某供述2003年3月起先后伙同近10名同乡（交叉结伙）窜至宝山、浦东、杨浦、徐汇、普陀等地盗窃桑塔纳轿车，作案达10余起的事实，并供出同伙的暂住地和通讯工具。29日，专案组抓获盗车团伙成员4人，缴获桑塔纳轿车和金杯面包车各1辆。经到案嫌疑人供认另交叉结伙在逃同伙（均为安徽籍）10余人，先后作案37起，其中在上海作案25起，外省市案件12起，共盗窃桑塔纳车及金杯面包车37辆。该案的侦破在2004年度“刑警803破案奖”评比中获金奖。

■侦破“12·20”挪用资金案　2003年12月20日，公安分局经侦支队接到群众举报，杨行镇北宗村两委（村委会、支委会）成员在原集体企业转制为股份制企业的过程中，利用企业经营机制转换的时机及管理上的漏洞，滥用职权、假公济私，致使集体资产大量流失。经侦支队根据群众举报，经缜密侦查，破获了上海市首起乡镇村办企业改制过程中村干部集体职务犯罪案件。罪犯金某等9人依法分别被判处有期徒刑和取保候审，追回损失共计人民币900余万元。该案获上海经侦系统铜奖。　（翁　杰、陈　垒）

上海市公安局宝山分局及部分所属机构名录

单　　位	地　　址	电　　话	邮　　编
宝山公安分局	盘古路588号	56608111	201900
宝山公安分局“110”报警服务台	盘古路588号	110	201900
交巡警支队	宝杨路2031号	56123399	201901
宝山保安分公司	泰和路239弄2号	56671449	200940
友谊派出所	友谊路197弄10号	66789018	201900
吴淞派出所	淞兴西路201号	56671063	200940
通河派出所	通河路689号	56990131	200431
水上派出所	淞浦路650号	56672959	200940
双城派出所	淞宝路1101号	56167100	200940
横沙派出所	新环路88号	56890864	200940
长兴派出所	凤滨路88号	56850529	200940
海滨派出所	同济支路55号	56171465	200940
高境派出所	新二路101号	66180110	200943
淞南派出所	淞良路188号	56828104	200441
罗店派出所	罗太路232号	36130377	201908
罗泾派出所	新川沙路535号	56871808	200949
罗南派出所	南东路107号	56010108	201908
祁连派出所	陈太路1281号	56131602	200436
顾村派出所	电台路5号	56192284	201907
刘行派出所	菊泉路500号	56022003	201907
月浦派出所	月浦四村3号	56646482	200491
盛桥派出所	蕰川路5501号	56150250	220492
泗塘派出所	泗塘二村60号	56994215	200431
大场派出所	沪太支路1300号	56680748	200436
杨行派出所	杨泰路238号	56801733	201901
大华派出所	汶水路1666号	66390092	200030
庙行派出所	三泉路1501号	56416610	200435

消防

■概况 2004年,全区有消防队27家,(包括公安消防中队7家),消防车64辆,市政消火栓3051只。辖区面积430平方公里,共有791个消防安全重点单位。防火监督处有官兵21人。全年受理火警1685次,比上年上升23%,发生火灾249起,比上年下降26.1%,直接财产损失187.37万元,无人员伤亡,全年未发生群死群伤等特大火灾事故。防火监督处全年共审核验收项目715个,发出各类法律文书1608份,其中《责令当场改正通知书》262份,《责令限期改正通知书》和《重大火灾隐患整改通知书》562份,《复查意见书》544份,到期复查率100%,实施火灾勘查207起,发出《火灾原因认定书》27份,其中派出所认定16份。火灾原因查结率100%。全年消防行政处罚单位264家,个人162人,罚款总数113.4万元。实施消防安全培训2640人,完成计划160%。工作量统计名列市公安消防总队前茅。

■消防安全社会化 (1)建立制度,建立了区和乡镇街道两级消防安全联席会议制度、消防工作三级管理例会制度、消防情况通报制度、安全工作部门联系联动制度等工作制度;(2)加强消防宣传工作,按照消防宣传工作进社区、进学校、进企业、进农村的要求,向社区居民、社区单位发放“2·15”(吉林市、浙江海宁市)火灾事故图片、DVD影像等消防宣传资料3000余份;组织社会各界数万名群众观看大型消防宣传话剧《浴火忠魂》和《吉祥坊风波》;全年召开各类防火工作会议30余场次,与会4000余人,与198家单位签订《消防安全保证书》;实施各类消防培训2600余人;(3)加强社区消防工作,年初下发《2004年度社区消防工作的意见》,年中组织防火监督处参谋深入乡镇街道、社区,实施宣传和指导,年底下发《2004年社区消防工作考核意见》,将社区消防工作纳入全区安全生产专项整治考核验收轨道,经考核验收,完成达标30%的任务;(4)加强市政府关于做好消防工作的“三个文件”的贯彻落实。年内,区防火监督处转发市政府《关于进一步落实消防工作责任的若干意见》,制订《宝山区加强消防安全基础设施建设三年行动》草案,已提交区政府审定。(5)加强消防监督管理基础工作。完成35家消防自动报警系统的联网任务,完成85%的消防安全重点单位电子档案建档任务,完成重点单位一年不少于2次的检查任务。年内,防火监督处提出“事事有人抓,人人当专家”的目标,发动全处警官开展对监督对象的调查摸底和防火工作的探索研究。

■消防专项整治 年内提出“奋力打好‘六大战役’,坚决遏制重特大火灾”的口号。(1)采取地毯式普查、有重点抽查、夜间突击检查、各方联合督查等多种方式,重点开展烟花爆竹、学校和幼儿园、人员密集场所、大型商场和市场等专项整治;(2)开展危险化学品单位专项整治,市属企业专项整治。针对共康服饰城、天逸小商品市场等单位的重大隐患,上报区政府和市消防局挂牌督改,派出专人跟踪督改,邀请地方政府领导及行业主管部门领导实地督改,依靠媒体曝光督改,区域内重大火灾事故隐患得到基本整治;(3)组织部分商、市场负责人到常熟观看特大商场火灾现场,到义乌小商品市场参观学习;(4)在易燃易爆危险化学品专项整治中,对全区443家单位实施全面检查,邀请区人代表14名,对罗店化工仓库等16家单位进行消防安全督查。全年检查单位总数2882家(次),其中重点单位1740家(次)。

■开展火灾隐患排查 10月,根据市政府的统一部署,开展“火灾隐患大排查、大整改、保安全”活动。全年自查排摸1048家,上报《单位火灾隐患自查整改承诺书》。其中被区政府挂牌督改3家。对存在重大火灾隐患的天逸小商品市场、共康服饰市场等单位进行重点检查,并督促整改。（宣雪良）

民防与救灾

■概况 年内,新建竣工民防工程6个,面积59591平方米。全区有民防工程338个,报废4个,新增2个,面积232744平方米,人均使用面积达0.376平方米。有非人防地下室334个,面积166119平方米。净增使用民防工程5个,面积12465平方米,总计已使用民防工程173个,面积127939平方米,使用效率55%。投资100余万元,维修养护民防工程21个,面积9481平方米,主体改造民防工程8个,面积7057平方米。民防工程完好率达到78%,公用类等级工程完好率达到89%。区民防部门全年参与审批建筑项目312个,面积4950239平方米,审批结建民防工程37个,面积149237平方米。在建工程8个,面积27883平方米。收取民防工程建设费170万元、民防工程使用管理费79万元。民防工程建设审批制度实行传真、E-mail网上审批与窗口审批相结合,审批制与承诺制、登记制相结合。民防招商服务窗口被区招商局评为优质服务“文明窗口”。完善民防工程安全使用和维护保养台帐登记制度,对已建民防工程按三大类(香蕉房、旅馆招待所、仓库工场),实行分行业治理,制订管理规定24项102条。推行民防工程社会化监督网络制度,区民防工程管理所与公安派出所、消防部门、街道及26个居民委员会组成民防工程社会化管理监督网络。与4个居民委员会签订建文明社区协议书,与61个民防工程使用单位签订消防安全责任书。建立“四网络”(民防工程管理志愿者、街道居委会、区防火监督处、派出所户籍警)和五防线(民防经营工事者自查、民防工程管理志愿者日常检查、民防工程管理所管理员分片包干检查、区民防办机关人员责任检查、办领导督查)的民防工程安全管理体系。实施已使用的民防工程“一板、一图、三册”(管理制度联络板、地下室平面图、民防工程检查反馈册、民防工程安全检查登记册、管理人员岗位职责手册)制度。区民防办机关24名干部职工签订安全检查责任书,每月开展检查1次,做到检查有记录,存档有责任,全年实施检查579人次。民防工程管理所与居民委员会26个负责人、民防工程管理志愿者26人签订检查管理责任书。举办由市民防工程管理、区外来人口管理、消防等专家讲课,参加听课196人次。为4个地下招待所安装消防喷淋设施,新增灭火器58只、新立疏散指示标志35块、应急照明灯16只,加固、更换门窗20个,配备其他消防器材13件,改造8个民防工程用电线路。创建示范使用工程4个、文明使用工程12个。对民防工程管理员,实行经济责任和安全责任承包制度。全年对民防工程建设质量、安全使用情况进行行政执法监督检查9536个次,实施行政许可57次,未发生行政复议和行政诉讼。对全区非民防地下室进行了普查。拟制宝山区“十一五”民防工程建设规划和地下空间开发规划工作启动。至年末区内有区级化救兼职队伍6支,区化学事故应急救援专家组1个,厂级化救兼职队伍77支2173人。经普查,全区从事生产、使用、经营、储存有毒有害、易燃易爆化学危险品的单位有442家,化学危险品重点单位67家

（市级目标单位12家、区级目标单位14家、厂级目标单位41家），其余为一般监控目标单位。涉及主要化学危险品140余种，日生产量30余万吨，月使用量18余万吨，日运输量11余万吨，最大日储存量10余万吨。362家化工单位制订化救预案。全年投资40万元，新增防核服2套、防化服4套、过滤式呼吸器6套、空气呼吸器4套、中子射线检测仪1台、无线遥测仪1台、剂量检测仪1台、表面检测仪1台、长柄测试仪1台、专用堵漏器1套、吸附剂230公斤。更新化救指挥车1辆。宝山区民防办公室被南京军区评为“人防工作先进单位”。

■区综合减灾规划确定 《宝山区域防灾减灾总体发展规划》（2004年~2020年）、《宝山区“十一五”综合减灾规划》编制完成。《宝山区域防灾减灾总体发展规划》从提高城市对灾害事故的总体防护能力出发，对区域内自然灾害、事故灾难、突发公共卫生事件、突发社会安全事件4大类、17分类、21灾种灾害事故和防空袭、防灾救灾软、硬件建设制订对策措施。《宝山区“十一五”综合减灾规划》的总体目标是：坚持以人为本、平战结合、以防为主原则。建立“六个体系”（统一高效的组织指挥体系、布局合理的防护工程体系、灵敏可靠的通信警报体系、精干过硬的专业队伍体系、保障得力的人口疏散体系、现代化的科研和人才培育体系），提高“四个能力”（整体抗毁能力、快速反应能力、应急救援能力、自我发展能力）。

■民防信息化建设 制订《宝山区数字民防3年规划》，编写完成《宝山民防信息技术使用手册》，改造指挥系统，完成与水务局防汛监测系统、区招商中心、民防办工程科等单位和部门的计算机联网。完成区人防指挥软件地图拼接、信息数据导入、民防网站版面调整和空情报知、文电传输、作战值班等模块的开发。完成“8·13”网上指挥演习和“东方—2004”演习的信息、网络和自动化保障工作。制订《信息整合设计和实施方案》，区基础地理信息采集工作启动，全年采集录入GIS中心数据库有226个居民委员会、165个村民委员会的人口信息；116条主要道路上的门牌号码信息；20余个部委办局的信息；主要道路、桥梁、码头、运输、学校、医院、驻军、消防和生命线工程等30余种信息。收集到区域企业（公司）地理资料900余份、信息3万余条。至年底，涉及区民防办公室负责管理的计算机（台式、）便携式69台，网络服务器6台，打印机、传真机、复印机、扫描仪、投影仪、数字化仪等共12台，向社会提供信息技术服务180次。

■宝山首次试鸣防空警报 8月13日，宝山区试鸣建国以来第一次防空警报。根据上海市政府关于在浦东和宝山进行小范围警报试鸣及进行市、区两级防空袭指挥网上演习的部署，组织防空警报试鸣及防空袭指挥网上演习，检验宝山区防空警报的布局、性能、覆盖率和鸣放效果，使广大市民熟悉和了解防空警报信号。演习内容主要包括小区居民紧急疏散、一定区域警报试鸣等。首次防空警报试鸣于8月13日上午9:00~10:30，在宝山中心城区（双城路以北、同济路以东、富锦路以南范围内）进行，试鸣警报信号为：预先警报为鸣36秒，停24秒，反复3遍为一个周期；空袭警报为鸣6秒，停6秒，反复15遍为一个周期；解除警报为连续鸣3分钟。整个试鸣过程共90分钟。参加演习232人，其中疏散居民120人。期间，向区内各单位发放了《人防法》、《民防条例》，发放《上海市宝山区人民政府关于“8·13”防空警报试鸣的通告》和人民防空常识和防空警报知识等9万份。张贴《通告》3000份，宣传覆盖面达6平方公里，涉及常住人口13万人。

■防空防灾工作 （1）建立民防救灾基本指挥所1个，面积1117平方米，预备指

2004年宝山区民防指挥通信设备和器材统计表

序号	名称	数量	序号	名称	数量
1	计算机	69台	10	800兆无线手持电台	29台
2	打印机	6台	11	150兆无线固定电台	24台
3	传真机	1台	12	150兆无线手持电台	33台
4	复印机	1台	13	车载电话	1
5	电话总机	1台	14	扫描仪	1台
6	电话分机	829部	15	投影仪	1台
7	专线电话	16部	16	数字化仪	1台
8	寻呼机	39个	17	警报器	59台
9	800兆无线固定电台	31台			

2004年宝山区化救抢险与专家队伍组成情况表

序号	组建（派出专家）单位	人数	序号	组建（派出专家）单位	人数
1	上海中远化工有限公司	8	6	上海铁路分局桃浦车站	8
2	吴淞煤气制气有限公司	8	专家组成	美国华瑞中国技术服务中心	1
3	上海跃龙新材料股份公司	8		上海市职业病防治所	1
4	上海石洞口第一电厂	8		上海中远化工有限公司	1
5	上海华丰仓储贸易公司	8		上海试四赫唯化工有限公司	1

挥所1个，面积400平方米。宝山区灾害事故应急救援指挥中心面积500平方米，内设综合布线系统、计算机网络系统、大荧屏显示系统、会议控制系统、监控系统、电视电话会议音频系统、应急指挥软件（GIS）系统等设备设施。各乡镇街道减灾办公室具备“四有”（有指挥场所、有减灾预案、有指挥图版、有通信设备），为应急处置区域性突发事件提供了保证。（2）修订《宝山区高技术条件下局部战争防空袭预案》、《宝山区核事故应急预案》、《宝山区防空袭保障计划》、《宝山区灾害事故应急处置整体预案》、《宝山区灾害事故处置应急手册》、《宝山区重点经济目标防护应急抢险抢修预案》、《宝山区化学事故应急救援预案》、《宝山区人口疏散预案》等民防减灾预案；（3）组建抢险抢修、医疗救护、消防、治安、防化防疫、通信、运输等人防专业队伍7支；宝钢冶金建设公司、中国第13冶金建设公司、中国第20冶金建设公司、上海宝钢设备检修有限公司、上海一钢公司、上海五钢公司等单位专业人员组成的兼职救灾队伍6支；组建居委（社区）民防志愿者队伍233个798人。完成宝山区人口疏散预案、16个重要经济目标防护预案、12支（包括6支化救队伍）兼职救灾专业队伍应急救援预案、16个乡镇街道抗灾救灾应急预案的制订和修订及人防专业队伍的整组工作。

■通信警报设施建设 年内，拟制宝山区通信警报建设“十一五”规划工作正式启动。程控总机更新为德国HICM350E程控总机，总容量1000门，采用先进的信息处理调度系统、数字无线通信系统、自动呼叫分配ACD系统、IP语音系统等。国家人防办配发雪佛兰警报通信车1辆，价值24.5万元。新安装警报器17台，维修警报器4台，养护警报器30台，完成4台警报器的社会化建设任务。实现程控总机与西门子公司远端维护的对接，进行程控总机维修2次、远端维护2次、更换话务台1台。新装电话机49门，移装电话机56门，接转电话20万余次，维护通信线路87条，排除电话故障247次。完成IP电话系统的调试和模拟运行，实现与8个乡镇街道网络互通。全年对16个乡镇街道、12支区级兼职救灾队伍的800兆无线电台进行维修和保养，移装杨行、顾村两镇800兆无线电台。完成第四届宝山区国际民间艺术节、宝山区体育运动会等重大活动的通信保障任务。至年底，由区民防办公室掌管的BP（寻呼）机39个、IP专线电话16条、程控电话分机829个、150兆无线固定电台24台、150兆无线手持电台33台、800兆无线固定电台31台、800兆无线手持电台29台、警报器59台。

■民防知识宣传教育 年内，将乡、镇、街道干部的民防知识教育纳入区委党校的干部培训范围。开展《上海市民防条例》实施五周年主题宣传活动。组织各类人员的《条例》、《人防法》、《建管办法》学习、研讨报告会和民防救灾知识讲座3次，210人次参加学习。举办房地产公司法人代表和项目经办人参加的民防法律法规和规章学习班3期，157人次参加学习。会同区教育局制订《2004年中、小学生民防知识教育计划》，并在部分小学中进行小学生民防知识教育试点。受教育学生8000余人，受教育率达100%。

■民防重点工程建设 年内，位于牡丹江路西侧宝钢商场北侧的市民广场地下停车场建成启用，工程投资1450万元，面积2458平方米，可同时停纳中、小型车辆70辆。区委党校民防工程竣工，工程投资1200万元，面积2500平方米；区公安分局地下人防工程年底动工建设，工程投资2800万元，面积4700平方米。编制完成3年民防工程建设和维修养护计划。

■民防应急救援 年内，民防应急救援和“110”社会联动行动27次，其中化学事故7起，煤气事故8起，剧毒物品处理2起，建筑物倒塌事故2起，刺激性气味测查5起，清除马蜂窝3起。处置事故中坚持做到“一快三不”（接警后到达现场快、未处理完毕不撤手、原因未查清不撤手、群众未安抚好不撤手）。（杨衍鸿）

2004年宝山区化工企业化救器材统计表

序号	名称	数量	序号	名称	数量
1	空气呼吸器	175	8	测爆仪	72
2	氧气呼吸器	414	9	氧气测定仪	184
3	过滤式面具	1069	10	针对性检测仪	88
4	防毒服	129	11	专用堵漏器	28
5	防爆灯	218	12	救生绳	1041
6	防爆工具	24	13	轻便担架	51
7	急救箱	68	14	对讲机	119

2004年宝山区民防办化救器材统计表

序号	名称	数量	备注	序号	名称	数量	备注
1	空气呼吸器	23套	国产、进口	6	防核服	4套	国产
2	过滤式呼吸器	16套	国产、进口	7	防化服	9套	国产、进口
3	侦检仪	14台	国产、进口	8	防毒服	5套	国产
4	专用堵漏器	1套	国产	9	吸附剂	230公斤	国产
5	化救车	1辆	国产				

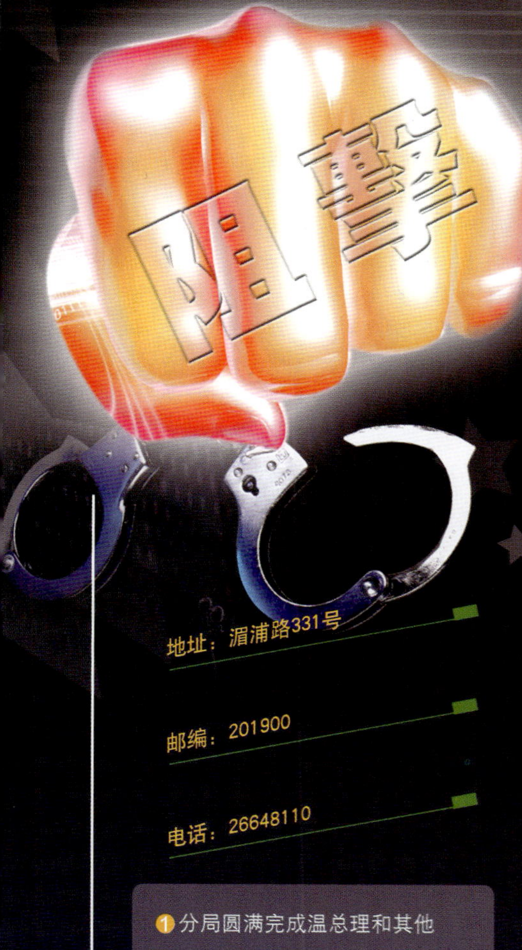

上海市公安局宝江分局

2004年，宝江公安分局在市公安局和宝钢党委的领导下，以为宝钢新一轮发展创造良好安全环境为要求，抓机制建设，抓规范管理，抓基础深化，抓干部培养，抓养成教育，同时，严格落实领导逐级负责制和民警岗位责任制，促进了业务工作和队伍建设的新发展。分局党委和行政再度荣获宝钢集团公司"好党委"和"用户满意文明单位"称号。年内，分局保持对影响宝钢生产经营秩序及职工群众安全感的侵财性案件的攻坚力度，组织打击侵犯宝钢知识产权犯罪专项行动，开展打击"黄、赌、毒"等专项整治行动。严密警卫工作措施，完成中央首长和外国首脑视察、参观宝钢等重大警卫和重要会议安全保卫任务37批。积极推进与宝钢发展相适应的警务机制建设，通过构建以指挥中心为龙头的快速反应机制，强化情报信息对实战的主导作用，加大科技投入，

建立"打、防、巡"协同机制和深化派出所基础建设等手段，增强维护治安稳定，驾驭辖区社会治安局势的能力。强化公安行政管理，开展"火灾隐患大排查、大整改、保安全"的活动，对生产与施工现场的近4万名外协施工人员进行治安防范教育。加强交通安全管理，组织开展学习《道路交通安全法》知识竞赛。深入学习贯彻十六届三中、四中全会以及中央《决定》和"二十公"精神。通过开展向先进典型学习，深化"执法为民"专题教育活动。加强年轻后备干部的培养，开展警（探）长竞聘上岗，选送优秀青年民警到市局和业务条线锻炼基地学习。认真组织开展"大练兵"活动，落实各项教育培训工作。

地址：湄浦路331号

邮编：201900

电话：26648110

①分局圆满完成温总理和其他中央领导来宝钢视察的保卫工作
②分局党委书记、局长：王军

上海一钢建设有限公司

上海一钢建设有限公司是一家注册资本2000万元的民营企业。公司主要经营：建筑工程、设备安装、工程承包，同时兼营：土方工程、装潢工程、市政工程、水泥预制构件、五金加工、建材批兼零、金属结构制作、水泥制造、商品混凝土制造等行业。公司具有《房屋建筑工程施工总承包贰级》、《市政公用工程施工总承包贰级》、《预拌商品混凝土专业承包叁级》、《地基与基础工程专业承包叁级》资质。公司自1998年以来连续获得上海市"重合同守信用"称号。

公司成立于1992年，2004年7月公司进行了民营化改制。公司现下设总师室、经营部、工程部、安监部、办公室、财务室、建筑分公司、江杨分公司、市政分公司、机施分公司。公司目前在册员工总数160人。其中工程技术人员132人，包括一级项目经理2人，二级项目经理11人，三级项目经理4人；管理人员32人。

公司董事长兼总经理王安安携公司同仁，愿与社会各界合作，共同创造美好未来。

地址：长江路868号52栋

邮编：200431

电话：26033559

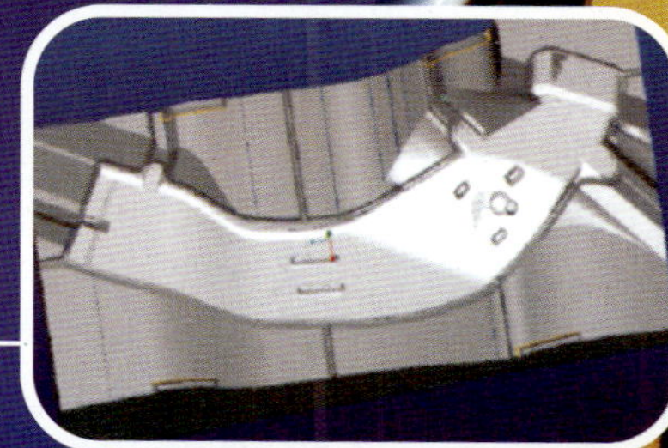

No:033 宝山镜像
摄影 胡新力
陈化成纪念馆
位于临江公园
YEARBOOK OF BAOSHAN

民主党派与群众团体

Organization of Democratic Party and Mass Organizations

■编辑　吴　敏

民主党派与工商联

■中国国民党革命委员会上海市宝山区委员会　年末有支部6个，另有崇明直属小组1个。年内发展党员11名，有党员数160名。其中中高级职称108人，占总数的67.5%。年内，区委组织党员认真学习中共十六届四中全会精神，学习民革党史，邀请市人大副主任、民革市委主委厉无畏来宝山作国家经济发展前景报告。在区"两会"上提交集体提案2件，个人提案20件，建议1件。副主委陆军代表民革区委在区政协五届三次会议上作《对我区贯彻实施〈行政许可法〉的几点建议》的大会发言，分析区内贯彻实施《行政许可法》后存在的问题，对如何进一步推进依法行政提出建议，引起区委、区政府领导重视。民革区委上年提出的《对改善宝山投资环境的几点思考与建议》、《关于在本区建立大型苗木基地的建议》、《关于为淞沪抗战纪念馆增设侵华日军暴行馆的建议》等集体提案被区政协评为2003~2004年度优秀提案。年内，民革各支部进行了换届工作。换届后，民革区委举办了民革各支部领导成员学习班，并与各支部签订一届工作目标责任书。上海国际民间艺术节期间，区委与安徽芜湖在宝山吴淞分会场联合举办画展，并为外国友人当场作画、赠画，受到各界的好评。年内党员接待台胞70余人次，接待海外亲属、朋友120余人次。关心走访老党员，年内发放慰问金3000元。在各支部中开展"争先创优"活动，每个支部都形成特色和亮点，得到民革市委的肯定。一支部重点抓好帮困助学；二支部重点抓好与居委会共建社会主义精神文明；三支部与交警开展共建；四支部在大场镇社区开展了"献计献策活动"；五支部与上海市周浦监狱共同开展帮教活动；宝钢支部成员发挥技术特长，得到宝钢集团统战部的好评。（夏　东）

■中国民主同盟上海市宝山区委员会　年末有支部13个，盟员200人，其中中高级职称189人，占总数的94.5%，年内发展盟员9人，平均年龄为34.6岁。在四届十三次会议上，审议通过了民盟区委《青年工作委员会条例》及青委会成员名单。8月13日，青年工作委员会成立，钟国定为青委会主任，15名盟员为青委会成员。年内，民盟区委对2个支部的主任进行调整，实现新老交替。区"两会"之前，民盟区委召开参政议政工作会议，听取盟内人大代表及政协委员的意见和建议，审议通过了2004年民盟区委在政协五届三次会议上的大会发言及集体提案的内容；会议决定成立2个调研组，分别对区民办转制学校发展问题和区外来务工人员公共卫生问题开展调研。经过调研，民盟区委向区政协五届三次会议提出《民办转制学校发展的思考与建议》和《关于对我区外来务工人员在公共卫生条件实施综合治理的建议》2件集体提案，《关于民办转制学校发展的思考与建议》作为大会发言，并被评为区政协2004年度优秀提案。在区政协五届三次会上民盟区委共提交个人提案22件，建议案1件。年内，盟员中有7人担任行风监督员。年内，民盟区委向各支部发出开展庆祝建国55周年、纪念邓小平诞辰100周年、《中共中央关于坚持和完善中国共产党领导的多党合作和政治协商制度的意见》（〔1989〕14号文件）发表15周年的学习与征文通知，各支部积极响应，上交学习体会文章近30篇，盟区委将优秀征文分两期选登在《宝山盟讯》上。8月23日，举行民革区委学习班，主委厉家俊，副主委李原、蔡永平、朱季澄、陆永涛及全体区委委员出席会议。区委顾问方兆海作学习辅导报告，10个支部分别进行了书面学习及交流。7月3日，盟区委利用双休日组织盟内医疗、法律界的专家教授赴杨行镇为社区群众开展义务咨询活动，近150人次得到义诊服务。区委顾问方兆海为杨行镇村委、居委干部群众作了2场关于社会主义精神文明建设的报告。盟区委在在职盟员中开展募捐活动，共募捐人民币4099元，支援宁夏希望小学的建设。3月18日，五年一次的民盟上海市盟务工作先进评选揭晓，民盟宝山区委被评为盟务工作先进集体，方兆海、唐桂芳、丁杰冲、孙铁群、王月华5名盟员被评为先进个人。民盟区委委员、宝山中学副校长倪华跃获上海市优秀园丁奖。行知中学教师傅炜晹被评为上海市优秀教育工作者。盟员孙铁群被评为市政协《联合时报》2004年度优秀通讯员。韦德锐被评为《新民晚报》2003年度优秀通讯员，并聘为2004年《新民晚报》特约评报员。8月25日，盟员石密富赴云南勐腊三中支教，为期一年。9月24日，盟员、国家一级演员赵春芳90华诞，民盟区委专程前往祝寿。12月10日，民盟区委配合民盟市委组织盟内文艺界著名演员近50人为驻区的市武警指挥学院的官兵举行《军民鱼水情》文艺演出，民盟中央副主席、上海市人大副主任、民盟上海市委主委张圣坤出席并讲话。（唐桂芳）

■中国民主建国会上海市宝山区委员会　年末有支部7个，在册会员147人，挂靠民建宝山区委参加组织活动13人。会员中中高级职称113人，占77%，退休会员64人，占43%，年内发展会员6人，届中调整区委委员2人，调整副秘书长2人，使得各基层支部至少有1名区委委员。2月10日，民建市委主委黄关从一行来宝山进行工作调研，对区委会领导班子自换届以来的工作给予肯定。4月25日，召开区委（扩大）会议，听取青年工作委员会三年来的工作汇报并进行换届改选；审议了"民建区委互帮基金工作条例"，对募集工作进行研究，年内"互帮基金"募集资金15000余元。6月

17日，区委召开企业工作委员会筹备工作会议。企业工作委员会旨在通过有一定经济实体和社会影响的企业家会员的集聚，形成平台，为宝山民营经济快速健康发展服务。在区统战系统纪念邓小平同志诞辰100周年、中共中央〔1989〕14号文件颁发15周年征文活动中，主委胡国胜《在"三个代表"重要思想指引下积极履行参政党职能》，副主委刘祖辰《学习中共中央〔1989〕14号文件的体会》分别刊于《宝山统战》文集。6月14日，与区委统战部联合邀请民建市委主委黄关从来宝山作《上海宏观经济形势》的专题报告。9月3日，与区社会主义学院联合举办民建新成员学习班。在区政协五届三次会议上，委员提交个人提案15件，集体提案1件，其中《发挥宝山地理优势，建设国际邮轮码头》作为大会发言。4月中旬，民建区委召开"加快民营经济发展"课题研讨座谈会，确定《加快知识产权的利用保护，促进民营科技企业的发展》和《关于加大对宝山区个体私营企业劳动保护指导的建议》等提案调研课题。在区政协论坛会上，委员奚惠忠的《深入推进政府职能转变，大力提高服务效率——论"重商、亲商、富商"》获一等奖，委员刘祖辰、王继峰的《进一步优化和加快宝山民营科技企业发展的外部环境》、《宝山民营经济崛起的启示》获三等奖。民建区委以与罗店镇的社区共建为抓手，发挥民建联系经济界的人才优势和党派特点，为宝山和罗店经济发展服务，积极参加招商引资。民建现有各级特邀行风政风监督员9名。年内，副主委陈向峰被中共上海市委统战部授予"2001~2003年上海统一战线为三个文明建设服务先进个人"称号。在宝山区各地投资企业协会换届会议上，民建会员郑雷飞当选为第六届理事会副会长并出席了由市工商联等单位举办的2004年上海市民营企业名牌战略研讨会。9月，秘书长卢畋应邀赴安徽芜湖参加迎国庆书画作品交流活动，国画作品《水上茶楼》获得上海市各民主党派《纪念邓小平同志诞辰100周年书画联展》荣誉证书并予收藏。　（卢　畋）

■中国民主促进会上海市宝山区委员会　年末有支部14个，会员191人，其中具有中高级职称的183人，占95.8%，退休会员86人，占45%，区属单位161人，占84.3%。年内发展新会员10人，增补喻碧波为区委副主委。年内，成立民进同洲模范学校支部。全年召开"议政日"会议3次，收集会员献计献策建议，由会内的区人大代表和政协委员向区"两会"提交提案33件，其中，集体提案2件。区委集体提案《关于开创我区老龄工作新局面的若干建议》被区政协评为2004年度优秀提案。区政协五届三次全会上，副主委奚雪明代表民进宝山区委和区政协社会事务委作题为《关于加快西城区开发建设的若干建议》的大会发言，对加快西城区开发建设提出5条建议：（1）深化对西城区定位认识，西城区建设应该定位为上海世界城市次级中心之一；（2）争取市政府及有关部门和区内各方面的支持，西城区建设应争取享受上海市小城镇建设"一城九镇"优惠政策；（3）实行多渠道融资，确保西城区开发建设资金及时足额到位；（4）建造"上海国际钢铁贸易中心"，全面提升西城区能级和品位；（5）建立灵活多样的动拆迁机制，确保及时完成动拆迁任务。年内，组织会员学习"三个代表"重要思想、中共十六届四中全会精神、新修改的宪法和新政协章程；开展纪念中共〔1989〕14号文件"三个一"主题活动，即举办一次辅导报告、开展一次征文活动、举行一次统战知识竞赛活动；举办支委以上干部学习班和新会员学习班。年内，民进区委和海滨街道开展共建活动，开展爱心助学、医疗咨询、为少数民族人士上门义诊、组织形势报告会和参观宝钢等多种形式的活动，共建单位海滨街道被评为全国民族工作先进单位。年内，淞谊中学联合支部被民进上海市委评为先进支部，会员王开泰、何其容被评为民进上海市会务积极分子，会员李岷获上海市园丁奖。淞谊中学联合支部、进修学院支部、顾村中学支部、宝山中学支部被评为区委先进支部，宝钢支部和医卫支部被评为区委单项先进支部。会员刘国璋被评为区首席教师，陆进生等6人被评为区学科带头人。奚雪明的论文《论民主党派加强参政能力的建设》、《多党合作礼赞》分获区统战理论优秀论文奖和统战征文一等奖。编辑出版《宝山民进》4期。1月19日，民进区委召开四届三次全体会员大会，通报民进市委、民进区委和区教育局工作情况。6月10日，民进上海市委2004年第二次区（县）委专职干部会议在宝山召开。12月15日，民进上海市委参议政工作交流会（北片）在宝山举行。　（奚雪明）

■中国农工民主党上海市宝山区委员会　年末有支部11个，党员247人。年内发展新党员6人。共向党员征集到社情民意征询单60余件，成为人大代表、政协委员参政议政的素材。在"两会"上提出区人大书面意见5件，区政协集体提案5件，区政协委员个人提案23件，徐黎黎委员代表农工党区委在区政协大会上作题为《加强治理非法行医，为外来务工者创造安全的就医环境》的大会发言，《关于深化职业教育，成立宝山职教集团的设想和建议》在大会作书面发言。集体提案《对加快完善社区医疗服务点建设的建议》引起中共宝山区委、区政府的重视，年内召开区社区卫生服务工作推进会，区政府就社区卫生服务工作下发2个文件，加快了社区卫生服务点的建设。年内，区委组织课题组，配合农工党市委完成从中共上海市委中标的《农村宅基地置换问题及对策》调研课题，对区内部分乡村开展调研并形成调研报告，受到农工民主党市委的好评，并作为2005年度区政协五届三次会议的集体提案和大会发言。11月23日，农工党中央副主席、市委主委左焕琛来宝山为各民主党派骨干作《落实科学发展观，建设资源节约型城市》的专题报告，与农工党区委领导举行工作座谈，并题辞。7月5日，农工党区委于向全体农工党员发出关于征集庆祝建国55周年、纪念邓小平诞辰100周年、中共中央〔1989〕14号文件发表15周年征文活动的通知，共收到各类征文40余篇。9月23日，区委召开了征文交流会，优秀征文编成了《农工宝山简讯》征文专辑。12月23日，在农工党市委召开的优秀征文颁奖式上，宝山区的周之英、何凤霞、姜允爽、顾正红分获二、三等奖、优秀组织奖和入围奖，田小艳等20人获纪念奖。6月3日，农工党宝山区第五次代表大会第二次会议召开，成为推行代表大会常任制的一种尝试。于吉元等22位参政议政先进个人在会上受到表彰。年内，区委制定了《关于加强参政党理论建设的意见》，成立了区委青年理论研究小组。2004年，在农工党市委刊物《农工沪讯》上共刊载农工党区委的稿件34篇。年内，农工党区委经研究产生了5名后备干部，年龄在45岁以下，具有高级职称或硕士以上学位。对区委和基层支部班子作了增补。　（姜允爽）

■九三学社上海市宝山区委员会　年末

有社员240人，其中高级技术职称131人，女社员89人，年内共发展社员30人。3月，社区委召开第十二次区委会，通过了《九三学社上海市宝山区委员会关于部分支社调整方案》和《九三学社上海市宝山区委员会关于2004年支社委员会换届工作的实施意见》，8月，完成支社调整和支社换届改选工作，原6个支社调整为8个支社。调整后，宝钢集团有3个支社，其中宝钢股份公司为一支社，一钢公司为三支社，五钢公司为四支社。崇明县的21名社员为八支社，上海第二工业大学的11名社员转入九三学社上海市第二工业大学支社，各支社分别召开换届选举大会，选举产生了新一届支社委员会。8月，与区社会主义学院联合举办2004年骨干学习班，九三学社区委委员、支社主委参加学习。市社会主义学院副院长彭镇秋在学习班做纪念中共中央〔1989〕14号文件发表15周年的专题报告。召开专题学习会，学习中共十六届四中全会精神，学习新修改的《宪法》，组织社员参加社市委"认真学习宪法，推进依法治国"活动，有119名社员参加了"宪法知识测试"。年内，有5名社员被各级组织评为先进个人，第五支社张士青教授被授予"上海市育才奖"、周令芳教授被授予上海第二医科大学 "高尚师德奖"、第一支社江来珠博士入选"第二届上海青年科技英才正式候选人"。在区政协五届三次会议上，社区委政协委员提交26件提案，其中集体提案2件，政协委员个人提案24件，黄钢祥的提案《关于改善吴淞大桥与逸仙路高架之间道路畅通问题》 被评为2003年优秀提案，张士青代表社区委在区政协五届三次大会上作《搬迁吴淞工业区，让宝山城区生活更美好》大会发言。在区人大五届二次会议上，社区委人大代表提交书面意见或议案6件。淞南地区没有医保药店的问题，经社区委的人大代表积极呼吁得以解决。社区委有7人担任区行风监督员。区"两会"后，社区委组成2个调研组，对"两会"期间反映比较集中的社会热点和难点进行专题调研，形成调研报告。11月，与九三上海大学委员会联合召开第二次联席会议，就上海大学如何为宝山的发展输送合格人才进行了研讨。社区委发挥在法律、医疗等专业优势，举办咨询活动，在敬老节期间举办的咨询活动中，有250人次为市民提供服务。　（申静龙）

■宝山区工商业联合会　全年宝山区工商业联合会（以下简称"工商联"）发展私营企业会员193户。至年末，共有国营集体、"三资"、私营、个体工商户会员1319户，比上年增长17.14%。工商联有老会员141人。10月21日，首届"长江口民营经济发展论坛"在罗店美兰湖君华会议中心举行，论坛主题为"长江口区域优势和民营经济发展机遇"。国家、市、区领导、全国著名专家学者、民营企业家代表300余人出席，全国30多家主流媒体报道了论坛盛况。

年内，以宝山钢铁企业为主体组建并升格的上海市工商联钢铁贸易行业商会成立，上海舜业钢铁集团有限公司董事长席劲松当选为会长。开展基层商会达标创优活动，淞南镇商会被评为市工商联先进基层商会，淞南镇、罗店镇、罗泾镇、长兴乡、友谊路街道、通河新村街道等6个基层商会被评为区工商联先进基层商会。开展了首届优秀中国特色社会主义事业建设者的评选、推荐工作，席劲松被评为首届"全国优秀中国特色社会主义事业建设者"，席劲松、邵东明、丁劲松、朱政平等4人被评为"上海市优秀中国特色社会主义事业建设者"。陶华强、金惠明等2人为市劳动模范，上海汉康豆类食品有限公司获得市著名商标认定，上海飞和实业有限公司的飞和牌OG型蜗杆空气压缩机、上海东方泵业集团有限公司的EASTWELL离心水泵被评为2004年上海名牌产品，上海飞和实业有限公司被评为中国优秀民营科技企业，郑飞雷被评为中国优秀民营企业家，朱政平、邵金如等2人被评为市委统战部 "三个文明建设先进个人"，15个会员企业或企业家被市政府、区政府评为劳模集体、区先进生产（工作）者、先进集体，席劲松被评为全国首届"十大创业英雄"。区工商联配合区委组织部开展对民营企业青年知识分子的调查摸底。举办有100余家企业参加的企业文化建设暨创建文明单位现场推进会。

全年，为会员企业融资近千万元；举办税收实务、劳动用工、质量管理和市场商机等培训班4期，会员500多人次参加；组织会员参加市、区各类培训讲座10多批；组织会员体检9批次，企业家及企业中层骨干300多人次参加；会员数据库实现与市工商联会员库的连接；搭建政企交流平台，成功举办宝山区民营企业家沙龙活动。筹建宝山区商汇都市工业园；11月召开民营企业参与宝山工业园区建设座谈会，引导有实力的民营企业向宝山工业园区集聚，得到积极响应，有10余家私营企业投资落户园区。

发动会员参与西部地区开发建设。3月，上海友翔五金实业有限公司与内蒙古固阳县政府签订了分三期实施的总投资1.6亿元、占地120亩的五金建设项目。上海舜业钢铁集团有限公司、上海海泰钢管有限公司各捐资15万元，资助上海5所高校来自西部的部分贫困学生。上海为中建设工程发展有限公司向长兴乡老年基金及敬老院捐款38万元。20名民营企业家认捐宝山区20个红十字站点，捐款总额10万元。

"两会"期间，区工商联提交集体提案1件，个人提案13件，作了题为《突破发展瓶颈，加快民企发展》的大会发言。调研报告《关于当前政府发展民营经济工作着力点的思考》获区政协论坛二等奖，并被《中华工商时报》刊登。《增强工商联工作有效性》一文被《中华工商时报》摘编刊登并被《人民日报》新闻信息中心编入《学习与实践》汇编读本。　（张建红）

工会

■概况　至年末，宝山区总工会辖有大口、直属工会58个，基层工会5351个，全区职工176131人，工会会员157786人，其中女会员64822人。区总工会工作机构设办公室、组织民管部、保障工作部；直属事业单位3家。年内，区总工会引导职工群众发挥主力军作用，塑造新时代职业精神，全区涌现出一批先进典型，刘行税务所获全国职业道德"百佳班组"称号，区市容清洁服务公司获市职工职业道德"十佳单位"称号。区内有全国"五一"劳动奖章获得者1名、市劳模个人19名，劳模集体6个，区先进个

区工会举行职工书画展。摄影／浦志根

区领导与市劳模合影。 摄影／浦志根

人 321 人，区先进集体 158 个。（1）推进工会组建工作。2004 年全区新建独立工会 164 家，新增会员 33558 人。顾村工业园区工会工作站于年内成立。（2）开展工作调研。区总工会用 2 个月时间对全区大口、直属工会开展工作调研，掌握各乡镇开发区企业数、开发企业职工数、至 2003 年底已建工会数、联合工会覆盖数、独立工会会员数、联合工会覆盖会员数、符合独立建会企业数及基本情等 7 个方面的动态数据。（3）推进学习型组织建设。区总工会制定《开展“创建学习型单位，争做学习型职工”活动的实施意见》，实施意见规定 2004 年的具体目标是：全区各文明单位基本建成学习型单位，其它事业单位有 30%的班组建成达标。（4）加强经费审查监督。区总工会经审会首次对非公企业舜枫龙物资有限公司工会的财务收支情况进行审计试点，总体情况良好。区总工会制定了《关于加强工会经费审查监督工作的实施办法》。

■职工素质工程建设 以岗位培训、技术练兵、技能比武、晋级颁证“四位一体”为抓手，推进职工素质工程建设。组织 8 支队伍参加市总工会组织的职工技能竞赛活动，其中 2 支队伍通过选拔参加全国职工技能比赛。参加全市物业管理技能竞赛，区总工会与区人事局、机关党工委、信息委等单位联合组织由全区机关事业单位工作人员参加的办公自动化操作比赛。举办班组长培训班，200 余名基层班组长参加学习；组织 170 余名职工参加“工商管理初级班”学习。

■举办系列职工文体活动 年内，以创新活动为载体，丰富职工文体活动。（1）举办“金叶杯”宝山职工“读书明理，感悟人生”演讲比赛，20 多家单位参加，60 余人参加决赛；（2）举办庆五一“看祖国大好河山，绘宝山新城新貌书画展”，20 余家单位参加，参展作品 100 余幅；（3）举办“宝冶检修杯”青春健美操比赛，60 余家单位 600 余人参加；（4）举办迎国庆“一框”集邮知识讲座及邮品展，40 余人参加讲座，参展作品 20 余框；（5）举办“宝冶杯”职工乒乓球邀请赛，16 家单位 150 余人参加。

■维护职工权益 （1）区总工会、劳动和社会保障局联合开展了为期 100 天的进城务工人员劳动保障权益专项执法大检查；（2）区总工会选送 4 人轮流到区劳动和社会保障局劳动仲裁科工作，参与劳动仲裁合议庭的庭审和裁决。（3）企业民主管理形式得以巩固完善。国有、集体控投企业、事业单位职代会建制率、实施率 95%以上，厂务公开实施率达 100%。乡镇、街道联席会议制度的建制率、召开率 90%；乡镇、街道层面劳动关系、三方协商机制建制率召开率 95%以上。（4）建立“宝山区职工援助服务中心”，满足区内各类职工群体特殊需求。

■帮助困难群体 （1）对 39400 名支内回沪定居人员实施困难补助，发放帮困款 591000 元；（2）一次性困难补助 1812 人，发放帮困款 400000 余元；（3）医疗救助 549 人，帮困款 341040 元；（4）基层各级工会慰问救助 8444 人，发放救助金 2303693 元，救助实物折款 263929 元；（5）一日捐活动收到捐款 977535 元，区总工会实施各类帮困 1050

人，发放帮困金339670元。

■**区总工会表彰年度先进** 宝山区总工会召开表彰大会，授予顾村镇工会、区医务工会等49个工会“2001~2003年度宝山区先进工会集体”的称号；授予曹月华等127人“2001~2003年度宝山区优秀工会工作者”称号；授予钟菊妹等20人“2001~2003年度宝山区心系职工好领导”称号。

■**明确维护妇女权益的重点和内容** 年内，区总工会确定维护妇女权益三个重点群体即以特困女职工、“4050”下岗女职工、外来务工女职工为重点，开展“七送”活动，（1）送健康。为“三个重点”的女职工免费妇科普查、咨询各100名，基层各级工会组织全面落实二年一次妇科普查。（2）送保障。动员女职工特别是“三个重点”的女职工为自己投一份《女职工团体互助医疗特种保障计划》，年内机关委办局完成100%，其他单位80%以上女职工投保。（3）送法律。各级工会开展法律咨询和法律援助系列活动，区总工会在杨行镇开设外劳务工女职工劳动权益咨询专场。（4）送知识。组织职工外出考察学习，观摩先进事迹展示；送书下车间，下工地；邀请专家作“新时期职业女性形象”报告会和女性知识讲座。（5）送服务。组织工会志愿者上门为残疾和患重病女职工服务；给患重病女职工送上节日问候和爱心互助款。（6）送培训。开展巾帼花艺，女性编织艺术、烹饪、育儿等培训，并通过竞赛和展示，推进培训工作的深入开展。（7）送岗位。培育女性创业示范点，重点扶持工会家政服务品牌，为“三个重点”人员提供就业岗位和就业条件。

■**非正规劳动就业组织工会组建** 年内，区总工会、区劳动和社会保障局联合召开在非正规就业组织中成立工会组织的动员大会，联合制定《关于在非正规劳动就业组织和劳务公司中建立工会》的实施意见，成立由区总工会、区劳动和社会保障局共同组成区非正规就业劳动组织组建工会领导小组，各乡镇、街道，各委、办、局工会相应建立领导小组和专门的工作班子，各乡镇、街道劳动保障服务中心及劳务所，配合所属乡镇、街道工会做好宣传发动、工会班子人选推荐等基础性工作。明确新组建的非正规就业劳动组织和劳务所的工会经费的主要来源：（1）加入非正规就业、劳务所工会的会员每人每月由主管单位在工资中代扣代缴工会费人民币2元；（2）由行政主管单位资助；（3）由用人单位资助；（4）由上级工会组织下拨资助；（5）由劳务所在结余经费中资助。年内，区公安分局非正规劳动就业组织联合工会成立，成为宝山区首家非正规劳动就业组织组建的工会。发展工会会员1759人，其中交通协管员36人，保安人员1396人，入会率100%。

■**重点工作目标考核** 年内，区总工会首次与基层工会签订重点工作目标考核责任书，考核的内容为工会组建、职工素质工程、维权机制、完善保障工作等4项重点工作，区总工会根据各单位的不同特点，对重点工作进行分门别类的分解，并量化成分值。乡镇、街道重点考核工会组建、维权机制完善、保障工作；委办局重点考核职工素质工程、维权机制完善、保障工作。至年末，经各系统自评和区总工会统一评定，共评选出工会组建工作先进单位10家，优秀单位12家，重点工作考核先进单位9家，优秀单位11家，达标单位11家。

■**区退管会为退休职工办实事** （1）为4837名70岁以上高龄老人办理敬老优待证；（2）开展了冬送温暖夏送清凉活动，10927名退休职工得到各类帮助，帮困总金额118万元；（3）为34690名退休职工办理互助医保，理赔5063人次，理赔总金额192.2万元；（4）定期开展社区为老服务活动，受益的退休老人5320人次；（5）退管经济经营总额达4100万元，比上年增长2.5%，用于退休职工福利费50万元；（6）为91名特困退休职工实行了“三定”帮困，其中区退管办帮困10人。

■**职工互助医保继续名列全市前茅** 年内，区职工互助医保工作面超额完成市总工会下达的考核指标。在职住院投保累计50885人，投保率达91.97%；特种重病投保累计39821人，投保率达71.98%；意外、养老投保累计8785人，投保率达15.88%；女职工特种重病投保累计18910人；退休职工住院投保34690人，投保率达99%。全年为本区退休职工办理理赔26768人次，理赔金额1059万元，比上年同期增长20%；为在职职工办事各类理赔（住院、特种重病、意外、养老、女职工）2478人次，理赔金额258.89万元，理赔差错率从上年25例下降到4例。 （窦恺芳）

共青团

■**概况** 至年末，全区有14至35周岁青年15.10万人，占全区人口的17.4%，其中14至28岁青年9.22万人，有共青团员18392人，比上年增加8.19%，年内发展新团员1875人，比上年减少60.96%。有区属团委38个，区属团总支111个，区属团工委7个，专职团干部36人，兼职团干部972人。年内，团区委开

团区委为“五四”红旗团组织颁奖。 摄影／浦志根

宝山区青年志愿者与援藏干部家属举行结对签约。　　摄影／浦志根

展未成年人思想道德建设、团建创新、共青团信息化工作等方面的专项调研。（1）青少年思想教育。通过1200多个“学理论、学党章”小组等学习型组织，引导青少年学习党的理论。举办“学井冈、忆传统”报告会、市优秀外来务工青年法制演讲等8期“青春学苑”系列讲座。获团市委“汇聚在光辉的旗帜下”——上海青年学习实践“三个代表”重要思想征文比赛“优秀组织奖”。与区关心下一代工作委员会等单位联合举办区首期青年马克思主义基本理论读书班，27名优秀青年学生参加为期一年的学习。与武警上海总队七支队团委开展以“思想工作联抓、公益事业联做、人才培养联手、文体活动联谊”为主要内容的“四联”活动，区属10个基层团组织分别与七支队各基层大队、中队签订共建协议。（2）青少年文化建设。探索成立以乡镇（街道）团组织为核心、有阵地依托、直接联系青少年的“青年中心”。培育、扶持各类社区青少年文化型社团，友谊路街道团工委委托专业社工组织，组建“心灵驿站”活动。举办5场“让青少年走近经典”——2004年上海青少年文艺巡演活动。改版后的团内刊物《宝山青年》杂志获第五届“上海五四新闻奖”基层报刊奖一等奖。完成团员青年的上海青年卡的信息采集工作。发挥共青团法院陪审员作用，年内共参与闸北法院少年庭陪审案件6起。

■宝山八村小区被评为“全国青少年文明社区”　该小区内青少年1393人，占总人数的24%，团员151人，青少年文明楼组2幢。按照党建带团建的要求，整合社区各单位的资源，加大对社区团员青年的服务和凝聚力度。成立“青年之家”、“青年志愿者服务队”、“小公民道德宣讲队”、“忘年交小组”等适应青少年需求和特点的活动载体和阵地。通过组织开展社区服务、读书会、法制学校、科普教育等活动，在服务青少年成才的同时，进一步扩大共青团组织的影响力和号召力。

■青少年人才培养　在全区机关、企业团组织中实施青年职业生涯导航活动，帮助青年树立崇高的职业理想、培育较高的职业素质、建设高度的职业文明、实现最优的职业价值。培育优秀青年典型。残疾青年王海文获第十一届“上海十大杰出青年”提名奖、黄涛获第五届“上海市十大文化新人”提名奖称号，沙林芬被评为“全国青少年宫优秀教师”。

■葛文被评为“全国农村青年创业致富带头人”　2000年，22岁的葛文辞去在宝钢冶建公司的工作，到月浦镇沈家桥村租种土地1.67公顷，开办起新净蔬菜园艺场。2002年，承包土地增至5.33公顷。经历创业之初的严重亏损，到2004年园艺场产值130万元，净利润15万元。在葛文的带动下，月浦种植特种蔬菜的承包户增至14家，总面积达500余公顷。他每年接收当地农民10人左右参与生产经营，带动农民工的就业。葛文被团中央、国家农业部评为2003年度“全国农村青年创业致富带头人”

■青年志愿者行动纳入规范化轨道　年内，探索志愿者行动机制化运作模式。全区有注册志愿者1万余名，志愿者队伍200余支，“3.5”学雷锋期间，组织1500余名青年在全区各主要路段开展大型便民利民服务。组建与第四批援藏干部家属结对、第二批淞沪抗战纪念馆义务讲解、第四届宝山国际民间艺术节志愿者等各类专业化青年志愿者服务队。成立法律援助青年志愿者服务队，开通青少

宝山区“五四”青年歌咏活动。　　摄影／浦志根

年维权热线—56110148，每周四下午由志愿者接听电话，为青少年提供法律咨询、心理咨询、非诉讼调解等服务。

■纪念“五四”运动85周年系列活动 以“激扬青春，拥抱宝山”为主题开展纪念活动。举办纪念“五四”运动85周年表彰大会暨歌会；开展大合唱比赛，12支青年歌队参赛；开展“共青团号”十周年巡礼活动，展示创建成果；年内，创市级“共青团号”集体2家，上海吴淞市政建设总公司“宝泰之光”青年突击队被评为“上海市优秀青年突击队”；举行“汇聚在光辉的旗帜下”——2004年宝山区新团员入团宣誓仪式。

■开展“喜爱宝山的理由”系列活动 年内，开展“喜爱宝山的理由”系列活动，主要活动有：“团结宝山”——区青联中秋联谊活动，“发展宝山”——优秀青年企业家论坛活动，“活力宝山”——环长兴岛马拉松接力赛，“魅力宝山”——演讲、摄影大赛，“历史宝山”——DIY主题团日创意设计大赛，“素质宝山”——青少年素质发展要求漫画征集，“责任宝山”——区内希望工程“一助一”结对助学活动。该项系列活动申报团中央“2004年社区青年文化节组织奖”。

■多渠道帮助青少年就学、就业 （1）团区委与区劳动和社会保障局合作开设青少年技能培训班，460余名青少年参加水电工、汽车维修、室内装潢、营业员等内容的培训。（2）开展“阳光展翅”——宝山社区青少年助学就业行动，81名青少年参加为期一年半时间的高中或相当高中（中专、技校、职高）学历培训，并接受经济管理、电子通讯、汽车维修、营销等专业技能培训。（3）团区委与金鹰国际购物中心联合举办营业员和收银员储备班，28名社区青少年参加了为期1周的军训和2个月的业务培训。

■协助政府管理青少年事务 年内，团区委协助区预防办开展青少年事务社工的招募、培训工作，为社工队伍配备专家顾问团和老干部志愿者团，在区检察院设立社工队伍挂职点。至年底，全区有青少年事务社工67名。

■公开选拔基层团干部 年内，全区乡镇（街道）团（工）委书记实施竞争上岗。报名者中有69人通过资格审查，通过笔试、面试等程序，15人走上基层团组织负责人岗位。上岗者平均年龄26岁，全部为大学学历。此项工作被团市委授予第三届上海市共青团工作“首创奖”。年内，竞岗工作领导小组对团干部的选拔任用、职责、待遇等方面作了明确规定。

欢度“六一”活动在街头。　　摄影／浦志根

■开展“争红旗、创特色”活动 年内，深入开展团建创新活动，团区委组织对工业园区的“两新”组织状况开展摸底调研，在淞南经济开发区成立“共青园”，以“促青年成长，护青年权益，助企业发展”为服务宗旨，以园区（经济开发区）内所有的团组织及广大青年为服务对象，大力促进非公有制经济组织中的基层团组织网络建设，扩大共青团对不同阶层青年的组织覆盖。区卫生局团委研究并初步形成“团工作评价体系”，长江口商城股份有限公司百货分公司探索建立“流动团员站”。

■少先队工作 （1）推进“快乐队建”工作。召开区首届“十特”“百佳”快乐中队的表彰会，组织“十特”中队进行展示交流、召开区少先队文化建设现场推进会。（2）通过开展“喜爱宝山的理由——民族精神由我们来传承”、纪念建队55周年实践体验活动、“喜庆建队日”等实践活动，加强少年儿童思想道德教育。（3）加强少先队组织建设，相继在友谊路街道、庙行镇成立社区少工委。完善辅导员管理机制，加强对新辅导员的上岗培训，以工作日与寒暑假为段，分内容、分对象，安排培训内容。深化雏鹰争章行动，培养少年儿童的创新精神和实践能力。　（潘　隽）

妇联

■概况 年内，区妇联围绕“三个变样”的要求，探索妇女儿童工作的新途径，激励广大妇女积极投身区域经济发展的主战场。“三八”表彰会暨区情报告会表彰了市区“双学双比”女能手41名、“双学双比”竞赛活动协调工作先进个人6名，杨行镇的马爱珍被评为全国农村“双学双比”女能手和上海市“双学双比”女能手标兵。评选17户上海市“五好文明家庭”、135户区“五好文明家庭”和27户“特色文明家庭”、淞南镇的蔡玉龙家庭被评为第四届全国“五好文明家庭”、大场镇金惠明家庭获上海市“五好文明家庭”荣誉户称号。继续开展“百万家庭网上行”活动，1.4万人通过培训获得合格证书。2004年，区妇联获上海市“百万家庭网上行”实施项目特别贡献奖；被上海市安置帮教协调小组评为上海市刑释解教人员安置帮教工作先进集体。

■来信来访来电处结率98% 区妇联全年接待来信来访来电917件，1600余人次，接待量比上年增加46.72%。来信来访来电中涉及婚姻家庭的595件，占64.89%；涉及家庭暴力的76件，占8.28%；涉及劳动权益、人身权益的86件，占9.38%；涉及离婚中的财产，子女

上海市"关爱女孩行动"在宝山启动。　　摄影／王春明

抚养等问题的187件，占总数的20.3%。

■**依法维护妇女儿童合法权益**　（1）针对区内部分家庭暴力相对比较严重的状况，区妇联与区公安分局联手在淞南、庙行、月浦公安派出所设立"反家庭暴力受理点"。（2）加强法律知识普及，举行"法律知识月月讲"活动，开展各类讲座15次，参与人数2200余人，组织1100余人次妇女参加"华东六省一市妇女法律知识网络竞赛"。（3）妇联法律援助工作站为560人次妇女提供法律咨询，为6名妇女提供法律援助。

■**帮困助学受益群众2.5万人**　开展多种形式的帮困助学活动，受益群众逾2.5万人。（1）配合市妇联"温暖送三岛"活动，为长兴、横沙两岛的困难学生争取助学金额93万元。（2）落实农村妇女两年一次的妇科普查工作，全区22743名农村妇女接受了普查。为2500名特困、协保、下岗和残疾妇女提供免费妇科普查。（3）为35户贫困妇女家庭送去了8400元慰问金；为189名贫困学生争取34.42万元助学金。（4）"六一"期间，组织外国友人与受助学生联谊，150名学生受助参加活动。

■**区妇女就业服务中心成立**　区妇女就业服务中心于年内成立，中心依托2家民营企业，为失地、失业妇女提供培训和就业、创业服务指导，至年末，中心已培训妇女462人，职业介绍150人次，推荐上岗136人次。区妇联举办了妇女再就业产品展示，展出作品主要有吹塑版画、剪纸、绒线编织、水晶艺术包等。

■**开展单亲家庭状况调查**　年内，区妇联开展单亲家庭状况调查，经调查，全区有单亲家庭2645户，占全区总户数的0.85%，单亲家庭中有未成年子女的家庭1538户（18周岁以下），占调查数的58.10%。困难单亲家庭主要分布在淞南、大场、两岛和友谊地区，最多的是长兴乡。被调查家庭的特点主要是：（1）家庭经济不稳定的比例较高，占调查人数的43.1%。其中：待业人数632人，下岗人数220人，协保人数183人，内退人数107人。（2）单亲家庭中子女未成年的较多。在读大专以上的239人，占9.04%；在读中学（中专、职校）的1194人，占45.14%；读小学的437人，占16.52%。（3）单亲家庭中面临抚养费不到位，精神压力大，亲情缺失的较多。

■**区首家社区家庭教育指导中心成立**
（参见第305页"友谊路街道"）（杜　红）

其他团体

■**黄埔同学会宝山区工委**　年末，黄埔同学会宝山区工委（以下简称"工委会"）有同学21人，其中最高年龄93岁。年内去世3人。工委会发扬传统，认真抓好学习。中共十六届四中全会及市、区"两会"召开之后，分别召开学习贯彻会议精神座谈会，向每名同学赠送中共十六届四中全会决定单行本，印发了市、区"两会"精神的书面材料。同学会的每次活动都邀请区委统战部领导通报区情，安排身体条件允许的同学参加区委统战部举行的系列报告会。在往年为每名同学订《联合时报》、《黄埔杂志》的基础上，2004年增订《上海黄埔》、《健康财富》等报刊杂志。区"两会"期间工委会提交集体提案2件、个人提案2件。主委彭望禔的《淞沪抗战纪念馆应增设侵华日军暴行馆》被评为2004年度优秀提案，2003年提交的提案《关于建立上海战役纪念馆的建议》被区政府采

黄埔老兵引亢高歌，纪念黄埔军校建校80周年。　　摄影／浦志根

纳，现该馆筹建工作已开始。6月10日工委会举行纪念黄埔军校建校80周年大会，中共宝山区委书记薛全荣会见与会的黄埔同学，中共宝山区委统战部长张浩亮主持会议，主委彭望禔致欢迎词，会后，平均年龄逾84岁的“黄埔老兵合唱团”演出文艺节目。8月13日，和虹口区工委会联合举办纪念淞沪抗战67周年活动，凭吊姚子青烈士，出席由中共一大会址纪念馆举办的《四个月的战争》一书的首发式，举行纪念八一三淞沪抗战67周年座谈会。工委会继续坚持冬送暖、夏送凉的传统，每年两次对全体同学进行家访。工委会在公安部门的协助下，为年内去世的郑仲同学找到长期无联系的妹妹，并以同学会的名义为其办理丧事；李烈新同学曾是区政协委员，年内在家乡河北病故，工委会帮助其亲属处理了后事。（黄青青）

上海市宝山区归国华侨联合会 年内，上海市宝山区归国华侨联合会（以下简称区侨联）跟踪服务对象有归侨18人，侨眷3户，新移民2人，留学生10人，全区有侨联联络组18个。8月5日，宝山区第四次归侨侨眷代表大会召开，170名侨界代表和40余位特邀嘉宾出席大会。中国侨联副主席、市侨联主席杨玉环及中共宝山区委、区人大常委会、区政府、区政协领导到会祝贺。会议听取并审议区侨联第三届委员会以来5年的工作报告，选举产生宝山区侨联第四届委员会。选举出区侨联四届委员34名，其中常委15名、主席1名、副主席5名。在区内开展《宝山区归侨生活状况调查》，调查归侨76余人。通过调查，初步掌握了区内归侨生活状况。健全走访慰问机制、联谊联系机制、信息畅通机制。全年走访慰问620余人，送上慰问款、慰问品累计6.5万元人民币。在市侨联的支持下，为20名困难老归侨申请并落实慈善医疗卡（500元/张），经区民政局与有关部门协商，由政府为7名老归侨提供每人每月价值150元居家养老服务。宝山侨联继续开展“老归侨回家吃年夜饭”、“手牵手、帮困助残”、“迎中秋、庆国庆”等活动，组织侨界群众游港澳、看上海、游植物园、赏梅踏青等。11月、12月，海滨新村街道侨联分会和吴淞镇街道侨联分会相继成立，大场镇侨联联络组各项活动有序开展，全区正逐步形成以区侨联为核心，侨联分会、联络组为基础，以各类联谊联欢活动为载体的侨联组织网络。全年受理侨界来信来访31人次。在政协五届三次全会上，侨界政协委员认真履行职责，向大会递交提案7件。宝山侨联继续发挥优势，以亲情、友情、乡情为纽带，开展对外联谊联系工作。在继续加强同侨联老朋友——浙江新昌县侨联的友好交往同时，广交新朋友，与南通市侨联建立友好侨联关系。在侨着沈爱珍的牵线下，与“香港博爱医院80周年邓英喜中学”建立互访关系，促进沪港两地民间交流。全年接待来自美国、加拿大、印尼、泰国等海外友人8批，14人次。经过一年多的接触，美国迈迪珊置业有限公司在宝山顾村镇投资1.5亿美元开发房产，项目于7月28日正式启动。区侨联利用现代信息网络和各类侨联刊物上报宣传信息59篇，被重复采纳70篇次。区侨联被市侨联评为2004年度侨联系统信息工作先进集体、被区委统战部评为2004年度统战信息工作先进单位。（耿红波）

宝山区学生联合会 以实施中学生素质拓展计划为主线，以培养“合格+特色”的未来建设者为目标，开展以“弘扬和培育民族精神”为主题的系列活动。推进中学生素质拓展计划试点，吴淞中学等作为第一批试点单位分别围绕“学生社团创建”、“德育学分制研究”及“就业指导探索”等课题进行中学生素质拓展计划实践。12月，召开区中学生素质拓展计划工作试点推进会，4家单位作总结汇报。（潘隽）

宝山区青年联合会 开展青联委员参政日活动和青年论坛活动，举办名师讲座沙龙，邀请专家、学者开设讲座，打造服务青联委员的新型载体——宝山青年服务卡。团区委书记、区青联主席邵琦获第四届“全国各族青年团结进步奖”。（潘隽）

区青联、区工业园区举行“优秀青年企业家联合论坛”活动。 摄影/浦志根

大学毕业生

位于上海大学图书馆

教育

Education

■编辑　方继红

基础教育

■**概况**　2004 年，制定《宝山教育事业发展规划（2005~2020）》。9 月 3 日，区委、区政府召开教育工作会议，明确把教育摆在优先发展地位，实现教育适度超前发展，确立初步建立现代化的国民教育体系和终身教育体系，推进素质教育，加强教师队伍建设，构建现代化教育信息平台，加快体制、机制、投资改革等发展任务，提出"率先基本实现教育现代化，努力创建教育先进区"目标。发挥学校主渠道、主阵地、主课堂功能，强化学校、社会、家庭三位一体的工作网络，推进以德育为核心，以创新精神和实践能力培养为重点的素质教育，14 所中小学被评为区素质教育示范学校，其中淞谊中学、宝山实验小学等 5 所学校被评为上海市素质教育示范学校。推进学校校园文化建设，打造特色教育文化。罗店中学、高境一中、宝山实验小学被评为上海市艺术教育特色学校，祁连中心校被批准为"上海市创造发明重点学校"称号，宝山中学、吴淞中学、行知中学、同洲模范学校等一批学校被上海市教委命名为上海市体育、科技、艺术特色（项目）学校。上海"百老"讲师团首家"幼儿德育基地"在区行知实验幼儿园成立。深化二期课改，拓展优质教育资源。行知中学通过上海市"实验性示范性"高中建设总结性评审，宝山职校通过上海市评估院申报全国重点职校的评估。启动"文体活动工程"。推进学校创建"健康校园"活动。2004 年，区、乡镇二级教育拨款分别为 5.6 亿元和 1.88 亿元，分别比上年增 24.44%、32.22%。全区小学、初中、高中教师学历达标率分别为 98.8%、96%和 97%。区九年义务教育普及率为 100%，高中教育阶段入学率达 99%以上，高考各项指标达到预定目标，普职比为 6:4，职业学校学生就业率达 96%。

■**初中建设工程通过验收**　区教育局开展初中建设的专题研讨，全面实施初中

2004 年宝山区基础教育学校情况一览表

类　　别	单位数	班级数	学生数	教职工数		占地面积（M^2）	建筑面积（M^2）
				计	其中专任教师		
教育部门办合计	187	2833	112941	9707	7317	2075738	1055290
区管合计	107	1669	69527	6319	4669	1245816	661409
中学小计	32	773	34984	3140	2287	753607	380331
#高中	6	177	8308	787	554	290681	144157
初中	16	302	12999	1282	936	267650	134533
完中	6	204	9859	795	578	163079	75017
#高中部	—	100	5058	—	274	—	—
初中部	—	104	4801	—	304	—	—
九年一贯制	4	77	3198	276	219	32197	26624
综合高中	—	13	620	—	—	—	—
小学小计	30	533	19344	1763	1510	281092	141328
#九年一贯制小学部	—	55	2166	167	142	9902	7758
幼儿园	30	235	7894	666	420	91527	51492
特　教	1	8	108	23	16	2773	2448
工　读	1	11	212	43	23	8228	4208
成　教	6	—	2452	115	71	11988	9583
职　教	1	109	4533	268	138	66554	44598
其　他	6	—	—	301	204	30047	27421

（续表）

类　　别	单位数	班级数	学生数	教职工数		占地面积（M^2）	建筑面积（M^2）
				计	其中专任教师		
乡管合计	80	1164	43414	3388	2648	829922	393881
中学小计	13	217	9311	767	599	278304	128619
#高中	1	19	942	84	57	10282	7962
初中	9	165	7083	588	464	178577	81544
九年一贯制	2	11	426	56	44	55616	21780
十二年一贯制	1	22	860	39	34	33829	17333
#高中部	—	6	213	—	7	—	—
初中部	—	16	647	—	27	—	—
小学小计	33	583	21713	1923	1550	401781	170393
#九年一贯制小学部	—	28	1017	111	85	—	—
十二年一贯制小学部	—	17	723	35	35	—	—
幼儿园	34	363	12377	698	499	149837	94869
特教（其他附设）	—	1	13	—	—	—	—
社会力量办合计	27	322	10374	918	575	210887	129379
中学小计	7	106	3925	264	195	106971	59653
#高中	1	11	490	18	11	—	—
初中	3	50	2002	94	81	58162	41392
完中	1	23	822	76	56	10839	7411
#高中部	—	11	462	—	31	—	—
初中部	—	12	360	—	25	—	—
九年一贯制初中部	2	18	504	76	47	37970	10850
综合高中	—	4	107	—	—	—	—
小学小计	—	20	565	48	36	—	—
#九年一贯制小学部	—	20	565	48	36	—	—
幼儿园	18	169	4876	532	308	82514	57043
托儿所	1	3	72	14	—	7615	2072
职　教	1	24	936	60	36	13787	10611
集体办托儿所	12	28	560	116	—	30495	14741
总　　计	**226**	**3183**	**123875**	**10741**	**7892**	**2317120**	**1199410**

建设“五个优先”政策；加大对初中教育的投入，加快改善初中学校的办学条件；提高初中教师收入，区管初中学校教师平均年收入由40179元提高至46623元，乡管初中学校教师收入由36453元提高至45855元；初中生人均公用经费的拨款标准由400元增至700元；在初中学校中实施操场建设工程。行知初级中学、吴淞二中等14所重点建设初中学校按三年规划的工作节点加快发展。发挥优质高中、品牌学校的辐射作用，完善组团式推进模式，形成义务教育资源均衡配置的优化机制。11月，区初中建设工程通过上海市教委、市督导室“加强初中建设工程”督导组验收。

■127个教育单位实现信息化教育 5月17日，区教育信息技术应用推进会召开，明确区教育信息化应用工作的任务、目标、措施。“宝山教育网”改版，推出“政府教育信息公开”栏目。做好“校校通”工程延续工作，加强教育信息城域网网络安全维护工作，加快信息技术与学科的整合应用与研究，基本完成网上实验室、教育专家系统、电子图书馆系统等3个项目的研发任务。全区127个教育单位全部实现信息化教育。

■加强师资队伍建设 区教育局命名第二批校“自主培训基地”22个，命名首届“区首席教师”21人、第四届“区学科带头人”144人和第三届“区教学能手”273人。开展校（园）长竞聘工作，30余人通过竞岗走上校级领导工作岗位。推进“名校长、名教师”培养工程，以“现代学校制度建设”为切入口，加强校领导专业化培训。开展“校长论坛”、“骨干教师培训班”6期。选拔3批共60名英语骨干教师赴加拿大接受为期两个月的英语培训，选拔7名校长赴国外学习考察。7月，区外语教师、行政干部外语暑期培训班在区教师进修学院开班，150余名中小幼外语教师和行政领导参加培训。

■170余所学校教育基础设施改善 年内，完成罗店中学迁建准备工作；完成行知中学改扩建一期工程和顾村中学改扩建工程；完成25所学校大修，26个学校操场建成塑胶跑道，完成118所学校食堂的标准化建设项目；月浦实验学校开学；行知二中完成新校搬迁。

上海行知二中新校落成仪式。 摄影／王春明

■社区学校完成各级各类教育培训14万人次 由行知学院牵头，加强与各成人教育单位协调，推进社区教育融入区学习型城区建设。区教育局会同区委宣传部制订《关于推进宝山区社区学校建设的实施意见》，确保社区学校的建设和发展，全区5个街道、3个乡镇成立社区学校，社区学校覆盖率达50%。组建社区学校指导中心，组织社区学校干部培训班2期，组建教师志愿者队伍，120名教师志愿者参加。会同区老龄委，在吴淞镇街道、泗塘新村街道、顾村镇等地新建和改建老年学校8所。社区学校全年完成各级各类教育培训14万人次。

■12所幼托机构转制 年内，继续完善以政府办学为主和社会各界共同办学相结合的多元化办学体制，推进非义务教育阶段的幼儿园（所）办园体制改革，12所幼托机构转为民办性质，全区民办转制幼托园（所）总数达到33所。

■教育行风评议满意度上升 年内，区教育局、纠风办、财政局、物价局等部门联合对学校开展教育收费检查工作。教育系统实行目标考核奖惩制度，对举报教育乱收费的来信来电及时了解，做到每事必查。在区行风评议调查中，区教育局社会满意率为90.5%，比上年上升11.84个百分点。

■关注农民工子女就学 区教育局对辖区内55所农民工子女学校的办学状况进行调研，召开专题研讨会，明确公办学校接收进城务工就业农民子女就学的准入条件，建立对外来民工简易学校评估、督导、财务监管和奖励机制。区教育局按照“两个为主”（公办学校为主和居住地所在政府为主）的原则，将进城务工就业农民子女义务教育工作纳入到普及九年义务教育工作范畴，进城务工就业农民子女进入公办学校就读比例达35%以上，比上年提高了12个百分点。采取公办中小学与合格简易学校挂钩结对方式，加强对简易学校扶持和管理，帮助其提高管理水平和师资水平。至年末，区内有合格简易学校50所。

■开展“平安校园”行动 区教育局协同区公安分局、卫生局、交通局、防火监督处等部门对全区各校安全工作和周边治安综合情况进行巡查，教育局与226所学校签订《安全责任书》，开展安全文明校

12月31日，宝山区10所中学、职校的400余名青年学生代表在革命传统教育基地淞沪抗战纪念馆举行“汇聚在光辉旗帜下”宝山区18岁成人宣誓仪式。 摄影／浦志根

上图 万名学生聚焦宝山大变样摄影活动。
下图 学生在陈化成广场举行纪念活动。
摄影/浦志根

园创建活动，为 276 所学校（包括 50 所合格简易学校）安装"紧急报警装置"，全区 226 所中小学和幼儿园实现"保安专业化"和消防设施设备全面更新。

教育交流 4 月 5 日至 20 日，法国勒布伦中学教育代表团一行 23 人，在校长海密绎达尼尔率领下对行知中学进行为期 17 天的教学交流。9 月 8 日，英国伦敦 Forture Park 儿童中心的 Mellor 女士和 Portmant Cenrer 教育中心的 Ben Hasan 先生到宝山区早期教育指导中心开展为期 2 天的学术交流活动，活动期间宝山区早期教育指导中心与英国早期教育机构签订了开展"婴幼儿早期教育指导机构的整合性服务项目"研究课题的合作协议书。应英国文化教育季员会的邀请，区幼教工作者丁玉、王菁年内分别赴英国考察英国学前教育机构。

7 所学校获准招收外籍学生 行知中学、吴淞中学、上海大学附属中学、同洲模范学校、宝山区一中心小学、宝山实验小学、宝山区第三中心小学等学校被上海市教委确定为第二批上海市接受外国学生资格的中小学。年内，共招收外籍学生 47 人。

6 所学校加入教育集团 5 月 19 日，区基础教育"组团推进"新闻发布会召开。会上，新加入教育集团的 6 所学校被授予新校牌：宝林中学更名为行知初级中学，加入行知教育集团；培新中学更名为吴淞初级中学，吴淞四中更名为吴淞实验学校，两校加入吴淞教育集团；宝钢二中和盘古路小学合并组成宝钢新世纪教育集团；永清中学更名区教师进修学院附属中学，加入教师进修学院教育集团。年内，宝山职校、行知职业高级中学合并组建成立新宝山职校。

第二届全国教育教学活动案例评选 12 月 12 日，由中国陶行知研究会、区教育局和大华集团等单位联合举办的第二届全国"行知大华杯"教育教学案例评选活动在行知小学举行。活动共收到应征教学案例 1000 余篇，评选出优秀案例 168 篇。大华地区大华小学、大华中学等 10 余所学校联合举行的"引导孩子纯真的眼睛看大华、用稚嫩的彩笔描大华、用心灵的歌喉唱大华"课外探索教育案例在教育实践中受到该地区 8000 余名学生的欢迎。

"小海鹰"德育基地创立 10 周年 被列为宝山区十大青少年德育教育基地之一的横沙岛小海鹰野营基地已创立 10 周年。基地开设的参观横沙岛百年文化民俗展、学农、走小红军之路、沙滩造型、野炊等活动内容逐渐形成为基地"品牌"项目。基地建立 10 年来，接待中小学生 10 余万名。

区首家早期教育中心向社区开放 9 月，宝山区首家早期教育指导中心成立。该中心位于宝山七村，中心设实验基地、指导站、社区宝宝苑三级网络，承担全区 0~3 岁婴幼儿家庭早期教育指导。设有宝宝成长工作室、亲子活动中心、领养人课堂、教养员教室等，中心有工作人员 5 人，年内为 65 个家庭提供早期教育指导。

全国青少年奥林匹克建筑模型竞赛 10 月 2 日至 4 日，由国家体育总局、中国建筑学会和第二十九届奥运会组委会共同主办，吴淞中学承办的 2004 年全国青少年奥林匹克建筑模型竞赛在吴淞中学举行。吴淞中学获团体结构模型及"我心中的奥运村"团体场景设计模型制作 2 项第一名。

9 所学校外聘德育校长 年内，杨富珍、徐虎、杨怀远、张耿耿、陶依嘉、马莉莉、王文丽、汪秀月、张琳等 9 名"上海百老德育讲师团"中的全国劳模、艺术家接受小教泗塘学区聘请，担任学区 9 所小学"德育校长"。戚泉木、王传友担任德育工作指导团成员。（倪永培）

上海大学

概况 2004 年招收新生 8943 人，其中录取本科生 6388 人。有专职教师 2200 人，其中院士 7 人、博士生导师 172 人、教授（研究员）418 人、副教授（副研究员）878 人。有在校研究生 5100 人、本科生 2.62 万人，高职、高专生 5790 人，留学生 1340 人，2004 届毕业生就业率 97%。全年科研总经费 3.5 亿元。专利申请与授权立项 151 项、专利授权 33 项。该校 SCI 排名列 28 位、EI 排名列 35 位、ISTP 排名列 28 位。上海大学国家科技园区通过 ISO9001-2000 管理评审，全年科技园区总产值 18 亿元。该校与 30 家外资公司建有产学合作关系，校外实习基地有 400 余家，比上年增加近 100 家。年内，上大重点开展与法国里尔科技大学等 4 所国外大学的国际交流合作；与 10 个国家和地区的 24 所大学、机构签订合作协议 19 份，举办国际会议 11 次，资助教师出国进修及参加各类国际学术会议 200 余人次。12 月 18 日，先进钢铁材料技术国家工程研究中心南方实验基地在上大揭牌。该校 16 个学院、5 个部处分别年内与宝山区 16 个乡镇街道、5 个委办局结对共建，签订精神文明共建协议。

上海大学世博艺术与展示中心成立 5 月 28 日，上海大学世博艺术与展示中心成立，该中心建有研究部、业务部、教学部。中心与中国工艺美术协会展示设计委员会联合招收在职研究生。校长钱伟长出席揭牌仪式并向首批专家授聘书。

上海大学房地产学院成立 经上海市教委批准，上海大学与上海市房屋土地资源管理局联合组建的上海大学房地产学院于 5 月正式成立。9 月，该学院招收上海市高校第二专业本科生 300 余人。该学院位于青浦区徐泾地区，占地近 10.56 万平方米。学院实行董事会领导下的院长负责制。

■上海大学负责研制的市科委重大科技攻关项目通过鉴定 由上海大学负责研制的基于PC平台的增强现实（AR）系统和SHU-虚拟机床系统是上海市科委的重大科技攻关项目。经过一年半的研究，于3月31日通过由国内著名教授和专家组成的鉴定委员会对该项目的鉴定，鉴定结果显示，基于PC平台的AR关键技术已达到国际先进水平。

■上海大学新校区组建10周年庆祝活动 3月起，该校共组织各类学术报告50多场；5月，上海大学校史陈列馆揭牌开馆，《上海大学志（10年）》出版发行；5月，举行《大学的未来与上海大学的发展》专家咨询会；5月1日~7日各学院举行校友返校贺校庆活动。校庆10周年庆祝大会于5月7日上午举行，6000余名师生代表及校友出席大会。上海大学校长、中科院院士钱伟长，全国政协副主席、中国工程院党组书记、院长、工程院院士徐匡迪，上海市人大常委会主任龚学平，上海市委副书记殷一璀，上海市人大常委会副主任周慕尧，副市长严隽琪，上海市政协副主席、复旦大学校长王生洪以及部分区、局和兄弟院校的领导和校友代表出席大会。校庆期间收到来自全国兄弟院校的贺信、贺电50多份。

■《大学的未来与上海大学的发展》专家咨询会召开 5月6日，在上大校部国际会议厅举行《大学的未来与上海大学的发展》专家咨询会。法国里尔科技大学、中国人民大学等海内外20多所著名大学的领导出席会议。中国工程院副院长王淀佐院士作"屹立于我国和世界名校之林"的讲话。日本早稻田大学校长白井克彦教授；中国科协副主席、北京工业大学校长、工程院院士左铁镛；德国慕尼黑大学副校长WernerSchub博士；中山大学党委书记李延保教授；澳大利亚昆士兰大学副校长DavidSiddle教授等中外专家就世界经济科技发展态势与大学的任务发表讲话。中科院院士，上海大学校长钱伟长会见与会专家，并赠送《钱伟长文选》。

■第五届海峡两岸知识产权学术研讨会举办 4月23日，第五届海峡两岸知识产权学术研讨会暨"第四届世界知识产权日4.26论坛"在上海大学举行。研讨会由上海大学知识产权学院、台湾政治大学智慧财产研究所、北京大学知识产权学院、同济大学知识产权学院、上海市知识产权学研究所、上海科学技术协会、上海律师协会、上海高校知识产权研究会等单位联合举办，海峡两岸多所知名大学、科研院所、相关国家机构的知识产权专家参加研讨。

■上海大学首批与里尔科技大学交流学生启程留学 法国里尔科技大学与上海大学自2001年开始合作交流。经协商，2004年初达成协议，上大选派一批优秀学生到里尔科大攻读硕士学位。首批18名学生于9月21日启程，开始为期2年的留学生活。

■上海大学本科教学整改 针对上年本科教学水平评估专家组提出的建议，开展专项整改：经过6次整改，学生上课迟到率、缺课率由原来的6%和17.2%下降至1.8%和4%。逐步建立、完善主要教学环节质量标准，组织校教学质量考评组对各学院的教学环节抽查、评审，做到质量检查与评估制度化、经常化。

■师资队伍建设 全年引进和录用博士或副教授以上人员242人，其中引进海外留学人员50人。学校已聘请国内外著名学者、专家担任名誉（兼职）教授430人。年内，该校完善教授业绩考核指标评价体系及教授岗位特殊津贴管理办法，完成教师业绩档案数据库系统的编制工作。2004年入选教育部高校青年教师培养（长江学者、高校青年教师奖、优秀青年教师资助）的有21人。

■第七届全国大学生运动会田径、游泳竞赛在上大举行 第七届全国大学生运动会于8月28日至9月6日在上海举行，上海大学承担田径、游泳和男女排球决赛三项赛事。全国33个省、市、地区的55支运动队共1800余名运动员、教练员和300余名领队、裁判员参加比赛。上海大学获第七届全国大学生运动会"特别贡献奖"。 （蒋乃平）

中科院院士、上海大学校长钱伟长为第七届全国大学生运动会上海大学赛区获奖运动员颁奖。 摄影／高金凤

高等职业技术教育

■上海邦德职业技术学院 全日制民办高等院校。有教职工179人，其中专职教师67人，外聘教师83人，中级职称以上的占40%。有教授20人，副教授30人。设7个系，16个专业，21个班级，有在校学生2200名（包括年内招收的新生1145人）。学校有各种社团10余个，有近500名学生参加。年内，校党支部发展学生党员40人。校计算机中心成立，投入资金1000万元，内设校园外语发射台、电子阅览室等。校图书馆有馆藏图书11万册。2004届毕业生就业率为95%。学校实训大楼建成并投入使用，大楼占地面积1200平方米，建筑面积1.1万平方米，建有电子线路基础实验室、IT专业实验室、物流模拟实训室、动漫电脑设计室、动漫画室、环境艺术设计实训室、艺术电脑设计室、琴房（16间）、钢琴调律室（9间）、

上海邦德职业技术学院专业设置一览表

院　　系	专　业　设　置
外语系	英语(旅游会展、外贸)、法语(外贸)、日语(外贸)、西班牙语(外贸)、阿拉伯语(外贸)、韩语(外贸)
经济与管理系	金融、投资经济管理、旅游管理、饭店管理、汽车商务
影视艺术学系	钢琴调律、表演艺术(影视表演、节目主持、舞蹈)、时装表演与策划
动漫学系	影视艺术与动漫设计
数码艺术学系	应用艺术设计(展示设计、环境艺术设计、装饰艺术设计)、计算机及其应用(网页与广告制作)、移动通信技术(增值服务)
国际交流学系	物流管理、物流管理(中澳合作)

形体房、排演厅和实习宾馆等一批校内实习实训基地。该校与太平洋大饭店、中雅钢琴厂、美术电影制片厂分别建有合作关系，采用校企合作办学的模式，为学生建立实践、实训场所。团委、学生会举办了校园文化艺术节，组织开展校园青春歌手大赛、才艺大评选小型音乐会、辩论赛、诗歌创作朗诵比赛、体育类比赛等，累计参加人数3000余人次，有59人获奖。举办"邦德之星"英语竞赛，参加学生1238人。12月1日，举办首届校体育运动会，2000多名学生和100多名教职工参加。年内，法语专业学生陈戈飞获全国首届高职高专实用英语口语大赛上海赛区竞赛三等奖，03级计算机和物流专业学生黄勇杰、田晓玲、杨学东、肖一凡、蒙建霞、曹风在全国大学生数学建模竞赛中分获C题二等奖和D题三等奖，04级学生汪雪获首届"中国星"全国流行音乐大赛成年业余组优秀奖。 （周　戎）

■上海行知学院　该校占地3公顷，总建筑面积3万平方米。有教职工116人，其中教授1人、有副高级职称的10人，讲师58人。3月，接上海市教委通知，停止以"宝山区业余大学"名义招收全日制高等职业技术教育新生。学院与上海海事职业技术学院合作办学，开设《报关与国际货运》、《商务英语》、《智能化楼宇管理》、《自动化技术》4个专业，招收对象为高中、中专、职校、技校的应届毕业生，年内招收新生267人。在发展全日制高等职业教育、实行国家学历文凭考试的同时，继续承担成人高等专科教育、开放式专科、专升本学历教育和外语、计算机培训等各类非学历专业技术人员培训的继续教育。该校非学历教育主要有：(1)成人高校复习班设文科班、理科班、强化班；(2)计算机培训设初级、中级、办公自动化、会计电算化、网络初、中级、CAD辅助设计、网页设计、全国计算机等级考试、少儿计算机考试等辅导班；(3)职称培训考试有职称外语培训和会计职称培训，财会人员继续教育、统计人员上岗培训考试、市民通用英语（初、中级）培训考试、行政人员执法考试培训等辅导班；(4)与上海兰生外经贸进修学院合作办学，开设报关证、国际货代证、物流管理证等劳动技能岗位证书培训班。该校与澳大利亚国际教育交流中心合作举办的澳宝经济进修学院设有剑桥商务英语、日语、大学英语四、六级等短期培训项目，与中国上海捷恒森体育发展有限公司合作开办的赴阿根廷洛马斯德萨摩拉国立大学（国际商务管理西班牙专业）首届留学预备班的32名学员于年底赴阿根廷继续深造。 （沈桂兴）

■上海济光职业技术学院　全日制民办普通高等院校，设建筑、建工、管理、计算机、经贸、外语、护理七个系共23个专业。学院总部设在杨行镇，分部在武东路。有在校生4600多人(其中2004年招收来自全国22个省市的新生1402人)，教师307人，其中正、副教授占51%。2004年毕业人数965人，就业率97.4%。年内，该校与中安新科技人才培训中心签订建立实训基地合作协议，开设电子商务、网络技术、IC版图员、多媒体等多个岗位职业资格证书培训课程。校图书馆有馆藏图书26.35万册。校实验实训大楼开工建设，建筑面积1万平方米，新增多媒体教室3个，语音室1个，添置教学用计算机170余台。校学生会有文学社、动漫社、计算机社、街球社、空手道社、舞蹈社、篮球社、吉他社、校男篮队、合唱队等10个社团。6月8日，中国教育工会上海济光职业技术学院委员会成立。12月8日，院第四届团代会、学代会召开。年内，该校与上海城市管理学院协作成立上海市高职高专建筑与房地

上海行知学院学历教育专业设置一览表

项　目		开　设　专　业	在校生数
国家学历文凭考试		商务英语、国际货运与报关、装潢美术	586
全日制高职		报关与国际货运、商务英语、智能化楼宇管理、自动化技术、商务英语、国际货运与报关、室内装潢设计与施工管理	785
业余制成人大专		企业管理、计算机应用、行政管理、物流管理、会计、投资理、形象设计、机电一体化、经济贸易与实务、计算机应用与维护、社会工作与管理、办公室管理与办公自动化、电子商务、金融	1471
电大	大专	财会、法律、英语、现代文员、金融、经济行政管理、社区管理、机电一体化、现代实用艺术、物流管理、行政管理、工商管理	4030
	专升本	金融、会计学、英语、工商管理、行政管理、小学教育、法学、公共事业管理	1131
高等教育自考	大　专	行政管理、社会工作管理、国际贸易、市场营销、法律、计算机信息管理、机关管理及办公自动化、金融、秘书学、英语、会计学、机械自动化、工商企业管理	350
	专升本	金融、法学、会计学、英语、工商管理、行政管理	200

宝山区老年大学举办的“宝山老年书画艺术展”。　　区老年大学供稿

处设有教学点。年内，新开设“国画初级”和“英语100句”两个班级，新建宝山区军队离、退休干部第一休养所教学点。完成《2004年宝山区老年教育大纲》的编印工作；组织老年教育干部、教师培训50人；成立“老年大学讲师团”，有来自区政协、教育、卫生等部门退休人员组成的讲师10人，为基层授课90次，受教育人数1.07万人次。组织学员为社会、基层服务，组织唱歌班、舞蹈班、时装表演班的50名学员共演出13场，累计观众达7000人次；与区军队离退休干部第一休养所联合举办宝山区老年书画艺术作品展，参展作品共157件，展出为期四天，接待老年观众300余人。重视老年教育的理论研究，区老年教育理论研究组撰写论文及相关文章15篇，编印出版《宝山区老年教育论文集》。（周承玉）

■**上海刘行机动车驾驶员培训中心**　该中心占地面积34.3公顷，拥有各类训练道路总长32.7公里，各类教练车辆141辆，有教职员工235人，其中教练员127人，中级职称以上的78人，管理人员42人，后勤服务人员65人。该培训中心是上海市机动车培训第十一考场，是上海机动车驾驶员培训行业协会常任理事单位，是上海市首批7家营业性道路运输驾驶员职业培训学校之一，设非职业培训、职业培训、出租汽车服务证培训等项目。年内，有12家培训单位进场训练、考试，全年培训学员5000余名。实考人数2.5万人次。至年末，培训中心固定资产3000万元，设有电脑红外线桩考仪考试场地和多组各种道路训练考试区域，全面实行IC卡计时、电脑约排考、电化教学、无纸化考试和电脑区域网络管理系统。（顾佳雁）

产类教学指导委员会，并召开了上海市高职高专建筑与房地产类教学指导委员会筹备会议。（马正涛）

■**上海建峰职业技术学院**　该校是经上海市人民政府批准，教育部备案，由上海建工集团投资创办的全日制公办高等院校。学院共有土木工程、英语、管理、电子信息工程、艺术等5个系，设土木工程施工与管理、报关与国际货运、饭店管理、工程项目管理、国际商务、环保监测与治理、机电一体化技术、计算机信息管理、建筑经济与管理、建筑设备与工程、建筑装饰技术、旅游管理、商务日语、物流管理、应用艺术设计、商务英语、资产评估与管理、城市园林、汽车运用技术、给水与排水技术、护理学和医学实验技术等22个专业，有学生近3000人。学院建有图书馆、学生活动中心、多媒体教室、语音室、计算机实验室、土木工程实验室、材料实验室、实训工场等教学设施，在建筑、金融、外贸、房产、商贸、报关、货运等行业建有50多个学生社会实习基地，与20余家企业建有校企合作办学关系。年内，该校共招新生1091名。6月，该校院学生英语PET考试（高等学校英语应用能力考试）中合格率达80%；11月，1183名学生参加了上海市计算机一级考试，合格968名，合格率达81.3%；该校在全国数学建模比赛上海赛区比赛中获三等奖。该校坚持“一体两翼”的发展思路，即在大力发展职前教育的同时，注重职后培训和实业公司的发展。年内，职后培训额突破1500万元，成人大专班首次招生204名。年内，该校经上海市教委、建委推荐，教育部与建设部评估审核，被教育部和建设部确定为全国建设行业技能型紧缺人才示范性培养、培训基地，这是上海高职院校中首批唯一的一家紧缺人才培训基地。在教育部和建设部联合组织的技能型高职紧缺人才教材编写任务中，该院承接了其中5种教材的编审任务。（薛国民）

成人教育

■**区老年大学学员逾2200人**　区老年大学又名上海市老年大学宝山分校，设国画、钢琴等16个专业共84个班级，有学员2200余人，该校在区少科站、少年宫、“未央苑”和高境镇逸仙一居委4

刘行机动车驾驶员培训学校训练场。　　摄影／胡新力

摄影／胡新力

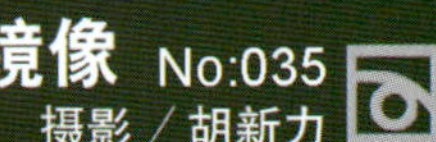

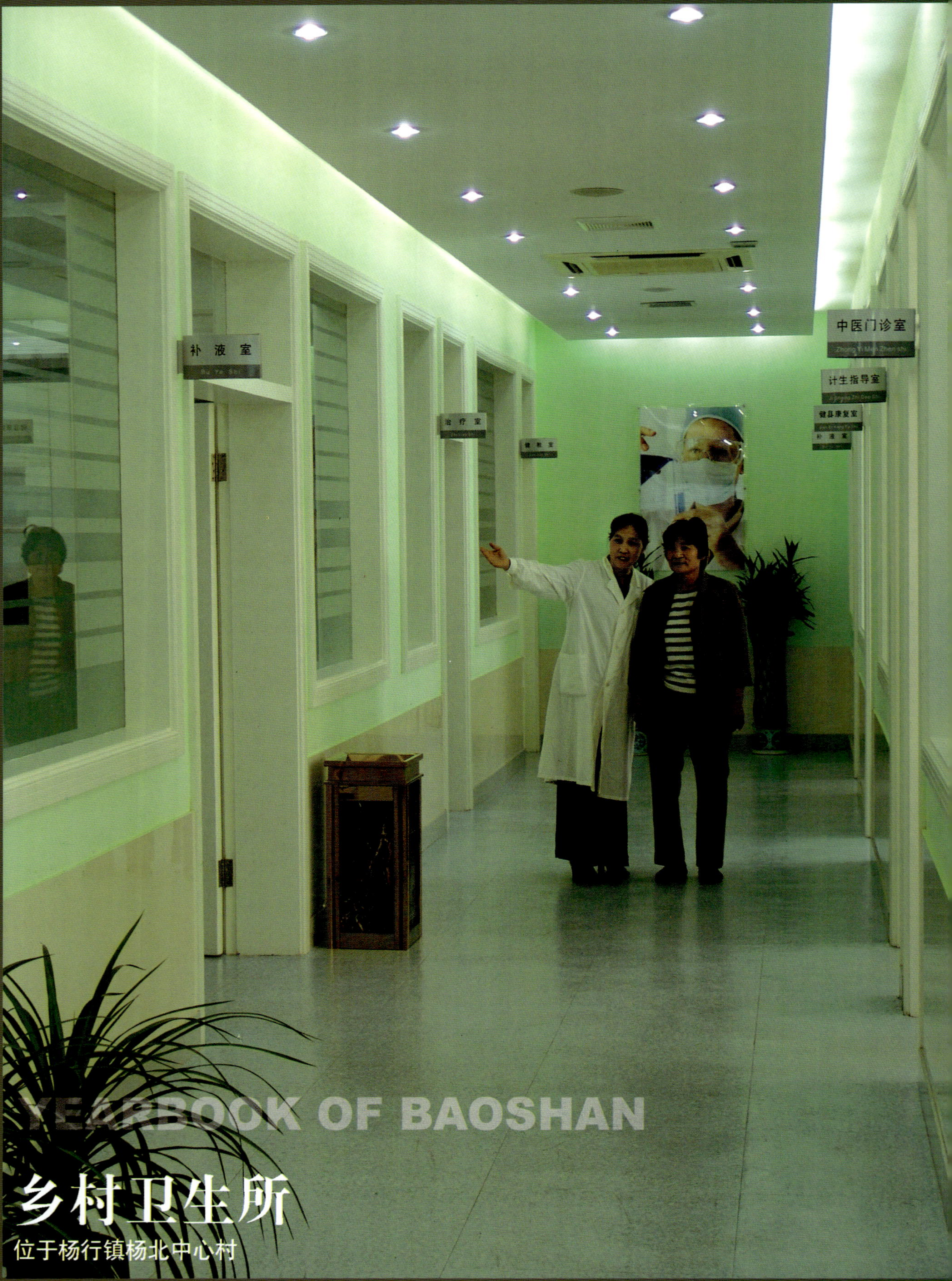

YEARBOOK OF BAOSHAN

乡村卫生所

位于杨行镇杨北中心村

卫生

Healthy

■编辑　方继红

医疗保健

■概况　区卫生系统有医疗卫生机构30个，其中中心医院2所，综合性医院4所，专科医院3所，地段医院11所，乡镇卫生院4所，其他医疗防治机构5所，卫生成人中等专业学校1所。至年末，全系统有职工4501人，其中卫生技术人员3565人（执业医师1486人，执业助理医师142人，注册护士1328人，药剂人员186人，检验人员160人，其他263人），有固定病床3016张，全区平均每千人拥有卫生技术人员4.11人，拥有床位3.48张（按全区人口86.76万计算）。年内完成《宝山区医疗卫生服务体系规划》的编制工作，启动区医疗中心总体改造工程。全年全区传染病发病率213.67/十万，孕产妇死亡率为13.70/十万，婴儿死亡率为3.68‰。人均期望寿命80.17岁，其中男性78.30岁，女性82.09岁。

■预防保健　全区报告甲乙类传染病13种共2780例，发病率213.67/十万，其中本区居民发病率165.86/十万，外来人口发病率305.12/十万。全年监测报告本区结核病301例，发病率为35.23/十万，比上年减6.81%；全区报告性病5种共1135例，比上年增19.85%，报告艾滋病（HIV/AIDS）5例。完成中、小学生的牙病普查2.39万人，普查率25.66%；全年施行白内障病人脱盲手术732例，复明率97.27%。加强"非典"和人感染高致病性禽流感防治；依托社区，开展高血压、糖尿病等慢性病的综合防治试点；成立区疾控精神卫生分中心，以进一步健全精神疾病预防控制网络。

■医疗服务　全年区属各医疗卫生单位诊疗453.8万人次，其中门急诊447.3万人次，比上年增8%；出院4.8万人次，出院病人治愈好转率92.19%，病床使用率88.22%，周转率15.95次；区级综合性医院的急诊抢救人数成功率97.21%；平均住院天数18.64天。区医疗救护站全年出动急救车1.82万车次，比上年增16.43%，救护病人1.72万人次，比上年增16.55%，应对区内突发事件17起，完成安全保障任务13件。

■社区卫生服务　年内，以高境、友谊社区卫生服务中心为试点，开展"团队式、户籍制医生服务"的服务模式，建立居民家庭健康档案。罗泾、罗店农村社区卫生服务中心和高境社区卫生服务中心的标准化建设通过上海市实事工程的验收。7月，区社区卫生服务工作推进会召开，出台《关于全面开展社区卫生服务工作的指导意见》、《关于宝山区镇村医疗机构一体化管理的实施办法》，进一步细化社区卫生服务中心的功能定位，明确中心村卫生室标准化建设的要求以及镇村卫生机构一体化管理的目标，各乡镇街道的社区卫生服务改革全面启动。至年末，共完成15家社区卫生服务中心、43个社区卫生服务站的建设工作。

■送医下乡　区卫生局于12月13日首次组织开展为期一周的巡回医疗进农家活动，为长兴、横沙、罗泾和罗店4个边远地区的特困人群、60岁以上老人、妇女以及学龄前儿童等弱势群体提供健康检查、医疗咨询等服务，参加活动的医务人员100余人。4个医疗点共有1.39万人次就诊，其中特困人员751人，60岁以上老人6413人，妇女6136人，儿童和其他普通人群2634人；开展辅助检查（包括B超、心电图、X光、化验）4524人次，发放药品价值18.49万元，发放各类健康宣教资料6万余份。

■对外医疗援助　年内，由来自区卫生系统各医疗单位的10名医务工作者组建而成的宝山区援摩洛哥医疗队，赴摩洛哥开展医疗援助工作，受到当地人民群众的好评。印度洋海啸灾后，区疾病预防控制中心副主任医师袁国平作为上海

巡回医疗进农家。　区卫生局供稿

区领导祝贺吴淞中心医院显微外科专家、全国五一劳动奖章获得者周礼荣教授 70 岁生日。 摄影 / 王春明

救援队队员之一，赴印度洋海啸受灾国——泰国协助当地开展医疗救援和疾病防治工作。

■卫生监督执法 年内，区卫生局组织专项执法活动 7 次，对直接危害人民切身利益、社会反映强烈的问题，特别是与人民群众身体健康密切相关的食品卫生、公共卫生安全、无证行医等一些突出问题进行集中整治。全年共开展监督检查 1.4 万户次，行政处罚 775 户次，罚款 190.52 万元；取缔无证窝点 962 户，其中无证食品生产加工窝点 859 户，无证行医窝点 103 户，销毁不洁食品 9.20 吨，没收药品 189 箱，收缴医疗器械 443 件，收缴食品加工用具 1029 件。

■妇幼保健 年内，在罗店医院设立外来人口产妇分娩点，为外来人口产妇提供分娩服务，分娩收费为 1000 元/例。在全区范围内开展新生儿听力筛查，对外来人口儿童提供免费计划免疫。继续实施宝山区妇幼保健保偿责任制，由承担社区预防保健的各基层医疗单位开展日常工作，健康孕妇和 6 周岁内的婴幼儿均可参加妇幼系列补偿。妇女保健参保率为 87.3%，婴幼儿保健参保率为 91%。发挥妇幼保健特色服务优势，在区妇幼保健所开设儿童视力矫治门诊、脑瘫儿康复训练、婴儿游泳抚触、心理咨询门诊、性病门诊等。

■学科建设 年内，上海市第一人民医院宝山分院手外科、检验医学科和宝山中心医院眼科等 3 个专科列入上海市新一轮医学重点专科建设计划，23 个项目列入区科技发展基金，20 个项目列入区卫生科技发展基金。

■农村合作医疗 至年底，全区农村参加合作医疗 14.59 万人，参入率达 100%。全区各类合作医疗保险基金筹集 4369.6 万元，有 66.25 万人次得到乡镇合作医疗基金的补偿，计补偿 3347.4 万元，其中门诊补偿 65.44 万人次，补偿金额 1931.4 万元；住院补偿 8103 人次，补偿金额 1416 万元；大病统筹基金筹集 765 万元，共 2462 人次，获补偿 630.8 万元，人均补偿 2562 元，继续保持"收支平衡、略有节余"的良好态势。

■医疗保险 区卫生局医疗保险办公室对区域内的医保定点医疗机构和各乡（镇）街道进行镇保政策宣传和培训，以确保小城镇医疗保险办法稳妥实施。至年底，参加镇保的单位及个体工商户共 894 家，计 1.58 万人，其中 6074 名征地劳动力全部参加镇保。增设社区医保事务点 16 个，实施市民社区医疗互助帮困计划，做好门急诊自负高额及综合减免工作。全区参加医疗帮困人数 6145 人，已受理帮困补助 250 笔，补助金额 35 万

2004 年宝山区医院一览表

隶属	名 称	等 级	地 址	床 位	年门急诊（万人次）	主 要 科 室
市级	宝钢医院	三级乙等	漠河路 50 号	502	30.2	创伤急救、肾内科、微量元素科、精神外科、眼科、中医科
区级	市一院宝山分院	二级甲等	同泰北路 101 号	456	51.3	内、外、妇、儿、眼、耳鼻喉、口腔、皮肤、传染、中医科
	宝山中心医院	二级甲等	友谊路 181 号	376	47.7	内、外、妇、儿、眼、耳鼻喉、口腔、皮肤、传染、中医科
	大场医院	二级乙等	少年村路 1 号	205	26.7	内、外、妇、儿、眼、耳鼻喉、口腔、皮肤、传染、中医科
	罗店医院	二级乙等	罗溪路宁安路口	201	20.6	内、外、妇、儿、眼、耳鼻喉、口腔、皮肤、传染、中医科
	一钢医院	二级乙等	长江西路 735 号	200	7.4	内、外、妇、儿科
	仁和医院		长江西路 1999 号	327	35.8	内、外、妇、儿科
	中医院	二级乙等	友谊支路 311 号	40	12	中医内、外、妇、儿、针灸、痔科
	精神卫生中心		盘古路 323 号	390	2.5	精神科
	老年护理院		共和新路 5425 号	220	0.9	老年护理、康复科

（续表）

隶属	名　称	等　级	地　址	床　位	年门急诊（万人次）	主　要　科　室
乡镇地段医院	泗塘地段医院	一级甲等	虎林路439号	90	42.8	内、外、妇、儿、五官、口腔、肠道、皮肤、精神、理疗科
	月浦地段医院	一级甲等	龙镇路2号	80	7.8	内、外、妇、儿、口腔、肠道、中医科
	友谊地段医院	一级甲等	宝杨路11号		19.1	内、外、妇、儿、五官、中医科
	长江路地段医院	一级甲等	通河路596号		41.9	内、外、妇、儿、五官、口腔、肠道、中医科
	祁连地段医院	一级乙等	祁连镇	50	10.2	内、外、妇、口腔、肠道、肝、中医科
	同济路地段医院	一级甲等	淞滨路120号	60	29.6	内、外、儿、五官、口腔、肠道、中医科
	杨行地段医院	一级甲等	杨福路386号	70	10.5	内、外、妇、口腔、肠道、肝、中医科
	顾村地段医院	一级甲等	顾村镇	20	7.9	内、外、妇、儿、口腔、中医科
	盛桥地段医院	一级甲等	盛桥镇	20	5.1	内、外、妇、儿、五官、口腔、肠道、中医科
	淞南地段医院	一级甲等	淞良路395号	24	26.9	内、外、妇、五官、口腔、肠道、中医科
	高境地段医院	一级甲等	共康东路55号		16.1	内、外、妇、儿、五官、口腔、眼科、中医科、临终关怀
	罗泾卫生院	一级甲等	罗泾镇陈行	20	3.8	内、外、妇、儿、口腔、中医科
	罗南卫生院	一级乙等	罗南镇长浜	20	2.4	内、妇、五官、口腔、中医科
	刘行卫生院	一级甲等	沪太路5129弄10号	20	1.9	内、外、妇、儿、口腔、肠道、肝、中医科
	长兴卫生院	一级甲等	长兴岛凤凰镇	67	6.6	内、外、妇、儿、五官、口腔、肠道、肝、中医科
	横沙卫生院	一级甲等	横沙岛新民镇	60	4.2	内、外、妇、儿、五官、口腔、肠道、肝、中医科

2004年宝山区主要疾病死亡率表

单位：每十万人口

顺位	合　计				男				女			
	死亡原因	死亡数	死亡率	占总死亡%	死亡原因	死亡数	死亡率	占总死亡%	死亡原因	死亡数	死亡率	占总死亡%
1	循环系病	1849	219.32	32.18	肿瘤	1095	252.89	36.02	循环系病	953	232.40	35.23
2	肿瘤	1792	212.56	31.19	循环系病	896	206.93	29.47	肿瘤	697	169.97	25.77
3	呼吸系病	588	69.75	10.23	呼吸系病	370	85.45	12.17	呼吸系病	218	53.16	8.06
4	损伤中毒	394	46.73	6.86	损伤中毒	216	49.89	7.11	损伤中毒	178	43.41	6.58
5	内分泌病	226	26.81	3.93	内分泌病	77	17.78	2.53	内分泌病	149	36.34	5.51
6	消化系病	171	20.28	2.98	消化系病	77	17.78	2.53	消化系病	94	22.92	3.48
7	精神病	102	12.10	1.78	传染寄生虫	63	14.55	2.07	精神病	65	15.85	2.40
8	传染寄生虫	89	10.56	1.55	泌尿系病	45	10.39	1.48	泌尿系病	36	8.78	1.33
9	泌尿系病	81	9.61	1.41	精神病	37	8.55	1.22	神经系病	29	7.07	1.07
10	神经系病	57	6.76	0.99	神经系病	28	6.47	0.92	传染寄生虫	26	6.34	0.96

2004年宝山区主要疾病死因顺位表

单位：每十万人口

顺位	合　计				男				女			
	死亡原因	死亡数	死亡率	占总死亡%	死亡原因	死亡数	死亡率	占总死亡%	死亡原因	死亡数	死亡率	占总死亡%
1	肺癌	471	55.87	8.20	肺癌	310	71.59	10.20	肺癌	161	39.26	5.95
2	胃　癌	231	27.40	4.02	肝　癌	177	40.88	5.82	胃　癌	85	20.73	3.14
3	肝　癌	227	26.93	3.95	胃　癌	146	33.72	4.80	结直肠癌	71	17.31	2.62
4	结直肠癌	139	16.49	2.42	结直肠癌	68	15.70	2.24	乳房癌	54	13.17	2.00

（续表）

顺位	合计				男				女			
	死亡原因	死亡数	死亡率	占总死亡%	死亡原因	死亡数	死亡率	占总死亡%	死亡原因	死亡数	死亡率	占总死亡%
5	食道癌	88	10.44	1.53	食道癌	62	14.32	2.04	肝　癌	50	12.19	1.85
6	白血病	59	7.00	1.03	白血病	36	8.31	1.18	食道癌	26	6.34	0.96
7	乳房癌	56	6.64	0.97	膀胱癌	29	6.70	0.95	白血病	23	5.61	0.85
8	膀胱癌	36	4.27	0.63	鼻咽癌	14	3.23	0.46	宫颈癌	10	2.44	0.37
9	鼻咽癌	18	2.14	0.31	乳房癌	2	0.46	0.07	膀胱癌	7	1.71	0.26
10	宫颈癌	10	1.19	0.17					鼻咽癌	4	0.98	0.15

2004年宝山区主要疾病死亡率与上年同期比较表

单位:每十万人口

死亡原因	合计			男			女		
	死亡数	死亡率	增减%	死亡数	死亡率	增减%	死亡数	死亡率	增减%
脑血管病	1151	136.53	-3.39	551	127.25	-4.89	600	146.32	-1.95
气管炎、哮喘	525	62.27	-15.55	340	78.52	-7.91	185	45.11	-26.74
肺　癌	471	55.87	20.04	310	71.59	7.40	161	39.26	55.00
冠心病	391	46.38	-12.61	200	46.19	-7.06	191	46.58	-17.72
胃　癌	231	27.40	-9.33	146	33.72	-10.54	85	20.73	-7.26
肝　癌	227	26.93	4.08	177	40.88	4.55	50	12.19	2.29
糖尿病	219	25.98	-10.82	73	16.86	-17.72	146	35.60	-6.89
结直肠肛门癌	139	16.49	1.77	68	15.70	-13.43	71	17.31	22.36
食管癌	88	10.44	-1.90	62	14.32	-3.51	26	6.34	2.10
精神病	102	12.10	19.20	37	8.55	39.63	65	15.85	10.08
急性心梗	125	14.83	20.25	72	16.63	28.31	53	12.92	10.75
病毒性肝炎	65	7.71	-25.87	47	10.85	-21.91	18	4.39	-34.48

余元；门急诊自负高额减免1518人次，减负金额146万余元；办理综合减免100笔，减免金额66万元。

■健康城区创建 至年末，全区56%医疗机构成为无烟医疗机构，市民合理营养知识知晓率达80.6%，51.6%的社区建立健康行为咨询点，市民心理卫生知识知晓率达36.63%，孕产妇保健知识普及率达93%，孕产妇死亡率下降至13.7/十万，婴儿死亡率下降至3.68‰，母乳喂养率提高至90.6%。高境镇在全区率先创建国家卫生镇，顾村、庙行、淞南等镇分别创建上海市一级卫生镇。

■设立关爱健康咨询室 宝山区疾病预防控制中心设立关爱健康咨询室，于11月16日正式对外服务，承担高危行为人群的免费咨询和检测任务，包括艾滋病预防性咨询、检测前咨询、检测后咨询、支持性咨询和特殊需求咨询等。（盛红珠）

■上海第二医科大学附属宝钢医院 该院为三级综合性医院，院内设有上海第二医科大学宝钢临床医学院和11个二医大硕士研究生培养基地（卫生管理、妇产、麻醉、泌尿外科、神经外科、肾内、普外、消化、眼科、烧伤整形、骨科）。有临床科室31个，床位502张，在职人员800余人，其中正、副教授90余人。医院拥有1.5梯度核磁共振（MRI）、四排螺旋CT、数字减影血管造影机（DSA）、钼靶、直线加速器、X线摄片机、深度X放疗机、射频肿瘤治疗仪、多尼尔震波碎石机、骨密度诊断治疗仪、高档血透仪及大型心电全程监护系统等仪器。普外科、骨科、神经外科、泌尿外科、烧伤整形科、放射科、眼科等为特色专科。年内，门急诊301739人次，出院10545人次，手术人数3323人次，床位使用率为89.42%。该院与日本横滨市立大学医学院、意大利都灵医科大学、以色列特拉维夫医学中心等建有医学协作交流关系。年内，感染科大楼动工建造，工程总投资1200万，预计2005年年底建成。（崔菊红）

食品药品监管

■概况 年内，根据食品监督职能调整的需要，建立宝山区食品安全联席会议制度，联席会议由分管区长和食品药品监管、农委、卫生、工商、技术质量监督、出入境检验检疫、商委、公安等部门领导组成，办公室设在食品药监宝山分局，具体负责联席会议的组织、协调等日常工作。上海市食品药品监督管理局宝山分局（以下简称食品药监宝山分局）加大食品安全、药品市场专项整治，开展食品安全监管工作调研，全年立案查处违反《药品管理法》、《医疗器械监督管理条例》的案件75件（其中涉及医疗器械案件5件，药品案件70件），罚没款总额87.29万元。初步形成“以乡镇街道为主体、执法部门指导配合”的工作机制。11月，举办“食品药品平安在宝山”诚信承诺宣传活动，377家食品药品生产、经营、使用单位向社会作出了确保人民群众“吃上放心食品、用放心药品”的承诺。组织百人义务宣传志愿者队伍进社区开展“食品安全知识进万家活动”，举办讲座、培训99期，培训1.17万人次；开展“宝山区食品安全宣传周活动”，咨询群众8385人次。

区药监部门组织人员在全区主要路段指导帮助市民清理家庭小药箱。 摄影／浦志根

■上海市食品药品监督管理局宝山分局成立 根据市政府的部署，2月16日，上海市食品药品监督管理局宝山分局在原上海市药品监督管理局宝山分局的基础上组建成立，属垂直管理机构，承担原药品监督管理局宝山分局的职责，增加负责食品、保健品、化妆品安全管理的综合监督和组织协调以及依法组织开展对重大事故查处的职责，设办公室、药品监管科、稽查科、食品监察科。

■宝山区食品药品监督所成立 根据市政府《调整本市食品安全有关监管部门职能的决定》，12月31日宝山区食品药品监督所成立，该所隶属食品药监宝山分局领导，负责辖区内食品流通环节和消费环节（包括餐饮业、食堂等）以及保健食品（包括化妆品）的生产加工、流通和消费环节的监管职责，设办公室、综合业务科、审核发证科、监督科。62人从区卫生监督所调入该所任食品安全监督员。

■受理药品、医疗器械经营许可 （1）全年受理药品经营企业开办、许可、变更85家，其中开办筹建的有47家（乙类OTC药柜17家）、变更38家；许可验收46家（乙类OTC药柜16家）；新增零售门店21家，新增OTC药柜16家。（2）全年受理医疗器械经营企业开办、许可、变更及验收394家，其中受理医疗器械经营企业许可28家；受理医疗器械经营企业变更45家；受理家用医疗器械零售企业15家；受理避孕器具及一类医疗器械零售企业306家。（3）全年共完成药品经营企业信息登记129家；医疗器械经营企业年检155家，其中通过验证145家、注销《医疗器械经营企业许可证》5家，不合格企业5家；医疗器械生产企业年检39家，未通过2家。（4）对药品、医疗器械、药用包装材料共抽样915件，完成检验683件，不合格药品48件，不合格率为7%。首次实行网上信息年检（登记）。

■食品安全监管工作调研 食品药监宝山分局分别到区农委、商委、卫生局、工商局、技术质量监督局等单位开展调研，内容包括各单位食品安全主要工作、主要法律依据以及存在的问题。在对外来民工子弟学校食堂和建筑工地食堂设施和管理的食品安全情况进行调研过程中，与区教育局、建委就加强食堂食品安全工作达成共识，制订食品采购、食堂卫生管理办法等。开展食品安全检测现状调研，基本摸清了区内各类食品检测样品量、实验室检测仪器设备以及检测经费等情况，向区政府提出整合全区检测资源的建议。对农贸市场食品安全进行调研，针对农贸市场在垃圾肉处理、检测手段等方面存在的问题，制定了《不洁食品处理办法》。

■实施“放心肉”工程 年内，食品药监宝山分局提出用2年时间，通过实施“放心肉”工程，使区内各类集贸市场、超市、商场出售的猪肉、牛肉制品达到三个目标：（1）杜绝具有检疫性疾病的猪肉、牛肉上市；（2）严禁使用“瘦肉精”的猪肉销售；（3）猪肉与肉制品要符合《肉与肉制品卫生管理办法》规定的标准。

■食品安全专项整治 全年共出动执法人员5212人次，开展以端窝点为主要内容的食品安全专项整治活动。取缔地下食品加工窝点，打击无证生产、经营食品活动，对学校、建筑工地食堂组织专项检查，对餐饮行业实行不间断检查，对农村家庭自办较大规模酒席实行告知承诺。全年查获地下食品加工窝点1031户次，取缔地下食品加工窝点928户次。年内全区未发生集体性中毒事件。出动检查人员500多人次，组织、参与卫生、工商等部门对劣质奶粉等食品的联合执法检查，共查获劣质奶粉6种、75袋。

■药品市场专项整治 全年共出动执法人员786人次，开展药品、医疗器械专项整治行动8次，被检查单位340家，共查处违法经营药品、医疗器械1078批次。（1）对保健品市场联合执法检查，取缔无证经营药品店6家；（2）对非法收购药品进行打击，会同公安、城管部门联合执法，取缔非法收购药品交易场所8处；（3）开展“规范个体诊所、清理保健品市场”专项整治；（4）对抗菌药物进行专项检查；（5）对民营、部队医院规范用药进行专项检查；（6）对一次性无菌医

2004 年宝山区卫生镇(村)创建情况一览表

国家卫生镇(1 个)	高境镇
上海市一级卫生镇(3 个)	庙行镇、淞南镇、顾村镇
上海市二级卫生镇(4 个)	大场镇、杨行镇、横沙乡、长兴乡
上海市卫生村(25 个)	月浦镇海陆村,罗店镇联合村、朱家店村、光明村、北金村、毛家弄村,罗泾镇陈行村,顾村镇胡庄村、星星村、老安村、羌家村、归王村、沈宅村,庙行镇场北村,长兴乡红星村、石沙村、新港村、长明村、大兴村、创建村,横沙乡永生村、增产村、新联村、民东村、民生村

疗器械使用及毁形、婴儿培养箱、高频电刀、微波治疗仪、高风险植入体医疗器械专项检查;(7) 对疫苗进行专项检查;(8)对公共场所销售药品监督检查。

■建立药品、医疗器械质量诚信机制 在辖区内 32 家一级以上医疗机构药房推行药品、医疗器械使用备案诚信承诺制(一级以上医疗机构药房向食品药品监督管理局承诺); 农村卫生室药品管理在全面达标的基础上,撤除乡(镇)合作医疗管理站药品仓库, 使农村卫生室进药渠道更加规范化、合法化;个体诊所统一使用规定的药品目录; 企事业单位保健站药品的使用情况规范有序。

■141 家药品经营企业获质量管理规范认证 全面开展《药品经营质量管理规范(GSP)认证》,全区 148 家药品零售企业中, 获 GSP 认证的有 141 家,占 95.3%。7 家未达到认证要求的企业实施了重组或加盟。

■药品不良反应监测 成立宝山区药品不良反应(ADR)监测站,建立食品药品监督分局 ADR 监测中心、医院 ADR 监测小组、ADR 监测信息员四层监测网络,收集药品不良反应报告 220 例, 并报上海市面上药品不良反应中心分析汇总。

■清理"家庭小药箱" 年内,组织"清理家庭药箱保健康"、"加强抗菌药物监管,促进合理用药"和"安全用药知识进万家" 专题宣传活动,354 人次的药师(医师)为群众提供咨询服务,参加咨询人数 3.65 万人次,免费赠送《药博士讲合理用药》、《家庭用药》、《OTC 与大众》等杂志共计 2.5 万余册;指导居民清理"家庭小药箱",回收过期、变质药品 3.6 万余片(粒、支、瓶)。 (王 成)

爱国卫生

■概况 2004 年,爱国卫生工作围绕建设健康城区三年行动计划总体目标,开展"爱我母亲河"、"爱绿护绿"、"让虫害远离生活"、"人人动手,清洁城市,美化环境"、"人人运动"、"清洁空气"、"婚育新风进万家"、"健康身心"、"健康校园"、"健康家园"和"三讲一树"(讲文明、讲卫生、讲科学、树新风)等 11 项重点活动,促进了全区建设健康城区 93 项指标任务的完成。以社区除害为重点,开展灭鼠、灭蟑和灭蚊蝇活动。全年开展除害监督执法检查 480 户次,责令改正的有 445 户, 做出行政处罚 168 户, 罚款户数 35 户, 罚款金额 6.75 万元。12 月中旬,高境镇通过全国爱卫会的考核验收, 列入国家卫生镇行列。年内, 区爱卫办通过在宝山电视台开设《市民议健康》的访谈类节目,发动市民参与讨论, 在政府门户网站、《宝山报》开设建设健康城区专栏, 在区主要路段设置建设健康城区公益性广告灯箱和广告牌,在宝山巴士 952、53、711 等线路的公交车上设置建设健康城区流动广告等形式,加大宣传力度,提高全社会建设健康城区的参与度。

■"建设健康城区万人行动日"活动 3 月 27 日,区爱卫会在全区开展"建设健康城区万人行动日"活动,活动以环境卫生综合整治为主线, 以建设健康城区宣传为辅线,发动社区居民广泛参与。24 名区领导带领区有关委、办、局的主要领导 60 余人,分两路前往月浦镇、高境镇参加爱国卫生整治活动。区内 50 余个委、办、局、(集团)公司会同友谊路街道在友谊路、宝杨路沿线开展卫生整治活动。其余街道、乡镇都在辖区内设点开展了相应活动。

■"健康细胞五个一工程"建设 年内, 友谊路街道、月浦镇作为建设健康社区试点地区,开展"健康细胞工程"建设, 着力推进居民小区、家庭、学校、企业、机关、医院、市场、宾馆、饭店、商场等 10 类重点项目单位的卫生工作,启动"健康细胞五个一工程"建设试点工作,即在试点街道和镇内建成一个健康小区、一个健康校园、一个健康饭店、一个健康商场和一个健康医院。年内,华能城市花园小区、行知中学、金牡丹酒楼、黄金广场、友谊地段医院等单位被评为健康单位。

■有害生物防治工作进入社区 以建设健康城区为中心,以社区除害为重点,开展以"让虫害远离生活"为主题的"四害"防治活动。开展春秋两季突击灭鼠活动。全区共使用各类灭鼠药物 1.14 公斤、粘鼠板 670 块。鼠密度从灭鼠前的 2.93%,降至灭鼠后的 0.7%,鼠迹阳性率为 1.34%, 室外鼠迹阳性率为每千米 0.67 处, 达到灭鼠标准。7 月 17 日至 8 月 10 日, 在全区内开展灭蟑螂突击活动,组织各街道、镇爱卫办上街设点宣传灭蟑知识, 并通过宝山电视台向全区居民进行灭蟑投药指导。共使用灭蟑药物颗粒剂 13.6 万包,"灭得优"乳剂 50 公斤,"拜虫杀"10 公斤,居民户蟑螂密度下降率达 73.11%。开展灭蚊蝇突击活动 3 次,开展消灭越冬蚊蝇活动、消灭早春蚊蝇活动和夏季爱国卫生周活动。全年共使用灭蚊蝇药物费用 9 万元, 捕蝇笼 4729 只。有 23 个小区被列为除害示范小区。经上海市爱卫办考核,区灭蝇工作达国家灭蝇标准。

■爱国卫生月活动贴近群众生活 2 月, 开展禽流感防治科普知识宣传。3 月 6 日,全区 16 个街道、乡镇设点开展集中宣传咨询服务活动。区爱卫会会同友谊路街道在友谊路、团结路口设点开展"健康游园会"宣传咨询服务活动,出动咨询人员和志愿者近 100 人, 该活动拉开了"2004 年爱国卫生月活动"的序幕。由区爱卫办和区健康教育协会联合举办的大型健康知识讲座于 3 月中旬在宝钢文化馆举办,原上海中山医院院长、上海市健康教育演讲团团长杨秉辉教授和中国预防医学会养生保健专业委员会副主任傅善来教授在宝钢文化中心为宝山市民授课,听众达 800 人次。 (周 燕)

上海市宝山区卫生局卫生监督所

书记：施为利

宝山区卫生局卫生监督所地处上海北翼，区域管辖面积为425平方公里，涵盖全区11个乡镇5个街道，人口122万（82万为户籍人口），辖区内监督管理对象数5700余户。

宝山区卫生局卫生监督所于1999年4月1日建立，经过近6年的建设和努力，得到了迅速的发展。2005年1月1日，食品卫生监管工作从宝山区卫生局卫生监督所平移到上海市食品药品监督管理局宝山分局。宝山区卫生局卫生监督所现有人员40人，大专以上学历人员占90.0%，中级职称以上人员占42.5%，高级职称以上人员占5.0%，现设有7个职能和业务科室。向社会的承诺是“依法行政，廉洁高效”；做到“抓基础、树形象、促发展”；切实做好全区的传染病监督管理、公共场所卫生监督、饮水卫生监督、职业病防治卫生监督、医疗执业监督、卫生行政许可等各项工作。

6年来，该所特别注重质量和内涵的建设，坚持以改革为动力，以加强卫生综合执法为抓手，使该所的综合业务水平明显提高，在重大的卫生保障工作和处理突发的公共卫生事件中都取得了许多骄人的成绩，各项工作得到社会各界的肯定，被评为“市级文明单位”。面向新世纪，全所将更加紧密地依靠各级政府、各部门、各行业的全力支持与配合，坚定不移地贯彻“党的十六大”和十六届四中、五中全会会议精神和实践“三个代表”的重要思想，牢固树立“一切为了人民健康”的服务宗旨，紧紧围绕建设上海现代化国际大都市的目标，发扬与时俱进的精神，不断开拓新局面，力求稳步发展，切实为广大市民身体健康作贡献，为宝山区的经济建设保驾护航。

地址：淞滨路28号

邮编：200940

电话：56845237

晨练

位于临江公园

科技·文化与体育

Science·Culture and Sports

■编辑　方继红

科技

■概况　2004年,新增高新技术企业12家,通过复审的高新技术企业40家,全区高新技术企业总数达52家。至年底,50家高新技术企业总收入68.72亿元,工业销售收入68.46亿元,工业增加值20.17亿元,净利润7.57亿元,上缴税收5.45亿元,出口创汇1.89亿美元,科研项目312项,科技开发投入3.84亿元。全区列入国家、市科技计划项目和新产品项目共24项,其中国家创新基金项目4项,获国家创新基金230万元,上海市创新资金57.5万元;市创新资金项目3项,获上海市创新资金51万元;市科技攻关项目4项,获上海市科研经费130万元;上海市火炬计划项目7项,获上海市火炬计划项目经费24万元;国家级新产品项目2项;上海市新产品项目4项,获上海市新产品项目经费20万元。科技成果转化项目20项,项目的生产技术及主要技术指标均达到国际先进水平。区科技发展基金全年共列项78项,匹配国家级、市级项目15项,安排经费631万元,比上年增22.4%。由上海王邢无损检测设备厂自行设计研制的"DL-YH-Ⅲ型Ir-192、Se-75r射线探伤"项目和上海市宝山区畜牧兽医站承担的"出口活兔的开发研究"项目通过技术成果鉴定。全年认定科技服务合同92项,合同金额5731.01万元,其中技术开发合同71项,合同金额4932.35万元;技术转让合同7项,合同金额600万元;技术咨询合同1项,合同金额20万元;技术服务合同13项,合同金额178.66万元。全年科普经费168万元,比上年增长190%。区内户籍人口人均科普经费达到2元。

■取消科技经营证书　3月9日起,区域内《科技经营证书》审批全面实行告知承诺制度,民营科技企业前置审批的手续得到简化。7月1日起,根据《中华人民共和国行政许可法》,取消区民营科技企业前置审批,停止发放《科技经营证书》。

■完成政府科普实事工程5件　年内,完成政府科普实事工程5件。建设市级气象科普教育基地1个,创建区域内首个专业科普馆;创建大场镇华灵路、友谊街道友谊路科普宣传街2条;建造电子科普画廊7块;建立市民科技学校6所;创建科普村78家。

■科技周活动　5月14~21日,开展以"科技以人为本,全面建设小康——科技创造绿色生活"为主题的2004年上海科技活动周宝山区活动。5月14日的开幕式,为2名获得上海市"明日科技之星"称号的学生颁奖,并为16个乡、镇、街道科普志愿者队伍授旗。开幕仪式后,进行了科普文艺节目表演、科普咨询活动及气象科普知识竞猜活动。区教育局组织学生进行机器人表演、机械奥运比赛、幼儿科幻画及头脑OM展示等多项科技活动展示及表演。科技活动周期间,全国大型展览"崇尚科学、关爱生命、维护人权、反对邪教"上海首展活动在区内举行。区科委对"宝科风景线"网上科技活动周进行改版,围绕主题,设置了历届回顾、活动安排、活动报道、电子画廊、科普常识、青少年科普、政策法规等10余个栏目。区科委邀请上海市科学学研究所所长、上海科学普及促进中心主任李健民为区内400余名基层科普干部作题为"新一轮城市科普工作的思考"的科普报告。区商委举办"绿色食品、绿色消费"推广活动,举办绿色饭店交流会、环保建材及装修推介、绿色家电展示、健康菜肴展示、绿色商品营销、环保塑料袋试用等活动。月浦、海滨、庙行、吴淞、大场等乡镇街道举办不同主题的科普讲座及科普宣传活动。淞南镇组织"科技活动日"活动,2100人参加。友谊路街道以"科技创造绿色生活"为主题,进行科普演讲比赛和决赛。

■上海市宝山留学人员创业园划归区科委　12月22日,上海市宝山留学人员创业园从上海市宝山城市工业园区单列出来,为宝山区科学技术委员会领导和管理的下属科级事业单位。

■开展高校学生科普征文活动　3~5月,区科委(协)与上海大学文学院共同举办以"科技以人为本,全面建设小康"为主题的征文活动,学生们就宝山的经济建设、科技进步、环境保护等方面发表见解。活动期间共收到作品595篇,经评审,《科技以人为本——对宝山区建设规划的思考》、《科技时代,我们的绿色生活》以及《科技以人为本,科技创造绿色生活》三篇文章获一等奖,同时评出二等奖5名,三等奖15名及鼓励奖40名。

■加强科普拥军　年内,举办以"现代人的健康生活"为主题的科普巡展进军营活动。全年为部队在役官兵及家属开设电脑、英语口语培训班8个,培训人数161人。建军节前夕,向部队赠送电脑及电子触摸屏等视频设备。向部队赠送2005年《上海科技报》150份。

■青少年科技创新获佳绩　在由中国科协主办的全国第19届青少年科技创新大赛中,宝山区共获5项大奖。其中一等奖1项,二等奖2项,英特尔英才奖1项,优秀组织奖1项。在上海市科委和上海市教委主办的上海市第二届"明日科技之星"评比中,2名学生获"明日科技之星"称号,12名学生获"科技希望之星"称号,排名全市第三。承办"上大附中杯"机器人奥运会,获得9个项目的15个冠亚军,占全市获奖总数的42%。

■科普活动进入外来务工人员子弟学校

2004 年上海科技节上为宝山“明日科技之星”颁奖。 区科委供稿

8 月 13 日和 8 月 26 日，区科协在通河新村街道和淞南镇为区内外来务工人员子弟举办题为“让环保走进我们的生活”的科普报告会 2 场，会后，向外来务工人员子弟学校学生赠送中小学生心理健康、营养食谱、学习方法等科普读物 900 册及文具用品 60 套。

科协学会工作 2 月 21 日，宝山区地震学会注销。4 月 29 日，宝山区科普志愿者协会成立，理事长娄月娣。5 月 24 日，区健康教育协会成立了企业工作委员会。8 月 27 日，区科协召开 2002~2003 年度学（协）会总结表彰会，宝山区医学会等 8 个学（协）会被评为先进集体。11 月 29 日，上海钢管厂科协注销。12 月 2 日，宝山区反邪教协会成立，理事长朱芸芳。年内，完成区科协所属 31 个学（协）会的年检工作，完成青少年科技辅导员协会等 7 个学（协）会的换届改选工作。

区知识产权信息服务平台开通 12 月 24 日，区知识产权信息服务平台向社会公众开通运行。信息服务平台设有专利检索和数据分析两大功能，通过存放和管理市知识产权服务中心的精品钢及相关行业专利数据，为区内企事业单位提供行业专利信息服务和信息交流的空间。企业可以通过专利检索平台查阅中、美、日、英、法、德、瑞士及欧洲专利局、专利合作条约组织 80 余万条有关精品钢生产、加工、制造等基本专利信息数据，可及时得到专利申请、专利转让、转让纠纷、科研立项、产品进出口贸易等专利信息服务。

专利申请近千件 至年底，区专利申

2004 年上海市高新技术企业（宝山区）一览表

单位名称	编号	企业主要产品
上海科胜光缆有限公司	BS001	光缆生产
上海元龙玻璃钢有限公司	BS002	玻璃钢帐篷杆及玻璃钢型材
上海宝钢设备检测公司	BS003	工业设备的检测和产品技术开发
上海宝山热喷涂厂	BS004	钢厂大型轧辊修复
西门子制造工程中心有限公司	BS005	高低压电力柜设计及生产
上海品杰防伪技术有限公司	BS006	标识物、网络技术服务
上海爱普食品工业有限公司	BS007	食品添加剂及食品香料生产开发
上海东大自动化工程有限公司	BS008	工业自动化设备及控制软件开发
上海亨钧科技有限公司	BS009	工业设备工程改造及技术服务
宝景信息技术发展有限公司	BS010	计算机软件、设备自动控制软件开发
上海东月医疗保健用品有限公司	BS011	疤痕贴、创面贴开发及生产
上海安防电子有限公司	BS012	电视监控设备及数字化远程监控传输设备
上海中集冷藏箱有限公司	BS013	钢质冷藏集装箱及深冷集装箱生产、开发
上海富驰高科技有限公司	BS014	粉末冶金注射产品开发及生产
上海宝钢天通磁业有限公司	BS015	高品质铁氧体磁性材料开发及生产
上海过滤器有限公司	BS016	高档空气、液体过滤器开发及生产
上海惠捷电子设备有限公司	BS017	银行电子回单柜及智能电子控制交流稳压器
上海复生生物工程研究所有限公司	BS018	医用高倍显微镜及医疗检测仪器开发生产
上海智大电子有限公司	BS019	电力控制开关柜、无线对讲机开发、生产
上海复星朝晖药业有限公司	BS020	新药生产及开发

（续表）

单位名称	编号	企业主要产品
上海利康消毒高科技有限公司	BS021	消毒剂及消毒设备开发、生产
上海宝湘耐火材料有限公司	BS022	大型钢厂专用耐火材料开发、生产
上海汇集新材料股份有限公司	BS023	大型钢厂专用耐火材料开发、生产
上海子能高科股份有限公司	BS024	新药生产及开发
上海迪赛诺化工有限公司	BS025	抗癌及抗艾滋病新药开发、生产
上海芳依司香料化工有限公司	BS026	化工新品（香料）开发、生产
上海金亭汽车线束有限公司	BS027	高档轿车束线开发、生产
上海振华焊割工具有限公司	BS028	钢厂专用钢锭切割设备开发、生产
上海黄海制药有限责任公司	BS029	新药研制开发及生产
上海宝田新型建材有限公司	BS030	混凝土附加材料（矿渣微粉）开发及生产
上海康阜实业有限公司	BS031	轧辊修复及高炉修复技术服务
上海北部水产养殖中心	BS032	中华鲟及珍贵水生鱼类养殖
上海网元计算机系统有限公司	BS033	计算机软件开发
上海盛加科技有限公司	BS034	自动控制系统及设备制造。
上海久安水质稳定剂厂	BS035	水质处理剂生产
上海宝临电器成套制造有限公司	BS036	智能型高低压控制柜生产
宝山钢铁（集团）公司设计研究院	BS037	钢厂冶金项目设计及技术开发
上海航发机械有限公司	BS038	蝶型离心机及齿轮泵开发生产
上海图博可特石油管道涂层有限公司	BS039	防腐涂层材料及应用
上海科德轧辊表面处理有限公司	BS040	冷轧轧机工作辊表面应用技术
上海凡清环境工程有限公司	BS041	高效纤维过滤器（池）
上海超高工程塑料有限公司	BS042	超高分子置聚乙烯耐磨衬板
上海泰和耐火材料厂	BS043	耐火材料
上海宝松塑胶喷涂新技术有限公司	BS044	旋转式射涂工艺聚酯胶辊
上海秋之友生物科技有限公司	BS045	核苷酸、胞苷酸
上海君山表面技术工程有限公司	BS046	高温炉辊表面新材料研制及应用
上海龙旗通信技术有限公司	BSR01	手机主板
上海旭通信息技术发展有限公司	BSR02	X25 专用网关（通讯）
上海思韪信息技术有限公司	BSR03	航空软件开发
上海索恩软件产业有限公司	BSR04	软件开发
上海宝钢化工有限公司	BG001	化工行业技术开发及软件设计
上海红珊瑚科技发展公司	A5009	压克力材料

（沈正行）

请量为978件，比上年增长35.5%，其中：发明专利221件，比上年增82.6%；实用新型专利488件，比上年增39.0%；外观设计专利269件，比上年增7.6%。申请量由上年全市排名第9名升为第8名。

■专利试点工作稳步推进 年内，上海东方泵业（集团）有限公司等7家企业被批准为上海市专利试点单位，上海品兴科技有限公司等5家企业被批准为上海市培育专利试点单位，长江口商场股份有限公司百货分公司被批准为上海市商业系统专利保护工作示范单位，吴淞中学被批准为上海市知识产权示范学校，祁连中心校被批准为上海市知识产权试点学校，区青少年科学技术指导站被批准为上海市专利申请重点资助学校。

■首届发明创造专利奖揭晓 年内，区政府组织了宝山区首届发明创造专利奖评选活动，“用于手术的照明装置”等3个项目获发明专利奖，“脚踏健身器”等9个项目获实用新型专利奖9项，“手机（S280）”等6个项目获外观设计专利奖，上海申阳家具工业有限公司等5家单位获申请专利优胜奖，上海宝田新型建材有限公司等3家单位获专利实施效益奖，评出优秀专利工作者9人。12月24日，区政府召开授奖大会，对获得专利奖的单位、个人进行表彰。

■区防震减灾联席会议制度成立 7月，区防震减灾联席会议制度建立，有成员单位20余家,联席会议主要负责组织协调全区防震减灾工作,研究制订防震减灾工作规划、措施,编制和修订《宝山区地震应急处置预案》,发生地震时组织实施《宝山区地震应急预案》等。区防震减灾联席会议制度下设办公室,地址宝山区淞宝路50号。（沈正行）

■气象服务 年内,区气象局通过“宝典”信息机向40个服务咨询单位发送气象信息,通过电话、传真等方式为区内有关部门提供重大活动期间的中短期气象预报,在《宝山报》、《宝钢报》、宝山电视台等媒体开设《一周逐日天气预报》栏目,及时通报汛期气象情况,对2004年汛期高潮水位以及20天的35摄氏度以上的高温天气等都作出了准确预报。防雷办为全区486家市级和区级消防重点单位进行常规检测。至年末,全区有232家单位申报防雷建设工程,建筑面积共440万平方米,竣工验收的单位有171家。区气象局走访建设工地15家,对28家施工单位的施工图进行审核。12月,区气象科普馆开馆,被命名为上海市科普教育基地,全年接待观众7600人次。（朱良维）

文化艺术

■概况 全区有文化馆（站）18家,其中区属群艺馆、文化馆各1家,乡镇街道文化站16家;图书馆（站）17家,其中区级图书馆1家,藏书48万册,乡镇街道图书站16家。社会文化娱乐场所有:电影放映场所16家,演出场所13家,歌舞娱乐场所171家,图书报刊网点159个,音像制品网点112个,网吧112家。文物保护单位有:市级纪念地点1处、区级文物保护单位5家。

■宝山沪剧团坚持送戏下乡 年内,宝山沪剧团重组,重组后剧团有编剧、演员、乐队、舞美音响等专业人员共19人。该剧团在编排文艺节目中坚持“三贴近”（贴近实际、贴近生活、贴近群众）,全年共下乡巡回演出218场,观众13万人次。年内主要演出的剧目有:沪剧《贤惠媳妇》、《谁是目前》、《大雷雨》、《弄假成真》;方言小品《避风头》、《快乐的烦恼》、《脑筋急转弯》;上海说唱《百路整治展新颜》等。

■文化稽查 宝山区文化稽查队全年共组织开展全区性集中行动9次,区域性联合整治行动95次,日常检查1060次,出动检查人员5428人次,检查场所5781家（次）,查缴非法音像制品35.27万张、非法图书6.68万册、电子出版物2.88万张、赌机赌板290台（块）,取缔无证经营453家,查处大案要案10件、行政处罚601件,停业整顿43家,吊销《网络文化经营证》1家,罚没款149万元,移交公安10件,被刑事处罚5人。

■举办首届“宝山之春”文化博览会 4月17日至6月6日,举办首届“宝山之春”文化博览会。博览会由“五彩社区、缤纷生活”百佳文化小区造型艺术展、“五月欢歌”歌咏电视大赛、第三届宝山社区读书节、宝山地区首届民间艺术收藏展等系列文化活动组成。博览会期间,“五彩社区、缤纷生活”百佳文化小区造型艺术展在大场、杨行、罗店等地进行巡回展出,征集“百佳文化小区”书画、摄影、手工艺作品300余件,展出宝山地区23各收藏家的藏品350余件,3000余名观众参观展览;近千人组成的49支歌咏队参加“五月欢歌”歌咏电视大赛;举办“学习型组织的五项修炼”、“树立和落实科学发展观”等宝山市民系列讲座;征集“我爱读书、我爱我家”格言,集中展出“名人与读书”专题版面,开展家庭读书演讲比赛等,参与市民10万余人次。

■参加中法文化年“上海周”演出 7月,宝山民间艺术团随上海市民间艺术展演展示团体赴法国参加在巴黎举办的中法文化年“上海周”活动。由宝山区创作的富有中国江南特色的竹乐合奏《翠竹嬉春》,在巴黎的都日丽公园演出时吸引2000余名法国观众。竹乐合奏《翠竹嬉春》作为民族打击乐的原创音乐作品,已在国内外已演出170多场,观众达20余万人次。作品获第十届上海市十月歌会银奖。

■第四届上海宝山国际民间艺术节成功举办 第四届上海宝山国际民间艺术节于10月11日至22日举行。艺术节由宝山区人民政府、上海市文学艺术界联合会、上海宝钢集团公司、上海大学和中国文联国际联络部联合主办。来自16个国家、19个艺术团的近500名各国朋友参加了艺术节活动,观众约50万人次。中国文联主席周巍峙、上海市领导殷一璀、王仲伟、杨晓渡、科特迪瓦国家文化和法语国家事务部部长梅苏、联合国国际民间艺术组织副主席伊廷、英国爱丁堡市副市长卡多尼以及匈牙利、乌克兰、比利时、捷克、智利等国家驻沪领事馆官员参加了艺术节各项活动。艺术节设“友情之舞”开幕活动、“鼓乡之声”游园活动、“美兰湖之夜”闭幕活动、“友谊之旅”联谊活动等四大系列活动。新华社、《人民日报》、中新社、中央电视台一套和四套、中央人民广播电台、中国国际广播电台等媒体对艺术节活动作了相关报道。

■举办近代宝山百年历史图片展 《近代宝山百年历史图片展》由区委宣传部主办,区文广局承办,在国庆55周年前夕开展,并在全区进行巡回展出。该图片展共有70块展板,由300余幅珍贵历史图片组成。图片展以1724年宝山建县至1949年5月宝山解放为时间段,以1840年鸦片战争以后近百年的历史为重点,以推动宝山经济社会发展的重大历史事件、重要历史人物为主线,记录了近代宝山艰难曲折的发展历程。展出期间,参观人数达10万人次。

■“欢乐在社区”市民广场演出活动 7月至9月,全区开展“欢乐在社区”系列活动。活动以广场演出、文化下乡演出为主,在全区各小区、村举办各类演出活动171场,参与群众15.84万人次。

■上海淞沪抗战纪念馆对外免费开放 上海淞沪抗战纪念馆是上海市青少年教育基地和上海市爱国主义教育教育基地,于1月28日起对市民免费开放。年内,举办了以“中国革命纪念馆的责任与合作”为主题的“宝山论坛”,来自全国11个省市19个博物馆、纪念馆的领导、专家参加论坛活动。举办诗歌演讲、作文比赛、论文研讨、学术交流等活动,接待观众12万人次。比上年增60%。

■宝山影业发展分公司年票房收入逾200万元 全区有电影放映单位10家,其中属上海永乐股份有限公司有宝山影业发展分公司的宝山影剧院、吴淞影剧院、泗塘电影院;属区文广局的有宝山文化馆影剧院和月浦文化馆影剧院;属企业和乡镇一级的有祁连影剧院、顾村影剧院、罗店文化中心影剧院、五钢影剧院、宝钢文化中心影剧院等。年内,全区共上映新片106部,放映电影2300场,观众15万人次,票房收入200多万元。

2004年宝山区在全市群文系统获奖作品一览表

奖项名称	获奖名次	获奖作品	获奖者
第十三届群星奖	纪念奖	版画《向您敬礼》	作者:唐华真 辅导者:龚赣弟
全国流行音乐新人选拔赛	演唱三等奖	《塔里木的胡杨》	黄　涛
第六届中国上海国际艺术节《我们的家园》——群文综合艺术成果展示	优秀组织奖		宝山区文广局
	策划辅导奖		宝山区文广局
	优秀创作奖	小品《避风头》	王　文
	优秀节目奖	竹乐合奏《翠竹嬉春》	周永生等
	优秀节目奖	笛子合奏《荫中鸟》	石　俊　朱学佳
	优秀节目奖	男女声合唱《欢乐东方》	余　琪　黄　涛
	优秀组织奖		周永生
	优秀组织奖		黄　涛
走进京剧摄影展	优秀奖	摄影《俏贵妃》	淞南文化中心　王伟平
首届上海市"敏之杯"中老年书画大赛	优秀组织奖		区文化馆
	二等奖	中国画《溪山会友图》	区文化馆　王兆平
	三等奖	吹塑版画《古屋之七》	区文化馆　龚赣弟
	优秀奖	中国画《西部印象一》	区文化馆　姜　晓
	优秀奖	中国画《西部印象二》	区文化馆　姜　晓
	优秀奖	中国画《沙棘树》	区文化馆　姜　晓
	优秀奖	油画《水乡》	区文化馆　施灵海
	优秀奖	中国画《寿果图》	区文化馆　杨惠钦
	优秀奖	中国画《残雪》	区文化馆　孙立斌
	优秀奖	吹塑版画《牧归》	区文化馆　万春芳
	优秀奖	吹塑版画《采丝瓜》	区文化馆　应素芳
	优秀奖	吹塑版画《红果子》	区文化馆　陈　红
	优秀奖	吹塑版画《鸭塘》	区文化馆　曹福妹
	优秀奖	吹塑版画《厨房》	区文化馆　须陵菱
	优秀奖	吹塑版画《农家女》	区文化馆　王　露
	优秀奖	吹塑版画《捕鱼》	区文化馆　周嫣雯
	优秀奖	吹塑版画《回家》	区文化馆　王柳青
	优秀奖	吹塑版画《晒棉花》	区文化馆　陆　群
	优秀奖	吹塑版画《送嫁妆》	区文化馆　严秀林
	优秀奖	吹塑版画《吃粽子》	区文化馆　沈爱琴
	优秀奖	吹塑版画《忆江南之四》	区文化馆　龚赣弟
	优秀奖	中国画《秋山有云》	区文化馆　王　鹏
	优秀奖	篆刻	区文化馆　徐才友
	优秀奖	书法	区文化馆　王　曦
"金秋魅力"摄影展	优秀奖	《赶上好年代》	淞南镇文化中心　王树良
	优秀奖	《老亦疯狂》	淞南镇文化中心　梁　晶
	优秀奖	《寻梦》	淞南镇文化中心　于鸿明
	优秀奖	《喜事之日》	淞南镇文化中心　顾鹤忠
	优秀奖	《晨曲》	淞南镇文化中心　王伟平
	优秀奖	《光明使者》	淞南镇文化中心　梁　晶
	优秀奖	《输送》	淞南镇文化中心　朱立凡
	优秀奖	《窗口》	淞南镇文化中心　陆　勇
	优秀奖	《城市"脚步"》	淞南镇文化中心　余良华
	优秀奖	《草地上的光影》	淞南镇文化中心　海国云
	优秀奖	《中国女孩》	淞南镇文化中心　高伯生
上海——绵阳书画展	优秀组织奖		区文化馆　王　鹏

（吴　军）

第六届中国上海国际艺术节暨第四届上海宝山国际民间艺术节 集锦

摄影／顾鹤忠 胡新力

宝山影剧院全年放映电影1964场，比上年增415.49%，观众人8.69万人次，票房收入175.67万元，比上年增708.46%。其中，影片《邓小平1928》票房收入32.5万元，影片《张思德》、《郑培民》票房超过14万元。年内，罗店影剧院租赁给罗店镇政府农副经营公司，改建为农贸市场。（张静波）

档案

■概况 全区有建档单位1071家，其中区级81家，乡镇街道16家，区属国有大小企业170家，村民委员会165家，居民委员会230家，文教卫系统202家，企业集团公司9家，事业单位78家，其它建档单位120家。有档案专业技术职称人员280人，其中馆员20人，助理馆员148人，管理员112人。区档案馆馆藏量27.5万卷（册）。年内，区档案局和区档案学会联合举办新上岗人员应知应会技能培训班、档案资格证书培训班、在职档案干部继续教育培训班，参加培训人数266人次，基层单位办班9期，参加人数235人次。完成区民政局婚姻档案、房地产交易中心的房产档案、劳动局仲裁档案、淞南镇撤村档案、区政府规划类档案接收进馆工作，共接收档案3.45万卷。同时，接收379个单位报送来的文件、资料1345件（册）。征集到领导讲话录音、照片、名人作品、珍贵资料共782件。整理名人档案74卷，共607件。全年接待档案利用者4083人次，调档资料7523卷（册），提供复制证明9629张。

■档案信息化建设 如期完成档案综合管理信息系统项目建设，投资90万元，建成并开通区档案局域网。9月下旬，开通"宝山档案信息网"，设政务公开、馆藏浏览、利用大观、文件中心、人文摘要等10个一级栏目，设局馆简介、开放档案、史志编研等32个二级栏目。档案目录中心数据库基本建立。至年底，已有70万条档案案卷级、文件级条目导入目录中心数据库，其中文书档案14.7万条，婚姻档案20万条，农民造房档案14.6万条，房产档案7.9万条，政府部门的现行文件6035条，另有区人口计生委、区规划局、杨行镇，区商委等4个单位的档案目录6.45万条。

■档案服务 （1）按照区政府工业项目向园区集中的要求，对罗泾、月浦、顾村、杨行等镇的工业园区建档的情况进行调研，选择杨行西域区开发有限公司，罗泾飞士工贸实业有限公司作为经济开发区建档和升级达标试点单位，提高整体档案管理水平。（2）加强对房地产开发公司建档工作的指导。月浦房产公司，杨行杨泰房产公司档案工作分别通过合格档案室和区级先进档案室评审验收。（3）在区工商联和私营企业协会的支持下，加强对民营企业建档工作的指导，选择宝松实业公司和同恒实业公司作为私民营企业建档试点，年内通过试点验收。（4）全面推动居委会建档达标工作。街道所属95个居委会，乡镇所属135个居委会全部完成合格档案室创建工作。（5）5月1日起，区档案馆作为区政府信息公开集中查阅点，接收政府公开信息9批，计1276份，涉及51个单位，年内接待查询100余人次，发放政府公报400份。

档案窗口文明服务。 摄影／胡新力

■档案法制宣传 继续开展档案"四五"普法巡讲活动，完成49家处级单位、397家基层单位巡讲活动。制作档案法宣巡展板面11块，在50多家单位巡展，参观人数4000余人。对区属24家单位（项目）进行行政执法检查。参加市档案局举办档案普法演讲比赛活动，获二等奖1人，优胜奖1人。在由上海市档案局组办的"我所知道的上海"演讲比赛中，本区组织区教育系统2人参加比赛，获初中组二等奖1人，小学组二等奖1人。

■档案管理升级达标 年内，宝山区宝罗瞑园档案管理工作晋升为市二级先进。杨行西城区开发有限公司等4家单位档案管理工作晋升为区先进档案室。全区87家单位通过合格档案室验收，并全部通过升级达标工作。

宝山区档案工作晋升市级先进一览表（截至2004年12月）

单位	批准时间	备注	单位	批准时间	备注
泗塘新村街道办事处	1992年	市二级	区安全局	1999年	市一级
海滨新村街道办事处	1992年	市二级	区人民检察院	1999年	市一级
友谊路街道办事处	1992年	市二级	区民政局	1999年	市二级
宝山镇政府	1992年	市二级	区罗店医院	1999年	市级
罗店镇政府	1992年	市二级	区人口与计划生育委员会	2000年	市一级
区纪委	1992年	市二级	工商宝山分局	2000年	市一级
吴淞镇街道办事处	1993年	市二级	宝山镇政府	2000年	市一级
区委办公室	1993年	市二级	庙行镇政府	2000年	市一级
区防疫站	1993年	市级先进	大场镇政府	2000年	市一级
罗南镇政府	1994年	市二级	区商委	2000年	市二级
庙行镇政府	1994年	市二级	区财政局	2000年	市二级
区规土局	1994年	市二级	区卫生局	2000年	市二级
区人民法院	1994年	市二级	通河新村街道办事处	2000年	市二级
区人民检察院	1994年	市二级	罗泾镇政府	2000年	市二级

（续表）

单　　位	批准时间	备　注	单　　位	批准时间	备　注
农业银行	1994 年	市二级	海滨中学	1998 年	市级
区房产局	1994 年	市二级	宝山技术职校	1998 年	市级
淞南镇政府	1994 年	市二级	宝山精防中心	1998 年	市级
区防疫站	1994 年	国家二级	杨行镇政府	2000 年	市二级
区计划生育委员会	1995 年	市二级	顾村镇政府	2000 年	市二级
工商宝山分局	1995 年	市二级	祁连镇政府	2000 年	市二级
刘行镇政府	1996 年	市二级	区图书馆	2000 年	市级
区审计局	1996 年	市二级	区环境保护监测站	2000 年	市级
区教育局	1996 年	市二级	上海市淞浦中学	2000 年	市级
行知中学	1996 年	市二级	上海市顾村中学	2000 年	市级
区人民法院	1996 年	市一级	杨行镇政府	2001 年	市一级
公安宝山分局	1997 年	市二级	横沙乡政府	2001 年	市二级
月浦镇政府	1997 年	市二级	长兴乡政府	2001 年	市二级
高境镇政府	1997 年	市二级	区残疾人劳动服务所	2001 年	市二级
宝山业大	1997 年	市级	区民政局	2002 年	市一级
区教师进修学院	1997 年	市级	区规划局	2002 年	市一级
吴淞中学	1997 年	市级	区业余大学	2002 年	国家二级
罗店中学	1997 年	市级	区住宅发展局	2002 年	市级
吴淞中心医院	1997 年	市级	上海市行知实验中学	2002 年	市级
公安宝山分局	1998 年	市一级	上海市通河中学	2002 年	市级
安全宝山分局	1998 年	市二级	宝山区中心医院	2002 年	市级
区人事局	1998 年	市二级	月浦镇政府	2003 年	市一级
区文化局	1998 年	市二级	区军队离退休干部第二修养所	2003 年	市二级
税务宝山局	1998 年	市二级	宝山区殡仪馆	2003 年	市二级
大场镇政府	1998 年	市二级	宝山区大场医院	2003 年	市级
宝山中学	1998 年	市级	上海宝罗暝园	2004 年	市二级

（胡　明）

地方史志

■**概况**　2004 年地方史志工作在五个方面有新的进展：（1）《宝山区志》的编修工作全面推进；（2）《宝山年鉴》的改版成功并首次出版发行电子版；（3）区史志办对乡镇志编修工作开展指导，《罗店镇志》付印，《横沙乡志》完成初稿；（4）通过《上海年鉴》、《长江三角洲年鉴》等载体对外宣传宝山；（5）做好《上海民俗文化系列丛书·宝山卷》的资料收集。

■**《宝山年鉴》在两个全国性质量评比中均获特等奖**　9 月，2004 版《宝山年鉴》出版发行，全书 74.9 万字，首次采用全彩版印刷，同步制作光盘。11 月，《宝山年鉴》在由中国出版工作者协会主办、中国版协年鉴研究会承办的第三届全国年鉴奖评比中获综合特等奖，在中

宝山年鉴编辑部与上海地区获奖年鉴单位合影。　宝山年鉴编辑部供稿

国地方志协会举办的首届地方年鉴评比中获特等奖。其中在中国出版工作者协会主办、中国版协年鉴研究会承办的全国年鉴奖评比中获得的综合特等奖为“三联冠”。

■《宝山区志》编纂工作有序推进 5月,区委、区政府召开《宝山区志》编纂工作动员大会,7月,举办《宝山区志》编写培训班。区域内各撰稿单位基本完成资料的收集、整理和试写工作。区史志编撰委员会办公室组织力量对试写稿开展评议和交流,并及时反馈修改意见。各单位按照反馈意见对试写稿进行修改,并在试写稿的基础上形成初稿。

■《宝山古诗选注》(续下)编辑完成 《宝山古诗选注》(续下)由宝山区史志学会编辑,全书三册。该书以16册从北宋到清末的《宝山诗存》中保存的586名诗人的2815首古诗为蓝本,参考五部《宝山县志》加以遴选,按写作年代为次序,选入古诗千余首汇编而成。编者在每一首诗后面有注释、赏析和古诗今译,其中有不少古诗对宝山的地理风貌、风土人情、农渔物产、工商海运以及人物事迹等等有生动反映。

■《上海民俗文化系列丛书·宝山卷》资料收集工作基本完成 年内,由上海市委宣传部牵头,市社会经济文化发展研究中心负责的迎2010年世博会文化项目——《上海民俗文化系列丛书》(宝山卷)前期工作启动并取得阶段性成果。区成立了以区委宣传部为首的编撰工作领导小组,区商委对区域内饮食品牌、名店、土特产、民间工艺品等进行收集,区文广局对民间、民俗文化、吴淞开埠等资料进行整理,区史志办对所收集资料进行汇总,共收集志书、图片集25本,复印、影印件资料10份,照片5套,从13部乡镇志中摘录有关资料。该书由上海市《上海民俗文化系列丛书》编委会撰写。 (方继红)

体育

■概况 至年末,全区有体育用地120.86万平方米,人均体育用地1.41平方米。其中,区级体育用地面积7万平方米,乡镇街道、居民住宅区体育用地26万平方米,学校体育用地63万平方米。体育建筑面积5.2万平方米。区体育局有职工112人,其中专职教练员31人。年内,原宝山大场体育场、宝山体育场、宝山体育俱乐部合并,统一由区体育俱乐部管理;原宝山区乒乓学校、宝山区第二少体校合并。引进游泳运动员7名,教练员5名。制订《2004~2020年宝山区体育事业发展规划》,明确宝山体育事业发展的指导思想、目标和任务,提出竞技体育“125发展战略”、群众体育“136工程”和体育设施网络分布构想。

■宝山区首届运动会成功举行 9月10日,在区体育中心举行区首届运动会开幕式。区运会历时5个月,期间共举办29个项目的比赛,以及全民健身周活动、“与棋坛大师对弈”、“宝山区迎世乒赛与世界冠军联谊”闭幕式等5项大型活动。区内1万余人参加比赛,2万余人参加大型活动。

■宝山组团参加全国第五届农运会 区体育局组织区内和上海市农民运动员130人参加全国第五届农运会13个项目的比赛,共获金牌13枚、奖牌36枚,金牌数、奖牌总数均获全国第六名,有15名运动员获得体育道德风尚奖。

■体育设施建设步伐加快 宝山区通河市民健身活动中心建设工程年内主体工程结构封顶。宝山少体校训练馆建设年底开工。年内新建健身点21个,更新38个,新建健身苑4个。至年末,全区有健身苑点322个。新建月浦镇、友谊路街道2个社区市民体质监测站。

■竞技体育项目获金牌25枚 年内,一批训练基地初步形成,竞技体育项目布局更趋合理。主要包括同洲模范学校(宝山少体校)的击剑、射箭、举重、自行车、手球训练基地,宝山区体育中心的射击、羽毛球、乒乓球训练基地,行知中学的田径训练基地,以及宝山区游泳学校训练基地和曹燕华乒乓球学校训练基地等。年内,向上级训练单位输送运动员34名。区体育局组织区内329名运动员参加上海市第三届青运会13个项目的比赛,共获得金牌32枚。其中,竞技体育项目获金牌25枚,占金牌总数的78%。击剑项目获8枚金牌,金牌数列全市第二名,团体总分列全市第一名;射箭项目获6枚金牌,金牌数列全市第一名,团体总分列全市第二名;乒乓球项目获4枚金牌,金牌数列全市并列第二名,团体总分列全市第二名;举重项目获3枚金牌,金牌数列全市第一名;射击项目获4枚金牌,金牌数列全市第四名。

■出台体教结合新举措 区体育局与区教育局联合出台《关于加强宝山区田径项目的若干意见》、《宝山中、小、职校输送及参加市、区体育竞赛计分奖励办法》等一系列体教结合新政策,解决读训矛盾,消除学生运动员在求学、升学等方面的后顾之忧,减少运动员流失,保证运动队稳定可持续发展。发挥行知中学田径项目的品牌优势,将少体校田径资源全部投入到行知中学田径二线队及其基础学校。投入100万元设立体教结合基金,完善对体育传统学校和青少年体育运动俱乐部等学校体育的指导、考核和激励措施。

■承办全国业余少年乒乓球(南方赛区)比赛 7月,2004年全国业余少年乒乓球比赛(南方赛区)在宝山区举行,共有来自全国各省、市、自治区23个代表队的317名运动员参加了比赛,宝山区获女子单打第一名。

■加大社区体育干部培训力度 年内共举办各类健身项目培训班38项次,培养体育骨干4000余人;举办第二期社区体育指导员培训班,培训131人次。社区体育指导员达443人,比上年增238%,其中国家级社区体育指导员4人,一级社区体育指导员28人。

■体育协会举办竞赛活动27项次 年内,加强体育协会的组织建设。对体育类民间组织进行清理整顿和重新登记,新成立游泳、救生、篮球、田径等4个协会,更名汽摩、社区2个体育协会,恢复台球协会。召开宝山区第四届体育总会换届大会,对12个单项体育协会进行人员调整。各单项体育协会共举办竞赛活动27项次,参加竞赛的人数1700余人次。区老年体育协会组织近300人参加了上海市第七届老年人运动会的17个项目的比赛,宝山区代表队在乒乓球、健身秧歌项目中获团体第二名,在健身操项目中获团体第三名。

■体育彩票销售 全年销售体育彩票3200万元,完成年度计划的80%,销售总额列上海市第6位。西安体彩舞弊事件对体育彩票销售造成较大负面影响,致使销售量下降。 (夏建楚)

1. 区领导参与全民健身周万人健身长跑活动

2. 中国上海海洋探索比赛暨联校机械奥运会2004埠际赛

3. 宝山区举行职工健身操比赛

4. 宝山区举行迎世乒赛活动，图为区委书记薛全荣与中国乒协主席、前世界冠军徐寅生对擂

2004年宝山籍运动员参加各级比赛主要成绩一览表

时　间	地　点	比赛名称	运　动　员	名　　次
10月	上海	上海市第三届青少年运动会	孙　静	女子A组100米自由泳第一名
			石　峰	男子B组100米仰泳第一名 男子B组400米第一名
			李金决	男子94公斤级举重第一名
			谭李林	男子85公斤级举重第一名
			徐　琳	女子69公斤级举重第一名
			杨成博文	男子乒乓B组单打第一名
			夏易正	男子乒乓C组单打第一名
			笪蓉蓉 孙　倩	女子乒乓B组双打第一名
			杨成博文 王雪松 李赟鹏 韦文野 卞陆缘	男子乒乓B组一队团体第一名
			蔡永军	男子举重第一名
			施乃婷	女子举重第一名
			窦华晖 侯庆晨 浦浩澄 蔡勇俊 朱俊杰	男子重剑B组第一名
			顾中杰 施智卿 张道辉 董星辰	男子佩剑B组第一名
			李文婷 鲁　清 代璐怡 李　媛	女子佩剑B组第一名
			郝仁斌 蔡幸圣 金逸超 车　轩	男子花剑C组第一名
			朱文君	女子甲组射箭25米第一名 女子甲组射箭30米第一名 女子甲组射箭40米第一名
			凌　蓉	女子乙组射箭30米第一名
			夏佩芳	
			凌　蓉 黄怡静	女子乙组射箭团体第一名

（续表）

时 间	地 点	比赛名称	运 动 员	名 次
10月	上海	上海市第三届青少年运动会	倪 君 刘承蕗 徐莉薇	女子丙组射箭团体第一名
			黄俊杰	男子甲组400米栏第一名
			孙卉卉	女子乙组跳远第一名
			陆 雍 倪卫峰	男子20公里记分赛第一名
			莫俊杰	男子飞蝶双多向90靶第一名
			唐静仪	女子A组小口径运动步枪3×20第一名 女子A组小口径运动步枪60发卧射第一名
			何 金 甘海敏 何晓勇	男子A组气手枪60发团体第一名
	葡萄牙	世界青少年乒乓球比赛	许 昕	乒乓球男子单打第一名 乒乓球男子双打第一名 乒乓球男子团体第一名
4月	菲律宾	亚洲击剑锦标赛	张 杰	男子花剑团体第一名

2004年宝山区居民健身点建设情况表

编号	健身点名称	地 址	所属街道、乡镇	所属居委、村委	总面积［m^2］	总器材［件］	总投资［万元］
1	通河八村二居委	通河八村153号(对面)	通河新村街道	通河八村二居委	400	7	1.4
2	通河八村三居委	通河八村228号(对面)	通河新村街道	通河八村三居委	450	8	1.6
3	康家村	庙行镇共康路601号	庙行镇	庙行镇	404	12	60
4	岭南家园	共和八村65号(共康东路)	高境镇	共和八村居委	400	10	1.8
5	大华三村三居委	行知路251弄	大场镇	大华三村三居委	500	10	1.9
6	大华二村嘉华苑	新村路789弄	大场镇	大华二村居委	500	10	1.9
7	月浦新月福邨中心绿地	月浦春雷路136弄	月浦镇	庆安二村居委	400	12	5.5
8	泗塘四村一居委	泗塘四村26号东侧	泗塘新村街道	泗塘四村一居委	500	10	2.5
9	淞南五村一居委	淞肇路335号	淞南镇	淞南五村一居委	1000	15	5.1
10	北金村活动中心	罗店镇沪太路长联路108号	罗店镇	北金村村委会	600	12	8
11	罗店富辰花苑	罗南南东路108弄	罗店镇	富辰花苑	400	12	10
12	海江公寓	塘后路宝山一村67号	友谊路街道	宝山一村居委	500	13	3.5
13	罗泾镇洋桥村	洋桥村文体广场	罗泾镇	洋桥村	500	10	3.5
14	罗泾镇海红村	海红村文体广场	罗泾镇	海红村	500	10	3.5
15	罗泾镇第一健身点	陈川路168弄	罗泾镇	罗泾一居委	500	10	2.2
16	长兴乡先进村	长兴乡先进村	长兴乡	先进村	500	11	3.4
17	长兴乡创建村	长兴乡创建村	长兴乡	创建村	500	12	3.4
18	宏宝公园	宝杨路3410弄	杨行镇	宝启花园	400	10	2
19	杨泰三村	杨泰三村112号	杨行镇	杨泰三村	400	9	2
20	老安村活动中心	沪太路潘广路老安村	顾村镇	老安村	4000	17	8
21	横沙民星	民星村红星桥旁	横沙乡	民星村	800	12	10

甜蜜的记录

社会生活

Society Life

■编辑　方继红

居民生活

■概况　宝山区城区居民家庭户均人口2.78人,人均可支配收入为13085元,比上年增长11.2%;人均消费支出9160元,比上年增长8.2%;人均住房建筑面积达26.2平方米。农村居民家庭户均人口3.12人,人均可支配收入8094元,比上年增10.2%;人均消费支出7036元;人均住房建筑面积49.7平方米。在城乡居民生活水平不断提升的过程中,城乡之间、地区之间和不同收入阶层之间的生活水平仍存在一定差距,并呈扩大趋势。根据随机抽取的600户家庭调查情况统计,户家庭人均收入计算的基尼系数为0.367,比上年增加0.007。

■城乡居民家庭人口及就业情况　统计资料显示,在城区居民家庭户均2.78人中,就业人口户均1.33人,平均每户就业率47.8%,平均每个就业者负担人口2.09人;农村居民家庭中,劳动力人口户均1.99人,平均每个就业者负担人口1.57人。

■城乡居民家庭收入比上年增一成　2004年,城乡居民家庭人均可支配收入为11176元,比上年增长10.7%。从收入的构成看,就业者的工薪收入占69.7%;转移性收入占20.8%,主要是离退休人员的养老金收入;经营性收入占7.1%;财产性收入占2.4%。

■城乡居民人均消费支出8736元　年内,城乡居民人均消费支出8736元,比上年增长10.9%。其中,城区居民人均消费支出9160元,农村居民人均消费支出7036元。城乡居民消费的恩格尔系数分别为38.6%,城区居民为38.8%、农村居民为37.7%。在消费的八大类支出(参照国家统计局城乡住户调查的分类标准,将居民家庭的消费支出分为食品、衣着、家庭设备用品及服务、医疗保健、交通通

2004年宝山区城乡居民家庭人均收入构成情况表

单位:元

	城乡合计		城　区		农　村	
	人均可支配收入	比重,%	人均可支配收入	比重,%	人均可支配收入	比重,%
合计	11176	100	13085	100	8094	100
工资性收入	7789	69.7	8786	67.1	6179	76.3
经营性收入	793	7.1	920	7	587	7.3
财产性收入	269	2.4	99	0.8	544	6.7
转移性收入	2325	20.8	3280	25.1	784	9.7

2004年宝山区城乡居民家庭人均消费构成情况表

单位:元

	城乡合计		城　区		农　村	
	人均可支配收入	比重,%	人均可支配收入	比重,%	人均可支配收入	比重,%
合　计	8736	100	9160	100	7036	100
1、食品	3372	38.6	3552	38.8	2654	37.7
2、衣着	557	6.4	605	6.6	363	5.2
3、家庭设备用品及服务	501	5.7	541	5.9	339	4.8
4、医疗保健	682	7.8	747	8.2	422	6
5、交通和通信	969	11.1	1054	11.5	628	8.9
6、教育文化娱乐服务	1250	14.3	1294	14.1	1073	15.3
7、居住	951	10.9	907	9.9	1129	16
8、杂项商品和服务	454	5.2	460	5	428	6.1

讯、教育文化娱乐服务、居住及杂项商品与服务等八大类）中，所占比重居前三位的分别是食品支出、教育文化娱乐服务支出和交通、通信支出。城区居民人均消费支出是农村居民的1.3倍，其中差额较大的主要是食品、交通和通信、医疗保健三方面的支出，分别比农村人均消费支出多898元、426元、325元。

■百户城乡居民家庭耐用消费品拥有情况 城乡居民家庭人均建筑面积34.6平方米，其中：城区居民人均建筑面积26.2平方米，78.8%的家庭拥有自有产权房，有13.3%的家庭除现有住房外，还拥有其他住房用于出租或其他用途；农村居民人均建筑面积49.7平方米，自有产权房拥有率100%，有28.0%的家庭除现有住房外，还拥有其他住房用于出租或其他用途。耐用消费品的升级换代更明显，家用电器的性能和科技含量不断提高，使用互联网的家庭占全部调查户的比例由上年的10.0%增加到13.3%。彩色电视机、影碟机、家用电脑、组合音响、照相机等文化娱乐用品等都有不同程度的增加。（方继红）

随着家庭轿车的不断增加，小区内的停车位已"车满为患"。　摄影／胡新力

宝山区百户城乡居民家庭耐用消费品拥有情况表

名　称	单位	合　计		城　区		农　村	
		2004	2003	2004	2003	2004	2003
摩托车	辆	12	12	6	4	25	29
助动车	辆	19	14	15	10	27	22
家用汽车	辆	3.5	3.5	3.8	3.8	3	3
洗衣机	台	82	82	93	88	61	72
电冰箱	台	89	89	97	95	73	78
彩色电视机	台	142	132	146	135	134	126
影碟机	台	43	35	53	42	25	21
家用电脑	台	36	28	44	33	18	17
组合音响	套	28	22	36	28	11	12
摄象机	架	4	3	6	4	0	1
照相机	架	29	26	38	35	11	8
钢琴	架	1	1	2	2	0	0
微波炉	台	65	58	85	74	27	26
空调器	台	101	89	123	105	58	57
淋浴热水器	台	79	79	91	89	54	61
饮水机	台	39	39	47	47	21	26
健身器材	套	4	4	6	6	1	0
移动电话	部	98	73	106	76	83	70
电话线路	路	96	92	102	95	86	88

劳动就业

■概况 年内，坚持市场就业导向，完善政府促进就业责任体系，以扩大就业为核心，以完善社会保障体系为重点，加强劳动力市场监管，构筑市场化、社会化的劳动保障新格局。全年完成新增就业岗位3.46万个，完成市政府下达年度指标任务的133%，比上年增加12%；城镇登记失业人数2.99万人，比上年减少13%，实现市政府要求控制在3万人以内的目标任务。

■就业岗位开发 （1）实施"万人就业项目"，建立宝山区"万人就业项目"联席会议制度，开发"万人就业项目"、"千百人就业项目"各12个，共开发就业岗位4815个。（2）全年新发展自主型非正规就业劳动组织1061个，新增就业岗位2330个；新开发公益性劳动岗位2830个。（3）运用市场化运作模式开发"4050"项目41个，安置就业困难人员1288人。（4）实施"两个相同"政策（相同的就业服务、相同的就业优惠政策），促进非农就业，对长兴、横沙两岛及大陆边远镇的非农就业实施交通和住房补贴，年内实现农村富余劳动力非农就业1万余人。（5）实施对就业特困人员就业托底保障，全年完成安置特困人员就业2148人，比上年增加57%。

■劳动就业培训 年内，区劳动和社会保障局组织完成各类职业培训1.6万人，比上年增加10%，其中下岗协保、失业人员培训7036人、中高层次人员培训6913人，培训后推荐就业率87%。新发展社会力量办学机构6家，计32个专业工种。新发展失业青年见习培训基地7个，组织失业青年参加见习培训210人。启动“郊区青年万人培训项目”，对长兴、横沙等乡镇共500余名农村富余劳动力开展免费定向技能培训。举办业主培训班11期，参加培训361人。开办青年创业培训班5期，参加培训240人。还开展了培养军地两用人才、残疾人员计算机、大墙内安置帮教等专项技能培训。

■职业介绍和指导 全年区劳动保障部门提供劳动力市场用工信息1.06万条，计5.1万个岗位；组织职业指导和介绍11.1万人次，推荐求职人员6.99万人次，推荐成功2.14万人，推荐成功率30.6%；办理退工4.6万人；发放失业保险金4248万元，比上年增加5%；享受失业保险金11.8万人次，比上年增加1.7%。

■工伤受理认定 年内调整区劳动能力鉴定委员会，充实15名专家进入劳动能力鉴定专家库。全年受理工伤认定申请2913件，比上年增加494%，其中完成认定2622件；受理劳动能力鉴定申请1596件，比上年增加76%，作出鉴定结论1331件。

■追缴拖欠职工工资1221.5万元 年内，会同区总工会等部门联合开展了“禁止拖欠工资”、“维护农民工合法权益”、“禁止使用童工”等专项检查。全年监察用人单位1616个，行政处罚单位82个，补缴社会保险费366.6万元，追缴拖欠职工工资1221.5万元，补办外来从业人员综合保险9995人，取缔违法中介机构64个，查处违法使用童工14人。

■受理劳动争议案件521起 年内，区劳动争议仲裁委员会受理劳动争议案件521起，其中私营企业劳动争议案件244起，占46.8%；劳动报酬争议251起，占48.2%。全年共审结劳动争议案件513起，其中仲裁调解的348起，占67.8%；仲裁裁决的153起，占29.8%。在结案的案件中单位胜诉的132起，占25.7%；劳动者个人胜诉的276起，占53.8%。通过劳动争议处理，共为企业维护利益折合人民币416万元，为职工追缴企业拖欠的工资、奖金共317万元。全年处理群众信访来信289件，接待群众来访5894人次，信访办结率为98.6%。（孙建华）

社会保障

■概况 年内，区社会保险事业管理中心迁至淞兴路309号。至年末，全区参加社会保险户数6696户，参保职工27.5万人。全年共征缴养老、医疗、失业3项社会保险费计31.49亿元，比上年增加3.03亿元，增长10.65%。其中，养老保险费20.23亿元；医疗保险费9.32亿元；失业保险费1.94亿元。全年收缴补充保险费2.13亿元，征收残疾人保障金4539.3万元，征收小企业欠薪保障金295.4万元。至年末，全区领取养老金的离退休人数为13.2万人。全年支付养老金总额15.41亿元，支付生育保险金2010.05万元。年内，全区启动工伤保险的支付工作。至年末，全区参加小城镇保险1.5万人。（徐辉）

■小城镇社会保险 全面推进小城镇社会保险工作，全年共完成6030名新征用地人员进入小城镇社会保险体系，征地养老人员3780余人，新征地人员落实社会保障率达100%。分步实施化解老征地人员落实社会保障的问题，对其他历年遗留问题专题进行梳理。

■征缴农村社会养老保险费6404万元 加强对农村社会养老保险费的征缴和农保基金的管理、监督。年末，农村社会养老保险投保单位1631个，投保人数7.2万人，其中新增投保2646人，比上年减少47%；征缴农村社会养老保险费6404万元，比上年减少1%。年内，4345人由农村社会养老保险向小城镇社会保险过渡。

■外来从业人员参加综合保险7.7万人 年内，通过开通宝山区外来从业人员管理服务网站，加大推进综合保险工作力度。全年有2500余个单位参保，参保人数7.7万余人，分别比上年增加63%和53%。至年末，外来从业人员参保人数达13万余人。（孙建华）

人口与计划生育

■概况 2004年，区人口和计划生育工作加强人口发展战略研究，推进人口综合调控。上半年，由区科委和市人口计生委立项，区人口和计划生育委员会（简称区人口计生委）与区发展计划委员会、教育局、卫生局等部门开展《宝山区来沪人员管理与服务调查报告》课题调研，对1万例18~40岁来沪人员的文化程度、经济收入、劳动保障、医疗卫生、生育意愿、生殖健康现状开展了专题调研，提出了7个方面管理与服务的对策措施：（1）加强对来沪人员的综合管理；（2）理顺来沪人员就业渠道，规范用工市场；（3）多渠道解决来沪人员子女就学问题；（4）探索来沪人员就医与疾病预防有效措施；（5）加强来沪人员计划生育生殖保健服务；（6）依法管理来沪人员；（7）整合来沪人员信息。全区设立免费计生药具发放点1247个，全年免费发放避孕药具73.2万元；零售药具31.5万元。根据市人口计生委《关于对本市计划生育孕情、环情检测服务机构加强监督管理的通知》的要求，将全区16个孕检站整合为4个。年内，举办区级人口与计划生育监察队员、基层人口计生干部培训班4期，参加培训3000人次。对规范性文件进行梳理，提出废止或保留意见，公开规范性文件15个，废止规范性文件44个，保留3个。加大对社会抚养费的征收监管力度，将该项工作列入年内人口与计生目标管理考核工作中。全年办理再生育子女审批279例，特批16例；出具《社会抚养费决定书》104例，应征收社会抚养费98.78万元，已征收49.26万元，其中申请法院强制执行15例，通过执行已征收2.22万元。制订《宝山区农村部分计划生育家庭奖励扶助制度实施方案》。全区有各级计生协会组织418个，流动人口计生协会组织8个，其中民营企业计生协会1个。年内，计生协会会员有4.8万人，志愿者9000人。启用上海市人口信息采集与交换系统。区人口计生委出资10万余元为每个乡（镇、街道）人口计生办配备计算机1台，完成12万育龄妇女的信息核对工作。《宝山人口网》点击率达38万次，接受网上信访12件（次），办结12件（次）。年内，区人口计生委获“全国人口计生系统作风建设先进单位”称号。

■常住人口自然增长率2.63‰ 至年末，区常住人口达1254840人，比上年增84943人。户籍人口总数为867633人，比上年增加13293人，人口增长率为15.56‰，其中机械增长13705人，机械增长率16.04‰。常住人口共出生9150人，出生率为7.55‰；自然增长率为2.63‰，比上年上升2.17个千分点。户籍人口出生5551人，比上年增加2037人，增幅为57.96%（受户籍制度改革、外来婚嫁数的大幅增加及传统观念的影响，年内人口增幅较大）；人口出生率为6.45‰，比上年增2.31‰。户籍人口计划生育率为99.26%，比上年上升0.14个百分点；常住人口计划生育率为94.62%；户籍人口一孩率为97.41%，二孩率为2.54%，多孩率为0.05%。户籍人口育龄妇女205097人，占总人口24.00%，比上年减少8462人，减幅3.96%。其中，已婚育龄妇女153875人，比上年减少11766人，减幅7.10%。全区有49806对夫妇领取独生子女证，领证率为32.37%，比上年下降3.25个百分点；晚婚率为70.58%，比上年上升1.60个百分点；一般生育率为25.26‰，比上年上升10.51个千分点；总和生育率为0.8916，比上年上升0.2957；全区生育峰值年龄为25岁。

■“关爱女孩行动”工作启动 针对宝山区流动人口多、出生人口性别比偏高的现状，4月16日，国家人口计生委下发通知，确定宝山区为上海市“关爱女孩行动”唯一试点区。区政府转发了《关于宝山区“关爱女孩行动”试点工作的实施意见》并建立由区内13个委、办、局组成的联席会议，负责全区试点工作的组织协调工作。7月10日，市人口计生委和区政府联合召开上海市“7·11”世界人口日纪念活动暨“关爱女孩行动”启动大会，杨晓渡副市长出席并讲话。8月11日，在全国“关爱女孩行动”试点工作经验交流会上，副区长李原代表区政府与国家人口计生委签订“关爱女孩行动”试点区项目责任书。年内，开展“关爱女孩行动”基线调查，按照随机抽样的方法，抽取友谊路街道、罗店镇等5家单位为样本点，共走访对象1072个。区卫生局在全区8家接生、引产医院，对4587名孕产妇的婴儿出生、死亡及引产情况实施监测统计，进行职业、文化程度、胎次、胎儿性别、引产月份等数据的汇总分析。区人口与计生委与大场镇政府共同投资16万元，在文华苑建立以“关爱女孩”为主题的人口文化小区；区人口与计生委与区卫生局联合开展打击“非医学需要的胎儿性别鉴定和选择性别的人工终止妊娠”专项整治活动，共同下发《宝山区关于禁止非医学需要的胎儿性别鉴定和选择性别的人工终止妊娠的监督管理意见》，在上海市率先建立非法性别鉴定和选择性别引产的举报奖励制度。在横沙乡开展“关爱女孩海岛行”暨“三下乡”活动，为20户品学兼优的特困女孩家庭提供资助1万元。

■计划生育现居住地管理 （1）加强综合管理。依靠全区730名专职社区综合协管员和2400名人口计生监察员，通过明确职责分工，建立定期联系制度等方式，强化综合管理力度，并由区人口计生委和区综治办同时对各乡、镇、街道综治办下达计划生育考核指标。（2）落实企事业单位属地化管理。全区有1335家企事业单位与乡、镇、街道签订《企事业单位计划生育责任书》，签约率为84.49%。（3）继续推行签订租赁房屋计划生育责任书，加强市内人户分离人员计划生育管理。全区共签订《租赁房屋计划生育责任书》3.5万份，签约率达92.4%；向户籍地累计发出《市内人户分离人员计划生育情况通报单》6167份。（4）结合“关爱女孩行动”试点工作，区人口与计生委选择来沪人员出生比例较高的江苏省滨海县和安徽省霍邱县，作为流动人口源头互动、双向管理试点县，分别与两县计生委签订《流动人口源头互动有序管理协议书》，建立信息互通、政策互动、联合执法的双向互动管理机制。

区召开世界人口日宣传暨“关爱女孩行动”启动大会。 区计划生育委员会供稿

■人口与计划生育宣教服务 制订并下发《关于建设标准化村级家庭计划指导室的实施意见》。对190个标准化村（居委）家庭计划指导室配置展示柜，家庭计划指导覆盖率达58%。创建人口文化特色楼141栋，设置人口计生自助宣传栏273个。举办“健康青春美好人生”——宝山青年婚恋生活辩论赛。制作新婚“家庭计划指导”礼袋5000份。组织20余名医务专家为500多名贫困女孩母亲提供免费B超、乳腺检查和内科、妇科等专家义诊咨询服务等。全年为实行计划生育的育龄夫妻免费提供计划生育技术服务2175例，投入资金57.02万元。在泗塘新村街道、顾村镇等单位举办“外来媳母婴护理”培训班，48名外来媳获得由市劳动和社会保障局、市职业技能鉴定中心联合颁发的上岗证，获证率达89%。举办“青春健康”项目师资培训班，为10所推广学校的教师提供培训服务，并授予这些学校“宝山区‘青春健康’国际合作项目实验基地”称号。为未婚青年提供“青春健康——婚恋教育和生活技能”培训服务，培训外来未婚青年1719人、社区青少年800余人。

■市政协领导视察通一编织服务社 通河新村街道通一编织服务社项目点于4月8日揭牌，该服务社是区计生协会在区内设立的第三个“幸福工程”项目点，由上海市“幸福工程”组委会办公室为服务社贷款10万元，街道投入资金20万元组建。5月19日，市政协副主席、市计生协会会长左焕琛等到通河新村街道调研“幸福工程”项目工作，并参观该服务社。年内，该项目点通过培训及技术指导，帮助50名贫困母亲劳动脱贫。

■英国学者到宝山调研生殖健康工作 10月21日，英国格拉斯哥大学卡罗琳．

霍艾博士在市计生协会"青春健康"项目指导人员的陪同下，到宝山进行生殖健康知识调研。霍艾博士一行前往宝钢集团一钢公司和杨行镇，对18~24岁外来未婚青年进行生殖健康知识状况的样本小组访谈，通过访谈了解外来未婚女青年的性与生殖健康知识状况。

■计生用品落户宝山星级宾馆 年内，区人口计生委在金富门、宝钢宾馆、华怡宾馆、大康度假城等宾馆试点发放安全套的基础上，将该项工作在全区星级宾馆推广。采取有偿和无偿两种方式，将安全套和预防性病、艾滋病宣传手册纳入到12家宾馆、饭店服务项目中，邀请施美菊医师对客房服务员进行"强化屏障作用，落实防范措施"等系列培训，引导全社会共同关注、共同参与"预防性病、艾滋病"工作。（费佩玲）

民政

■概况 年内，以完善社会保障体系为重点，社会救助工作坚持政府救济与社会互助相结合，加大农村低保救助力度，扩大农村救助覆盖面，提高农村最低生活保障金发放的及时性和安全性，建立社会救助三级信息网络系统。以创建社区建设示范城区为目标，以村务公开工作为重点，全面提升社区建设和管理水平。宝山福利院通过ISO9001国际质量认证，宝罗暝园通过ISO1401环境质量体系和ISO9001服务质量体系认证。全区销售各类福利彩票5516.86万元，筹集社会福利基金304.24万元。区救助站全年共引导、救助、管理、护送救助对象1321人。年内，全区有191个居委会被命名为"上海市社区建设示范居委会"，占全区居委会总数的82%。

■落实最低生活保障对象1.62万人 年内，全区共有城镇最低生活保障（以下简称"低保"）对象16245人，比上年增1.2%；协保补助3466人，减少8.1%；实物补助485人，减少23.9%；发放帮困粮油卡10142张，支出"低保"金4786.4万元，增加3.9%。农村"低保"对象2106户、4584人，增加60%；全年累计支出农村"低保"金273.83万元，增加196.3%。完成90户农村贫困户危房翻建，补助金额92.9万元，增加21.1%。实施医疗救助4197人次，救助金额426万元，增加57.2%。对全区825名困难独居老人实施食物帮困，支出帮困金31.48万元。举办"手拉手、温暖送海岛"活动，向长兴、横沙贫困农民赠送彩电831台。

■退伍兵安置率达100% 完成2003年冬季退伍兵接收安置工作，共接收安置退伍兵350名，安置率100%。为740名农村义务兵及512名城镇义务兵发放2003年度优待金共1238.42万元。

■福利企业上缴利税2.33亿元 至年末，全区192家社会福利企业的销售收入共计29.32亿元，比上年增5.3%；上缴利税2.33亿元，比上年减23%。安置残疾职工3772名，残疾职工的平均年收入达6800元，与上年持平。

■婚姻管理开通网上预约服务 年内，开通网上结婚、离婚登记预约服务。全年办理结婚登记7420对，比上年增14.5%；收养61例，比上年减54.1%；办理离婚登记1660对，比上年增72%。4月，区婚姻管理登记处获"上海市文明婚姻登记处"称号。

■殡葬协管员队伍成立 贯彻《殡葬管理条理》，区各乡镇、街道、工业园区和前卫农场等单位聘用18名工作人员组成"殡葬协管员"队伍，重点清理整顿农村骨灰乱葬、乱埋现象。全年动迁乱葬、乱埋墓穴1280多穴。

■烈士陵园改扩建工程启动 11月29日，宝山烈士陵园改扩建工程正式动工，宝山烈士纪念馆的史料征集工作也同时开展。至年末，征集到烈士遗物20件，各类军史及回忆录151件。（赵珍怡）

残疾人事业

■概况 年内，区残联对区内部分重残无业且父母年老体弱无力照顾、生活困难人员进行调查，制定《关于对低保重残无业人员入住养老机构实行补贴的试行方法》，投资14万元帮助宝山长兴福利院、横沙敬老院装修房间，添置设备，使46名重残无业残疾人入住福利院。新增"老养残"家庭76户，全区累计共191户，有84名帮老助残志愿者对"老养残"（父母一方年龄在70岁以上，需扶养的未婚重残子女）家庭实施帮助。在元旦、春节、"五一"、国庆节及"助残日"期间，走访慰问本区残疾人家庭2000余户，共发放助困金80.7万元。12月，区残奥会、区聋奥会、区特奥会成立。

■农村残疾人社会保障工作启动 按照上海市政府关于"推进农村残疾人养老保障和合作医疗做到全员覆盖"的要求和"保基本、全覆盖、分步走"的原则，5月，区残疾人联合会启动农村残疾人社会保障工作。在对4528名农村持证残疾人进行调查、摸底的基础上，对符合参加农村养老保险和合作医疗的3421名家庭生活困难的残疾人给予补贴共82.9万元，其中养老保险补贴58.9万元、合作医疗保险补贴24万元，全区农村困难残疾人全部纳入养老保险和合作医疗保险。

■残疾人劳动就业 全年共安置残疾人劳动就业218人，其中企事业单位37人，福利企业54人，非正规就业125人，个体经营2人。区残联用于非正规就业工资补贴94万元，个体开业补贴1.3万元。全年746人次残疾人参加各类培训，其中中高级15人次，初级731人次，投入培训费用20万元。落实上海市政府"万人就业项目"，开发社区残疾人工作助理员岗位。通过五批次公开、公平的招聘程序，在16个乡镇街道共招录由残疾人担任的助理员383人，并建立助残服务社，为社区残疾人提供服务。全年支付社区助理员工作补贴80.9万元。举办电脑初级操作培训班，培训助理员71人。年内，区内4名应届残疾人大中专毕业生和8名历届残疾人大中专毕业生得到妥善的就业安置。352名弱智和精神残疾人分别进入社区和技能工场，从事"保洁、保绿"公益性劳动和适合残疾人身体状况的工疗结合性劳动。淞南、泗塘、吴淞、友谊等技能工场共销售拖把1.26万把、竹扫帚4600把，加工信封270万只、纸袋281万只、洁具包装207万件、小黄花9万余朵，编制毛衣263件。

■发放慈善医疗卡1599张 加大"助医、助学、助困"力度，为1599名重残无业人员办理发放慈善医疗卡，其中农村424张，城镇1175张。补贴每人每年500元，共发放补贴79.95万元。为患大病重病的残疾人报销医疗费19.56万元，为1120名残疾学生和残疾人家子女发放助学金115.88万元（其中大学159人，人均2000元；高中和中专360人，人均1500元；初中302人，人均600元；小学299人，人均400元）。

■残疾人康复服务指导中心成立 10月，区残联成立残疾人康复服务指导中心，该中心属民办非企业性质，负责组织协调区残疾人康复服务工作。年内组织残疾车更新置换"一条龙"服务，置换残疾车237辆，全区已累计更新置换残疾车425辆，更新率达84%。全年用于残疾车补贴费用93.15万元。全年为残疾人免费配发用品、用具3719件，赠送手推轮椅车50辆，残车雨衣、雨披323件，受益残疾人3607人次。组织16批1065名残疾人参加健康体检，组织13名脑瘫儿童参加上海市残疾人康复中心组织的脑瘫儿康复训练。残疾人康复服务指导中心的成立促进了"人人享有康复服务"目标的实现。

■**残疾人文体竞赛获佳绩** 区肢残运动员季建国代表中国残疾人运动员参加在希腊举行的第十二届夏季残疾人奥运会田径项目比赛，获F57组标枪第五名、铁饼第六名，上海市体育局、上海市残联授予季建国三等功。在上海市残疾人体育协会组织的残疾人文体比赛中，宝山区残疾人运动员获上海市残疾人飞镖（软式）比赛聋人组团体第二名，上海市残疾人扑克牌——拖拉机80分比赛肢残人团体第三名，上海市残疾人广播操比赛上肢和下肢残疾人团体一等奖，上海市特奥乒乓球比赛B-5组男子单打第一名和BB-2组男子双打第一名。（金进初）

老龄事业

■**概况** 年末，全区有户籍60周岁以上的老年人154338人（其中：男性72508人，女性81830人，性别比1:1.13，居民118765人，农民35573人），比上年增3752人，占户籍总人口的比例达17.14%，比上年增0.89个百分点，其中60岁至69岁的老年人有73458人，占老年人口总数的47.60%；70岁至79岁的有57675人，占37.37%；80岁至89岁的有21160人，占13.71%；90岁至99岁的有2018人，占1.31%；百岁以上老年人有27人，占0.01%。

■**接待老年人信访1656次** 年内，全区各级老龄组织共接待老年人信访1656次，受理涉老纠纷1156件，其中涉及赡养权的有268件，居住权481件，财产权192件，婚姻自由权59件，人身权2件，其他纠纷154件，调处1129件，调处率达97.66%。

■**老年教育入学人数逾3万** 全区共有三级老年学校（教育点）416所，开设班级769个，入学老人34497名，占全区老年人总数的22.3%，其中区老年大学1所，学员1090人，乡镇、街道老年学校16所，学员2105人，村居委老年分校（教育点）399所，学员3.13万人。

■**3万余老人兑现农村退养补助金** 全区有130个村的3.36万名老人兑现退养补助金，共兑现养老金4992.89万元，年人均1488元。

■**老年活动室创建** 全区有老年活动室420个，活动室建筑面积76414平方米。有图书12.95万册，电视机385台，影音器材317件，健身器1885件，活动室日均活动人数1.79万人次。年内，根据《上海市社区老年福利服务星光计划》的要求，创建示范老年活动室13个，标准老年活动室25个。

■**农村高龄老人免费口粮供应** 至年末，全区有7个镇74个村为高龄老年人免费供应口粮，供应对象1.03万人，补贴金额共计612.48万元。（曹　骏）

社会团体管理

■**概况** 全区有社会团体109家。年内，区社会团体管理局（以下简称"社团局"）对民间组织实行"培育发展和监督管理并重"的方针，依据《社会团体登记管理条例》和《民办非企业单位登记管理暂行条例》开展民间组织的管理工作。批准筹备社团3家，变更登记57家，办理换届手续42家，注销登记2家；批准民办非企业单位29家，发证4家，办理核名37家，变更登记19家，注销登记4家；对民办非企业单位进行行政检查17家。区全年共接待社团、民办非企业单位来电、来信、来访2551人次。4月27日，召开区民间组织管理工作暨表彰大会，评选出2002~2003年度区民间组织先进集体21个，区民间组织先进预警工作委员会（小组）5个，区民间组织先进工作者15人，区民间组织预警工作先进工作者3人。对区内109家社团2004年的财务报表进行汇总统计。

■**社团、民办非企业单位年检合格率98.4%** 2月，区社团局对全区社会团体、民办非企业单位进行年检，参加年检的社团共109家，合格的有87家，需整改的有22家。对184家民办非企业单位进行年检，合格的有181家，需整改的有3家，年检合格率为98.4%。年检报告显示：2003年度民办非企业单位收入1.67亿元，支出1.60亿元，节余3657.74万元。

■**群众活动团队调查统计** 5月27日，区民间组织预警工作会议召开。至年底，区社团局完成全区群众活动团队的调查统计工作。全区有群众活动团队1475个。参加人数3.42万人，其中，中共党员5781人。分布情况为：健身体育类621个，文化学习类444个，公益服务类281个，其它公益类39个，休闲爱好类90个。（徐　悦）

民族与宗教

■**概况** 2004年，进一步推进社区民族工作，在海滨新村街道开展社区民族工作的基础上，制定推进社区民族工作的实施意见，建立工作网络，完善运行机制，丰富"双向服务"（社区为少数民族服务，少数民族为社区服务）内涵。区民族宗教事务办公室会同公安等部门对佛教"两乱"（乱烧香，乱建小庙）现象中有规模有影响的活动点进行综合治理；对基督教私设聚会点进行有效控制，形成《关于宝山区私设聚会点的成因及对策思考》的调研报告；继续做好天主教地下活动势力骨干人员的转化工作，贯彻落实全国和上海市宗教工作座谈会精神。抵御境外利用宗教进行的渗透，推荐宗教界代表人士参与区反邪教协会工作，配合有关部门做好反邪教工作。加强区民族联和少数民族联络组队伍建设，召开区民族联四届二次全会，新建顾村、高境2个少数民族联络组，调整月浦、吴淞联络组人员，使基层少数民族联络组达10个，覆盖全区5个街道、5个镇。年内，区民宗办、社会主义学院联合举办宗

区举办少数民族知识竞赛。
区民族宗教事务办公室供稿

教界人士学习培训班，参加培训30余人,并组织他们进行了体检。做好民族宗教界代表人士工作,开展“冬送暖、夏送凉”活动,看望走访民族宗教界代表人士。全年走访慰问特困少数民族家庭34户,发放慰问金1.2万元;为考取大学的少数民族学生18人发放奖学金5400元。取缔非法小庙5处,协调处理民族宗教突发事件6起,办理政协提案2件。年内,区佛教协会在春节前看望慰问了罗店、顾村、大场镇6所敬老院的407名老人,送上慰问金和物品共计6万余元;宝山寺在中秋节前赶制“宝山福饼”500余盒,送到罗店、罗南2所敬老院和上海第三福利院;区天主教爱国会在教师节前为大场镇南大希望小学送去礼品500余份;重阳节为75岁以上的30名老年教友举行敬老活动。做好《上海市清真食品管理条例》、《上海市少数民族权益保障条例》、《上海市宗教事务条例》等有关民族、宗教政策法规的宣传工作,在大场大华、海滨青岗路、友谊宝钢商场地区设立集中宣传咨询点3个，在其他地区设立宣传咨询点76个,结合整治非法宗教活动,开展基层法制宣讲,在顾村、杨行、罗店、通河、海滨等镇、街道以法制报告会、讲座等形式进行法制宣传,听众400余人次。

上海市佛教协会会长觉醒大师与宝山区领导参加永福庵大雄宝殿落成仪式及佛像开光庆典。 摄影 / 浦志根

民族宗教工作管理机制网络建立 年内,区委、区政府决定建立区民族宗教工作联席会议，明确联席会议成员单位工作职责和分管民族宗教工作的各级领导,建立区、乡镇(街道)、村(居)委会三级民族宗教工作管理网络和工作责任制,落实责任人,并把民族宗教工作纳入

2004年宝山区清真供应网点一览表

类目	网点名称	地址	电话
副食品	吴淞菜场清真专柜	淞兴路163号	
	友谊菜场清真专柜	团结路4号	
	上海为民清真商行	南大路164号	56689809
	通河菜场清真专柜	通河路538号	
	好宝钢超市清真专柜	德都路285号	
	农工商超市清真专柜	牡丹江路298号	
	吉浦清真门市部专柜	吉浦路503号	
	淞南清真门市部专柜	长江南路六村	
饮食	海师傅清真餐饮店	宝泉路28号	56939047
	上海为民清真饮食店	南大路164号	56689809

2004年宝山区信教群众和宗教教职人员情况一览表

单位:人

类别	人数	比上年增减	类别	人数	比上年增减
信教群众	48686	+14802	比丘尼	10	+3
其中:佛教	28800	+11188	牧师	2	-1
基督教	14999	+4427	长老	10	+2
天主教	4887	-813	传道	9	-5
宗教教职人员	69	-3	神甫	2	—
其中:比丘	36	-2			

宝山市民在街头积极参加慈善募捐。 摄影 / 浦志根

精神文明创建和综合治理工作之中，为加快形成民族宗教事务齐抓共管、综合治理的良好局面打下基础。

■创建民族团结进步优秀社区 推荐海滨新村街道、通河新村街道、月浦镇、顾村镇4个单位参加创建民族团结进步优秀社区活动。经市民宗委评审小组的检查评审，4个单位的创建工作全部达标。在此基础上，经市、各有关区、单位的综合评审，海滨新村街道作为上海市13个模范集体之一，被正式推荐上报，参加国务院第四次全国民族团结进步表彰大会。

■民族知识竞赛 3月至6月，区民宗办、民族联在全区少数民族同胞中开展以“共同团结奋斗、共同繁荣发展”为主题的少数民族知识竞赛活动。月浦、友谊和泗塘、上海大学及海滨代表队分获一、二、三等奖。该活动邀请宝钢和上海大学统战部参加。

■清真食品供应 年内，在海滨地区农工商超市内新开设清真柜1个。区民宗办、民族联组织清真监督员20余人对农工商超市、好宝钢超市等清真专柜和宝钢集团清真食堂进行检查，同时针对私挂清真标志牌的店、摊的情况，加强监管工作力度。全面调查少数民族流动人口在本区的清真“三食”情况。经上海市民宗委批准，吴淞菜场清真专柜及海师傅清真餐饮店的马敏等4人被评为上海市清真食品行业先进集体和先进个人。

■宗教场所年检合格率达100% 年内，邀请财务、档案专业人员介入2003年度年检，按照量化标准完成对全区22个场所的年检工作，合格率达100%。基督教吴淞堂等3个“六好”宗教场所、佛教宝山寺等6个宗教活动管理规范化场所及大场镇等4个年检组织工作优胜单位受到表彰。年检结束后，开展“回头看”，对年检中发现的问题进行整改。

■宗教场所基建工作 完成佛教永福庵基建工程竣工验收、太平禅寺场所的认定；基督教吴淞堂基建工程审计和新堂搬迁、月浦堂立项上报和方案设计、施恩堂楼道改建；天主教孟家堂围墙外移、教堂修缮。

■佛教永福庵大殿落成 2002年1月，因上海大学新校址建设，永福庵被动迁，经2年多的施工建设，2004年3月永福庵基建工程竣工。4月18日，永福庵举行大雄宝殿落成及佛像开光庆典活动，来自上海市的佛教信众2000余人参加活动。

■基督教大场堂新堂落成 大场堂与上海永乐公司下属的大场电影院达成意向，并办妥相关手续，将大场电影院改建为基督教大场堂。4月6日，基督教大场堂举行新堂落成典礼，市、区有关领导和近千名信教群众参加庆典活动。 （陈 雷）

慈善事业

■区红十字会有会员6.81万人 年内新发展会员1894人。开展“为大病儿童捐上您的压岁钱”、医院义诊、赈灾募捐等爱心活动。向湘西红会捐款30万元，援建湖南湘西自治州泸溪县潭溪卫生院。共有242家单位参加少儿住院基金，总计办证12.79万人，覆盖率99.75%，收到少儿基金667.62万元，受理住院患儿（包括特殊门诊）5224人次，支付医疗费371.35万元。 （盛红珠）

慈善基金会募捐活动中众多企业、团体踊跃献爱心。 摄影 / 浦志根

上海邦德职业技术学院

地址：锦秋路299号

邮编：200444

总机：56680657

上海邦德职业技术学院是上海市人民政府批准，国家教育部备案列入国家统一招生计划，拥有文、理、工、艺术、经济、管理等专业的综合性全日制民办高职学院，学制三年，现有在校生3000余人。学院设有外国语学院、经济与管理学院、国际交流学院、动漫学院、数码艺术学院、影视艺术学院、继续教育学院等7个二级学院和基础教育部。学院按照“拓宽基础、强化实践、加强应用、提高技能”的办学思想，注重基本理论与基本知识的教学，强化外语、计算机教学，高度重视学生智能与技能的培养，以造就在人才市场激烈竞争中具有适应能力的高等知识型、技能型应用人才。

学院具有独立校区，占地近200亩，建筑面积7万平方米。拥有教学大楼、外语教学楼、艺术教学大楼、计算机房、多媒体教室、超市、书店等。校园树木成荫，环境清静，交通便捷。

宝山区教师进修学院附属中学

宝山区教师进修学院附属中学（原永清中学）坐落于宝杨路480号，占地27亩，建筑面积8850平方米。环境幽雅，三大文化景区颇具园林之美。

近几年来，学校在“立足一流、育人为本、创建特色、全面发展”的办学宗旨下，构建“以学生全面合格加发展为主线，以体艺、科技教育为两个基本点”的素质教育机制，大力加强校园文化和师资队伍建设，积极开展“自主学习、多元发展”的课堂教学改革实践，学校形成了一种良好的教育氛围，提高了课堂教学效益，促进了学生成绩的提高和个性特长的发展。

学校先后被评为区素质教育示范校、区行为规范五星级示范校、区绿色学校、区科技特色学校、区“文明单位”和上海市体育射击项目传统学校、上海市行为规范示范校、上海市双拥工作先进单位、上海市素质教育实验校。

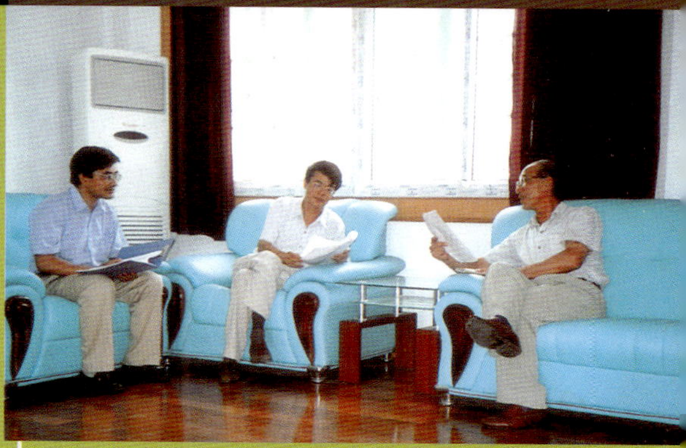

地址：宝杨路480号

邮编：201900

电话：56115217

网址：http：//jxfz.eicbs.com

No:038 **宝山镜像**

摄影／胡新力

月浦公园

位于月浦镇

街道与镇(乡)

Street and Town(Township)

■编辑　陆柏盛

吴淞镇街道

■概况　吴淞镇街道位于区境东南部，东临黄浦江，过蕰藻浜接南泗塘河、上钢一厂铁路专用线与淞南镇为邻，南起长江路延伸至东海船厂南围墙，北至泰和路，总面积3.31平方公里。辖区内有11个居民委员会，560个居民小组。年末有常住居民9744户，25247人，人口密度6900人／平方公里，计划生育率99.12%，人口出生率4.46‰，人口自然增长率-3.68‰，列入管理流动人口6500人。办理外来人员综合保险3186人，完成率列全区前茅。辖区内有1600多家大中型企事业单位。淞滨路一条街商贸业发达，以商业、金融、餐饮为主。2004年，街道以百路整治工作为抓手，开展“安全在吴淞，文明在社区”活动，努力解决城管工作中的“难点”问题。百路整治工作在街道中名列前茅。健康城市三年行动计划得以实施，健康教育率达90%。街道办事处地址：淞滨路385号。

■完成地方税收比上年增长39%　全年完成地方税收4500万元，比上年增长39%，财政贡献率名列街道第一。年初组建吴淞都市工业园，做到当年筹建当年见效。八棉都市工业园区正式运转，创建吴淞肉联厂、东海船厂都市工业园区，全年完成工业销售产值6000万元以上。

■新增就业254人　年内完成再就业指标254人，达到全年目标的114.4%。采取主要措施是：(1)落实促进就业的目标责任制，加大就业岗位开发力度和再就业实效考核力度。(2)落实各项优惠政策，促进就业各项补贴政策的落实。(3)提高街道和居委层面劳动保障服务信息共享率，发挥就业援助员队伍的作用，有针对性地做好就业援助工作。(4)加强就业技能培训，增强下岗、失业人员就业能力和就业机会。

■金波浪多功能为老服务中心开放　该为老服务中心位于黄浦江、蕰藻浜出口处，北靠淞浦路步行街，地址：淞浦路470号，5月18日正式向社会开放。中心改建投资370万元，建筑面积2400平方米，主要服务项目有老人日托、健康咨询、法律服务、老年大学、图书阅览、健身休闲、棋牌娱乐等，年内为老人服务约2万余人次。

■开展“双评”工作　年内，街道探索居委会工作评议、社工站评估机制(简称“双评”)。各居委成立“双评”工作领导小组，由居民区党总支书记任组长，小组成员由社工站长、社区民警、机关科室联络员、物业管理人员等组成。居委会、社工站向居民代表会议汇报一年来的工作，并由党总支作工作讲评，由街道派员对居民代表进行访谈，听取意见。对居委会“四自”(自我管理、自我教育、自我服务、自我监督)工作给予评议，对社工站工作给予分级评估，并在15天内反馈给被评议或评估对象。11个居委会、社工站参加评估。

■建立城市管理长效机制　坚持每月一次的街道城管工作例会，组建城管监督志愿者队伍，开通城管、物业、监察、环卫等部门的热线电话，将城管工作纳入市民监督内容。坚持每季度一次的物业管理联席会议制度，重点解决居民反映比较集中的绿化、保安、保洁、维修等问题。充实城管工作力量，组建渔人码头及步行街保安保洁、景观区域示范路段非机动车管理、道路环境卫生协管等3支城管工作队伍。强化城管工作责任，划分工作责任区，蕰藻浜以南为一个责任区，以北区域分为两个责任区，定路段，定时间，定人员，定责任，推行区域网格式管理。城市管理工作监督和快速反应机制得到进一步完善。

■落实信访工作责任制　年内，街道重视做好信访工作，主要采取的措施：(1)健全信访工作网络，做到每级有领导具体负责，每个居委会有信访工作员。(2)抓预警机制，居委会每月排查上报一次不稳定因素，每两月召开一次排查分析会，将问题解决在萌芽状态。(3)综合运用司法调解、法律调解、行政调解等手段，化解矛盾。(4)抓好来信来访反映问题的处理，明确属于街道职能范围的，受理后2个工作日内转交有关职能科室查办，一般事项不超过10个工作日办结，复杂事项30天内办结；属于街道职能以外的问题，及时上报有关部门，做到件件有落实、有回音。共处理信件72件、来访62人次，没有发生居民越级上访的现象。

■开展“安全在吴淞，文明在社区”活动　年内，开展“安全在吴淞，文明在社区”主题活动，街道建立安全、整顿市场秩序、环境卫生综合整治、小区文明建设、宣传及工作督查等5个工作小组。加强对辖区内企事业单位的消防安全检查工作，落实“三合一”(住宿、加工、仓库)店面的整治措施，加强对化学危险品经营单位的监控；开展各集贸市场、居民小区环境卫生综合检查；动员机关、企事业单位、居委会、部队、学校等参与该项活动。通过活动月，使十多年遗留下来的宝山区第一工人俱乐部北侧的垃圾山、淞滨路70弄环境差等一批“老大难”问题得到解决。

■红十字卫生站形成全覆盖　年内，11个居委红十字卫生站场地全部落实，成立红十字志愿者队伍40多人，义务为地区孤老、烈属及伤残人员等服务。举办“东方大讲坛”讲座，组织地区红十字志愿者、社区工作人员、机关干部、地区居民共万余人听课，初步实现红十字精神

晨曦下的吴淞新城。　　摄影/胡新力

进社区、进楼道目标。

■**解决社区物业管理难点20余处** 将居住区物业管理工作作为变样目标、创建文明社区、综合管理重要内容之一,发挥街道物业管理联席会议作用,定期组织召开由地区、物业单位参加的居民区物业管理专题会议,倡导“社区的事情共同商议,社区的问题共同解决,社区的文明创建共同参与。”年内共召开各物业公司物业整治协调会12次,专题解决社区物业管理难点20余处,整治翻修屋面3174平方米,解决居民屋面渗水问题,20多个单元门口踏步翻修重做,翻修拓宽路面516平方米,侧石40米,新装小区路灯20多盏,购置10多部垃圾车、垃圾箱等,为居民提供40多项便民、利民、为民服务项目,投入整治费用共计680万元。

■**设立帮困奖学金** 帮困奖学金每学年评定一次,每学年年终考后实施。评比条件是街道范围内低保家庭、特困家庭的大中小学校在读学生或本人为低保对象和残疾人员,每学年被评为市、区、校三好学生或区级以上单项先进,在地区有一定影响事迹突出者。评比程序是可自行向居住区社会事务工作站申报,或由居民委员会、所在学校推荐,街道社会保障科进行初审,报街道办事处审定。年末地区有6名学生获得奖学金,金额为6500元。

2004年吴淞镇街道居委会一览表

居委会名称	户数(户)	户籍人口(人)	地　　址	电　话
吴淞新城	748	609	班溪路55弄82号	56840265
吴淞三村	901	1053	吴淞三村33号101室	56844801
和　丰	1358	3829	淞滨路70弄8号	56670056
淞　西	702	1602	同济路60弄43号101室	56843716
长　征	820	2221	长征新村8号102室	56843270
一　纺	560	1559	淞滨西路810弄1号101室	56845617
李　金	1364	3552	淞滨支路40弄2号103室	56849358
二　纺	836	2279	二纺新工房21号乙	56848451
泗　东	815	207	泗东新村21号101室	56679256
淞　新	937	2485	淞滨路165弄1号	56849724
桃　园	1300	3446	桃园新村28号104室	56847023

(朱峪峰)

海滨新村街道

■**概况** 海滨新村街道东临长江、黄浦江,南至泰和路,西起泗塘河—水产路—同济路,北接双城路。辖区面积4.21平方公里。年末有户籍居民21825户,55671人。计划生育率99.58%,人口出生率4.36‰,人口自然增长率-2.60‰,人口密度13349人/平方公里,列入管理的外来流动人口7541人。街道辖13个居委会。街道先后被评为上海市一级卫生街道、健康教育先进单位、上海市推进残疾职工社会基本保障工作先进单位。在宝山区五个街道中率先获得上海市市容环境管理达标称号,同时,首次获上海市文明社区的称号。街道办事处地址:同济支路65号。

■**实现增加值逾2亿元** 年内,街道加大招商力度,营造良好投资环境,全年招商96户,实现增加值20200万元,比上年增长48%,对部队区域的“三产”14家实行托管。完成区级财政收入3363万元,增长92%。

■**获“上海市文明社区”称号** 年内,精神文明建设取得新成果,街道首次被评为上海市文明社区。(1)创建“学习型社区”，开展“老少结对”读书征文、演讲活动，举办3场《东方大讲坛》讲座。街道社区学校通过区教育局审批并授牌，社区学校全年共授课355课次，设立社区图书馆协作分馆4个。（2）形成“一居一特”，创建7个市级文明小区和13个区级文明小区。13个居民区与共建部队建立党员志愿者服务点，科普新村、科普示范村、百佳文化小区达到全覆盖。3个市示范性老年活动室建成。（3）组织社区居民参加“宝山之春”文化博览会，获“五月欢歌”歌咏电视大赛金奖。（4）承办宝山国际民间艺术节社区联谊、“家庭一日游”活动及开幕式社区志愿者组织工作。（5）市民族团结进步优秀社区，并被推荐参加国务院全国第四次民族团结进步表彰大会，获模范集体称号。

■“百路整治”通过验收 年内，召集地区内44家参与整治单位开展百路整治。对涉及整治的770项任务逐一推进，重点整治淞宝路（双城路至牡丹江路）、塘后路（双城路至淞宝路）、同泰北路（水产路至泰和路）和双城路南侧4条总长6.05公里的路段。街道协调投入资金100余万元。落实网格化管理机制，鼓励社会各界积极参与整治活动，监督整治成效。10月29日，“百路整治”工作经区百路整治领导小组验收合格。

■吴淞客运中心区域综合管理 作为吴淞客运中心区域的责任单位，街道加强对该地区的行政、治安、市容管理，使吴淞客运中心区域管理逐步规范。至2004年底，基本上根除化成路上的乱设摊现象。先后接受48次国家交通部、市、区文明办、爱卫办、市容局、人大、政协等各级组织的检查和来访。处理信访件3份。

■维护社会稳定取得新成效 （1）发挥司法信访综合服务窗口的作用，全年接待信访442人次，调处民间纠纷148起，受理接处警18起。以地区刑释解教人员工作为重点，建立帮教小组，构建预防犯罪工作体系，共安置“两劳”人员再就业112人次。（2）加强群防群治队伍建设，率先成立地区治安防范志愿者工作队，共13个中队，队员共计1640人，于5月21日正式运转。初步形成公安、武警、保安、看家网“四位一体”的防范机制。全年发案率比上年下降22.9%，下降幅度列全区第二位。（3）协调物业部门采取封门、改道等防范措施，基本实现海滨地区各小区封闭式管理。（4）组织区人大代表在信访接待日接待群众来访，共同化解人民内部矛盾。加强重要节点和信访热点的控制，积极开展行为偏差人员的社区矫正工作。

■安全生产专项整治达到4个100% 年内，与辖区内178家企事业单位签订安全目标管理责任书和承诺书，将所有单位划分成13个责任包干区，对“五小”企业和危险化学品单位进行全面整治。加强对165家重点单位的整治督察工作。在全面整治中，对无证使用、生产、经营的取缔率达到100%；重大安全隐患整改率达到100%；一般安全隐患整改率90%以上；对生产、储存、生活“三合一”的易燃易爆、危险化学品企业整治率达到100%；对特种作业人员安全培训持证上岗率达到100%。

■海滨社区敬老院启用 被列为市政府实事工程、总投资1246万元的海滨社区敬老院于10月21日正式开业，经验收达到市二级标准。该院位于永清二村122号，占地面积4018平方米，总建筑面积4297平方米，采用太阳能热水供应系统。其中住楼7层，辅楼3层，设床位120个。设有海滨老年公寓，娱乐文化中心、社交活动中心、为老护理院、老年日间护理中心五大服务部门。开业至12月底入住老人已达80人，对入住老人建立一人一档案的管理制度。

■举办外来媳妇培训班 4月12日至5月17日，街道组织外来媳妇培训班，培训班由上海市慈善基金会资助，每周两天学习，学习内容有商业基础知识、理货收银基础知识、学做新上海人等课程培训，81名外来媳妇参加学习。

■推进就业和社会保障工作 全年完成新增就业岗位任务114%，介绍推荐上岗504人次，登记失业人数2825人，外来人员综合保险完成区下达任务106%，提供就业指导服务2120人次，成立非正规就业组织40个，解决低保家庭中特困上岗

2004年海滨新村街道居委会一览表

村、居委会名称	户数（户）	户籍人口（人）	地　址	电　话
西朱新村	871	2471	同济路208弄64号	56678148
海滨新村	3086	7463	海滨新村67号乙一楼	56562183
海滨二村(1)	1049	2688	海滨二村43号	56560053
海滨二村(2)	1243	3255	海滨二村95号西侧	66650722
海滨三村	1652	4176	海滨三村45号	56560648
海滨四村	1298	3262	海滨四村35号	56560950
牡丹江路	2181	5413	海滨六村13号2楼	56569872
海滨八村	2198	5464	海滨八村50号	56172566
三营房	1221	3188	前三营房168号对面	56172328
永清新村	2275	5768	永清新村118号	56567010
永清二村	1639	4125	永清二村116号	56565249
海江二村	2376	5558	海江二村153号	56562176
海江新村	690	1596	塘后路203弄22号	56563498
集体户口	46	1244		

就业146人。全年发放低保金374万元，帮困卡9628张，廉租房租金32万余元。

■**3570人注册“市民信箱”** 年内，计划完成3000个“市民信箱”办理工作任务。召开辖区13个社区工作站站长会议，将任务分解到各社区。社区工作站在社区开展调查摸底，对家有电脑的居民进行重点宣传。经宣传和推广，有3570人注册“市民信箱”，完成计划的119%。（杨薇薇）

泗塘新村街道

■**概况** 泗塘新村街道东起泗塘河与淞南镇毗邻，西至爱辉路与通河新村街道接壤，南接一二八纪念路与高境镇交界，北至蕰藻浜与杨行镇相望，总面积2.44平方公里。街道下设17个居民委员会和17个社工站，年末有户籍22926户、总人口53572人，列入管理的外来人员有7334人。人口出生率4.32‰，人口自然增长率-3.98‰，户籍人口计划生育率99.78%，常住人口计划生育率99.10%。年内，街道提出以“自强不息，奋起直追，加快发展，实现变样”的工作思路，围绕社区建设的总体要求和变样目标开展各项工作。2004年度，街道继续保持上海市社区建设示范街道、上海市一级卫生街道称号，获得上海市人口和计划生育综合服务文明站、宝山区征兵工作先进单位、宝山区侨情普查先进单位、宝山区档案工作先进集体称号。街道办事处地址：泗塘二村59号。

■**增加值比上年增加57.8%** 街道全年实现增加值20409万元，比上年增长57.8%；区级财政收入完成2603万元，增长41.2%；招商引资116户（其中有首次引进的三资企业2户），注册资金达17127万元。

■**泗塘都市工业中远工业园成立** 年内，“泗塘都市工业中远工业园”成立，园区利用上海中远化工有限公司所属上海电石厂、TDI厂的存量资产整合成立，占地33.33公顷，其中3.67公顷作为首期开发土地，园区注册地址为江杨南路2590号，已有上海丰驰物流有限公司等企业陆续入驻。

■**社区管理** 年内，制定泗塘新村街道社区发展规划。街道对上年重点整治的长江西路、爱辉路、呼玛路进行巩固提高，对共江路、虎林路进行重点整治，共修复路面6380平方米，新种绿化4250平方米，拆除违章建筑1190平方米，封破墙开门5处，除宝山区建委系统外，各有关单位投入整治经费228万元。创建“无乱设摊街区”初现成效，基本取缔了马路乱设摊、夜排档和跨门经营等问题。对新村内破墙开店经营农副产品、饮食、铝合金加工等脏乱问题进行了重点整治。

■**社保救助金发放830.78万元** 至年底，街道享受低保人员1953人，比上年下降1%，享受协保生活困难补助499人，比上年下降8%，享受廉租房补助56户，对94人次实施大病医疗救助，帮困助学78人，累计发放各类救助资金达830.78万元。通过对就业年龄段低保对象进行劳动管理，组织就业年龄段低保对象参加各小区的保绿保洁等公益性工作，鼓励有劳动能力者自谋出路。至年底，有475人次就业年龄段的低保对象退出了生活救助。

■**新增就业岗位835个** 街道建立地区促进就业联席会和劳动力信息网络，与“惠扬职业技术培训中心”联合办班，组织各类就业技能培训，与华怡宾馆、职安公益、文化佳园物业、帮帮服务社等单位建立长期稳定的合作关系，提高就业成功率。2004年泗塘地区共新增就业岗位835个，超额完成宝山区政府下达的新增岗位169个指标；非正规劳动组织新增36个（含万人就业项目4个），登记失业3145人；就业特困认定457人，全部得到安置。

■**老年人事业发展** 街道有60岁以上老年人口13728人，占户籍人口的25.4%。虎林、富浩、泗塘七村居委3个标准老年活动室通过创建验收；成立“泗塘为老服务社”。正式开展居家养老工作，投资10余万元，完成泗塘新村老年学校的新建工作，建成培训室、书画室、综合大教室，校园面积380平方米，添置相关的设备，并开办老年书法、书画培训班，举行大型讲座6次，3052人听课，老年学校经市教育局、区民政局等部门检查验收获得通过。校址为泗塘二村108号2楼，有教师5名。

■**安排23名残疾人上岗** 街道现有残疾人1152人，其中精神残疾人（含智障）586人，2004年新安排残疾人就业23人，三年来累计安置社区残疾人79人就业。成立助残服务社，招聘15名助残员，上岗为残疾人提供服务。

■**刑案比上年降9%** 年内对高发案件和社会突发矛盾进行专项整治，为各小区通道安装T型等安全门68扇，实行封闭式管理。加强外来人口管理，全年外来人口登记7334人，房屋租赁3155户。发挥社区志愿者作用，增加了看家网巡逻防范的密度。全年发刑案248件，比上年下降9%。

■**全面开展安全生产整治** 街道定期召开安全生产专项整治领导小组成员会

虎林园绿地。 摄影 / 胡新力

议，依据排摸出的三类（限期整改、停业整改、计划取缔）整改内容，对146家不符合安全规定的单位进行了整治，与重点单位签订责任书30份，取缔了不符合安全生产的经营生产场所10家，对查出的5台无证锅炉，整改后符合条件3家单位重新补办了证件，对不符合安全生产条件的2台锅炉予以取缔。根据防范要求，街道制定《危险化学品事故应急救援预案》。

■精神文明创建活动形式多样 年内，在社区内开展“百佳好居民”评选，共评选出好居民115人，并将他们的照片和事迹制作成版面展出。开展“宣传弘扬实践宝山精神”、“人间真情、温馨新年”、“宝山市民看变样”、“五一”、“十一”书画展、把“东方讲坛”请进社区等各类宣传教育活动。举办迎“三八”广场文艺演出、“迎五·一淮剧联欢会”，参加区“五月欢歌”、第三届读书节“家庭读书演讲表演”、“少数民族智力竞赛”等比赛活动，各小区联合举办8场“欢乐在小区”纳凉晚会。“百万家庭网上行”完成培训757人。10月13日，在第四届上海宝山国际艺术节泗塘街道分会场，比利时佐那歌舞团与市民们同台联欢，观众达2000人。

■推进社区党建 在社区开展“党员在居民心中”、“党员志愿者服务”和“相聚在党旗下，奋进在创业中”主题教育活动，评出先进集体和个人97个，“七一”前夕进行表彰。在17个居民区建立党员服务点，健全工作网络。创建“社区党建工作示范点”2个，并以创社区党建工作示范点为抓手，在各居民区形成“一站一特”的工作格局。居民区党组织绘制“为民地图”工作全部完成。对新经济党组织选派联络员，新经济党组织的党建工作覆盖率更趋完善。开展梳理隐性党员的登记工作，接受流动党员来信来访89人次，流动党员登记25人。

■居住证试点有序推进 街道作为“上海市居住证”4个试点的街道、镇之一，从5月开始筹备。9月9日，副市长周禹鹏一行来到泗塘新村街道社区服务中心，就居住证制度发证试点准备工作进行调研，观看外口信息采集，听取居住证制度试点准备工作、来沪人员管理现状、相关部门业务协调和工作思路等方面的汇报，并对该项工作的信息传递程序、配套政策完善、资源整合、综合管理等问题作了指示。10月街道正式对符合规定的外来人员办理发证工作，至年底共受理“居住证”338份，“临时居住证”1056份。

■虎林园基本建成 位于虎林路东、呼兰路南，泗塘河沿岸的3.8万平方米空地，原属中远化工公司带征地，按规划是绿化用地，因长期闲置，成为违章建筑、建筑垃圾、外来人口聚集的脏乱差集中区域。2004年由吴淞工业区整治办等单位投资约1300万元，于3月开工，年底初步建成集绿化、景观、休闲、健身于一体的虎林园。

■生活垃圾收集方式改革 由于历史的原因，泗塘部分老城区存在垃圾不能入桶问题，污水横流，加之环卫车辆夜间进出小区，影响社区环境。年内，在泗塘一村进行生活垃圾收集方式的改革试点，街道派人将垃圾桶定时送垃圾压缩房处理，环卫车辆不再进小区扰民。

2004年泗塘新村街道居委会一览表

村、居委名称	户数（户）	户籍人口（人）	地　　址	电　话
虎　林	2255	4284	泗塘一村1号106室	66201923
泗　塘	1941	3635	革新路3号103室	66201435
新　桥	1716	3666	泗塘一村99号106室	66201540
虎　二	1706	4400	泗塘二村27号101室	66201219
振　兴	1377	3472	泗塘二村102号102室	56743612
泗塘三村	1891	4591	泗塘三村5号	66201311
泗塘四村一居	1549	4015	泗塘四村71号103室	56993036
泗塘四村三居	1690	3256	长江西路1160弄20/104	66205818
泗塘五村一居	1065	2505	泗塘五村34号	66201960
泗塘五村二居	1848	4100	泗塘五村171号	66205613
泗塘六村	1015	1967	泗塘六村52号乙	56744441
泗塘七村	1557	3522	泗塘七村85号乙	56764794
泗塘八村	1634	3774	泗塘八村56号乙	66202029
呼玛一村二居	1650	3943	呼玛一村56号101室	66201941
呼玛一村三居	1494	3309	呼玛一村103号102室	66201940
富　浩	339	831	虎林路800弄19号3楼	36110349
泗塘七村三居	108	283	虎林路99弄75号2楼	66215726

（霍利钊）

友谊路街道

■概况 友谊路街道辖区南至双城路，东临长江，西至泗塘河，北至宝钢护厂河，地域面积达10.45平方公里。辖34个居委会，1个村委会，户籍37009户、人口93619人，人口出生率为7.30‰，计划生育率为99.93%，人口自然增长率为3.64‰，列入管理的外来人口10548人。年内，街道在"一居一特"工作基础上，制定并实施了《友谊路街道"居民在心中、美好在友谊"为民主题活动行动计划》，在34个居民区党支部全面开展了绘制"为民地图"活动。共有441名基层干部参加走访，走访家庭51140户。走访慰问439户特困人员，发放慰问金12.22万元；发放救助金170万元，受益人员达1000人次。拆除各类违法建筑6500平方米，完成6个无违章小区创建，建成6.5平方公里无设摊街区；创建米其林绿色家园；建设改造漠河路约11万平方米的大型开放绿地公园。建立健全社区群防群治队伍，全年刑案立案总量674起，比上年下降10.4%；认真开展安全专项整治，完成210家公众聚集场所、13家"五小"企业、16家危险化学品单位、1070家出租房屋的自查自纠和隐患整改；完成10个消防安全小区创建工作。年内，街道先后获市社区建设模范街道、市"一级卫生街道"、市"基本无燃煤社区"、市"安静小区"等多项称号，并获宝山区2004年度处级领导班子和处级干部实绩考核优秀单位嘉奖，总分列全区街道系统第一名。街道办事处地址：友谊路197弄12号。

■实现增加值逾5亿元 年内，重大经济项目建设进程加快，安信生活广场完成80%基础打桩，入驻的大商业项目已签约；启动碧水路商务区整体开发；关闭淞兴汽修厂、功夫摩托车装箱厂，分别与宝钢下属单位合资，申请成立奥迪、奇瑞汽车4S品牌店；关闭友谊西路宝临电器旧厂区，筹建1.5万平方米的宝临电器科技园。全年完成招商引资244户，完成销售收入39.29亿元，比上年增长99.61%，；利润总额1.96亿元，增长21.41%；增加值5.17亿元，增长62.2%；区级入库税金7443万元，增长40.35%。

■"百路整治"综合考核列街道第一 年内，街道百路环境整治工作力度加大，以街道主要领导为各路段负责人，街道全体机关干部为各路段督察员，建立百路环境整治管理中心和接待投诉中心，充分发挥多个与市容相关的管理队伍的积极作用，全年完成双城路(同济路塘后路段)、永乐路(碧水路塘后路段)、海江路(同济路塘后路段)、碧水路(宝杨路双城路段)、塘后路(宝杨路双城路段)、宝东路(宝杨路双城路段)、宝林路(宝杨路东宝杨路西路段)、密山路(友谊路密山路段)、密山东路(密山路桥护城河桥路段)、淞宝路(宝杨路双城路段)牡丹江路(富锦路双城路段)、盘古路(同济路护城河路段)、漠河路(同济路东林路段)、富锦路(同济路牡丹江路段)、团结路(漠河路密山路段)、樟岭路(漠河路盘古路段)、宝林支路(密山东路宝林路段)等共17条道路(全长11.44公里)的整治任务，两年任务，提前一年完成，获全区街道考核第一名。

■再就业工作考核列街道系统第一 年内，通过开发"4050"项目、非正规就业、公益性岗位等方式，累计安排自主创业者813人、公益型岗位从业人员256人、自由职业者373人，全年新增就业岗位1442个，完成区下达的全年指标的275%；失业控制人数为3607人，比上年年末减少973人；办理外来劳动力综合保险6797人，完成全年指标的

宝山体育场成为市民晨练的好去处。　摄影/胡新力

123.81%，获全区街道系统年度再就业工作考核第一名。

新增社区服务设施 年内，8000平方米友谊社区综合服务中心完成设计、项目报批、土地置换和动迁等前期工作；组织招标改造8个居委会老年活动室、新建4幢活动用房；与科委合作新建友谊路科普一条街；与区文广局合作拟建居民社区信息苑；与体育局合作建成一个市民体能监测站；与行知学院合作建设市民学校标准化电化教室；完成“百佳文化小区”全覆盖；建成社区读书协作网1个、基层图书分馆2个；建设1个市民露天体育活动场；新建2个卫生服务站，设立20个便民医疗服务点，推进全科医生进社区，完成居民健康档案3.5万份；建立1所市民学校、1个图书馆、1个法律咨询室、1个思研会和1支志愿者队伍。

社区家庭教育指导中心成立 7月27日，友谊路街道社区家庭教育中心在华能城市花园新村揭牌。社区家庭教育中心有工作人员135名，均由居民中的法官、警官、退休教师、博士、医生等担任，中心具有咨询、指导、服务、培训等功能，对未成年人（尤其是单亲、困难、流动人口家庭）及家长、保姆等人群进行定期的教育、指导和培训。中心的地址为牡丹江路1378弄7号201室，每周日上午开放。

2004年友谊路街道居委会一览表

居委会名称	户数(户)	户籍人口(人)	地　址	电　话
宝林一村	1529	3635	宝林一村124号101室	36100294
宝林二村	1554	3767	宝林二村93号102室	36100297
宝林三村	1058	2577	宝林三村26号	36100355
宝林四村	961	2300	密山路宝林四村66号1楼	36100205
宝林五村	864	1709	宝林五村44号2楼	36100295
宝林六村	1261	2876	宝林六村84号104室	36100249
宝林七村	831	1913	宝林七村56号104室	36100309
宝林八村	1227	3149	宝林八村53号103室	36100296
宝林九村	856	2049	宝林九村27号102室	36100248
宝钢一村	1098	2953	宝钢一村114号	36071472
宝钢二村	1464	3941	宝钢二村32号乙102室	36071480
宝钢三村	1676	4194	宝钢三村10号甲101室	36071473
宝钢四村	1232	2995	友谊路13号101室	36071474
宝钢五村	604	1530	宝钢五村1号105室	36071475
宝钢六村	910	2122	宝钢六村1号102室	36071476
宝钢七村	559	1287	宝钢七村52号102室	36071523
宝钢八村	1243	2934	宝钢八村63号104室	36071477
宝钢九村	798	1970	宝钢九村12号103室	36071478
宝钢十村	754	1826	宝钢十村6号107室	36071465
宝钢十一村	886	2028	宝钢十一村25号202室	36071464
宝山一村	1148	2747	塘后路300号	66650162
宝山二村	1016	2486	宝山二村33号	66650163
宝山三村	1505	3666	宝山三村123号	66650164
宝山五村	553	1445	碧水路85弄32号	36100141
宝山七村	923	2264	宝山七村31号101室	36100426
宝山八村	1881	5733	宝山八村82号102室	36100425
宝山九村	932	2614	宝山九村55号	36010831
宝山十村	1370	3932	宝山十村94号101室	36100422
密山二居	1047	2556	密山二村52号103室	36071599
临江新村	1381	3497	临江三村21号	36071468
临江公园	982	2550	宝城三村1号乙	36071467
宝城新村	1956	4962	宝城一村45号	36071469
白玉兰花园	340	872	牡丹江路1321弄2号	36011242
华能城市花园	516	1314	华能城市花园55号208室	56110525
集体户口	94	1226		
炮台村	86	278	水产路409号	56160519

（唐　玮）

通河新村街道

■**概况** 通河新村街道东起爱辉路,西至共和新路,南迄一二八纪念路及南侧部分地块与高境镇交界,北临蕰藻浜,辖区面积2.75平方公里。年末有户籍27846户,人口64954人,人口出生率5.06‰,人口自然增长率-2.88‰,人口密度23620人/平方公里。列入管理的外来流动人口3083户、6911人,下辖16个居委会和16个社工站。2004年,成立新经济组织党总支,"红帆港"在街道挂牌并开展活动;完成"为民地图"绘制工作;社区党员服务点达到全覆盖,社区党员服务中心通过市委组织部验收;有市级文明小区18个,区级文明小区12个。全年未发生重、特大安全生产事故、人员伤亡事故及到市、区政府集访事件。年内,街道先后获市"文明社区"、市"基本无燃煤区"、市"先进助残服务社"、市"文明小区"、区"'百万家庭网上行'优秀组织奖"、区"文明信访室"等称号。街道办事处地址:长江西路1568号。

■**完成增加值比上年增长近四成** 成立通河都市经济发展有限公司。全年完成增加值2.19亿元,完成全年计划的110.47%,比上年增长38.1%;完成地方财政收入3980万元,完成全年计划的110.56%,增长38.2%;开发区新增注册企业135户,增长12.9%;新增注册资金2亿元,增长25%。

■**刑案下降20.2%** 加大创建安全小区工作力度;以警务机制改革为契机,加大对民警队伍和辅助巡逻队伍的考核奖励力度,促进公安队伍和治安辅助巡逻队伍的组织建设;初步建成全方位、广覆盖、区域性的社区治安防范志愿者队伍组织。年内刑案发案415起,比上年下降20.2%。

■**环境整治投资585万元** 年内协调各方投入资金585万元(含区市政管理署,区绿化局投资),重点对共江路实施整治。完成人行道铺设彩色道板1100平方米,建造人行道绿化带及局部增绿3400平方米,拆除旧招牌300块,改造门面房344家(其中拆除8间),更换卷帘门320家,拆除违法建筑80平方米,建透绿围墙55米,街道统一制作、安装自行车棚4个,总面积60平方米,清理摊、亭、棚11个,清运垃圾240吨。11月2日通过区"百路整治"的验收。

长江西路街景。 摄影/胡新力

■**社区网格化管理** 以通河路为中轴,以东西走向五条道路(即:一二八纪念路、共江路、长江西路、呼玛路、呼兰路)作天然分割线,将整个辖区划分成十个街坊,探索出一套"重在管理、旨在整合、意在双赢、得在百姓"的管理模式。居民区党总支(支部)和社工站由22个调整合并为16个,完成其中15个居民区党总(支)部的换届选举工作。居民区党组织书记和社工站站长的年龄由50.5岁和43.4岁,降至43.4岁和39.5岁。街道与各居民区党组织、社工站签订年度目标责任书,实施社区网格化和捆绑式考核办法,取得五方面成效:(1)社区工作快速反应机制基本建立;(2)社区各类资源被纳入可控视野,社区规划落实更加有序;(3)社区工作长效管理机制初步形成,形成在街坊层面上下联动、一呼百应的格局;(4)干部队伍作风进一步得到转变;(5)条块之间的工作协同和结合程度进一步提高,实现条块工作的"双赢"。

■**社会保障与就业** 落实促进就业工作责任制,成立"4050"项目1个;启动万人就业项目4个;就业前培训500多人次,年末失业登记3726人,新增就业岗位673个,超额完成区下达的任务指标。就业特困人员安置率达96%。新增残疾人就业4名,为165名残疾人进行生活困难补助70.87万元。做好社会保障与救助工作,年内累计发放实物补助319人次12760元,优抚18人次11380元,传统对象25人次7804元,低保26355人次6099660元,协保补助9917人次1305803元,发放粮油帮困卡21243张。春节、国庆扶贫帮困送温暖共走访慰问2489人计26.82万元。国庆节前,对地区1197名低保家庭学生进行重点助学帮困,其中204名贫困学生得到街道机关、部队、医院等单位的结对助学帮困资助。

■**社区文化建设** 完成16个区级科普示范居委会创建验收,达到科普居委创建全覆盖;5月市民科普学校挂牌成立,并建立科普制作室;在原有图书馆1中心3分馆协作网的布局上,新建通河七村二居委、通河八村一居委、呼玛三村一居委、呼玛四村4个协作网分馆,新购书刊2500余册,订阅报刊108种,新办图书证300张。社区学校开班14种课程、18个班级,900人得到各种技能培训,另有980人参加"网上行"培训。加强无证网吧整治工作,采取大规模综合性整治行动17次,收缴营业用电脑120台,27户无证网吧业主自行关门歇业或改行。

■**各类学习带动精神文明建设** 创建学习型小区5个、学习型楼组30个、学习型家庭100个。开展公民道德基地创建达标活动,创建实践基地14个。建成24个百佳文化小区,达到全覆盖。与上海大学材料学院新建共建关系,街道精神文明共建点增至48个。7月9日,"东方讲坛"通河街道举办点正式挂牌,年内举办讲座7次(见附录),每次听讲入座率达85%以上。 (王肖虹)

“东方讲坛”通河新村街道举办点2004年举办讲座情况一览表

序号	讲座课题	讲课时间	主讲人	听讲对象	听讲人数
1	上海新一轮发展面临的主要问题及其对策	7月9日	沈建新 （上海市综合经济研究所）	街道机关干部 居委干部 居民群众	210人
2	可持续发展战略与科学发展观	8月13日	薛和生 （上海师大商学院党委书记）	街道机关干部 居委干部 居民区部分党员	180人
3	社区自治:法治的基础环节	8月27日	徐中振 （市社联科研处处长）	街道机关干部 居委干部 居民群众	150人
4	中国的国家安全和国防现代化建设	9月16日	奚纪荣 （解放军南京政治学院上海分院）	街道机关干部 居委干部 居民群众	200人
5	加强党的执政能力建设,提高治国理政水平	10月29日	田保传 （上海青年干部管理学院副院长）	街道机关干部 居委干部 居民区部分党员	200人
6	居委会工作方法与技巧	11月24日	张钟汝 （上海大学教授）	全体居委会干部 居民区党总支书记、委员等	170人
7	上海治安情况与市民的安全防范	12月24日	徐志林 （上海公安高等专科学校）	全体居委会干部 居民区党总支书记、委员等	100人

2004年通河新村街道居委会一览表

村、居委会名称	户数(户)	户籍人口(人)	地址	电话
通河一村居委会	3343	8101	通河一村109号	36111132
通河二村居委会	3379	7841	通河二村60号	66209908
通河三村居委会	1945	4802	通河三村109号	56762813
通河四村居委会	3823	4802	通河四村30号	56762899
通河六村居委会	2674	5748	通河六村245号	56762470
通河七村第一居委会	992	2175	共江路758号	56762385
通河七村第二居委会	431	1069	爱辉路28弄22号	36111161
通河八村第一居委会	1746	4058	通河八村71号	56762737
通河八村第二居委会	790	1879	通河八村190号	56762383
通河九村居委会	745	1735	通河九村58号	56730970
呼玛二村居委会	3297	8036	呼玛二村125号	66201791
呼玛三村第一居委会	1340	3044	呼玛三村377号	56759706
呼玛三村第二居委会	1833	4231	呼玛三村485号乙	56763191
呼玛三村第三居委会	446	1124	呼玛三村110号	56769678
呼玛四村居委会	1475	3201	呼玛四村74号	66210336
呼玛五村居委会	1186	2616	呼玛五村4号	56742445
沁园	14	37		
周巷	89	132		
集体	21	247		

（王肖虹）

月浦镇

■概况 月浦镇东临长江,西依罗店镇,南与杨行镇相接,北与罗泾镇毗连,总面积53.69平方公里(其中宝钢股份公司占23平方公里),辖15个行政村,22个居委会(年内筹建庆安四村居委会)。全镇常住户籍25034户,人口68445人,列入管理的外来人口30379人,其中户籍人口计划生育率100%,人口出生率8.92‰,人口自然增长率4.02‰。2004年,全镇累计实现工业销售70亿元,比上年增长30.6%;实现增加值20.5亿元,增长35.9%;实现财政收入2.36亿元,增长46%;完成生产经营性固定资产投资5.2亿元。人均收入6790元,劳均收入12923元,新建商品房17.2万平方米,居民住房“平改坡”3.8万平方米。新增就业岗位2726个,农村合作医疗参入率达到97%,农保参保率达到100%。成立全区首家综合经济党委。有市、区级五好基层党组织11个,文明小区22个,文明村13个。年内,该镇先后被评为全国先进文化社区、上海市促进就业先进集体、上海市特色体育乡镇、上海市体育明星乡镇、上海市社区建设示范镇等称号。镇政府地址:月罗路200号。

■获“全国先进文化社区”称号 依托宝钢和各冶建公司中来自全国20个省市17个民族的人文资源优势,不断加大对文化工作的投入,形成了以“月浦锣鼓”为龙头的地方文化品牌。该镇每两年举办一届大型锣鼓年会。全镇有各类文化场馆139个,文艺团队81支,文艺爱好者达数千人。镇政府经常举办各类群众性文化体育活动,丰富群众文化生活。年内,该镇被文化部、中央文明办授予“全国先进文化社区”称号,这是继“中国民间艺术之乡”以后,月浦镇文化建设方面获得的又一项全国性先进称号。

■举办第六届锣鼓年会 作为群众文化建设的重头戏,月浦第六届锣鼓年会于10月中旬举行。在开幕式当天,有来自意大利、日本、科特迪瓦等6个国家的群众艺术团体和月浦镇18支民间艺术团队参加演出,文化部、国际民间艺术组织及区四套班子领导与5000多名中外来宾、当地群众观看演出。中央电视台、东方电视台等30家新闻媒体对年会活动盛况进行了报道。

■西河村群众集访得到妥善处理 月浦镇原西河村撤制村队资产处置问题引发群众集体上访,在区委、区政府的帮助下,镇政府本着遵守法律法规、尊重历史和尊重人民群众合法权益的原则,谨慎制定了处理意见。7月起,全体机关干部和基层一线干部冒高温深入群众家中,宣传党委、政府处置政策,并送上困难补助金,取得村民的广泛的理解和支持。至8月初,原西河村民群众全部领取了困难补助,极个别违法上访、寻衅滋事的受到司法机关的处理,持续29个月的大规模群体性上访问题得到解决。年内,制定《关于加强首信初访处置力度的实施意见》,组织人大代表参与信访接待,有效保证群众依法信访和各类信访事件的及时有效解决。

月浦锣鼓。　摄影/顾鹤忠

■安全生产长效管理制度出台 在加强安全生产阶段性重点整治的同时,建立8项长效管理制度。(1)定期检查制:常规排查每月一报,应急排查即查即报,专项排查专查专报;(2)分级负责制:镇、村、企业、车间班组三级负责,任务到岗、责任到人;(3)领导包片制:镇领导分片包干,对联系单位进行工作指导和督查;(4)台账制:建立重点企业档案,强化防范措施;(5)信息报告制:发现重大隐患,及时逐级上报信息,并落实整改责任;(6)督办督查制:成立四个督查小组,督促有关单位落实整改措施;(7)情况通报制:对领导不重视、存在问题较多的单位给予通报批评;(8)联合执法调处制:对存在严重隐患,整治有难度的单位,采取多部门联合执法的形式予以取缔。通过上述措施的执行,安全生产工作取得明显成效,全年未发生重大安全事故。

■有效遏制违法建筑“回潮”现象 年内,成立违法建筑和用地巡查队,巡查队由25名专职工作人员组成,每日深入各村、居委、企事业单位宣传土地保护政策法规,严厉查处和制止违法用地。据不完全统计,该队伍成立以来,共拆除各类违法建筑6280平方米,制止违法搭建150余起,有效控制了违法建筑死灰复燃的现象。年内,全镇22个居委会、6个村均无发现新产生违法建筑。

■党代表常任制试点工作启动 作为区党代表常任制工作试点单位之一,月浦镇于3月18日召开了镇第一次党代会第二次全体会议。积极探索党代会闭会期间发挥代表作用的方法和载体,党代表分成农村、社区、经济口和党建口4个工作小组,建立领导小组例会制度、工作小组活动制度、建议回复制度、情况通报制度、三联系(党委委员联系党代表、代表联系党员、党员联系群众)制度、代表评议制度、代表培训制度、代表述职制度、考核激励制度等9项工作制度,进一步规范代表的权力和义务,拓宽代表参政议政的渠道。

■工业园区调整 年内,为支持国家重点项目——上海世博会场馆建设，月浦镇工业园区北区高新技术园近10万平方米标准厂房和部分工业用地划归上海浦东钢铁有限公司搬迁工程；原石洞口经济小区在国家土地清理过程中撤并。受两方面因素影响，镇工业园区仅有土地346公顷，已开发利用282公顷，开发利用率达到81.5%。园区累计引进企业60户，其中在建8户，筹建10户。2004年，园区实现销售收入28亿元，比上年增长69.7%，完成地方税收2042万元，增长111.2%，创历史新高。

2004年月浦镇村、居委会一览表

村、居委会名称	户数(户)	户籍人口(人)	地址	电话
长春村	306	964	月浦镇月春路	56646621
茂盛村	390	1322	月浦镇新镇车站南首	56931588
沈巷村	388	1246	月罗路309号	56646518
段泾村	299	921	月浦镇段泾路28号	56931492
梅园村	224	793	蕴川路28号	56646113
先锋二村	153	471	蕴川路4355号	56931147
勤丰村	358	1158	月罗路888号	56931584
新丰村	291	949	石太路98号	56151520
海陆村	514	1730	盛桥镇北海陆村	56150726
盛星村	450	1445	石太路665号	56151797
沈家桥村	347	1052	月浦镇沈家桥村	66750030
聚源桥村	271	780	月浦镇聚源桥村	56153365
月狮村	411	1333	月浦镇月狮村	56152107
友谊村	288	952	蕴川路5068号	56196004
钱潘村	260	757	月浦镇钱陆路练祁河桥南	56641399
月浦一居委	55	160	无	无
月浦二居委	535	1238	月浦二村24号	56645910
月浦三居委	642	1692	月浦三村41号	56930230
月浦四居委	710	1870	月浦四村20号	56931765
月浦五居委	718	1745	月浦五村44号	56930259
月浦七居委	1169	3081	月浦七村35号	56642413
月浦八居委	2220	6213	月浦八村107号	56935540
月浦九居委	1266	3733	月浦九村10号101室	56198232
月浦十居委	863	2476	宝泉路65号	56644763
马泾桥居委	1362	3208	马泾桥二村15号	56649515
庆安一居委	894	2249	庆安一村25号102室	56937341
庆安二居委	684	1768	德都路218弄5号	56649514
庆安四居委	157	276	春雷路136弄	27410155
乐业一村一居委	1312	3220	乐业一村20弄50号	56934913
乐业一村二居委	817	1983	乐业三村331弄8号	56934614
乐业二村居委	1085	3002	春雷路354弄3号205室	56933514
乐业四村居委	1080	2924	德都路165弄87号	56198961
乐业五村一居委	1306	3637	德都路218弄78号	56198300
乐业五村二居委	1206	3353	德都路218弄5号	56198962
盛桥一居委	738	1850	盛桥一村35号二楼	56150225
盛桥二居委	646	1736	盛桥二村28号103室	56151730
盛桥三居委	538	1373	盛桥三村42号102室	56152014
盛桥四居委	268	664	盛桥煤气厂大院	56151694
盛丰村	11	28	无	无
西河村	7	19	无	无
乐业村	39	111	无	无

注：月浦一居委、盛丰村、西河村、乐业村均已被撤销，但尚有部分居民、村民户口没有迁出，故仍有相关数据；各冶建公司的部分职工及其家属虽没有本地户口，但长期生活在宝山区，也统计在所在居委总数之中；没有统计在村、居委总数中的人口，户籍留在各单位集体户口中。（闫　乐）

罗店镇

坐落于罗店北欧新镇的美兰湖会议中心。　　摄影 / 胡新力

■概况　罗店镇东临宝钢,南与顾村镇相邻,西与嘉定镇接壤,北与罗泾镇相连,总面积50.02平方公里,耕地面积2372.4公顷,辖25个行政村,1个捕捞大队,8个居委会,年末,有户籍17359户,常住人口51787人。列入管理的外来人口29462人。计划生育率99.7%,人口出生率6.52‰,人口自然增长率-1.16‰。2004年,全镇实现工农业总产值945878万元,实现增加值19.85亿元,比上年增长23.5%。其中第一产业0.54亿元,下降3.2%;第二产业17.42亿元,增长26.1%;第三产业1.89亿元,增长11.2%。完成外贸出口拨交额7.3亿美元,增长44.6%;合同利用外资2600万美元。实现销售收入150.62亿元,增长32.6%,其中工业销售产值90.67亿元,增长20.1%;农业销售产值2.03亿元,增长-8.5%。社会消费品零售额32264万元。完成区财政收入1.8亿元,增长25%。完成经营性固定资产投入8亿元。粮食总产量4156.2吨,上市蔬菜7128.2万公担,生猪出栏46931头、上市鲜牛奶1627万公斤、鲜蛋1018.3吨,上市水产品234吨。镇财政收入1.6亿元,增长10.5%。全镇人均可支配收入8171元,增长7.8%。劳均收入13549元。有市级文明村6个、文明小区2个,区级文明村14个、文明小区7个,市级卫生村23个。全镇合作医疗覆盖率100%,参入率80%。镇政府地址:市一路200号。

■罗店北欧新镇五大项目建成　按照区委关于罗店北欧新镇建设要求“两年形成框架,五年基本建成”的要求,罗店新镇自2003年1月正式开工建设,至2004年6月底,占地20公顷的美兰湖、建筑面积34415平方米的美兰湖会议中心、采用北欧风格围合式布局的北欧风情街、占地110亩的诺贝尔科技公园和“商务、市民、文化”广场以及占地3390亩高尔夫球场的南18洞球场等标志性工程相继建成开放。新镇首个房产项目“美兰湖别墅”开工建设。2004年4月,罗店北欧新镇被中国房地产协会评为“中国著名小城镇”。

■罗店工业园区建设　园区总面积436公顷,至年底,开发用地276公顷。全年实现销售产值36.39亿元,比上年增长25.3%。引进外资项目9个,总投资额2070万美元。外商增资项目8个,总投资6548万美元。引进内资项目3个,总投资9亿元。引进落地型企业109家,注册资金1.27亿元;注册型企业176家,注册资金1.9亿元。2004年,总投资1.5亿元的宝钢印铁项目开工建设,总投资6.4亿元的宝冶钢结构批准立项,总投资近2亿元的佰加壹医药项目和中纺机通用机械项目等竣工投产。

■东方文化学院启用　总投资1.2亿元的民办上海东方文化学院于9月正式启用。该校位于罗店镇市一路、抚远路口,占地10公顷,总建筑面积8万平方米,教学区总面积3.9万平方米,设16个专业学科,在校学生1600人。

■镇文化中心改造工程竣工　2004年,镇政府投入260余万元对罗店文化中心实施改造,对功能作了重新配置组合。改造竣工后的罗店文化中心设市民学校、公民道德实践基地、社区信息苑、党员之家、东方讲坛、远程教育点、多功能报告厅、影剧院、图书馆、健身房、综合娱乐厅、市民体能检测站等,增强了文化中心在地区精神文明建设中的作用。

■环境整治取得4个方面新成效　年内,环境整治主要采取以下措施:(1)投入500万元对14条主要道路进行综合整治,并通过区验收;(2)对7条河道进行达标整治,完成河道疏竣12.78万立方米土,成立河道保洁队,建立长效管理机制;(3)整治不规范畜禽棚,拆除鸭棚72个,猪棚6个;(4)加大对排污企业整治力度,关闭塑料加工点10家,废钢渣场、废物加工点5家,搬迁污染严重企业2家。

■动迁房基地建设　随着罗店新镇建设启动,新镇区6.8平方公里内的民房动迁全面推开,2500余户农户面临动迁。镇党委、镇政府在抓新镇开发建设的同时,抓南北2个动迁基地建设,努力降低新镇开发成本,2004年完成35万平方米动迁房,比上年增加25万平方米。

■佰加壹医药有限公司试生产　项目总投资1.2亿元的上海佰加壹医药有限公司占地7.83公顷,建筑面积3.5万平方米,该公司于9月投入试生产。主要生产镇痛活络酊,玻璃钠注射剂,预计2005年销售额可达3000万元。

■北欧庄园落户罗店　占地2公顷,集特色农业、观光农业和农业科教基地于一体的罗店北欧庄园一期基地建设已初见成效。该基地引进和开发来自世界各地的50多种具有美型、美艳、美味的特色南瓜品种,在种植技术上打破常规,使春茬作物与秋茬作物田间同现。2公顷土地采摘南瓜2.5万余个,制作成2000余个工艺篮,产值40余万元。

■东方社区罗店信息苑落成　罗店信息苑由市、区、镇三方共同投资90万元,是全市100个东方社区信息苑建设项目之一,信息苑于11月正式落成并投入使用。该信息苑位于罗店文化服务中心，建筑面积262平方米，由一般活动区域、多媒体培训室和多功能演播厅组成。

与瑞典西格图纳市结为友好市镇 11月11日，镇政府与瑞典西格图纳市政府签约建立友好关系，开始三年的相互合作。双方将交流政府工作经验，特别在城市的发展和规划、持续性环境发展、经济与文化体育等方面进行交流。

罗店社区卫生服务中心竣工 罗店社区卫生服务中心位于原罗南卫生院，中心于年初启动建设，至12月竣工并通过验收，总投资1000余万元。该服务中心按标准化社区卫生服务中心的要求建设，建成后的服务中心占地面积5280平方米，建筑面积4270平方米，绿化面积1900平方米，绿化覆盖率达35.98%。有固定资产165.6万元，核定床位50张，预计2005年5月正式投入使用。

2004年罗店镇村、居委会一览表

村、居委会名称	户数(户)	户籍人口(人)	地　址	电　话
东南弄村	649	1956	永顺路71号	56865198
金星村	720	2390	罗溪路371弄12号	56863571
罗溪村	764	2237	罗太路331号	56860325
四方村	479	1512	石太路3605号	56861796
天平村	522	1830	石太路1833号	56860174
和平村	315	1095	潘泾路3601弄	56862594
光明村	527	1693	罗东路108号	56861293
束里桥村	433	1430	罗东路100号	56861177
王家楼村	308	1161	罗北路1558号	56861422
解放村	339	1155	沪太路8237号	56867851
毛家弄村	306	970	毛家路395号	66861462
义品村	296	962	石太路2745号	56862715
民众村	266	948	罗东路1250号	56860130
捕捞大队	193	549	月罗路	56860211
王家村	550	1725	潘泾路1201号	56014920
朱家店村	597	1818	潘泾路	56861944
十年村	594	1892		56860912
蔡加弄村	544	1610	沪太路6056号	56012348
西埝村	817	2429	沪太路	36133386
繁荣村	914	3091	月罗路马桥车站南	56861360
北金村	575	1721	沪太路6388号	56010928
南周村	649	1950	沪太路、长联路701弄	56010937
张士村	614	1783	沪太路(西)	56011557
富强村	743	2321	沪太路6666弄107号	56010225
远景村	639	1819		56010325
联合村	487	1387	嘉罗路十五号桥南首	56010308
一居委	526	1265	南东路33号	56010786
塘东居委	535	1236	塘西街139弄4号	56863829
镇东居委	1136	2519	祁南二村66号101室	56861602
新桥居委	582	1368	市河街3号	56861607
向阳居委	530	1191	向阳新村8号楼104室	56863813
富辰居委			南东路108弄15号201室	56012755
富丽居委			富南路199弄55号	56010996
罗溪居委			罗溪路671弄16号	66866651

注：富辰、富丽、罗溪3个居委会新建，年内不作统计，解放、和平、王家楼、民众四村从6月30日起划入宝山工业园区、罗泾镇，户口未迁出。

（申晓平）

大场镇

■概况 大场镇位于宝山区西南部,东与闸北区彭浦镇和大场机场为邻,南与普陀区交界,西与普陀区桃浦镇及宝山城市工业园区接壤,北以蕰藻浜为界,总面积27.59平方公里,耕地面积300公顷。辖11个行政村、51个居委会(包括筹建15个)。年末,有户籍72038户,人口180550人。户籍人口年内计划生育率99.86%。人口出生率7.71‰,人口自然增长率0.46‰。列入管理的外来人口93477人。2004年,全镇实现增加值282208万元,比上年增长31.4%。其中,第一产业3777万元,增长18.3%;第二产业89175万元,增长17.3%;第三产业189256万元,增长39.7%。完成外贸出口1692万美元,增长78.6%。实现工农业总产值352305万元,增长23%,其中,工业总产值349005万元,增长24%,农业总产值3297万元,增长57%。实现社会商品零售总额236318万元,比上年翻三番。种植蔬菜面积65.33公顷,全年上市蔬菜595万公斤,产值592万元。镇财政收入42710万元,增长26.1%。农民劳均收入18142元,人均收入12660元。合作医疗投保率100%,农村养老保险投保率94%。场南、东方红、红光、场中、丰收、南大、联西、联东等8个村利税总额超1000万元。9月28日,有78名队员的镇市容环境协管队成立。年内获上海市老年体育先进乡镇、上海市科普示范乡镇、上海市二级卫生镇称号。创建区级科普示范居委4个,区级科普居委7个。申报市级文明小区21个,区级文明小区18个,市级文明村3个,区级文明村7个,市级文明单位2个,区级文明单位8个,文明创建覆盖率90%,全镇11个村村务公开率达到100%。镇政府地址:沪太路1858号。

■房产业完成税金4.95亿元 房地产业继续保持全镇经济的“龙头”地位。大华房产跻身全国著名商标评选行列;乾溪、祁连房产依托上海大学地理优势,提升商品房开发质量,进入良性发展阶段;锦秋、经纬、远景等楼盘陆续开发销售。全年镇域内房产新开面积70万平方米,销售面积50万平方米,销售收入24.56亿元,比上年增长34%,完成税金总额4.95亿元,占全镇税收总额66%。

■引进项目350个 招商引资成为全镇经济重要增长点。全年完成招商引资项目350个,注册资金2.5亿元;全面开展土地梳理,加大在地注册招商力度,形成属地化税收征管联席会议制度,加大了税收属地化征管力度,全年新增税收2500余万元。

■31户企业注册大场都市工业园 大场都市工业园由白猫家电科技产业园、火炬文体工业园、金都工业园、南大工业园、联西工业园、福鑫工业园组成,建筑面积106852平方米,注册资本2450万元。有企业51户,其中注册在大场的企业31户,其余正在办理中。镇级工业实现销售产值9.6亿元,比上年增长15.3%;村级工业实现销售产值10.02亿元,增长23.6%;经济发展区实现工业产值12.58亿元,增长57.3%。

■获市“科普示范乡镇”称号 创建区级科普示范居委4个,区级科普居委7个。12月18日,投资1350万元的华灵路数字科普一条街建设工程竣工。初步建成镇办公业务网;开设百姓喜爱的科普画廊;建有写意数码桥,设有以不锈钢立柱、广告灯箱、休闲椅和数码屏,由数码显示屏、电脑触摸屏、电话亭等组成的科技走廊,有美丽的大华大型装饰浮雕及华欣苑、文华苑的模型。年内获“上海市科普示范乡镇”称号。

■老镇改造工程启动 12月2日,大场老镇改造工程正式启动。该工程动迁面积约25万平方米,涉及居农民1786户、个体工商户67家,营业面积3210平方米,各类国有、集体、民营企业175家,占地面积25.23公顷,东方红村6.67公顷动迁基地已经拆平,整个改造工作按2年完成动拆迁,4年基本建成的时间节点推进。通过前期调查摸底、经济测算、总体规划以及土地摘牌等基础工作,整个改造工程按时间节点有序推进。

■落实社会保障措施 全年完成新增就业岗位3805个,完成年度计划指标的100%;完成220名征地吸养老人员“镇保”工作,办理支疆、支内回沪人员医疗保险985人,接纳外来从业人员12130人参加综合保险;发放低保、帮困、救助金等共1021万元,救助各类对象35230人次,1576名残疾人员得到帮困和救助,43名残疾人工作得到安置。

■5家大商场落户大场 年内,地区内新增5家大型商企。(1)乐客多购物中心位于大华地区大华路,由上海申新(集团)有限公司投资3200万元,营业面积2.8万平方米。(2)台湾灿坤集团经营的电器专卖大型商场位于沪太路、新沪路,由上海申新(集团)有限公司投资1200万元,营业面积7500平方米。(3)好又多购物中心位于祁连地区祁连山路,由祁连房地产开发公司投资9000万元,由上海广亚百货商业有限公司经营,营业面积3.7万平方米。(4)弘基休闲生活广场位于祁连地区聚丰园路,由上海弘基企业发展有限公司投资4000万元,营业面积1万平方米,广场集餐饮、娱乐、购物为一体。(5)东方国贸新城位于沪太路,由东方国贸有限公司投资1.5亿元,营业面积61938平方米。由此镇域内形成大华、上大两大商业板块。

■10条河道整治工程完成 年内,镇政府投资7500万元(其中工程建设费5000万元,动拆迁费2500万元),完成对镇域内长浜河、葑村塘、新光河、陈家江、红光河、汇丰河、鹅蛋浦、朱家浜、丰收河、龙珠港等10条河道的整治,整治的内容主要有沟通水系、调活水体、疏浚淤泥、消除黑臭、营造景观、改善生态等。

■大华集团营业收入排名上升 大华集团营业收入列2003年中国最大500家企业集团营业收入第422位,比上一年度的483位上升了61位。2003年度大华(集团)有限公司商品房销售面积居全国同行业第17位,综合实力居19位,住宅竣工面积居25位,总收入居32位,投资额居41位,总资产居99位,列上海房地产50强第二名,宝山区纳税百强企业排名第一名。

■全面推进环境整治 (1)完成15条道路整治任务。(2)拆除违法建筑859间4.6万平方米,其中,集体262间37435平方米、个人597间8565平方米。(3)实施新一轮环保三年行动计划,完成清洁能源改造项目20个。(4)为迎接大运会召开,对上大地区道路环境进行整治,累计拆除违法搭建810平方米,清除各类垃圾714吨,拆除有碍市容的店招店牌280块和破旧雨棚45个,集中整治门面商铺47间,清理“六乱”、“六摊”89个,新砌筑围墙1500米,种植绿化1.48万平方米,修补人行道1500平方米。

■5200人用上自来水 镇政府重视区

域内居民的呼声，积极向上级部门反映群众的要求。在市、区领导的支持下，11月，关闭深井水8口，敷设各类水管9000米。切换后南大路地区居民1300户5200人喝上上海市自来水市北公司提供的优质自来水。

■安全生产专项整治4项指标达100% 对全镇2972家生产经营单位进行安全生产专项整治，其中，出租房屋、场所2408家，易燃易爆危险化学品生产、经营、储存、使用单位64家，"五小"企业422家，公共聚集场所78家，在安全生产专项整治中检查、排摸率、"三合一"整治率、"土锅炉"取缔率、重大安全隐患整治率4项指标达100%，一般隐患整治率95%。

■采取7项措施加强外来人口管理 大场镇有外来人口约10万人。年内，镇政府采取几项措施加强外来人口管理。（1）加大管理经费投入，全年共投入资金300多万元；（2）规范来沪人员服务中心和外来人口工作站的工作，为来沪人员办理居住证做好准备，实行民警、居村委干部和协管员三位一体的办法，开展外来人口管理；（3）完善规章制度，加大对社区综合协管员考核力度；（4）实施分类管理，突出工作重点；（5）加强对外来人员集聚地的清查整治工作，通过清查，捕获网上逃犯11名，破获刑事案件13起；（6）在农村地区实施封闭式管理，控制刑事案件高发态势，全年农村地区刑事立案131起，比上年下降43.5%；（7）组建一支1059人的外来人口信息员队伍，对来沪人员进行信息采集，共登记1265人。年内，全镇刑案比上年下降8.3%。

■百佳文化社区创建 以创建百佳文化社区为抓手，推进社区文化建设。（1）村（居）委开展"欢乐在社区"广场演出7场，观众3万余人，2000名群众演员分别参加在各个分会场的演出；（2）组织国际民间艺术交流活动，美国、捷克等国家十几名艺术家来镇献艺演出；（3）协同区纪委在大华行知公园组织"大场镇廉政文化在社区"活动，制作反映大场变化的画册《心为城市而驿动》及电视专题片《奋飞新世纪的铁大场》；（4）组织大华社区健身长跑、广播操比赛，有16支队伍500名运动员和群众参加活动；（5）开展书画、摄影艺术展等"一地一品"特色文化建设，3850人参加"百万家庭网上行"培训。年内，获区模范居委会4个，示范居委会30个。

2004年大场镇村、居委会一览表

村、居委会名称	户数（户）	户籍人口（人）	地　　址	电　话
新华村	1104	3520	新华路1069号	66351369
场南村	880	2990	沪太路龙珠苑200号	56680736
东方红村	850	2800	华灵西路1918号	66390223
场中村	399	622	沪太路1107弄8－10号	56681694
联东村	468	1515	沪太路300弄58号	56513604
联西村	565	1948	南陈路128号	66162968
南大村	830	1984	南大路395号	62504328
红光村	652	1489	沪太路3999号国贸1号门	56510432
丰明村	186	705	上大路588号	56512448
丰收村	353	742	丰翔路5号	56131904
葑村村	558	1496	锦秋路2091弄39号	66740625
大华一村一居	1364	2863	沪太路1500弄28号甲	66340053
大华一村二居	844	1419	华灵路591弄16号甲	66349313
大华一村三居	1994	5814	华灵路510弄16号甲	66347665
大华一村四居	1488	3518	华灵路860号	66347747
大华一村五居	1307	3326	华灵路82弄68号101室	66354873
大华一村七居	1147	3898	华灵西路1351弄51号101室	66357993
大华一村康华苑	2505	6329	华灵路1781弄72号102室	66379567
枫庭丽苑居委	580	217	华灵路1788弄37号101室	66408122
大华二村一居	951	1961	大华路301弄25号101室	66344378
大华二村二居	1202	3383	新沪路555号	66340524
大华二村三居	1182	3304	大华路455弄38号旁	66343468
大华二村四居	1762	4304	大华路781弄6号101室	66352075
大华二村五居	1016	4850	新沪路1060弄1号101室	66349504
大华二村六居	758	2975	新沪路1059弄3号102室	66670006
大华二村七居	1867	5216	华灵路1180弄45号101室	66371907

(续表)

村、居委会名称	户数(户)	户籍人口(人)	地　　址	电　话
大华二村八居	1697	5856	新沪路1099弄1号101室	66375525
大华二村嘉华苑	1275	3173	新村路789弄46号102室	66395371
滨江雅苑	580	1916	大华路988弄121号102室	66342583
大华三村一居	812	2040	沪太路1771弄40号102室	56515057
大华三村二居	678	1780	大华路1376号2楼	66362252
大华三村三居	1026	2819	行知路251弄63号	66342950
大华三村四居	1036	2581	大华路1380弄33号	66353237
大华三村五居	1407	1788	大华路1376号2楼	66362262
大华三村六居	862	2335	行知路572弄82号	66342232
大华三村七居	640	1736	行知路635弄1号	66349133
大华四村一居	1387	3275	华灵路1885弄25号102室	66374971
大华四村二居	1968	6278	华灵路1895弄42号101室	66391343
大华四村三居	1047	1107	真金路1250弄31号102室	66368593
大华四村四居	1498	3513	行知路638弄18号101室	66360870
乾溪一居	1934	2779	乾溪路150弄13号	56689940
乾溪二居	1532	3480	乾溪路250弄26号	56688962
乾溪四居	1751	3859	环镇北路500弄38号	56504285
乾溪五居	1570	3800	环镇北路600弄61号	56501955
乾溪六居	1645	3716	环镇北路417弄34号	56501856
乾溪七居	1210	1937	环镇北路655弄40号102室	56514825
乾溪八居	712	1880	沪太路2588弄51号101室	66508729
东街居委	1487	2401	场中路3658弄28号2楼	56500024
西街居委	1441	5557	西街360号	56680804
联建居委	1705	3101	南大路126弄8号	56681071
联合居委	930	1489	守仁桥49号	56681037
联乾居委	925	1850	南大路190弄6号101室	56507238
祁连一村一居	1122	2309	祁连一村5号	56132335
祁连一村二居	1439	4612	聚丰园路锦龙苑388弄75号101室	56131477
祁连一村三居	525	1328	聚丰园路500弄63号	66165122
祁连二村一居	1336	3773	祁连山路2828弄20号	56133253
祁连二村二居	1050	2614	聚丰园路415号	56132634
祁连三村	1505	4762	三村170号	56133734
祁连四村	1634	3552	聚丰园路105弄会所2楼	66122598
上大聚丰园	613	796	上大路1288弄102号	66122212
锦秋居委	2487	7000	锦秋花园一区483号	66162664
学林苑居委	760	670	聚丰园路188弄49号203室	66122772

(曹　军)

杨行镇

■概况 杨行镇位于宝山区境中部，周边分别与友谊路街道、海滨新村街道、吴淞镇街道、淞南镇、泗塘新村街道、通河新村街道、顾村镇、罗店镇、月浦镇相邻，总面积34.77平方公里，其中耕地面积323.13公顷。辖18个行政村、12个居委会。年末全镇有户籍13667户，人口46589人，列入管理的外来人口60888人。户籍人口计划生育率99.88%；流动人口计划生育率89.81%；人口出生率9.21‰；人口自然增长率4.19‰。2004年全年实现增加值32.1亿元，比上年增长40.9%；工农业总产值831972万元，其中工业总产值827798万元，农业总产值4174万元。外贸出口完成30652.1万美元，增长73.8%；引进外资投资总额7238万美元；合同利用外资2021.1万美元；社会消费品零售总额60774万元；财政收入3.76亿元，增长61.49%；固定资产投资10.73亿元，增长9.8%；农民劳均收入14877元，增长15.3%；人均收入8423元，增长8.6%。2004年创建市级文明小区6个、文明村5个、文明单位2个，区级文明小区9个、文明村8个、文明单位11个，文明小区和文明村覆盖率达到100%和76%，创建总覆盖率达到88%，杨行镇社区被评为“上海市乡镇示范社区”、2个居委会被评为“上海市模范居委会”、6个居委会被评为“上海市示范居委会”。被上海市评为2004年度老年体育先进单位。年内镇域内居民全部用上自来水。镇政府地址：水产路2699号。

■西城区房产开发 年内，西城区内一批房产项目相继启动和销售，形成“宝山西城区”板块，西城区内房产开发建筑面积达100余万平方米，年内实现商品房销售46.7万平方米。其中：（1）万科“四季花城”一期庵木港南地块18万平方米，于6月30日交房；（2）东方康桥“康桥水都”一期18万平方米，进入室外总体配套阶段；（3）宝钢地产“宝地绿洲城”12.4万平方米，进入小区配套和环境建设阶段；（4）南块C地块“禄德嘉苑”10万平方米，土建基本完成，进入室内外总体配套阶段；（5）凯城“世华佳苑”6.8万平方米结构封顶；（6）置沪“东方丽都”一期3.5万平方米，6月6日开工建设；（7）“杨泰春城”配套商品房6.7万平方米，已基本建成；（8）“友谊家园”配套商品房一期西块15.4万平方米，单体土建已经施工完成，进入单体配套和室内外总体配套阶段；（9）“友谊家园”配套商品房一期东块15万平方米，11月28日开工建设，桩基工程基本结束。

■西城区市政基础设施建设 2004年，西城区重点推进市政基础设施建设，努力构建西城区市政基础设施框架。（1）水产路（江杨北路~蕰川路）于9月建成；（2）杨泰路（宝杨路~友谊路）路基工程完成70%；（3）镇泰路（江杨北路~月城路）、松兰路（宝杨路~友谊路）、竹艺路东段等道路部分建成通车；（4）西城区煤气调压站、杨泰35千伏变电站建成；（5）竹韵路、莲花山路工程全面启动；（6）梅林路、铁峰路工程可行报告已经评审；（7）杨泰泵站进行设计招标、杨行泵站施工招标结束、大黄泵站工程可行报告已批复。

■杨行镇承办国际民间艺术节3项活动 在10月13日至20日举办的第四届上海宝山国际民间艺术节上，杨行镇承办中心幼儿园联谊活动、天馨花园居委会“家庭一日”活动、杨行镇广场演出等3项活动，7个国家9个民间艺术团体的148人参加活动。

■吹塑版画连续展出 年内，杨行镇吹塑版画多次在国内外艺术展中展出并获奖。3月18日至21日在上海市国际民间艺术博览会展出，4月23日至27日在陕西省举办的中国农民画艺术节上展出，被中国美术家协会评为银奖1幅，优秀奖1幅。9月11日至17日在由嘉兴主办的中日秀洲第七届中国艺术节民间艺术之乡成果展示上，获入选作品22幅，获优秀奖3幅。

■上海华谊微电子材料有限公司落户杨行 7月29日，总投资2097万美元、由杨行镇企业发展公司与中国最大化工集团公司上海华谊和台湾联仕合资建设的上海华谊微电子材料有限公司正式签约。上海华谊微电子材料有限公司主要生产目前依赖进口的超高纯微电子化学品。该企业将组织生产8至12英寸芯片大规模集成电路及平面显示器所需的超高纯微电子化学品，年销售预计达1.6亿元。

■落实社会保障工作措施 全镇促进就业的责任体系和市场化就业服务机制基本完善，新增就业岗位4090个，认定安置就业特困人员64人；开发非正规劳动组织63个，安置就业人员314人；开发“4050”项目4个，安置就业人员99人；组建万人就业项目6个，安置从业人员58人；组织201人次的技能培训，培训后推荐上岗录用的116人；办理农转非项目6个，落实征地人员社

杨北中心村农民别墅。　　摄影／胡新力

会保障467人。组建14人的劳动监察服务队。520家单位为14053名外来从业人员缴纳综合保险费。全年发放征地养老人员养老金673.93万元,报销医疗费174.28万元;发放征地待岗人员费406.41万元,支付征地劳力社会保险费1045.58万元,待业人员子女托费医疗费7.16万元,全年共计收缴农村社会养老保险费710.59万元,其中:个人174.74万元,集体535.85万元。全年救助各类社会对象3362人次,发放各类社会救助金82万余元。城乡困难居民基本实现应保尽保。

■创建上海市二级卫生镇 2004年,在卫生镇创建活动中,镇政府与135个单位签订《市容环境卫生责任告知书》,对全镇40家公共场所、153家饮食行业单位、12个居委会的313幢小区住宅楼房进行整治。创建市级卫生村12个,创建率达66.6%;取缔无证食品加工场所205户次,销毁不法食品9923余公斤;中小学健康教育开课率达到100%。年内跨入市二级卫生镇的行列。

■组织"千名市民看变样"活动 11月上旬,镇党委、政府组织"杨行千名市民看变样"活动。1000余名市民乘坐大巴士参观杨行镇一年小变样的亮点工程,主要有杨北中心村、万科四季花城、康桥水都等住宅建设项目,水产路、铁力路、友谊路等道路工程项目,以及宝山气象局、宝湾国际物流园区等。

2004年杨行镇村、居委会一览表

村、居委会名称	户数(户)	户籍人口(人)	地址	电话
陈巷村	189	660	铁力路288号	56842037
三汀沟村	156	536	铁山路128号	56674221
杨东村	572	2055	宝杨路2026号	56124311
八字桥村	76	253	宝杨路2017号	56123791
泗塘村	427	1553	友谊路353号	56491341
星火村	400	1522	江杨北路388号	56801046
西浜村	469	1651	泰和路1969号	56803529
钱湾村	387	1503	杨行镇钱湾村	56805818
大黄村	286	1073	蕰川路1188号	56800168
东街村	826	2813	杨泰路268号	56802388
西街村	651	2374	宝杨路3410弄15号203室	56805120
湄浦村	361	1398	蕰川路2252号	56802808
杨北村	371	1528	蕰川路2400号	56803479
北宗村	541	1991	杨宗路208号	66760815
桂家木村	352	1285	杨南路379号	56391045
苏家村	367	1377	共祥路255号	56391261
城西一村	446	1714	江杨北路1519号	56802876
城西二村	537	2161	富杨路388号	56801051
杨泰一村一居委	1498	4752	杨桃路2号	56801358
杨泰一村二居委	1266	3532	杨泰路338弄58号	56492008
杨泰二村一居委	2046	6547	杨泰二村25号102室	56803116
杨泰二村二居委	588	1680	杨泰二村172号对面	56804713
杨泰三村一居委	1916	5400	杨泰三村东区93号	56807085
天馨花园一居委	2000	4634	蕰川路1498弄106号	56807843
宝杨路2021弄居委	554	1718	宝杨路2021弄小区内	56117021
宝启花园居委	886	2658	宝杨路3288弄宝启花园内	56802685
宝启公寓居委	718	2154	蕰川路1625弄68号	56809659
富锦苑居委	860	2112	富锦路1815弄90号	56196418
富杨居委	580	1500	富杨路223弄小区内	51052069
城西居委	477	1278	富锦路1659弄	56920176

(朱思民)

罗泾镇

镇政府地址:飞达路85号。

■**概况** 罗泾镇位于宝山区西北部,东濒长江,西邻嘉定区,南与月浦、罗店镇相连,北与江苏太仓市接壤,总面积28平方公里,年末耕地面积1369公顷。辖17个行政村,1个居委会。年末全镇有户籍7468户,户籍人口23942人。列入管理的外来人口13991人。计划生育率99.23%。人口出生率7.4‰,人口自然增长率-0.04‰。2004年,全镇实现增加值16.5亿元,比上年增长28.7%;工业销售产值53亿元,增长22.8%;外贸出口完成6600万美元,增长47.7%;工业利润8700万元,增长20%;财政收入2.3亿元,增长27%;完成固定资产投入3.9亿元,增长51%;农民劳均10989元,农民人均收入6911元(抽样调查数);实现社会商品零售总额15900万元,减少104%;粮食总产量7755.5吨,减少110%。上市蔬菜13929吨,增长25.7%;生猪出栏16443头,增长9.6%;家禽出栏4.2万羽,减少281%;上市鲜牛奶958吨,减少136%;上市水产品812吨,减少166%。全镇生活用燃气普及率95%;有线电视用户3200户,农保参保人数16910人;镇保参保人数454人,其它医疗保险人数3114人,享受居民最低生活保障435人。

■**行政区划及管理体制调整** 6月30日,区委在罗泾召开会议,宣布宝山工业园区、罗泾镇行政区划调整实施方案。调整后,宝山工业园区党工委、罗泾镇党委、宝山工业园区管委会、罗泾镇政府领导实行交叉任职,合署办公。调整后的宝山工业区园区、罗泾镇行政区划为:罗泾镇全部、罗店镇、月浦镇在宝山工业区园区规划范围部分,即南起石太路,西至嘉定交界,东沿北蕰川路至罗泾月浦交界,北至江苏交界,总面积47.68平方公里。其中,罗店镇的民众、王家楼、解放及和平4个村划入罗泾镇管辖。原宝山工业园区、罗泾镇机关工作人员实行先合编后改编。区划调整后,村农村社会养老、合作医疗、动迁补偿、农村干部群众福利待遇等问题,先维持原标准不变,并按照"就高不就低"原则,在加快推进宝山工业园区、罗泾镇发展的基础上逐步理顺。

■**镇党员服务中心成立** 3月,镇党员服务中心成立。中心的功能集服务、管理、活动和教育四位一体,设党员关系转接、党务工作咨询、党员信息管理、党员教育资料服务、党员求助热线、代理承办服务、党员志愿者服务、党内资料查询和其它综合服务。投资18万元,建党员综合活动室、接待室、谈心室、会议室、活动室、阅览室、电化教室等服务场所,面积220平方米,并开通了党员服务热线(56871711)。中心成立后,先后开展党员工资一日捐,党员健身大赛,党员志原者活动,法律、法规咨询服务等活动。

宝山工业园区办公大楼。 摄影/胡新力

■**完成征用地动迁2173户** 按照宝山工业园区和罗泾镇2004年初确定的动迁计划,年内须完成动迁农户为2330户。其中园区1182户(原罗泾区域550户,罗店地

2004年宝山工业区园区、罗泾镇动迁情况一览表

序号	村委会名称	计划动迁户数	已动迁户数	未动迁户数	动迁率(%)
1	合众	146	127	19	86.99
2	合建	18	12	6	66.67
3	高椿树	156	152	4	97.44
4	海红	478	451	27	94.35
5	川沙	367	319	48	86.92
6	潘桥	53	45	8	84.91
7	肖泾	24	24	0	100.00
8	三桥	46	46	0	100.00
9	宝丰	119	116	3	97.48
10	海星	5	5	0	100.0
11	牌楼	31	30	1	96.77
12	新苗	142	123	19	86.62
13	陈行	113	109	4	96.46
14	民众	133	133	0	100
15	和平	367	350	17	4.6
16	解放	59	58	1	98
17	王家楼	73	73	0	100
合计		**2330**	**2173**	**157**	**93**

区632户),浦钢基地882户,配套商品房基地255户,经济发展区11户。至年末,实际动迁2173户,完成年计划的93%。

■征地农民保障措施出台 因宝山工业园区建设和浦钢基地落户罗泾,全镇出现大量征地农民。该镇根据市政府有关规定,制定《关于被征用农村集体所有土地农业人员就业和社会保障管理实施意见》。按照规定,在征地范围内具有镇常住农业户口年满16周岁以上人员,包括正在服现役的义务兵和其他人员,可以参加小城镇社会保险,户口农转非。户籍转性后,其就业纳入户籍所在地城镇就业范围。

■镇社区医疗服务中心落成 12月27日,罗泾镇社区医疗服务中心落成。该医疗中心占地1.33公顷,投资1980万,建筑面积5300平方米,绿化面积达4000余平方米,设病床50张,康复床位50张。中心内设信息管理系统、技防系统、冷水处理系统、集中供氧供气系统、病员呼叫等现代化设施。

■农民动迁房建设启动 年内,罗泾镇陈行中心村一期修建性详细规划获区政府批准。根据该规划,中心村一期工程东至潘泾路,北至规划中央大道,西至规划路,南至陈川路,规划面积42.57公顷。陈行中心村一期工程和二期工程将建农民动迁配套商品房57万平方米。年内一期工程29万平方米的动迁配套商品房全面启动,其中13万平方米已完成结构封顶,16万平方米完成桩基工程。二期工程38万平方米,年内已完成土地招标。

2004年罗泾镇村、居委会一览表

村居委会名称	户数(户)	户籍人口(人)	地　　址	电　话
一居委	216	522	陈行街66号	56878651
新苗	489	1579	沪太路9405号	56871769
塘湾	380	1209	沪太路9607号	56870660
洋桥	364	1062	沪太路9898号	56876778
肖泾	422	1307	新川沙路1174号	56870122
新陆	352	1008	东升路北首	56870013
花红	397	1238	陈行镇东北	56871194
海星	577	1883	新川沙路252号	56871554
陈行	443	1408	陈镇路北首	56870289
牌楼	278	874	青山路北首	56870146
潘桥	494	1636	潘川路2585号	56871856
合建	425	1409	长虹路川沙河南	56870137
合众	274	920	潘川路庄家宅	56870214
高椿树	405	1330	青山路潘川河南	56874120
三桥	417	1472	青山路毛家塘西首	56871873
宝丰	469	1473	潘川路271号	56871525
川沙	499	1736	小川沙镇北首	56871845
海红	494	1772	北蕰川路月浦罗泾交界处(正在迁移)	56871070
船民新村	69	193	陈行镇东北	
集体户	—	—	—	

(吴士忠)

顾村镇

■概况 顾村镇位于宝山区中西部,东临杨行镇,南濒大场镇,西接嘉定区马陆镇,北靠罗店镇,总面积41.66平方公里,耕地面积1627公顷。辖20个行政村,12个居委会。年末全镇户籍17513户,户籍人口51564人,其中城镇居民30040人。列入管理的外来人口52539人。计划生育率99.8%,人口出生率4.84‰,人口自然增长率-2.4‰。2004年,全镇实现工农业总产值622000万元,增长31.9%。其中工业总产值610500万元,农业总产值11500万元;实现增加值18.57亿元,增长30%;外贸出口完成2.02亿美元,增长35.6%;引进外资总额1.64亿美元,增长268.93%;完成合同外资1421万美元,增长118.4%;完成国家税金5亿元,增长86%;利润达到1.7亿元,增长18%;财政收入2.5970亿元,增长78.4%;完成固定资产投入9.6亿元,增长160%;劳均收入12041元,增长15.1%;人均收入8360元,增长13.2%;实现社会消费品零售总额36567万元,比上年增长413%。粮食总产量698吨,上市蔬菜3.32万吨,生猪出栏0.98万头,上市鲜牛奶22.3万公斤。全镇有线电视用户2.05万户,合作医疗投保率81%,养老保险投保率95%,顾村镇工业园区被列入郊区都市工业园区示范基地建设试点项目。镇政府地址:泰和西路3431号。

■镇政府3次调整动迁房设计方案 因镇域规划调整,年内有700多户村民要动迁,为了让首期300多户住进满意的新住宅,镇领导多次征求动迁户的意见,3次修改动迁设计方案。4月,按照商品房格局和标准设计的新顾村大家园的图纸完成。镇政府发放400余张有房型、面积、楼层等内容的动迁分房意见征询表。在广泛征求意见的基础上，作了第一次调整，主要是根据大多数村民的意愿，将原来的8幢小高层减至4幢，多层从16层增加到23幢。90平方米的2室1厅压缩到70平方米，3室1厅改成2室1厅。第二次调整按照村民的要求将3幢70余套3室1厅住房改成100多套的2室1厅住房，面积合理减缩。第三次调整主要根据部分老人希望和小辈们既可“合”在一幢楼里，又可“分”开互不干扰的愿望，将多套3室和2室的房型，改成了1室1厅，增加了30多户小房型。3月2日，《解放日报》头版刊登了顾村镇三改动迁房设计的报道。

建设中的“四高”小区。　摄影／胡新力

■新顾村大家园一期竣工　12月18日，“新顾村大家园”一期8.8万平方米商品房竣工入住，镇工业园区729户动迁户中的第一批264户村民在年内入住新居。

■为民办实事86项　年内，20个行政村为民办实事达86项，共投入1600余万元。主要有：全镇4200多名老年农民养老金从每人每月10元提高至70元；8个村共投入600余万元，使全镇232个村民小组通了水泥路；胡庄村对在家无业适龄劳力实施每月就业补贴300元，鼓励村民外出就业；羌家村、沈杨村在村级主干道安装了路灯；各动迁村党支部通过“过渡联系簿”，开通“联心热线”和“便民名片”，使1500余户因动迁分散过渡的村民有事便于联系；星星村在修路的同时，为每家每户排设下水道；广福等村邀请宝山沪剧团下乡演出，丰富村民的文化生活。

■顾村房地产公司跻身市50强房地产企业　年内，顾村房地产公司销售收入突破15亿元，开发的“富华苑”、“富弘苑”获上海市物价局和市技术质量监督局评选颁发的价格、质量信得过的“双信”楼盘。顾村房地产公司从1993年起在顾村地区先后开发了房产180余万平方米。至年底商品房平均销售价为7000元／平方米。

■5个经济薄弱村面貌改变　镇属7大公司和7个经济薄弱村之间继续开展“互帮互助、共同致富”活动。至年底，共投入资金617万元，使2个村脱贫致富，3个村脱贫有望。镇工业公司出资100多万元扶持陈行村集贸市场，搬迁老年活动室、卫生室，建设商业用房，扶持1家工厂，陈行村每年增加租金收入10多万元；镇商业公司出资40多万元，在结对的沈宅村建造的413平方米的标准型厂房；镇房产公司4年间投入40多万元为王宅村6个生产队新筑混凝土白色路面1500米；镇经济发展一公司结对的归王村2003年脱贫以后，该公司又和镇商业公司一起扶持沈宅村，一公司投资8万元为该村建造了一条水泥道路；结对的经济发展二公司和农业公司援助广福村建造老年活动室、卫生室。

■76名绿化养护工上岗　年内，组织外环线环城绿带所属村、队“4050”人员298人进行培训，278人获得上级部门颁发的绿化养护管理上岗证。3月2日，镇林业站正式接管市园林局首批移交的82.67公顷绿地养护任务，安排镇内首批80名获上岗证的人员参加养护管理。林业站5名管理人员负责现场管理，使绿化养护走上正规。

■东方社区信息苑顾村苑开通　年内，上海东方社区信息苑顾村苑开通，工程总投资90万元。信息苑主要有文体传播、电子政务、信息综合服务三大板块；顾村苑分设一般活动区、多媒体培训室和多功能演播厅，设置46台电脑宽带上网。至年末，顾村苑已办理公益卡480张，少儿卡53张。

■欣龙无纺二期项目获批准立项　落户于宝山顾村镇的上海欣龙非织造新材料工业园有限公司二期项目获市发改委批准立项。二期项目投资5.4亿元，主要生产用于航天航空、化工医药、机械电子、农用土工、国防军工和人们生活等领域的非织造材料。二期项目获批准后，上海欣龙非织造新材料工业园有限公司两期总投资为9.4亿元，工程计划于2005年建成投产。

■“一村一路”长效管理实施　年内，顾村镇在百路环境整治中开展“一村一路”创建达标特色活动，对镇域内23条道路以村为单位落实责任制，开展长效管理达标创建活动。镇、村先后成立领导小组，各村都成立道路养护队，分段承包管理。每季度镇政府按道路环境、市容市貌、绿化养护三大块进行检查和考核。已成功创建上海市一级卫生镇，获市政府颁发的“上海市文明镇”称号。

■3000名居民告别深井水　12月中旬，顾村水厂的5口深井正式关闭，使该地区羌家、谭杨、长浜、星星等村原来深井水用户使用上海自来水公司市北公司提供的优质自来水。工程排管涉及到18条道路，敷设口径200至500毫米的管道达24公里，3000名居民从此告别深井水。据现场测试，切换后居民家中的水压比原先提高4倍之多。

■区首条村级公交定班车开通　5月18日，由东方国贸城至顾村镇沈杨村码头的公交线路定班车正式开通。新开通的线路由沈杨村码头经过郭家桥，穿越蕰藻浜至祁连山路与58路、744路、767路、332路等多条市区公交线路衔接，再经上大路停靠上大附中和上海大学，直达坐落在沪太公路上的东方国贸新城。

顾陈路“亮灯”工程竣工 年内由镇政府与4个村委会共同投资的顾陈路“亮灯”工程全部完工。顾陈路为村级道路，地处顾村镇的西南角，全长5公里，横穿白杨、朱家弄、沈杨、陈家行4个村。因没有路灯，公交车辆无法开进，群众夜间行路不便。4月，由镇财政拨款37万元，沿线的4个村投入33万元，在顾陈路上安装122盏路灯，方便沿线村民夜间出行。

2004年顾村镇村、居委会一览表

村、居委会名称	户数(户)	户籍人口(人)	地址	电话
白杨村	381	1231	顾陈路151号	56043793
顾村村	535	1670	顾北路81号	56043721
朱家弄村	385	1357	佳龙路200号	56042627
羌家村	680	2306	宝安公路1435号	56042517
谭杨村	794	2675	潘泾路815号	36042978
盛宅村	670	2253	泰和西路3358号	56182573
星星村	402	1402	富长路	56043067
杨木桥村	327	1174	潘泾路8号	56043221
长浜村	374	1324	宝安公路殷家宅桥北首	56040251
胡庄村	543	1174	共富路西端	56041943
老安村	963	3004	沪太路潘广路口	56022651
沈宅村	474	1570	联杨路2211弄5号	56023870
归王村	506	1715	宝安公路1957弄	56023250
毅翔村	757	2538	宝安公路1657号	56023837
广福村	546	1713	宝安公路2285号	56022162
陈行村	590	1890	顾广路富家宅南侧	56029003
正义村	501	1641	宝安公路2160弄8号	56023038
沈杨村	400	1397	顾陈路805号	56042675
王宅村	495	1696	陈富路1325号	56023147
大陆村	626	2068	陈富路511号	56023513
泰和一居委	685	1950	泰和3463弄47号103室	56047826
泰和二居委	600	1060	泰和3381弄63号202室	56047820
泰和三居委	912	2400	泰和3493弄42号201室	56047819
荻泾居委	22	57	泰和3527弄30号201室	56047821
大唐居委	422	999	大唐花园33号101室	56049504
天极居委	272	591	天极花园48号	56182774
共富新村一居委	1144	2627	共富一村99弄18号	56040942
共富新村二居委	942	2239	共富一村889号	66042273
共富新村四居委	255	554	共富二村94号101室	66042305
共富四村居委	736	1660	共富四村88号	56188342
菊泉居委	286	702	菊泉街600号102室	56020979
顾村居委	588	1447	顾新路32号	56043349

(朱祖香)

高境镇

■概况 高境镇与虹口、闸北、杨浦三区相邻，与区内的庙行、淞南两镇相接。镇域面积6.97平方里,辖江杨、高境、马桥3个行政村,5个村级实业公司(信南实业有限公司、奎照实业有限公司、雷博实业有限公司、胜峰实业有限公司、新江实业有限公司),21个居委会(其中1个筹建中)。有镇、村两级企业75家。年末有户籍24381户,户籍人口55805人。列入管理的外来人口26033人。年计划生育率100%,人口出生率3.09‰,人口自然增长率-4.47‰。全镇有线电视用户19192户,养老保险投保率100%。2004年,全镇实现增加值13.3亿元,比上年增长35.9%;工业总产值18.59亿元,增长84.9%;实现社会消费品零售总额6.4亿元;财政收入实现1.47亿元,增长59%;固定资产投资2.9亿元,增长70.6%。农民劳均收入1.8万元,人均收入1.49万元。新增招商户数171户,注册资本2.65亿元。合同利用外资4035万美元。年内创市级文明小区10个,区级文明小区10个。现有市级文明村2个,区级文明村1个,区级文明楼132幢;市、区两级文明单位10个。建成“百佳文化小区”15个。17个居委达市一级居委会标准,其中创建示范居委10个。居民区规范建档达100%。镇政府地址:殷高西路111号。

■区首家“国家卫生镇”通过验收 年内,全面推进“国家卫生镇”工作。(1)全年组织20多次全镇规模的卫生知识宣传和联合执法整治行动。(2)遏制违法违章建筑“回潮”,建成9个无乱设摊街区、8个无违章搭建居民区,累计拆违29830平方米,实现所有居民区基本无违章的工作目标。(3)新建绿地面积12000平方米,全镇绿化面积1124060平方米,绿化覆盖率达30.38%,人均绿化面积达19.63平方米。(4)完成镇域内南泗塘、西泗塘、小吉浦等4.3公里河道的疏竣;按一级标准对5个公共厕所进行改造,建成无公害化环保生态公厕1座;按市级标准改建农贸市场;高标准修建吉浦路景观休闲街。(5)基本实现镇区内道路100%为整洁道路、40%为达标道路、20%为景观道路的目标,在年度区整治考核中获优秀。(6)关停污染源企业27家,完成12家企业、17台燃煤炉的清洁能源替代,被评为区整治违法排污、保障群众健康环保专项行动合格单位。12月11日,通过全国爱卫会的考核验收,成为区内首家国家卫生镇。

■试行党代表常任制 年内，开展镇党代表常任制试点工作。(1)镇党委对镇党代表情况进行了梳理和资格审查,专程组团前往浙江台州市椒江区实地考察取经。(2)实行党代表大会年会制,每年开一次，制定党代表常任制工作制度和工作方案,明确了代表团组的活动重点,责任人和实施办法，为开展工作提供了必要的保障。(3)建立党代表视察制度,按工业园区建设、新经济组织党建、社区管理等五大专题，组织开展党代表视察活动。(4)为党代表参与重大党务、政务工作创造条件，邀请部分党代表列席或参加党委、政府的重要会议、活动,及时了解党委、政府的重大决策并通过党代表进行宣传。(5)实施和完善党支部向党员报告工作的制度。

■高境社区助老服务社运转 11月,高境社区助老服务社正式运转，通过对全镇21个社区和3个村进行排查摸底,共排查出独居、低保、困难老人130余人,经调查审核,助老服务社已开始对28名特困老人进行日常服务,做好清洁卫生、洗衣购物等日常护理。

■上海林肯电气有限公司追加投资 落户在高境镇工业园区的上海林肯电气有限公司（原台湾广泰金属工业有限公司),创办于2002年9月18日,主要生产硬质合金、新型合金材料、焊材及高性能焊接机器人及高效焊接设备制造。在两年时间里,该公司两次追加投资,从最初的2000万美元增至4100万美元。

■“百万家庭网上行”培训任务提前完成 年内,继续实施“百万家庭网上行”培训,共培训社区居民1194人,将原计划于2005年底前培训1100人的任务提前一年超额完成。

■四川阿坝州马尔康高境希望小学落成 7月,由高境镇出资近30万元援建的四川省阿坝藏族羌族自治州马尔康县高境希望小学落成。马尔康县干部来沪挂职锻炼,就职于高境镇。建设马尔康希望小学旨在增强两地间的合作，扶持西部少数民族地区发展教育事业。

高境地段医院。 摄影 / 胡新力

2004 年高境镇村、居委会一览表

村、居委会名称	户数(户)	户籍人口(人)	地　　址	电　话
江杨村	495	1800	江杨南路 756 号	56886533
马桥村	235	1400	高逸路 99 号	55034253
高境村	160	4822	逸仙路 1321 弄梅园村 2 号	56042627
逸仙一村一居委	1478	2835	逸仙路 1321 弄 93 号	55030234
逸仙一村二居委	1256	2541	逸仙路 1321 弄 3 支弄 2 号	55031120
逸仙一村三居委	968	1252	逸仙路 1321 弄 1 支弄 41 号	55044228
逸仙一村四居委(筹)	582	1272	三门路 555 弄 16 幢 2 号	55033690
逸仙一村五居委	1163	2073	逸仙路 1511 弄 22 号	65445175
逸仙二村一居委	1502	3486	三门路 489 弄 4 号甲	55034429
逸仙二村二居委	2067	3541	国权北路 290 弄 39 号	55038369
逸仙二村三居委	2952	4990	吉浦路 615 弄 89 号甲	55035482
逸仙二村五居委	1318	1713	三门路 485 弄 83 号	55041764
逸仙三村一居委	1268	2755	殷高路 21 弄 5 号	51057167
高境一村一居委	2018	3801	高境一村 142 号	56826581
高境一村二居委	1530	3196	高境一村 160 号	56140600
高境二村一居委	3095	5263	高境二村 204 号	56826579
共和一、二村居委	2083	3274	共和一村 35 号	66985704
共和三村居委	1284	1982	共和三村 44 号 101 室	66837395
共和五村居委	1578	1771	共和五村 14 号	66986330
共和六村居委	1825	1082	岭南路 1288 弄 10 号	56917610
共和八村居委	1434	2304	共和八村 65 号 101 室	66838035
共和九村居委	801	395	共和新路 4719 弄 202 号	56836541
共和十村居委	1074	1420	共和新路 4703 弄 99 号	66833472
共和十一村居委	2718	3197	共和新路 4719 弄 161 号	66835732

(夏　倩)

庙行镇

■概况　庙行镇位于区境南部，东与通河新村街道相连，南与闸北区彭浦新村街道相接，西与大场镇相邻，北与杨行、顾村两镇相望，总面积 7.14 平方公里。辖野桥、康家、场北 3 个行政村，3 个撤销村建制的村级公司（新星实业公司、骏利集团公司、上海宝业集团），9 个居民委员会。2004 年底，全镇城乡常住户籍 8400 户，总人口（庙行派出所管辖人口）21260 人。列入管理的外来人口 24748 人。常住人口计划生育率为 96.41%，户籍人口计划生育率为 100%；人口出生率 7.46‰，人口自然增长率-0.2‰。全年实现增加值 13.5 亿元，增长 20%；完成工农业总产值 142200 万元，增长 25.6%。完成工业销售产值 14 亿元，增长 23%；实现财政收入 1.73 亿元，增长 25%；完成外贸出口额 2200 万美元，增长 57.1%；完成商业租赁收入 9175 万元，增长 46%；完成社会消费品零售额 16 亿元，增长 113.3%；完成工业性项目投入 1.1 亿元；劳均分配 1.89 万元，增长 20.3%，人均收入 11420 元。全镇合作医疗普及率、保险参入率分别达到 100%。年内创建市级文明小区 4 个，区级文明小区 4 个，市级文明村 1 个，区百佳文化小区 3 个。镇政府地址：共康路 5 号。

■安全生产专项整治　全镇共取缔“五小”（小浴室、小木材厂、小豆制品加工厂、小服装加工厂、小化工厂）企业、危险化学品企业、“三合一”（吃、住、生产为一体）企业、人员密集场所以及其他不符合安全生产规定的企业 81 家，整改“五小”企业、危险化学品企业、公共场所 14 家，销毁土锅炉 17 台，拆除危及安全生产的建筑 6.9 万平方米。投入资金 1200 万元，对大康村原“万猪场”、“万鸡场”内的企业进行改造整治，经区政府有关部门验收合格。

■旧式住宅楼空调滴水管改造　该镇部分住宅楼因没有预置空调滴水管，空调器的水滴滴在一楼的天井，经常引起邻里纠纷。年内，镇政府出资 52 万元，为居民区旧式住宅楼安装空调滴水管 3322 根，使 25000 多户居民受益。

■场北村外来人口计生工作有成效　该村在外来人口计划生育工作中实行“划地定人包干负责制”，在各村民小组挑选 1 名计生工作协管员，协助村计生干部负责抓好本块流动人口计生工作，通过每月两次例会，交流反馈情况。坚持行政管理与群众工作相结合，建立了计生协会，聘请 5 名外来人员担任协会理事，让外来人员自我管理、自我教育、自我服务。将所有育龄妇女的生育情况置于有效的监控之中。年内,外来人口计划生育率接近 100%。

■促进低保人员再就业 该镇坚持社会救助与劳动保障相结合,以社会救助促进劳动就业,以劳动就业减少社会救助。对所有低保人员进行摸底排队,弄清其身体、文化、技能以及能否再就业和能够适应哪一类岗位等基本情况,优先推荐低保人员就业,全镇居民小区招用的保绿、保洁、保安等岗位 136 个,95%以上都是原享受低保的人员,使低保人员数明显下降。

■3 家汽车销售公司落户庙行 年内,上海中骋汽车销售有限公司、上海东昌汽车宝山销售服务有限公司、上海申银宝业汽车销售服务有限公司落户庙行镇,分别占地面积为 9270 平方米、10000 平方米和 6660 平方米,建筑面积分别为 4918 平方米、6500 平方米和 3500 平方米,销售的品牌项目为东风标致 4S、东风日产 4S 和奇瑞 4S,总投资 9000 万元。8 月份开业以来,销售额达 4600 万元。此外,上海安亭旧机动车交易市场于 6 月 18 日在庙行镇开业,2004 年实现销售收入 2.6 亿元。

■通过"上海市一级卫生镇"验收 该镇抓住"百路整治"契机,对镇域内被列入整治的道路,从建筑立面、户外广告、商家店招、道路铺设、市政设点、交通设施、景观灯光、街景绿化等方面进行综合改造,以调整沿街商业业态为手段,整体提升镇容镇貌。年内,分别通过了市和区的考核验收,被评为"上海市一级卫生镇"。

■社区刑案下降 18.8% 镇有关部门根据上年刑案发生情况,结合居民户数、环境设施等,分别为各居民区核定当年刑案控制数,每月讲评,年终考核。各居民区制定防范措施,组织群防巡逻,设立楼道安全员,召开案发现场分析会,组织信访工作小组化解矛盾,在小区实行车辆凭牌进出。2004 年社区刑案从上年的 53 起降至 43 起,下降幅度达 18.8%。

2004 年庙行镇村、居委会一览表

村、居委会名称	户数(户)	户籍人口(人)	地址	电话
野桥村	752	2470	三泉路 1676 号	56403689
康家村	629	1954	共康路 601 号	56410957
场北村	618	2011	场北路 815 号	56403167
共康二村居委会	259	623	共康路 400 弄 23 号乙	56412069
共康五村居委会	2244	5266	共康五村 235 号	56420524
共康六村一居委	479	503	共康六村 10 号乙	56416288
共康六村二居委	820	2486	共康六村 109 号旁	56418100
共康七村居委会	833	2020	共康七村 163 号旁	56428936
共康八村居委会	1457	3188	共康八村 53 号	56404608
共康公寓居委会	100	235	共康公寓 19 号	56409311
屹立家园居委会	174	417	屹立家园 50 号	56407727
馨康苑	35	87	共康路 151 号	56471538

(秦德苏)

淞南镇

■概况 淞南镇东与杨浦区接壤,西至泗塘河,南与高境镇为邻,北到蕰藻浜。镇域面积 13.65 平方公里,实际可规划面积 4.25 平方公里,辖张行村 1 个行政村和 18 个居民委员会(其中 2 个筹备)。有常住户籍 33828 户,人口 79504 人(其中农业人口 123 人)。列入管理的外来人口 16998 人。计划生育率 99.41%,人口出生率 5.48 ‰,人口自然增长率 - 3.48‰。2004 年实现增加值 13.41 亿元,比上年增长 30%;财政收入 1.62 亿元,增长 28.82%;工业销售产值 18 亿元,增长 20%;社会消费品零售总额 11.7 亿元;外贸出口 2100 万美元,增长 8%;固定资产投资 1.95 亿元,增长 194.19%。年内创市级文明小区 8 个,区级文明小区 16 个,上海市模范居委 2 个,上海市示范居委 8 个。新增就业岗位 1979 个。组织"百万家庭网上行"培训 2495 人。镇政府地址:淞南路 500 号。

■经济结构呈现多元化 年内,探索城市经济发展之路,壮大都市产业。(1)盘活存量土地,推动房地产业稳步发展。全年开工 20 万平方米,竣工 10 万平方米,嘉骏花园二、三、四期、鹏程花苑两个小区居民已进户;公开拍卖淞南路西侧、长逸路北侧原大昌洗涤剂厂和淞南路东侧、建配龙北侧原兴豪集装箱储运公司 2 幅土地,面积分别达 43988 平方米和 42385.7 平方米。上海兴盛实业发展有限公司和上海昂立房地产开发有限公司分别以 14840 万元和 14080 万元拍得这两块土地,用于商品房开发。(2)加快区域经济发展。通过参与一钢公司辅体改制、吸收一钢辅体企业注册入户,推进与一钢合作,实现税收 5500 万元;经济发展区全年引进企业 197 户,在册企业 1100 户,实现税收 1.1 亿元;都市经济发展公司新辟占地 4.67 公顷的新华长逸都市工业园,公司累计改造标准厂房 5 万平方米,引进企业 100 户,新增就业岗位 200 个,完成税收 2000 万元。(3)商业辐射能力不断增强。建配龙建材市场完成西区改造,一钢物贸、江杨南路钢材市场稳步发展,长江南路钢材市场完成一期建设。(4)率先参与宝山工业园区北区开发。购地 33.33 公顷,拟建淞南不锈钢产业园。

■市容环境整治 年内,综合改造淞南路南段、淞发路东段、长逸路东段等 3 条镇级道路;按生态型标准综合整治镇级河道向阳河、丁陈河；全面改善华浜新村、淞南一村、二村、四村等4个小区的绿化及物业条件；高标准改造淞良路和振新2个集贸市场；改建公厕2座，并补绿造绿，绿化覆盖率达到28%；借“百路环境整治”的东风，完成长逸路、淞肇路、连长路、通南路和长江南路5条道路的整治。

■3家镇属企业完成转制 年内，完成华安集装箱储运有限公司、淞南钢管厂和华振金属制品厂的转制。退出集体资本2173万元。3家企业转制为民营股份制企业。

■获“全国亿万农民健身活动先进乡镇”称号 镇政府把农民体育工作纳入经济建设和社会发展规划，每个居委会都配备文体干部，全镇有在册社会体育指导员49名。建立木兰拳、太极拳、舞蹈等辅导站7个，有皮影操、腰鼓队、骑游队等健身活动团队36支。镇政府投资400余万元，建立配有多功能舞厅、乒乓室、体测中心等设施的文化中心，并在淞南公园和各小区内设立10余个健身点。10月，获国家农业部、国家体育总局、全国农民体育协会授予的“全国亿万农民健身活动先进乡镇”称号。

■跻身“上海市一级卫生镇”行列 镇党委、政府把创建市一级卫生镇列为全镇年度重点工作之一。健全社区卫生、道路清扫、城管协管、绿化养护、市政管理、健康教育、卫生防疫等队伍。严格按照市一级卫生镇标准，完善各单位、各部门责任，以“百路环境整治”、拆违集中整治和禽流感预防等工作为切入口，建管并举，强治严管。以数十支群众业余文艺团队为平台，广泛宣传发动群众，增强大众健康卫生观念并积极投身创建活动。年内，被评为“上海市一级卫生镇”。

■香山画院翰墨展示厅落成 上海香山画院是由上海景旭置业开发有限公司和上海沁源文化艺术有限公司共同出资成立的专业画院，是从事艺术创作研究和服务社会的专业艺术机构，由著名国画大师程十发担任名誉院长。年内，香山画院翰墨展示厅在淞南镇嘉骏花园的落成，定期举办各类艺术展览、美术参观、绘画培训，丰富了淞南居民的文化生活，提升了淞南文化建设的品位。

■世博网通讯站乐队成立 在申博成功2周年之际，淞南镇继获得“申博、申奥”两项上海大世界基尼斯纪录后，又成立了由33人组成的世博网淞南镇通讯站乐队。上海世博协调局副局长黄耀诚向淞南镇授予乐队铜牌和队旗。乐队成员以离退休人员为主，平均年龄63岁。乐队计划以演奏原创性世博乐曲为主，在上海的100个公园内，宣传世博。

■学习型商会建设 淞南镇商会积极指导企业开展创建学习团队活动，先后邀请复旦、同济、华师大等高校著名专家学者为企业经营者授课。组织25家企业经营者到杭州参加“成功经理人特训营”。学习型商会的建设，吸引了非公企业加盟淞南经济发展区。至年底，发展区累计注册企业1271户，累计实现税收3.16亿元。

■改善民工子弟学校办学条件 镇政府与有关部门负责人走访镇域内3所分别由黑龙江、安徽、河南籍人士办的民工子弟学校，实地查看校舍设施，了解学校具体困难，征求意见、建议。镇政府出资向民工子弟学校赠送2台空调和400套课桌椅，改善教学条件。

2004年淞南镇村、居委会一览表

村、居委会名称	户数(户)	户籍人口(人)	地　址	电　话
淞南一二村居委	1982	4770	淞南二村50号	56825894
淞南三村居委	2402	5336	淞南三村128号	56822217
淞南四村居委	2346	5885	淞南四村73号甲	56822230
淞南五村一居委	3900	9881	淞肇路335号	56143490
淞南五村二居委	2680	5823	淞南五村500号	56828503
淞南七村居委	2573	5707	淞南七村87号	36140364
淞南八村居委	2654	4935	长江南路458号	56826825
淞南九村一居委	876	1683	淞南九村73号	56825879
九村二居委	1728	4040	新二路133号	56826768
淞南十村居委	2951	6656	淞南十村19号	66148909
华浜新村居委	2062	4993	华浜新村19号	56448303
长一居委	2115	5430	长江路848弄4号104室	66143855
长五居委	1236	2907	长江路406弄6号	56448302
张华浜居委	1048	2960	长江路20弄5号	56451233
华浜二村居委	1587	3689	逸仙路3456弄22号	56445128
长宏新苑居委	1014	2980	淞南路209号	56450823
嘉骏花苑居委(筹)	386	1096	新二路1088弄25号	51050002
鹏程花苑居委(筹)	212	610	长逸路388弄会所	56447335
张行村	76	123	逸仙路3456弄17号	56440488

(陈林甫)

长兴乡

■概况 长兴乡位于吴淞口外长江南水道入海口的一个岛屿上，岛屿呈带状形，东西长31公里，南北宽2~4公里。全岛面积79.79平方公里，滩涂面积8.5平方公里，可耕地面积3 234公顷，南岸有深水岸线近20公里。全乡辖有24个行政村（其中1个渔业村），260个村民小组。有常住居民53609人，其中有户籍11959户，户籍人口35932人。列入管理的外来人口17317人。年计划生育率100%，人口出生率6.87‰，人口自然增长率-0.2‰，2004年全乡实现增加值16.4亿元，比上年增长54.2%；实现工业销售产值26.5亿元，增长67.1%；实现财政收入2.3亿元，增长54.7%；固定资产投入1.4亿元；利用外资2000万美元；粮食总产量9 700吨，比上年增加41%；柑桔3150万公斤，增长6.8%；各类蔬菜2500万公斤，西红花干花200公斤，各类水产品790吨，生猪出栏2000头。农民劳均收入7314元，人均收入达到4949元，增长21.7%，实现连续第六年快速增长，创历史最好水平。农村合作医疗参入率达到92%。长兴马家港码头与吴淞码头之间每天有21个航班的车、客渡。规划中的“沪崇苏”高速公路将途经长兴岛中部，有线电视网覆盖全岛。电话装机容量可达6万门。乡政府地址：凤滨路77号。

■招商引税逾3亿元 全年新增企业447户，注册泰和经济发展区的企业总户数达到2021户，完成税收总额3.2亿元，增长68%，实现地方税收1.5亿元，增长70%。

■柑桔产量达3150万公斤 年内，柑桔总面积达1633.33公顷，其中投产面积1133.33公顷。2004年该乡柑桔总产量达到3150万公斤，比上年增长6.8%，其中外销桔50万公斤，与上年持平。产值达3900万元，增长14.7%。

■城乡建设管理 年内，累计改造水网11公里，新筑道路56公里，新装路灯227盏，改造乡级危桥3座、村级危桥4座，拆除违法建筑2500平方米，7条乡级道路通过百路整治验收。成立河道保洁队和林业养护队，完成鳗鲡港南段、潘石河西段河道整治。

■文教卫经费预算占乡财政26% 年内，加大对教育、卫生等社会事业的投入，文教卫生经费预算占全乡可用财力的26%，比上年提高4个百分点。启动社区卫生一体化建设，新建圆沙卫生点。在全乡范围内建立农村生活垃圾收集处置系统。新建居民健身点5个、社区文化点4个；有线电视安装率达到80%，其中600余户特困家庭免费安装。投资5.5万元创建市二级达标图书馆。

■农村公路“村村通”目标完成 乡集资2400万元，在全乡范围内公开招标修筑村级公路。年内开工建设56.5公里，提前完成“三年筑路计划”，建成农村公路84公里（2003年已筑成27.5公里）。至此，长兴的农村公路达到“村村通”。

■长兴管道煤气建设列入计划 为解决海岛居民的燃气及工业用气的困难，在区人大五届二次会议召开期间，区人大第九代表团联名提出议案，建议在岛内建立管道燃气供应站，并建议列入2005年区政府的实事项目。年内，已确立管道煤气设计方案和可行性项目。

■老年人生活补贴金标准提高 年内，提高60周岁以上农民生活费补贴标准，发放标准由上年的每月每人30元提高到40元，发放总额达285万元。年底，将年满65周岁的老年人的生活补助金提高至每人每月75元，与全市保持同一水平，共补发4482人次，总额达181余万元。

■推进社会保障和扩大就业工作 农村养老保险对全乡在职在编人员实现全覆盖；全乡1760人进入农村低保；全年发放救助金93万元，增长207.13%；53人享受城镇低保；对51户农民危房进行了改造。全年发放各类救助款958万元。新增就业1581人，增长50%；发展非正规就业172家，创办“4050”项目5个。办理外来劳动力综合保险8330人，完成计划目标的151.45%。完成各类救助专业培训365人，发放求职登记卡2225份。

■精神文明建设取得新成果 年内创建市、区级文明村19个，市、区级文明单位9个。组织参加区“五月欢歌大赛”，获团体三等奖；开展科技文化三下乡活动；承办“长兴杯”围棋赛；通过“手拉手——温暖送海岛”活动，给全乡474户特困家庭赠送了彩电，组织“宝山区民间艺术节”长兴分会场演出等大型群众活动。

■供排水规划进入评审优化阶段 年内，为改变饮用深井水和污水就近排放的状况，市、区有关部门对岛域饮用水源地和污水处理系统进行专题研究，决定尽快启动避咸蓄淡水源地项目。该项目将建设原水管网和自来水供水环网，并接口延伸至横沙岛敷设通道，远景计划向市区供水。在规划建设排水系统中，实施分流制排水，建立独立的污水收集、输送、处理和排放系统，以达到环保生态标准。

■长兴岛岛域总体规划编制完成 参见第99页“规划管理”）

■“长江隧桥”工程可行性研究报告获批准 工程起自浦东五号沟，接上海郊区环线，过长江南港水域，经长兴岛再过长江北港水域，止于崇明岛陈家镇，全长25.5公里。经过对桥梁和隧道多方比选，确定采用“南隧北桥”方案——以隧道形式穿越南港水域，长约9公里，设计时速为每小时80公里；以桥梁形式穿越北港水域，长约10公里，设计方案为技术成熟的斜拉桥桥型，设计时速为每小时100公里；长兴岛陆域及两端接线公路长约6.5公里；全线在浦东五号沟、长兴岛、崇明陈家镇等3处设置互通式立交，项目总投资约123.1亿元。12月18日，在崇明陈家镇打桩开工。工程建成后，将与崇启大桥、通启高速连接，形成国内沿海大通道的一部分。

■江南长兴造船基地动迁有序推进 因举办2010年世博会的需要，江南造船厂将整体迁入长兴岛。新江南造船厂建设将征地5平方公里，动迁农户805户，分2批完成。至年底，完成军品项目中372户的签约及房屋拆迁。军品项目1.33平方公里动迁工作基本结束，已向江南造船厂交地。

■“环长兴岛马拉松接力赛”举行 9月27日，“环长兴岛马拉松接力赛”在长兴岛举行。路线为：长兴乡政府广场——环岛海岸线——新港水闸——乡政府广场，全程12公里。42支队伍、220人参加比赛。这是长兴岛有史以来承办的最大型的一项体育赛事。该项目是热爱宝山的理由系列活动之一。

■220千伏输变电工程建设启动 2004

年,全岛年可用电量为3.2万千瓦,电力缺口较大。为保障长兴电力需求,市电力公司把该岛电网发展列入上海市电网“十一五”规划。与沪崇苏越江通道工程同步建设的沪—长—崇220千伏二回路联网工程,从外高桥输入60万千瓦容量,预计2008年建成。5月,投资10亿元的“南通——崇明——长兴”220千伏输变电工程开工建设,工程设计容量为20万千瓦。年内,完成220千伏长兴变电站建设“三通一平”工作(通路、通水、通电),并受电。新建的变电站,位于原前卫柑橘五分公司果园内,占地面积3万平方米。同时,敷设“崇明——长兴”二回110千伏进口海底电缆(全长2×10公里),年内受电。

■振华港机年产值超10亿美元 振华港机长兴基地,占地122万平方米,其中31万平方米厂房,3.5公里岸线。主要生产岸边集装箱起重机,轮胎式集装箱龙门起重机、散货装、卸船机、斗轮堆取料机、门座起重机、浮吊和工程船舶以及大型钢桥构件等。产品远销美国、加拿大、英国、德国等37个国家和中国台湾、香港地区的150个码头。2004年生产岸桥160台,制造钢构件20万吨。年总产值达到10亿美元,比上年增长67%,振华港机的产品在世界大型集装箱机械市场的占有量超过50%。

2004年长兴乡村委会一览表

村、居委会名称	户数(户)	户籍人口(人)	电　话
新　建	261	700	56850294
合　心	262	770	56850313
农　建	402	1149	56850797
鼎　丰	385	1152	56850289
同　心	430	1268	56850020
跃　进	493	1494	56850242
海　星	545	1820	56850031
圆　东	222	688	56850039
庆　丰	301	929	56850143
大　兴	290	916	56851065
长　明	759	2476	56851287
新　港	854	2568	56851070
丰　产	674	1976	56851661
先　进	898	2673	56850659
先　丰	576	1699	56850566
北　兴	499	1533	56851721
光　荣	388	1161	56850927
长　征	389	1156	56851508
红　星	456	1417	56851484
团　结	622	1873	56851589
潘　石	561	1655	56851537
建　新	496	1499	56853551
创　建	595	1737	56851565
石　沙	415	1266	56851574

(董　烨)

横沙乡

■概况 横沙乡位于长江入海口东端的岛屿,三面临江,一面濒海,总面积51.74平方公里,全乡拥有耕地面积2463.83公顷,辖24个行政村,246个村民小组。年末,全乡有户籍11867户,人口33958人。列入管理的外来人口2727人。计划生育率99%,人口出生率5‰,人口自然增长率-5‰。2004年全乡实现增加值15.5亿元,比上年增长65.4%;工农业总产值121302万元,其中工业总产值110746万元,增长7.1%,农业总产值10556万元,增长-8.5%;实现社会消费品零售总额1459万元,增长13.63%;财政收入23981万元,比上年增长86.5%;固定资产投资3980万元;利用外资总额616万美元;农民劳均收入7261元,人均收入4920元,增长20%。年内发放各类助学款70.3万元,翻建危房42户,投资580万元改建社区卫生服务中心和乡内11个卫生点。有市级文明村6个,区级文明村14个,创建市级卫生村5个,合作医疗参入率达87%。提高农村老年人生活补助标准,60岁以上的农村老年人由原来每人每月30元提高到现在的75元。乡政府地址:新民镇新环路75号。

■财政收入增长86.5% 年内,乡政府采取多项措施,增加乡级财政收入。全年财政收入达23981万元。(1)加强同长江口航道整治工程公司的合作,积极拓展税源,仅此一项税收就达3000万元。(2)加大招商引资力度,改善投资环境,横泰经济开发区新增注册企业257户。(3)做大做强建筑业,完成建筑业资质的就位工作，提升建筑企业市场竞争能力，实施跨行业、跨地区的发展模式。

■新民镇街心花园建成 总投资350万元的新民镇街心花园年内建成，该花园占地6167平方米，园内有小桥、流水和各种花草树木。寓意为“畅想”的城市雕塑伫立在花园的中心。

■新增就业1287人 年内，乡政府发挥劳务中介服务机构的作用，相继开发河道保洁、居家养老、林业养护等公益性岗位，加强劳动力就业技能的培训，采取农民就业，政府补贴的奖励政策，积极开发岛内外就业岗位，全年新落实岛内外就业1287人。

■丰产示范基地水稻增产30% 2004年在横沙新联村沿海一带开辟丰产示范基地93.33公顷，引进“秀优5号”、“嘉花1号”、“嘉兴0209”和“武进2106”等4个新型杂交水稻品种。在农业中心专业技术人员的指导下，进行科学管理，示范基地平均亩产约650公斤，比常规品种增产30%。

■完成辖区内8条道路整治任务 在上年百路环境整治的基础上，年内，乡政府又投资650万元，完成辖区内8条道路的整治任务，整治总长度17.01公里，拆除违法建筑780平方米，补种绿化81923平方米，清运垃圾1825吨，清除废旧广告74张，修补窨井盖24只，墙面粉刷12950平方米，清运建筑渣土1170吨，清除杂草43523平方米，拆除危房旧房870平方米。

■道路建设投资近3000万元 方便群众出行，实现村村通。年内，区、乡、村三级政府总投资2953万元，完成61.5公里的道路建设。同时投资80万元，对新建的部分道路进行配套绿化。

■助老服务社成立 4月，横沙乡组建了由43名服务员组成的助老服务社，为全乡24个行政村的131名老人提供居家养老服务，其中有特殊贡献的26个人，其它困难老人105人。困难老人中接受一级护理的14人，二级护理的91人。乡政府每年支付费用30万元。

■横沙手工编结社成立 6月，由横沙乡政府负责牵头的上海蓓菲服装有限公司的手工编结加工地基地在横沙成立。该基地共吸纳农村妇女45人，由政府负责人员的技能培训，并免费提供劳动场所。手工编结产品由蓓菲服装有限公司负责销售，运作情况良好。为解决农村富余劳动力，增加农民收入开辟了一条新途径。

■各村完成地方税逾3000万元 2004年，该乡各村招商引资工作取得了新成效。全乡各村完成招商企业户数107户，完成地方税3043.67万元，地方税超百万元的有5个村，超200万元的有4个村，超300万元、400万元的各有1村。

2004年横沙乡村、居委会一览表

村、居委会名称	户数(户)	户籍人口(人)	电　话
兴胜村	298	837	56890611
兴隆村	515	1610	56890025
增产村	336	1004	56890621
红旗村	366	993	56890254
丰乐村	549	1522	56890145
海洪村	157	530	56890990
新永村	601	1729	56890220
新联村	555	1624	56890133
新春村	495	1399	56890138
新北村	704	1893	56890484
惠丰村	429	1152	56890910
东海村	497	1510	56890186
东兴村	576	1684	56894868
东浜村	344	989	56890117
民建村	350	905	56890337
民东村	512	1577	56890030
民永村	568	1661	56890749
民生村	516	1382	56890454
民星村	654	1852	56890349
公平村	497	1428	56890175
永发村	602	1756	56890397
永胜村	497	1505	56890716
江海村	422	1180	56890945
富民村	567	1656	56890371
新民居委会	260	580	56891996

（蔡新桃）

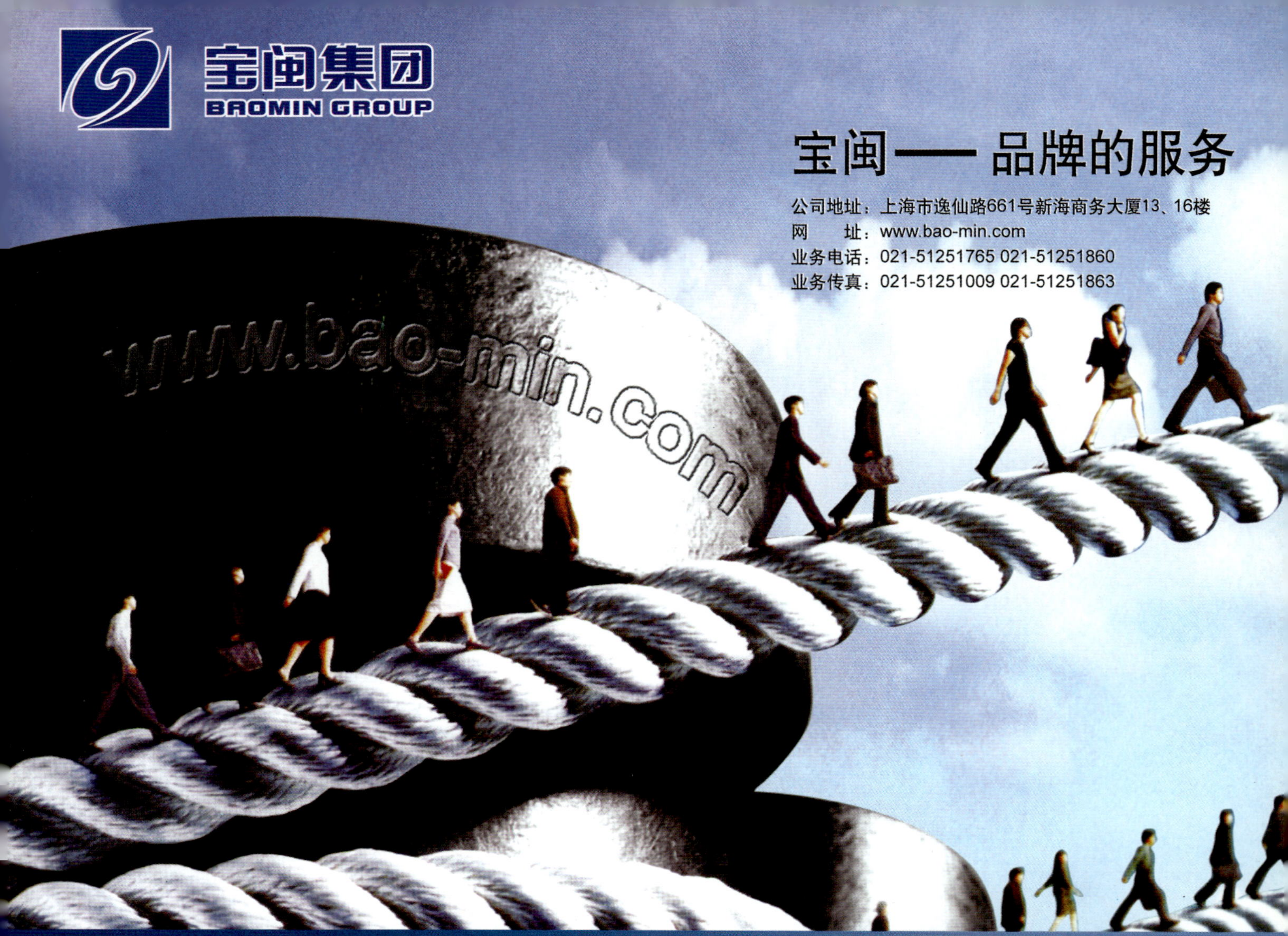

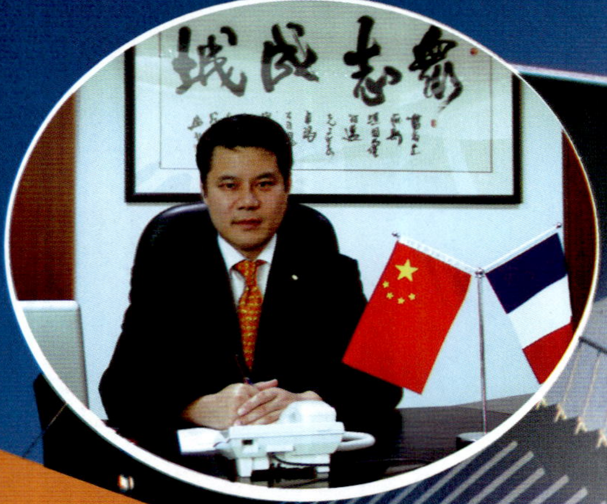

总经理：魏宝华

上海斯坦因—霍特迈克工业炉有限公司

上海斯坦因—霍特迈克工业炉有限公司成立于1999年，是由世界著名的法国斯坦因—霍特公司和中钢设备公司共同投资组建的合资公司。

本公司全面注入了斯坦因—霍特公司先进的热工技术，并充分利用中钢设备公司在国内设计、制造和售后服务等方面的优势，实行严格的质量控制及科学的项目管理，以具有竞争力的价格，为中国及世界各地的钢铁和玻璃企业提供技术先进、性能可靠的工业炉设备和全面的技术服务。

公司拥有一批专业技术人才和经验丰富的技术专家，有良好的运行机制，采用先进的计算机绘图系统，并通过国际互联网与斯坦因公司保持紧密的技术联系，随时可以得到斯坦因公司的技术支持。在与法国斯坦因公司共同合作的基础上，已具备从设备设计、设备制造、施工安装、运行调试直至向用户提供交钥匙工程的能力，并且确保了合资公司所承揽的项目完全符合斯坦因—霍特公司的技术标准。

地址：宝山区水产西路2号
邮编：201901
总机：021—56498266
传真：021—56497860
Http://www.shmecc.com
E-mail:sh@shmecc.com

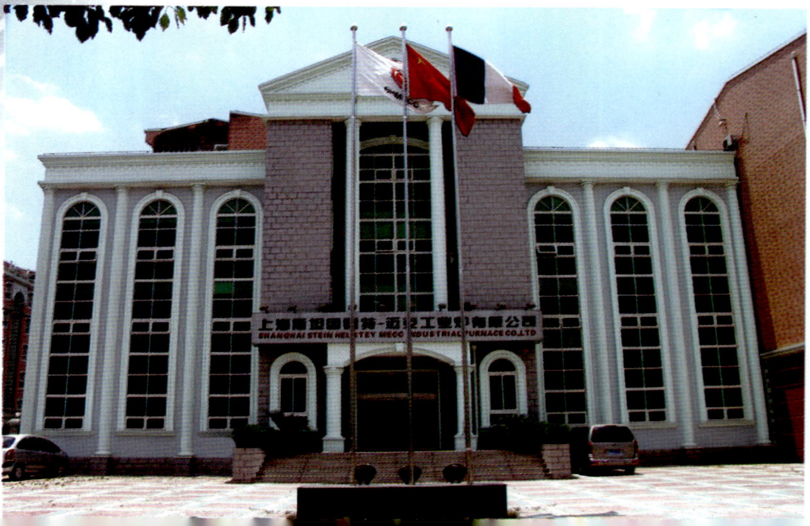

上海竞亿房地产开发有限公司

地址：沪太路3633号

邮编：200436

电话：56683562

上海竞亿房地产开发有限公司以创新为灵魂，秉承“以人为本、服务社会”的企业理念，坚持以房地产开发、经营为主，在做优、做大、做强的企业发展道路上稳定、快速的推进，并取得了骄人的成绩。

为实现“稳健、适度、持续”的发展模式，公司自成立以来，一直把建筑作为城市艺术品精心设计、倾力打造，使自己的每个作品都成为城市的亮点。公司一贯坚持城市的发展需要就是公司的发展方向，不断探索和开创全新的开发运营模式——从普通住宅、高级公寓的建设到大型房地产项目的综合性开发运营，不断拓展新的事业空间，走上可持续发展之道。

公司始终相信：卓越的企业是由优秀的团队创造的，把团队管理作为一种文化来演绎是我们一直的追求。当我们的团队肩负共同的使命、秉承以责任为基础构建的企业理念，带着自己独特的视角去思考的时候，那种对企业油然而生的行心力，将这种文化阐述得淋漓尽致。

公司一直坚信品牌是开创明天的原动力，是企业发展的根本，公司致力于推行现代企业综合管理体系来打造公司的品牌，认真实践对客户的承诺，赢得了广大客户的信任和社会的赞誉。

理性、立足现实、追求久远，当我们的团队走向新的里程的时候，我们依旧充满信心，因为敢于承担并履行责任的企业，一定拥有伟大的前程。

上海清和建筑安装工程有限公司

地址：东林路538弄10号

邮编：201900

电话：56781190

SHANGHAI QINGHE
JIANZHU ANZHUANG GONGCHENG
YOUXIANGONGSI

上海清和建筑安装工程有限公司是由自然人集资组建的有限责任公司，公司注册资金为800万元，主要经营范围为：工业及民用建筑工程施工打桩、小型土方、建筑设备安装、装饰装修工程、钢结构及彩钢制品的安装。

公司情况如下：

1、公司总经理王庆和（企业法人），技术职称为经济师，国家一级项目经理，具有30年从事工程施工管理的经历。

2、公司有职称的工程、经济、会计、统计人员合计40人，其中具有工程系列职称的人员计27人，工程系列职称人员中，具有中级技术职称以上的人员计13人。

3、公司由经培训的三级以上项目经理8人。

4、公司注册资本800万元，生产经营用固定资产原值为351万元。

5、公司具有与施工能力相应的施工机械设备及质量检验测试手段。

6、公司成立后，承担了如下工程：

★ 东向空气产品有限公司顾村分销站工程 490万元
★ 萧山、松江、苏州、镇江钢结构安装 120万元
★ 宝钢1580改造工程 30０万元
★ 宝山工业园区钢结构制安 350万元
★ 盛桥工业小区厂房 480万元
★ 石家庄新华线缆厂工程 420万元
★ 广州井昌配送公司厂房工程 600万元
★ 塘后路住宅楼工程 1600万元
★ 茉知华浦东印刷厂工程 1200万元
★ 美国白特制药厂工程 300万元
★ 上海长征富民制药厂工程 1400万元（在建）
★ 邯郸、江山、肥东机库及仓库工程 2000万元
★ 郑州纺织机械厂金加工车间工程 350万元
★ 新疆、库尔勒钢结构住宅楼工程 600万元
★ 南钢原料场工程 1400万元

公司自成立以来施工产值逐年增加，企业素质不断提高，经济效益显著，树立了良好的企业信誉。清和公司愿成为海内外投资者最好的朋友，将您的灿烂理想变成辉煌的现实

陈化成塑像

位于临江公园

人物与名录

Figures and Directory

■编辑　陆柏盛

全国劳动模范和全国先进工作者

■**孟德海**　男，1950年8月生，中共党员，文化程度初中，上海市宝山河道保洁服务社社长。1999年6月，孟德海从企业协议保留劳动关系后，率领一批农村富余人员组成非正规劳动就业组织，并出任河道保洁服务社社长。他率领保洁人员，克服农村河道脏、乱、差、作业条件艰苦等困难，在市场竞争中站稳了脚跟，取得了社会效益和经济效益双丰收，成为全区农村河道保洁的主力军，改变了宝山区河道垃圾重灾区的面貌。如今，他率领的河道保洁服务社，已拥有196名职工，20个船组，肩负着宝山区城乡24条区级河道、218公里水面及两岸的保洁整治任务，累计清除打捞各种垃圾近2万吨，从未发生过安全责任事故。经市有关部门综合考核，该社负责保洁的河道有5条市、区级样板河道，24条达标河道，样板达标率为100%。该社两次评为市"农村河道保洁先进集体"、宝山区"先进集体"；他本人被评为1998~2000年"上海市劳动模范"、2004年"全国'五一'劳动奖章获得者"。2004年被评为全国劳动模范。

■**周礼荣**　男，1934年7月生，浙江诸暨人，文化程度大学。上海市第一人民医院宝山分院手外科、显微外科中心主任，主任医师，是享受国务院特殊津贴的显微外科专家。曾先后被评为"河南省劳动模范"、省"优秀共产党员"、"人民的好医生"、"全国卫生先进工作者"、"宝山区建设功臣"，获"上海市第二届高尚医德奖"，被评为"上海市优秀共产党员"、"上海市劳动模范"、"全国'五一'劳动奖章获得者"。

1994年，他放弃香港、深圳等地高薪聘请，来到上海吴淞中心医院，筹建手外科、显微外科中心，从而填补了上海北部地区医疗业务的一项空白。他所开展的全手脱套伤等手术治疗方法达到国际国内先进水平，多次获上海市临床医学成果奖，"手显外科中心"被市卫生局批准为首批医学领先专业特色专科。

近年来，他在身患肺癌，多次作大手术化疗的情况下，不顾70岁高龄，忍受着肺癌大手术化疗后的种种不适，仍不忘医院和科室的建设，继续投入到紧张的工作之中，怀着"等死不如干死"的坚定信念，把更多的精力放在开发新技术、新疗法及带教中青年医生等工作上，并已带教出一批富有潜质、能独立承担显微外科各类手术的中青年医生。在他的影响和带动下，他所在的科室在2001年度先后被评为市"三学"先进班组、市红旗班组。2004年被评为全国先进工作者。

逝世人物

■**黄　敏**　（1920年10月~2004年12月）男，汉族，安徽省广德县人。1940年1月参加革命工作，1940年1月加入中国共产党。历任中共句容县委组织部句容二分区干事、纪委书记；江宁县青龙区委、虬山区委、山东益都洱河区委书记；上海新泾区委、真如镇、北郊区委民运部长、副书记、书记；宝山县委工作组组长；顾村中学副校长；宝钢地区办事处主任、党组书记；吴淞区委书记、人大主任。1983年12月离休，正局级。2004年12月10日病逝，享年84岁。

■**李继山**　（1924年2月~2004年2月）男，汉族，江苏省东海县人。1941年11月参加革命工作，1943年8月加入中国共产党。历任东海县白河区、羽东区武工队队长；上海新市区第四办事处主任；上海市郊工委科长；洋泾区委副书记、区长；上海市农业局处长；上海市东郊区凌桥乡党委书记；奉贤县委书记、副县长；宝山县委副书记；宝山县人大常委会主任；宝山县政协主席。1985年12月离休，享局级。2004年2月23日病逝，享年80岁。

■**陈宝华**　（1927年11月~2004年1月）女，汉族，福建省金门县人。1949年4月参加革命工作，1949年4月加入中国共产党。历任上海市工业生产委员会工作组织员；中共上海市杨浦区委工业部秘书、副部长；上海市杨浦区工业、文教肃反办公室副主任；上海市杨浦区卫生局副局长；上海市吴淞区卫生局局长；对外友协上海分会党组成员；吴淞中学数学教师；吴淞区中心医院党总支部副书记、院长。1983年5月离休，享局级。2004年1月19日病逝，享年76岁。

光荣榜

■**2004年度上海市文明小区**

吴淞镇街道李金（怡心园）小区
友谊路街道宝林八村小区
吴淞镇街道吴淞三村小区
友谊路街道宝林九村小区
吴淞镇街道淞西新村小区
友谊路街道宝钢六村小区

友谊路街道宝山四村小区
友谊路街道宝钢十村小区
友谊路街道宝林新苑小区
友谊路街道宝钢十一村小区
友谊路街道宝山八村一小区
友谊路街道宝钢七村小区
友谊路街道宝山八村二小区
友谊路街道宝钢八村小区
友谊路街道宝林一村一小区
友谊路街道临江三村小区
友谊路街道宝林一村二小区
友谊路街道宝城二村小区
友谊路街道宝山九村小区
友谊路街道宝城三村小区
友谊路街道宝山十村一小区
友谊路街道宝山三村一小区
友谊路街道宝山十村二小区
友谊路街道宝钢四村小区
友谊路街道宝林二村一小区
友谊路街道密山新村二小区
友谊路街道宝林二村二小区
友谊路街道临江四村小区
友谊路街道宝林三村小区
友谊路街道宝城一村小区
友谊路街道宝林四村小区
友谊路街道宝山三村二小区
友谊路街道宝林五村小区
友谊路街道宝山七村小区
友谊路街道宝林六村一小区
友谊路街道华能城市花园小区
友谊路街道宝林六村二小区
通河新村街道通河一村二小区
友谊路街道宝林七村小区
通河新村街道通河二村一小区
通河新村街道通河二村二小区
泗塘新村街道呼玛一村一小区
通河新村街道通河三村民悦苑小区
泗塘新村街道泗塘三村一小区
通河新村街道通河三村二小区
泗塘新村街道泗塘四村二小区
通河新村街道通河七村一小区
泗塘新村街道泗塘四村三小区
通河新村街道昌鑫家园小区
泗塘新村街道虎二小区
通河新村街道通河九村共江花苑小区
泗塘新村街道泗塘八村二小区
通河新村街道通河九村共江小区
泗塘新村街道振兴小区
通河新村街道呼玛二村一小区
泗塘新村街道新华小区
通河新村街道通河一村一小区
泗塘新村街道新桥小区
通河新村街道通河四村二小区
泗塘新村街道泗塘四村一小区
通河新村街道昌鑫世纪园小区
泗塘新村街道泗塘六村小区
通河新村街道通河八村三小区
泗塘新村街道泗塘八村一小区
通河新村街道呼玛二村二小区
泗塘新村街道呼玛一村四小区
通河新村街道呼玛三村三小区
大场镇大华一村一小区
通河新村街道呼玛三村四小区
大场镇大华一村二小区
海滨新村街道海滨七村小区
大场镇大华一村南华苑小区
海滨新村街道永清二村小区
大场镇大华一村北华苑小区
海滨新村街道海滨八村北小区
大场镇祁连四村小区
海滨新村街道永清新村一小区
大场镇祁连二村一小区
海滨新村街道永清二村小区
大场镇大华二村锦华苑小区
海滨新村街道海滨二村二小区
大场镇大华二村怡华苑小区
海滨新村街道海滨五村小区
大场镇大华二村文华苑北小区
大场镇大华二村文华苑南小区
月浦镇乐业二村小区
大场镇大华一村三小区
月浦镇盛桥三村小区
大场镇大华一村四小区
月浦镇庆安二村小区
大场镇大华二村一小区
月浦镇月浦四村小区
大场镇大华二村二小区
月浦镇乐业五村一小区
大场镇大华二村三小区
月浦镇月浦七村小区
大场镇大华二村馨华苑小区
月浦镇月浦九村小区
大场镇大华三村一小区
月浦镇庆安三村小区
大场镇大华三村七小区
月浦镇盛桥二村小区
大场镇大华四村玉华苑小区
罗店镇东南弄公寓小区
大场镇乾溪新村乾心园小区
罗店镇塘东古镇苑小区
大场镇祁连一村锦龙苑小区
高境镇高境二村一小区
月浦镇月浦二村小区
高境镇高境一村一小区
月浦镇月浦三村小区
高境镇高境一村二小区

月浦镇月浦十村小区
高境镇共和一村小区
月浦镇庆安一村小区
高境镇共和二村小区
月浦镇乐业一村一小区
高境镇共和十一村小区
月浦镇乐业四村二小区
高境镇逸仙一村一小区
月浦镇乐业五村二小区
高境镇逸仙一村二小区
月浦镇盛桥四村小区
高境镇逸仙一村三小区
月浦镇月浦五村小区
高境镇逸仙二村五小区
月浦镇乐业一村二小区
淞南镇淞南二村小区
淞南镇淞南一村小区
前卫新村小区
淞南镇华浜二小区
61800 部队小区
淞南镇淞南九村一小区
淞南镇淞南锦通苑小区
淞南镇淞南都市花园小区
淞南镇淞南新逸仙公寓小区
淞南镇长宏新苑小区
庙行镇共康七村一小区
庙行镇共康二村小区
庙行镇共康公寓小区
庙行镇屹立家园小区
杨行镇天馨花园小区
杨行镇杨泰一村杨泰苑小区
杨行镇宝启花园小区
杨行镇富锦苑小区
杨行镇杨泰二村二小区
杨行镇杨泰一村 328 弄小区
顾村镇共富四村小区
顾村镇泰和新城一小区
顾村镇大唐花园小区
顾村镇天极花园小区

2004 年度上海市文明村

罗店镇张士村
罗店镇富强村
罗店镇和平村
罗店镇繁荣村
罗店镇四方村
罗店镇天平村
顾村镇盛宅村
顾村镇顾村村
顾村镇羌家村
顾村镇沈杨村
顾村镇朱家弄村
大场镇新华村
高境镇江杨村
杨行镇三汀沟村
杨行镇城西二村
杨行镇大黄村
杨行镇西街村
杨行镇桂家木村
友谊路街道炮台村
长兴乡鼎丰村
长兴乡建新村
长兴乡北兴村
长兴乡丰产村
长兴乡圆东村
大场镇联西村
大场镇场南村
月浦镇沈巷村
月浦镇新丰村
月浦镇勤丰村
月浦镇钱潘村
月浦镇月狮村
月浦镇长春村
高境镇马桥村
罗泾镇合建村
横沙乡东海村
横沙乡增产村
横沙乡丰乐村
长兴乡先进村
长兴乡合心村
长兴乡新港村
庙行镇野桥村
罗泾镇合众村
罗泾镇海红村
罗泾镇潘桥村
罗泾镇新苗村
罗泾镇洋桥村
横沙乡新永村
横沙乡东浜村
横沙乡惠丰村

2003~2004 年度上海市文明单位

上海移动通信有限责任公司北郊分公司
上海市电力公司宝山供电分公司
中国农业银行上海市宝山支行
上海市宝山区人民检察院
上海市宝山区人民法院
上海盛桥实业有限公司
上海万时红燃气有限公司
上海宝勤金属制品公司
上海宝山区杨行镇宝山敬老院
上海吴淞住宅建设开发有限公司
上海中集冷藏箱有限公司
上海宝罗瞑园
上海东升电子（集团）股份有限公司
上海市地方税务局宝山区分局第十二税务所
上海银珠大饭店有限公司
上海振华焊割工具有限公司
大众交通（集团）有限公司大众出租汽车十分公司
上海骏利（集团）有限公司
上海宝业集团
大华（集团）有限公司
上海长兴供电公司
上海市宝山区财政局
上海市宝山区人口和计划生育委员会
上海市宝山区档案局
上海吴淞口开发有限公司
宝山烈士陵园
上海市宝山区救助管理站
上海市宝山区殡仪馆
上海市宝山区社会福利院
上海宝房通河物业管理有限公司
上海市宝山区农业技术推广中心
上海市宝山区示范果园
上海市公安局宝山分局淞南派出所
上海市公安局宝山分局罗南派出所
上海市公安局宝山分局洋桥检查站
上海市公安局宝山分局大场派出所
上海市宝山区图书馆
上海淞沪抗战纪念馆

上海市宝山区文化馆
上海宝山钢材交易市场管理有限公司
上海宝隆（集团）有限公司巴士宝隆出租汽车一分公司
上海长江口商城股份有限公司百货分公司黄金广场
上海长江口商城股份有限公司百货分公司宝钢商场
上海烟草集团宝山糖酒有限公司名烟名酒店
上海长江口五金交电有限公司
上海北翼（集团）有限公司北翼商厦
上海市行知中学
上海市吴淞中学
上海市淞谊中学
上海市宝山区实验小学
上海市宝山区江湾中心校
宝山区小鸽子幼稚园
上海市宝山区业余大学
上海市宝山区宝山中心医院
上海市宝山区精神卫生中心
上海市宝山区泗塘地段医院
上海市宝山区卫生局卫生监督所
上海市宝山区友谊地段医院
上海市第一人民医院宝山分院
上海市宝山区长江路地段医院
上海市宝山区医疗保险事务中心
上海金牡丹餐饮管理有限公司金牡丹大酒楼
上海宝松实业发展有限公司
上海东鼎投资经营发展有限公司
上海盛顺服装有限公司
上海市宝山区淞南环境卫生服务公司
上海市宝山区大场环境卫生服务公司
上海市宝山区友谊环境卫生服务公司
上海宝山华联吉买盛购物中心有限公司
上海淞南经济发展有限公司
上海大昌实业有限公司

■上海市新长征突击手（2003~2004 年度）

范丽君　月浦镇党政办公室主任
李琳玲　行知中学语文教师
孙　兰　宝山区人民检察院团委副书记
陈　晖　上海海豹水泥（集团）有限公司团委书记
刘春玲　江湾中心校少先队大队辅导员
谭美春　宝山中心医院心血管内科主治医师
姚　莉　宝山区人大常委会办公室主任科员
陶仲安　宝山区公安分局刑侦支队技术室主任
王晓华　友谊路街道办事处社会发展科副科长
陈春娟　宝山区庙行镇妇联主席
于蔚蔚　上海宝房（集团）有限公司总经理助理
杨　洁　宝山区顾村镇团委书记

■上海市新长征突击手标兵（2003~2004 年度）

徐立霞　上海翡翠商贸有限公司董事长

■上海市新长征突击队（2003~2004 年度）

宝山区气象局预测报组
宝山区小教泗塘学区团总支
宝山区人民检察院团委

■上海市“三八红旗集体”（2003~2004 年度）

宝山区小红帽幼儿园
宝山区高境镇逸仙一村第一居民委员会
宝山区罗泾镇劳动服务所
宝山区婚姻登记管理所
宝山区友谊社区卫生服务中心小儿科
宝山区第三中心小学

■上海市“三八红旗手”（2003~2004 年度）

周德勋　中共宝山区顾村镇党委书记
张　红　宝山区大场镇新华村村委会副主任
张剑英　宝山区高境镇妇联主席
劳丽华　华联集团吉买盛购物中心有限公司通河店店长
潘　岚　上海市泗塘第二中学副校长
陆惠娣　宝山区月浦镇妇联主席
朱凤兰　宝山区罗店镇富强村村委会副主任
刘秀妹　宝山区吴淞镇街道泗东居民区党总支书记
付蓉蓉　宝山区淞南五村第二居民委员会主任
马爱珍　宝山区杨行镇三汀沟村党支部书记
孙晓红　宝山区人民法院审监庭副庭长
曹玉兰　宝山区月罗环境卫生服务公司经理
汪月妹　上海市行知学院党总支书记
戴建美　中共宝山区委宣传部宣传科科长
王伏峰　宝山区中医医院儿科主任
金　虹　上海市公安局宝山分局看守所教导员
沈晓红　上海市宝山区国家税务局人事教育科科长
褚莉莉　宝山区市政工程管理署署长
周瞿英　宝山烟草糖酒有限公司名烟名酒店店长
徐国琴　上海长江口商城股份有限公司百货分公司总经理助理

党政机关、民主党派、群众团体负责人名录

中共区委

■中共宝山区第四届委员会

书　记　薛全荣
副书记　吕民元　徐木泉　沈秋余　徐文雄　康大华
常　委　薛全荣　吕民元　徐木泉　沈秋余　徐文雄　康大华　赵公元　周明珠（女）　姚志荣　斯福民　朱勤皓　张浩亮
委　员　（按姓氏笔画为序）
吕民元　朱明福　朱勤皓　孙荣乾　李贵庆　杨卫国　吴德渊　沈秋余　张志平　张浩亮　张培正　陈升平　周明珠（女）　赵小平　赵公元　姚志荣　姚荣民　顾佳德　徐木泉　徐文雄

徐林彬　曹群华　康大华　斯福民　薛全荣
候补委员　（按得票多少为序）
周德勋（女）　彭　林　彭超美（女）　叶　英
倪诗杰

区委工作机构

办公室（归口管理信访办公室）
主　任　赵小平
组织部（归口管理老干部局）
部　长　朱勤皓
宣传部（增挂精神文明建设委员会办公室牌子）
部　长　周明珠（女）
统战部（与民族宗教事务办公室、台湾事务办公室、侨务办公室合署）
部　长　张浩亮
副部长　钱　乐（女,常务）
政法委员会（与社会治安综合治理委员会办公室合署）
书　记　沈秋余（兼）
副书记　姚志荣（兼）
顾佳德　尹有良
政策研究室　主　任　常积林（2004.2 任）
610 办公室　主　任　汤宝德
区级机关工作委员会
书　记　明瑞成（兼）
老干部局　局　长　金光明
保密委员会　主　任　沈秋余（兼）
人武部　部　长　赵公元
政　委　顾亦兵
党　校　校　长　康大华（兼）
副校长　崔兰竹（常务）
《宝山报》　社　长　周明珠（女,兼）
总　编　钱文俊
党史研究室　主　任　陈金龙
地区办公室　主　任　朱卫国
信访办公室　主　任　陈　忠
民族宗教事务办公室
主　任　宋晓青
侨务办公室　主　任　宋晓青（2004.7 免）
钱　乐（女,2004.7 任）
台湾事务办公室
主　任　钱　乐（女）
社会主义学院
院　长　张浩亮（兼）
副院长　鞠明泉（常务）
宝山区综合党委
书　记　（暂缺）

中共宝山区纪委

书　记　徐文雄
副书记　何以琴（女）　李建才
常　委　徐文雄　何以琴（女）　李建才　刘　萍（女）
纪延石　孟卫星（2004.12 免）　周路宣
委　员　（按姓氏笔画为序）
朱永其　刘　萍（女）　纪延石　孙晓风（女）
李建才　杨志安　吴鸣晨　何以琴（女）　沈伟杰
宋梦麟　陈　明　陈　忠　林学东　周路宣
孟卫星　孟建明　秦　冰（女）　徐文雄　梅秀友
曹乃真

纪委、监察委员会工作机构

办公室　主　任　纪延石
监察综合室　主　任　商志高
案件检查室　主　任　刘　萍（女 2004.4 免）
张建忠（2004.4 任）
纠风室　主　任　周路宣
案件审理室　主　任　何建忠（2004.9 免）
张丽萍（女,2004.9 任）
信访室　主　任　孟　跃（女）
教育研究室　主　任　陶宝忠
党风廉政室　主　任　孟卫星（2004.12 免）

区级机关、人民团体党组织

人大常委会党组
书　记　李贵庆
人民政府党组
书　记　吕民元
人民政协党组
书　记　杜玉英（女）
人武部党委
第一书记　薛全荣
书　记　顾亦兵
副书记　赵公元
人民法院党组
书　记　姚荣民
人民检察院党组
书　记　张志平
宝山公安分局党委
书　记　姚志荣
总工会党组　书　记　曹群华
共青团区委党组
书　记　徐林彬（2004.2 免）
邵　琦（女,2004.2 主持工作）
（2004.6 任）
妇女联合会党组
书　记　李　娟（女）
人事局党组　书　记　马玉光
科委科协党组
书　记　娄月娣（女）
信息化委员会党组
书　记　浦志良
商业党工委　副书记　曹晋和（主持工作）
经济委员会党委
书　记　陈智敏
文化广播电视管理局党委
书　记　朱芸芳（女）
教育局党委　书　记　楼伟俊
卫生局党委　书　记　秦　冰（女）
财政局党组　书　记　吴鸣晨

房屋土地管理局党委
书　记　陈瑞林（2004.8 免）
吴志宏（2004.10 任）
农业委员会党委
书　记　赵六弟
水务局党委　书　记　潘锡根
协作办公室党总支
书　记　陶国强
招商服务中心党工委
书　记　康大华（兼）
供销合作社联合社党委
书　记　姚洪达
民政局党委　书　记　彭　林（2004.4 免）
吴春梅（女，2004.4 任）
劳动和社会保障局党委
书　记　谈学禹（2004.2 免）
郑建忠（2004.2 任）
司法局党委　书　记　周有根
审计局党组　书　记　曹乃真
民防办公室党组
书　记　陈鹤鸣
档案局（地方志办公室）党组
书　记　周　峰（2004.10 免）
冯启伟（2004.10 任）
统计局党组　书　记　朱雅芳（女）
发展计划委员会党组
书　记　叶　英
对外经济委员会党组
书　记　王国君
住宅发展局党总支（2004.10 撤）
书　记　冯启伟（2004.10 免）
建设和管理委员会党委
书　记　沈忠良
人口和计划生育委员会党组
书　记　吴春梅（女，2004.4 免）
李志英（女，2004.4 任）
市容管理局党委
书　记　王爱芬（女）
体育局党总支
书　记　刘　鸣
规划管理局党组
书　记　赵淑勤（女）
环境保护局党组
书　记　郑建忠（2004.2 免）
谈学禹（2004.2 任）
工商业联合会党组
书　记　居根宝
国家安全局宝山分局党委
书　记　王雅琴（女）
国有资产管理办公室党组
书　记　孙晓风（女）
城市工业园区党工委
书　记　毛菊弟
宝山工业园区党工委（2004.6 与罗泾镇党委合署）
书　记　章刚毅（2004.6 免）
曹正良（2004.6 任）
城市管理监察大队党委（2004.3 建）
书　记　刘建宏（2004.3 任）
宝山航运经济发展区党总支（2004.8 建）
书　记　詹　军（2004.8 任）

人大常委会

宝山区第五届人大常委会

主　任　李贵庆
副主任　吴德渊　李燕珍（女）　朱芸芳（女）　徐　楠
陆　豪
常　委（按姓氏笔画为序）
于彦玲（女）　王兆钢　冯鞍钢　朱季澄　刘伟国
杨　磊　李　娟（女）　李建民　陈　兵（女）
陈向峰　陈根林　顾文年　顾亦兵　钱忠纯
陶华强　曹兆麟（女）　鲍永明

区人大常委会工作机构、办事机构

代表资格审查委员会
主任委员　吴德渊（兼）
内务司法工作委员会
主　任　杨　磊
财政经济工作委员会
主　任　曹兆麟（女）
教育科学文化卫生工作委员会
主　任　朱季澄
城市建设环境保护工作委员会
主　任　顾文年
人事代表工作委员会
主　任　陈　兵（女）
研究室　主　任　李建民
人大常委会办公室
主　任　李建民

区人民法院

院　长　姚荣民
副院长　梅平夷　张长青　杨美华　郭伟清

区人民检察院

检察长　张志平
副检察长　陈　明　黄　辉　俞玲华　戴　杰（2004.7 免）

人民政府

宝山区人民政府

区　长　吕民元
副区长　斯福民　陈升平　顾佳德　张培正　孙荣乾
李　原（女）

区政府工作机构

政府办公室（与法制办、外事办、地区办合署）
主　任　倪诗杰

地址：沪太路5265号 邮编：201907 电话：56020022 56025522 传真：66730037 E-mail：ctymould@vip.163.com

上海世纪模具有限公司 SHANGHAI SHIJI MOJU YOUXIAN GONGSI

上海世纪模具有限公司系上海华王工业有限公司“王牌机械”属下一家模具公司，是台商在大陆投资的独资企业，创立至今已有十二年(1994～2005)。公司现有员工65人，年产值1000万元人民币(2004年)。公司拥有20余台大部分为进口的加工设备，模具的制作主要是以CNC数控机床加工完成。公司现有设计人员9人，采用Pro—E电脑软件，提供三维造型设计，可为客户进行产品开发设计。上海世纪模具有限公司以吹塑模具为主要产品，也配套注塑模具。因集团公司（上海华王工业有限公司）的主要产品为吹塑机，所以公司对模具的制作要求、制品的成形工艺，都有着比较丰富的经验。公司为客户提供制品的生产方案，解决制品的制作工艺问题，为客户进行质保服务，在模具的使用过程中发现质量问题，公司将迅速有效的为客户提供维修服务。

上海日立机材有限公司 Shanghai Hitachi Metals Techno, Ltd.

上海日立机材有限公司是日本日立集团(HITACHI)所属日本日立机材株式会社在中国设立的独资子公司。母公司日立机材株式会社为日本高架活动地板及链传动产品的著名生产厂家。本公司成立于1994年10月。随着公司业务的不断发展，现在已有机械传动和高架活动地板两大类产品。传动件是本公司的主要产品，今天我们在此成功的基础上，所经营的产品范围进一步扩大，从链轮、链式链轴器到各种各样的链条等，并且提供传动方面的技术服务。日立公司高架地板有办公楼用高架活动地板，计算机房用防静电高架活动地板，洁净室及厂房用铝合金高架活动地板等应用广泛的各种高性能、高质量的高架活动地板。公司投资方日立机材株式会社是日本高架地板行业中最大的综合生产厂家。

公司严格按照日立集团的产品质量管理标准和体系进行生产及产品质量控制。公司的服务宗旨是：继承日立集团的优良传统，以客户为本、质量第一的原则，为客户提供日立的高品质产品、完善的售后服务及日立高度的商业信誉。

Shanghai Hitachi Metals Techno,Ltd.(SHMTL)is a wholly owned subsidiary of Hitachi Metals Techno,Ltd (HMTL),which belongs to Hitachi-Group in Japan. Our parent company HMTL is famous for development,design,manufacturing and installment of various value added system and component including Power Transmission Chain,Access Floor, and Building Structural Component,

Since its foundation in Oct,1994, SHMTL has achieved remarkable development especially in the marker for Power Transmission Chain and Access Floor with high reputation for its outstanding quality and reliability, Having such foundation, SHMTL is always striving for further development of new technologies and commodities as well as evolution of existing commodities such as Chain for industrial machines and various types of Access Floors to meet advanced requirement in several types of industries and general office buildings.

The key for such success is strictly standing on Hitachi's mission and standard for quality assurance, SHMTL is the company fulfilled with such Hitachi's mission and policy and every single oiece of commodity and service provided by us would show the highest quality to satisfy all customers.

This brochure is introducing our commodities as much as possible for your understanding, and we are looking forward to receiving your contact.

地址：宝山区杨宗路238号(原98号) 邮编：201901 电话：56802050
传真：56801719 E—Mail：sales@hitachi—mt.com

小区即景

位于华能城市花园

Z

雕 塑

位于牡丹江路金富门大酒店

YEARBOOK OF BAOSHAN

逸仙高架路延伸段－1

位于吴淞大桥南侧

大辞典
FAXUE
DA
CIDIAN
法学
大辞典